本书受中国历史研究院学术出版经费资助

本书获国家社会科学基金重点项目（15AZD041）资助

中国历史研究院
Chinese Academy of History

学术出版资助

20世纪以来英国劳资关系史

上册

刘金源 莫磊 等著

社会科学文献出版社
SOCIAL SCIENCES ACADEMIC PRESS (CHINA)

中国历史研究院学术出版资助项目
出版说明

为了贯彻落实习近平总书记致中国社会科学院中国历史研究院成立贺信精神，切实履行好统筹指导全国史学研究的职责，中国历史研究院设立"学术出版资助项目"，面向全国史学界，每年遴选资助出版坚持历史唯物主义立场、观点、方法，系统研究中国历史和文化，深刻把握人类发展历史规律的高质量史学类学术成果。入选成果经过了同行专家严格评审，能够展现当前我国史学相关领域最新研究进展，体现我国史学研究的学术水平。

中国历史研究院愿与全国史学工作者共同努力，把"中国历史研究院学术出版资助项目"打造成为中国史学学术成果出版的高端平台；在传承、弘扬中国优秀史学传统的基础上，加快构建具有中国特色的历史学学科体系、学术体系、话语体系，推动新时代中国史学繁荣发展，为实现"两个一百年"奋斗目标、实现中华民族伟大复兴的中国梦贡献史学智慧。

中国历史研究院

2020 年 3 月

前　言

　　劳资关系最初萌生于中世纪的行会之中，自工业革命以来，成为所有民族国家、所有社会形态中最为基本的社会关系。劳资关系不仅关乎产业发展与经济增长，而且影响到社会稳定与繁荣。在当今世界，无论是处于现代化进程中的发展中国家，还是进入后现代社会的西方发达国家，化解劳资纠纷与冲突，构建稳定与和谐的劳资关系，依然是各国普遍面临的现实挑战。

　　英国是世界上第一个工业化国家，自工业革命以来，饱受劳资纠纷与劳资冲突困扰，无论是官方还是民间，都在积极探索常态化的冲突化解机制，以缓解或消除劳资冲突对经济社会发展的负面影响。近代早期的家长制保护法令、工业化时期的调解与仲裁制、19世纪后半叶的集体谈判制，促进了近代英国的劳资冲突化解，构建起相对稳定的社会秩序，为英国确立和维持全球霸权奠定了坚实基础。进入20世纪后，在国力日衰、霸权陨落的过程中，英国经历了由工业社会向后现代社会的转型。从政治方面看，代表工人阶级的工党开始崛起并成功执政，改变了传统的政党政治格局；从经济方面看，在迈入后工业社会时，英国经济出现滞胀，"英国病"不时发作；从对外扩张方面看，随着殖民地纷纷独立，英国海外市场逐渐丧失；从社会方面看，福利国家开启了社会现代化进程，但庞大的社会开支对生产效率及经济竞争力形成挑战。在政治、经济、对外扩张与社会转型的大背景之下，英国劳、资、政三方的力量对比发生了重大变化，劳资冲突形式、冲突化解机制、劳资关系的特点也呈现新的走势，而这些正是本书所关注的内容。

作为英国史研究领域的耕耘者，本人对于英国劳资关系史的关注与研究已有十多年时间。在研究近现代英国劳资关系史过程中，本人相继获得 2007 年国家社科基金青年项目、2013 年国家社科基金一般项目，以及 2015 年国家社科基金重点项目资助，前两项结项成果已陆续出版，分别为《英国近代劳资关系研究》（南京大学出版社 2012 年版）、《近代英国劳资冲突与化解》（南京师范大学出版社 2021 年版）。本书作为《英国近代劳资关系研究》的姊妹篇，是 2015 年国家社科基金重点项目的结项成果，在结项鉴定中获"优秀"等级。感谢鉴定专家提出的修改意见，还要特别感谢恩师北京大学钱乘旦教授、天津师范大学侯建新教授，他们于百忙之中审阅了这部近 70 万字的书稿，提出了高屋建瓴的审阅意见，促进了书稿的进一步修改与完善。同时也得益于两位先生的鼎力推荐，本书申报中国历史研究院学术出版资助项目，最终通过激烈竞争而顺利入选。感谢中国历史研究院对历史学专著出版事业的大力支持。

本书由项目组集体完成，具体分工如下：导论和第一、二、四章由刘金源撰稿；第六、七、八、九章由莫磊撰稿；第三章由方志华撰稿；第五章由王宇平撰稿。全书统稿工作由刘金源完成。由于学识所限，书中错漏之处，敬请读者批评指正。

刘金源

于南京大学

2022 年 12 月 15 日

目　　录

上　册

导　论

作为第一个工业化国家，英国在 19 世纪中叶确立起世界范围内的工业霸权。进入 20 世纪后，在工业霸权走向衰落的形势下，英国逐步完成从成熟的工业社会向后工业社会的过渡。在这一宏观历史背景之下，劳资关系进入 20 世纪后也经历了深刻的变革。自人类进入资本主义社会以来，劳资关系成为人文社会科学领域诸多学科关注的重要议题，学科背景的差异性导致不同学者对于劳资关系的认识也不尽相同。历史学的功用，便是还原历史发展过程，阐释历史现象的变化，探究历史发展的规律，进而为当下的社会现实提供一些镜鉴。本书将从历史学视角出发，研究 20 世纪以来英国劳资关系的发展演变，阐释劳、资、政三方在劳资关系构建中地位的变化，分析劳资争议化解机制的变迁，总结英国政府劳资关系治理的经验教训，旨在深化对现当代英国劳资关系及社会转型问题的认识。

一　写作缘起与研究意义

劳资关系是人类社会生产生活中的基本关系，在人类历史发展过程中，劳资关系伴随社会生产力的发展而发展。近代资本主义生产方式的确立极大地推动了劳资关系的发展，尤其是工业化促进了资产阶级和无产阶级两大对立阶级的形成，劳工群体通过组织工会争取自身利益，雇主也开始联合起来应对劳工的诉求，劳资互动的组织性日益增强，劳资双方的合作与对抗构成工业社会的常态。随着社会经济环境的变迁，劳资关系的主体、劳资互动的方式、劳资争议的内容等因素都在发生改变，劳资关系的发展演进具有鲜明的阶段性色彩和浓厚的时代特征。

英国是第一个工业化国家，早在19世纪中叶就确立起世界性的殖民霸权与工业霸权。但进入20世纪后，在两次世界大战以及全球性经济危机打击之下，英国的殖民帝国开始瓦解，工业霸权逐步丧失。在英国从成熟的工业社会向后工业社会转型之时，在经济上，它一方面遭遇"英国病"的困扰，另一方面也在推动部分行业国有化；在政治上，作为工人阶级政治代表的工党取代自由党成为执政党之一，工人阶级在宪政体制中有了自己的代言人；在社会领域，阶级结构变化造成了阶级界限的模糊性，两党共识之下的福利国家逐步建立与发展起来。

这些经济、政治、社会领域所发生的变化，表明英国的历史发展进入了一个新时代。劳资关系的发展变化深受其所处时代环境的影响，20世纪后英国全新的经济、政治与社会环境，在劳资关系史上也留下了深刻的烙印。那么，在20世纪以来诸多新因素作用下，英国的劳资关系出现了怎样的发展和变化？劳资关系演进的基本态势是什么？与近代的劳资关系相比，20世纪以来的劳资关系呈现出哪些新特征？劳资互动主体、互动方式、互动内容等发生了怎样的变化？面对新的时代需求以及劳资关系互动模式的改变，英国政府出台了哪些劳资政策来应对时代变迁？要回答上述这些值得深究的问题，需要我们从宏观上考察20世纪以来英国劳资关系的基本状况及特征、劳资争议化解机制的调整、政府劳资政策的变迁，而这些正是本书的主要研究内容。

本书以20世纪以来英国劳资关系作为研究对象，其研究意义主要体现在以下两方面。一方面，从学术价值看，这一研究有助于推动国内学界关于英国劳资关系史的探究。劳资关系一直是学术界热门的研究问题，传统研究多关注罢工、工会、劳资对抗等，而对于劳资关系的常态化发展缺乏宏观的认识。20世纪以来的英国，虽然劳资间激烈对抗，但劳资合作、产业和平成为常态，这是相较于近代以来的重大变化。对于这种变化，学术界的关注较少，而本书将对此着重加以探讨。此外，在劳资关系中，关于工会及工人运动的研究成果很多，但对于雇主及政府的角色，学界缺乏足够的关注。20世纪后，雇主组织及政府在形塑劳资关系方面发挥着重要作用，只有对其深入发掘，才能全面客观地认清劳资关系的演进特点及趋势。尤其值得关注的是，进入20世纪后，战争时期以及工党执政时期，英国部分行业实现了国有化，这些行业的劳资关系直接体现为政府与劳工之间的关系，这种新型劳资关系的出现是一种新现象，值得深入探究。本书对于20世纪以来英国劳资关系史在做宏观的历史学考察的同时，重点关注国内学界较为薄弱的层面，希望通过抛砖引玉的研究，在一些议题上起到补白作用，从而体现出学术研究的价值所在。

另一方面，从现实意义看，有关20世纪以来英国劳资关系的研究，对于当下中国也具有较强的借鉴意义。当前我国经济正处于转型时期，劳资关系呈现出多方面的特点：市场化的劳资关系日渐成熟，越发居于主导地位；劳资关系频繁波动，日益复杂化；劳资矛盾浮出水面，劳资事件时有发生；资强劳弱的产业力量格局成为劳资关系的突出特征。[①] 在产业转型过程中，如何兼顾好劳资双方的利益、促成经济与社会的良性互动是值得探究的问题。英国作为世界上第一个实现工业化的国家，其在20世纪也经历了艰难的产业转型和劳资关系治理过程，并形成了以自愿主义为特征的集体谈判模式。在20世纪以来英国劳资争议化解机制的变迁、政府劳资政策的变化、国有部门良性劳资关系的塑造等方面，英国所走过的

---

① 刘健西：《劳资关系协调机制及政策研究》，中国经济出版社2017年版，第77页。

道路及其经验教训，可为社会转型时期的中国推广劳、资、政三方集体协商模式，构建国有和私营企业中的和谐劳资关系提供借鉴。

二　研究范畴与研究方法

研究范畴的确定是开展学术研究的基础工作，研究对象是否明晰直接影响着研究成果的价值，这包括研究时段、概念界定与研究方法等，本部分将对此做出说明。

在研究时段方面，考虑到本书的任务在于考察现当代的英国劳资关系，因此主要关注 1900 年以来英国劳、资、政三方的互动历程。本书将研究起点确定为 1900 年，这是因为：一方面，从历史分期来看，19 世纪末 20 世纪初一般被视为英国现代史的起点，即英国从近代社会过渡到了现代社会；另一方面，在劳资关系史上，1900 年劳工代表委员会建立，实现了工会运动政治化的目标，意味着工人阶级在政治上有了自己的代言人，由此开启了劳资关系的新时代。本书将研究终点确定为 2020 年，其原因在于：作为曾经的欧盟成员国，半个世纪以来，欧盟对英国劳资关系产生了重要影响，而自 2016 年脱欧公投之后，英国在 2020 年初终于实现与欧盟友好分手，脱欧成为影响当今英国劳资关系的重要外部因素。

劳资关系是本书研究中最为核心的概念，在此有必要对其加以界定。劳资关系作为人类社会中最基本和最重要的社会关系，其定义众说纷纭，不同国家及不同学科领域有不同的说法，大体有劳动关系、劳使关系、产业关系、雇佣关系、劳工关系等几种。劳动关系在国内学界使用较多，与劳资关系几乎可以通用。龚基云认为："它一般指劳动力使用者及其组织与劳动力的所有者及其组织间的关系。"[①]"劳使关系"这一概念更多为日本学者使用，它是指劳方

----

① 龚基云：《转型期中国劳动关系研究》，安徽人民出版社 2006 年版，第 40 页。

和用工方之间集体的或团体的关系。① 产业关系，又称工业关系，泛指产业经济中的雇佣关系，内容涵盖与雇佣有关的个人、企业和社会的方方面面。它包括社会层面的人力资源策略以及企业层面的员工管理，企业和社会双重层面的劳动关系和集体谈判也被纳入其中。② 雇佣关系是指一种涉及多个层面的社会关系，包括经济、政治、社会、法律及心理等，其中雇员贡献自己的时间和相关能力为雇主服务，从而获得资方经济方面和非经济方面的回报。③ "劳工关系"的称谓更多为中国台湾学者及海外华人学者所使用，该称谓着重强调劳工团体，同时也比较看重劳资双方团体间的互动过程，尤其是集体谈判过程。④

　　比较而言，大陆学界更多地使用"劳资关系"这一称谓。从内涵来看，对于劳资关系的概念，不同学科有不同的界定。生活在工业化时代的马克思、恩格斯很早就对劳资关系做过界定。在他们看来，在宏观层面，劳资关系是资本主义生产方式下工人阶级与资产阶级两大阶级的关系，它涉及的是全部资本主义生产关系、资本主义基本矛盾和基本经济规律；在具体层面，劳资关系一般指劳资谈判、劳资争议等，实际上它们仅仅体现了两大阶级本质关系的一部分。⑤ 不难发现，马克思、恩格斯更强调劳资关系的阶级属性，并把这种关系与资本主义社会的发展走向联系起来。荷兰学者鲁塞弗尔达特（Ruysseveledt）、菲瑟（Visser）这样理解劳资关系：能影响雇佣关系的内容和规则以及自然资源和人力资源的使用与分配，劳、资、政三方的策略选择和集体行动，三方之间冲突、合作

　　① 常凯主编：《劳动关系学》，中国劳动社会保障出版社2005年版，第13页。

　　② Marcus H. Sandver, *Labour Relations: Process and Outcomes*, Boston: Little Brown, 1987, p.21.

　　③ ［英］菲利普·李维斯、阿德里安·桑希尔、马克·桑得斯：《雇员关系：解析雇佣关系》，高嘉勇等译，东北财经大学出版社2005年版，第5页。

　　④ 常凯主编：《劳动关系学》，第13页。

　　⑤ 陈恕祥、杨培雷：《当代西方发达国家劳资关系研究》，武汉大学出版社1998年版，第2—3页。

与权力的相互关系。① 从这个定义可见，荷兰学者更加强调劳资关系的几大主体之间的互动关系。英国学者弗兰德斯（Flanders）认为："劳资关系系统就是规则的系统，这些规则有不同的表现形式；体现在立法和法律命令中，在工会规章中，在集体协议和仲裁裁决中，在社会习俗传统中，在管理决策中，在公认的'习惯和规则'中。……换句话说，这个主题涉及产业中某些规制或制度化的关系。"② 显然，弗兰德斯是从系统论的视角来界定劳资关系的。

不难发现，在界定劳资关系概念这一问题上，不同学者的观点存在差异。英国学者米切尔·萨拉蒙（Michael Salamon）也指出：在劳资关系概念的界定上，很难用精确和广为接受的方式达成共识。任何想要做具体界定的努力，都必须假定和强调一个独特的本质观点和劳资关系的目的，因而劳资关系概念的界定众说纷纭。③

综合上述学者的观点，本书将从历史学视角来界定劳资关系。在我们看来，劳资关系是人类历史发展到工业社会的产物，这种新兴的社会关系内涵十分丰富，它既包括劳资间的互动，又包括政府为缓和劳资矛盾、构建劳资和谐关系制定的政策及进行的实践。因此，它是劳、资、政三方相互作用和影响下形成的互动关系。我们认为，劳资冲突与劳资政策是劳资关系的核心，因为劳资冲突的程度、规模、类型等直接决定着劳资关系是否和谐，而政府为化解劳资冲突所实施的国家干预也在很大程度上决定着劳资关系的走向。基于此，本书在研究劳资关系时，将从不同时期的劳资冲突入手，分析劳资冲突的走势及特征，在此基础上考察政府劳资政策的利弊

---

① ［荷］约里斯·范·鲁塞弗尔达特、耶勒·菲瑟主编：《欧洲劳资关系——传统与转变》，佘云霞等译，世界知识出版社2000年版，第2—3页。

② Allan Flanders, *Industrial Relations：What Is Wrong with the System? An Essay on Its Theory and Future*, London：Institutes of Personnel Management, 1965, p.10.

③ Michael Salamon, *Industrial Relations：Theory and Practice*, London：Prentice-Hall, 1987, p.24.

得失，分析劳资政策与劳资冲突之间的互动关系。

　　本书涉及的主题属于历史学研究范畴，历史学倡导在宏大的历史背景中审视研究对象，因此本书致力于在特定的历史环境下考察英国劳资关系，分析劳资关系在各种历史因素作用下呈现的演进态势，阐述政府劳资治理的利弊得失，探讨劳资关系、劳资政策与经济社会发展之间的互动关系。本书在研究过程中，坚持马克思主义的辩证唯物主义与历史唯物主义的指导，并采取了以下几种研究方法。

　　第一，历史分析方法。作为历史研究的重要方法，在具体运用上，历史分析法主要将历史对象置于特定历史环境中加以考察，全面分析各种历史因素如何影响研究对象的变化发展。英国的劳资关系是其社会历史发展的产物，劳资间的互动状况以及政府的劳资关系治理都会随着历史条件的变化而改变。因此，本书按照时间顺序，分阶段地考察 20 世纪以来英国各时期劳资关系与社会、经济、政治环境间的互动，尤其关注劳资冲突与劳资政策的变化。在研究过程中，我们不遗余力地搜集、整理相关史料，对史实进行梳理和分析，同时参考国内外的学术成果，最终形成自身的观点，其间努力做到客观和中正。

　　第二，系统分析方法。系统分析法是现代学术研究的一种科学方法，对劳资关系的研究具有重要意义。按照系统论的观点，社会关系是一个宏大系统，由多个子系统构成，各子系统息息相关。劳资关系即是这样一个系统整体，劳、资、政三方作为它的子系统，同样彼此密切关联。例如工人阶级的政治、经济诉求能否达成，直接受到雇主集团以及政府态度的影响；而雇主集团若想达到改进生产技术、提高生产效率的目标，也与工人阶级和政府劳资政策的配合密切相关。我们在研究劳资关系时，要充分关注劳、资、政三方的联动。

　　第三，比较分析法。比较分析是历史学研究中常用的方法，这一方法在本书中得到广泛的运用。在对不同时期劳资关系特征的总结上，以及政府劳资政策的变化上，本书借助比较方法加以分析，最终做出评价和定性。例如，在对比 20 世纪初期与二战后的英国劳资关系时，可发现两个阶段政府对劳资关系都实施了国家干预，出台了一些劳资政策和法律。本书运用比较分析法对此进行了研究，并得出以下结论。20 世纪初期英国政府干预劳资关系的指导思想是自愿主义，这主要受到自由放任主义的影响，这一时期的劳资关系体系因而被视为集体自由放任式的劳资关系，而 20 世纪后半叶的劳资政策显然受到了凯恩斯主义倡导的国家干预理论的影响，二者的指导思想有着根本的不同。再如，从 20 世纪六七十年代进入八九十年代，英国劳资关系由激烈对抗转向劳资和平。通过比较研究，我们认为，这是撒切尔政府强势进行劳资关系改革的结果，工会遭到排斥和打压，劳工激进主义被削弱，劳资关系趋于缓和。运用比较分析法将推动本书的观点走向深入、分析走向透彻。

　　第四，博弈论研究方法。博弈论学科的出现是 20 世纪社会科学领域的重大进步，它主要由美国学者约翰·冯·诺依曼（John von Neumann）和奥斯卡·摩根斯特恩（Oskar Morgenstern）创立，随后在数学家约翰·纳什（John F. Nash）等的推动下进一步发展。博弈论是探究两人或多人谋略和决策的理论，可以用于分析博弈参与者的动机、策略和行为。在社会科学研究中，它可以用来分析人类的经济和社会行为。而劳资关系是劳、资、政三方在特定社会经济环境下产生的互动关系，因此博弈论对分析劳资关系中劳、资、政三方的活动颇有助益。在相关章节中，本书依据这一理论对英国的劳资关系做出分析和评价。例如，在分析一战后的英国劳资关系时，我们运用了博弈论中零和博弈的模型，即参与博弈的双方，在严格遵守博弈规则的前提下，若其中一方获得利益，则意味着另一方的利益必然受损，博弈双方不存在合作的可能。本书认为，一战后的英国劳资关系充分体现出零和博弈的特征，劳、资、政三方都陷入了零和博弈下的对抗。

三　研究综述

作为世界上第一个工业化国家，英国较早形成两大对立阶级，劳资双方的对抗与合作成为工业社会的常态。随着社会经济政治环境的变化，英国劳资关系呈现出阶段性的发展特征。自工业化发端到 20 世纪初，英国的劳资关系已发生了翻天覆地的变化，劳资互动的主体、表现形式等皆有所变动。到 21 世纪初，英国的劳资关系又发展了百年，这种阶段性变迁的特征得以延续，例如 20 世纪上半叶与 20 世纪下半叶劳资关系的特征就不尽相同，这在集体谈判制的发展演进中体现得尤为显著，集体谈判由集中走向分散。这种历史变迁为学者察觉，他们从不同视角、不同方法出发去考察和解释这种变化，从而形成了大量的学术成果。为清晰地呈现这段学术史，本部分首先将按研究视角和主题的不同，分门别类地对国外相关研究成果进行梳理。

（一）国外研究综述

国外学术界对 20 世纪的英国劳资关系已进行了较为全面而深入的研究，主要研究成果如下。

1. 从宏观层面对 20 世纪英国劳资关系的考察

主要成果有以下几种。休·克莱格（H. A. Clegg）撰写的《大不列颠的劳资关系体系》①，不同于以往研究按编年方式书写英国劳资关系史，作者根据研究对象的不同编写内容，对涉及 20 世纪英国劳资关系的一些重要主题都做了论述，其中包括工会的结构与管理，雇主组织的发展、结构与目标、功能与管理，集体谈判制的演进，国家在劳资关系中角色的变迁，70 年代英国的劳资关系危机等。该书是研究英国劳资关系的一部教科书性质的著作，有助于研究者入门。

---

① H. A. Clegg, *The System of Industrial Relations in Great Britain*, Oxford: Basil Blackwell, 1972.

克里斯·里格利（Chris Wrigley）主编的三卷本《英国劳资关系史》，包括《1875—1914 年的英国劳资关系史》①、《1914—1939 年的英国劳资关系史》②、《1939—1979 年的英国劳资关系史》③。它们由一系列学者撰写的篇章构成，研究时段自 19 世纪后期延伸至 20 世纪 70 年代末，内容涉及一定时期工会与工会运动的发展、雇主组织及其战略的演变、工会立法的变化、政府对劳资关系的干预等问题。其突出特点还在于加入了一定数量的个案研究，其中包括探讨特定行业（煤矿、纺织、运输、钢铁、电力、汽车制造等）劳资关系的情况、集体谈判结构的变化、工会主义的发展等。因内容丰富、涉及主题广泛，且较为准确地概括了英国劳资关系的总体发展趋势，它成为 20 世纪英国劳资关系研究难以绕开的代表性论著，具有重要的参考价值。

霍华德·F. 高斯贝尔（Howard F. Gospel）与吉尔·帕尔默（Gill Palmer）撰写的《英国的劳资关系》④，是从宏观上考察英国劳资关系的又一部力作。它从历史、社会、政治多视角解读英国劳资关系，内容涉及劳资关系的方方面面，包括雇主组织及其战略、雇员与工会、国家在劳资关系中角色的变迁、集体谈判体系的变化、20 世纪 70 年代政府对劳资关系的改造等。作者意在从广阔的视角中展现英国劳资关系的潮起潮落和特征的变化，从而帮助读者理解当时的劳资关系情况。

艾伦·福克斯（Alan Fox）也是这一领域的代表性学者，其研究⑤

---

① Chris Wrigley, ed., *A History of British Industrial Relations*, *1875-1914*, Amherst: the University of Massachusetts Press, 1982.

② Chris Wrigley, ed., *A History of British Industrial Relations*, *1914-1939*, Brighton: the Harvester Press Ltd., 1987.

③ Chris Wrigley, ed., *A History of British Industrial Relations*, *1939-1979*, Cheltenham: Edward Elgar, 1996.

④ Howard F. Gospel and Gill Palmer, *British Industrial Relations*, London: Routledge, 1993.

⑤ Alan Fox, *History and Heritage*: *The Social Origins of the British Industrial Relations System*, London: George Allen and Unwin Publishers Ltd., 1985.

从宏观的劳资关系体系视角考察英国劳资关系的变迁，重点探究劳资关系演变的社会渊源。其研究时段较长，从前工业化时期延伸至20世纪末期，对单一阶段劳资关系的考察至少长达数十年，颇有年鉴学派以长时段视角治史的风格。其研究视角和方法独树一帜，是以往劳资关系研究未曾有过的。作者认为，个人主义是英国劳资关系的重要传统，它推动了自愿主义劳资关系体系的形成。自愿主义体系在19世纪形成，在20世纪上半叶不断得到巩固和发展，但到20世纪60年代后却遭遇严重挑战。该著作尽管在研究视角、方法甚至观点上有所创新，但也受到一定程度的批判，例如参考文献多为二手材料，使用的概念也未得到有效的界定，一些观点存在争议，论证没有做量化尝试，缺乏数据统计支撑。①

　　除了探究英国劳资关系的历史演变，对二战后当代英国劳资关系的考察亦是国外学者关注的重点。西德·凯斯勒（Sid Kessler）和弗雷德·贝利斯（Fred Bayliss）的《当代英国劳资关系》②，着力探究二战结束至20世纪末英国劳资关系的演变，先后对二战后初期、70年代、80年代乃至90年代劳资关系的情况做了探讨，涉及政府的劳资政策、私营部门的雇主及其管理战略、政府主导下公共部门劳资关系的情况、工会、劳资关系机构、罢工等主题。其研究表明，不同时期劳资关系呈现不同的特点。战后初期是共识政治的时期，政府追求充分就业、福利国家和公私经济并存，工会社会地位上升。进入70年代，英国外部经济环境恶化，产业领域车间激进主义凸显，全国大罢工此起彼伏。80年代劳资关系出现更加激烈的变动，这是撒切尔政府强力干预劳资关系的结果。

① Walter Galenson, "Review of Book 'History and Heritage: The Social Origins of the British Industrial Relations System'", *The Journal of Economic History*, Vol. 46, Iss. 1, March 1986.

② Sid Kessler and Fred Bayliss, *Contemporary British Industrial Relations*, Third Edition, London: Macmillan Business, 1998.

B. C. 罗伯茨（B. C. Roberts）主编的《劳资关系：当代问题与视角》①，由一系列学者撰写的论文组成，研究重点落在 20 世纪后半叶英国劳资关系的变化上，内容包括工会的成员、组织与结构，集体谈判的模式，车间层面的劳资关系，劳资关系立法的情况，等等。作者认为自愿主义集体谈判的思想、制度、模式是以往英国劳资关系的基本特征，它为英国工业经济平稳有序的发展做出贡献，但进入 20 世纪后半叶，随着社会经济环境的变化，传统的劳资关系制度难以适应现实的需要，改革迫在眉睫。该著作的目标在于重塑劳资关系的各个方面（工会、雇主、劳资立法、集体谈判等），从而为劳资关系体系改革提供启示。

2. 从工会视角出发对现代英国劳资关系的考察

劳资关系是劳、资、政三方互动下形成的集体关系，其中劳方是推动劳资关系变化发展的关键力量之一，对劳工群体组织与活动的研究是劳资关系研究中不可或缺的一部分。由此，工会、工会运动、劳工运动成为国外学界研究 20 世纪英国劳资关系涉及的重要主题。相关研究成果不胜枚举，其中主要的有以下几种。

休·克莱格等人主编的《1889 年以来的英国工会史》三卷本，是英国劳资关系学界工会研究的代表性成果，研究聚焦于 19 世纪末至 20 世纪上半叶英国工会运动的发展，三卷本分别是《1889 年以来的英国工会史（1889—1910）》②、《1889 年以来的英国工会史（1911—1933）》③、《1889 年以来的英国工会史（1934—1951）》④。这套著作虽冠以工会史之名，但研究面相当宽泛，对

---

① B. C. Roberts, ed. , *Industrial Relations*: *Contemporary Problems and Perspectives*, London: Methuen and Co. Ltd. , 1962.

② H. A. Clegg, Alan Fox and A. F. Thompson, eds. , *A History of British Trade Unions since 1889*, *Vol. 1*, *1889-1910*, Oxford: Clarendon Press, 1977.

③ H. A. Clegg, *A History of British Trade Unions since 1889*, *Vol. 2*, *1911 - 1933*, Oxford: Clarendon Press, 1985.

④ H. A. Clegg, *A History of British Trade Unions since 1889*, *Vol. 3*, *1934 - 1951*, Oxford: Clarendon Press, 1994.

特定时期涉及工会运动的方方面面都做了详细的梳理，研究也较为深入细致，内容具体到行业层面。例如第一卷，除了关注19世纪末20世纪初新工会运动的兴起及劳工政治运动的发展，还探究了煤矿、纺织等行业劳资关系的情况，以及塔夫·维尔判决（Taff Vale Decision）下集体谈判的变化。第二卷，除了关注一战前后大规模劳工骚动、大罢工等主题，还论及两届工党政府的情况、20年代劳资关系的总体状况。毋庸置疑，它是英国工会、工会运动、劳资关系研究不得不关注的学术成果。

W. 哈米什·弗雷泽（W. Hamish Fraser）的《1700—1998年的英国工联主义史》①，对英国工业化前后近300年英国工会的历史进行了阶段性的梳理，全书共划分为10个阶段，重点分析1850年工业化以后英国工会运动的发展。就20世纪英国的工会运动而言，作者认为自19世纪末至一战爆发，国家干预是突出的时代特点，1914—1921年战时环境推动了工会发展，20年代初至30年代初萧条的经济环境导致工会运动遭受重创，此后工会逐步走向复兴，但从70年代到90年代末，在经济和政治因素的双重打击下，工会运动再次走向衰落。作者特别强调1700年以来英国工会运动固有目的的连续性（关注工资、工时等实际问题）以及工会灵活应对社会、经济、政治变化的能力。这是一部理解英国劳工史的入门之作，可以帮助读者把握英国工会运动历史发展的概貌。

亨利·佩林（Henry Pelling）的《英国工联主义史》②，对英国工会运动的发展历程进行概述，从中世纪的行会、早期的工匠协会谈到19世纪、20世纪英国工联主义的快速发展。全书分为三个部分，19世纪80年代以前是工联主义兴起的时期，19世纪80年代至1926年大罢工（The General Strike）是劳工团结的时期，此后到

① W. Hamish Fraser, *A History of British Trade Unionism*, 1700–1998, London: Macmillan Press Ltd. , 1999.

② Henry Pelling, *A History of British Trade Unionism*, London: The Macmillan Press Ltd. , 1976.

20世纪末是工会运动存在全国性整合问题的时期。作者指出只有了解工会的历史，才能理解当下关于劳资关系的辩论。

　　艾伦·胡特（Allen Hutt）的《英国工会运动简史》①，着力探讨19世纪初至20世纪上半叶英国工会运动的发展。依据社会经济关系发展的不同，英国工会运动史被划分为四个时期。第一个时期大致在19世纪上半叶，被称为革命的时期；第二个时期为1850—1880年，是古典手工艺运动创立和发展的时期；第三个时期从1880年至一战爆发，是新工会运动诞生及工会运动复兴的时期；第四个时期始于1914年，工会成为国家社会机器的一部分。作者总结了各时期内特定阶段工会运动发展的特点，例如在第三个时期，世纪之初的十年是工会参与政治的时代，一战前的四年是工会发起伟大攻势的时期。可见，胡特对英国工会运动的发展历程进行了清晰的梳理。

　　从工会角度研究英国工人阶级是国外学界常用的切入点，也有学者从更加广阔的劳工运动、工人阶级运动视角进行研究。例如肯尼斯·布朗（Kenneth Brown）的《1700—1951年的英国劳工运动》②、玛丽·戴维斯（Mary Davis）的《同志还是兄弟？：1789—1951年的英国劳工运动史》③、莫尔顿（A. L. Morton）与台德（George Tate）的《英国工人运动史（1770—1920）》④、科尔（G. D. H. Cole）的《1789—1947年的英国工人阶级运动简史》⑤、

---

① ［英］艾伦·胡特：《英国工会运动简史》，朱立人、蔡汉敖译，世界知识出版社1954年版。

② Kenneth Brown, *English Labor Movement*, *1700–1951*, New York: St. Martin's Press, Inc., 1982.

③ Mary Davis, *Comrade or Brother?*: *The History of the British Labour Movement 1789-1951*, London: Pluto Press, 1993.

④ ［英］莫尔顿、台德：《英国工人运动史（1770—1920）》，叶周、何新等译，生活·读书·新知三联书店1962年版。

⑤ G. D. H. Cole, *A Short History of the British Working Class Movement*, *1789-1947*, London: George Allen and Unwin Ltd., 1952.

埃里克·霍普金斯（Eric Hopkins）的《1815—1945 年的英国工人阶级社会史》[1] 以及詹姆斯·欣顿（James Hinton）从劳工与社会主义视角探究 19 世纪中期以来英国劳工运动的发展[2]等。这些研究成果不仅关注工会发展，还将劳工政治运动、工人阶级的生产生活、福利国家的演进等主题纳入研究范畴。

　　除了上述长时段的宏观梳理，还有一些短时期、涉及面较小的微观研究。例如对特定时期工会、劳工运动发展情况的研究，代表性成果有罗伯特·泰勒（Robert Taylor）的《第五等级：70 年代的英国工会》[3]、基思·巴罗（Keith Barlow）的《从撒切尔到布莱尔的英国劳工运动》[4]、约翰·洛弗尔（John Lovell）的《1875—1933 年的英国工会》[5]、克里斯·里格利的《1945—1995 年的英国工会》[6] 等。再如对特定类型、特定行业的工会进行研究，代表性成果有乔治·塞耶思·贝恩（George Sayers Bain）的《白领工会的增长》[7]、罗杰·拉姆利（Roger Lumley）的《英国的白领工会主义：一项对现状的调查》[8]、菲利普·西德尼·巴格韦尔（Philip Sidney Bagwell）的《铁路工人：全国铁路工人工

---

[1]　Eric Hopkins, *A Social History of the English Working Classes, 1815 - 1945*, London: Edward Arnold Publishers, 1979.

[2]　James Hinton, *Labour and Socialism, A History of the British Labour Movement, 1867-1974*, Amherst: The University of Massachusetts Press, 1983.

[3]　Robert Taylor, *The Fifth Estate: Britain's Unions in the Seventies*, London: Routledge and Kegan Paul, 1978.

[4]　Keith Barlow, *The Labour Movement in Britain from Thatcher to Blair*, New York: Peter Lang Gmbh, 2008.

[5]　John Lovell, *British Trade Unions, 1875 - 1933*, London: The Macmillan Press Ltd., 1977.

[6]　Chris Wrigley, *British Trade Unions, 1945-1995*, New York: Manchester University Press, 1997.

[7]　George Sayers Bain, *The Growth of White-Collar Unionism*, Oxford: Oxford University Press, 1972.

[8]　Roger Lumley, *White-collar Unionism in Britain: A Survey of the Present Position*, London: Methuen and Co. Ltd., 1973.

会史》① 等。

3. 从雇主视角来考察 20 世纪的英国劳资关系

雇主群体是劳资关系的两大基本主体之一，在劳资关系变动中的作用同样不容忽视，由此雇主组织及其活动的研究也成为国外劳资关系研究者关注的重要主题。但相较于对劳工的研究，国外学界对雇主的研究较为有限。有国外学者指出："雇主组织的历史和资本家劳资关系战略的演变虽然是一个不断发展的研究领域，但仍处于起步阶段。"② 这主要是因为大量雇主组织保持相对的隐秘性，研究资料的获取较为困难。尽管如此，国外学者仍进行了积极有效的探索，主要研究成果如下。

J. 亨利·理查森（J. Henry Richardson）的《大不列颠的雇主组织》③，主要是一项介绍性质的研究，对英国雇主组织的历史发展、结构及组织、全国性的协调、功能与政策进行了简要的论述。史蒂文·塔利迪（Steven Tolliday）和乔纳森·蔡特林（Jonathan Zeitlin）主编的《管理的权力？——比较历史视野下的雇主与劳资关系》④，是一部集结了众多学者相关研究成果的论文集，广泛研究了英、美、德、日等国雇主组织的历史发展，进而对不同国家的发展模式做出对比分析。对英国雇主组织的研究主要从行业案例出发，包括 19 世纪后期到 20 世纪上半叶建筑业雇主组织战略的变化、19 世纪末到二战前工程业雇主组织联盟的发展等，意图发掘英国雇主群体的特殊性。

① Philip Sidney Bagwell, *The Railwayman*: *The History of the National Union of Railwayman*, London: George Allen & Unwin, 1963.

② Arthur J. McIvor, *Organised Capital*: *Employers' Associations and Industrial Relations in Northern England*, *1880–1939*, Cambridge: Cambridge University Press, 1996, p. 3.

③ J. Henry Richardson, "Employers' Organizations in Great Britain", in Frank E. Gannett and B. F. Catherwood, eds., *Industrial and Labor Relations in Great Britain*: *A Symposium*, New York: America's Future Inc., 1939.

④ Steven Tolliday and Jonathan Zeitlin, eds., *The Power to Manage?*: *Employers and Industrial Relations in Comparative-historical Perspective*, London: Routledge, 1991.

亚瑟·J. 麦基弗（Arthur J. McIvor）的《组织资本：1880—
1939 年英格兰北部的雇主组织与劳资关系》①，从区域视角观察雇
主组织的发展及其对劳资关系的应对。该书先后探讨了 19 世纪 80
年代以前雇主组织的起源和发展，1880—1920 年雇主组织的成熟以
及雇主策略由破坏罢工转向集体谈判的过程，两次世界大战之间经
济衰退期雇主组织的发展及多雇主劳资关系的政策。作者认为，19
世纪末以来，在市场竞争加剧、政府干预加强、劳工运动日益激进
等因素的共同推动下，雇主群体间的联合加强，一个复杂的雇主组
织网络开始出现。这些组织适应了大规模工会主义的出现，尽管受
到内部分歧的破坏，但在英国劳资关系体系的发展和保护雇主利益
方面发挥了关键作用。

霍华德·F. 高斯贝尔的《现代英国的市场、公司及劳动管
理》②，致力于探究 19 世纪至 20 世纪英国雇主人力资源管理及劳
资关系政策的历史演变。研究表明，历史上英国的雇主倾向于采用
基于市场的战略，而非内部战略，这种模式深刻影响了 20 世纪英
国企业的劳动管理。尽管二战后出现"内部化"的趋势，但与美
国、德国和日本的对比显示，这种趋势的实现缓慢且不均衡，未能
阻止经济和国家竞争力的相对下滑。以往史家在劳资关系中更多关
注劳工角色，而高斯贝尔对雇主群体的关注一定程度上弥补了雇主
研究与劳工研究的差距。

菲利普·奥勒伦肖（Philip Ollerenshaw）的《1916—1945 年英
国雇主组织的增长与作用：比较与对比》③，着力探究一战期间至

---

① Arthur J. McIvor, *Organised Capital*: *Employers' Associations and Industrial Relations in Northern England*, *1880-1939*, Cambridge: Cambridge University Press, 1996.

② Howard F. Gospel, *Markets*, *Firms*, *and the Management of Labour in Modern Britain*, Cambridge: Cambridge University Press, 1992.

③ Philip Ollerenshaw, "The Growth and Role of Employers' Association in the UK (1916-1945): Comparisons and Contrasts", in Danièle Fraboulet, Andrea M. Locatelli and Paolo Tedeschi, eds., *Historical and International Comparison of Business Interest Associations* (*19th-20th Centuries*), Brussels: Peter Lang Pub Inc., 2013.

二战结束英国雇主组织的发展及作用，尤其关注英国工业联合会和雇主组织全国同盟这两个高层雇主组织，对雇主组织的产生、组织功能的划分、与工会的互动等主题都做了探讨。作者指出：一战深刻改变了劳资关系以及劳资双方与政府的关系，国家对经济干预的加强、工会战斗性的增强都使雇主备受压力，由此雇主组织在劳资关系中的作用不断增强。

　　除了对特定时期雇主组织的发展进行总体梳理，国外学界还对具体行业、地区甚至单个雇主组织进行了个案研究。例如埃里克·威格姆（Eric Wigham）的《管理的权力：工程业雇主联盟的历史》①，梳理了 1872—1972 年工程业雇主联盟上百年历史演变的过程，分阶段地总结各时期联盟的发展特点及其在劳资关系中的角色和作用，如 1872—1896 年是联盟形成的时期，1896—1898 年是行业大歇业的时期，20 世纪 20 年代中期是联盟击溃工会、在产业管理中拥有主导权的时期。埃里克·豪（Ellic Howe）的《1900—1950 年的英国印刷业雇主联盟》②，对 20 世纪上半叶英国印刷业雇主联盟在各时期的发展情况进行了详细论述。R. 比恩（R. Bean）的《1890—1914 年利物浦港的雇主组织》③，以利物浦港为例，探讨了 19 世纪末 20 世纪初航运业雇主组织的起源和发展。作者指出，劳工斗争推动了雇主间的合作，雇主联合行动使得劳资力量趋于平衡，从而为航运业集体谈判的发展奠定了基础。

　　亚瑟·J. 麦基弗的《资本主义的十字军东征：1919—1939 年的经济联盟》④，对经济联盟在两次世界大战之间的形成、发展及

---

　　①　Eric Wigham, *The Power to Manage*: *A History of the Engineering Employers'Federation*, London: Macmillan Press, 1973.

　　②　Ellic Howe, *The British Federation of Master Printers*, *1900-1950*, London: British Federation of Master Printers, 1950.

　　③　R. Bean, "Employers' Associations in the Port of Liverpool, 1890-1914", *International Review of Social History*, Vol. 21, Iss. 3, December 1976.

　　④　Arthur J. McIvor, "'A Crusade for Capitalism': The Economic League, 1919-39", *Journal of Contemporary History*, Vol. 23, No. 4, October 1988.

其在劳资关系中的活动展开论述。作者认为，它是为应对劳工激进性增长和一战后危机而出现的右翼雇主团体之一，是 20 世纪二三十年代较为活跃的反劳工宣传机构之一，是企图在国家层面对个人的左翼政治信仰进行系统监测和列入黑名单的唯一中央组织。特伦斯·罗杰斯（Terence Rodgers）的《工作和福利：1919—1936 年的雇主组织全国同盟与失业问题》①，对雇主组织的研究更加深入细致，以两次世界大战之间雇主组织全国同盟与失业问题的关联为研究对象。作者认为，它对政府的失业政策虽没有直接的影响，但有助于政府转变关于失业和失业者的看法，进而推动制定和执行相关政策。微观研究还包括对雇主组织的某一个方面进行探究。例如亚瑟·J.麦基弗的《1880—1914 年英国的雇主组织与罢工破坏》②，重点分析 19 世纪 80 年代至 20 世纪初英国雇主组织应对罢工的手段及策略。作者认为，该时期雇主组织的反罢工举措主要包括劳工替代，欺骗、恐吓及立法行动，雇主内部制定共同规则、提供反罢工补偿，集体歇业，等等。

4. 对于 20 世纪英国劳资关系演进中政府作用的探讨

一般认为，政府在劳资关系中主要扮演协调和中立者的角色，但从历史的角度看，各时期政府劳资政策的侧重点不尽相同，不同时期政府在劳资关系发展过程中所起的作用存在具体的差异。因此，国外劳资关系学界关注的另一大焦点是英国政府在劳资关系发展过程中的角色和作用，研究成果主要如下。

道格拉斯·布罗迪（Douglas Brodie）的《1867—1945 年的英国劳动法史》③，从劳动立法的角度考察 19 世纪中期至二战结束这

---

①　Terence Rodgers, Work and Welfare: The National Confederation of Employers' Organizations and the Unemployment Problem, 1919-1936, Ph. D. dissertation, University of Edinburgh, 1981.

②　Arthur J. McIvor, "Employers' Organisation and Strikebreaking in Britian, 1880-1914", *International Review of Social History*, Vol. 29, Iss. 1, April 1984.

③　Douglas Brodie, *A History of British Labour Law, 1867 - 1945*, Oxford: Hart Publishing, 2003.

段时期英国政府劳资关系管理的历史演进。作者指出，人们往往认为英国的劳动立法更多是非干涉性质的，政府干预较少直接涉及雇佣条件的确定，而是积极推动劳资双方开展集体谈判。但这种定性的可靠性取决于所考察的历史阶段，而 1867—1945 年的历史考察表明，国家不断地接受集体谈判的方式，劳工立法始终围绕其展开，因而关于英国劳工立法的传统定性是正确的。

埃里克·威格姆的《1893—1981 年的罢工与政府》[①]，着力探究 19 世纪末至 20 世纪 80 年代初英国政府应对劳资纠纷的历程。作者意图弄清英国政府如何在工业中缔造和平，涉及的主题包括劳资争端的解决、争端的预防、服务的提供、官方和公众对改进问题可能方法的讨论，乃至政府劳资关系政策的整个领域。其关注的焦点是政府处理劳资关系事务主要部门的活动，例如 1893 年的贸易委员会劳工部、1917 年的劳工部、1939 年的劳工与国家服务部、1970 年的就业部。

克里斯·豪威尔（Chris Howell）的《工会与国家：1890—2000 年英国劳资关系体系的构建》[②]，从宏观的劳资关系体系视角观察 19 世纪末以来英国劳资关系的变化发展，尤其突出政府在劳资关系体系构建中的角色和作用。以往大多数学者认为英国的劳资关系体系很大程度上是自由放任的结果，政府干预起相对次要的作用。但豪威尔反对这一观点，认为政府是 20 世纪英国三种截然不同的劳资关系体系的主要设计者，政府运用行政和司法、立法等手段构建了新形式的劳资关系体系。

发展劳资间的集体谈判是政府化解劳资纠纷的主要手段之一，对集体谈判制演进的研究也成为国外学界的学术热点。伊恩·G.夏普（Ian G. Sharp）是这一领域的代表性人物，他主要关注 19 世

① Eric Wigham, *Strikes and the Government*, *1893-1981*, London: The Macmillan Press, 1982.

② Chris Howell, *Trade Unions and the State*: *The Construction of Industrial Relations Institutions in Britain*, *1890-2000*, Princeton: Princeton University Press, 2005.

纪后期至二战前以调解和仲裁为主要形式的集体谈判制在英国的发展，包括各行业自愿主义调解与仲裁机制的演进以及国家在其中所起的作用。① 作者指出，经验主义而非理论塑造了英国自愿主义集体谈判体系，它不是通过强制性的国家干预骤然扩展到整个行业，而是取决于各行业劳资双方自发的组织程度，英国政府对劳资关系的管理倾向于鼓励自愿主义集体谈判制的发展，而非强制性的干预。

罗杰·查尔斯（Rodger Charles）的《1911—1939 年英国劳资关系的发展》②，专注于研究 1911—1939 年英国全国层级及行业层级集体谈判机制的发展，先后探讨了一战前的工业理事会、惠特利（Whitley）委员会倡导的联合工业委员会、一战后初期的全国工业会议等劳资集体谈判机制的形成与运作。相较传统的研究，其突出特点在于扩大了集体谈判研究的范畴，将劳资对话的全国性会议纳入考察的范围。该著作在参考众多文献的基础上写成，具有重要的学术参考价值。

总的来说，在研究视角上，国外学界或从劳资关系总体，或从劳资关系主体对象中的一方，或从劳资关系的某一方面出发探究 20 世纪的英国劳资关系，各类别的研究都产出了大量的学术成果。在研究进展上，相比对 19 世纪英国劳资关系的研究，对 20 世纪的相关研究存在深入细化的趋势，这不仅体现在研究时段的缩短上，还体现在研究主题的缩小上。但劳资双方两大主体的研究进展存在差异，对雇主的研究较为薄弱。这既是一块短板，也是未来研究进一步拓展的方向。在研究不足上，国外英国劳资关系研究存在碎片化的问题，研究主题、对象不断缩小，乃至对某一区域、行业的劳资双方、劳资关系进行研究。尽管这些微观研究往往立足于扎实的

---

① Ian G. Sharp, *Industrial Conciliation and Arbitration in Great Britain*, London：George Allen and Unwin Ltd. , 1950.

② Rodger Charles, *The Development of Industrial Relations in Britain, 1911-1939*, London：Hutchinson Ltd. , 1973.

实证考察之上，但其立论往往孤立，囿于边边角角。历史研究注重总结和归纳，在进行了大量的碎片化研究后，20世纪以来英国劳资关系研究还须回归大历史，以便从总体上把握其走向及规律。

（二）国内研究综述

相比国外学界成果迭出、研究内容丰富，国内学人受限于资料获取上的困难、语言方面的障碍，对20世纪英国劳资关系的研究较为有限。尽管如此，他们仍从多方位多角度探究英国劳资关系，产出了一些高质量的学术成果。

1. 相关专著

在专著方面，巨英的《二战后英国劳资关系的政治分析》[①]，是从政治学视角探析英国劳资关系变化发展的重要著作，着重分析二战后各时期（法团主义阶段、市场个体主义阶段、第三条道路阶段）政府劳资政策的内容、劳资政策变动的原因及影响，最后对英国劳资关系发展的政治机制进行总结。作者认为，英国劳资关系发展的制度机制是政府的法律调节和工资的集体调节相结合，各时期两种方式的重要性不同。英国劳资关系发展的政治机制在于政党政治和选举政治，政党竞争机制有助于约束资本扩张，协调劳资关系。

吕楠的《撒切尔政府劳资政策研究》[②]，以撒切尔政府的劳资政策为研究对象，先后探讨了撒切尔执政前英国的劳资关系状况、撒切尔主义劳资观的形成、撒切尔政府劳资政策的实践，最后对撒切尔政府的劳资政策做出评价。作者认为，在20世纪60年代严峻的社会环境下，保守党内部形成了以政治权威主义和经济自由主义统一为核心的撒切尔主义劳资观，自由经济、法治、秩序是其主要内容。以此为指导，撒切尔政府在三个方面开展治理劳资关系的实践，包括在法律框架内解决劳资纠纷、重塑自由经济、恢复政府权

---

① 巨英：《二战后英国劳资关系的政治分析》，湖北人民出版社2010年版。
② 吕楠：《撒切尔政府劳资政策研究》，社会科学文献出版社2009年版。

威。通过改革，英国确立了新的劳资机制，经济与社会发展取得了显著成效。

刘健西的《劳资关系协调机制及政策研究》① 聚焦于劳资关系的管理，是经济学界研究劳资关系的代表著作。该著作对西方国家劳资关系的历史演变、西方国家劳资关系的协调机制、转型时期我国劳资关系的现状及成因等主题做了研究和分析。对英国劳资关系的研究，作者尤其关注其协调劳资关系的内容和途径，他认为英国劳资关系的典型特征在于自愿主义，政府对劳资关系的干预较少，但经过长期的实践，英国的劳资纠纷处理体系相对完善，政府设立多个机构化解劳资争端。

钱箭星的《当代发达国家劳资关系研究》②，着力探究 20 世纪后期经济全球化时代发达国家劳资关系的变化。作者先后论及经济全球化时代各生产要素的全球流动、生产方式的变革及其对发达国家劳资关系的影响、发达国家劳动力市场政策的变革、20 世纪 80 年代新自由主义对劳资关系的影响等内容。对英国的研究主要关注撒切尔政府的新自由主义改革，涉及对改革实践（打压工会）和对撒切尔政府劳资政策的评价。作者认为撒切尔改革削弱了工会的力量，成功地医治了"英国病"，使英国经济更具灵活性。

张丽琴的《欧洲集体谈判研究——以英、德、瑞为例》③，从劳资冲突化解机制的角度研究劳资关系，主要探究英、德、瑞典三国的集体谈判制。作者认为，欧洲集体谈判经历了三个阶段两个拐点，即经历了产生、发展、衰退三个阶段，并分别在 19 世纪末 20 世纪初和 20 世纪 70 年代末经历两次转变，第一次从个体谈判转向集体谈判，第二次从集体谈判回归个体谈判。在历史分析的基础上，作者进一步对欧洲集体谈判的现实进行考察，指出 2008 年经

---

① 刘健西：《劳资关系协调机制及政策研究》，中国经济出版社 2017 年版。
② 钱箭星：《当代发达国家劳资关系研究》，上海人民出版社 2017 年版。
③ 张丽琴：《欧洲集体谈判研究——以英、德、瑞为例》，中国政法大学出版社 2016 年版。

济危机以来，欧洲集体谈判的发展并未改善劳工的境遇。

刘成、何涛等人在这方面的合作研究①重点关注工会与英国政府关系的变化发展，其主要特色在于运用和平学冲突化解的理论和工会代表大会文件等原始资料探究 20 世纪英国工会与国家关系的演变，分阶段地论述各时期工会与政府的关系，从 19 世纪工会的形成论述到布莱尔政府时期政府与工会的关系。作者认为，20 世纪英国工会与政府的关系是变化发展的，并非一直呈现和谐状态，尤其在一战后，工会与政府的冲突对社会稳定造成重大破坏。

2. 相关论文

在论文方面，国内学界的研究主要分为宏观研究和微观研究两个方面。宏观研究指对英国劳资关系发展的总体概述。微观研究指对英国劳资关系的某一方面进行研究，例如对政府的劳资政策、劳资立法、劳资治理理念的研究，对集体谈判制度的研究，对一些大型劳资纠纷或具体行业纠纷的研究，对工会及工会运动的研究，等等。

在宏观研究上，研究者聚焦于从总体上论述特定时期英国劳资关系的变化。刘彩凤的论文②从工会、集体谈判、劳动争议处理三个角度总体考察过去几十年英国劳资关系的发展。作者认为，英国劳资关系经历了从自主、对抗到合作的曲折历程，工会的发展由衰落走向复兴，而集体谈判逐步衰弱和分散化，咨询、调解、仲裁委员会的角色从"防止和解决"转变为"服务与支持"。陈文彬的论文③重点考察二战以来英国劳资关系的变迁，尤其是 70 年代劳资关系领域的动荡。其研究表明，二战后初期英国的劳资关系保持相对和谐状态，进入 60 年代后期，由于"英国病"加重及政府的干

---

① 刘成、何涛等：《对抗与合作——20 世纪的英国工会与国家》，南京大学出版社 2011 年版。

② 刘彩凤：《英国劳动关系的发展——工会、集体谈判与劳动争议处理》，《当代经济研究》2010 年第 3 期。

③ 陈文彬：《在合作与对抗之间——论 1964—1970 年英国工业关系》，《复旦学报》（社会科学版）2011 年第 5 期。

预，劳资关系由合作走向对抗。佘云霞的论文①关注 20 世纪末英国劳资关系的演变，重点突出劳资关系特征的变化。作者指出，二战后英国的劳资关系有几大突出特征，包括自愿主义传统、法律体制的薄弱、政府作用的加强等，20 世纪 90 年代英国的劳资关系发生巨变，劳方转向合作策略，着力构建与资方的和谐关系，劳资关系趋于缓和。梁斌的《二战以来英国劳资关系的变迁及启示》② 着力探讨二战后英国劳资关系的总体变迁，作者认为，二战以来英国劳资关系先后经历了劳资传统延续时期、劳资关系紧张时期、劳资关系稳定时期以及劳资关系良性发展时期，各时期劳资互动的特征鲜明；英国的劳资治理对我国有借鉴作用，政府要调整劳资观、完善三方协商制度、调解劳资关系要注意力度等。巨英、杨华锋的《浅析英国劳资关系制度发展的 "路径依赖"》③，对二战后三个时期劳资互动的模式进行分析，包括法团主义模式、市场个体主义模式以及第三条道路模式，作者认为，这三种模式的变迁反映了英国劳资关系制度发展 "路径依赖" 的特点。

在微观研究方面，英国历届政府的劳资政策（含工会政策）是国内学界研究的重点，其中对撒切尔政府劳资政策的研究又是重中之重。高倩、李兆友的《撒切尔政府劳资政策分析及对我国劳资关系的借鉴》④，在总结撒切尔政府劳资政策实践的基础上，从政治效果和社会效果两个方面做出评价。作者认为，撒切尔政府的改革改善了英国的劳资关系，其对我国的借鉴在于，政府要推进劳资关系的法治化和养老保险的社会化，加强工会的力量和集体谈判

---

① 佘云霞：《英国劳资关系的特征及演变——20 世纪 90 年代以来英国劳资关系的变化》，《中国劳动关系学院学报》2001 年第 4 期。

② 梁斌：《二战以来英国劳资关系的变迁及启示》，硕士学位论文，天津商业大学，2011 年。

③ 巨英、杨华锋：《浅析英国劳资关系制度发展的 "路径依赖"》，《法制与社会》2010 年第 36 期。

④ 高倩、李兆友：《撒切尔政府劳资政策分析及对我国劳资关系的借鉴》，《哈尔滨商业大学学报》（社会科学版）2013 年第 4 期。

协商。吕楠的《撒切尔政府的劳资立法及其影响》①，先后论及了撒切尔政府劳资立法的动因、主要内容以及对此后英国劳资关系的影响。作者认为，撒切尔政府的改革使得英国劳资关系自由放任的传统被改变，严格限定了工会的权利和集体谈判，改善了劳资关系状况，顺应了社会经济结构的变革，并对其后劳资政策的发展产生深远影响。王皖强的《论撒切尔政府的工会战略及其后果》②，对撒切尔政府工会政策的形成、工会立法的核心内容及其对英国劳资关系格局的影响展开研究。作者指出，撒切尔政府工会战略的重点在于从政治上限制和打压工会，通过一系列劳资立法，英国的工会化程度下降，罢工次数及持续时间减少，集体谈判制被削弱。李华锋的《论撒切尔政府打压工会的政策及影响》③，主要论及了撒切尔政府打压工会政策的背景、表现和影响。作者的主要观点在于，工会在社会经济发展中负面作用凸显、工会运动对执政地位的影响以及自由主义价值观推动了打压工会政策的出台，其主要表现是限制和剥夺工会权利、对工会的斗争毫不退让、利用其他政策间接削弱工会。打压政策导致工会走向衰弱、工会运动陷入低潮、工党长期远离政权。毛锐④、潘春宏⑤等人也对撒切尔政府的劳资政策做了研究。

除了关注撒切尔政府，国内学人还对二战期间的联合政府、二战后部分保守党和工党政府的劳资政策进行了探究。王锦的《二

①　吕楠：《撒切尔政府的劳资立法及其影响》，《当代世界与社会主义》2009年第2期。

②　王皖强：《论撒切尔政府的工会战略及其后果》，《湖南师范大学社会科学学报》1996年第5期。

③　李华锋：《论撒切尔政府打压工会的政策及影响》，《理论月刊》2011年第6期。

④　毛锐：《试论撒切尔政府的英国工会改革》，《山东师范大学学报》（人文社会科学版）2003年第5期。

⑤　潘春宏：《撒切尔政府对英国工会的改革》，硕士学位论文，华东师范大学，2010年。

战期间英国联合政府的工会政策研究》①，关注二战前工会与政府的互动、战时工会政策的提出和实施、工会政策的特点及影响等问题。作者认为，在战时环境下，政府需要倚重工会组织经济，由此实行了劳工动员、工业管制与集体协商并存、工资及就业福利保障等政策。政府积极寻求合作的态度赢得了工会的支持，为战争的胜利奠定了基础，同时也对战后工会势力的增长产生深远影响。赵建民的论文②着力探究希思政府对工会政策的大调整，指明战后工会力量膨胀已成为英国经济发展的障碍，1970 年上台的希思政府首次打破战后共识，出台 1971 年《劳资关系法》限制工会，但由于罢工的加剧，新的工会政策陷入流产。吕楠的《布莱尔政府劳资利益协调政策分析》③，对布莱尔政府劳资政策出台的背景、利益协调政策的具体内容和效果进行了研究。作者指出布莱尔政府的调节政策是当时英国劳资关系走向和谐稳定的重要因素。宗杨的论文④对二战以来各时期工党工会政策形成的背景、基本内容、实施及影响做出梳理。作者认为，社会经济环境的变化、工党政治角色的变迁、工党与工会的组织和经济联系等因素对工党的工会政策产生巨大影响。

对政府劳资立法、劳资关系治理理念的研究也是国内学界关注的主要主题之一。柴彬的研究⑤从工会法律地位的视角考察英国劳资关系的演变，具体而言是通过对工业化以来近 200 年的工会法律

①　王锦：《二战期间英国联合政府的工会政策研究》，硕士学位论文，山东师范大学，2017 年。

②　赵建民：《英国希思政府工会政策 U 型转弯》，《山东工会管理干部学院》2009 年第 1 期。

③　吕楠：《布莱尔政府劳资利益协调政策分析》，《当代世界与社会主义》2006年第 3 期。

④　宗杨：《二战后英国工党执政时期的工会政策研究（艾德礼—布莱尔时期）》，硕士学位论文，上海师范大学，2013 年。

⑤　柴彬：《从工会法律地位的演进看工业化时期英国政府劳资政策的嬗变（1799—1974）》，《史学理论研究》2012 年第 2 期。

地位进行梳理，揭示英国政府劳资政策的变化。作者认为，英国工会经历了从非法到被有限承认，再到享有法定特权的过程，反映出政府政策从立法打压到建立仲裁调解制，再到确立集体谈判制的历史嬗变。吕楠的论文①重点考察二战后英国的劳资立法，分阶段地对英国劳资立法的演进进行了总结概括，包括共识政治时期、撒切尔改革时期、布莱尔政府时期。作者认为，英国历届政府对劳资立法做出调整，实质在于满足资本主义发展的需要，而在政党政治下，政府的劳资立法更多是实用主义的表现。在劳资治理理念方面，莫磊的《英国政府劳资关系治理理念的嬗变——以〈劳资关系法（1971年）〉为主线》②，以1971年《劳资关系法》的立废为例探析英国政府劳资关系治理理念的变化，并对政府干预实践的失败进行反思。作者指出，法案的立废反映出政府劳资关系治理理念从自愿主义向国家干预的过渡，政府要避免采用零和思维治理劳资关系，应从整体上整合劳资利益。吕楠在这一方面也有所探究，其论文③从政府劳资观的视角探析20世纪英国劳资关系的变化发展。作者指出，英国政府劳资观的嬗变经历了自由主义、合作主义、新保守主义、第三条道路四个时期，劳资观的变化是政府回应社会经济结构变革的结果，其目的在于缓和劳资矛盾、实现资本主义生产利益最大化。

　　集体谈判制度也是国内英国劳资关系研究的重要对象。佘云霞的《英国的集体谈判》④一文，对英国集体谈判的历史演变，集体谈判的对象、结构以及特点，20世纪70年代以来集体谈判的改革和前景进行了论述。作者指出，自愿主义、工会运动的发展以及政

---

① 吕楠：《二战后英国劳资关系立法分析》，《当代世界与社会主义》2004年第6期。

② 莫磊：《英国政府劳资关系治理理念的嬗变——以〈劳资关系法（1971年）〉为主线》，《苏州大学学报》（哲学社会科学版）2020年第4期。

③ 吕楠：《自由主义·合作主义·新保守主义·第三条道路——英国政府劳资观的嬗变与思考》，《当代世界与社会主义》2008年第3期。

④ 佘云霞：《英国的集体谈判》，《中国劳动关系学院学报》1996年第1期。

府的支持是集体谈判发展的重要推力，其研究主要是介绍性质的。毛景的《20世纪初期英国集体谈判制度的形成及启示》①，探析了英国集体谈判制度形成的过程和成因，并提出英国经验对我国的启示。作者指出，英国集体谈判制度的形成经历了暴力对抗到调解仲裁再到集体谈判确立的过程，我国应当规范企业和工会的角色，规制不当劳动行为，促进劳资谈判。刘金源、胡晓莹的《1896年〈调解法〉与英国集体谈判制的发展》②，着力探究19世纪末政府的立法干预与集体谈判发展间的内在联系。作者指出，1896年政府颁布的《调解法》在遵循民间集体谈判自愿原则的同时加强政府部门对劳资纠纷的干预，从而推动了集体谈判制的发展，促进了劳资和谐。胡晓莹的《政府引导下英国集体谈判制的发展（1896—1914）》③对19世纪末20世纪初英国集体谈判的发展做了更加深入细致的研究。

　　国内的英国劳资关系研究还有对大型劳资纠纷或行业纠纷的考察。1926年大罢工是史学界分析探讨的重点案例。例如，陈晓律的论文④对1926年大罢工的起因、经过、结果及影响进行了详细论述，进而做出反思。作者认为，大罢工表明资本主义体系下劳资对立难以消除，但在资本主义制度长存的情况下，工人阶级如何维护自身利益是个值得深思的问题。刘伟的《英国1926年总罢工——冲突化解研究视角》⑤，从和平学冲突化解的新视角出发，

　　① 毛景：《20世纪初期英国集体谈判制度的形成及启示》，《信阳师范学院学报》2013年第6期。

　　② 刘金源、胡晓莹：《1896年〈调解法〉与英国集体谈判制的发展》，《探索与争鸣》2016年第2期。

　　③ 胡晓莹：《政府引导下英国集体谈判制的发展（1896—1914）》，硕士学位论文，南京大学，2015年。

　　④ 陈晓律：《资本主义的历史发展与大罢工的使命——1926年英国大罢工失败的启示》，《当代世界与社会主义》1997年第2期。

　　⑤ 刘伟：《英国1926年总罢工——冲突化解研究视角》，硕士学位论文，南京大学，2010年。

研究 1926 年大罢工的缘起、进程及结果。作者对大罢工进行整体反思，指出大罢工没有绝对的胜利者，罢工不仅仅是一个产业问题，更根植于英国社会的结构性暴力之中。高麦爱、陈晓律的论文①则进一步转向了 20 世纪 80 年代中期煤矿业的劳资对抗，深究英国全国煤矿工人工会在 80 年代中期罢工失败的原因，指出这是一系列因素综合作用下的结果，包括煤矿业的发展趋势、工会内部的分裂、工会领导人的策略、英国社会的局势、英国政府的工业政策等。施海泉的《战后英国报业劳资问题探析》②，着力探究二战后英国的报业劳资冲突，包括战后初期的劳资冲突、1978—1979 年的罢工、1986—1987 年的罢工、默多克"沃平胜利"的根源。作者指出，大众媒体生产机制直接导致了报业劳资对抗，但根源还在于劳工因技术变革遭受失业风险与雇主提升效率、降低成本之间的矛盾。

　　对工会及工会运动的关注是国内英国劳资关系研究的另一大主题。王金港的《1979 年以来英国工会中女性成员地位的变化》③，从工会中女性成员地位变化的新视角探究工会运动，涉及撒切尔上台前后女性工会会员地位的变化、原因和影响。作者认为，1979 年前女工及女会员在工会中处于边缘地位，1979 年后因工会遭受打压，女性成为工会发展的重要对象，女性会员地位得以改善，但仅仅做出了初步努力。佘云霞的《九十年代英国工党的改革及其对英国工会运动的影响》④，聚焦 20 世纪 90 年代布莱尔工党改革对工会的影响，其结果是工会调整自身策略，适应新形势发展，拉开与工党的距离，淡化自身政治色彩，扩大工会的政治基础。工会

　　① 　高麦爱、陈晓律：《试析英国全国煤矿工人工会在 1984—1985 年罢工中失败的原因》，《世界历史》2010 年第 5 期。

　　② 　施海泉：《战后英国报业劳资问题探析》，《青年记者》2008 年第 2 期。

　　③ 　王金港：《1979 年以来英国工会中女性成员地位的变化》，硕士学位论文，四川师范大学，2018 年。

　　④ 　佘云霞：《九十年代英国工党的改革及其对英国工会运动的影响》，《中国劳动关系学院学报》1999 年第 1 期。

与工党的分歧加重，不利于工人阶级内部的团结。

综上所述，国内关于 20 世纪以来英国劳资关系的研究，旨在充分发挥历史研究的镜鉴作用。国内学人关注的重点往往是工会及其罢工活动、劳资政策、劳资关系治理的经验教训、劳资冲突的化解（集体谈判的研究），研究的出发点在于为中国现代化历程中的劳资关系治理提供借鉴和启示。就研究不足而言，其一，国内关于 20 世纪以来英国劳资关系的研究缺乏对雇主群体的关注，企业家是组织社会生产、发展生产力的重要力量，是英国经济史、社会史研究中不可忽视的研究对象。若无法理解雇主、雇主组织及其活动，也就无法对 20 世纪以来英国劳资关系的演进进行深入彻底的思考。其二，研究视角较为单一，更多关注劳资关系主体中的政府一方（政府管理劳资关系的实践），研究时段上更多关注二战以来的英国劳资关系，对二战前英国劳资关系的研究较为有限。其三，国内研究关注的主题较为零散，直接表现为研究成果中有大量的论文，而相关的专著较少，这导致国内研究无法从宏观层面理解 20 世纪英国劳资关系的发展演变，缺乏系统性的思考。

基于此，本书运用历史学的研究方法，在搜集、整理、阅读相关史料的基础上，兼采跨学科的方法，综合分析劳资关系系统中劳、资、政三方力量的互动，分阶段地对 20 世纪以来英国劳资关系的演进进行宏观梳理，力图弥补既有研究的不足，从而在观点、内容、方法等方面有所创新。

四　研究框架与创新之处

现代意义上的劳资关系随着资本主义生产方式的确立而诞生，劳资关系也由此成为市场经济国家中一项最基本的社会关系，它不仅存在于以工业化为核心的社会转型时期，也贯穿于工业社会向后工业社会过渡的历程中。从最基本的层面看，劳资关系就是劳动者及其组织与资本家及其组织之间的对立统一关系。这是因为，在本质上劳资冲突是一种兼顾型冲突，即冲突双方相互作用，并在一定阶段内此消彼长，但冲突双方又非绝对对立，必须兼顾和结合起来，换言之，它们在根本上是一致的，两者能够辩证统一起来。这种辩证统一在实践中表现为劳资间的冲突与妥协关系：冲突的根源在于劳方与资方利益上的对立，双方在博弈过程中往往此起彼伏；妥协的根源在于劳动力与资本均为社会大生产的要素，二者只有结合起来才能使生产得以进行，经济社会才能发展。由此，劳资关系是对抗与合作的辩证统一。

从广义层面而言，劳资关系并不仅仅限于劳动者与资本家的关系，它实际上是一个涉及国家发展、经济增长、社会稳定等各方面的复杂问题。因此，尽管 19 世纪英国政府大致奉行劳资关系的自治与自愿原则，但进入 20 世纪后，尤其是在战争及经济危机时期，英国政府加强了对劳资关系的管控，二战后劳资关系中国家干预的成分越来越多。国家干预与劳资冲突之间存在一定的互动关联：一方面，劳资冲突的发展影响到国家的稳定；另一方面，国家的劳资政策又对劳资冲突产生反作用，从而影响到劳资关系的发展走向。因此，劳资冲突的发展与劳资政策的确定是一个相互作用的过程。

基于这样的认识，一方面，本书按照时间顺序，探究 20 世纪以来英国劳资关系变化发展的历史趋势及劳资互动的主要特征；另一方面，考察各个时期英国政府的劳资关系治理，以此为基础，阐发劳资冲突与劳资政策之间的相互作用。

本书旨在探究 20 世纪以来英国劳资关系状况的变迁以及政府劳资关系治理的变化，揭示劳资关系发展的内在规律，探寻调和劳资矛盾、促进劳资和谐的基本原则或规律。本书试图回答以下问题：在 20 世纪英国历史发展进程中，劳资关系的基本状况与特征产生了怎样的变革？劳资关系的历史演变与社会经济环境的变迁存在怎样的互动关系？20 世纪不同时期不同阶段政府为调和劳资矛盾采取了哪些措施？政府治理劳资关系的实效如何？政府的劳资治理与劳资关系存在怎样的互动关系？英国在处理劳资关系方面留下了什么经验教训？本书将围绕以上问题展开研究，并努力探寻劳资关系演进中一些规律性的东西。

从研究框架来看，本书大体按照时间顺序，从历史学视角，对20世纪以来英国劳资关系的阶段性演进进行系统梳理与考察。全书各章节及内容安排如下。

导论部分介绍写作缘起及意义，厘清研究时段、核心概念及研究方法，梳理并评述国内外研究状况，阐明框架设计以及创新之处。

第一章考察20世纪初的劳资关系，大致从1900年到一战爆发。其间，劳资关系大致经历了从合作走向对抗的历程，劳资冲突越发激烈，由世纪之初的劳资和平到大战前夕的工业动荡。其间，在政治上由于司法对工会的打压，劳工运动的政治化趋向增强；经济上，在强调经济斗争的工团主义思想的影响下，工会斗争性增强。而雇主在加强自身组织性以应对劳工问题的同时倡导劳资对话，集体谈判制得以良性发展。政府面对日益紧张的劳资关系，一方面继续推进自愿主义集体谈判体系的发展，另一方面加强劳资立法与社会立法，工业局势得以转危为安。

第二章论述了1914—1918年即一战时期的劳资关系。其间，劳资关系经历了从战争初期的休战到战争中期非官方罢工的兴起，再到战争后期劳资冲突的剧烈化的阶段性演进。从战时劳资双方的组织发展来看，工会力量不断壮大，地位得到空前加强；然而，作为工会最基层代言人的车间代表（Shop Steward），却不满工会上层与政府及雇主的合作政策，发起了较为激进的车间代表运动，引发了剧烈的劳资冲突；受到工会力量壮大的影响，战时雇主组织纷纷建立，并逐步走向联合。平时作为第三方的政府，在战时直接介入生产领域，实现了对生产及劳资关系的全面管控；在劳资争议化解方面，通过出台《战争军需法》，政府引入了强制仲裁原则，但因违背自愿主义传统而并未阻止劳资冲突的加剧，战后向自愿主义的回归成为必然。

　　第三章分析了1918—1926年，即一战结束至1926年大罢工期间的劳资关系。这一时期英国经济由战后短期繁荣转向萧条不振，同时政府逐步取消了战时一系列强制管控劳资关系的政策。产业环境的恶化与政治上的"松绑"使劳资关系由合作转向了对抗，劳资冲突贯穿整个时期。在此期间，工会积极实行合并与组织改革，而雇主群体在加强组织性的同时改变博弈策略。在劳资对抗与产业萧条冲击下，集体谈判制由盛转衰。政府对劳资关系的治理主要体现为完善劳资争议化解机制，在失业、住房、养老等问题上加强社会改革。

　　第四章研究了大萧条前后，即1926年大罢工到二战爆发这段时期的劳资关系。1926年大罢工彻底改变了劳资互动态势，工会罢工失败后，在产业和法律层面都面临不利处境，开始转变长期以来的对抗策略。尽管劳资合作并未达成，集体谈判制进一步衰退，但劳资冲突大幅减少，劳资关系进入历史上的平静期。面对这一时期产业环境的恶化以及劳资双方的利益分歧，政府主要通过化解集体谈判危机、推动最低工资立法、加强劳工失业保障等举措进行干预。

　　第五章探讨了1939—1945年，即二战时期的劳资关系。二战的爆发使得劳资关系处在新的历史环境下，为确保战时生产的有序进行，政府推行强硬的高压政策，相继颁布《紧急权力法》、《就业状况和全国仲裁法令》（简称《1305号令》），规定在自愿主义集体谈判基础上，对劳资争议实施强制仲裁，禁止罢工和闭厂。在政府的高压管制下，尽管存在一定的非官方罢工现象，但劳资关系总体呈现相对平稳的状态。此外，政府还在其他方面对劳资关系施加间接影响，包括通过立法强化自愿主义集体谈判框架、调节财政政策、颁布福利政策缓和社会矛盾等。

　　第六章梳理了二战结束至60年代末，即1945—1968年的劳资关系。从劳资关系发展的态势看，战后20余年间，随着社会经济环境的变化，劳资关系呈现出阶段性的变化，逐步由合作转向对抗。从劳资互动的特征看，工会力量的增长及雇主联合的衰退使得劳资关系形成劳强资弱的产业力量格局，而政府受凯恩斯主义影响加大对社会生产的干预，乃至成为劳工的雇主，使得劳资关系的政治化趋向日浓。与此同时，由于工会管事的崛起，劳资关系也呈现出"去集体化"（decollectivization）的特征。其间，政府的劳资治理理念逐步由自愿主义转向国家干预，主要借助劳资立法、集体谈判以及收入政策治理劳资关系。

第七章着力探究了20世纪60年代末到70年代末近十年的劳资关系。这一时期，随着产业环境的恶化以及劳工组织力量的进一步壮大，工会运动越发激进，劳资关系急剧恶化。面对动荡的工业形势，政府开启了艰难的劳资关系改革，包括以《代替冲突：劳资关系政策》（*In Place of Strife：A Policy for Industrial Relations*）白皮书与1971年《劳资关系法》为代表的国家干预主义的劳资关系改革和以"社会契约"为框架的自愿主义劳资关系改革。由于缺乏达成产业共识的社会环境，无论是保守党政府还是工党政府的改革，都以失败告终，政府陷入劳资对抗下的困境。

第八章对1979—1997年，即20世纪后期保守党执政期间的劳资关系做了系统考察。进入20世纪80年代，产业结构的转型与经济全球化的盛行导致工会发展环境恶化，而新上台的保守党政府又强力实施打压工会的政策。由此，在经济、政治因素的双重打击下，工会力量被大幅削弱，劳强资弱的产业格局扭转为资强劳弱。在有利形势下，雇主也开始与政府一道排斥工会，追求在企业内部管理劳资关系，劳资关系呈现出去集体化的特征。其间，政府除了通过推动立法打击工会，确立政府在劳资关系领域的主导地位，还进行了以市场为导向的劳资关系改革。在撒切尔主义的强势干预下，劳资关系得以由对抗转向强制和平（Coercive Pacification）。

第九章探索了1997—2020年英国劳资关系的发展历程。1997年新工党上台后，在产业领域，资强劳弱的产业格局得到巩固，雇主在劳资互动中取得了主动权，工会力量进一步式微，开始调整策略，倡导劳资合作，劳资关系由此实现新的和平。新工党政府在此有利情形下，也实施了新的劳资政策，主张超越劳资对立的理念，在社会伙伴关系框架下协调劳资关系。工会遭受打压的局面结束，劳工与工会的基本权利获得保障。20 世纪末，在欧洲一体化进程日盛的趋势下，劳资关系领域英欧间的合作相应加强，例如英国接受了欧洲《社会宪章》中的部分条款，但 2016 年的脱欧公投及 2020 年的英国脱欧，对英国劳资关系的良性发展形成挑战，在挑战中曲折前行成为英国劳资关系的未来走向。

在结语部分，本书以劳资关系的演进为主线，考察 20 世纪以来英国劳资关系的发展历程，具体阐述在劳资关系演进过程中劳方、资方、政府三方态度的变化及其动因，分析英国政府劳资政策的利弊得失，总结英国劳资关系的演进特点，探讨劳资关系与社会转型之间的互动关系。

通过对 20 世纪以来英国劳资关系史的研究，本书力图在以下几个方面有所创新。

第一，研究视角上的创新。从历史学视角来探讨劳资关系的研究早有先例，但从国内外历史学家的相关著述来看，多数学者研究的重点是工人运动，即从工人阶级这个单一主体来切入研究。这类研究虽然较为深入，成果也不少，但从其观点或结论来看，则存在一些偏颇或不足。劳资关系是劳方、资方、政府三方之间的互动关系，为此，本书尽力避免这种单一性，不仅关注劳工运动对劳资关系产生的重大影响，而且尽可能地考虑到雇主集团、国家对于劳资关系演变发展的形塑作用。这样的做法，旨在使本书对劳资政策、劳资关系的定性更加全面、客观。

第二，研究方法上的革新。劳资关系的研究涉及多学科、多领域，人文社会科学中的诸多学科都关注这一议题，但各学科更多从本领域的观察视角、研究方法出发探究劳资关系，这种从单一学科出发分析劳资关系的方法难免存在视角有限、观点偏颇的问题。本书主要从历史学视角来研究劳资关系，但在研究开展过程中，又充分运用了其他相关学科领域的理论或方法。如在探究一战后的劳资关系状况时，借鉴了博弈论的分析模型。一战后劳资双方秉持了一种零和思维来处理相互间的关系，由此呈现出激烈对抗的态势，一战后的劳资关系充分体现出零和博弈的特征。运用跨学科的方法有助于深化研究和升华观点。

第三，对劳资关系本质的系统认识上的创新。作为一种社会关系，劳资关系的本质在于冲突与妥协的并存，因为劳资双方的利益诉求既对立又统一：劳资间的对立表现为劳工追求雇佣待遇的无限提高，而资本家对削减成本、提高利润的追求可谓永无止境；劳资间的统一则体现为劳资双方的利益都必须建立在生产力发展、社会财富增加的基础上，社会财富的创造必须借助社会大生产，而社会生产的实现又以劳动力与资本两大基本生产要素的结合为前提。劳资利益的对立与统一构成现代劳资关系的两个基本方面，两者所占的比重直接影响劳资关系的状态。合作型劳资关系的形成源于利益统一在劳资关系中占主导地位，对抗性劳资关系的形成则是因为利益对立在劳资关系中成为主流。在本书所研究的几个时段中，劳资关系时而呈现对立性，时而呈现合作性，这与不同时段的经济社会发展状况有着紧密关联。

第四，内容阐释上的创新。作为最基本的社会关系之一，劳资关系的演进深受特定时期社会经济发展状况的影响。本书在研究劳资关系时，将其置于特定的历史环境下进行考察，细致入微地分析劳、资、政三方的活动，尽可能地还原其互动过程，进而揭示劳资关系发展演变的客观规律，总结政府劳资关系治理的成败得失。本书认为，劳资关系是否和谐与政府的劳资治理构成劳资关系的核心，双方相互作用从而影响到劳资关系的演进趋势。而劳资关系的变化发展又与特殊的历史环境（政治、经济、社会各方面）息息相关，劳资关系的研究离不开对时代因素的考察，否则立论将变成无源之水、无本之木，难以经受考验。

通过考察 20 世纪以来英国劳资关系的发展演变，本书旨在以小见大，深化学界对于英国 20 世纪以来政治、经济、社会变迁的认识。"他山之石，可以攻玉"，期待本书的研究能够为当前尚处于转型时期的中国构建和谐劳资关系提供些许借鉴。

第 一 章

从合作到对抗：20 世纪初的英国
劳资关系（1900—1914）

探讨近代英国历史的发展历程时，曾有这样的论断，19 世纪是英国的世纪，20 世纪是美国的世纪。尽管此种说法过于武断，却道出 20 世纪英国不再主导世界霸权的事实，日不落帝国的辉煌正在逐渐逝去。在这样一个由盛转衰的时代，英国的经济虽携维多利亚时代的余晖①，但其增长却历经波折，世纪之初的经济低迷以及 1908 年前后的经济危机即是明证。在社会领域，工人阶级的实际工资陷入停滞乃至下降的状态，贫富差距日渐加大，失业、疾病、老年化等"社会问题"更导致不少工人阶级家庭的生活难以为继。工业化为英国创造了巨额的社会财富，但财富的分配未能保持相对公平。经济领域问题频出以及经济与社会发展的不均衡成为这一时期英国突出的国情。劳资关系深受时代因素的影响，20 世纪初以来经济社会环境的波动对劳资关系的发展以及政府劳资政策的变化产生重大影响。

---

① 罗志如、厉以宁在对 20 世纪"英国病"的研究中将 1900—1918 年称为"极盛时代的尾声"，一战前英国的主要产业部门依旧保持着相对增长和扩张的状态。

第一节　劳资关系的阶段性变迁

自 20 世纪初到一战爆发的这段时期，时间虽短，在英国历史上却历经三代君主的统治，从维多利亚时代到爱德华七世时代，再到乔治五世时代，也经历了政党政治的变迁，执政党从保守党转变为自由党。在劳资关系领域，其发展历程也呈现出鲜明的阶段性变化。英国学者怀特（J. L. White）指出："1875—1914 年的英国劳资关系大致可划分为三个时期：第一个时期是 1875—1893 年，这是工会抵制削减工资和寻求承认的时期；第二个时期大约延续至1906 年，这是工会团结和劳资关系相对和平的时期；最后一个时期一波劳资冲突紧随而来，并在 1913 年发展到顶峰，到一战爆发才渐趋平息。"[1] 可见，1906 年是 1900—1914 年间英国劳资关系变化的重要节点，其过程大致可分为三个阶段。世纪之初，工业领域呈现一派祥和景象，劳资双方和谐相处。进入爱德华时代后期，劳资和谐关系出现裂缝，工业领域紧张局面不断加剧。到一战前夕，劳资双方走向全面对抗，大规模劳工骚动遍布各地。显然，自世纪之初到一战爆发，英国劳资关系的状况大体经历了从合作走向对抗的过程。

一　世纪之初的劳资和平

20 世纪初，英国的工会运动陷入低潮，各工会尽力保持克制，组织大规模罢工对抗雇主的现象较少，劳资关系呈现和谐相处的状态，不少学者的研究证明这是一个工业和平的年代。"20世纪早期，许多行业都出现了一段令人瞩目的工业平静期，1903

---

[1]　Joseph L. White, "Lancashire Cotton Textiles", in Chris Wrigley, ed., *A History of British Industrial Relations*, *1875-1914*, p. 219.

年、1904年和1905年的纠纷数量下降到1899年的一半。"①"新
世纪的最初几年是工业和平时期，1891—1933年、1899—1907年
是最平静的。"② 可见，若不单聚焦于世纪之交，从长期来看这些
年劳资冲突的减少依旧十分显著，乃至被称为工业最平静的几年。
劳资关系和睦还可以从这一时期劳资纠纷数据的变化得到直接的
体现：1893—1899年英国平均每年爆发的劳资纠纷数达到770
次，1900—1906年为464次；劳资纠纷涉及的工人数量方面，
1893—1899年平均每年卷入劳资纠纷的工人数约为29.7万人，
1900—1906年该数据降至16.2万人；劳资纠纷造成的工作日损
失数也呈现同样的趋势，1893—1899年英国平均每年的工作日损
失数高达1104万个，1900—1906年削减为283万个。③劳资纠纷
数下降近40%，同时期纠纷涉及人数和工作日损失数的降幅分别
为45%和74%。毋庸置疑，19世纪末20世纪初，无论是劳资纠
纷数量、劳资纠纷涉及工人数，还是工作日损失数都大幅下降，
劳资关系实现了由对抗走向合作，工业领域呈现出一派劳资和谐
的景象。

　　在英国经济霸权逐渐丧失、产业发展处境恶化的年代，工业领
域并未问题丛生，劳资双方何以能够保持和谐共处的局面？主要有
以下几个方面的原因。

　　从经济层面看，经济不景气是促成劳资和谐局面的重要客观
因素。这些年英国经济陷入萧条状态，经济疲软造成工业生产锐
减，失业问题严重，失业率急剧上涨。"失业率从1900年的
2.5%上升至1902年的4%，1903年为4.7%，1904年进一步增
至6%，此后经济虽有恢复，但1905—1907年的数据仍维持在

---

① W. Hamish Fraser, *A History of British Trade Unionism*, *1700-1998*, p.105.

② John Lovell, *British Trade Unions*, *1875-1933*, p.41.

③ Henry Pelling, *A History of British Trade Unionism*, Middlesex: Penguin Books Ltd., 1976, p.324.

5%的高位以上。"① 在这样的社会环境下，工会力量被削弱，会员流失，工会基金减少，缺乏足够的资源采取积极行动，工会领导人也对劳资冲突可能造成的资金损失表示担忧。弗雷泽指出："20世纪初之所以出现工业平静期，部分原因在于贸易周期再次低迷，削弱了工会的议价能力；实际工资开始持续下降，让许多工人对承担罢工成本持谨慎态度。"② 总之，产业萧条之下工会反抗力量减弱，从而避免了工业生产中劳资矛盾的激化，劳资对抗得以减少。

　　从政治层面看，塔夫·维尔案形成的高压司法判决是促成工业和平的关键因素。1901年铁路业爆发劳资纠纷，塔夫·维尔铁路公司（Taff Vale Railway Company）在冲突结束后就损害赔偿对工会进行起诉，资方最终胜诉，形成了塔夫·维尔判决。该司法判决要求铁路工会向公司赔偿巨额损失，按照英国普通法的传统，这意味着其他行业的雇主同样可以效仿铁路公司，对工会的罢工行动进行起诉，以索取巨额赔偿。可见，在劳资博弈的过程中，司法这一政治手段成为雇主打压工会的新途径。工会在劳资博弈中将面临不利局面，如贸然采取行动，将遭到雇主的起诉，工会基金会受到严重威胁。在高压司法判决的威慑下，工会不得不暂时放下罢工这一有力的斗争武器，劳资间的直接对抗由此减少。科尔曾就塔夫·维尔判决对劳资关系的巨大影响做出评论："导致20世纪初工业平静最重要的原因在于塔夫·维尔判决，尽管该判决不能完全阻止罢工，但只要它仍保持效力，就能阻止工会进行任何大型冒进运动的企图，工会领导人不愿让自己陷入像塔夫·维尔一案那样的赔偿行动，从而危及自身积累起来的基金——它们急需用于其他目的。他们宁愿暂时按兵不动，希望立法的改进不会被拖延太久。"③ 显然，

---

　　① H. A. Clegg, Alan Fox and A. F. Thompson, eds., *A History of British Trade Unions since 1889*, Vol. 1, 1889−1910, p. 328.

　　② W. Hamish Fraser, *A History of British Trade Unionism*, 1700−1998, p. 105.

　　③ G. D. H. Cole, *A Short History of the British Working Class Movement*, 1789−1947, p. 317.

判决对工会的罢工活动起到了很好的威慑效应。不仅如此，这一司法判决还推动了工会运动重心的转移。"大量工会领导人对塔夫·维尔判决造成的困境十分不满，相较 1900 年对劳工代表委员会成立之初时的冷漠态度，他们开始热烈地支持其发展。"① 可见，当自身法律地位遭受重创时，工会采取了以彼之道、还施彼身的手段予以还击。司法当局造就的塔夫·维尔判决还需通过政治斗争化解，工会领导人转而积极推进劳工政治运动的发展。总之，塔夫·维尔判决对工会造成重创，工会运动走向低潮，由经济斗争转向政治斗争，工业领域呈现的劳资和谐局面更多是一种司法高压下的强制和平。

从社会层面看，工业领域集体谈判制的发展推动了劳资纠纷的和平化解，劳资冲突由此大幅度减少。19 世纪末以来，得益于官方的积极引导和推动，集体谈判制快速发展，各行业相继建立了集体谈判机制，包括纺织、工程、建筑、制靴制鞋等行业。其中比较有代表性的是棉纺织业的布鲁克兰协议（Brooklands Agreement），"根据该协议，在发起罢工前，全国或地方层面的所有纠纷都应提交给一个中央联合劳资委员会（由工会和管理方共同构成）处理"。② 这种集中处理劳资纠纷的方式有助于减少地方性纠纷，从而减少工作日的损失。当时塔夫·维尔判决形成了一种司法高压，直接的工业行动受阻，但劳资争议不容忽视，必须得到合理疏通，这些集体谈判机制便得到充分的发展和运用，进而孕育了工业和平的局面。正如詹姆斯·欣顿所指出的："新世纪早期的工业和平不仅仅是塔夫·维尔影响下的一个结果，它只对 1902—1905 年的罢工起到有效的威慑作用，而较低水平的罢工活动是 1899—1907 年整个时期的特点。工业和平得益于 19 世纪 90 年代建立和完善的集体谈判程序，这些程序经受住了 1902 年之后经济衰退的

---

①　Henry Pelling, *A History of British Trade Unionism*, p. 122.

②　Mary Davis, *Comrade or Brother?: The History of the British Labour Movement 1789-1951*, p. 97.

考验。"①"在经济状况、雇主组织和法律判决都使罢工不太可能成功的时期，缓和劳资冲突的集体谈判机制得以普遍推广。"② 在这一时期，集体谈判促成了多数劳资纠纷的和平化解。"据统计，在1896年正式记录在案的劳资纠纷共有926件，此后10年中共有5614件，其中161件由仲裁解决，188件由调解解决，4004件是由双方或他们的代表通过谈判解决的。"③ 在罢工武器遭到限制的情况下，集体谈判成为劳工争取自身利益的主要方式。

工业和平现象的产生归根结底要由劳资双方的合作来实现。劳资合作是建立在认同企业发展与自身利益基础之上的互助与妥协。劳资合作大体分为两类：一是劳资双方和谐相处，保障企业正常运转；二是通过劳资双方直接磋商或第三方的沟通，使劳资冲突和平解决。劳资合作又有四种具体表现形式：第一，资方主动或被动实行惠工举措、提高待遇、采纳工人建议；第二，职工主动提出或被动接受降薪与减低待遇；第三，劳资共同妥协，达成互适关系（劳资纠纷的和平化解）；第四，劳资双方采取一致行动，共同对外。④ 就20世纪初英国劳资双方的合作来看，其主要表现为前三种形式。

首先，即使面对严峻的产业环境，雇主无论是在政治层面还是在经济层面，都尽量减少对工会的攻击。在政治手段的运用上，具体表现为仅有少数雇主利用塔夫·维尔判决树立的司法判例来攻击工会。"若英国的雇主们希望摆脱工会的话，在大萧条的1902—1905年，塔夫·维尔的先例在每个法院都有效，这是一个前所未有的有利机会。然而，很少出现有组织的雇主利用这一机会试图削

① James Hinton, *Labour and Socialism: A History of the British Labour Movement, 1867-1974*, pp. 68-69.

② Andrew August, *The British Working Class, 1832 - 1940*, Edinburgh: Person Education Ltd., 2007, pp. 118-119.

③ 柴彬：《从工会法律地位的演进看工业化时期英国政府劳资政策的嬗变（1799—1974）》，《史学理论研究》2012年第2期。

④ 田彤：《民国时期劳资关系史研究的回顾与思考》，《历史研究》2011年第1期。

弱或摧毁工会。"① 艾伦·福克斯也指出："尽管存在塔夫·维尔判决，但大多数有组织的雇主更愿意认真尝试与工会合作。"② 可见，雇主在工会法律地位较为脆弱的情况下并未"落井下石"，较少利用损害赔偿起诉来处理工业中的争端，而是更乐意与工会合作。援引塔夫·维尔判决的雇主主要来自威尔士，英格兰和苏格兰的雇主宁可忍受劳资冲突所造成的严重困难，也不愿攫取工会的经费来加重劳资之间的紧张局面。③ 在大多数雇主的心中，若自己不肆意采用这一司法判例攻击工会，积极与其合作，劳工群体或许会心存感激，这有利于生产领域的劳资协作；若自己在工会弱势的情况下"得寸进尺"，贸然攻击工会，工会或许将孤注一掷，加剧工业领域的动荡。正如休·克莱格、艾伦·福克斯和汤普森所言："如果英国雇主希望摆脱工会，那么在1902—1905年的大萧条以及塔夫·维尔判例在所有法院都有效的情况下，提供给他们绝佳机会，但有组织的雇主利用它试图削弱或摧毁工会的例子相对较少……20世纪前5年的经验表明，大多数有组织的雇主还是更愿意认真地尝试与工会合作。"④ 大多数重要的雇主已经开始接受这样一种观点，即试图排斥工会的做法会适得其反、造成混乱。

在经济手段的运用上，雇主尽可能少地对劳工强加工作条件。当各行业爆发劳资纠纷时，雇主尽可能地利用既有的集体谈判程序与工会达成谅解，避免或减少使用闭厂这一极端手段，更多地采取合作的态度，保持工业生产秩序稳定进行。"1902—1906年，工业萧条和对工会事务的严格法律控制加强了雇主的地位，但针对员工

① H. A. Clegg, Alan Fox and A. F. Thompson, eds., *A History of British Trade Unions since 1889*, *Vol. 1*, *1889-1910*, p. 363.

② Alan Fox, *History and Heritage*: *The Social Origins of the British Industrial Relations System*, p. 191.

③ ［德］马克斯·比尔：《英国社会主义史》下卷，何新舜译，商务印书馆1959年版，第283页。

④ H. A. Clegg, Alan Fox and A. F. Thompson, eds., *A History of British Trade Unions since 1889*, *Vol. 1*, *1889-1910*, pp. 362-363.

的重大攻击并没有再次发生。印刷、纺织、钢铁和建筑业的纠纷很快就以普遍有利于雇主的条件解决了，当时萧条的市场环境使工人们失去了任何有效的反击手段。煤炭、工程和造船行业的工资调整主要是根据现行的机制确定的，其重点是适度和避免公开冲突。"①例如，在联合矿区（Federated Districts），因工资普遍削减10%，加上其他不满因素，超过10万名矿井工人及其他煤矿工人于1902年7月至9月进行了罢工斗争，部分雇主充分地考虑了地方的不满，或对降薪不做强制执行，或重新修正了价格表。② 当爆发规模较小的地方性纠纷时，雇主并非借助自身力量压制争端，而是与工会沟通，借助工会的力量"大事化小、小事化无"。例如，"当20世纪初工程及造船业的工资下调引发东北部及克莱德河的罢工时，雇主们醉心于让新的集体谈判安排发挥作用，他们准备依靠全国工会的领导，而不是全国停工的策略，来遏制地方反叛"。③ 不得不说，雇主在各方面的用心良苦是工业经济实现平稳发展的重要因素。

其次，由于受到塔夫·维尔判决及经济环境不利的威胁，工会领导人极力遏制罢工现象的产生。例如，在塔夫·维尔判决后不久，木工混合协会（Amalgamated Society of Carpenters and Joiners）的书记弗朗西斯·钱德勒（Francis Chandler）就极力告诫工会管理人员："管理委员会和官员……小心防止任何雇主或个人利用这一最新手段对付工会。在罢工期间，如果不采取具有巨大冒险性的行动，就不可能在罢工期间进行积极有效的活动，因此最明智的计划

---

① W. R. Garside and H. F. Gospel, "Employers and Managers: Their Organizational Structure and Changing Industrial Strategies", in Chris Wrigley, ed., *A History of British Industrial Relations, 1875–1914*, p. 109.

② Board of Trade, *Report on Strikes and Lock-outs and on Conciliation and Arbitration Boards in the United Kingdom in 1913: With Comparative Statistics*, London: His Majesty's Stationery Office, 1914, pp. 76–77. Her or His Majesty's Stationery Office 为英国皇家文书局，负责政府档案出版，以下使用学界统一简称：HMSO。

③ James Hinton, *Labour and Socialism, A History of the British Labour Movement, 1867–1974*, p. 69.

是……尽量避免罢工。"① 可见，塔夫·维尔判决的阴影始终萦绕
在工会领导人的心中，遏制罢工就是在拯救工会。当雇主降低雇佣
待遇时，工会选择接受减薪，共渡产业难关。例如，在煤矿业，矿
工作为工人阶级中战斗精神较强的劳工群体，面对不利形势，未经
过大型的工业斗争就选择了向雇主屈服。"在1900年繁荣时期飙涨
的矿工工资，到1905年下降了近20%，其工资水平的变化比任何
其他重要产业的波动都大得多。但即使是矿工群体，在经历1901
年拉纳克郡失败的罢工和1902年英格兰联合矿区（Federated
English Coalfields）青年矿工的非正式罢工后，也接受了这一条
件。"② 在建筑业，1904年格拉斯哥（Glasgow）的雇主将泥瓦工人
每小时的工资从9.5便士降至9便士，劳工尽管做了一定的反抗，
但最终选择接受减薪。事实上，工会的让步并不是无能的表现，他
们会依据客观情况来调整其斗争策略，在工业领域不露锋芒、在政
治领域高歌猛进恰恰证明工会斗争策略的灵活性。

最后，当爆发劳资纠纷时，工会尽量采用集体谈判的和平手段
解决争端，若劳资纠纷引起地方性的非官方罢工时，工会领导人则
尽可能避免纠纷扩大化，将冲突控制在有限的范围内。例如，在工
程及造船业，工会领导人的努力卓有成效。"工程及造船业的第一
轮减薪确实遭到反对，当时东北海岸和克莱德河的一些工会成员举
行了罢工，但工会领导人尽了一切努力，首先是防止，然后是控制
和解决停工，因为工程业的劳资双方仍在努力从令人精疲力竭的
1897—1898年的对抗中恢复过来，他们迫切希望处理纠纷的新程
序（集体谈判机制）能够生效。"③ 当时工程业的纠纷源自1902

---

① H. A. Clegg, Alan Fox and A. F. Thompson, eds., *A History of British Trade Unions since 1889*, *Vol. 1*, *1889-1910*, p. 327.

② G. D. H. Cole, *A Short History of the British Working Class Movement*, *1789-1947*, p. 317.

③ H. A. Clegg, Alan Fox and A. F. Thompson, eds., *A History of British Trade Unions since 1889*, *Vol. 1*, *1889-1910*, p. 362.

年雇主试图引入一项津贴制度，这是一种与生产率挂钩的工资支付方式，遭到了普通工会会员的反对，联合工程师协会（The Amalgamated Society of Engineers，ASE）领导层选择接受雇主的条件，压制地方争议，促成了卡莱尔协议（Carlisle Agreement）。[1]

总的来说，在政治高压和经济低迷的双重作用下，劳资双方借助集体谈判机制和平地化解了争端，劳资合作成为该时期劳资关系的主色调，工业和平是在劳资双方的共同努力之下达成的。

二　爱德华时代后期劳资冲突的增长

爱德华七世在位（1901—1910）后期，英国劳资关系的发展走向发生转变，尤其是在 1906 年《劳资争议法》（Trade Disputes Act，1906）通过后，劳资冲突不断增加，工会的罢工活动逐渐增多，工业领域的劳资和谐局面走向终结，劳资关系趋于紧张。此后，这种紧张形势不断加剧，劳资对抗的局面除在一战期间受到压制外，一直持续到 1926 年大罢工。正如约翰·洛弗尔所言："从工业和平的标准来看，在 1907 年之前，集体谈判似乎起了作用。然而，在那之后，罢工活动增加了，直到 1926 年……除了战时实行工业休战的一些年份……都出现了前所未有的劳资冲突。"[2] 劳资双方由合作逐步走向对抗的态势还可以从劳资纠纷相关数据的变化中体现出来："从劳资纠纷数量看，1902—1905 年英国共发生 1542 次纠纷，1906—1909 年的纠纷增长到 1922 次，劳资纠纷涉及工人数从 55.4 万人增长到 96.2 万人，工作日损失数更是增长了近一倍，从 977.2 万个飙升至 1879.7 万个。"[3] 这些数据的大幅增长无不表明劳资关系正在走向恶化。

---

[1]　Keith Burgess, The Challenge of Labour Shaping British Society，1850-1930，New York：St. Martin's Press, Inc.，1980，p. 95.

[2]　John Lovell，British Trade Unions，1875-1933，p. 43.

[3]　H. A. Clegg, Alan Fox and A. F. Thompson, eds.，A History of British Trade Unions since 1889，Vol. 1，1889-1910，p. 329.

20 世纪初的劳资和平未能长久延续有几个方面的原因。第一，工会法律地位的变化是劳资冲突增加的客观基础。1901 年工会遭到塔夫·维尔判决的打击，罢工活动受到雇主赔偿起诉的威胁，工会的法律地位遭到极大削弱。出于对判决威势的忌惮，工会不得不在工业斗争中采取守势，减少直接的经济斗争而转向政治斗争，司法高压促成了该时期的劳资和谐。到 1906 年，经过数年的努力，劳工政治活动成效显著，自由党颁布的《劳资争议法》推翻了塔夫·维尔判决，工会活动所受的法律限制被解除，工会在劳资博弈中的被动地位得以改变。"通过消除工会因罢工行动而受到起诉的恐惧，1906 年《劳资争议法》为工会在接下来的进一步扩张和战前不断升级的工业动荡奠定了基础。"[1] 此后一段时期，工会的后顾之忧得以消除，工会积极进行罢工斗争维护自身权益，劳资冲突相应增加。

第二，产业环境的恶化是造成劳资关系趋于紧张的重要因素。1908—1909 年英国的产业环境因美国经济危机的冲击急剧恶化，出口快速下降，工业生产锐减，失业率上升。1907—1908 年，失业率从 3.7% 上升至 7.8%，1909 年的数据仍维持在 7.7%，到 1910 年就业情况才有所好转。[2] 面对恶劣的经济环境，各行业雇主选择削减工资来应对产业危机。"比较有伸缩性的工资率，连同不大有伸缩性的工资率，都显现出缩减的迹象。"[3] "钢铁、造船和纺织行业都出现工资削减，一些铁路公司贴出了通知，宣布 1909 年 1 月 1 日开始实行工资削减。"[4] 这一系列举动直接激化了劳资矛盾，劳

---

[1]　David Powell, *British Politics and the Labour Question，1868 - 1990*, London：Macmillan Education, 1992, p. 35.

[2]　Board of Trade, "Employment, Wages, Prices and Disputes in 1910", *Board of Trade Labour Gazette*, January 1911, p. 3.

[3]　［英］克拉潘：《现代英国经济史》下卷，姚曾廙译，商务印书馆 2011 年版，第 663 页。

[4]　Harris Weinstock, *Report on the Labor Laws and Labor Conditions of Foreign Countries in Relation to Strikes and Lockouts*, Sacramento：California State Print. Off. , 1910, p. 49.

工群体予以强烈反抗，当时许多行业的劳资对抗皆由此而来。正如科尔所言："1908 年重大的劳资争端几乎都是在削减工资的反对声中产生的。"① 可见，经济环境恶化导致工业发展不顺，雇主转嫁危机的行为直接挑起了劳资争端。

　　这一时期的劳资冲突特征鲜明。从劳资冲突的行业分布看，劳资对抗主要发生在煤矿、纺织、工程及造船等行业。无论是劳资纠纷爆发的次数，还是冲突涉及的工人数，抑或是纠纷造成的工作日损失数，这些行业的相关数据都占据了相当大的比重。1906—1909年爆发的 1922 次纠纷中，采矿及采石业为 560 次，纺织业为 402次，金属、工程及造船业为 383 次。在同时期纠纷涉及的劳工数量（总数 96.2 万人）上，采矿及采石业有 49.6 万人，纺织业有 26.2万人，金属、工程及造船业有 12 万人。在工作日损失数（总数1879.9 万个）上，采矿及采石业为 507.2 万个，纺织业为 694.8 万个，金属、工程及造船业为 560.1 万个。② 尤其是在 1908—1910年，这些行业的纠纷造成了工业秩序的动荡不安。1908 年劳资纠纷的大幅增加主要是由于纺织、工程及造船业的冲突。"这些行业共有 16.6 万人卷入纠纷，占当年总数的 57%；共损失 825 万个工作日，占当年总数的 77%。"③ 1909 年劳资纠纷的主战场是煤矿业，在 1909 年所有行业中发生的 409 次纠纷中，48%发生在这一行业（196 次），占所涉工人总数的 91%（272754 人），占全年所有纠纷造成工作日损失总数的 81%（223 万个）。④ 1910 年煤矿、纺织及轮船制造业的工作日损失最多。该年有 3/4 的工作日损失是上述行

　　① G. D. H. Cole, *A Short History of the British Working Class Movement*, *1789-1947*, p. 319.

　　② H. A. Clegg, Alan Fox and A. F. Thompson, eds., *A History of British Trade Unions since 1889*, Vol. 1, *1889-1910*, p. 329.

　　③ Board of Trade, "Employment, Wages, Prices and Disputes in 1908", *Board of Trade Labour Gazette*, January 1909, p. 4.

　　④ Board of Trade, "Employment, Wages, Prices and Disputes in 1909", *Board of Trade Labour Gazette*, January 1910, p. 4.

业纠纷造成的，所涉及的工人数也远超当年总数的一半。① 煤矿、纺织、工程、造船等行业之所以成为工业动乱的中心，是因为它们是英国经济的支柱性产业。1900—1914 年英国经济有两大突出特点：其一，产业结构以棉纺、煤炭、钢铁和造船为主，构成英国经济发展的基础；其二，经济对外依赖性强。② 因此，这些行业受国际国内客观经济环境变化的影响较大，劳资矛盾易发，加之劳工集团和雇主集团集中分布于此，劳资纠纷涉及的人数众多，影响范围甚广，这也是政府越发积极干预其纠纷的根源所在。

　　就劳资斗争的焦点而言，这一时期的劳资冲突主要围绕工时、工资、劳工福利、工会认可等问题展开。在煤矿业，工时、工资、劳工福利纠纷同时成为劳资对抗的重要内容。煤矿业工作时间的国家管制是引发冲突的主要因素。1908 年议会颁布的《煤矿管理法》（ *Coal Mines Regulation Act* , *1908* ）确立了 8 小时工作制，工时得到限定于劳工而言本应是一件好事，但法令的实际执行却不尽如人意。其一，在计算工作时间时，雇主将上下矿井的时间排除在工作过程之外，矿工争取到的雇佣条件的改善大打折扣，实际工作时间并未发生多大变化。其二，8 小时工作制的执行迫使煤矿业生产秩序做出调整，传统的工作惯例发生改变。例如，为减少产量和利润的损失，部分雇主将原来的两班制改成三班制，这对矿工的家庭生活造成不利影响。其三，各地区煤矿生产运营的情况不尽相同，在忽视区域性差异的情况下实行统一的工时管理会引发诸多不便。其四，工时的调整还引起部分区域工资的变动。这一系列因素导致矿工的不满，自法案执行之日起，冲突遍布各大矿区。1909 年 7 月 1 日，法案在大多数矿区生效，次日约克郡和南威尔士就爆发了罢工。1910 年初，诺森伯兰郡和达勒姆

① Board of Trade, "Employment, Wages, Prices and Disputes in 1910", *Board of Trade Labour Gazette* , January 1911, p. 5.

② 陈祖洲：《试论 1900—1914 年的英国经济》，《史学月刊》1998 年第 1 期。

郡开始执行新的工作制度，矿工的罢工斗争自 1 月延续至 4 月，[1]
共涉及 11.5 万人，造成近 225 万个工作日损失。[2] 由于缺乏工会领
导层的支持，罢工以失败告终。工资问题也引发了劳资双方的争
端，1909 年苏格兰煤矿业的争端就是一个典例。当地的煤矿主要
求基本工资减少 37.5%—50%，遭到矿工群体的反抗，全国矿工联
合会（The Miners' Federation of Great Britain）也准备发动全国性罢
工予以支持，由于丘吉尔的干预，冲突最终得以避免。[3]

　　劳工福利也是引起煤矿争端的一个重要原因。19 世纪末以来，
随着煤炭开采难度的加大（煤层加深）、煤矿社会立法[4]的演进，
矿工的人均产出减少，煤矿主面临的成本压力越来越大，他们对削
减开支的愿望变得更加强烈。出于对全国矿工联合会强大实力的忌
惮，煤矿主不敢贸然削减矿工群体的基本工资，只得在其附加收入
（福利、津贴）上做文章。在异常地区（Abnormal Place）[5]，矿工
津贴成为雇主的主要削减目标。以往矿工无法获得这笔津贴时都会
求助于郡法庭，其权益基本能获得官方的支持。但 1907 年后，情
况发生逆转，在当年沃尔特斯诉海洋煤矿公司案（Walters
vs. Ocean Coal Company）中，郡法庭裁定津贴在报酬中属于特惠待
遇，在法律上无法获得赔偿。[6] 失去第三方支持的矿工不得不直接
向雇主追索这项收入，劳资冲突公开化。1908 年工时的立法管制

---

[1]　E. H. Phelps Brown, *The Growth of British Industrial Relations: A Study from the Standpoint of 1906-14*, London: Macmillan and Co. Ltd., 1965, p.317.

[2]　Board of Trade, "Employment, Wages, Prices and Disputes in 1910", *Board of Trade Labour Gazette*, January 1911, p.4.

[3]　［英］艾伦·胡特:《英国工会运动简史》，朱立人、蔡汉敖译，第 40 页。

[4]　相关立法包括 1887 年《煤矿管理法》（*The Coal Mines Regulation Act, 1887*）、1903 年《煤矿管理法》（*The Coal Mines Regulation Act, 1903*）和 1906 年《事故警示法》（*The Notice of Accidents Act, 1906*）等。

[5]　异常地区是指那些煤矿开采难度大、开采条件差、产出难以达到正常水平，需要给予矿工补贴的煤区。

[6]　H. A. Clegg, Alan Fox and A. F. Thompson, eds., *A History of British Trade Unions since 1889*, Vol. 1, *1889-1910*, p.462.

又导致矿工计件收入下降，异常地区津贴的问题更加严重，这进一步激化了劳资矛盾。冲突在 1910 年南威尔士的煤田爆发，在开掘坎布林联合煤矿公司（Cambrian Combine Company）的新煤田时，矿工拒绝调解委员会提供的工资协议，要求为异常地区的矿工确立最低工资保障。劳资谈判无果，罢工随之而来，共有 1.2 万名矿工参与，持续时间长达 10 个月，其间一度爆发骚乱，导致人员伤亡，政府被迫调动警察、军队维持秩序。[①] 总之，这一时期煤矿业生产秩序的混乱主要是受到工时、工资调整以及福利纠纷的影响。

在铁路业，工会认可问题成为劳资斗争的核心。自 20 世纪初塔夫·维尔判决以来，各铁路工会遭受重创，几乎所有的铁路公司都拒绝承认其合法地位。雇主对工会的认可是开展劳资谈判的基础，在雇主否认工会的情况下，铁路行业的集体谈判也无从展开。1906 年塔夫·维尔判决被推翻，各铁路工会的力量不断增长，处境得以改善。他们越发不满于铁路公司对工会的欺压，冲突随之而来。1907 年初，铁路职工联合会（The Amalgamated Society of Railway Employees）首先向各铁路公司发起进攻，要求认可铁路工会，并就新的分级薪资制度（All Grades Programme）展开谈判，内容包括铁路运输工人（司机、消防员、警卫、分流员及信号员等）8 小时工作制，其他铁路工人工作时长不得超过 10 小时，周工资增加 2 先令。[②] 除了东北铁路公司（The North Eastern Railway），其他铁路公司都拒绝与工会谈判。一名铁路公司的董事表示："他们和雇员将不再接受这个不负责任的外部机构（工会）高压和暴政的约束。"[③] 可见，铁路雇主仍拒绝承认工会，试图在决定铁路业雇佣条件的问题上继续独断。在数次接触无果后，工会发起罢工投

---

① Tim Evans, "Revolutionary Syndicalism and The Miners' Next Step", *International Socialism*, Iss. 171（July 2021）, http://isj.org.uk/miners-next-step.

② Philip Bagwell, "Transport", in Chris Wrigley, ed., *A History of British Industrial Relations, 1875-1914*, p. 235.

③ Eric Wigham, *Strikes and the Government, 1893-1981*, p. 21.

票，获得了大多数成员的支持，一场全国性的铁路罢工一触即发。值此危急时刻，政府开始介入，对双方的分歧进行调解。在官方的施压下，劳资双方同意建立各级调解委员会，协商解决分歧，铁路工会领导人理查德·贝尔（Richard Bell）取消了罢工。尽管铁路纠纷得以和平化解，但工会职员被排除在调解委员会之外，工会要获得铁路雇主的完全认可，依旧任重道远。

工资纠纷主要发生在纺织、工程及造船业。在纺织业，1908年经济萧条导致产业发展环境恶化，兰开夏郡、德比郡及柴郡的棉纺织雇主试图通过削减工资转嫁危机，要求减薪5%，激起纺织工人的强烈反抗。纺纱工人与梳毛工人工会（Spinners' and Cardroom Workers' Unions）的罢工投票清楚地显示了多数劳工抵制雇主降薪的斗争决心，纺纱工的投票结果为15916∶1301，梳毛工的投票结果为34713∶2818。① 在此有利形势之下，纺纱工人工会领导层仍寻求妥协，梳毛工人则坚持斗争。在雇主拒绝接受工会关于停产一个月以调整市场供给的建议后，罢工从9月持续到11月，长达5周，罢工者多达12万人，共造成480多万个工作日损失。② 虽然罢工以失败告终，但雇主被迫将减薪推迟至次年3月。到1909年，经济萧条仍在继续，雇主发起新一轮减薪运动，要求下一年继续减薪5%，纺织业冲突再起。政府试图促成双方会面，以商定新的工资协议，结果遭遇失败。这主要是因为工会内部存在分歧，纺纱工人倾向于妥协，而梳毛工人坚决主张斗争。在经过多次协商后，工会内部一致同意工资水平冻结5年以换取雇主撤销减薪要求，纠纷得以平息。③

---

① Joseph L. White, "Lancashire Cotton Textiles", in Chris Wrigley, ed., *A History of British Industrial Relations*, *1875-1914*, p. 222.

② Board of Trade, *Report on Strikes and Lock-outs and on Conciliation and Arbitration Boards in the United Kingdom in 1913*: *With Comparative Statistics*, London: HMSO, 1914, p. 78.

③ W. Hamish Fraser, *A History of British Trade Unionism*, *1700-1998*, pp. 112-113.

在造船业，1908年2月东北海岸造船业雇主发出减薪通知，要求计件工资减少5%，计时工资也下降同样的幅度。这意味着技术工人每周工资将减少1先令6便士，下级普通工人每周工资也将减少6便士至1先令。[①] 其声明遭到木工工会的抵制，雇主联盟以闭厂相威胁，亨伯河、东苏格兰、克莱德、巴罗及伯肯黑德的船厂纷纷停工。争斗长达四个月，最终在政府的干预下，双方按雇主的要求达成了和解协议。在工程业，东北海岸的雇主也要求减薪5%，联合工程师协会、蒸汽机制造者工会（The Steam Engine Makers' Union）以及机器工人工会（The Machine Workers' Union）表示反对，随之开始罢工。在官方的斡旋及雇主全国性闭厂的威胁下，停工长达7个月的劳工被迫回去工作。[②]

显然，这些年劳工在涉及自身核心利益的工资、工时、雇佣福利等问题上不肯轻易就范，但劳资斗争的结果却表明，工会罢工活动取得的成果十分有限，多数劳资冲突以劳工的失败告终。究其原因，工会领导层的妥协是导致劳工斗争失败的关键。彼时工会、工党与执政的自由党正处"蜜月期"，工会、工党活动的重心仍在推动自由党的社会改革，经济斗争处于次要地位。下层普通工会成员对此越发不满，在此后的劳资斗争中，他们开始掌握斗争的主动权，通过地方性斗争推动领导层开展全国性罢工，一场持续数年的大规模劳工骚乱即将到来。

三 一战前夕的工业动荡

进入20世纪第二个十年，英国政府面对的是一个问题丛生、危机四伏的社会局面。这一时期爆发了激进妇女争取选举权的运动，爱尔兰民族解放运动也蓬勃发展，这些都给当局带来困扰，英国社会的不稳定可想而知，大规模社会起义一触即发。在工业领

---

① E. H. Phelps Brown, *The Growth of British Industrial Relations: A Study from the Standpoint of 1906-14*, p. 311.

② Henry Pelling, *A History of British Trade Unionism*, p. 133.

域，劳资关系进一步恶化，劳工群体敢于采取"直接行动"（Direct Action），积极追求雇佣条件的改善，引发工业领域动荡不安，由此出现了"大规模劳工骚动"（The Great Labour Unrest）。莫尔顿、台德称之为"一个通过罢工来提高生活水平的伟大斗争的时代"，他们指出，"在1914年第一次世界大战爆发前四年中，工人们展开了从1888—1891年以来还未曾有过的如火如荼的罢工运动。码头工人使各港口陷入停顿；铁路工人使广大的内地运输网陷于瘫痪；100万矿工全部离开了矿坑；其他如机器制造厂、纺织厂和建筑工地都卷入这场反抗的大风暴中"。[①] 可见，这一波劳资对抗不仅持续时间长、波及范围广，而且十分激烈。

劳资双方的激烈对抗还可以从这一时期劳资纠纷的相关数据反映出来。根据贸易委员会劳工部的记录，"自1901年以来，每年的罢工次数从未超过600次，1911年则攀升至872次，1913年更是达到1459次的高峰。除了1908年和1910年，停工造成的工作日损失自1901年以来从未超过400万个，但1911—1914年工作日年均损失近1800万个，并在1913年达到创纪录的4000多万个"。[②] 劳资纠纷涉及的工人数也呈急剧上升之势。1911年工业人口总数中高达9%的人参与各类罢工，1902年仅有2.6%，1907年为1.4%，1902—1911年的平均数为2.9%。[③] 可以说，一战前夕是20世纪初以来劳资关系最为紧张的时期，劳资冲突引起社会的急剧动荡。不少学者认为，若非一战爆发促成工业休战，劳工骚乱将继续持续下去，甚至走向新的高潮。

这一时期工业领域爆发大规模劳工骚动是多种因素促成的结

---

① ［英］莫尔顿、台德：《英国工人运动史（1770—1920）》，叶周、何新等译，第248页。

② H. A. Clegg, *A History of Britain Trade Unions since 1889*, Vol. 2, *1911-1933*, p. 24.

③ Roland V. Sires, "Labor Unrest in England, 1910-1914", *The Journal of Economic History*, Vol. 15, No. 3, September 1955, pp. 246-266.

果。从经济层面看，实际工资持续下降造成劳工生活水平恶化是导致工业动荡的直接原因。"爱德华时代见证了物价的持续上涨，1902—1908年上涨约4%—5%，1909—1913年物价涨幅进一步达到9%，然而工资水平却并未保持同步。"[1] "货币工资在一九〇〇到一九〇八年之间几乎没有上升（仅上升百分之一），利润则上升了百分之十二点五。此外，生活费用是在不断上升，到一九一〇年为止的十年中的工资，如果以与食物价格的关系来表示则下降了约百分之十。"[2] 显然，20世纪初以来，名义工资的增长幅度难以跟上物价的上涨幅度，结果是劳工所得的实际工资大幅下降，社会贫富分化日益加重。"据统计，在1911—1913年期间，17万富人或占人口0.85%的人占有全国资本的65.5%，而处于社会下层的1630余万人，或87.4%的财产占有者仅拥有8.5%的资本。"[3] 在社会经济发展的同时，劳工群体所得社会财富的份额日渐减少，生活水平趋于下降。劳工群体对社会现状的不满随着时间的推移累积起来，增加工资、改善工作条件的诉求越发强烈，最终在一战前夕通过大规模罢工的形式爆发。"到那时，生活费用持续上升，而工资却没有相应地上升，已经造成了无法控制的劳工骚乱。"[4]事实上，不患寡而患不均，贫富分化的加剧相比生活水平的绝对下降更能激起劳工群体的不满，进而推动对雇主的进攻。"当利润涨得比物价快的时候，实际工资却以约略相同的比例减少，由于慢慢地领会了这种事实，由于工人觉得当雇主一天比一天富裕的时候，他们却一天比一天贫穷，所以二十世纪初年大罢工的斗争是那样的激烈。"[5]此外，这一时期经济的平稳发展也为

---

① David Powell, *British Politics and the Labour Question*, *1868-1990*, p.36.

② ［英］艾伦·胡特：《英国工会运动简史》，朱立人、蔡汉敖译，第38页。

③ 王章辉：《英国经济史》，中国社会科学出版社2013年版，第406页。

④ G. D. H. Cole, *British Trade Unionism To-day*：*A Survey*, London：Victor Gollancz Ltd., 1939, p.55.

⑤ ［英］阿·莱·莫尔顿：《人民的英国史》，谢琏造等译，生活·读书·新知三联书店1958年版，第708页。

劳工的直接行动提供了良好的客观条件。失业率维持在较低的水平，工会有充足的资源发起罢工。可以说，市场环境有利也是促成罢工的经济条件之一。

从政治层面看，劳工群体对采取议会活动改善自身待遇的方式逐渐失望，对"自由劳工联盟"（Lib-Lab）推动的社会改革丧失耐心和信心，从而转向直接行动。19 世纪末以来，工会屡次遭受司法起诉，其法律地位遭受严重打击，罢工活动受到限制。劳工群体不得不积极进行议会活动寻求政治地位的改善，工党在这一过程中逐步发展壮大。处于"婴幼儿时期"的工党主要采取与自由党合作的策略来获得发展空间，双方的合作被称为新层次上的"自由劳工联盟"。自 1906 年自由党上台以来，工会的罢工行动得以解禁，大量的社会改革得到推行，但劳工群体的生活状况并未得到大幅度改善。"1906 年自由党和工党在政治上的胜利燃起了微弱希望，但经过四年自由党政府和议会的劳工行动，工人们发现他们在经济上比以前更糟了。"① 工党逐步失去人心，工人们对自由党半心半意的改革不抱幻想，对工党死守"自由劳工联盟"、丧失独立性日益不满。"在推行这一政策的过程中，工党不可避免地在国内失去社会地位，不再在公众心目中代表任何独立的政策或原则。这至少是工人阶级活动由政治转向工业行动的一个重要原因，也是一战前几年罢工大流行病在全国蔓延的一个重要原因。"② 在劳工政治运动成效有限的情况下，劳工群体再次诉诸工业行动来维护自身权益。

从思想层面看，以工团主义（Syndicalism）为代表的激进思想的广泛传播增强了工会的斗争性，这是造成工业骚乱的重要原因。工团主义是一种源自法国的工运思想。其核心思想在于强调：经济

---

① G. D. H. Cole, *A Short History of the British Working Class Movement, 1789–1947*, p. 320.

② G. D. H. Cole, *A Short History of the British Working Class Movement, 1789–1947*, p. 316.

因素是社会设施和社会伦理的基本组成部分；劳资间的经济冲突；劳工阶级的直接行动和斗争，以求摆脱谋生的工资基础并由工人自身控制生产资料；劳工力量的核心在工会而不在选区。① 可见，工团主义突出劳资矛盾的不可调和性、劳工的经济斗争，富有革命色彩。由于部分工运领袖的跨国活动，工团主义在 1910 年后被引入英国，代表人物是汤姆·曼（Tom Mann）。在广泛学习欧美工会运动的经验后，汤姆·曼回到英国积极宣传工团主义思想，推动"产业工团主义者教育联盟"（Industrial Syndicalist Education League）成立，先后发行《产业工团主义者》（*Industrial Syndicalist*）、《工团主义者铁路工人》（*The Syndicalist Railwayman*）等出版物。工团主义的广泛传播促使劳工群体放弃对议会政治的幻想，采取直接行动在一次次的劳资斗争中争取自身的利益，这尤其影响到运输工人、矿工等群体。当时《泰晤士报》的报道就指出：工团主义是工业动乱的核心，1911 年的铁路罢工是一次工团主义的爆发，是一次反社会的叛乱，1912 年的煤矿纠纷与工团主义也密切相关，尤其是在南威尔士和青年劳工群体中。②

　　具体而言，这一时期的劳资冲突有以下特征。从行业分布看，劳工骚动主要发生在煤矿、运输、纺织等行业。1911 年，劳资纠纷爆发次数最多的行业依次为工程及造船业（194 次）、煤矿业（170 次）、纺织业（133 次）、运输业（99 次），其中工作日损失最多的行业依次为煤矿业（406.4 万个）、运输业（272.9 万个）及纺织业（143.4 万个），参与纠纷工人数最多的是运输业（44.8 万人），是排在第二位的纺织业的两倍。1912 年，工业骚乱集中在煤矿、棉纺织和运输业，对抗的中心在煤矿业，其劳资纠纷参与人数及造成的工作日损失都排在当年第一位，涉及纠纷的工人数占该年总数的 76.9%，工作日损失数占该年总数的 78.3%。1913 年是

---

　　① ［德］马克斯·比尔：《英国社会主义史》下卷，何新舜译，第 310 页。
　　② James Thompson, "The Great Labour Unrest and Political Thought in Britain, 1911–1914", *Labour History Review*, Vol. 79, No. 1, April 2014, p. 42.

大战前夕大规模劳工骚乱的顶峰，劳资纠纷各项数据都达到 20 世纪初以来的最高峰，劳资冲突的范围及规模进一步扩展，煤矿、纺织、运输、工程、金属五大行业的工作日损失都达到百万个以上。1914 年的劳资纠纷主要发生在大战爆发前的 7 个月里，该年 973 次纠纷中共有 836 次发生在大战前，工业骚乱尤其冲击了建筑业（176 次）和煤矿业（151 次），造成的工作日损失数分别为 321 万多个和 373 万个。[①] 对劳资纠纷行业分布的分析表明，英国经济赖以发展的支柱型产业劳资矛盾尖锐，这主要是因为通过工业革命积累起来的社会财富并未得到妥善分配，英国自由放任的工业化模式未能处理好公平与效率的问题。支柱型产业工作日大量损失进一步说明劳工问题是影响英国经济平稳发展的重要因素，劳资矛盾尖锐与 20 世纪英国的衰弱存在一定的联系。

就劳资对抗的集中程度而言，大型劳资纠纷的数据在当时的劳资纠纷相关数据中占据主导地位。"1910—1913 年，在劳资纠纷的数量上，涉及 5000 人及以上的纠纷数几乎每年都占当年总数的一半以上，1910 年为 62.2%，1911 年为 66.8%，1912 年为 82.1%，1913 年也达到 31.6%；在劳资纠纷造成的工作日损失上，涉及 5000 人及以上的纠纷造成的工作日损失数占当年总数的比重每年也在 40% 以上，1910 年为 76.8%，1911 年为 61.9%，1912 年为 91.9%，1913 年为 41.7%。若加上 1000 人以上、5000 人以下的数据，则相关数据的比重都在 50% 以上。"[②] 这说明大战前夕劳资对抗的集中程度高，劳资冲突体现出充分的组织性。

这一时期劳资纠纷的突出特点还在于，劳工骚动主要由工会下层发起，非官方的罢工增多，工会领导层往往处于被动地位。例如，"1911 年的全国铁路罢工就源自利物浦的一场非官方罢工，

---

① Board of Trade, "Employment, Wages, Prices and Disputes in 1914", *Board of Trade Labour Gazette*, January 1915, pp. 4–5.

② Board of Trade, *Report on Strikes and Lock-outs and on Conciliation and Arbitration Boards in the United Kingdom in 1913: With Comparative Statistics*, p. 62.

在工会领导层同意号召全国罢工前就已迅速蔓延……一位工会官员在评论独立劳工的组织时观察到，与其说劳工联盟（Workers' Union）是在指挥罢工，不如说是在追随罢工，这使数以千计的劳工成为会员"。① 铁路工会领导层在劳资斗争中的被动地位，以及劳工联盟借助顺应下层的直接行动来发展工会的行为说明，部分工会领导人与普通工会会员之间的矛盾尖锐化，领导层在能否代表劳工解决问题上受到质疑。这种现象不单存在于铁路业，在工程业，1908 年东北地区的工程师罔顾领导层的指示自行罢工，最终导致联合工程师协会的全国书记、议员乔治·巴恩斯（George Barnes）辞职。在煤矿业，执行委员会对迈斯泰格（Maesteg）地区的裁员和非工会劳工问题的不作为，引起了普通工人的不满，最终导致了 1911 年阿伯德尔（Aberdare）地区的煤矿罢工。工会领导层与下层之间的矛盾在这些年愈演愈烈，以至于政府的首席工业问题解决专家乔治·阿斯奎斯（George Askwith）这样写道："官方领导人无法维持他们的权威，劳工和他们的领导之间的差异往往要大于领导和雇主之间的差异。"② 事实上，这与 19 世纪末以来集体谈判制的发展和劳工政治运动的演进有关。工会领导层越发关注与雇主通过谈判达成妥协、关注劳工立法的推进，与普通工会会员所关心的问题相差甚远，他们还限制了工会下层的主动性，在直接改善劳工待遇上成效有限。在工团主义思潮的进一步推动下，工会下层的不满日益积聚，自发的地方性争端由此增多。

战前大规模劳工骚动大体经历了以下过程。1911 年，运输工人为寻求雇佣待遇的改善和雇主对工会的认可，拉开了战前大规模劳工骚动的序幕。争端最初源于全国海员及消防员工会（National Sailors' and Firemen's Union），它要求组建调解委员会就纠纷进行集

① Andrew August, *The British Working Class*, *1832-1940*, p. 119.

② Kenneth D. Brown and John Burns, eds. , *The English Labour Movement*, *1700-1951*, p. 209.

体谈判，遭到航运联盟（Shipping Federation）① 拒绝，随后发起罢工，得到全国各地运输工人的响应。在利物浦，汤姆·曼领导了运输工人的总罢工，码头工人、铁路工人、海员及其他行业的工人纷纷加入。在伦敦，港口因罢工而陷入瘫痪，码头工人要求增加每小时工资，由银币 6 便士上涨到 8 便士，超时工资为每小时 1 先令。②在曼彻斯特，码头工人、车工也加入罢工行列，骚乱还进一步波及加的夫（Cardiff）、南安普敦（Southampton）、古尔（Goole）、赫尔（Hull）等港口城市。各类运输工人共近 12 万人参与罢工，冲突自6 月持续至 8 月，造成上百万个工作日损失。③ 在劳工群体大规模罢工的威慑下，雇主和政府被迫让步，各地运输工人的待遇得以改善，工会的合法地位得到认可。

铁路工人受运输业罢工斗争胜利的鼓舞，加之对 1907 年以来资方主导下的劳资谈判机制日益不满，也开始对雇主发起进攻。在利物浦、曼彻斯特等地区一系列纠纷的推动下，四个主要铁路工会④联合起来向铁路公司发出最后通牒，要求停止调解委员会（Conciliation Boards）的运行，承认工会的合法地位，与其进行直接谈判，铁路公司在政府支持下⑤否决了工会的诉求。8 月全国铁路大罢工开始，多达 14.5 万名铁路工人停止工作，罢工过程还引发暴力冲突，在拉内利（Llanelli），骚乱造成 6 人伤亡，纠纷共造成 48.5 万个工作日损失。面对铁路业动乱的局势，政府加紧介入，

---

① 航运联盟是英国航运业雇主在 1890 年联合成立的雇主组织，主要职能是协调船东的行动应对新工会运动掀起的罢工浪潮。

② ［英］艾伦·胡特：《英国工会运动简史》，朱立人、蔡汉敖译，第 45 页。

③ Board of Trade, *Report on Strikes and Lock-outs and on Conciliation and Arbitration Boards in the United Kingdom in 1913: With Comparative Statistics*, p. 82.

④ 机车工程师与消防员联合会（Associated Society of Locomotive Engineers and Firemen）、铁路职工联合会、普通铁路工人工会（The General Railway Workers' Union）、扳道工和信号员联合协会（The United Pointsmen and Signalmen's Society）。

⑤ 政府部署警察和军队帮助维持列车运行，温斯顿·丘吉尔暂停了要求地方当局在派遣军队前必须提出申请的条例。

建立皇家调查委员会促成劳资双方的会面。在劳工和政府的强大压力下，铁路公司被迫接受谈判。结果是：既有的劳资谈判机制得到调整，工会官员获准加入各级调解委员会，谈判内容范围扩大，涉及工资、工时及工作条件等。① 纠纷由此平息，此后铁路业和平一直持续至一战后。除运输、铁路纠纷，1911 年还爆发了南威尔士矿工和兰开夏郡纺织工人的罢工。

1912 年劳资冲突的主战场在煤矿业，这一年爆发了煤矿工人大罢工。当时它是英国历史上最大的一次罢工，也是矿工组织的第一次全国性罢工。由于煤矿开采异常地区的问题以及工资结构的复杂性，工资问题成为矿业纠纷的焦点。全国矿工联合会要求在煤矿领域建立一种全国性的谈判机制，并为矿工确立最低工资制度，男工每班 5 先令，童工每班 2 先令，遭到矿业协会（Mining Association）反对。② 1912 年初，罢工投票以 4∶1 获得通过，煤矿停业一直从 2 月持续至 4 月，上百万名矿工卷入纠纷，损失 3000 多万个工作日。③ 煤矿纠纷对国民经济的平稳运行造成重大影响，铁路和运输业遭受的冲击尤甚，政府不得不积极干预以促成纠纷的化解。议会迅速制定《煤矿最低工资法》，规定按区域制定最低工资标准，建立区域联合委员会（Joint District Boards），劳资双方通过谈判确定最低工资。全国矿工联合会最终取消了罢工，煤矿纠纷得以解决。

1913 年劳工骚动进一步发展，遍及各行各业，但规模有所下降。"在运输工人、铁路工人和矿工们进行了他们较大的会战以后，攻势展开成空前的一连串较小的罢工，几乎涉及所有的工业部

---

① ［英］韦伯夫妇：《英国工会运动史》，陈建民译，商务印书馆 1959 年版，第 370—371 页。

② Henry Pelling, *A History of British Trade Unionism*, p. 136.

③ Board of Trade, *Report on Strikes and Lock-outs and on Conciliation and Arbitration Boards in the United Kingdom in 1913：With Comparative Statistics*, p. 86.

门。"① 在运输业，劳资纠纷的中心转移至都柏林。当时爱尔兰劳工运动高涨，在詹姆斯·康诺利（James Connolly）和詹姆斯·拉金（James Larkin）等人的积极推动下，爱尔兰运输工人与通用工人工会（Irish Transport and General Workers' Union）斗争热情高涨，运用同情性罢工手段打击雇主，这使陷入争端的公司贸易完全陷入混乱。8 月，在遭到电车工人的挑战后，以威廉·马丁·墨菲（William Martin Murphy）② 为代表的都柏林雇主集团予以强烈反击，实行行业歇业，拒绝承认拉金的运输工会，并解雇工会成员。拉金领导 2 万多名运输工人发起大规模报复性罢工，并寻求英国工会的帮助，未得到积极回应。在进行了长达半年多（1913 年 8 月至 1914 年 1 月）的拉锯战后，劳资双方均未能使对方屈服，冲突最终不了了之，罢工者因饥饿回归工作岗位。③ 在金属业，英格兰中部地区的管道及金属工人为提高工资而罢工，人数多达 5 万人，从 4 月持续至 7 月，造成约 140 万个工作日损失，最终劳工获得胜利。④ 在棉纺织业，由于布鲁克兰协议未能快速处理不良原料的问题，影响到劳工的计件收入，棉纺织工混合协会（Cotton Spinners' Amalgamation Association）要求雇主终止该协议。⑤ 在毛纺织业，莫利（Morley）的纺织工人为增加工资、减少工时而罢工。在工程业，苏格兰的工程师群体呼吁增加工资，以应对 1911 年《国民保险法》（National Insurance Act，1911）的收费要求。由此可见，各行各业都受到战斗精神的鼓舞，积极向雇主发起进攻。

到 1914 年，工业动荡的激烈程度有增无减。自年初至大战爆

---

① ［英］艾伦·胡特：《英国工会运动简史》，朱立人、蔡汉敖译，第 50 页。

② 威廉·马丁·墨菲是当时爱尔兰著名的资本家，担任都柏林电车公司负责人，拥有凯莱瑞百货公司和帝国饭店，并控制《爱尔兰独立报》《先驱晚报》《爱尔兰天主教报》等主要报纸，是爱尔兰雇主群体的代表。

③ Henry Pelling, *A History of British Trade Unionism*, pp. 137-138.

④ H. A. Clegg, *A History of Britain Trade Unions since 1889*, Vol. 2, *1911-1933*, p. 26.

⑤ W. Hamish Fraser, *A History of British Trade Unionism*, *1700-1998*, p. 117.

发，劳工骚动主要冲击了建筑业和煤矿业。在建筑业，新年伊始，劳资双方就因雇佣非工会成员的问题爆发纠纷。伦敦建筑业雇主协会（London Master Builders' Association）要求建筑工会与非工会成员合作，伦敦建筑工人发起罢工予以抵制。此次罢工持续时间特别长，直至一战爆发才结束，共造成约250万个工作日损失。在煤矿业，约克郡爆发严重的矿业纠纷，涉及大约15万名矿工，造成约260多万个工作日损失。到1914年8月，一战爆发，由于政府的强力干预和劳工的合作，国际上的帝国争霸战争取代了国内的阶级斗争，工业动荡渐趋平息。

总的来说，这一时期的工会运动成就显著，劳工群体取得了多数罢工斗争的胜利。"113.5万名罢工者（44%）赢得了对雇主的彻底胜利，108万名罢工者（42%）进行了一定的妥协，只有36.3万名罢工者（14%）遭遇了明显的失败。"① 借此，长期以来劳工实际工资下降的势头被遏制，工人阶级的生活得到改善，工会在维护工人阶级利益上声誉日隆，实力不断增长。正如莫尔顿所言："1910—1914年的罢工斗争的结果，使实际工资的下降中止了，并且有大批的新会员加入了各个工会。"② 显然，工会运动从20世纪初的低谷状态转变为一战前的蓬勃发展态势。

第二节 劳资博弈的新动态

自20世纪初到一战爆发，英国的劳资关系逐步从合作走向对抗。在这一过程中，劳资关系的发展演变与前后一段时期相比呈现出一些鲜明的特点。在劳资博弈的过程中，工会遭受司法打压，工会与工党走向联合，劳工政治运动蓬勃发展。同期工团主义思潮逐

① James E. Cronin, "Strikes 1870 - 1914", in Chris Wrigley, ed., *A History of British Industrial Relations*, *1875-1914*, p.91.

② ［英］阿·莱·莫尔顿：《人民的英国史》，谢琏造等译，第711页。

步在英国生根发芽，并在左派工会领袖的推动下进一步流播，最终深入工会运动的实践之中，以合并和罢工为主要特征的工团主义运动兴起。面对劳工运动的高涨，雇主群体在加强内部组织性予以反击的同时，也积极倡导劳资对话，19世纪末发展起来的集体谈判制得到进一步巩固和扩展。

一　劳工运动的政治化

在英国，劳工政治运动并非20世纪的新生事物，早在19世纪上半叶，劳工群体就为争取工人阶级的政治选举权而发起议会改革运动和宪章运动。经过数十年的斗争，三次议会改革使代议制民主的覆盖范围得以扩大，工人阶级获得选举权，成为一支举足轻重的政治力量。但在整个19世纪，英国政坛始终由保守党和自由党轮流执政，劳工群体缺少一个独立的工人阶级政党保障自身的利益。到19世纪末，在独立工党（The Independent Labour Party）、社会民主联盟（Social Democratic Federation）、费边社（Fabian Society）以及各工会团体的共同努力下，1900年劳工代表委员会（The Labour Representation Committee）成立。其目标在于选举劳工的代表进入议会，为工人阶级发声，劳工政治运动开启新纪元。

劳工代表委员会成立之初，并未获得大多数劳工群体的支持，尤其是来自工会的支持有限。彼时，其附属会员及活动资金十分有限。"在工会会员总数约200万人的情况下，1900—1901年劳工代表委员会的会员数量仅为37.6万人，1901—1902年为46.9万人，其财政收入也仅仅从243英镑增加到343英镑。"① 委员会活动经费紧缺既与成员较少有关，也与其会费的征收制度有关。它依照1000名成员征收10先令的原则收费，入会经济门槛非常低。这样

---

① G. D. H. Cole, *A Short History of the British Working Class Movement*, *1789-1947*, p. 298.

低廉的收入既不足以支付管理人员的薪水，亦难以为议会选举做过多的努力。① 力量弱小直接导致劳工代表委员会在议会选举中表现不佳。在 1900 年大选（Khaki Election）中，委员会仓促应战，在提出的 15 名候选人中，仅有铁路工会的理查德·贝尔和独立工党的基尔·哈迪（Keir Hardie）两人获选。20 世纪之初劳工代表委员会在英国政坛的影响可谓微不足道，但其发展颓势并未持续多久，司法对工会的打压促成了政治形势的变化。

1900 年，正值布尔战争进入高潮时期，煤炭供不应求、价格高涨，同时战争对军人的征召也强化了劳工的地位，南威尔士的铁路工人决定抓住有利时机与铁路公司谈判，要求改善待遇和承认工会，劳资冲突在塔夫·维尔铁路线上爆发。塔夫·维尔铁路从梅瑟尔到加的夫码头，是连接谷地煤矿、钢铁厂与布里斯托尔海峡港口的纽带之一，在该地区的经济生活中扮演着重要角色。② 工会在此时此地"闹事"对雇主造成的损伤可想而知。冲突起因是一名拒绝转岗的信号员埃文顿（Ewington）遭到解雇，在铁路职工混合协会地方领袖詹姆斯·霍尔姆斯（James Holmes）的领导下，塔夫·维尔铁路公司的雇员举行了非官方罢工，自 8 月 20 日起，共有超过 1200 名铁路工人罢工。工会领导层随后宣布支持罢工，并给予资金支持，领导人理查德·贝尔也被派去协助地方罢工。在雇主一方，铁路公司经理阿蒙·比斯利（Ammon Beasley）对罢工采取强硬态度，拒绝与工会谈判，并竭尽所能减少损失。一方面，比斯利求助于自由劳工协会（The Free Labour Association），引入罢工破坏者维持铁路运行。另一方面，比斯利发布悬赏公告，号召揭发破坏铁路财产的人，两名铁路工人遭到逮捕；同时他将矛头指向那些未经事先通知就开始罢工，从而破坏了雇佣合同的工人，结果有 60 人遭到法庭起诉，

① Paul Adelman, *The Rise of the Labour Party, 1880 – 1945*, London: Longman Group Ltd., 1972, p. 30.

② Tony Van Den Bergh, *The Trade Unions: What Are They?*, London: Pergamon Press Ltd., 1970, p. 110.

每人被罚款 4 英镑。① 比斯利还向法庭申请了禁止工会官员做出损害公司及其利益行为的禁令。在这场争端中，双方可谓互不相让。8 月底，在第三方的调解下，关于埃文顿的处置问题被提交仲裁，塔夫·维尔铁路的冲突方才平息。但铁路劳资双方的对抗并未完全终结，在雇主组织雇主议会理事会（The Employers' Parliamentary Council）的推动下，比斯利将双方的争端诉诸司法程序。

在案件审理的过程中，对工会官员的追责被延伸到工会本身。1900 年 9 月，法维尔法官（Justice Farwell）就塔夫·维尔铁路公司诉铁路职工混合协会一案做出判决："立法给予工会财权及代理权，但却并未将其合并，给予了它作为一个法人的两种最基本的品质，我的意思是在侵权责任方面。我认为，对于由社团代理人的错误行为所引起的错误，被告社团也负有责任。"② 随后工会将案件提交至上诉法院，法维尔法官的判决被推翻，1901 年雇主又将其诉诸英国最高司法权威上议院。上议院维持原判，最终裁定："议会不可能允许，大量的劳工团体在掌握巨大财富和由代表代理的同时，却可以不承担代理人对他人造成损害的责任。"③ 由此形成了著名的塔夫·维尔判决。在司法高压之下，铁路职工混合协会不得不向铁路公司支付巨额赔偿——2.3 万英镑的赔偿金，加上其他相关费用，工会经济损失总数达到 4.2 万英镑。塔夫·维尔判决要求工会基金对罢工损害赔偿负责的规定在随后的奎因诉利瑟姆案（Quinn vs. Leathem）中再次得到强调。④ 可见，工会被要求在劳资

---

① H. A. Clegg, Alan Fox and A. F. Thompson, eds., *A History of British Trade Unions since 1889*, Vol. 1, *1889-1910*, p. 314.

② Tony Van Den Bergh, *The Trade Unions: What Are They?*, p. 115.

③ W. Hamish Fraser, *A History of British Trade Unionism*, *1700-1998*, p. 99.

④ 奎因诉利瑟姆案：案件源于贝尔法斯特熟练屠夫协会（the Belfast Journeymen Butchers' Association）与雇主利瑟姆因解雇非工会成员的问题发生争端，工会以向利瑟姆最好的顾客罢工施压，利瑟姆以意图谋害且造成损失的罪名起诉工会，上议院法官裁定，在某些情况下，此类罢工或抵制的威胁可以被视为蓄意伤害，工会基金要对损害承担责任。

纠纷中承担民事责任已成定局。

事实上，20世纪以来的塔夫·维尔案以及奎因诉利瑟姆案只是雇主利用司法打压工会的两个典型案例，19世纪70年代确立的工会合法进行劳资斗争的权利早已受到侵蚀。例如1896年的莱昂斯诉威尔金斯（Lyons vs. Wilkeins）一案，高等法院（High Court）和上诉法院（The Court of Appeal）开创了一个先例，工会和平的纠察活动可以被定性为非法。正如马克斯·比尔所指出的那样，19世纪末，"被劳工当作自由宪章的1871、1875、1876年的'工会法'，又正在动摇。防止破坏罢工的纠察权渐渐被法院的判决所削弱，而来自集体责任制的自由也逐渐被取消了。撕毁工会法的过程自1896年就已经开始……塔夫·维耳案的判决（1900—1901年）不过是一种既成事实的令人震惊的揭发而已"。① 可见，工会法律地位的动摇有一个过程，而非塔夫·维尔案一力造成的结果。

世纪之交的一系列司法判决对英国整个工会运动产生深远影响，尤其是塔夫·维尔判决成为工会运动的转折点。由于英国实行普通法，该判决不仅直接对铁路工会造成重创，还可能被其他行业雇主用来对付工会，进而产生巨大的威慑效果。"这在整个工会运动中引起巨大恐慌，无论何时支持一场罢工，工会都有可能被要求对雇主的损害做出赔偿。"② "塔夫·维尔判决取消了工会的法律豁免权，并让工会对其官员的行为承担法律责任，这实际上破坏了罢工的权利。现在，任何采取罢工行动的工会都可能会使其全部资金处于危险之中。"③ 在此危急时刻，工会不得不改变劳资斗争的策略。一方面，工会尽可能地避免罢工，减少经济斗争；另一方面，工会对议会斗争的保守态度有所改变。"工会发现运动注定要经历一段工业不活跃的时期，它转而采取政治行动寻求补救，并开始在

---

① ［德］马克斯·比尔：《英国社会主义史》下卷，何新舜译，第277页。

② Eric Hopkins, *A Social History of the English Working Classes*, *1815-1945*, p. 172.

③ James Hinton, *Labour and Socialism*, *A History of the British Labour Movement*, *1867-1974*, p. 68.

全国范围内鼓动制定一项恢复罢工有效权利的新法律。"① 在积极向执政的保守党政府施压的同时，工会大力支持劳工代表委员会的议会竞选活动，劳工政治运动蓬勃发展。

1902 年以工程师和兰开夏纺织工人为代表的大型工会组织纷纷加入劳工代表委员会，其实力逐渐发展壮大。1902—1903 年，"劳工代表委员会新加入 127 个工会，是成立之初数据的三倍"，②"附属会员数几乎翻了一番，达到 86.1 万人，其财政收入也增加到 800 英镑"。③ 此时，唯一没有加入委员会的大型工会仅有矿工群体，他们依旧坚守自由劳工联盟。1902—1903 年劳工代表委员会在补选中获胜，议会中的席位数从 2 个增加到 5 个。1904 年劳工代表委员会获得进一步发展：其一，劳工代表委员会脱离工会代表大会（Trade Union Congress），成为完全独立的政治团体（此前工会代表大会对其具有一定的管辖权）；其二，劳工代表委员会通过对工会实行强制收费的方式为劳工议员筹集竞选和活动资金，其收入在 1905—1906 年增加到 12000 英镑以上（每位工会成员每年缴纳 1 便士，每位劳工议员每年收入 200 英镑）；其三，劳工候选人被要求与自由党、保守党保持距离，避免认同或促进这些党派的利益。④ 显然，劳工代表委员会实行的一系列举措增强了自身的独立性。

自由党对劳工代表委员会的发展壮大感到震惊，决心与其合作。为避免在边缘选区的三方角力，自由党领袖赫伯特·格莱斯顿（Herbert Gladstone）和劳工代表委员会书记詹姆斯·拉姆齐·麦克唐纳（James Ramsay MacDonald）达成了一项选举合作协议，双方

---

① G. D. H. Cole, *British Trade Unionism To-day: A Survey*, p. 120.

② Malcolm Pearce and Geoffrey Stewart, *British Political History*, *1867 – 2001*, *Democracy and Decline*, London: Routledge, 2002, p. 252.

③ G. D. H. Cole, *A Short History of the British Working Class Movement*, *1789–1947*, p. 298.

④ Henry Pelling, *A History of British Trade Unionism*, pp. 122–123.

在接下来的一次大选中相互支持，允许 30 名劳工代表委员会候选人自由竞选。[①] 在 1906 年大选中，自由党与劳工代表委员会取得压倒性的胜利。在这次大选中，自由党获得 377 个席位，劳工代表委员会则有 29 名候选人当选，其中有 24 人在没有自由党反对的情况下胜出，劳工议员多数为各工会领袖。此后，劳工代表委员会更名为工党，选举基尔·哈迪为议会领袖，并开始鼓动立法支持有组织的劳工。

1906 年自由党上台，为兑现对工党的承诺，大力推进各类社会改革。其中，工党较为关心的是工会活动的彻底合法化，这是 20 世纪初期以来劳工政治运动主要追求的目标。最初，自由党根据 1903 年皇家工会委员会（Royal Commission on Trade Unions）的调查报告提出一项议案，遭到劳工反对，工党选择提出自己的方案，要求给予工会活动彻底的法律豁免权，最终在上下两院顺利通过，《劳资争议法》得以出台。该法案中较为重要的条款有两条。第三条规定："某人为谋划或促进行业纠纷而采取的行为是不可控告的，如果仅仅因为该行为诱使他人破坏一项雇佣合同或干预他人的职业、事务或工作，或干预他人按自己的愿望处置其资本或劳动的权利。"第四条规定："对某个工人或雇主的行业组合起诉，或对该行业组合中代表他们自己或代表该行业组合所有成员的任何会员或职员起诉，指控该行业组合或以该行业组合的名义犯了任何民事侵权罪，任何法院应不予受理。"[②] 这些规定给予工会基金在劳资斗争中绝对的保护，工会不再因民事不法行为而遭到赔偿起诉，这意味着塔夫·维尔判决被完全推翻，工会在罢工过程中的和平纠察活动也完全合法化。工会似乎在争取罢工权利时获得了特权，以至于悉尼·韦伯（Sidney Webb）认为，"这是一

---

① James Hinton, *Labour and Socialism*：*A History of the British Labour Movement*, *1867-1974*, pp. 73-74.

② 刘克华选译：《一八七〇——一九一四年的英国》，商务印书馆 1987 年版，第 52 页。

种特殊的和无限的豁免权，无论造成的损害多么巨大，无论这种行为多么不合理"，"绝对是可怕的"。① 1906 年《劳资争议法》的颁布对工会运动的发展具有深远意义，工会在此后开启了一个工业斗争的时代。

工党的快速发展令劳工群体信心倍增，1909 年，全国矿工联合会抛弃自由劳工联盟加入工党，工党实力获得进一步增强，在议会中的席位数从 30 个增长到 42 个。然而，在劳工政治运动高歌猛进之际，工党的发展遭遇重大挫折。在利用司法手段打击工会经济斗争的尝试失败后，雇主转而攻击工会的政治活动。1909 年，在雇主的经济资助下，铁路职工混合协会成员 W. V. 奥斯本（W. V. Osborne）发起诉讼，反对工会为支持工党的政治活动强制会员每年缴纳政治性会费。工会在诉讼中获胜，但该判决随后被上诉法院推翻。上诉法院裁定："尽管工会从未被授予法人地位，但它们具有法人团体的许多特征，且是根据法律建立的。因此，它们在享受这种地位的好处时，也必须受到类似的限制，就像法定公司一样，防止它们采取任何非法授权的行动。影响其地位的议会法案是1876 年颁布的，它限定了工会的目标，这些目标不包括关于政治行动的条款。因此，任何旨在达到政治目的的行动都不属于工会的范围。"② 工会进一步将案件递交上议院，上议院支持上诉法院的判决，指出工会将基金用于政治活动是非法的，这就形成了著名的奥斯本判决（Osborne Verdict）。奥斯本判决之所以产生，雇主的推动只是一部分原因，关键在于工人阶级内部对劳工政治运动的走向存在分歧。"奥斯本案产生的根源来自工会中对议会党团不满的阶层……工党的联盟性质决定了其内部各团体的利益和目标不尽相同……支持自由党政策的工人不愿将自己的钱拿给工党作为实现社会主义或反对自由党政策的费用。"③

---

① Eric Wigham, *Strikes and the Government, 1893-1981*, pp. 16-17.

② Tony Van Den Bergh, *The Trade Unions: What Are They?*, p. 127.

③ 王觉非主编：《近代英国史》，南京大学出版社 1997 年版，第 713 页。

　　奥斯本判决对工会运动影响巨大，工会如不能将基金用于政治领域，劳工政治运动也就无从开展。工党也将因此遭受重创，工会的政治性捐助是其财政收入的主要来源，奥斯本判决相当于断了工党的"财路"。此时工党正处于艰难时刻，问题缠身。工党不仅在收入上遭到断绝，在议会大选中的表现也不佳。1910年的两次大选，其所获得的席位数都在40个左右，并未较之前取得多大进步。更有甚者，工党内部发生分裂，左派抨击其温和政策，指责领导层抛弃社会主义立场。最终左派脱离工党，组成英国社会党（British Social Party）。为摆脱困境，工党不得不再次求助于自由党，要求自由党政府通过立法推翻奥斯本判决。面对工党的困境，自由党并不急于为其"解围"，直到1911年《国民保险法》在工党支持下获得通过，作为回报，自由党政府才引入一项支付议员费用（每年400英镑）的措施，以解燃眉之急。尽管这解决了维持工党议员活动费用的直接问题，但它并没有使工会资金重新流向工党。

　　经过多年的争取，自由党政府终于在1913年颁布新的《工会法》（Trade Union Act，1913），推翻了奥斯本判决，从而解决了工会参与政治活动是否合法的问题。该法案规定："工会在特定条件下可以资助政党。首先，各工会必须进行一项成员投票以决定是否成立政治基金，如获得多数同意，则设立专门的政治基金，独立于普通基金。任何成员都可以自由地签订合同，免除政治性收费，其会费将全部归入一般基金。"① 新的《工会法》既赋予了工会进行政治运动的权利，同时又尊重工会个体会员不缴纳政治献金的自由，劳工政治运动得以延续。此后，多数工会取得支持设立了政治基金，投票的结果是："尽管有近20万名矿工和3.5万名铁路工人反对设立政治基金，但木匠以13∶12的多数比例保住了政治基金，

---

① Eric Hopkins, *A Social History of the English Working Classes*, *1815–1945*, p. 176.

纺织工人和工程师相应的数据为 98∶76 和 21∶13。"① 可见，在工会运动中仍存在大量群体反对征收政治捐助，但工党与工会的政治联系始终难以割裂。

总的来说，自 20 世纪初到一战爆发，劳工政治运动蓬勃发展。在这一过程中，工会与工党确立了合作伙伴关系，工党逐渐发展壮大。塔夫·维尔判决激发了工会支持工党的热情，工党则为工会争取到 1906 年《劳资争议法》的豁免。奥斯本判决打击了工会的政治活动，工党积极向自由党施压，促成了新《工会法》的出台。工会推动工党的发展既是为了满足经济斗争的需要，也是自身获得政治保障的需要。它们成为英国劳工运动的两翼：工会在经济领域保障劳工权益，工党在政治领域为劳工发声。

二　工团主义运动的兴起

作为一种风行世界的工人运动思潮，工团主义并非土生土长于英国，英国工团主义运动是在受到法国工团主义和美国产业工会主义思想的影响后发展起来的。工团主义最早源于 19 世纪末的法国，在法语中，工团主义原本与工会主义的含义相同，法国的工会运动在发展过程中分裂为改良派和革命派，工团主义者后被用以专指革命派，因而工团主义成了革命工会主义的代名词。② 法国工团主义者倡导暴力革命和破坏行动，拒绝与雇主进行任何妥协，并呼吁通过总罢工的方式来实现社会主义。③ 同时期，美国产业工会主义运动正如火如荼地开展，产业工会主义者信奉双重工会主义思想，主张在现有工会之外重塑美国的工会主义，工会应以产业为单位，而

---

① Kenneth D. Brown and John Burns, eds., *The English Labour Movement*, *1700–1951*, pp. 205–206.

② ［英］伯特兰·罗素：《自由之路：社会主义、无政府主义、工团主义》，何新译，商务印书馆 1959 年版，第 43 页。

③ ［英］理查德·海曼：《解析欧洲工会运动——在市场、阶级和社会之间》，吴建平译，中国工人出版社 2015 年版，第 99 页。

非以行业为单位，并根据工人阶级和雇主阶级没有共同之处的原则进行一场更为激进的斗争。[①] 1905年世界产业工人组织（Industrial Workers of the World）在美国成立，它是产业工会主义发展的重要标志。美、法两国的工运思想在各种因素的作用下传入英国，为英国工团主义运动的产生和发展奠定思想基础。

英国工团主义运动的发展呈现出鲜明的阶段性特征，大致可分为两个阶段。20世纪前十年是英国工团主义的萌芽时期，工团主义思想开始在英国传播，并促成一些地方性的小型工业团体成立。1910—1914年是英国工团主义运动发展壮大的时期，工团主义思想得到广泛传播，并深入英国工会运动的具体实践过程中，对工会自身及劳资关系的发展产生重大影响。苏格兰的社会主义工党（The Socialist Labour Party）是传播和践行工团主义思想的先行者。1903年，由于对社会民主联盟（Social Democratic Federation）忽视工业斗争政策的不满，其部分成员选择独立建党，社会主义工党由此形成。它信奉美国的双重工会主义（Dual Unionism）思想，反对英国现有的工会组织，要求建立新的革命工会。为此，该党通过建立英国产业工会主义提倡者组织（British Advocates of Industrial Unionism）和大不列颠产业工人组织（The Industrial Workers of Great Britain）来推动产业工会的发展。[②] 但社会主义工党试图在否定英国现有工会运动的基础上发展工团主义，不符合英国国情，其实践收效甚微。1908年，社会主义工党发生分裂，部分成员选择脱离该组织成立产业联盟（The Industrialist League）。产业联盟拒绝美国产业工会主义中强调政治行动的主张，推崇直接的工业斗争，同时批判社会主义工党执行的双重工会主义，号召对现有工会进行渗透和改造。为宣传其观点，1909年产业联盟发行了《革命工会主义》（Revolutionary Unionism）宣传手册。此外，社会主义团

---

① Henry Pelling, *A History of British Trade Unionism*, p. 134.

② Ralph Darlington, *Syndicalism and the Transition to Communism*, Surrey：Ashgate Publishing Ltd., 2008, p. 133.

体中央劳动学院（The Central Labour College）、平民联盟（The Plebs League）及无政府主义者也对工团主义思想在英国的普及做出贡献。[①] 总的来说，早期工团主义思想在英国受众有限，影响力较小。

1910 年后，工团主义运动在英国蓬勃发展，这主要得益于汤姆·曼、詹姆斯·康诺利、詹姆斯·拉金等工会运动领袖的支持。汤姆·曼是英国工团主义运动的代表人物，是 19 世纪末英国新工会运动的领袖，先后领导过 1888—1889 年火柴厂女工、煤气工人、伦敦码头工人的罢工活动。1901 年他离开英国前往澳大利亚、新西兰参与工会运动，深受美国产业工会主义的影响。1910 年回到英国，他立即与盖伊·鲍曼（Guy Bowman）访问法国，考察法国的工团主义，在这一过程中，汤姆·曼逐渐从国家社会主义者转变为坚定的工团主义者。此后，他加紧推动工团主义在英国的传播。1910 年 7 月汤姆·曼与盖伊·鲍曼共同推动《产业工团主义者》月刊的出版发行，将其作为工团主义的宣传阵地，促进各地工团主义者的联合。1910 年 12 月，来自 70 多个工会分支和激进团体的近 200 名代表齐聚曼彻斯特，促成了产业工团主义者教育联盟的成立，其主要目标在于推动工团主义思想在工人运动中的传播。为落实该目标，联盟还发行了由盖伊·鲍曼主编的新宣传杂志《工团主义者》（The Syndicalist）月刊。这种舆论宣传进一步深入行业层面。在煤矿业，1911 年威尔士工团主义者发行了被称为《矿工的下一步》（The Miners' Next Step）的宣传手册，抨击工会的正统观念，针砭国有化政策。在铁路业，1911 年《工团主义者铁路工人》月刊发行，向工人阶级普及工团主义的思想主张。在这一系列的舆论宣传下，工团主义运动不断发展壮大。

1910 年以后，工团主义思想之所以在英国得到广泛流播，除

[①] Kenneth D. Brown and John Burns, eds., *The English Labour Movement, 1700-1951*, p. 211.

了工运领导人的积极推广，还在于当时英国的社会经济环境、劳工运动的发展为其提供了优良的生存土壤。概言之，工团主义的兴起主要有以下两方面的原因。其一，英国劳工群体对政党政治失望。1906年自由党执政后，尽管在劳工的压力下大力推行社会改革，但工人阶级的状况并未好转。同时，工党和工会都受到奥斯本判决的打压，但工党对此无所作为，一味依附于自由党。当自由党和工党都不能保障劳工群体的利益时，他们转向富有革命性的工团主义即成为自然而然的结果。正如约翰·谢尔德雷克（John Sheldrake）所言："1909年奥斯本案判决后，工党经历了严重的财政困难，这一困难直到法案通过后才得到补救，从而助长了工人阶级中工团主义影响的扩大。"① 其二，工业领域集体谈判制的发展压制了工会激进分子的活动，而工团主义学说恰恰对此做出严厉批判，强调用罢工武器迫使资本家屈服，从而深受欢迎。"1890—1910年，工人阶级对集体谈判和调解机制的成果不满，这让英国工团主义获得了相当大的力量。"② "事实上，工团主义者获得支持的一个来源在于，非官方的罢工领导人会不时受挫于新兴集体谈判体系的运行，它导致工会领导层与其激进成员关系的紧张化。调解和程序协议在对抗达到顶峰和雇主未做好准备时阻止了工业力量的全部和快速使用，从而遭到工团主义者的反对，这一点吸引了各行业有组织的劳工。"③ 可以说，相比通过议会政治活动、集体谈判等间接手段改善雇佣待遇，劳工群体信奉工团主义所号召的斗争的坚决性、彻底性。

就基本理念而言，英国工团主义在各个层面提出自身的主张和

---

① John Sheldrake, *Industrial Relations and Politics in Britain*, *1880-1989*, London: Printer Publishers Ltd., 1991, pp. 18-20.

② Bob Holton, *British Syndicalism*, *1900-1914*, *Myths and Realities*, London: Pluto Press Ltd., 1976, p. 32.

③ James Hinton, *Labour and Socialism*: *A History of the British Labour Movement*, *1867-1974*, p. 93.

见解。"与以前的工会运动不同，工团主义不仅提出增加工资、缩短工作日等传统目标，而且有着改造社会的宏大计划。"① 在工会运动的目标及达成的手段上，工团主义者主张："劳工获得政治权利不应当通过议会行动，而应当通过每个产业中的工会，由工会掌控该产业，为工人而非雇主的利益运营。劳工控制产业将最终导致其对国家政治的掌控。达成这些目标的方法有两步，首先是为每个产业创造一个大工会，其次是利用罢工的手段，尤其是大罢工。"② 工团主义者并不赞同劳工政治运动和通过集体谈判和平化解劳资纠纷，强调工会的经济斗争是保障自身利益最有效的手段。"在一个阶级斗争激化的时期，工团主义者拒绝议会政治、蔑视工党的胆怯，他们反对一切形式的外部权威，无论是资本主义国家和雇主，还是专业的劳工政治家和工会官僚。工团主义者试图代之以一种通过产业工会联合和动员工会普通成员行动的策略。他们坚持工厂是最重要的地点，经改造的及民主化的工会是向革命的社会主义转换的唯一机构。应该摆脱外部专家的腐败干预或调解，完全依赖于工人阶级大众的经验和直接行动。"③ 对于社会主义者所主张的国有化政策，工团主义者持否定态度。"对于作为工业问题的一种解决办法的国有化，工团主义者激烈反对。这将只是以政府部门代替了雇主而已，而体力劳动者在后一种情况下会比前一种更坏。"④ "由国家机关经营产业，其为害于工人阶级实较现行方法为尤甚。盖国家经营产业意即资产阶级借政府机关对于全国各种之力量及工人行使一种统治，其严厉之处，较今日所行使者尤甚。"⑤ 可以说，在

① 李华锋：《英国工党与工会关系研究》，博士学位论文，华中师范大学，2008年，第 33 页。

② Eric Hopkins, *A Social History of the English Working Classes*, *1815-1945*, p. 177.

③ Van Gore, "Rank-and-File Dissent", in Chris Wrigley, ed., *A History of British Industrial Relations*, *1875-1914*, pp. 67-68.

④ ［英］马里欧特：《现代英国（1885—1945 年）》，姚曾廙译，商务印书馆1963 年版，第 417—418 页。

⑤ ［英］韦伯夫妇：《英国工会运动史》，陈建民译，第 455 页。

工团主义者眼中，不仅政党靠不住，政府更靠不住，他们被视作资产阶级的代言人。

当工团主义思想在工人阶级内部得到广泛传播后，工团主义运动领导人积极将其主张落实到工人运动的实践中去。其首要目标在于改组工会，对工会结构进行改革，推动当前的行业工会朝产业工会发展。彼时，英国工会主要以行业为基础组织起来，有诸多弊端。"除煤矿以外的几乎所有行业，劳工的主体都被划分为若干部门，各交错重叠的工会往往以行业为基础组织起来，技术水平较低的部门劳工或根本没有被组织，或是在通用工人工会中得到组织。在许多不同的工业中，各工会相互竞争。例如，在棉纺织、印刷和建筑业中，每一个行业或行业团体都有独立的工会；在工程、造船以及建筑业中，熟练工人和非熟练工人被分开组织，且彼此经常不和；在运输业中，有一大批独立的社团，它们几乎以每一种可能的基础组织起来。"① 在造船业，汤姆·曼指出，该产业涉及20个不同的行业，其劳工群体大约由24个不同的工会组织起来，这24个工会从未联合起来反对资本家。② "1910年，英国大约有1200个工会，代表近250万名会员，其中许多工会都是小规模的、地方性的。"③ 可见，以行业为基础组织劳工将造成各工会相互竞争，工会结构支离破碎，技艺壁垒又导致大量普通劳工群体未能得到组织。这不仅限制了工会运动的发展，造成工人阶级的内耗，而且削弱了劳工群体的凝聚力，工业斗争的力量被削弱。由此，工团主义者在各行各业掀起大规模工会合并运动。

在煤矿业，矿工发起改革与前进运动（Reform and Forward Movement），南威尔士的工团主义者成立了非官方改革委员会

---

① G. D. H. Cole, *A Short History of the British Working Class Movement*, *1789-1947*, p. 324.

② W. Hamish Fraser, *A History of British Trade Unionism*, *1700-1998*, pp. 125-126.

③ D. F. Macdonald, *The State and the Trade Unions*, London：Macmillan Press, 1960, p. 72.

（Unofficial Reform Committee）来推进这一过程。在运输业，1909
年詹姆斯·拉金促成了爱尔兰运输工人与通用工人工会的成立，
1910 年汤姆·曼也说服了海运、水路和公路运输行业的多个工会
团体联合，组成全国运输工人联合会（National Transport Workers
Federation），到 1914 年，该联合会进一步与普通工人全国委员会
（General Labourers' National Council）合并。在铁路业，1913 年五
个主要铁路工会中的三个同意合并，铁路职工联合会、扳道工和
信号员联合协会及普通铁路工人工会共同成立了以产业为基础的
全国铁路工人工会（National Union of Railwayman）。在工程业，联
合工程师协会在 1912 年修改工会章程，降低了入会门槛，非技术
工人获准加入工会。工会合并运动最突出的成就在于三角同盟
（Triple Alliance）的形成。工团主义不仅倡导同一产业内部的统一
性，还倡导不同产业间的联合。在全国矿工联合会领导人罗伯
特·斯迈利（Robert Smillie）的倡导下，1914 年全国铁路工人工
会、全国运输工人联合会以及大不列颠全国矿工联合会三个工会
签署协议。① 协议规定：三个组织在发起任何大的行动之前，无论
是防御还是进攻，都应该制订自己的计划，提交给其他组织，然后
根据联合的建议，采取联合行动，其目的是同时对雇主施加压力，
必要时举行共同罢工。不得不说，工团主义者的合并运动取得了相
当大的成就。

　　除了推动以产业为基础的工会合并，工团主义者还积极推动各
行业的罢工行动。1911 年，汤姆·曼带领运输工人发起对雇主的
进攻，由此拉开一战前大规模劳工骚动的序幕。1912 年煤矿工人
发起全国大罢工。1913 年詹姆斯·拉金领导了著名的都柏林运输
工人大罢工。正如埃米特·奥康纳（Emmet O'Connor）所指出的：
"工团主义者对罢工影响的顶峰可以从 1911 年、1912 年的运输业

---

① G. D. H. Cole, *British Trade Unionism To-day: A Survey*, p. 58.

纠纷以及 1912 年的矿工罢工中体现出来。"① 显然，一战前大规模劳工骚动的工业景象与工团主义对英国工会运动的重塑密切相关，工会的战斗精神被激发出来。

从工团主义运动的成效看，它极大地改善了工会结构，工会的数量减少，工会运动支离破碎的局面得到一定程度的改善。"工会的数量从 1896 年的 1358 个下降至 1914 年的 1260 个。"② 它还推动了工会力量的增长，尤其是在大规模劳工骚动的四年，工团主义者推动下的工业斗争使劳工群体取得重大胜利，劳工纷纷加入工会，工会成员大幅增加，工会不断发展壮大。"工会成员从 1892 年的 157.6 万人增长到 1913 年的 413.5 万人，同期工会密度也从原来的 11.2% 提升至 23.1%。"③ "1911—1913 年，工会会员数量增加了 60%。"④ 以产业为基础的普通工会的发展和女性会员的加入是工会力量增长的主要推动力。以工人联合会（Workers' Union）为例，"工人联合会专于各难以分类及半熟练而未经纯抱职业目的之工会吸收之工人中征求会员，成立 12 年之后，在 1910 年只有 111 个支会，会员 5000 人，但在 1911—1913 年间，则已有 567 个支会，91000 名会员"。⑤ 1914 年进一步增至 14.3 万人。⑥ "1896 年，在 14.2 万名女性工会会员（不包括教师）中，有 86000 名是棉纺工人（61%）。到 1910 年，女性工会会员的总数已增至 27.8 万人，其中 54% 仍从事棉纺织业，其他女性会员中约有一半在国家或地

---

① Emmet O'Connor, "Old Wine in New Bottles? Syndicalism and 'Fakirism' in the Great Labour Unrest, 1911-1914", *Labour History Review*, Vol. 79, No. 1, April 2014, pp. 19-36.

② Ministry of Labour and National Service, *Industrial Relations Handbook*, London: HMSO, 1944, p. 12.

③ Kevin Hawkins, *Trade Unions*, London: Hutchinson, 1981, p. 78.

④ Malcolm Pearce and Geoffrey Stewart, *British Political History*, *1867 - 2001*, *Democracy and Decline*, p. 254.

⑤ ［英］韦伯夫妇：《英国工会运动史》，陈建民译，第 349 页。

⑥ Eric Hopkins, *A Social History of the English Working Classes*, *1815-1945*, p. 180.

方政府任职，或从事教学工作。"①

总的来说，工团主义思潮能够在英国实现本土化，乃至发展为声势浩大的社会运动，归根结底在于它迎合了工人阶级左派的需要，工团主义倡导的革命性与斗争性，恰恰是英国劳工运动当时缺乏的品质。工团主义者虽取得了一定的成就，但在资本主义社会，劳资和谐共处、维护工业生产的平稳运行才是长久之计，在运动的势头退去后，它只能成为劳工运动的少数派，等待时机再次爆发。

三 雇主组织与集体谈判制的发展

在英国劳资关系发展史上，劳资冲突的化解是劳资关系管理的重要内容，劳资分歧的解决需要双方充分地沟通与交流，由此，自19世纪中后期起，英国开创了以调解、仲裁为主要形式的集体谈判制，它逐步成为处理劳资纠纷的主要手段。发展之初，集体谈判的层级更多停留于地方水平，这表现为大量地方性的调解、仲裁委员会的建立。到19世纪末20世纪初，英国的集体谈判制出现一些新的特点。

世纪之交，集体谈判在广度和深度上都获得迅猛发展。休·克莱格、艾伦·福克斯等学者指出："集体谈判的发展是1889—1910年这段时期的突出特征。1889年，仅有棉织业有了全国性的协议。到1910年，工会和雇主联合会在工程、造船、棉纺、建筑、印刷、钢铁以及制鞋业都签署了全国协定。此外，除铁路外，其他所有组织良好的行业几乎都已形成自己的集体谈判制度，即使还没有完全发展到全国层面。"② 可见，集体谈判制自19世纪末以来就呈现快

---

① C. Wrigley, "Labour and Trade Unions in Great Britain, 1880-1939", in Anne Digby, Charles Feinstein and David Jenkins, eds., *New Direction in Economic and Social History*, Vol. 2, London: The Macmillan Press Ltd., 1992, p. 106.

② H. A. Clegg, Alan Fox and A. F. Thompson, eds., *A History of British Trade Unions since 1889*, *Vol. 1*, *1889-1910*, p. 471.

速发展趋势，20 世纪初依旧延续了这一良好形势。这种发展尤其体现在集体谈判覆盖行业范围的扩展和谈判层级的提高，虽然各行业的发展程度有所不同，但区域性谈判与全国性谈判同步发展。集体谈判的发展还可以从集体协议的相关数据中反映出来，根据 1910 年一份关于集体谈判的政府报告，当时英国已有 1696 项协议，覆盖近 240 万名劳工，约占劳动力总数的 1/4。[①] 在集体协议的行业分布上，当时采矿业有 56 项协议，覆盖 90 万名劳工；运输业约有 92 项协议，覆盖 50 万名劳工；纺织业相应的数据分别为 113 项和 46 万人，金属、工程及造船业分别为 163 项和 23 万人，建筑业分别为 803 项和 20 万人，服装业分别为 303 项和 5 万人。[②] 这些行业集体谈判制的发展推动了集体协议的增加。

探寻英国集体谈判制与日俱增的根源，要从劳资关系的主体对象出发，劳、资、政三方对此皆有助益。集体谈判机制的建立必须以劳资双方的充分组织为基础，任何一方力量分散，都难以形成集体化的劳资关系。19 世纪末 20 世纪初劳资双方的组织性都得到增强，工会规模的扩大毋庸置疑，而雇主间联合的加强及其处理劳资关系的合作态度为集体谈判的发展奠定了坚实的基础。就雇主间的合作而言，这一时期雇主群体联合的趋势日益增长，雇主组织的数量大幅增加。据贸易委员会的数据统计，自 19 世纪末至一战前夕，英国雇主组织的数量（包括地方层面和全国层面）增长了三倍以上，从 1895 年的 336 个增长至 1898 年的 675 个，1914 年进一步飙涨至 1487 个。[③] 雇主组织的增加主要是为了应对工会运动发展的新趋势，19 世纪 80 年代以来，新工会运动兴起，工会扩展到非熟

---

① Chris Howell, *Trade Unions and the State*：*The Construction of Industrial Relations Institutions in Britain*，*1890-2000*，p. 57.

② Board of Trade, *Report on Collective Agreements between Employers and Workpeople of Britain*，London：HMSO，1910，p. iii.

③ Arthur J. McIvor, *Organised Capital*：*Employers' Associations and Industrial Relations in Northern England*，*1880-1939*，p. 61.

练工人群体中，劳工的斗争性日渐显著，雇主间的联合成为一种强烈的现实需要，是应对劳工"咄咄逼人之势"的重要手段。正如亚瑟·J. 麦基弗所言："在 19 世纪的最后 25 年，特别是 19 世纪 90 年代，在英国大多数主要工业中，雇主团结方面有了重大发展，建立了相对稳定的地区和全国性的雇主联合会。这在一定程度上是对新工会主义发展的强烈抵制。"① 从另一个层面看，20 世纪初以来劳工法律地位的改善、政治地位的提高也对雇主群体造成很大的压力。"大约在 1890 年后，当工会主义扩展到非熟练工人时，强大的雇主组织开始在服装、航运和其他雇佣大量非熟练或低薪工人的行业形成。特别是在 1906 年后，组织和整合的进程加快了，这是工会主义权力增长和议会中社会立法数量增加的双重结果。"② 在这一严峻形势下，雇主不得不加强合作，在工业和政治两个层面对抗劳工的进攻。

具体来看，雇主的合作体现为全国性雇主组织及区域性雇主组织的增加和壮大。例如，1898 年雇主群体成立了一个新的全国性雇主组织——雇主议会理事会，它被期望成为雇主的"工会代表大会"，致力于将议会中代表雇主利益的议员团结起来，对相关立法施加影响。20 世纪初，工会遭受司法起诉的各案件中，都有它活动的身影。区域层面的雇主组织同样在发展，1913 年的利物浦就成立了利物浦港口雇主协会（Employers' Association of the Port of Liverpool）。19 世纪建立的各行业雇主团体也在茁壮成长，对本行业的覆盖程度不断提高。在纺织业，"1892 年，棉纺织雇主协会联盟（The Federation of Master Cotton Spinners' Associations）占该行业机器资本的比重不到 40%，到一战前夕，该数据已增至 70%。

① Arthur J. McIvor, "Employers' Organisation and Strike Breaking in Britain, 1880-1914", *International Review of Social History*, Vol. 29, No. 1, April 1984, p. 4.

② J. Henry Richardson, "Employers' Organizations in Great Britain", in Frank E. Gannett and B. F Catherwood, eds., *Industrial and Labour Relations in Great Britain: A Symposium*, p. 140.

1890—1914年织工雇主联盟（The Master Weavers' Federation）的成员从占该行业总数的25%增长至61%"。① 在工程业，1897—1898年工程业劳资双方激烈对抗时，工程业雇主联盟（The Engineering Employers' Federation）下辖的公司数量仅有700多家，随后迅速增长到800家以上，到1910年为816家。尽管此后其下辖公司的数量呈下降趋势，但联盟雇佣的熟练男性劳动力从1910年的17.5万人上升至1914年的26.3万人，初级劳动力的数据从4万人左右增长至6.5万人。② 显然，各雇主组织的规模日益扩大，行业代表性不断加强。"到1914年，几乎所有行业都有雇主组织，这些组织被建立用来对付劳资纠纷。"③ 通过加强同行或行业团体间的合作，雇主的力量得以壮大。

分散的个体雇主、雇主团体的联合仅仅是发展集体谈判的基础条件，劳资双方能否走到谈判桌前，关键还在于二者处理劳资关系的态度，这一时期雇主管理劳资关系战略的转变对集体谈判制的发展意义尤为重大。在英国劳资关系发展的历程中，部分雇主群体坚守家长制作风对生产环节的一切条件实行独断，也有的雇主群体虽联合成立雇主组织，但依旧排斥工会主义，拒绝承认工会，拒绝开展集体谈判。这种处理劳资关系的态度往往导致劳资激烈对抗，造成大量无谓的工作日损失。19世纪末20世纪初，随着工会的发展壮大，上述排斥工会的策略越发不适应时势的发展，劳资对抗的成本越来越大，雇主开始转变态度，集体谈判成为他们处理劳资关系的主要手段。亚瑟·J.麦基弗就指出了雇主的这一转变："1880—1914年雇主对待劳资关系的主要趋势是对工会的承认，接受实质

---

① Arthur J. McIvor, "Employers' Organisation and Strike Breaking in Britain, 1880-1914", *International Review of Social History*, Vol. 29, No. 1, April 1984, p. 4.

② Eric Wigham, *The Power to Manage: A History of the Engineering Employers' Federation*, p. 303.

③ Emmet O'Connor, "Old Wine in New Bottles? Syndicalism and 'Fakirism' in the Great Labour Unrest, 1911-1914", *Labour History Review*, Vol. 79, No. 1, April 2014, p. 26.

性问题的谈判，以及建立旨在减少工业冲突造成的时间损失的正式争端机制。即使面临罢工，雇主们最普遍的反应也是试图通过谈判达成和解，而不是强力打压。"① 显而易见，雇主从劳资对抗的策略转向劳资合作。

雇主处理劳资关系态度的转变主要体现在两个方面。一方面，在政治领域，雇主较少采用司法手段打压工会，对工会法律地位的改善不再强力阻扰、设置障碍。"尽管一些雇主利用了塔夫·维尔判决，但大多数雇主并没有。雇主继续强化他们的协会，并建立新的雇主组织。雇主寻求发展集体谈判制度而不是立法管理。"②1906 年《劳资争议法》颁布时，律师而非雇主是反对这一法案的主力，当时也不存在雇主发起运动反对该法通过的现象。另一方面，在工业领域，雇主积极推动本行业集体谈判的发展。"到 1914年，雇主协会在建立当时的劳资关系体系方面发挥了积极和创造性的作用。在一些行业，稳定的工会形成以前，他们已经引入了集体管理工资的方法；在另一些行业，他们主动开展了集体谈判；在众多的行业中，他们负责设立中央纠纷处理程序，甚至强迫工会接受这些程序。"③ 在雇主群体的积极推动下，20 世纪初至一战爆发，英国的集体谈判制迅速发展。

就集体谈判制发展的具体表现而言，集体协议的订立是集体谈判的目标和结果，集体协议覆盖范围及数量的变化可以从侧面反映集体谈判的发展。在英国，集体谈判制发展大体有两种具体的表现形式。第一种是关于实质性问题（工资、工时、工作条件）的集体谈判日益取代雇主单方面的决断，成为确定工作条件的方法，由此形成的协议被称为实质性协议，这类集体谈判主要在各行业的地

① Arthur J. McIvor, "Employers' Organisation and Strike Breaking in Britain, 1880-1914", *International Review of Social History*, Vol. 29, No. 1, April 1984, pp. 31-32.

② James Fulcher, *Labour Movements, Employers, and the State: Conflict and Co-operation in Britain and Sweden*, Oxford: Oxford University Press, 1991, p. 86.

③ H. A. Clegg, *The System of Industrial Relations in Great Britain*, p. 127.

区层面进行。在实际操作的过程中，有时单方控制与集体谈判并存。第二种是各行业劳资双方逐步构建出一个全国性的程序协议体系，它确立了一套通过集体谈判化解纠纷的程序，根据这种程序，在采取罢工行动前，地方或地区一级尚未解决的争端必须提交给一个中央劳资联合委员会（往往由劳资双方的同等代表组成）。[①] 19 世纪末到一战前，无论是实质性协议还是程序性协议都得到快速的发展。

程序性协议的增加是这一时期集体谈判制发展的主要推动力，19 世纪末以来，众多行业的劳资双方签署了程序性协议。其中棉纺织业、制靴制鞋业、工程业是推动这一机制发展的先驱，1893 年棉纺织业劳资双方订立了布鲁克兰协议，开全国程序性集体谈判的先河，1895 年的制靴制鞋业和 1898 年的工程业也订立了类似的协议，确立了全行业处理劳资纠纷的程序机制。由于集体谈判机制在改善劳资关系上的有效性，其他行业纷纷效仿。20 世纪初期，这一机制的发展主要体现在建筑业和造船业。建筑业集体谈判机制的发展由来已久，早期主要在区域层面建立起来，19 世纪末 20 世纪初是建筑业地区调解与仲裁委员会发展的繁荣期，据贸易委员会统计，到 1906 年底，有 90—100 个联合机构在运行，其协议覆盖 11.2 万人左右。[②] 地区层级调解与仲裁委员会的发展为全国程序性集体谈判机制的建立奠定了坚实基础。

进入 20 世纪，建筑业程序性集体谈判机制发展到全国层面。1904 年，全国建筑业雇主联盟（The National Federation of Building Trades Employers）和砖瓦匠、石匠、木匠及装配匠的工会组织[③]签

①　John Lovell, *British Trade Unions, 1875-1933*, pp. 41-42.

②　Ian G. Sharp, *Industrial Conciliation and Arbitration in Great Britain*, p. 188.

③　相关工会组织包括砖瓦匠协会（The Operative Bricklayers' Society）、曼彻斯特砖瓦匠及石匠联合会（Manchester Unity of Operative Bricklayers, Operative Stonemasons）、木匠与装配匠联合会（Amalgamated Carpenters and Joiners）、木匠与装配匠总工会（General Union of Carpenters and Joiners）等。

署了全国协议，本质上，它在建筑业构建了一套通过集体谈判处理纠纷的全国性程序机制。该机制由地方委员会、区域委员会以及全国委员会组成，地方调解委员会主要是在劳资双方有充分组织的地方建立，由雇主和劳工的代表组成。冲突处理程序大体如下。劳资纠纷爆发时，首先由当事双方处理，若未能在 14 天之内或双方规定的日期内解决，纠纷交由地方调解委员会处理。若地方委员会在两周内仍无所作为，当地所属的全国四个区域委员会中的一个将接管案件。一周内，若区域委员会仍无法打破僵局，则交由全国委员会处理。在冲突处理程序的任何阶段，如果双方同意，争议可提交仲裁。① 在实践上，地区及全国委员会的运作较少，纠纷处理更多在地方层面解决。1904 年建立的全国集体谈判机制对建筑业的纠纷化解起到积极的推动作用，但也存在冲突处理程序过长、过慢的问题。

造船业集体谈判的发展较为缓慢，地区性谈判到 19 世纪末方才开始。例如，1892 年，威尔（Wear）地区造船工人与雇主的纠纷就推动了一个调解委员会的成立，它负责处理任何涉及雇佣条件的纠纷。此后地区统一管理劳资关系的趋势进一步加强，1894 年，泰恩、威尔、丁斯、哈特尔普尔的造船商和锅炉制造工与钢铁造船工联合会（United Society of Boilermakers and Iron and Steel Shipbuilders）就工资管理达成统一协定。在此基础上，到 20 世纪初，造船业建立了全国性的集体谈判机制。在经历一系列的罢工冲击后，1908 年造船业雇主联合会（Shipbuilding Employers' Federation）与锅炉制造工及其他造船业工会达成一项国家协议，主要就工资的变动及冲突的管理程序做出规定。在工资问题的管理上，协议要求任何工资变动的申请必须在现行规定执行 6 个月之后，申请提出后的两周内，雇主联盟与工会必须召开会议协商，如达成协议，新规定必须在 6 周后方可实行，且工资变动的幅度不得

---

① Ministry of Labour and National Service, *Industrial Relations Handbook*, p. 69.

超过 5%。在冲突的管理程序上，协议规定爆发纠纷时，首先由船坞或码头内的雇主与劳工代表会晤，若遭遇失败，雇主与工会地方协会的官员将加入谈判行列，若无法打破僵局，进一步将案件交给雇主与工会代表组成的联合委员会，其成员皆为利益无关的中立方，该委员会可将争端提交给雇主组织与工会地方协会组成的联席会议。若地方会议遭遇失败，案件将最终交给中央会议，由雇主组织和工会的领导层处理。① 任何因地方性或一般性问题而造成的停工，如果是在整个程序走完之前进行的，都是违反协议的。一旦发生此种中断，或在动用全部机制后仍未找到解决办法，各方保留完全的行动自由，但仅针对这一争端。该协议有效期为 3 年，1910 年造船业劳资双方进一步签署了一份补充协议，对违反 1908 年协议行为的处理做出规定。总的来说，造船业集体谈判机制运作较为良好。

实质性协议的发展是这一时期集体谈判制发展的重要补充。"在这些程序协议创建之后，从 19 世纪 90 年代开始，关于工资和工作条件的全国性协议也缓慢增长。1892 年棉纺织业建立了第一个全国工资协议，地方计件价格表也被减少到两个，并从 1906 年开始同步调整。1904 年的一项煤矿开采协议，引入了按全国百分比的变化调整地区基本工资的做法。1905 年，钢铁行业达成了第一个全国工资协议。"② 各行业实质性协议的增加意味着，同一行业劳工的工作条件在同一区域甚至跨区域，乃至在全国进行同步调整，棉纺织业、煤矿业、钢铁业在这方面的发展尤为显著。从国际视角看，英国在推动关于实质性问题的谈判上取得了巨大的成功。以英国和德国做对比，"1913 年，德国煤炭业仅有 82 名矿工被集体工资协议覆盖，而英国相应的数字为 90 万人，两国金属行业从

---

① Ian G. Sharp, *Industrial Conciliation and Arbitration in Great Britain*, pp.126–128.

② Howard F. Gospel, *Markets, Firms and the Management of Labour in Modern Britain*, p.34.

业人员的数据比为 1376：230000"。①

　　英国集体谈判制的发展并非一帆风顺，不时遭遇各种挑战，尤其是在 1907 年至一战前夕，工会普通会员严重冲击了已建立的集体谈判机制，他们质疑甚至拒绝现有的一些协议，劳资双方共同组成的许多中央机构都面临着很大的压力。在造船业，1912年锅炉制造商协会（Boilermakers' Society）宣布退出国家协议。在棉纺织业，由于程序未能迅速解决劣质材料引起的纠纷，工人对程序协议越发敌视，1913 年棉纺织工会声明要中止实行长达20 年的布鲁克兰协议。在工程业，由于在处理劳资纠纷上的权力之争，地方与中央的矛盾越发尖锐。1905—1907 年，有 78 起纠纷交由中央会议处理，46 起交由地方委员会处理，这导致了地方对工艺控制、工资和工作条件的激烈斗争。②1907 年来自基层的压力迫使工程业雇主修改了 1897 年的程序协议，目的在于减少受害的风险以及加快程序的进度。1913 年联合工程师协会（The Amalgamated Society of Engineers）则直接退出了工程业集体协议。在建筑业，1913 年伦敦建筑业的雇主对拒绝达成协议的工会成员实施行业歇业。在南威尔士的煤矿业，1903—1910 年，提交给调解委员会的 391 起争端中，有 231 起没有达成协议。③不得不说，各行业集体谈判机制的运行存在一定的不稳定性，其权威不断受到劳工的挑战。尽管如此，作为制度的主要受益者，雇主仍极力维持集体谈判协议，在其努力之下，集体谈判机制不断巩固并逐渐发展壮大。正如霍华德·F. 高斯贝尔所言："虽然

---

　　① C. Wrigley, "Labour and Trade Unions in Great Britain, 1880-1939", in Anne Digby, Charles Feinstein and David Jenkins, eds., *New Direction in Economic and Social History*, Vol. 2, pp. 99-100.

　　② R. Tarling and F. Wilkinson, "The Movement of Real Wages and the Development of Collective Bargaining in UK, 1855-1920", *Contributions to Political Economy*, Vol. 1, Iss. 1, March 1982, p. 18.

　　③ Kenneth D. Brown and John Burns, eds., *The English Labour Movement*, 1700-1951, p. 207.

脆弱，但 19 世纪末创立的集体谈判机制在一战前夕得以留存和扩展。"①

第三节　多路并进的劳资政策

1900—1914 年，面对劳资关系的日益紧张，英国政府通过执行多路并进的劳资政策强化对劳资关系的干预，以达到稳定工业生产秩序的目的。一方面，作为干预劳资关系的主要政府部门，贸易委员会（Board of Trade）往往在纠纷发生前后采取多种举措，包括完善纠纷处理机制、调解劳资纠纷、发展集体谈判制等，为劳资关系的缓和做出重要贡献；另一方面，政府加强了劳资立法和社会立法工作，工人阶级在工资、工时、工作条件、工伤赔偿、失业、疾病、老年等问题上获得一定程度的保障，生产生活状况得到改善，这从根源上减少了劳资矛盾。

一　贸易委员会对劳资纠纷的干预

20 世纪以来，英国政府对待劳资关系的态度深受 19 世纪末议会立法的影响。1896 年，在总结以往劳资关系管理经验教训的基础上，议会颁布了《调解法》（*The Conciliation Act, 1896*），标志着劳资政策的重大调整。《调解法》不仅规定了集体谈判机构的报备职能，即通过调解或仲裁解决劳资争端而成立的任何委员会均可向贸易委员会申请登记，还授权贸易委员会在听取当事人意愿的基础上干预劳资争端。这确立了政府管理劳资关系的基本原则——自愿主义（Voluntarism），即在尊重劳资双方自然意愿的前提下，强调政府的积极干预作用。当发生劳资争端时，贸易委员会可视具体

---

① Howard F. Gospel, *Markets, Firms and the Management of Labour in Modern Britain*, p. 81.

情况采取不同措施。这包括：对纠纷的根源及相关情况进行调查；促成劳资双方会面，友好解决争端；应争议双方一方申请，任命调解员或调解委员会干预纠纷；应争议双方共同申请，任命仲裁员处理争端。①

自此到一战爆发，贸易委员会成为政府管理劳资关系的主要机构，积极介入这一时期的劳资争端。"在本世纪初，特别是1910—1914年，该委员会积极提供调解服务，以处理迅速增加的罢工，并在适当和可接受的情况下进行仲裁。"② 贸易委员会始终活跃在"工业战争"的前线，促进工业生产秩序的平稳运行。贸易委员会管理劳资关系的具体实践主要表现在以下四个方面。

第一，完善劳资冲突的化解机制，设立处理劳资纠纷的分支机构。贸易委员会优先改进的是干预手段中的仲裁机制。1896年《调解法》授权贸易委员会可在劳资双方的共同要求下任命一名仲裁员化解纠纷。③ 从制度本身而言，单名仲裁员对涉及众多人员利益的分歧进行判决时，似乎难以做到集思广益、面面俱到，而且容易造成独断，个人出身、经历、偏好也会影响其判断，从而未能照顾到大多数群体的利益。事实证明，政府仲裁在实践过程中确实产生了诸多问题。仲裁人的人选问题就引发了争端，尤其是劳工群体对此十分不满。贸易委员会选派的调解人或仲裁人大多来自中上阶层，观点保守，贬斥激进主义，其裁决往往偏向资方，无法代表劳工群体的利益。劳工群体表示："专业人士和上层阶级无法理解工人的想法和愿望，由他们担任仲裁人，可能会带来处理劳资争议的不公。因此，他们对贸易部的这一选择模式

---

① Edgar S. Furniss, *Labor Problems: A Book of Materials for Their Study*, Boston: Houghton Mifflin Company, 1925, p. 454.

② H. A. Clegg, *The System of Industrial Relations in Great Britain*, p. 367.

③ W. F. Frank, "The State and Industrial Arbitration in the United Kingdom", *Louisiana Law Review*, Vol. 19, No. 3, April 1959, p. 619.

表示不满，希望政府能够任命工人阶级的代表作为调解人和仲裁人。"① 可见，政府的劳资仲裁机制存在缺陷，尤其在仲裁人的选择上未能做到公平公正。

1908年政府不得不对当时实行的仲裁机制进行调整，在丘吉尔的推动下，贸易委员会设立了一个仲裁法庭，并成立了主席小组、雇主小组和劳工代表小组，仲裁法庭从这些小组的成员中选出。这样所组成的仲裁机构能够代表多方利益，从而确保仲裁决断本身的公平公正、不偏不倚。从实践效果看，"这种仲裁的替代形式很少受到欢迎，自1908年至一战爆发的六年中，仅有20起案件通过它处理"。② 可见，一战前仲裁法庭未能发展成为处理劳资纠纷的主要手段，但它具有顽强的生命力。一战前这一干预纠纷形式的出现为一战及战后仲裁机制的发展奠定了基础。在战时环境下，仲裁法庭成为化解劳资纠纷的主要形式，战后政府进一步颁布1919年《工业法庭法》（*The Industrial Court Act*, *1919*），仲裁法庭提供的仲裁服务成为政府化解劳资纠纷的永久性机制，日益专业化和标准化。

在制度设计层面，贸易委员会改进劳资纠纷处理机制的另一大举措是建立工业理事会（Industrial Council）。19世纪90年代，棉纺织雇主查尔斯·马卡拉爵士（Sir Charles Macara）就提出一个处理劳资争端的计划，要求设立一个由主要雇主及工会成员组成的联合组织，该机构可就劳资争端进行调查或仲裁，但未能引起政府的重视。到1911年，英国爆发了声势浩大的工业动乱，马卡拉进一步向当局陈明该计划，得到贸易委员会主席西德尼·巴克斯顿（Sydney Buxton）和贸易委员会首席工业专员乔治·阿斯奎斯等人的认可。1911年10月贸易委员会在与劳资双方进行充分

---

① 胡晓莹：《政府引导下英国集体谈判制的发展（1896—1914）》，硕士学位论文，南京大学，2015年，第42页。
② Ian G. Sharp, *Industrial Conciliation and Arbitration in Great Britain*, p.298.

协商后，成立了处理劳工问题的官方机构——工业理事会。该机构由雇主的 13 名代表和工会的 13 名代表组成，由乔治·阿斯奎斯担任主席，组织成员由政府任命，任期一年。该机构的职能在于："在当事各方提出申请时，理事会可对争端进行调查，并提出私人或公开的建议，或应邀进行有约束力的仲裁。它还可以审议提交给它征求意见的任何其他事项。"①工业理事会的成立意味着政府提供了一个劳、资、政三方沟通和对话的平台，它可从宏观层面就改善劳资关系提出建议。虽然被寄予厚望，但工业理事会未能成为处理工业纠纷的活跃组织，最终趋于瓦解。其原因在于它不能直接代表争议各方，缺乏执行调查结果的权力，程序烦琐、运作笨拙，从而不能快速有效地处理纠纷。因此，在 1911 年棉纺织业罢工期间，即使是该机构的主要倡导者查尔斯·马卡拉，也拒绝向工业理事会求援。②

第二，运用调解、仲裁等手段干预劳资纠纷，推动劳资双方开展集体谈判，和平化解争端。干预劳资纠纷是贸易委员会的重要职能，虽然获得了《调解法》提供的授权，但它并不会干涉每一次纠纷，而是有选择性地介入。从贸易委员会处理劳资纠纷的数量看，从 1896 年《调解法》颁布到 1913 年，它一共处理了 696 次纠纷，其中 345 次涉及罢工，351 次不涉及罢工。1896—1906 年，它平均每年处理 19 次纠纷，1907—1913 年，这一数据达到 70 次。以 1908 年为界，此前每年干预的纠纷数都在 40 次以下，而 1908 年后每年的数据都在 50 次以上，1913 年更是达到 99 次。③ 可见，贸易委员会对劳资纠纷的干预呈现阶段性的增长，1906 年以前它对干预职能的运用较少，此后越发积极地介入劳资纠纷。正如塞尔所

---

① Eric Wigham, *Strikes and the Government, 1893-1981*, pp. 30-32.

② John Douglas Pratten, The Reaction to Working Class Unrest, 1911 - 1914, Ph. D. dissertation, The University of Sheffield, 1975, p. 180.

③ R. N. Gilchrist, *Conciliation and Arbitration*, Calcutta: Superintendent Government Printing, 1922, p. 19.

言："1896 年《调解法》授权贸易委员会在劳资纠纷中充当调解人，1906 年后这种做法越来越多，1906—1914 年，这种方式化解了大约 10% 的劳资纠纷，影响到 25% 的参与罢工的工人。"① 这与该时期劳资关系状况的变化密切相关，劳资关系逐步从合作走向对抗，每年的劳资纠纷数量逐步增加，贸易委员会干预的力度相应加大。从贸易委员会处理劳资纠纷的手段看，它主要通过调解和仲裁促成劳资和平。贸易委员会处理的 696 起案件中，538 起是由调解和仲裁化解的。调解处理的 172 起案件中，有 98 起涉及罢工，74 起没有涉及；仲裁化解的 366 起纠纷中，112 起涉及罢工，254 起没有涉及。受到仲裁影响的劳动力总数为 8.4 万人，而受调解协议影响的劳动力总数达到 78 万人。② 尽管仲裁化解的劳资纠纷数量多，但受惠的劳工人数较少。可以说，贸易委员会主要运用仲裁手段处理小型纠纷，而调解是其化解大型劳资纠纷的主要手段。

从干预效果看，贸易委员会介入并化解了诸多纠纷。"1905年，贸易委员会介入并解决了 14 起争端；1906 年，他们干预了 20起，解决了 16 起；1907 年，他们介入了 39 起案件，解决了 32 起；在 1908 年的头 8 个月，至少发生了 47 起干预案件，其中 35 起已经得到解决，而其余的一些案件仍在处理中。"③ 显然，贸易委员会解决劳资纠纷的成功率相当高，这得益于其对自愿主义原则的贯彻落实，在尊重争议各方意愿的基础上因势利导。相比历年爆发的劳资纠纷，贸易委员会仅干预和解决了其中相当少的一部分；对比非官方机构处理的纠纷数，贸易委员会同样相形见绌。"1907—1913 年，11815 起案件完全由自愿机构化解，而国家机构处理的纠

---

① G. R. Searle, *A New England*, *Peace and War*, *1886 - 1918*, Oxford: Clarendon Press, 2004, p. 448.

② Ian G. Sharp, *Industrial Conciliation and Arbitration in Great Britain*, p. 302.

③ Harris Weinstock, *Report on the Labor Laws and Labor Conditions of Foreign Countries in Relation to Strikes and Lockouts*, p. 54.

纷仅有 387 起，仅占 3%。但如果仅考虑严重的冲突，我们就会发现，在 1896—1913 年 949 起罢工纠纷中，有 210 起（22%）由《调解法》下的各类机构化解，739 起由非国家机构处理。这 22% 的国家处理的罢工纠纷涉及大约 78 万人，剩下的 78% 仅影响到 50 万人。"[①] 1906—1914 年，贸易委员会介入了 85% 以上的重大劳资纠纷，并解决了其中 75% 的纠纷。[②] 可见，贸易委员会主要干预大型劳资纠纷，干预纠纷的数量虽少，但影响巨大，成为劳资纠纷化解工作中不可缺少的力量。

具体来看，贸易委员会对煤矿、铁路、运输、纺织等各行各业的劳资纠纷都进行了积极干预，尤其是那些涉及众多人员、影响范围广的大规模劳资冲突。例如，在造船业，1908 年减薪问题导致东北海岸的雇主与造船工人、木工爆发严重的劳资纠纷，1 月底劳工开始罢工，2 月初贸易委员会主席温斯顿·丘吉尔就开始介入争端，积极促成劳资双方会面，并举行了一系列会议，最终丘吉尔的调解促成造船业纠纷的成功化解，1909 年初，双方还成立了专门处理劳资纠纷的机构。[③]在煤矿业，1909 年苏格兰煤矿爆发争端，当地矿工获得其他地区煤矿工人的支持，一场全国大罢工即将到来。千钧一发之际，丘吉尔对此进行干预，促成各方会面，最终劳资双方签署和解协议。协议规定：苏格兰煤矿业调解委员会应继续运行，但要增加一位中立的主席，其决定应是最终决定，并具有约束力。主席在判决工资率时，应充分考虑行业状况和前景。[④] 劳资分歧得以弥合，从而避免了煤矿业生产秩序的混乱。1911 年运输业罢工期间，贸易委员会调解人乔治·阿

---

① Ian G. Sharp, *Industrial Conciliation and Arbitration in Great Britain*, pp. 302–303.

② Chris Howell, *Trade Unions and the State: The Construction of Industrial Relations Institutions in Britain, 1890–2000*, p. 68.

③ Lord Askwith, *Industrial Problem and Disputes*, New York: Harcourt, Brace and Company, 1921, p. 127.

④ 刘金源、胡晓莹:《1896 年〈调解法〉与英国集体谈判制的发展》,《探索与争鸣》2016 年第 2 期。

斯奎斯走访了很多受影响地区，为劳资双方敲定了协议。仅在曼彻斯特，他就花了5天时间在市政厅协调18个不同的工会同时进行谈判。[1] 可以说，大型工业骚乱发生之处都活跃着贸易委员会成员的身影。

第三，推动集体谈判机制的发展，引导各行业劳资双方建立自行化解劳资纠纷的平台。当爆发劳资纠纷时，贸易委员会介入并化解争端仅仅是其工作的第一步，建立行业自身处理劳资纠纷的长久机制才是其工作的关键。否则，委员会将如"救火队长"一般，被频繁的劳资冲突牵着鼻子走，其工作量将无穷无尽。正如乔治·阿斯奎斯所指出的那样："政府行动的中心原则在于，不仅仅是解决冲突，而是不断努力建立劳资关系机构，以防止未来的冲突。在所有情况下，这都涉及工会承认和就争议程序达成协议，最理想的是雇主和工会之间定期进行谈判。"[2] 由此可见，推动集体谈判机制的发展是贸易委员会的中心工作。

20世纪初至一战前，贸易委员会在处理各行业纠纷的过程中，积极推动集体谈判机制的发展，建立调解或仲裁委员会是其工作的核心目标。1907年铁路业调解委员会体系的建立就是贸易委员会干预劳资争端进而推动集体谈判机制发展的典例。1907年，因铁路公司拒绝承认工会，拒绝与其展开集体谈判，铁路工会发起全国性的大罢工予以抵制。铁路是英国交通的大动脉，铁路工人的大罢工对国民经济的冲击可想而知。贸易委员会主席劳合·乔治（Lloyd George）深刻认识到这一点："这时罢工对我们的贸易将是灾难性的，我们一定要下定决心，决不允许发生这样的灾难。"[3] 由此，劳合·乔治极力促成争议双方会面，当铁路雇主拒绝与工会

---

[1]　James Hinton, *Labour and Socialism, A History of the British Labour Movement, 1867-1974*, p. 86.

[2]　Chris Howell, *Trade Unions and the State: The Construction of Industrial Relations Institutions in Britain, 1890-2000*, p. 67.

[3]　Eric Wigham, *Strikes and the Government, 1893-1981*, p. 21.

代表会面时，他不辞辛劳地在双方代表所在地来回穿梭，做沟通的使者。最终，各铁路公司与工会达成和解协议，工会取消了罢工。协议规定，为遵守该计划的每条铁路设立调解委员会，必要时可提请仲裁，该委员会的职能是处理不能通过直接谈判解决的有关工资和工时问题。① 尽管工会代表被排除在谈判机制之外，但铁路业集体谈判体系得以建立，此后该行业的劳资分歧有了解决的渠道。1911 年，政府的干预进一步完善了铁路业的集体谈判机制。

不单在铁路业，贸易委员会还积极推动其他行业类似机制的建立。"这些铁路计划可能是一个范例，不仅被建议在其他铁路线上发展，也被推广到其他行业。无论如何，到 1909 年底，除了铁路委员会外，在 1907 年 8 月的数目上又增加了 67 个不同行业的调解委员会。"② 可以说，集体谈判机构如雨后春笋般涌现。即使是在一战前夕的大规模劳工骚动期间，贸易委员会的工作仍取得相当大的成就。詹姆斯·欣顿指出："1910—1914 年见证了贸易委员会调解员在罢工期间经常推动的集体谈判机制的迅速发展，这是避免未来冲突的最佳方式。解决运输和矿山方面的重大争端就涉及建立新的集体谈判机制。"③ 这一趋势也可以从集体谈判机构数据的变化反映出来。"调解与仲裁委员会的数量从 1895 年的 64 个上升至 1905 年的 162 个，1911 年进一步增长至 293 个，到 1913 年底，该数据已达到 325 个。"④ "1914 年，至少有 17% 的调解和仲裁联合委员会是贸易委员会处理纠纷的副产品，它们影响了 27% 的有组织的劳动力。"⑤ 可见，集体谈判的发展离不开贸易委员会的引导和

---

① Ministry of Labour and National Service, *Industrial Relations Handbook*, p. 39.

② Lord Askwith, *Industrial Problem and Disputes*, p. 126.

③ James Hinton, *Labour and Socialism*, *A History of the British Labour Movement, 1867-1974*, p. 92.

④ Alan Fox, *History and Heritage: The Social Origins of the British Industrial Relations System*, p. 262.

⑤ 刘金源、胡晓莹：《1896 年〈调解法〉与英国集体谈判制的发展》，《探索与争鸣》2016 年第 2 期。

推动。

　　所谓"授人以鱼，不如授人以渔"，贸易委员会要做的不单单是促成劳资双方进行集体谈判，化解纠纷，更要将其建设成为一种永久性的机制，这是从根本上促进劳资和谐的绝佳办法。集体谈判机制的构建不仅有利于劳资间加强交流、增进互信，也有利于减少罢工，维持社会生产的有序进行。正如克里斯·豪威尔所言：国家干预的主要作用不是将解决办法和制度强加于工业活动者，而是解决集体行动问题，并利用罢工问题的解决来鼓励建立劳资关系制度。战前的劳资关系立法和更加非正式的国家干预，形成了新的劳资关系体系的重要组成部分。①

　　第四，贸易委员会不仅活跃于工业领域，还在政治领域为劳工群体发声，主张改善工会的法律地位，解除工会在劳资博弈过程中的司法禁锢。19世纪末20世纪初，工会遭遇诸多不利的司法判决，工会活动受到严重限制。显然，在这一时期劳资产业力量的对比中，劳工处于不利地位，贸易委员会号召改变这一现状。贸易委员会官员认为："以塔夫·维尔判决为高潮的一系列针对工业斗争的法律声明，过度削弱了工会保护其成员生活水平的权力。几乎每一种形式的有效的工业行动都有可能遭受刑事起诉或民事诉讼，以获得损害赔偿……建议澄清与行业争端和工会有关的现有立法，以最大限度地减少司法审查的范围，并确保在法律上对'真正的'工会活动给予更公平的对待。"② 可见，贸易委员会对政府和雇主运用司法手段打压工会的行为持否定立场。它积极地向内阁传达支持工会的意见，进而推动了皇家工会调查委员会的成立。最终，贸易委员会的部分意见被调查委员会吸收，并通过1906年《劳资争议法》得以落实。可以说，贸易

---

　　① Chris Howell, *Trade Unions and the State: The Construction of Industrial Relations Institutions in Britain, 1890-2000*, p. 68.

　　② Roger Davidson, "The Board of Trade and Industrial Relations, 1896-1914", *The Historical Journal*, Vol. 21, No. 3, September 1978, pp. 576-577.

委员会为改善工会法律地位、促成劳资双方的平等对话做出了一定贡献。

二 劳资立法的完善

劳资立法是政府管理劳资关系的重要手段，对于减少劳资冲突、促进社会经济的平稳运行具有重要意义。20 世纪初以来，英国政府面临的社会形势日益严峻，工业领域的紧张局势不断升级，保持社会稳定的需要、新自由主义思想的传播、劳工政治运动的发展等因素共同推动国家强化对劳资关系的干预。这一时期政府劳资政策的重心在于构建自愿主义集体谈判体系，在推动各层级集体谈判机制发展的同时，政府还致力于完善相关劳资立法，为自愿主义集体谈判体系保驾护航。① 具体来看，除了颁布 1906 年《劳资争议法》和 1913 年《工会法》，解除对工会经济、政治活动的限制，政府对劳资关系的立法干预还体现在对《工厂法》的完善、《工伤赔偿法》的推广、工资工时立法的引入以及对特定行业工作条件的管理。

在工厂立法方面，早在工业化时期政府就开始了对工厂及车间工作条件的法律管理，但这一实践并非一步到位，而是历经了漫长的发展过程。随着英国社会经济的发展以及劳工运动的演进，一系列的工厂法陆续颁布。例如，1802 年政府颁布了《学徒健康和道德法》（ *The Health and Morals of Apprentices Act* , *1802* ），开始对棉纺织工厂的工作条件进行管理，对学徒的工时及车间的环境也做出严格规定。1833 年《工厂法》（ *The Factory Act* , *1833* ）设立了工厂视察员，加强对工厂的监管。1878 年《工厂及车间法》（ *The Factory and Workshop Act* , *1878* ）将工厂监管扩展到其他制造业。②

---

① Chris Howell, *Trade Unions and the State* ： *The Construction of Industrial Relations Institutions in Britain* , *1890-2000* , p. 63.

② Jeremy W. Stranks, *Health and Safety at Work* ： *An Essential Guide for Managers* , London：Kogan Page Ltd. , 2008, p. 3.

到19世纪末，工厂立法的工作仍在不断推进。

20世纪初，经过近百年的工厂立法实践，保守党政府在1901年出台了《工厂及车间法》（*The Factory and Workshop Act, 1901*），又称《合并法》（*The Consolidation Act, 1901*）。顾名思义，这是一部总结性的法令，将整个19世纪所有涉及工厂及车间的法律条例整合为一部法案。该法案共涉及10个方面的内容，包括健康及安全（健康、安全、事故）、雇佣（工时、假期、夜间工作、超时）、儿童教育、危险及非健康行业的管理、家庭工作、工作和工资的细节、法律诉讼等。除了对以往的法令做出总结，这一新的工厂法在改善劳工待遇方面，有了众多新的进展。其一，它授权内阁大臣制定特殊条令的权力，以管理那些相对危险的工作过程和操作。其二，它将最低工作年龄进一步提高到12岁（此前为10岁）。① 其三，它为工作场所的健康和安全确立了国家标准，煤矿、铁路及商船等行业也相应订立标准。其四，它首次在国家层面要求雇主为劳工设立消防设施（火灾逃生通道）。其五，它规定了确定工资时使用的检验标准，从而阻止了欺诈行为的产生。正如《度量法》（*The Weights and Measures Acts*）和《掺假法》（*The Adulteration Acts*）对欺诈行为的打击，此时劳工的工资同样获得了立法保障。② 不得不说，新的工厂法在多个层面加强了对劳工的保护，这种保障进一步深入细节层面。

1901年《工厂及车间法》虽然在对劳工权益的保障上取得了巨大进步，但也存在一定的缺陷。法令赋予了地方政府在工厂管理方面更大的权力，而非将其全部移交给政府的工厂管理部门，这造成了执法的交叉，进而造成双重控制的失败。例如，工厂检查员的工作就和地方政府卫生检查员存在重叠现象。"关于工厂检查员和

---

① Steven J. Taylor, *Child Insanity in England, 1845 - 1907*, London: Macmillan Publishers Ltd., 2017, p. 2.

② George Howell, *Labour Legislation, Labour Movements, and Labour Leaders*, London, T. F. Unwin, 1902, pp. 414-415.

卫生检查员之间的职能划分，新的法案几乎没有变化。一定程度的混乱是分权造成的。结果是，与其说由两组官员两次做同样的工作引起摩擦，不如说由两组官员部分负责的事实导致工作被忽视。"①这直接导致法律的执行效果有限，劳工权益也难以获得充分的保障。

　　在劳工的工伤保障方面，19 世纪末以来英国政府就开始了工伤赔偿立法的实践，1897 年议会通过了《工伤赔偿法》（*Workmen's Compensation Act*, *1897*）。法案规定，只要是工作期间造成的伤亡，无论是劳资双方何人的责任或双方兼而有之，所在行业的雇主必须向其本人或子女提供损害赔偿。该法令主要适用于铁路、采矿、采石、工厂工作、机器制造等行业。② 它们被政府认定为工作危险性比较高的行业，因而施以法律保护，覆盖的劳工群体范围十分有限。按理说，所有行业的劳工都有可能在工作期间发生伤亡，但仅有几个行业的雇主负有赔偿责任，这对其他行业的劳工可谓十分不公，引发诸多不满。此后，在保守党执政期间，工伤赔偿保障的推广进展缓慢，仅有农业工人在 1900 年被纳入保障范围内。

　　1906 年自由党上台，在工会与工党的支持下，自由党实施了大刀阔斧的改革，《工伤赔偿法》的推广是其改革的重要内容。1906 年议会颁布新的《工伤赔偿法》，工伤赔偿保障范围被推广到几乎所有行业的体力劳动者和非体力劳动者。③ 受保障的劳工数量增加了 600 万人，仅有劳动力市场的顶层和底层人员被排除在外。这包括年薪 250 英镑以上的非体力劳动者，警务人员，为雇主生意或商业目的以外而雇用的临时工、外包工人和家庭工人。政府对工

---

① B. L. Hutchins and A. Harrison, *A History of Factory Legislation*, London: R. S. King and Son, 1911, p. 245.

② 刘金源等:《英国近代劳资关系研究》，南京大学出版社 2012 年版，第349 页。

③ ［英］彼得·马赛厄斯、悉尼·波拉德主编:《剑桥欧洲经济史》第 8 卷，王宏伟等译，经济科学出版社 2004 年版，第558 页。

伤赔偿制度的改进不仅体现在保障范围的扩大，还体现在保障标准和效率的提高。尽管死亡或工伤的赔偿金额大体与 1897 年《工伤赔偿法》规定的数额相同，但因丧失工作能力而有权领取赔偿的最低期限由两周减少为一周，若丧失工作能力持续两周及以上，每周赔偿将从受伤之日起计算，而不是像以往那样，从受伤之日两周起计算。若受伤工人的年龄低于 21 岁，且其每周收入低于 20 先令，他能够得到 100% 的赔偿，而非 50%。[①] 此外，新的工伤保障制度还扩大了受保的种类，因工作而感染或患上某些疾病（职业病）同样能算作工伤，雇主对此负有赔偿责任。这些疾病包括炭疽、铅、汞、磷、砷中毒和钩虫病，内政大臣还有权将这一条款扩展到其他疾病，新法案的灵活性显而易见。该法案于 1907 年 7 月 1 日生效，适用于当日之后的工伤赔偿。1897 年和 1900 年法案对 1907 年 7 月 1 日前的工伤事故继续有效。

　　政府完善劳资立法的另一项重要举措是在特定行业制定工资、工时法案，重点在于保障血汗行业（Sweated Industry）劳工的最低工资。早在 19 世纪末，议会就设立特别调查委员会对血汗行业展开调查，血汗劳工恶劣的工作条件和雇佣价格的低廉得以揭示，此时政府尚未出台相关立法予以保障，但在官方和民间已经出现一股反血汗劳动的力量。在议会中以查尔斯·迪尔克为代表的议会成员积极呼吁出台保障血汗行业的立法（Sweated Industries Bill）。在民间，1906 年《每日新闻》（*The Daily News*）在伦敦开展了血汗行业工业展览（Sweated Industries' Exhibition）和抨击血汗劳动的讲座，展示了制衣工人、鞋带工人、制链工人等血汗劳工制作的产品及其劳动过程和环境，随后在其他地区也开展了类似的展览。[②] 在伦敦的展览委员会上，3 万多名伦敦上层阶级与中产阶级人士蜂拥

---

① Board of Trade，"Legislation in 1906 Affecting Labour"，*Board of Trade Labour Gazette*，January 1907，p. 4.

② G. D. H. Cole，*British Trade Unionism To-day：A Survey*，pp. 133–134.

而至，2 万份展览手册被售出。① 展览调动了社会各阶层对血汗劳工的关注和同情，一个为该群体争取最低工资立法的组织——全国反血汗联盟（The National Anti-Sweating League）成立。由于血汗工人群体中有大量的妇女存在，一些妇女组织如全国妇女工人联合会（National Federation of Women Workers）和工党成为反血汗运动的主要力量。同时期澳大利亚及德国在保障劳工最低工资方面的积极进展也为英国政府提供了榜样。由此，在各种因素的积极推动下，政府开始了消除血汗劳动的努力。

1909 年，在贸易委员会主席丘吉尔的提议下，自由党政府出台了《行业委员会法》（Trade Board Act, 1909）。法案规定："在血汗行业建立行业委员会，行业委员会由劳资双方人数相等的代表和贸易委员会任命的若干独立成员组成，委员会有权为计时工作和计件工作设定最低工资标准，雇主若未能按规定支付工资，将遭受司法起诉和罚款。"② 颁布之初，法案带有试行性质，仅在制链、机织花边及网饰、纸盒制造和裁缝批发四个行业建立了行业委员会，这些行业尤其因工资低、工作条件恶劣而遭受公众的谴责。虽然政府的初步干预仅覆盖极其有限的行业，但贸易委员会主席获得授权，可通过临时命令的方式将行业委员会制度推广到其他行业，后期议会确认即可。"1913 年，又有 5 个行业（糖果及食物保存业、衬衫制造业、中空器皿及锡盒制造业、棉织品业及刺绣业）被纳入该计划。这将增加 15 万至 20 万名雇员，从而使受益于该立法的雇员人数增加约50%。"③ 至此，约 41.9 万名工人受到该法案的保护，其中 31 万人是女性。④《行业委员会法》的颁布标

---

① 侯茜：《血汗劳工与英国最低工资法研究》，硕士学位论文，陕西师范大学，2014 年，第 55 页。

② Douglas Brodie, *A History of British Labour Law*, *1867–1945*, p. 66.

③ Douglas Brodie, *A History of British Labour Law*, *1867–1945*, p. 69.

④ Arnold N. Shimmin, "The English Trade Board System", *Weltwirtschaftliches Archiv*, Vol. 19, 1923, p. 421.

志着英国政府开始通过立法干预工资确定的过程，战后新的立法又使这一制度推广到更多的行业，越来越多的劳工获得了最低工资保障。

就行业委员会制度的实践效果而言，它极大地改善了血汗工人的雇佣待遇，工资水平得以提高。例如在制链业，家庭工人长期以来被视为受血汗劳动剥削较为严重的群体，其中女工的周工资往往不足5先令或仅为5先令6便士，由于1909年后行业委员会制度的实行，女工被组织起来，委员会最终确定女工的工资为11先令3便士，增长了一倍左右。[1] 可以说，行业委员会制度对劳工的益处是实实在在的。在看待立法背后透露的政府的劳资治理理念时，约翰·谢尔德雷克指出："尽管1909年的法案在覆盖范围和影响方面是有限的，但它极大地背离了迄今为止主导英国劳资关系的自愿主义制度，标志着政府方面的重大干预。"[2] 事实上，行业委员会制度的推行并不意味着政府对自愿主义劳资政策的背离，制度设计恰恰尊重了劳资双方的意愿，其确立的工资水平是集体谈判的结果，对自愿主义集体谈判体系做了有益补充。

除了保障血汗行业劳工的最低工资，政府还对煤矿业的工资进行了立法规制。由于在非正常地方工作的工人收入不足或收入不稳定，或因其他原因无法挣得足够的工资，1912年，煤矿工人举行了全国大罢工，要求为矿工确立最低工资标准。最终政府选择让步，通过了1912年《煤矿（最低工资）法》[*The Coal Mines (Minimum Wage) Act, 1912*]。法案规定，各矿区应成立联合区域委员会（Joint District Board），由劳资双方同等人数的代表组成，同时配备中立成员。"雇主支付给在任何煤矿或分层铁矿地下工作的矿工工资，应不低于联合区域委员会规定的最低工资；贸易委员会应承认任何地区或团体的人组成的联合区域委员会，无论它们在

---

[1] B. L. Hutchins and A. Harrison, *A History of Factory Legislation*, p. 268.

[2] John Sheldrake, *Industrial Relations and Politics in Britain, 1880–1989*, pp. 17–18.

法案通过时是否存在，或是否为了法案的目的而组成。"① 可见，法案并没有直接规定雇主实际应支付工资的数额，而是像行业委员会制度一样，通过构建集体谈判机制，由劳资双方共同确定最低工资标准，煤矿业区域层级的集体谈判机制得以建立。

　　煤矿最低工资制度的确立，意味着在非血汗行业，政府也开始了立法干预工资确定的实践。"1912 年通过的《煤矿（最低工资）法》进一步证明了国家愿意通过法令来管理工资。1909 年法案的通过是为了保护最薄弱的劳动部门，而 1912 年法案却保护了一群工人。"② 这一劳工群体的组织性远远强于血汗劳工。在劳动力市场底层，无论是无组织的血汗劳工还是组织性强的煤矿劳工，政府都通过工资立法给予保护，从根本上说，政府彻底承认了应当为工人阶级确立最低工资标准的原则。

　　国家对工作时间的干预也是自由党社会改革的重要内容。争取煤矿业 8 小时工作制是全国矿工联合会长期追求的目标，自由党政府在 1908 年通过了《煤矿管理法》（*Coal Mines Regulation Act, 1908*），又称《煤矿（八小时工作制）法》，为矿工确立 8 小时工作制，这是政府首次对劳工的工作时间做出管理。该法律规定："不得令工人在矿井下连续工作 8 小时以上（包括工作往返时间在内），矿主需登记上下井的时间，一年仅限 60 天有一小时的超时劳动，在战争或其他紧急情况下，该法令可根据政府命令暂停实施。"③ 矿工群体是首个获得 8 小时工作制的劳工群体，工时的确定有助于减少煤矿主对矿工的剥削。1911 年议会进一步颁布《商店法》（*The Shops Act*），对零售业职工的工作时间做出限制，要求

　　① B. G. De Montgomery, *British and Continental Labour Policy*, London: Kegan Paul, Trench, Trubner, Ltd., 1922, p. 361.

　　② Douglas Brodie, *A History of British Labour Law, 1867-1945*, p. 69.

　　③ 刘克华选译：《一八七〇——一九一四年的英国》，第 69 页。

给予其每周一次的半天假期。①

政府还对海员这一劳工群体的工作条件做出立法管理，要求改善其工作环境。1906年议会颁布《商船法》（*Merchant Shipping Act, 1906*），要求在1876年法案标准的基础上提高海员的雇佣待遇。法案规定："1907年6月1日以后与船员签订协议的，每艘船的船长都必须按照本法规定的标准向船员提供给养；每艘1000吨及以上的英国海外船只都必须装载一名合格的厨师。该法案还涉及许多关于救济贫困海员和滞留海外船员并将他们送回国内的规定。欧洲海员的最低舱位将从72立方英尺增加到120立方英尺；任何海员不得被解雇，除非事先给予适当通知；明确海员要求领取工资的权利；海员们在航行过程中可以向国内汇款。"②由此可见，海员群体的饮食、工作环境得以改善，工资及就业获得保障。

通过一系列劳资立法，政府对部分劳工群体的工资、工时进行管理，保障了血汗工人和矿工的最低工资，在煤矿业确立了8小时工作制，减少了商店职员的工作时间，并进一步将工伤赔偿保障扩展到大部分劳工群体。这些举措的实施有助于避免社会矛盾的尖锐化，对劳资双方的和谐相处具有重要意义。

三 社会立法的加强

关于工业化以来英国的社会现实状况，恩格斯早在19世纪上半叶就曾展开调查，撰有《英国工人阶级状况》一书，此后亨利·梅休（Henry Mayhew）对伦敦劳工和贫困者的生活状况做出细致考察，他们都揭示了工业化时代劳动者生产生活状况的恶劣。19世纪末20世纪初，英国经济已处在"极盛时代的尾声"，工业化

---

① T. Foley Cass, "Administration of the Shops Acts, 1912–13", *The Journal of the Royal Society for the Promotion of Health*, Vol. 36, Iss. 7, July 1915, p. 291.

② Board of Trade, "Legislation in 1906 Affecting Labour", *Board of Trade Labour Gazette*, January 1907, p. 5.

创造了巨大的社会财富，在经济长期增长后，社会领域的进步却异常缓慢。社会财富分配严重不均，英国民众中仍有相当一批人处在贫困状态。这一现象进一步通过查尔斯·布思（Charles Booth）和西博姆·朗特里（Seebohm Rowntree）等人的社会调查揭露出来。一战前的各种社会调查表明，约有 1/3 的人生活在贫困之中，其中又有相当数量的人生活在赤贫中，贫困的主要原因在于老年、疾病和失业。[①] 经济与社会发展不平衡的矛盾日益尖锐，号召加强社会改革的呼声不断高涨，费边社、独立工党等团体是其中的主要代表。但在世纪之交保守党执政时期，当政者忙于布尔战争，对国内问题的关注有限。这一状况直到 1905 年自由党上台才得到改变，深受新自由主义（New Liberalism）思想熏陶的新一代自由党人，积极与工党、工会合作，开展大规模的社会改革，集中精力解决当时致贫的失业、疾病、老年等问题。

　　失业致贫是当时英国较为突出的社会问题之一，自由党上台后采取了多项举措促进就业和保障失业工人的基本生活。失业致贫的一个重要原因在于，维多利亚时代，英国的济贫制度忽视因失业造成的贫困，时人认为失业是劳动者慵懒或缺乏工作意愿的结果。失业者得不到有效的救济，只得在劳动力市场苦苦挣扎。[②] 进入 20世纪，随着各种社会调查的揭露，失业者的惨痛经历引起人们的关注，他们逐渐认识到造成失业的根源并非失业者个人的意愿，政府开始对失业问题进行立法干预。1905 年自由党通过了《失业工人法》（*Unemployed Workmen Act*, 1905），要求各地区建立贫困委员会（Distress Committees）。委员会可向部分地方政府或企业发放资金，要求其雇佣更多劳工以减少失业，或者资助那些为寻找工作而

---

① 钱乘旦、陈晓律、陈祖洲、潘兴明：《日落斜阳——20 世纪英国》，华东师范大学出版社 1999 年版，第 192 页。

② M. W. Flinn, *An Economic and Social History of Britain since 1700*, London：Macmillan Education Ltd.，1975，pp. 215-216.

自愿移民的劳工。① 然而，失业者要获得委员会的这些帮助，必须达到严格的要求。委员会的资金主要来自政府和私人的捐助，资助工程开支巨大，以致入不敷出，《失业工人法》提供的计划归于失败，但它迈出了政府干预失业的第一步。

1909 年自由党政府进一步颁布《劳工介绍所法》（*Labour Exchange Act*, *1909*），试图通过另一种手段化解就业难题。法案规定："政府授权贸易委员会建立并维持劳工介绍所，或接管此前地方政府或个人经营的劳工介绍所；贸易委员会也可通过其认为适当的其他方式收集和提供有关需要工人和寻求聘用或就业的工人信息；贸易委员会应当资助求职的劳工。如果任何人故意向根据本法案成立的劳工介绍所的任何官员，或为劳工介绍所的任何人，为获得就业或获得劳工而做出虚假陈述，该人可就每项罪行经简易程序定罪，处不超过 10 英镑的罚款。任何人如拒绝接受通过劳工介绍所为其找到的工作，而拒绝的理由是所在行业存在劳资纠纷，或者所提供的工资低于在找到工作的地区的行业中目前的工资，不得因拒绝接受该项工作而丧失资格或在其他方面受到损害。"② 可见，政府采取了建立专门机构，通过官方收集、发布就业信息，减少信息不对称，拓宽失业者就业渠道，构建雇主与求职者之间联系的举措来解决失业问题。此外，政府还对扰乱劳工介绍所工作的行为进行处罚。对失业者本身而言，新法案秉持相对宽和的态度，充分考虑其个人意愿，不强加工作。

劳工介绍所制度被广泛推广，并在减少失业方面取得一定的成绩。在 1910 年 2 月 1 日，便有 83 个由国家资助和管理的全国性劳工介绍所开始为失业者服务。到 1914 年时，英国大约出现了 430

---

① J. Brown, "The Poor Law Commission and the 1905 Unemployed Workmen Act", *Historical Research*, Vol. 44, Iss. 110, November 1971, p. 320.

② Carlton Hayes, *British Social Politics*, New York: Books for Libraries Press, 1913, pp. 214-215.

个此类劳工介绍所。① 1910—1911 年，其他劳工介绍所在英国各地普遍组织起来；在 1913—1914 年贸易活跃时每年有 100 多万个职业空缺通过它们而得到填补。② 劳工介绍所好比当今的职业介绍所，它增强了劳动力市场的流动性，对于消除各地劳动力的供需矛盾具有重要意义。

政府通过建立和推广劳工介绍所系统来间接促进就业，这仅仅是化解失业难题的其中一环。要使失业者避免陷入贫困的境地，政府还需在失业期间向其提供失业救济。在英国，这种失业保障并不是免费的，政府构建了一套失业保险制度。1911 年自由党颁布《国民保险法》，开始构建国民保险制度，这是一战前英国政府社会福利改革的重要举措。这一保险体系由健康保险和失业保险两部分构成。《国民保险法》规定国家推行失业保险计划，在保险费用的缴纳上，"雇主每周为每个投保雇员交纳 2.5 便士，雇员本人交纳 2.5 便士，政府则补贴上述两项款项总数的 1/3，大约每周 $1\frac{2}{3}$ 便士"。③ 在支取上，保险为失业工人提供每周 7 先令，总共 15 周的失业救济金。④ 政府对失业者的救助通过保险的方式进行，资金来自劳、资、政三方，这可以避免单方尤其是政府的负担过重，也有利于救济工作的长久性。尽管该计划为工人提供的帮助十分有限，且期限较短，但它依旧缓解了失业期间劳工的困境。从计划实行的范围看，"受《国民保险法》失业保险保障的行业主要包括建筑、工程、钢铁制造及汽车制造业"。⑤ 可见，失业保险制度覆盖的行业十分有限，主要是那些遭受周期性或季节性失业的行业，该

---

① 高岱：《20 世纪初英国的社会改革及其影响》，《史学集刊》2008 年第 2 期，第 58 页。

② ［英］克拉潘：《现代英国经济史》下卷，姚曾廙译，第 569 页。

③ 王觉非主编：《近代英国史》，第 716 页。

④ ［英］彼得·马赛厄斯、悉尼·波拉德主编：《剑桥欧洲经济史》第 8 卷，王宏伟等译，第 556 页。

⑤ Eric Hopkins, *A Social History of the English Working Classes*, *1815–1945*, p. 188.

计划仍具有试行性质，自由党政府失业改革的力度相对较小。就实践效果而言，越来越多的劳工获得失业保险制度的保障。"到 1913—1914 年这个制度充分发挥作用时，联合王国保失业险的人共计二百三十二万六千人——在建筑业和机械工程业这两个最大的集团中都在八十万人以上；造船业二十五万以上；车辆制造业二十万以上，下余之数则分布于其他各业。"①

除了失业保险，国民健康保险的创立也是 1911 年自由党改革的重要成果。改革以前，倡导医疗保险的呼声已经很高，1909 年济贫法委员会（The Poor Law Commission）发布的"多数派报告"（The Majority Report）和"少数派报告"（The Minority Report）都倡导医疗改革，"少数派报告"更是指出应当预防疾病，而不是在疾病发生时进行治疗。② 由此，1911 年《国民保险法》规定："由政府为患病、伤残的工人以及因分娩而不能工作的女工提供健康保险。受保范围是 16 岁至 70 岁的体力劳动者和年薪不超过 160 英镑的职员。所有 16 岁以上的被雇佣者以及未被雇佣但却具有被保险人资格者，都可按照这一法案所规定的方式投保。但 65 岁以上的人以前如果没有依法成为被保险人则失去了这个权利。"③ 保险费由劳、资、政三方共同承担，国民医疗保险体系覆盖了大多数劳工群体，它有助于帮助劳工脱离因病致贫的困境。

儿童健康及教育保障是自由党社会改革的重要内容。世纪之交，布尔战争的征兵工作揭露出英国的国民健康问题，其时军队难以招募到体质合格的士兵。儿童是英帝国的未来，若儿童身体健康得不到保障，帝国的未来将岌岌可危。1903 年，苏格兰皇家体育训练委员会（The Royal Commission on Physical Training）建议教育

---

① ［英］克拉潘：《现代英国经济史》下卷，姚曾廙译，第 567 页。
② Eric Hopkins, *A Social History of the English Working Classes*, *1815-1945*, p. 189.
③ 高岱：《20 世纪初英国的社会改革及其影响》，《史学集刊》2008 年第 2 期，第 58 页。

当局和志愿机构一起向儿童提供学校膳食。① 政府也成立了体质恶化部门间委员会（The Interdepartmental Committee on Physical Deterioration）来研究这一问题，1904 年委员会发布的报告强烈要求在国家教育系统内提供校餐和医疗检查。② 在各方力量的呼吁之下，自由党开始大力推行教育改革。1906 年政府颁布《教育（膳食供应）法》［Education（Provision of Meals）Act，1906］，"授权地方教育当局采取措施，在特定条件下为公立小学的儿童提供膳食。如果地方当局认定任何此类儿童因缺乏食物而不能充分利用为他们提供的教育，并且没有公共资金以外的资金或数额不足支付此类餐费，在教育委员会的授权下，可以不按规定的价格提供食物，但任何一年的费用不得超过 0.5 便士……任何人不得因其子女被提供这样的餐食，或因其未能支付这样的餐食而被剥夺选举权"。③显然，政府开始为贫困儿童提供有限度的免费校餐，既保障了儿童的营养健康，又确保其不因饥饿辍学。免费校餐制度也存在一些限制性措施，例如接受校餐的家庭必须接受经济状况调查。

1907 年议会进一步颁布《教育（管理规定）法》［The Education（Administrative Provisions）Act，1907］，规定教育委员会（The Board of Education）设立医疗部，在学校实行强制医疗检查制度，学校医疗服务体系建立起来，儿童的身体健康得到有效的管理。1908 年《儿童法》（The Child Act，1908）的颁布标志着自由党政府在儿童福利保障方面的巨大进步，它更新并修改了有关儿童的法律，被称为"儿童宪章"。它从儿童保护与防止虐待、工业学校与管教学校、少年吸烟、少年法庭四个方面加强对儿童基本权利的保护，构

---

① John Stewart, " 'This Injurious Measur' : Scotland and the 1906 Education (Provision of Meals) Act", *The Scottish Historical Review*, Vol. 78, No. 205, Part 1, April 1999, p. 79.

② Derek Fraser, *The Evolution of the British Welfare State: A History of Social Policy since the Industrial Revolution*, London: the Macmillan Press Ltd., 1973, pp. 137-138.

③ Board of Trade, "Legislation in 1906 Affecting Labour", *Board of Trade Labour Gazette*, January 1907, p. 5.

成儿童福利制度发展的重要基础。① 儿童的法律权利更加明确，儿童犯罪的处罚更加开明。通过一系列立法，政府从膳食、健康和完善相关司法方面改善儿童的境遇，19 世纪英国贫困儿童遭遇的惨痛经历发生在 20 世纪儿童身上的可能性越来越小。

对养老问题的关注是自由党政府执政过程中的另一项重要任务。在当时社会调查的结果中，老年是导致贫困的重要原因，国家尚未给予老年人专门的社会保障。19 世纪末，政府设立了调查委员会和专门委员会来商讨养老金的方案，例如 1893 年威廉·尤尔特·格莱斯顿（William Ewart Gladstone）政府组建的皇家老年贫困者调查委员会（The Royal Commission on the Aged Poor），同时期以查尔斯·布思为代表的社会活动家也积极鼓动政府制订养老金计划，费边社、工会代表大会、劳工代表委员会则支持普遍的养老保障。在各方力量的推动下，1908 年自由党政府出台《养老金法》（Old Age Pension Act, 1908）。法案规定，对 70 岁以上的老人每周发放 5 先令养老金，由国库开支，个人无须缴费，年收入 31 英镑 10 先令者不在养老金领取人之列。② 显然，这是一项非缴费型的养老保障制度，高收入者被排除在养老保障之外。

尽管所能支取的养老金十分有限，年龄上的限制也较为严格，但这对高龄老年人而言具有重要意义。正如肯尼斯·布朗所言："对于那些 70 多岁、没有其他实质性收入的人来说，每周 5 先令的养老金或许不算多，但它确实为许多生活在贫困边缘的老年人提供了一种受欢迎的缓解。"③ 王觉非也指出："政府利用国家财政力量来建立社会福利事业，为未来的福利国家奠下了一块基石。养老金法虽然没有根本解决工人阶级所面临的问题，然而毕竟给老年无生

---

① 石洁茹：《英国 1908 年〈儿童法〉研究》，硕士学位论文，苏州大学，2020 年，第 29—34 页。

② 王章辉：《英国经济史》，第 319 页。

③ Kenneth D. Brown and John Burns, eds., *The English Labour Movement, 1700-1951*, pp. 203-204.

活来源的工人一线希望的曙光。因此，它的进步意义是不可忽视的。"① 毋庸置疑，1908 年《养老金法》的颁布迈出了英国国家养老保障事业的第一步，此后，政府在此基础上不断完善养老金制度。

自由党的社会改革还涉及对工人阶级居住条件的改善。19 世纪是英国工业化高涨的时代，在政府的自由放任下，城市化往往以无序的方式进行，城镇与住房的建设混乱不堪，不少建筑商为节省成本，建造了大量的背靠背式的建筑，这不仅造成住房拥挤，还导致居住环境卫生条件恶劣，疾病肆虐，工人阶级苦不堪言。19 世纪末期，政府开始进行立法以管制这一乱象。20 世纪初，自由党政府进一步颁布 1909 年《住房与城镇规划法》（*Housing and Town Planning Act，1909*）。"该法案扩大了地方当局拆除贫民窟和不卫生住房以及建造新住房的权力，同时引入了至少是城镇规划的薄弱部分的举措。"② 法案的具体举措包括：禁止建造背靠背的住房，地方政府介入城镇规划，必须按照某些标准建造住房，要求建筑商限制单位面积内住房的数量，房屋与房屋之间必须保持一定的距离。虽然法案的实际效果有限，但它为一战后政府的住房改革提供了方向。

不得不说，自由党执政期间开展了大刀阔斧的社会改革，对失业、医疗、健康、住房、养老、育儿等一系列涉及工人阶级核心利益的问题进行了干预，为各类群体提供了社会保障。改革极大地改善了工人阶级的境遇，有助于劳资矛盾的缓和，为战后福利国家的构建奠定了基础。

综上所述，1900—1914 年，英国的劳资矛盾不断加剧，劳资关系逐步由合作走向对抗。其间，劳资互动呈现新动态。工会遭受

---

① 王觉非主编：《近代英国史》，第 739 页。

② G. D. H. Cole and Raymond Postage, *The British Common People*, *1746 - 1946*, Strand：Methuen and Co. Ltd. , 1963, p. 462.

司法打压，为改善自身境遇，工会与工党的联系日渐紧密，劳工运动呈现政治化趋向。与此同时，社会经济环境的恶化为左派工运思想提供了生长土壤，工团主义运动不断发展壮大。面对劳工运动的高涨，雇主内部加强合作，通过巩固和扩展集体谈判化解劳资争端。缓和劳资矛盾、维护社会稳定是政府义不容辞的责任，它采取了多种举措应对劳资关系的波动，包括干预劳资纠纷、促进集体谈判、完善劳资立法、加强社会改革。可以说，政府在20世纪初期推动劳资关系稳定发展上起到了重要作用。

第 二 章

从休战到冲突：一战时期的英国
劳资关系（1914—1918）

　　第一次世界大战对于英国的政治、经济与社会产生了持久而深远的影响，在英国劳资关系史上，它也是一个重要的转折点。劳资关系是劳、资、政三方互动博弈的过程，在战争之前，19世纪中叶所形成的自愿主义传统一直延续，政府在劳资关系领域一直扮演着协调者而非主导者的角色。这场延续四年的战争，使国家在经济社会领域发挥的作用突然变大，国家对于劳资关系的干预也空前加强，国家权力全面管控下的新型劳资关系建立起来。在战时特殊形势下，劳、资、政三方的合作是稳定国民经济、保障战争需求的重要基石。对于政府来说，一方面，军需生产及征兵需要得到工会的大力支持，工会力量迅速壮大，并在很多方面获得前所未有的认可度；另一方面，保障军需生产的需要，促使政府强化了与相关行业雇主的合作，国家对重要经济部门的接管，使得作为第三方的政府在战时也成为雇主中的一员。劳、资、政三方的地位由此发生深刻的变化。从劳资关系发展状况来看，尽管雇主组织及工会上层在国家强力管控下同意搁置争议、团结合作，但工会下层及车间代表所领导的工会运动此起彼伏，工人阶级对征兵、工资、"劳工稀释"（dilution of labour）等问题不满所引发的抗议、罢工等贯穿整个一战时期。在经历了战时的强制仲裁之后，一战即将结束时，政府开始关注并调查劳资冲突的根源，并逐渐恢复自愿主义的集体谈判模式，旨在实现战后重建时期劳资关系的缓和。

第一节　从短暂休战到冲突加剧

1914—1918 年第一次世界大战时期，是英国劳资关系史上的重要阶段。在战争的特殊时期，国家对经济与社会特别是劳资关系的干预空前强化，力图构建一种国家管控下的劳资和平。虽说如此，在四年的战争期间，尽管官方罢工及冲突几乎绝迹，但非官方罢工此起彼伏。劳资关系的发展，经历了开战之初的休战与和平、战争中期的冲突加剧及战争后期劳工运动的政治化这三个阶段，劳资关系经历了从休战到冲突的演进。

一　合作之下的短暂和平（1914—1915）

战争爆发之初，作为工人阶级代表的工党及工会，走上了与政府合作的道路。工党与工会对于战争立场的变化、对于征兵制的支持、对于"劳工稀释"的接受，以及对于战时劳资休战的接受，促使战争之初的劳资关系迎来了短暂的和平局面。

工党及工会对于参战立场的转变，与政府保持合作，是战争之初劳资关系走向和平的重要基础。第一次世界大战的爆发向工会运动提出了新的挑战，因为"自从工会运动合法化以来，英国还从未卷入过如此重大的战争行动"。[1] 在英国参战之前，作为工人阶级的代表，工会及工党领导人的反战立场鲜明。1914 年 8 月 1 日，奥匈帝国对塞尔维亚宣战，在议会外工党领袖阿瑟·亨德森（Arthur Henderson）等人的倡导下，英国各大工业城市举行大规模

---

[1]　Henry Pelling, *A History of British Trade Unionism*, p. 149.

的反战示威活动，示威者呼吁："工人们！大家团结起来，争取和平！……打倒阶级统治！打倒暴力统治！反对战争！拥护人民的和平统治！"① 在 8 月 2 日伦敦特拉法尔加广场举行的群众集会上，亨德森等人主导的一项反战决议被通过："我们拥护国际工人阶级运动号召各国工人阻止他们政府投入战争……大不列颠政府应严正地拒绝参加战争，并应该尽速努力恢复世界和平。"② 在议会内部，工党议员对于战争的质疑或反对态度似乎与全国不断高涨的舆情背道而驰。

不仅如此，英国的雇主阶级，即大实业家和金融家们也坚决反对参战。正如自由党政治家劳合·乔治在 7 月 28 日对内阁所说，伦敦商业区的名流要人，英格兰北部的棉纺业、钢铁业和采煤业的巨头们，"一想到我们要投入欧洲战争，就给吓呆了"。③ 不难发现，在英国尚未卷入战争、不涉及民族国家利益时，英国的劳资双方总体上持反对战争、倡导和平的态度。

不过，仅仅几天之后，这一反战立场却有了根本性变化。8 月 3 日，比利时遭到德国的战争威胁，英国人显然被激怒了。外交大臣爱德华·格雷（Edward Grey）在下院发表演说，声称英国为避免战争，已经做了一切应有的努力，他号召同胞们："国家正面临进退两难的境地：一方面是，英国既已对帝国承担义务，还能够投入一场战争吗？另一方面，英国能够不参战吗？"④ 格雷的演说为英国参战做好了铺垫。随着 8 月 4 日英国参战，国内的反战势力迅速消解了，团结合作、为正义而战成为舆论的主流，这对于一度反

---

① ［英］莫尔顿、台德：《英国工人运动史（1770—1920）》，叶周、何新等译，第 272 页。

② ［英］莫尔顿、台德：《英国工人运动史（1770—1920）》，叶周、何新等译，第 272 页。

③ ［英］W. N. 梅德利科特：《英国现代史（1914—1964）》，张毓文等译，商务印书馆 1990 年版，第 13 页。

④ ［英］W. N. 梅德利科特：《英国现代史（1914—1964）》，张毓文等译，第 14 页。

战的工人阶级及其代表产生了深远影响。

战争爆发后，赢得工人阶级政党及工会的支持成为自由党政府所努力的目标。由于工党此前与自由党有合作关系，这就促使工党对自由党的参战决策持有条件支持立场。8月4日，议会工党领袖拉姆齐·麦克唐纳辞职，工党议员则选择阿瑟·亨德森为工党领袖，亨德森随即改变了反战立场，以工党代表的身份参加内阁，走上与自由党政府合作之路。

在担任工党领袖之后，亨德森在8月5日就召开了一次劳工运动各部门代表参加的特别会议，商议战争给工人阶级带来的影响以及相关的应对举措。这次会议通过了一系列决议，但通篇都没有提到反战问题，而是讨论准备采取何种措施来缓解战争给工人阶级带来的贫困问题。为此，会议决定设立一个常设委员会，即战时应急工人全国委员会（War Emergency Workers National Committee）。这个代表着社会主义者、合作社团、工会、行业理事会（Trade Council）的机构，在1914年余下的时间里每周开会一次，此后活动就不那么频繁了。不过，在战时变幻莫测的特殊条件下，该委员会自始至终都是一个负责制定与阐释经济和社会政策，以保障工人阶级及其家庭生活水平的重要机构。①

面对战争，停止国内争端成为当时各行业的共同愿望，在工业领域，工人阶级及其代言人对于政府的全力支持显得尤为重要。英国参战后不到几个星期，工党、工会就完全与政府携手合作了。曾因反战而辞去工党领导职务的麦克唐纳，在8月8日也发表声明："无论我们对于战争起源看法如何，我们必须参战。"对于工会而言，其领导阶层在竭尽所能地帮助政府：一年一度的工会代表大会被延期了，延期后来变成了停止召开。

工党与工会对于征兵政策的支持，也是实现劳资和平的重要因素。在一战中，阵地战造成大量人员伤亡，征兵成为国内

---

① Henry Pelling, *A History of British Trade Unionism*, pp. 149-150.

重要的政治议题，而这一议题与工人阶级直接相关。在为正义而战的名义之下，英国参战得到大多数民众的支持。外交部宣布英国对德战争行动宣言时，激起了一轮又一轮的欢呼，人们纷纷涌向征兵办公室。8月7日发行的一张著名的海报显示，战争大臣基钦纳勋爵（Lord Kitchener）用手指直指围观者，标题写道："你的国王和国家需要你。"① 来自社会各阶层的民众都踊跃地响应号召。随着征兵制的到来，服兵役的范围扩大到志愿兵以外的大部分男性。那些出于良心拒绝服兵役的人，即依良心拒服兵役者（conscientious objectors）只有1.6万人，其中大多来自中产阶级而非工人阶级。

在1916年由于兵源枯竭而被迫实施普遍兵役法、强制征兵之前，英国推行的一直是自愿参军制，征兵工作的进展非常顺利。有数据表明，1914年8—9月，共有761824人应征入伍；10—12月，有424533人应征入伍。到1915年7月底，即经过一年的战争，共有2008892人应征入伍。②

征兵制的成功实施，得到工人阶级的积极支持与响应，而在其背后，自然少不了工党与工会所做的宣传与倡导。8月29日，工党执行委员会批准工党议员关于参加各党派征募新兵运动的决议；不仅如此，亨德森与自由党、保守党领袖还一同担任议会征兵委员会主席，领导全国范围内的征兵工作。9月初，英国工会代表大会对全体工会会员发表一项宣言，赞扬工党关于参加"各党"征兵运动的决定，并宣布"自由和无约束的民主政府的维护和保存有赖于目前我国进行的斗争的结果"。10月15日，工会代表大会和工党议员以及其他领袖联合发表了一项关于对战争看法的明确声明，表示支持竭诚参加举国一致的努力，将战争完全归咎于德国政

---

① Eric Hopkins, *A Social History of the English Working Classes*, *1815-1945*, p. 209.

② Chris Wrigley, "The First World War and State Intervention in Industrial Relations, 1914-1918", in Chris Wrigley, ed., *A History of British Industrial Relations*, *1914-1939*, p. 76.

府，强调"德国的胜利便意味着欧洲民主的死亡"。① 工党及工会领导层对于征兵政策的支持，是英国得以参战并最终获胜的决定性因素。因为如果有组织的劳工反对战争的话，政府就无法动员全国力量参加战争。

　　代表工人阶级的工会满足政府与雇主的诉求，接受"劳工稀释"条款，以缓解战争造成的国内劳动力短缺问题，这是劳资走向合作与和平的重要一步。"劳工稀释"，是指在战时劳动力紧缺条件下，工会同意降低或取消某些技术岗位的门槛，在为熟练工人保留的岗位上，引入包括妇女在内的非熟练工人，以促进战时生产正常进行。② 战争爆发后，军队的快速动员以及大规模的战争物资生产，导致在很多领域出现了严重的劳动力短缺。到 1914 年 11 月，出现了主要工业部门工人数量不足的典型战时局面，这既是招募新兵的后果，也是扩大军需工业的结果；与此同时，由于速战速决希望的破灭，军需工业的日益扩大成为必然。解决军需及相关工业中劳动力不足问题，需要与工会进行合作。

　　1914 年 12 月 21 日，在战争办公室（War Office）及海军部的建议下，贸易委员会主持召开了一次由工程行业雇主与工会代表参加的会议，又称"炮弹会议"（Shell Conference）。在政府主导下，劳资双方协商工作安排，以便更经济、更有效地使用劳动力。也正是在这次会议上，工会接受了政府及雇主联合提出的"劳工稀释"条款。根据协议，"工会制定的限制生产的规则与实践在战争期间应暂停实施"。③ 具体来说，在与军需生产相关的工程行业，此前工会设定了严格的上岗条件，以确保熟练工人的地位，但现在，工会预设的条件在战时必须暂停，让那些非熟练工人包括妇女等经过简单培训后上岗，以缓解工程行业劳动力短缺的问题，确保生产的

---

　　① 　[英] 艾伦·胡特：《英国工会运动简史》，朱立人、蔡汉敖译，第 56 页。

　　② 　Henry Pelling, *A History of British Trade Unionism*, p. 151.

　　③ 　Lord Amulree, *Industrial Arbitration in Great Britain*, London：Oxford University Press, 1929, p. 121.

有序进行。"劳工稀释"条款是劳、资、政三方放弃博弈与对抗、走向合作与和平的重要里程碑。

劳资之间在战时放弃对抗，停止罢工或闭厂，以政府主导下的协商、谈判方式来化解争议，给战争初期劳资关系带来了短暂的和平。战争爆发前，英国劳资冲突呈现上升态势，但自愿主义的集体谈判机制依然发挥作用。英国卷入战争后，停止国内不重要的争端成为全社会各行各业共同的愿望。在工业领域，这一共同愿望，一方面促成了战争爆发时存在的大部分争端的尽早解决，要么是通过仲裁或调解，要么是通过当事人之间的直接协商；另一方面，大敌当前，潜在的争议或冲突在浮出水面前往往已得到化解。8月4日英国宣战当天，贸易委员会获悉的100起罢工正在进行中；到8月底，这一数字已减少到20起；到了年底，这个数字又减少了一半。①

罢工及劳资争议在战争初期的锐减，有赖于工人阶级的代表机构做出的劳资休战决议。8月24日，在由工会及工党高层代表参加的联席会议上，通过了一项重要决议，阐释了战时劳工组织应对劳资纠纷的政策："立即做出努力，以终止一切现存的行业争端，不论是罢工还是闭厂；凡在战争期间出现的新的困难，所有各方均应做出认真努力，在诉诸罢工或停产之前达成友好的和解。"② 由此看来，工会放弃传统斗争手段而选择与资方及政府合作，意味着工会运动的重大转向。艾伦·胡特为此指出："如果没有工会领袖及其所控制的机器的充分合作，工人阶级就不会被缚在帝国主义的战车上。这种合作不能通过工会和雇主之间的旧的合作方式来取得；它需要在工会和阶级统治的中央机构——国家机器之间建立直接和有机的关系；统治阶级希望通过吸收工会领袖参加国家机器来

---

① Ian G. Sharp, *Industrial Conciliation and Arbitration in Great Britain*, p. 290.

② Henry Crompton, *Industrial Conciliation*, London: H. S. King and Company, 1876, p. 122.

加强这种关系。"①

工会及工党方面所做出的劳资休战决议，在 12 月 21 日由劳、资、政三方共同参与的"炮弹会议"上，得到了政府与雇主的认可。这次会议确认了战时避免劳资纠纷或冲突的机制，即劳资双方"应该通过双方认可的方式来解决争议，避免由罢工或闭厂造成的停产"。这也就意味着，曾经被劳资双方视为博弈手段的罢工或闭厂，现在已经不再使用；在政府要求之下，劳资双方必须携手合作，保障战时生产的顺利进行。

工会及工党在战时改变斗争策略，走上与雇主、政府合作的道路，促进了战争初期劳资关系的相对缓和。尽管劳资争议、非官方罢工不时出现，但与战前相比，已经是大大减少了。相关的统计数据显示，1913 年，全国以罢工或闭厂为表现形式的劳资冲突为1459 起，涉及劳工数量为 664000 人。到 1914 年，罢工或闭厂减少到 972 起，降幅达 33.4%；涉及劳工数量为 447000 人，降幅为32.7%。② 约翰·谢尔德雷克统计出战争前后由罢工或闭厂造成的工作日损失：1913 年与 1914 年，每年由罢工或闭厂造成的工作日损失接近 1000 万个；1915 年的工作日损失骤降到近 300 万个；1916 年则不到 250 万个。③

从相关统计数据可见，虽然战争爆发以及工会的"劳资休战"并未从根本上消除劳资争议或冲突，但与战前相比，劳资冲突的数量、涉及人数、工作日损失等都大幅度下降了，劳资关系由于战争的到来而迎来难得的短暂和平局面。不过，随着战争的持续及义务兵役制的推行，工人阶级战时的生产与生活状况趋于恶化，工党及

① ［英］艾伦·胡特：《英国工会运动简史》，朱立人、蔡汉敖译，第 55 页。

② Chris Wrigley, "The First World War and State Intervention in Industrial Relations, 1914-1918", in Chris Wrigley, ed. , *A History of British Industrial Relations*, *1914-1939*, pp. 13-16.

③ John Sheldrake, *Industrial Relations & Politics in Britain*, *1880-1939*, London: Pinter Publishers Limited, 1991, p. 26.

工会所推行的"休战"、妥协政策在地方工会及工人阶级中遭遇空前的挑战。从1915年初开始，战争引发的劳资争议持续增加，非官方罢工愈演愈烈，劳资关系的短暂和平局面宣告终结。

二　非官方罢工的兴起（1915—1916）

从1915年克莱德大罢工（Clyde Strike）开始，到1917年俄国二月革命的爆发，是战时英国劳资冲突迭起、劳资对抗加剧时期。"劳工稀释"、强制征兵、战时工人阶级生产与生活状况的恶化等，成为这一时期劳资冲突产生的根源。从领导层来看，工党及工会选择与政府和雇主紧密合作，进而成为"国家社会机器的一部分"；但其选择并未反映下层工人的诉求，由工人阶级基层组织特别是车间代表（Shop Steward）发起的非官方罢工开始兴起，由此对战时劳资关系的发展走向产生深远影响。

战争之初工会上层对于雇主和政府的"劳资休战"承诺，到1915年就被打破了。工会上层与基层工会、工人阶级的背离与分裂在战争之初就已存在：工会上层放弃罢工等对抗性手段、谋求劳资合作，但对于下层工人阶级来说，战时侵害工人阶级权益的情况屡见不鲜。在工会上层选择漠视、不再维护下层劳工权益之时，基层工人阶级组织发动的非官方罢工开始出现，1915年2月发生的克莱德大罢工，至少在基层或实践层面意味着劳资合作的破裂。

克莱德是苏格兰格拉斯哥近郊的一座重要的工业卫星城，一战之初成为英国重要的军需生产基地。从选举政治来看，这一地区长期被自由党人所控制，因此很少有人预料到在大规模战争动员时期会出现如此激烈的劳资冲突。对于这场罢工深层次的根源，詹姆斯·欣顿通过对当地车间代表战斗性及工会政治的详尽分析指出：克莱德地区工程行业的熟练工人，受到新技术应用及政府"劳工稀释"计划的影响，其自身利益受到损害；在具有战斗性的车间代表领导下，底层的激进工人被组织起来，反对工会领导层的妥协政策，并准备与咄咄逼人的雇主或政府官僚相对抗。①

　　罢工的起因为战前存在的工资争议。1914 年 6 月，联合工程师协会格拉斯哥区委员会发现其工资率比其他地区低很多的反常情况，由此提出每小时增加工资 2 便士的要求。客观而言，劳工的诉求并非不可理喻。因为"虽则工资在迅速地上升，而利润却增加得更多：物价亦复如此，而且，据劳工的想法，政府对待'穷人的被掠夺'是过分地宽纵或过分地漠不关心了。体力劳动者大众已经准备尽力为国家服务，他们却没有准备为了把额外的高额利润放进雇主和中间人的荷包而牺牲休息时间和健康"。②

　　然而，雇主却利用工会领导的奴颜婢膝，对于这一要求一再延宕，多次声称不愿做多于半便士的让步。到 11 月，克莱德地区"反对战争、反对提高物价和房租，以及要求增加工资的运动如火如荼。家庭主妇以及工厂工人都卷入了政治斗争"。③ 劳工和雇主关于工资问题的争议，从战前一直拖延到 1915 年 2 月，冲突一触即发。此时，作为最基层的工会代言人，车间代表在充分了解并把握车间工人意愿及诉求后，决定不理睬工会及工党领导层此前做出的停止罢工的决策，进而诉诸罢工行动。正是在车间代表的组织与领导下，克莱德地区 15 个工厂的熟练工人，包括大军需公司的工人，宣布举行大罢工，停止一切战时订货的逾时工作。

　　不出所料，车间代表发起的罢工行动，遭到工会领导层即联合工程师协会执行委员会的强烈反对。2 月 12 日，执行委员会附和雇主的建议，要求工人接受每小时增加工资 0.75 便士的条件，但工会领导层的建议并未得到车间代表及罢工工人的响应，罢工的规

　　① Joseph Melling, "Whatever Happened to Red Clydeside? Industrial Conflict and the Politics of Skill in the First World War", *International Review of Social History*, Vol. 35, No. 1, August 1990, p. 6.
　　② ［英］马里欧特：《现代英国（1885—1945）》，姚曾廙译，第 395 页。
　　③ ［英］莫尔顿、台德：《英国工人运动史（1770—1920）》，叶周、何新等译，第 277 页。

模进一步扩大，高潮时期达到了9000人。为了协调罢工行动，"中央劳工撤退委员会"（Central Withdrawal of Labour Committee）宣告成立。该委员会是一个非官方机构，由工人代表（工会在车间的兼职代表）组成。工厂的工人代表在战前就已经存在了，但他们很少受到普遍的注意，他们的活动经常受到不宽容的雇主的限制；但现在他们却安然无恙地出现在人们面前，而且常常扮演着重要的角色，尤其是在工程行业的大工厂里。委员会直率地要求谈判和解决争端的绝对权利，理由是：（1）由于政府所施的压力，工会的职员已不是有自由意志的人；（2）委员会是具有充分代表性的工人团体——也就代表了一切有关的工会。① 随着罢工的推进及车间代表态度的强硬，作为领导层的联合工程师协会开始转变态度：通过投票方式，协会以8927票对829票拒绝了雇主的建议，同时也默许了中央劳工撤退委员会的相关权利。

　　在战时特殊时期，前线士兵对于罢工的态度，在"前方的汤姆·亚金士"寄给其克莱德兄弟的几行短诗中表现得淋漓尽致：

　　　　　　我已经抛弃了我的刺刀，我正扔下我的枪，
　　　　　　我真干够了这个勾当；我的气力已用光。
　　　　　　我想方设法要把事情办好，的的确确，我曾那样；
　　　　　　可是我那位克来德的兄弟却把我彻底挫伤。
　　　　　　他在工厂做工，挣十先令一天，
　　　　　　而现在他放下了家伙，说还要多一点工钱。
　　　　　　他写道，这忙碌的时候正是"大好"机缘；
　　　　　　因此我也就在这忙碌的时候放下了家伙——远在法国前线。
　　　　　　我又拾起了我的旧枪，也检（捡）起了那把刀：
　　　　　　我既是一个普通的军人，就必须把事办好。

---

① ［英］艾伦·胡特：《英国工会运动简史》，朱立人、蔡汉敖译，第60—61页。

　　如果他们在国内使我们失望，并一旦得到我的凶耗，

　　帮助杀死了我的是他——我的克来德的那位兄弟将会知道。①

　　这几行短诗，生动地展现了前线士兵对于罢工的立场，这在一定程度上也代表了全国主流的舆情。为了迫使工会及罢工工人做出让步，在劳资双方谈判未果情况下，英国政府开始出面干预。时任财政大臣劳合·乔治和贸易委员会主席沃尔特·伦西曼（Walter Runciman）召集议会委员会和工会代表到财政部的会议室开会。政府代表向工会领导人施压，要求他们同意强制仲裁，并在所有被认为对战争至关重要的行业中放宽目前的行业规则。② 工会领导层虽然表示认可，但这仍需要得到车间代表及罢工工人的支持。但后者认为，对于政府及雇主，工人阶级的让步已经够多了，而且很难有所回报。罢工依然在持续，雇主、工会及政府三方依然在协商谈判。到 3 月 4 日，即政府发出实行强迫仲裁的最后通牒期满后的三天，政府及雇主方做出让步，罢工工人取得每小时增加工资 1 便士和以相应百分比增加计件工资的胜利。

　　1915 年 2 月克莱德工程行业工人大罢工时，他们最基本的诉求是要求涨工资，以跟上生活费用的增长；但由于这场罢工中断了军需供应，而且违背了专职工会官员的建议，因此工人们虽然取得了其所争取的大部分权益，但遭到全国新闻界的强烈谴责。

　　对于这次大罢工的性质，一般将其定性为非官方罢工，因为其并未得到工会领导层的许可。不过，罢工领导者、社会党人威廉·加拉赫（William Gallacher）对此予以驳斥："这次罢工过去和现在都被错误地称为非官方罢工，这一说法完全是误导。因为工会分支机构官员、车间代表，以及在某些情况下，行政官员（比如我自己）

————————

① ［英］马里欧特：《现代英国（1885—1945）》，姚曾廙译，第 395 页。

② Henry Pelling, *A History of British Trade Unionism*, p. 152.

参与其中。这种罢工更正确的说法是'自发罢工'。这种罢工在工会运动的发展中发挥了重要作用，并经常得到国家官员的承认和支持。当事情发生时，这样的罢工是必要的，只有投降或战斗的选择。"①

值得注意的是，克莱德地区在整个战争期间一直是劳资冲突的中心。尽管 2 月工程行业工人增加工资的罢工以胜利而告终，但罢工的领导机构却异常活跃，并成为捍卫当地劳工权益的常设性机构，成为"克莱德工人委员会"（Clyde Workers' Committee）。该委员会对于工会领袖非常不满，自称其目标是："日益取得对工厂的控制权，修改雇佣工人的条件，在阶级基础上组织工人进行阶级斗争，直到工资制废除，工人获得自由和建立企业民主制度为止。"② 委员会先后发起了反对 1915 年《战争军需法》（Munitions of War Act, 1915）和房租限制法令的斗争。

1915 年 7 月通过的《战争军需法》是政府强势干预劳资关系的体现，政府希望借助该法令，强制性地将劳动力转移到最需要的军需部门，法案中包含了一项极具争议的内容即离职证明（leaving certificate）。根据《战争军需法》第 7 条的规定，劳动力的流动将受到严格限制："任何人不得聘用在最近六周内，或军需大臣所规定的期限内，受雇于军需生产部门，或与该工作有关的人，除非他持有上一次受雇的雇主颁发的证明书，使他在雇主同意的情况下离开工作岗位，或军需法庭颁发的证明书，证明他无理由被扣留。"③这一条款的相关规定，实际上是强化了对劳工的控制。依据法案，

---

① "W. Gallacher, *Revolt on the Clyde* (1934): Clyde Strike, Feb. 1915", in J. T. Ward and W. Hamish Fraser, eds. , *Workers and Employers: Documents on Trade Unions and Industrial Relations in Britain since the Eighteenth Century*, London: Macmillan, 1980, p. 191.

② ［英］莫尔顿、台德：《英国工人运动史（1770—1920）》，叶周、何新等译，第 280 页。

③ Chris Wrigley, "The First World War and State Intervention in Industrial Relations, 1914-1918", in Chris Wrigley, ed. , *A History of British Industrial Relations*, *1914-1939*, p. 30.

一名工人如果在前六周辞去该法案所涉及的行业的工作，他人便不得雇佣该工人，除非该工人持有其前任雇主颁发的证明书，证明他是在雇主同意的情况下离职的，或者是持有由军需法庭颁发的证明书，证明他的雇主没有理由不同意他的离职。在失业六周的风险之下，工人因此被和他的雇主捆绑在了一起。[1]

另外，这一条款实际上赋予了雇主对劳工的巨大权力。被不公正地解雇的人将不得不在法庭上证明他的清白，在此期间，他将无法工作。正如一位自由党议员所言，在该法案下，"劳动力是工人必须出售的唯一商品，可劳动力没有参与竞争，而每一种他必须购买的商品都有公开竞争"。此外，离职证明可能会变成"文字案底"，这可能会妨碍离职工人找到其他工作。对于这一侵害劳工权益的条款，工人阶级强烈反对，因为雇主可以利用它来胁迫工人，而工人如果没有它又不能随便离开原有岗位。1915 年 8 月，克莱德河畔的麦瑟斯·费尔菲尔德（Messrs Fairfield）造船厂工人发起了大罢工。罢工的起因是，该造船厂开除了两名工人，厂方在他们的"离职证明"上写了"懒惰"字样，引发船厂工人愤而罢工，整个克莱德群情激昂，濒于停产的边缘。[2] 在罢工威胁之下，雇主方被迫做出让步。

事实上，由离职证明所引发的劳资纠纷在全国范围内屡见不鲜。军需法庭审理的此类案件数量之多就表明了这一点。到 1915 年 12 月，89 名雇主被送上法庭，61 人被定罪。地方法庭共审理了 3913 件由劳工发起的离职证明诉讼，其中 990 件胜诉。[3] 在工会活动家们看来，离职证明剥夺了劳动力自由流动的权利，也赋予了雇

---

① Lord Amulree, *Industrial Arbitration in Great Britain*, p. 128.

② ［英］莫尔顿、台德：《英国工人运动史（1770—1920）》，叶周、何新等译，第 280 页。

③ Chris Wrigley, "The First World War and State Intervention in Industrial Relations, 1914-1918", in Chris Wrigley, ed., *A History of British Industrial Relations*, *1914-1939*, p. 31.

主不应该拥有的特权，对劳工而言，《战争军需法》就是一部奴役法案。面对来自劳工的极大不满，政府先是在 1916 年 1 月修改了《战争军需法》中的离职证明条例，并在 1917 年 5 月工厂的罢工之后，完全废弃了这些条例，因为这些规定造成的麻烦超过了它们的价值。

与此同时，针对当地日益高涨的房租，克莱德工人委员会还全力支持当地妇女发起的反对增加房租运动。巴波尔夫人，一位地道的工人阶级妇女，成为这场运动的领袖。她们用各种方法召唤妇女出来并组织其进行斗争。她们印制的几千张传单贴在各家各户的窗户上，一条街接着一条街，走到哪里都可以看见："绝不付增加的房租！"当 18 名军需制造工人因拒付增加的房租而受到法院传讯时，这场斗争到了紧要关头。近 1 万名机械工人和船厂工人停止工作，列队来到法院门口进行抗议。同时，他们还拍了一份电报给政府，说除非当局采取措施，否则将继续罢工，法院最后只得将这个案子撤销了。莫尔顿为此指出："在及时的工业上的行动支持之下，一次抗议不合理的房租的罢工终止了格拉斯哥房主最恶劣的勒索，迫使政府通过了一个房租限制条例。"①

此外，反对"劳工稀释"政策也成为克莱德劳工运动的中心议题。尽管工会领导层认可了这一点，但在各地各行业，还是引发了一些劳资纠纷。克莱德工人委员会主席威廉·加拉赫在与劳合·乔治的会谈中指出："战争导致的生产速度加快使得这一过程的异常加速成为一种迫切需要，这一切我们都明白。我们没有试图阻止这个过程。相反，我们都赞成、鼓励它。但我们必须注意到，雇主会利用大规模的稀释来引入廉价劳工，从而迫使全面降低工资标准。为对抗这种情况，我们将全力奋战。面对这样的事情，我们会全力以赴。因此，情况是这样的：政府官员们想要大量新的劳动力流入。我们对此没有异议。我们之间唯一有争议的问题是：谁将控制这个过程——雇主还是工人？官员说他们没有向雇主透露任何情

---

① ［英］阿·莱·莫尔顿：《人民的英国史》下册，谢琏造等译，第 743 页。

况，他们唯一关心的是赢得战争。因此，我们建议政府从雇主手中接管工厂，并把所有与工资、工作条件和引进新劳工有关的事宜交由工厂委员会全权负责。"①

显然，加拉赫所提出的要求，政府在当时是无法满足的。贸易委员会代表卢埃林·史密斯（Llewellyn Smith）在 1915 年 1 月指出，在贸易委员会承诺处理的所有事务中，"劳工稀释"问题最为困难和微妙；"男人对雇主的真正动机和他们可能做出的任何让步的最终结果充满怀疑"，一个特别麻烦的事情是，稀释——使用半熟练劳动力或非熟练劳动力（包括女性）从事通常由熟练工人从事的部分工作——尽管在大多数地区得到了很好的认可与推行，但在一些工厂中还是引发了严重的动荡。比如，在克莱德地区，出现了主要由"稀释"引发的骚乱。最终，在 1.4 万名被"稀释"的女工中，只有 1000 人进入造船业，而且只有贝尔德莫尔和费尔菲尔德公司雇佣了大量女工。②

克莱德地区罢工还未平息，1915 年 7 月，南威尔士矿工也举行了一场声势浩大的罢工。罢工源于 1915 年 3 月 17—19 日的财政部会议所达成的《财政协议》（Treasure Agreement）。工会主要代表受邀参加由财政部与贸易委员会主持的会议，以"考虑国家急需战争军需产量大幅度增加的总体立场，以及政府为实现这一目标而建议采取的国家工业的步骤"。③ 在这一协议中两条值得注意的

---

① "Gallacher, *Revolt on the Clyde*: Meeting of the Clyde Workers' Committee with Lloyd George, Dec. 1915", in J. T. Ward and W. Hamish Fraser, eds., *Workers and Employers*: *Documents on Trade Unions and Industrial Relations in Britain since the Eighteenth Century*, p. 192.

② Chris Wrigley, "The First World War and State Intervention in Industrial Relations, 1914-1918", in Chris Wrigley, ed., *A History of British Industrial Relations*, *1914-1939*, p. 32.

③ "*The Labour Year Book* (1916): The Treasury Conference", in J. T. Ward and W. Hamish Fraser, eds., *Workers and Employers*: *Documents on Trade Unions and Industrial Relations in Britain since the Eighteenth Century*, p. 189.

条款是：（1）劳资争端应通过仲裁来解决，而非诉诸罢工或闭厂；（2）工会暂停对各种产出的限制，接受"劳工稀释"条款，同意非熟练工人进入技术性岗位。但这一协议并未得到所有行业工会的认可，全国矿工联合会就表示拒绝签订《财政协议》。

　　威尔士河谷是矿坑工人组织的急先锋，对 1910 年劳资双方签订的五年协议长期存在不满，而现在这种不满又为矿主们"固执地力图使战争助长其利益"的无耻手段所加剧。南威尔士矿工联合会关于签订增加工资及其他让步的新协议的要求，第一次就被雇主蛮横地拒绝了。政府由此开始干预，贸易委员会主席伦西曼出面调解，但他对这次情况的处理，尤其是明显偏袒雇主的做法，"实际上招致了罢工"。这次罢工是由全国矿工联合会以 42850 人的多数决定的。政府匆匆"宣布"南威尔士煤矿罢工应按《战争军需法》的惩罚条款处理，军需大臣劳合·乔治不得不匆忙赶往矿区，与罢工工人进行谈判。不过被动员起来的 20 万名矿工，并没有被这种威胁或资本家迅即展开的诽谤运动吓倒。他们在罢工时团结如一人，"矿工们的要求只用了 5 天就得到了满足：政府别无选择，只能满足矿工的要求使其尽快复工"。① 由此，政府改变了对劳工的高压政策，迫使矿主在主要争议点上做出让步，矿工大罢工取得了胜利。阿穆尔里勋爵（Lord Amulree）由此评述道："与南威尔士矿工之间的纠纷表明，惩罚性条款难以同时强制对付成千上万人。整个南威尔士煤矿的矿工都要罢工，许多人屏住呼吸等待政府如何处理。在这个人人焦虑的时刻，明智的人都非常庆幸此时正是用兵之际，问题只能通过讨论和调整来解决。"②

　　在战争进入相持阶段的 1916 年，英国还发生因政府独断政策而引发的几起罢工。随着战争的推进，动员工人参军始终备受争议。政府试图在地方和国家两个层面让有组织的劳工参与进来。战

---

① Eric Hopkins, *A Social History of the English Working Classes, 1815–1945*, p. 213.

② Lord Amulree, *Industrial Arbitration in Great Britain*, p. 128.

争伊始，工会的主要人物便参与到征兵委员会中，早期的自愿征兵进展顺利，但到 1916 年初，随着兵源枯竭，自愿征兵遭遇挑战。到 1915 年 12 月中旬，在过去未入伍的 2179231 名未婚男子中，仍有 1029231 人未应征入伍。[①] 自 1915 年底起，政府开始酝酿实施强制性的兵役法案，结果在议会和政府内部引起极大分裂。

尽管如此，为满足战场上的兵源需要，赫伯特·阿斯奎斯（Herbert Askwith）政府力排众议，于 1916 年 3 月通过强制性的征兵法案，规定所有年龄在 18—41 岁的男子都在应征的范围内，对于那些有特殊经济责任或个人责任者、依良心拒服兵役者、特定保留性行业的男子，则能够豁免。[②] 在关于最后一类免服兵役者问题上，政府与工会之间摩擦较大，这体现在谁来决定哪些行业及哪些岗位上的技术工人可以获得兵役豁免权。

强制征兵政策实施后，几乎所有工业部门的运作都受到征兵的影响。部分经济部门，如餐饮、造纸、印刷、家具、服装、文书、零售，都需大量人力。即使是关键的军需生产行业，也不时感受到强制征兵的压力，由此引发工业动荡。造成动荡的一个特别原因是：为解决军需及相关行业熟练劳动力的缺乏问题，熟练工人已经同意"劳工稀释"，但随后他们发现，征兵部门仍在不断征召熟练工人。例如，1916 年 9 月 27 日，联合工程师协会代表惊讶地看到，军需大臣拿着一份有 600 名工程工人名字的征兵名单。尽管政府此前反复保证，且军需部官员多次抱怨缺少工程工人，但名单上的工程工人都将参军。联合工程师协会随后与政府各部门进行了协调，但收效甚微，即便是首相的保证也无济于事。在某些情况下，拥有技术勋章和行业卡的人还是被征召入伍，反对者则因拒服兵役而被逮捕。

1916 年 11 月 16 日，当联合工程师协会与政府关于"劳工稀

---

① ［英］W. N. 梅德利科特：《英国现代史（1914—1964）》，张毓文等译，第 36 页。

② Eric Hopkins, *A Social History of the English Working Classes, 1815-1945*, p. 213.

释"及征兵问题的谈判还在进行中时，谢菲尔德发生了一起反对
征召工程工人入伍的大罢工。① 这次大罢工由当地机器行业的车间
代表组织谢菲尔德工人委员会（Sheffield Workers' Committee）领
导。征兵部门强行带走一位名叫伦纳德·哈格里夫斯（Leonard
Hargreaves）的装配工，结果引发当地约 1.2 万名工程工人大罢工，
这一数字接近当地工程工人的总数。② 罢工迅速蔓延到附近的巴
罗。罢工发生后，工党领袖阿瑟·亨德森警告其内阁同僚说，英国
正面临战争开始以来最严重的危机，谢菲尔德罢工体现出一种普遍
的、对现有人力资源政策的公平与效率缺乏信心的状态。他警告
称，现在普遍存在对一些事情的关注，包括：工程工人因为在某些
事上触怒雇主而丧失豁免权，因此人们认为受到了欺骗；雇主能够
利用不当手段保护其友人，这显示出对雇主的特别待遇；尽管熟练
工人拥有豁免证书和勋章，但他们所有的保证都被无视，被迫入
伍，这体现出征兵方式的不当。

在反对征召工程工人入伍问题上，谢菲尔德工人的态度异常坚
决。正如有人所评述的那样："谢菲尔德以其对战争的坚定奉献和
摆脱劳资纠纷而闻名。但自从开战以来，没有任何一次罢工显示出
如此少的优柔寡断或半心半意的迹象。"③ 谢菲尔德因征兵引发的
罢工引起政府关注，贸易委员会、征兵部门与联合工程师协会随
后举行了多次协商谈判。政府最终做出了让步，满足了罢工工人
的要求。当哈格里夫斯被释放，重新回到熟悉的工作岗位上时，
罢工以胜利而告终。为避免此类事件的发生，政府在兵役豁免权
问题上向工会方面做出让步。根据 11 月 18 日签订的《行业卡协

---

① Bertrand Russell, *Pacifism and Revolution*, *1916 - 1918*, New York: Routledge, 1995, p. 509.

② James Hinton, *The First Shop Steward Movement*, London: George Allen & Unwin Ltd., 1973, p. 193.

③ Chris Wrigley, "The First World War and State Intervention in Industrial Relations, 1914-1918", in Chris Wrigley, ed., *A History of British Industrial Relations*, *1914-1939*, p. 47.

定》（Trade Card Agreement），联合工程师协会获得授权，可以自行决定哪些岗位的工程工人可以获得兵役豁免权。随后，政府又将这种兵役豁免权扩展到锅炉工、造船工、钣金工、铁匠、制模工以及炼钢工等。

总体而言，1915—1916 年是第一次世界大战的相持阶段，有关战时劳资争议的统计数据显示：1915 年，英国罢工或闭厂事件为 672 起，涉及工人数量为 448000 人，工作日损失为 2953000 个；1916 年，英国罢工或闭厂事件为 532 起，涉及工人数量为 276000 人，工作日损失为 2446000 个。[①] 在一战持续的四年中，这两年的相关数据都是最低的。

之所以如此，是因为，一方面，工会上层与政府合作，在战时主动放弃了罢工权；另一方面，根据战时相关法律，罢工被宣布为非法。这就使得，尽管战时劳资冲突的土壤依然存在，但劳资冲突的数量、规模等都出现下降或缩小趋势。另外，从克莱德地区大罢工、南威尔士煤矿工人大罢工、谢菲尔德工程工人大罢工中可以看出，由车间代表所领导或者由基层工人自发的罢工并不能完全杜绝，这也体现出上层工会与基层工人的脱离趋势。

从劳资冲突的根源及诉求看，和平时期主要体现为劳工与雇主的冲突，政府往往作为第三方来调解；战时特殊情况下，劳资冲突或者表现为劳工与雇主的冲突，如克莱德地区要求增加工资而引发的罢工，或者表现为对政府相关政策的不满，如南威尔士矿工反对"劳工稀释"、谢菲尔德工程工人反对征兵等，政府由此成为劳资冲突的直接一方而非传统的第三者，这成为战时劳资冲突的新特征。

---

① Chris Wrigley, "Introduction", in Chris Wrigley, ed., *A History of British Industrial Relations*, *1914-1939*, pp. 13-16.

三 劳资冲突的高潮 （1917—1918）

1917—1918 年是第一次世界大战的最后阶段，为了赢得战争，国家对经济社会领域的干预空前加强。这一方面体现为，为了保障足够的兵源，征兵的范围进一步扩大到几乎所有行业；另一方面，国家对与战争相关的大多数行业实施接管。国家干预的加强对劳资关系的影响是：从劳资冲突的根源来看，对强制征兵的反对，夹杂着战争后期的不满情绪，成为劳资冲突的重要根源；从劳资冲突的主体看，国家管控行业范围的扩大，使国家成为最大的雇主，劳资冲突很多时候表现为劳工与政府之间的冲突，从而具有了政治化倾向。更为值得关注的是，1917 年俄国爆发的二月革命与十月革命，特别是工兵代表苏维埃的创立及其夺权，极大地鼓舞了英国的劳工运动，劳资冲突关注的焦点，逐渐从传统的经济领域转向政治领域，由此推动劳资冲突走向高潮。

除政府管控加强推动冲突的加剧以外，战争后期人们对雇主心态的变化，也是促进劳资冲突激烈化的又一因素。战时保障军需生产是第一位的目标，国内生活用品生产由此受到影响，在最为艰难的时期，政府被迫实施食品的配给制，这是前所未有的举措。支持政府的战争政策直至和平的到来，几乎成为一种政治正确。为此，中产阶级表示坚决支持政府，主张彻底打败穷凶极恶的敌人。报刊平日的报道中到处是"将战争进行到底"的宣传，而中产阶级成为这种宣传的引导性力量。

在这种舆论的引领下，广大工人群众也认为，必须将战争进行到底，但战时经济社会状况的恶化，尤其是房租、物价的高涨远远超过工资的增幅，导致其滋生出一些不满情绪，但又不太乐意笼统地将自己的境况与国家的境况等同起来。特别是，在战争时期，对于战场上的劳工而言，德国是其面对的最强大、最凶恶的敌人，需要竭尽全力去战胜；而对于国内生产战线的劳工而言，还存在另一类敌人，那就是雇主，"这类阶级敌人，为牟取利润而自觉或不自觉地希望战争继续下去，他们甚至可能为国家敌人效劳。换言之，由于认为必须建立联合阵线对付工人，有产阶级可能谋求不正当的妥协性和平"。① 由此看来，雇主阶级借助战争大发横财，并对劳工阶级的权益造成侵害，成为战争后期冲突的根源。

除内部因素外，战争后期劳资冲突的加剧，很大程度上也与1917年俄国两场革命的爆发、最终工人阶级夺取政权有关，这给予英国劳工运动以极大的鼓舞与动力，从而使劳资冲突具有了政治化色彩。俄国革命的消息传到英国后，各地的群众大会和示威游行充分展现出英国工人对于俄国革命的同情。二月革命是工人运动复兴的最重要标志之一，克莱德工人委员会主席加拉赫认为："'自由俄国'是我们旗帜上的辉煌的标志，全英格兰都组织了巨大的示威运动以支援这个革命……在1917年初的几个月里，我们格拉斯哥的广大群众热情高涨达到了顶点。……那些狂热的此伏彼起的骚动的日子，是笔墨所不能形容的。"②

俄国革命在战斗的工会会员和车间代表中产生了巨大的政治影响，这尤其表现在1917年6月召开的全国性集会上。会议的主旨是庆祝俄国革命，鼓励俄国的革命伙伴，并致力于在"工人阶级团结的基础上实现全面的真正的世界和平"，这一宗旨意味着，在战时反对"国家奴役"的斗争中，工人激进主义开始兴起，反战政治与工业动乱二者走向了结合。③ 参加利兹会议的有全国工人运动每一部门的1150名代表，他们代表着209个行业理事会，371个工会分会，294个独立工党分部，86个英国社会党支部，184个妇女合作组织。会议在6月3日通过决议，热烈欢呼俄国革命，要求英国立即接受俄国的对外政策和战争目标，要求解除对工人的强制

---

① ［英］W. N. 梅德利科特：《英国现代史（1914—1964）》，张毓文等译，第62页。

② ［英］莫尔顿、台德：《英国工人运动史（1770—1920）》，叶周、何新等译，第288页。

③ James Hinton, *Labour and Socialism: A History of the British Labour Movement*, p. 105.

性措施和限制，并要求在城市和乡村地区建立"工人和士兵代表委员会"。① 不过，由于麦克唐纳等人的反对，最后一项动议没有获得任何结果。尽管如此，利兹会议在动员工人阶级参与反战、捍卫自身权益方面，确实起到了积极推动作用。

1917年11月，俄国十月革命胜利、工人阶级掌权的消息传到英国，更是令工人阶级激动不已，"每个革命的工人都为此感到兴奋"。在格拉斯哥，工人们欢腾地迎接俄国革命成功的消息。"克莱德工人们听到这个消息时却快乐得大喊大叫……他们呼吁立即举行和平谈判，禁止领土并吞，禁止勒索战争赔款，公布秘密条约，群众欣喜欲狂，整个地区都沸腾了。每夜都有盛大的集会，群众支援布尔什维克的热情达到了顶点。"② 这种热情很快转化为实际行动，在泰晤士河畔，车间代表运动（The Shop Steward Movement）开始兴起，成立了船坞工人委员会；在克莱德地区，工会代表会议通过决议，不仅要求政府讨论和平问题，而且反对政府推行的"人力法案"，劝告克莱德工人放下工作、举行罢工。

总体而言，在国内外多种因素的综合作用下，1917—1918年，当前线战争依然在进行之中时，在英国国内，劳资冲突日趋激烈，区域性乃至全国性罢工不时出现，工人阶级与新的雇主即政府之间的对抗趋于白热化。

尽管1916年11月谢菲尔德工程工人暂时缓解了劳工与政府在征兵问题上的冲突，但问题没有得到根本解决，即在没有办法开辟新兵源的情况下，向工程工人征兵，由此引发劳资争议或冲突，这在机器行业及煤矿业表现得尤为明显。

谢菲尔德大罢工后，政府授权工会发放豁免兵役的行业卡，但机器行业的半熟练和非熟练工人的豁免权被取消，因此给予熟练工

---

① ［英］W. N. 梅德利科特：《英国现代史（1914—1964）》，张毓文等译，第64页。

② ［英］莫尔顿、台德：《英国工人运动史（1770—1920）》，叶周、何新等译，第292页。

人豁免权的行为并不能增强工会间的共同情感。而在许多情况下，半熟练和非熟练工人对于军需生产也是至关重要的。

1917 年 2 月，军需部的一位官员警告说："人们未意识到，在一些工业（这些工业是英国盟军战时兵工厂的基础）中，半熟练和非熟练工人由于非常熟悉工作流程，实际上从事着重要的战争工作。行业卡计划保护了铸造厂的工程工人，但随着 1005 名 23 岁以下的半熟练工人被征召，该行业的技术能力流失严重。同样，在煤气厂，普通的劳工就能操作大多数加煤机，但这项工作并非由陆军预备役军需工人承担。因此，邻近的煤气厂效率越来越低，影响到了军需供应。在工程行业，类似的问题很快变得明显，因为取消豁免的范围要大得多。"①

早在 1916 年底，英国人力资源委员会（Man Power Board）就发表声明称：到 1917 年 3 月中旬，前方战场还需要征召 31.4 万人入伍，他们将不得不从拿到豁免权的工人中找出 20 万人。也正是为了配合政府征兵的需要，1917 年初，政府很快废除了行业卡制度，这并非稀奇之事。政府从松散的行业卡制度转向严格的受保护职业清单（Schedule of Protected Occupations）制度。为弥补征兵造成的相关行业劳动力的不足，政府进一步扩大了"劳工稀释"的范围，私人所属的工程行业、民用生产性行业也位列其中。征兵及"劳工稀释"由此引发全国性的劳资冲突。

1917 年 5 月，英国发生了战争期间最大的一场工程行业大罢工。关于这场罢工的根源，英国官方的看法与事后研究者的看法存在一定差异。劳工部与军需部认为政府推行的相关政策导致了大罢工的爆发：其一，废除了旨在使工程工人免于服兵役的行业卡制度；其二，将"劳工稀释"政策从军事工业扩大到民用生产行业；其三，不断攀升的物价与实际收入的减少形成反差；其四，工程行

---

① Edwin A. Pratt, *British Railways and the Great War*, London: Selwyn and Blount, 1921, p. 766.

业车间代表发起反战宣传与革命宣传；等等。① 学术界对于这场罢工根源的分析呈现多元化观点。阿瑟·马威克（Arthur Marwick）认为这是受到俄国革命影响下的"1917 年工人阶级不满的极端表达"；克里斯·里格利、詹姆斯·欣顿在 20 世纪 70 年代所完成的论著则注重从政府及工会因素来寻根溯源。② 大卫·斯蒂文森（David Stevenson）对于这场大罢工则做了最为全面的分析，他一方面同意政府的政策是导致大罢工的主要原因，但另一方面又提醒人们关注当时工程行业存在的深层次的社会紧张状态，这就是：参加罢工的主体是男性工程工人，他们担心"劳工稀释"对其收入、地位及生活水平会带来冲击；工会官员受到战时立法的约束，这就为基层车间代表获取劳工领导权提供了临时空间；虽然首相劳合·乔治极为愤慨，但政府本应为消除冲突根源做出努力。③ 从官方及学者的分析来看，这场大罢工是战时多重因素作用下的结果。

罢工的直接根源是 1917 年初政府试图将"劳工稀释"的行业范围扩大到私人企业中，引发劳工的不满。这场争端首先出现在罗奇代尔（Rochdale）的一家精纺机制造厂。3 月，该工厂响应政府的"劳工稀释"政策，雇佣女工从事磨制纺锤工作。当雇主要求男性工程工人对女工培训并帮助其上岗时，后者严词拒绝，给出的理由是：妇女从事的是民用工业生产，而此前政府曾明确"劳工稀释"仅应用于军事工业。此时，雇主采取了不明智的做法，直接解雇了超过 400 名反对"劳工稀释"政策的工程工人，而这些工程工人是全国最大的工会组织——联合工程师协会的成员。当工厂中的车间代表出面与雇主协商时，雇主的态度极为强硬，其中一位雇主拒绝承认其代表权。冲突在发酵，而政府最初未加干预。直

---

① David Stevenson, "Britain's Biggest Wartime Stoppage: The Origins of the Engineering Strike of May 1917", *History*, Vol. 105, Iss. 365, April 2020, p. 269.

② James Hinton, *The First Shop Steward Movement*, p. 193.

③ David Stevenson, "Britain's Biggest Wartime Stoppage: The Origins of the Engineering Strike of May 1917", *History*, Vol. 105, Iss. 365, April 2020, p. 270.

到 4 月底，当劳资双方剑拔弩张时，劳工部才派代表来到罗奇代尔；5 月 3 日，才对这场劳资争端做出最后处理：政府严厉斥责雇主的不理智行为，裁定工厂的行为违背了《战争军需法》，对其处以 35 英镑的象征性罚金；被解雇的工程工人立刻回到原岗位，进入当地民用工业生产行业的妇女也被撤出，车间代表的地位得到官方确认。①

政府做出的让步，表面上似乎平息了这场劳资争端。但从 4 月 30 日开始，同情性的罢工开始出现在曼彻斯特，这揭开了 5 月大罢工的序幕；被解雇的工人要回到原来的岗位上时，当地一些好战的工团主义者加以阻止。联合工程师协会的地方领导人也认识到，局势正在失控，同情性的罢工开始出现。

曼彻斯特之所以首先发起了大罢工，是因为早在 1916 年克莱德大罢工期间，这里的车间代表就以克莱德工人为榜样，建立了曼彻斯特工人委员会。当罗奇代尔的劳资冲突发生时，曼彻斯特工人代表委员会对于被解雇的工人表示声援。4 月下旬，工程行业车间代表会议通过决议，一方面坚决反对取消行业卡，反对"劳工稀释"；另一方面决定与罗奇代尔的工人站在一起，举行同情性大罢工。5 月 4 日，罢工从曼彻斯特蔓延到兰开夏郡的至少 18 座城镇，罢工人数达到 6 万人，在整个罢工期间造成约平日一半的工作日损失。从 5 月 7 日开始，每天都有新的力量加入，当天谢菲尔德与罗瑟汉姆（Rotherham）发生罢工，涉及 1.5 万名工人，至罢工结束时造成 22.5 万个工作日损失，约相当于平时 1/6 的工作日损失。5 月 8 日，考文垂 3 万名工程工人宣布加入大罢工，但大部分次日就复工了，剩下一部分则坚持到 5 月 14 日。到 5 月 12 日，罢工已经演变为全国性总罢工，伦敦的部分工程工人也加入其中。②

---

① David Stevenson, "Britain's Biggest Wartime Stoppage: The Origins of the Engineering Strike of May 1917", *History*, Vol. 105, Iss. 365, April 2020, p. 271.

② James Hinton, *The First Shop Steward Movement*, pp. 200-201.

　　1917 年 5 月工程行业的大罢工，是英国战时最大的一场劳资冲突，全国约有 20 万名工程工人加入了罢工，持续三周以上，造成 150 万个工作日损失。罢工从 4 月底曼彻斯特的同情性罢工开始，在此后数周内蔓延到全国 48 座城镇，直到第四周才被平息。这场区域性的劳资冲突之所以能演变为全国性大罢工，其关键在于，早在大罢工之前，全国工程行业的车间代表就已建立起工人委员会，全国性的中央工人委员会在罢工前也建立起来。1916 年 11 月，工程行业的车间代表就在曼彻斯特举行了第一届中央工人委员会全国大会。会议通过决议：“要将促进工人阶级组织的利益作为提升当前劳工地位及最终废除工资制度的党派努力。”① 1917 年 5 月 5—6 日，当罢工正在进行时，第二届中央工人委员会全国大会在曼彻斯特召开，这次会议决定成立一个全国性、永久性的组织机构。在随后的 5 月 12 日，参加大罢工的全国车间代表在德比开会，来自 34 个区域的 100 名代表参加了会议，他们相互通报了各地罢工的信息，决定印刷反映各地劳工运动的“每日公报”（Daily Bulletin）；代表们也表示，只要政府愿意协商谈判，满足劳工的要求，工人们就可以复工。

　　全国工程行业工人大罢工发生后，政府极其关注。首相劳合·乔治领导下的政府多次召开内阁会议，讨论罢工问题的解决。工党领袖阿瑟·亨德森及军需大臣克里斯托弗·艾迪森（Christopher Addison）认为，罢工可能是战争爆发以来英国面临的最严重威胁。连劳合·乔治在谈及罢工时也承认，在大战期间政府所面临的所有问题中，最复杂及最危险的问题都产生于国内。②

　　从 5 月 9 日开始，即谢菲尔德工人加入罢工后，政府开始出面干涉。政府威胁说，“要采取有效行动来惩处罢工的煽动者”；11

---

　　① Branko Pribicevic, *The Shop Stewards' Movement and Workers' Control*, *1910-1922*, Oxford: Basil Blackwell, 1959, p. 127.

　　② David Stevenson, "Britain's Biggest Wartime Stoppage: The Origins of the Engineering Strike of May 1917", *History*, Vol. 105, Iss. 365, April 2020, p. 269.

日，各地开始张贴海报，动员罢工工人立即复工，并威胁对罢工领导人要实施监禁。不过，政府单方面的高压政策并未产生效果。负责处理罢工的军需大臣艾迪森拒绝与领导罢工的车间代表谈判，并下令拘捕了 8 位车间代表领袖，同时还发出了拘捕另外两名代表的拘票。此时，一直置身事外的联合工程师协会担心局势失控，出面协调，并安排了一次艾迪森与罢工者代表之间的谈判。

5 月 19 日，谈判取得了成功。根据双方达成的协议，一方面，车间代表同意回去后"立即动员罢工者复工，今后尽最大努力避免使用非宪政斗争手段"；另一方面，政府撤销对罢工领导者的指控并立即释放被捕者。① 协议达成后，各地罢工者纷纷复工，大罢工宣告结束。

这场大罢工虽然以双方的妥协而告终，但对于工人阶级来说，收获很大，这表现在：政府从罢工中得到深刻教训，对劳工的态度变得比以前缓和了，在罢工之后，打压工会运动的行为被禁止，同时政府还通过相关条款，恢复了工会在战前的权利和习惯制度；政府将"劳工稀释"扩大到私人企业的意图，经过这次罢工后，也不再提起；到 1917 年秋季，劳工阶层痛恨的离职证明被废止，增加工资的要求也被接受。② 这充分表明，工人阶级通过自己的斗争，成功地捍卫了自身的权益。

在 1917 年 5 月全国性大罢工结束后不到半年，考文垂也发生了工程行业大罢工。在一战时期，考文垂是全国汽车、摩托车、枪炮等军需制造基地，尽管其人口只有 15 万多，但全国 25% 的飞机以及大量的机床、军车、枪炮均产自这里。1916 年底，联合工程师协会的本地会员达到 4000 人，与战前相比增加了 50%；在接受"稀释"后，工程行业的半熟练工人从战前的不到 3000 人猛

---

① James Hinton, *The First Shop Steward Movement*, p. 206.
② ［英］莫尔顿、台德：《英国工人运动史（1770—1920）》，叶周、何新等译，第 286 页。

增到 1916 年末的 8590 人。① "劳工稀释"政策的推行对传统技术工人的地位及待遇构成挑战，而政府所推行的离职证明又阻碍了技术工人的流动，由此引发的不满情绪一直在工程行业蔓延。与此同时，工会上层与政府已经结盟，不再关注下层劳工及其代表的权益，他们所宣称的"为爱国而牺牲"似乎是单方面的，工资的增长总是滞后于物价的上涨，而雇主的利润巨大并得到保障。

正是在不满情绪不断积聚的过程中，考文垂的工程工人成立了两个组织：一个是考文垂工程行业联合委员会（Coventry Engineering Joint Committee, CEJC），这是代表当地 14 个工程工人工会的温和组织，主张通过同雇主谈判来规范产业政策；另一个是考文垂工人委员会（Coventry Worker' Committee），由全市范围内的基层车间代表组成，战斗性较强，一直寻求得到联合工程师协会及雇主的承认。早在 1917 年 7 月，联合工程师协会及另外三个技术工人协会的 1.2 万名工人举行大罢工，当政府同意谈判并关注工人的诉求时，罢工才被平息。② 1917 年 9 月，为了获得雇主组织的承认，怀特 & 波普（White & Popper）工厂的 700 多名模具工人发起了罢工，但雇主没有屈服。雇主与工会基层代表的对峙一直持续了两个多月。到 11 月 24 日，为迫使雇主承认其代表权，工程行业联合委员会与工人委员会开始采取联合行动，他们宣布于 11 月 26 日举行联合大罢工，并持续一周。

这场罢工展示出空前的团结，基层工会组织牢牢地掌控罢工领导权，他们组织纠察队，在动员尽可能多的工人走上街头的同时，让城市尽可能保持和平状态。组织者还筹集了一笔罢工基金，支付

---

① Jeffrey Haydu, "Factory Politics in Britain and the United States: Engineers and Machinists, 1914 - 1919", *Comparative Studies in Society and History*, Vol. 27, No. 1, January 1985, p. 69.

② Jeffrey Haydu, "Factory Politics in Britain and the United States: Engineers and Machinists, 1914 - 1919", *Comparative Studies in Society and History*, Vol. 27, No. 1, January 1985, pp. 74-75.

给那些因罢工而失去收入的养家糊口者。罢工持续了一周，地方官员积极介入到这场罢工之中。政府的调停使得罢工在 12 月 3 日宣告结束。根据双方达成的协议，当地雇主联合会答应，在车间代表的地位承认方面，将与罢工者继续协商；同时政府也同意敦促雇主联盟及工会执行委员会关注与调查影响劳资关系的普遍性问题，包括车间代表的地位问题。

12 月 20 日，后续的谈判也达成了相关协议。除联合工程师协会以外，考文垂主要的工程行业、手工行业及非技术工人行业的基层工会签署了一份协议。根据这份协议，车间代表可通过选举产生自己的工会，并获得上级工会的批准；车间代表有权离开工作岗位调查劳资纠纷的根源；在争议涉及多个部门时，车间代表之间可以相互联络和协商。[①] 由此看来，车间代表作为基层劳工权益的捍卫者，其地位得到了初步承认，考文垂罢工者的诉求基本得到了满足。

除工程行业以外，同样与军需生产直接相关的煤矿业的劳资冲突在一战后期也开始加剧，由政府强制征兵引发的骚乱依然较为普遍。在矿工中流行一种观念，即在战争爆发后进入矿井的人会首先被拉去当兵。在矿井中，"劳工稀释"问题不像工程业中那么严重，因为地下工人尤其是在采煤层工作的矿工，他们的岗位无法被轻易取代。

1917 年，随着对矿工需求的增加，一些地方发生了骚乱。2 月，政府同意在 5 月 9 日前征募 2 万名士兵，在 7 月底前再征募 2 万名。由于在地面工作的人力已经耗尽，可征募的大部分是在地下工作的工人。盖伊·卡尔思罗普（Guy Calthrop）是一名煤矿主管（coal controller），他多次敦促战时内阁在为部队征召矿工时要谨慎。7 月初，他强调指出，"与矿工联合会（Miners' Federation）这样的组织打交道时最需要智慧。任何急功近利的尝试，都只会让那

---

①　James Hinton, *The First Shop Steward Movement*, p.225.

些对征兵不太热衷的部门得逞。……矿工可以被指引，但不能被驱使"，"现在我相信以下事实：尽管并非完全不存在，但相比其他工人，矿工较少参与骚乱。这是因为我们从来未打破和他们的协议，从而使他们和我们推心置腹"。①

事实上，政府在推行新的征兵计划时曾成功获得全国矿工联合会的支持。在战时内阁所规定的4万人中，仅有19256人以被全国矿工联合会所接受的方式进行招募，全国矿工联合会同意通过撤销一些18—25岁男子的豁免权来招募剩余的士兵，这导致2.7万名约克郡矿工在8月6—11日举行罢工。他们反对留下那些战争开始后进入矿井的老年矿工，而去招募年轻矿工的计划。这项计划在8月8日被推迟，而全国矿工联合会在9月同意"在筛选出所有从1914年8月以来进入矿区的适龄参军人员后，计划才可以被执行"。

1917年，南威尔士反复出现反对从矿井里筛选出士兵的方法。10月8日，南威尔士矿工联合会（South Wales Miners' Federation）的特别会议（The Special Conference）同意，在提交会员决议前进行关于罢工的投票："南威尔士矿工联合会不会参与协助陆海军招募煤矿工人的行动。如果政府继续在矿场实行他们的清查计划，你会赞成南威尔士的罢工政策（Down Tools Policy）吗？"

当投票开始时，朗达（Rhondda）的部分地区已经在进行一场漫长的罢工，这令劳合·乔治颇为担心。他催促贸易委员会主席阿尔伯特·斯坦利（Albert Stanley）尽快解决此问题。罢工问题最终以矿工能够接受的方式得到处理。在11月15日投票结果出炉时，有94946票反对就清查计划进行罢工，只有28903票支持罢工，政府由此躲过一劫。罢工虽然被避免了，但投票也显示出，有近3万名矿工反对征兵且不惜诉诸罢工，这表明，在支撑战争的煤矿业中，劳资冲突的隐患一直都存在。

---

① N. B. Dearle, *An Economic Chronicle of the Great War for Great Britain and Ireland, 1914-1919*, Oxford: Oxford University Press, 1929, p. 152.

总体而言，一战后期，由于在外受到俄国革命的影响，在内政府的"劳工稀释"、征兵进一步扩大化，劳资冲突日趋激烈。有统计数据显示，1917 年，罢工或闭厂事件为 730 起，同比增幅为 37.2%；1918 为 1165 起，为战争期间的最高值。从工作日损失来看，1917 年为 5647000 个，与上年同比增幅为 130.9%；1918 年达到战争期间的最高值，为 5875000 个。罢工或闭厂事件涉及的劳工人数，1917 年为 872000 人，超过上一年的两倍；1918 年为 1116000 人，是 1914 年战争爆发以来的最高值。[①] 上述数据表明，尽管在战争之初，政府与工会就已达成合作，并出台高压政策避免劳资纠纷，但结果并不理想。劳资冲突从战争初期的低潮，到战争中期的兴起，再到战争后期的加剧，上升态势非常明显。这也说明，劳资关系的发展演进，有其本身的规律，政府干预虽然会影响劳资关系，但并未能主导劳资关系的走势。

第二节　劳资双方力量的变化

1914—1918 年的第一次世界大战，是英国劳资关系史上的重要阶段。战争改变了劳资关系两大主体的力量对比：英国工会力量在战争中出现了突飞猛进的发展，工会地位不断提升，其领导层甚至参与政策制定，但与基层工人的脱离问题也日益严重，由此推动了车间代表运动的兴起。战争同样对雇主影响很大，在日益强大的工会面前，雇主开始走向联合，这表现为行业性的雇主组织开始出现，同时全国性的雇主联盟也在战争中形成了。劳资双方的组织化进程，既推动了全国及地方层面的集体谈判，也为劳资双方在战时与政府协同合作打下了基础。

---

① Chris Wrigley, "The First World War and State Intervention in Industrial Relations, 1914-1918", in Chris Wrigley, ed., *A History of British Industrial Relations*, *1914-1939*, pp. 13-16.

一　工会力量的壮大

　　战争对于工会的影响是巨大的，在第一次世界大战期间，工会力量发展壮大，其地位得到空前加强。在战时环境下，政府需要工会的支持，不仅要保证征兵制的实施，还要保证战争物资生产的进行。工会领导者由此被召集起来，以前所未有的方式与政府进行磋商。再加上，为确保生产不受干扰，政府不断地向雇主施加压力，工会因此在很多方面获得雇主们从未有过的认可。在战争后期，政府本身直接参与到制造业中，不仅向私营企业提供大部分合同，还控制了铁路，对煤矿采取了一定的控制措施，并在军需方面建立了"国家工厂"，这也得到了工会的支持。在整个一战期间，英国工会成员数的增长超过了50%，战争结束时工会成员超过650万人，约为潜在成员数的36%。[1] 在工会力量不断壮大的同时，工会领导层与基层代表、劳工之间却走向分离，不受工会官方约束的车间代表运动的兴起，是工会上下层分裂的标志，它推动着战后工会运动的转向。当然，工会力量的壮大，也极大地提升了其自身地位，工会领导层与工党密切合作，在战时参与到政府的各项决策之中，进而为工党在战后执政打下了基础。

　　在战时紧急情况下，政府推行的相关政策为工会的发展与壮大提供了契机。从宏观方面来说，战争期间，大量成年男性走上前线，改变了国内的劳动力市场结构。有数据统计，仅1914年9月的一个星期里，就有17.5万人自愿参军，到月底有75万人参军。在1916年3月实行征兵制之前，自愿服役人数已达250万人。到战争结束时，大约1/3的成年男性服过兵役。[2]

　　军队的快速动员加上大规模物资生产，导致在许多工业领域出现了劳动力的短缺，尤其是熟练劳动力的短缺。此前人们

---

[1]　W. Hamish Fraser, *A History of British Trade Unionism*, *1700-1998*, p. 128.

[2]　Eric Hopkins, *A Social History of the English Working Classes*, *1815-1945*, p. 209.

对于战争导致失业的担心一下子消除了。在战争初期，甚至在整个战争期间，英国各行业的失业率始终保持在一个较低的水平。根据工会的统计，1914 年 6 月的失业率为 2.4%，7 月为 2.8%；1918 年 6 月为 0.7%，7 月为 0.6%，8 月为 0.5%。[1] 对于政府来说，解决战时劳动力短缺问题，需要采取相应的对策。

为缓解工业生产领域，尤其是与军需生产直接相关的工程行业劳动力的不足，在雇主协会与工会之间的谈判尚未达成协议的情况下，从 1914 年底开始，政府先后召集雇主和工会代表协商，召开了 1914 年 12 月的 "炮弹会议"、1915 年 2 月的生产委员会成立会议、1915 年 3 月的财政部会议。通过为期 3 个月的协商，政府出台了一项 "劳工稀释" 政策。这项政策旨在缓解熟练劳动力的不足，确保战时工厂及造船业的生产力得以发挥。其核心内容就是：要求工会放弃各种行业准入限制，让半熟练工人和妇女进入与军需生产相关的工程行业。这一政策的推行，促进工程行业的就业人数在战时出现了突飞猛进式的增长，具体可参见表 2-1。

表 2-1 1914—1919 年工程行业就业人数

单位：万人

部门	1914 年 7 月		1915 年 7 月		1916 年 7 月		1917 年 7 月		1918 年 7 月		1919 年 7 月	
	男性	女性	男性	女性	男性	女性	男性	女性	男性	女性	男性	女性
普通工程	43.7	1.5	40.8	2.9	45.0	10.4	45.7	15.6	45.7	17.3	47.0	4.2
电气工程	8.0	1.7	7.6	2.1	8.4	3.7	8.6	5.1	8.9	5.5	10.0	3.8
船舶制造	28.9	0.2	33.6	1.1	34.4	2.0	37.0	2.9	41.1	3.2	44.7	0.4
机车制造	12.2	1.1	11.0	1.3	16.2	4.5	17.1	7.4	18.4	8.9	18.2	3.4
总计	92.8	4.5	93.0	7.4	104.0	20.6	108.4	31.0	114.1	34.9	119.9	11.8

资料来源：N. K. Buxton and D. I. MacKay, *British Employment Statistics: A Guide to Sources and Methods*, Oxford: Blackwell, 1977, pp. 78-80。

从表 2-1 提供的 1914—1919 年每年 7 月的统计数据可以看出：1914 年 7 月一战爆发之前，在工程行业就业的女性劳工仅有 4.5 万

---

[1] Eric Hopkins, *A Social History of the English Working Classes, 1815-1945*, p. 209.

人，还不到该行业总体就业人数的 5%，男性劳工占 95% 以上，这表明工程行业是以男性劳工为主的行业。但在战争即将结束的 1918 年7 月，女性劳工在工程行业的就业人数猛增，占该行业的 23.4%。换言之，工程行业的每四位劳工中就有一位是女性。在整个战争期间，在工程行业就业的男性劳工虽然有一定的增长，但增幅缓慢，1914—1918 年增长了 21.3 万人，增幅约为 23.0%，这部分增长的男性劳动力基本上是半熟练工人，通过"劳工稀释"政策进入工程行业。

但女性劳工在工程行业的就业状况却发生了翻天覆地的变化。当大量男性劳动力走上前线、工程行业急需劳动力之时，通过"劳工稀释"政策，让缺乏相关技能的女性劳工进入工程行业，成为必然。可以发现，女性劳工的增长非常迅速：1914 年 7 月为 4.5万人；1915 年为 7.4 万人，同比增幅为 64.4%；1916 年为 20.6 万人，同比增幅为 178.4%；1917 年为 31.0 万人，同比增幅为50.5%；1918 年达到最高值 34.9 万人，同比增幅为 12.6%。从1914—1918 年的数字来看，工程行业女性劳工从 4.5 万人增长到34.9 万人，四年间相当于增长了 6.8 倍，与男性劳工数量 23.0%的增幅相比，实在是惊人！由此看来，战争为女性提供了更多工作机会，其中最引人注目的是在军需工厂就业。[1]

不过，战争结束后，1919 年，当工程行业男性劳工数量维持在 119.9 万的最高位时，女性劳工数量却出现严重下滑，只有 1918年战时的 1/3 左右。这表明，当战争结束时，随着工程行业军需订单的锐减，此前通过"劳工稀释"政策进入该行业的女性劳工，开始纷纷离开。此时，英国政府改变了对妇女劳工的态度。重建部（Ministry of Reconstruction）在一份报告中总结称："不鼓励已婚女性外出就业。"大多数工会坚持认为，"妇女必须离开"，而英国工会代表大会则对此含糊其词。[2] 这促使工程行业重新回归到由男性

---

[1]　Eric Hopkins, *A Social History of the English Working Classes*, *1815-1945*, p. 216.

[2]　W. Hamish Fraser, *A History of British Trade Unionism*, *1700-1998*, p. 143.

劳工主导的局面。

事实上，除与军需直接相关的工程行业以外，在其他行业，战时英国工会也呈现蓬勃发展的势头。工会领导层选择与政府合作，作为回报，政府也支持工会力量的发展壮大。不仅如此，战争时期，在政府的压力之下，雇主对于工会地位的认可度提高了。到战争后期，在对采矿、棉纺织等行业实施"国家控制"后，政府由此成为这些行业的最大雇主，其劳资关系就演变为政府与工会之间的关系。为了获取工会对其自身权益的保护，与和平时期相比，战争时期加入工会的劳工逐渐增多。1914—1918年英国工会及会员数量的变化，参见表2-2。

表 2-2　1914—1918 年英国工会及会员数量的变化

单位：个，万人

年份	工会	男性会员	女性会员	会员总数
1914	1260	370. 8	43. 7	414. 5
1915	1229	386. 8	49. 1	435. 9
1916	1225	401. 8	62. 6	464. 4
1917	1241	462. 1	87. 8	549. 9
1918	1264	532. 4	120. 9	653. 3

资料来源：Department of Employment，*British Labour Statistics：Historical Abstract，1886-1968*，London：HMSO，1971，p. 395。

从表2-2来看，登记在册的英国工会数量并没有多大的变化，始终保持在1200多个，这意味着，在战争时期，几乎没有多少新工会建立。但从工会会员数来看，战争带来的变化还是很明显：从会员总数来看，1914—1918年，英国工会会员总数从414.5万人增加到653.3万人，四年间的增幅达到了57.6%，这在和平时期是不可想象的。具体来看，男性工会会员数从370.8万人增加到532.4万人，四年间的增幅为43.6%；与之相比，女性会员数的增长更为惊人，从43.7万人增加到120.9万人，四年间的增幅几乎达到了1.8倍。工会会员总数的增长，成为工会力量发展壮大的显著标志。

　　值得关注的是，战争对于人力需求的增加，促使英国妇女摆脱了"家庭中的天使"角色，她们走出家庭，走上了各种生产岗位。战争需求对中产阶级和工人阶级妇女的社会地位都产生了显著影响。许多中产阶级妇女从劳动力的短缺中获得了机会，她们在各种办公室中代替男子担任办事员。银行中的妇女人数大大增加，战争期间，在商业中就业的妇女人数从 50.5 万人增加到 93.4 万人。在中央和地方政府，包括教育部门，妇女就业人数从 26.2 万人增加到 46 万人。中产阶级妇女还从事战时护理工作，或加入新成立的妇女服务组织，如妇女后援军团（Women's Auxiliary Corps）或妇女陆军（Women's Land Army）。对许多人来说，这些活动意味着离家就业，甚至离家生活，因此，中产阶级妇女开始获得新的社会自由和新的独立性。[1]

　　战争也为工人阶级妇女带来了新的机会，尽管有偿就业对她们并不新奇。战争给她们提供了更多的工作机遇。由于妇女大量涌入报酬较高的职业，从事苦力工作的雇主很难留住工人。其中，最引人注目的是在军需工厂就业，到 1918 年，在那里就业的妇女人数比战争之初增加了四倍多，接近百万人。女性加入工会及会员数的增长是令人关注的现象。1914 年，工人联合会中仅有 5000 名女性会员，但在女性工会主义者朱莉亚·瓦利（Julia Varley）的推动下，到 1918 年，女性成员数增加到 8 万名，占其成员总数的 1/4。全国女工联合会（National Federation of Women Workers）声称拥有 7.6 万名会员，服装工人联合会（United Garment Workers）在战争期间招募到 2 万名女性会员。[2]

　　虽说如此，女性劳工对于加入工会的热情并不高。统计表明，约 2/3 的军需工厂女性工人没有加入工会；而在全国范围内，只有

---

①　Eric Hopkins, *A Social History of the English Working Classes*, *1815–1945*, p. 215.

②　W. Hamish Fraser, *A History of British Trade Unionism*, *1700–1998*, p. 143.

约 1/5 的女性工人加入了工会。在各大工会的执行委员会中，往往都只有一名女性代表，在其中只是起着象征性作用。这在一定程度上说明，在妇女获得政治选举权之前，英国的工会依然由男性主导。

随着工会力量的发展壮大，其联合或合并的步伐进一步加速。在战前，同一行业内，不同工种往往成立自己的工会，中小工会林立，这大大限制了工会的影响力，在与雇主或政府的谈判中处于不利地位。但战时政府的推动加快了工会联合的步伐，1917 年 7 月 10 日，英国出台了《工会（合并）法》[Trade Union（Amalgamation）Act，1917]。在两个或者两个以上工会合并的条件方面，根据 1876 年《工会法修正案》（Trade Union Act Amendment Act，1876）第 12 款的规定，"至少要经过每个工会不少于 2/3 的成员同意"；而 1917 年法案规定，"两个或者两个以上工会实现合并，在每个工会中都要进行投票，参与投票者至少要占有投票权会员数的 50% 以上，并且同意合并的赞成票数至少要超过反对票数的 20% 以上"。[①] 由此来看，工会合并征得其会员同意的门槛大幅度降低了，由此促成了战争后期工会合并的浪潮。

例如，木匠与装配匠联合会（Amalgamated Society of Carpenters and Joiners）和家具匠联合会（Amalgamated Union of Cabinetmakers）始终想合并，其目的在于解决该行业面临的现实难题，即"有同样技术的工人能够从事同等级的工作，但由于其参加的工会不同，工会执行的规则也不同"，[②] 两个工会的工人所获得的待遇也存在差异。由于工会合并需要得到 2/3 的会员同意，两个工会合并的愿望一直未能实现。新法案为合并提供了良机，1918 年 4 月 1 日，经过

---

① "Trade Union Amalgamation Act, 1917, 7 and 8 Geo V, c. 24", in J. T. Ward and W. Hamish Fraser, eds., *Workers and Employers: Documents on Trade Unions and Industrial Relations in Britain since the Eighteenth Century*, p. 210.

② Chris Wrigley, "The First World War and State Intervention in Industrial Relations, 1914-1918", in Chris Wrigley, ed., *A History of British Industrial Relations*, *1914-1939*, p. 60.

分别投票，两个工会实现了合并，并且更名为"木匠、家具匠与装配匠联合会"（Amalgamated Society of Carpenters，Cabinetmakers and Joiners）。1921 年，该工会又与"木匠与装配匠总工会"（General Union of Carpenters and Joiners）合并，组建起"木工联合会"（Amalgamated Society of Woodworkers）。

总而言之，在战时军需生产的刺激下，工会成员数猛增，特别是非熟练工人及女性工人加入军需生产后，工会力量不断壮大，工会合并的步伐也大大加快。这大大提升了工会的地位，对于工会的国家承认及雇主承认成为一种共识，由此推动了集体谈判机制的发展。

二 工会运动的分裂

在战争期间，作为工人阶级代表的工会采取与政府、雇主的合作政策，而逐渐与工会基层代表及普通工人阶级脱离。这种状况造成了基层车间代表势力的兴起，由其所领导的反稀释、反征兵等罢工运动此起彼伏。工会上层与政府、雇主的合作，与其下层车间代表不顾工业休战、发起罢工形成鲜明对比，这反映出一战时期工会运动内部出现了分裂。

为了国家及战争的需要，战争时期工会领导层与政府保持密切合作关系，以共克时艰。为了回报工会的支持，英国政府各部门以及战时成立的相关生产机构，对代表工人阶级的工会和工党敞开大门，后者得以直接进入政府，参与相关政策的制定，这在此前几乎是难以想象的。

在战争期间，阿瑟·亨德森接替拉姆齐·麦克唐纳，成为工党领袖，在 1915 年的执政联盟中获得内阁职位，成为教育委员会主席和劳工问题顾问。当劳合·乔治在 1916 年 12 月接替赫伯特·阿斯奎斯成为首相时，亨德森甚至进入五人战时内阁。[①] 面对战时车间运动的高涨及劳资冲突的加剧，将工会及工党议员纳入政府部门

---

① John Sheldrake，*Industrial Relations & Politics in Britain*，*1880–1939*，p. 26.

成为劳合·乔治所做出的务实选择。劳合·乔治呼吁工党能更充分地参与进来，并且承诺工党领导人将在内阁中占有一席之地，同时还提供了其他一些高级行政职位。如此做法，一方面在于提高政府的工作效率，另一方面也是为了更为全面地调动战争资源。

议会工党领袖阿瑟·亨德森应邀加入战时核心内阁；约翰·霍奇（John Hodge）成为首任劳工大臣，但直到 1917 年 2 月新的《大臣和秘书法》（*Ministries and Secretaries Act, 1917*）通过后，劳工部才有了明确的权力。根据该法案，贸易委员会下属的就业部、行业委员会部、劳资委员会部的相关权力和职责移交给劳工部。因此，劳工部负责劳动力的分配、失业保险、劳资纠纷的处理等。[①]除此之外，联合工程师协会的乔治·巴恩斯（George Barnes）成为抚恤金大臣，约翰·克莱恩斯（John Clynes）成为食品管制员。其他几名工党议员也进入政府，担任一些次要职位。

对于工党或工会成员进入政府担任要职，埃里克·霍普金斯认为："这一状况是前所未有的，必须记住，当时议会中工党影响力还很小，从战前状况看，工党在不久的将来获得从政经验的机会似乎很渺茫。需要强调的是，政府本身并不太需要工党的支持，他们需要的是与工会的合作，而获得这种合作的途径之一就是邀请工党议员加入政府。"[②] 亨利·佩林对于这种观点表示认同："这位新首相需要工党的支持来巩固他在下院摇摇欲坠的地位，但他慷慨的提议，一定是因为他认识到工党和工会运动之间的密切关系，并希望通过政治手段来改善工业氛围。"[③] 由此看来，尽管工党议员入阁是政府为了寻求与工会合作的需要，但从客观上而言，这本身就是工会力量发展及其政治影响力提升所带来的结果。

---

① "*Labour Year Book* (1919): The Ministry of Labour", in J. T. Ward and W. Hamish Fraser, eds., *Workers and Employers: Documents on Trade Unions and Industrial Relations in Britain since the Eighteenth Century*, p. 196.

② Eric Hopkins, *A Social History of the English Working Classes 1815-1945*, p. 219.

③ Henry Pelling, *A History of British Trade Unionism*, p. 155.

在军需生产方面，工会领导人通过参加国家咨询委员会
（National Advisory Committee）而被纳入政府机构，而该机构起源
于 1915 年 3 月的财政部会议。时任军需大臣劳合·乔治巧妙利用
工业征兵计划作为威胁，迫使工会领导人同意采取进一步措施提高
产量，而这通常会改变工会成员的工作条件。1915 年秋，劳合·
乔治又成功地迫使国家咨询委员会承担起组织"劳工稀释"的责
任，这造成了工会领导层与工人阶级的背离，后来引发了工程行业
大罢工。在工会领导的积极合作下，政府收获颇丰。而且随着时间
的推移，这些与政府紧密合作来支持战争的工会领导开始依赖政府
的支持。

同样，为了战时生产的需要，除军需工业、造船工业以外，煤
矿、棉纺业也逐步被纳入国家管控范围。为了管控相关行业的生
产，英国成立了行业性的管控委员会，雇主及工会代表进入管控委
员会，这成为工会地位提高的标志。例如，为了加强对港口运输的
管理，政府加强了对码头的管控。1915 年 11 月，英国成立港口和
运输执行委员会（Port and Transit Executive Committee），全国运输
工人联合会（National Transport Workers' Federation）主席哈里·高
斯林（Harry Gosling）成为其委员。从 12 月开始，该委员会的职
权范围扩大。到 1917 年 8 月，委员会中又增加了三名劳工代表。[①]
尽管在委员会中很难谈得上与雇主平起平坐，但工会的代表权确实
大大提升了。比较而言，在地方一级的委员会中，工会发挥的作用
则要大得多。工会普遍参与了各地港口劳工委员会，并在兵役豁免
证书的发放方面起着重要作用。

工会领导人进入政府之后，工会地位迅速提升，其与雇主的沟
通与谈判也更为直接、顺畅。作为英国工会代表大会领导人之一的
哈里·高斯林在 1916 年的年度报告中向雇主组织表示：工会的诉

---

① Chris Wrigley, "The First World War and State Intervention in Industrial Relations,
1914-1918", in Chris Wrigley, ed., *A History of British Industrial Relations, 1914-1939*,
p. 39.

求，除"避免失业和罢工"之外，还有更多，他敦促雇主，让工人分享的，"不仅有利润，而且有控制权"；"我们并不寻求成为董事会成员，也不干涉材料的购买或产品的销售。但在雇员的日常管理、我们工作的环境和条件、每天的工作时间、工作待遇、工头与我们保持联系的方式及规定等方面，在所有这些事情上，作为工人，我们觉得，我们在自我管理方面应该拥有发言权，甚至是平等的发言权。相信我，除非走民主道路，否则我们永远不会得到持久的产业和平"。① 由此可见，争夺工业领域的控制权，也成为战时工会运动的重要目标。

1917 年俄国革命爆发后，英国工党及工会的诉求超越了经济社会层面，而直接指向政治层面。战时内阁决定派遣阿瑟·亨德森访问俄国，并就新政权如何与英法结盟提出建议。亨德森如期访问归来后，提出的建议是与俄国临时政府一起，寻求与同盟国通过谈判达成和平。亨德森甚至赞同工党派遣代表参加斯德哥尔摩的国际社会主义者大会，结果遭到首相劳合·乔治的严厉斥责。亨德森只得辞去内阁职务，但工党依然继续留在联合内阁之中。②

就工会领导层而言，其要求在议会及政府中获取更大的政治权力。英国工会代表大会的议会委员会提出，要求增加其秘书人员的权力，获得更充足的办公场所，并"可向附属社团征收必要的费用"。不仅如此，俄国十月革命胜利后，议会中的工党议员及工会议员开始联合起来，希望通过倡议方式来影响国家的外交决策。议会委员会将大部分政策倡议的主动权交给亨德森及其工党助手，但在起草《战争目标备忘录》的每一阶段，都征求了该委员会的意见，该备忘录在 1918 年 2 月的联合劳工领导人会议上被批准。

---

① "TUC, *Annual Report* (1916)：Presidential Address by Harry Gosling", in J. T. Ward and W. Hamish Fraser, eds., *Workers and Employers：Documents on Trade Unions and Industrial Relations in Britain since the Eighteenth Century*, p. 198.

② ［英］W. N. 梅德利科特：《英国现代史（1914—1964）》，张毓文等译，第 64—65 页。

1918 年 9 月，通过谈判实现和平的想法得到英国工会代表大会多数人的赞同。

1918 年大选的结果正如预期的那样，以劳合·乔治为首的联盟获得了压倒性的 474 个席位；与之对抗的是 57 个席位的工党和 26 个席位的阿斯奎斯自由党。在工党所获的 57 个席位中，除 8 人以外，其他所有议员都是工会提名的候选人，拉姆齐·麦克唐纳和所有独立工党议员也是。① 由此可见，工党成为工会在议会及政府中的代言人，工会所谋求的参政权在工党身上得以体现。

工会领导层全力支持政府的战争政策并由此获得参政机会，但由此带来的负面影响是，其与生产一线的工人阶级之间已经渐行渐远，战时工人阶级的境遇及诉求，通常以"战时爱国主义"为名，而被全国及地方工会所忽视。一些工会的最基层代表及工人阶级认为，工会领导者的让步，换来了加官晋爵的机会，许多工会领导人进入政府，成为"国家机器的一部分"，此时的工会很难代表"工人们的真实情感"，工会领导不再能够保障其成员利益。"这种正在发生的变化于是增强了车间代表的作用"，② 不受工会官方约束的、激进的车间代表运动开始兴起。

早在 20 世纪之前，车间代表在一些行业工会中就已经存在，如建筑业、造船业、工程业等。车间代表是工会基层的官员，他们通常是工会会费及捐款收缴者、会员证的核对者以及会员计件工资的执行者。从 1874 年起车间代表就存在于锅炉制造商协会中，1892 年车间代表正式成为联合工程师协会成员。在 1914 年前很长一段时间，特别是维多利亚时代中后期，车间代表在推动非正式的车间及工厂层级的集体谈判方面发挥着重要作用。但值得注意的是，车间代表经常扮演的是交流者而非谈判者角色，其将车间生产状况向地区工会组织汇报。然而，突如其来的战争改变了车间代表

---

① Henry Pelling, *A History of British Trade Unionism*, p. 159.
② W. Hamish Fraser, *A History of British Trade Unionism*, *1700-1998*, p. 132.

的角色，推动了战斗性的车间代表运动的兴起，以至于詹姆斯·欣顿认为，"车间代表运动是战争的产儿"。① 虽然车间代表的地位起初并未得到雇主及工会的认可，但渐渐地，车间工人开始选举产生车间代表。在某些地区，车间代表制在已有的工会结构之外独立发展。在苏格兰，车间代表在非官方罢工中扮演着重要角色。不过，在一战之前，与所属工会独立的全国性车间代表机构还未建立起来。

兴起于一战期间的车间代表运动，其本质在于工人阶级的下层代表要夺取工作场所的控制权。一战带来的影响之一，就是关于工作场所控制权的斗争从此前的全国、地区层级转向车间这一工作场所。战争之初工会宣布的"工业休战"，至少阻止了全国及地区层面的工会官员去采取对抗性行动。然而，战时生活开支的上涨、工作强度的加大、工作时间的延长、工业安全事故的频发，在工人阶级中造成了普遍的不满情绪，而这些并未成为工会领导层的关注点，也无法通过全国及地区层级的集体谈判解决。更为重要的是，1915—1916 年，政府在军需工业推行全国范围内的"劳工稀释"政策，大量半熟练工人或者非熟练工人进入技术性岗位，严重侵蚀了技术工人极为珍视的岗位界限；而随着战争的推进，技术工人反对强制性征兵也成为关注点。

战时工人阶级的生产与生活状况，并未成为工会领导层的关注点，而"作为一个不可避免的结果，在各生产行业出现了建立独立组织及开展自治行动的高潮"，车间代表运动应运而生。战争初期的车间代表运动并不具有对抗性、战斗性特点，车间代表主张通过和平沟通方式来化解工人阶级日益增加的不满。科尔对此指出："大多数车间代表关注战时由各种不公正导致的工人阶级面临的困境，而这些不公正状况本应由政府为应对战争之需而及时解决……几乎每一项不公正都是冲突或争议的潜在因素，绝大多数车间代表

---

① James Hinton, *The First Shop Steward Movement*, p. 23.

在化解冲突、解决争议方面发挥了重要作用。"① 不过，战争给工作场所带来的新问题是车间代表无力通过和平方式解决的，"劳工稀释"和征兵在工程行业技术工人中带来的不满，在 1916 年之后越来越严重。当政府和上层工会不顾下层工人意愿而强制推行时，冲突的爆发不可避免，这也推动车间代表运动朝着激进的方向迈进。

车间代表运动最早兴起于工程行业，一战成为车间代表运动蓬勃发展的催化剂。在工程行业，联合工程师协会的领导层与政府合作，沦为"战争机器"，随着战争的推进，"劳工稀释"及征兵向工程行业强制推行，对劳工利益造成侵害。很多成员觉得，在应对与处理日益严峻的问题方面，联合工程师协会领导层显得软弱无力，这样，由工人们推选产生的车间代表出现。

战时车间代表运动发端于苏格兰克莱德地区的工程行业。早在 1915 年 3 月，克莱德地区的车间代表就率先成立了克莱德工人委员会。在其成立宣言中，委员会宣称反对一切"邪恶的立法"，其中首要的就是政府推行的"劳工稀释"政策，要求"分享行业的控制权"。② 1916 年 2 月，克莱德工人委员会领导了一场由 2000 多名军需工人参与的反对"劳工稀释"政策的大罢工。这场大罢工持续了两周，并得到了格拉斯哥工程工人的响应。政府对此紧急干预，在对罢工工人做出适当让步后，工人们最终宣布复工。在这场罢工斗争中，作为车间代表成立的克莱德工人委员会，宣称是工人阶级的最直接代表，其地位得到政府的认可。这表明，在战争时期，车间代表成为工会运动中不可忽视的力量。

克莱德地区的车间代表运动为其他地区树立了榜样。1916 年冬季，谢菲尔德地区工程行业的 60 名车间代表也成立了工人委员

①　G. D. H. Cole, *Workshop Organization*, Oxford：The Clarendon Press, 1923, pp. 3-4.

②　Branko Pribicevic, *The Shop Stewards' Movement and Workers' Control*, *1910-1922*, pp. 112-113.

会。由于征兵政策需要得到基层劳工的支持，因此，联合工程师协会的地区委员会与当地车间代表保持密切合作。尽管如此，当地还是发生了反对强制征兵的大罢工，12000多名工人参加了大罢工。政府被迫做出让步，同意推行行业卡计划，避免从工程行业征召劳工入伍，罢工取得了胜利。谢菲尔德工人委员会由此成为当地劳工认可的"统治权威"，尽管其具有"非官方特性"。①

总之，在第一次世界大战期间，车间代表在各地建立起自己的组织，发起一系列的罢工浪潮，旨在捍卫工程行业工人的优势地位，抵制"劳工稀释"及征兵政策的实施。在1917年俄国革命前后，各地车间代表走向了联合，其标志是车间代表及工人委员会（Shop Stewards' and Workers' Committee）的建立。克莱德工人委员会的阿瑟·麦克曼努斯（Arthur MacManus）当选为主席，以曼彻斯特为中心的联合工程车间代表委员会（Joint Engineering Shop Stewards' Committee）的乔治·皮特（George Peet）被任命为秘书，谢菲尔德工人委员会的J. T. 墨菲（J. T. Murphy）被任命为秘书助理。委员会对于俄国十月革命表示热烈支持，并积极号召英国工人阶级行动起来，实现对国家经济及政治的控制。

战时车间代表运动尽管总体上缺乏工会的足够支持，但其在战时特殊情况下，充分有效地保障了基层劳工的权益。各地车间代表运动的诉求，如增加工资、削减房租、抵制"劳工稀释"、反对向工程行业征兵等，大多取得了成功。也正是通过自身的斗争，到战后的1919年，在各方的压力之下，雇主终于认可车间代表在全国性协议中的地位，车间代表成为劳资关系正式协定机制的组成部分。②

三　雇主组织的联合

第一次世界大战使英国政府卷入劳资关系纠纷之中，进而在许

---

①　James Hinton, *The First Shop Steward Movement*, p. 176.

②　"Shop Steward Movement", https：//www.encyclopedia.com/history/encyclopedias-almanacs-shop-steward-movement-originates.

多方面影响组织结构以及集体主义行为、态度和劳资关系政策。由
于一些重要行业被国家接管，国家因此成为雇主阶级中的一员，到
战争结束时，大约有 500 万名工人直接受雇于国家"管控机构"，
如煤炭和铁路等重要工业实际上已国有化。国家强势干预劳资关系
进而在某些行业成为雇主，在一些学者看来，是一战时期雇主力量
增强及地位提高的标志，也是曾经作为第三方的政府在劳资双方中
偏袒雇主的表现。例如，詹姆斯·欣顿等人认为，第一次世界大战
期间的国家劳工政策反映了工商界的主导利益，战争期间的劳工发
现自己受到严格的法律控制：在"奴役状态"下受到约束和禁锢，
《战争军需法》和军需部是社会控制的主要机制，它们都明显体现
出，在国家政策中，商业利益凌驾于劳工之上。[1] 而这一观点在伯
吉斯（Burgess）[2] 和梅林（Melling）[3] 的著作中得到了完善和发
展。不过，这一观点被后来的学者修正。在对一战时期劳资关系的
重新评估中，国家政策在概念上显得更加特别、公平和中立，而雇
主则更具防御性、处于困境之中且遭受更大的压力和约束。国家主
导的战时政权更多是为了实现劳资关系的稳定，从而促进生产力的
最大化（对战争至关重要），而不是赤裸裸地在压制劳工的阴谋中
追求雇主的阶级利益。比如，鲁宾（G. R. Rubin）就指出，《战争
军需法》具有"双重"性质，其主要目的是"冲突管理"，战时工
团主义的运作不仅仅是为了资本的利益，更是为了国家利益，超越
了阶级界限。[4] 在这里，本书并不想卷入战时国家与雇主阶级二者
之间关系的讨论，而是从宏观上考察一战期间雇主组织的发展及其
斗争策略的变化。

---

① James Hinton, *The First Shop Steward Movement*, pp. 23-25.

② Keith Burgess, *The Challenge of Labour: Shaping British Society, 1850 - 1930*,
pp. 153-194.

③ Joseph Melling, "Employers and the Rise of Supervisory Unionism, 1914-1939",
in Chris Wrigley, ed. , *A History of British Industrial Relations, 1914-1939*, pp. 243-283.

④ G. R. Rubin, *War, Law and Labour: The Munition Acts, State Recognition and the
Unions, 1915-21*, Oxford: Clarendon Press, 1987, p. 256.

在第一次世界大战前后，在战争催化剂的影响下，面对工会力量的发展壮大以及工会地位的迅速提升，英国的雇主组织也经历了一个逐步发展并走向联合的过程。在第一次世界大战前，除农业及家政业以外，劳动力的主要雇佣者，分布在钢铁制造业、交通运输业、采矿业、建筑业、纺织业等行业。全国最大的十个制造业雇主中，3个分布在钢铁业与工程业，3个分布在铁路行业，2个分布在纺织业，剩下的2个分别是皇家造船厂和皇家军械厂。为了解雇主组织的发展历程，有必要将其放在战争前后的历史环境中去考察。在19世纪90年代以来的第二次工业革命浪潮中，英国的一些工厂或企业经历了自身发展与交互合并的过程，一些大型的企业开始出现。但总的来说，直到1914年，英国的各行业依然主要是被中小企业所主导，尽管也出现了一些家族式的大企业。① 在1914年前，英国绝大多数行业，尽管并非全部，为了协调劳资关系，都已建立工会组织与雇主组织。1914年，英国有1487个雇主组织，与分布在英国各地各行业的数量庞大的工会组织相比，这一数字实在不算多。战争爆发后，在多种因素影响下，雇主组织纷纷建立，并逐渐走向了联合。

一战时期被认为是英国雇主最缺乏安全感及自信心的时期，一系列因素导致其对于未来感到担忧。工会的会员数增长及战斗性增强的趋势在战前已经出现。战争期间，工会地位的提高与权力的扩大主要表现在车间层次，在这里，雇主为了执行其计划而不得不时常寻求基层劳工的支持。在战前就已经存在的车间代表，现在变得更加活跃，特别是在工程行业及造船行业。在全国层面，矿工、铁路工人及船坞工人三角同盟的复兴强化了雇主的恐惧，建立起自己的组织，以抱团取暖方式捍卫其权益，成为雇主的现实选择。

战时国家对于劳资关系干预的加强，特别是对煤矿、铁路等

----

① Howard F. Gospel, "Employers and Managers: Organisation and Strategy 1914 - 1939", in Chris Wrigley, ed., *A History of British Industrial Relations*, *1914-1939*, p. 159.

产业的控制，导致一些雇主对企业的未来感到担忧。在关于不公平的牺牲及利润过大的指控不断流行的情况下，矿工发起声势浩大的反对解除控制的运动，而战斗的工团主义思想在劳工运动中不断蔓延。1917 年俄国革命更是成为强化英国资产阶级恐惧的因素。与此同时，1917 年，由劳资冲突造成的工作日损失为 560 万个，1918 年为 590 万个，1919 年达到空前的 3500 万个。① 强大的工会力量及其发起的斗争，迫使处于守势的雇主不断做出让步。

战时政府对工业领域进行的前所未有的干预，以及 1914—1918 年工会的迅猛发展和车间劳工斗争的显著增加，给雇主阶级带来了巨大压力，从而提高了工业家开展集体行动的能力。英国各级雇主组织的数量不断增加，代表性和稳定性不断增强，并在 20 世纪 20 年代初达到顶峰。此外，为了在一定程度上控制不稳定的影响（特别是在 1914—1917 年），许多雇主组织开始采取行动，虽然往往较为激进，但取得了不同程度的成功。② 霍华德·F. 高斯贝尔概述了这一增长阶段的各方面内容，③ 并很有说服力地指出，1914—1920 年，许多英国雇主组织在重组和巩固劳资关系体系方面发挥了关键作用，这主要体现为：一方面，强化其组织；另一方面，推行广泛的合作政策。

很多雇主早在 1916 年就支持创建惠特利委员会，除装订行业外，其他行业都热烈欢迎重塑劳资关系的建议。他们认识到，惠特利（John Henry Whitley）对于劳资关系框架及程序的强调，非常符合英国的传统。当然，惠特利的建议首先建立在对工会的承认上，

---

① Howard F. Gospel, "Employers and Managers: Organisation and Strategy 1914 - 1939", in Chris Wrigley, ed., *A History of British Industrial Relations*, *1914-1939*, p. 162.

② Arthur J. McIvor, *Organised Capital*: *Employers' Associations and Industrial Relations in Northern England*, *1880-1939*, p. 146.

③ Howard F. Gospel, "Employers and Managers: Organisation and Strategy 1914 - 1939", in Chris Wrigley, ed., *A History of British Industrial Relations*, *1914-1939*, p. 162.

但在英国大多数行业，战争使这成为不可避免的结果。然而，惠特利无意侵犯雇主对于工厂内部事务的管理特权。尽管对于装订行业的雇主来说，这与他们无关，因为他们已经为本行业设定好了自己的机制，但他们并不反对其他行业建立惠特利委员会。在其他行业，人们普遍希望，惠特利委员会将为劳资合作而非阶级冲突奠定基础。雇主态度的转变，进一步扩大了全国工资谈判范围，推动了分阶段争议化解机制的发展。

战争紧急状态扰乱了产品和劳动力市场，从根本上改变了雇主组织运作的社会和政治环境，由此产生了互相冲突和矛盾的结果。一方面，产品和劳动力市场的不稳定加剧了阶级内部的竞争——争夺稀缺劳动力、原材料和政府合同，进而破坏了雇主阶级内部的团结。劳动力涌入武装部队和与战争有关的工作，使英国工业的就业状况发生了根本性变化。战争对产品和劳动力市场的影响，或许是造成不稳定的主要因素。它破坏了内部纪律，削弱了雇主对工资和工作条件的控制，并使得达成共识的集体行动难以进行，由此引发了雇主的不满。"在整个战争期间，组织起来的雇主对政府的许多政策持批评态度，他们不断向政府施压，要求执行更为严厉的律令，以对付缺乏规训的劳工。"[1] 但雇主的努力在战时以失败而告终。

另一方面，面对国家加强管控和工会力量迅速壮大的威胁，雇主的阶级意识不断增强，开始了走向联合的进程。在 1914 年前，曾经有几次建立全国性雇主组织的努力，例如，雇主们曾尝试建立与全国工会代表大会相对应的雇主组织，但这样的努力以失败而告终。1911 年，在自由党政府制定《国民保险法》时，雇主们发现自己的诉求很少得到关注，一些雇主非常愤怒，于是，议会中的雇主议员率先成立了雇主议会协会（Employers' Parliamentary Association）。该组织的主席查尔斯·马卡拉爵士对此评论道："当前立法的趋势使得

---

[1] Joseph Melling, "Employers and the Rise of Supervisory Unionism, 1914-1939", in Chris Wrigley, ed., *A History of British Industrial Relations, 1914-1939*, p. 250.

商人们深刻意识到必须共同采取行动，坚持在所有与工商业相关的事务中开展协商。"① 这个组织吸引了 40 个联合会和许多大公司，其观点在很大程度上偏向于自由贸易，反对国家干预。

由于战争期间的特殊情势，1915 年，在马卡拉等人的努力下，雇主组织中央协会（Central Association of Employers' Organisation）在曼彻斯特宣告成立。几乎同时成立的，还有位于伯明翰的英国制造商协会（British Manufacturers' Association），其在谢菲尔德、曼彻斯特及其他地方都得到了支持，英国制造商协会呼吁"英帝国范围内的关税互惠"，以及"采用最低工资或某种利润分配制度让劳动者得到公平的劳动报酬"。这几个区域性雇主组织的出现，意味着战时雇主联合的开始。

1916 年，雇主组织的全国性联合终于走向成功，英国工业联合会（Federation of British Industries）建立起来，事后证明它是最成功的雇主组织。英国工业联合会的成功，源于其合并了雇主议会协会，并且和英国制造商协会密切合作。正如斯蒂芬·布朗克（Stephen Blank）所言，"它首次以一个组织的形式加入伯明翰和曼彻斯特的行业"。② 对于全国性雇主组织的成立，约翰·特纳（John Turner）指出：尽管这些机构在 1920 年之前饱受内部纷争和政治无能的摧残，但它们仍然是阶级认同加强的象征。至 1917 年 5 月，英国制造商协会的会议记录显示："主席认为，英国工业联合会正成为一个强力机构，我们有必要与它保持一致。"③ 英国工业联合会在战争期间发展迅速。1917 年，它由 494 家公司和 73 个协会组成；到 1918 年，

---

① Howard F. Gospel, "Employers and Managers: Organisation and Strategy 1914–1939", in Chris Wrigley, ed., *A History of British Industrial Relations*, *1914–1939*, p. 54.

② Stephen Blank, *Industry and Government in Britain: The Federation of British Industries in Politics*, *1945–65*, Farnborough: Saxon House, D. C. Heath Ltd., 1973, p. 14.

③ Chris Wrigley, "The First World War and State Intervention in Industrial Relations, 1914–1918", in Chris Wrigley, ed., *A History of British Industrial Relations*, *1914–1939*, p. 54.

其成员上升到 793 家公司和 152 家商行及 15 家受控机构。① 这体现出雇主组织联合趋势的加强。

英国工业联合会建立后，立即受到政府的欢迎。在 1918 年 10 月的年度大会（Annual General Meeting）上，雇主们得到这样的保证："现在，从首相到下面的官员，每个人都希望与联合会就任何贸易层面上的问题进行商讨。我们的建议已被广泛采纳，并且对政府决策产生巨大影响。"联合会的另一位领导者在发言中指出，就在 1918 年初，他们许多人正等着首相讨论即将到来的某些事情，而首相之后告诉他们："过去政府未曾咨询制造商是因为无人可以商讨。如果我们向某个协会进行咨询，其他协会便会指责，说那个协会无权代表整个群体。"首相还说："我们希望与你们进行商讨。劳工们在和我们见面时或多或少都会用一个声音说话，但迄今为止制造商们完全没有意识到自身的责任和角色。"首相又说："去吧，组织起来。如果你们能统一起来代表整个行业说话，那么当你们和我们会面并提出你们的意见时，我们不仅会乐于倾听，而且将欢迎你们在任何场合提供协助。"从那时起，政府开始迅速承认联合会已经具有协商的资格。②

雇主组织成立及走向联合之后，首先面临的就是对工会地位的认可问题。因为只有雇主认可工会，包括战时工会的基层组织即车间代表的地位，劳资双方才能平等地进行协商与谈判，这也是建立良好劳资关系的重要基础之一。在雇主对工会认可的范围及限制方面，工程行业提供了一个有趣的例子。对于手工行业工会，从 1898 年开始，雇主联盟就依据当年达成的协议认可其工会代表权。此后工程业雇主联盟就准备承认其他手工行业工会，这对于后者会员的

---

①　Labour Research Department, *The Federation of British Industries*, London: Labour Publishing Company, 1923, p. 9.

②　Chris Wrigley, "The First World War and State Intervention in Industrial Relations, 1914-1918", in Chris Wrigley, ed., *A History of British Industrial Relations*, *1914-1939*, p. 55.

扩展意义重大，雇主这么做也是为了避免劳资争议。在 1914 年一战爆发之初，工程行业的工会组织普遍被雇主所认可。最为明显的表现是，1917 年，工程业雇主联盟与全国 47 个工会组织签订了第一份全国性工资协定，允许对工资变动进行季度审查，这是该行业雇主与工会共同参与制定全国性工资表的尝试，这一行动本身就意味着其雇主组织对于该行业工会组织的认可。[1] 同样，1917—1921 年，全国记者工会（National Union of Journalist）得到了报业集团雇主的认可，工程业雇主联盟也承认了文书工人联盟、绘图及相关技术工人联盟。[2] 雇主对于各行业工会地位的认可，为战时集体谈判及全国性工资协议的签订打下了基础。

　　在地方层面，早在一战前，工程行业有些雇主对于车间代表的地位予以承认。但只有在战争期间及战后初期车间代表的地位才得以正式确认。1917 年 11 月考文垂发生的大罢工，第一次迫使雇主有限度地承认车间代表的地位。但直到 1919 年 5 月，在联合工程师协会的坚持下，车间代表的地位才在更大范围内被雇主认可。在迅猛发展的车间代表运动中，"工人控制"（Workers' Control），即直接从事生产的工人要求参与工厂的管理权，成为运动的重要目标。[3] 在国家管控行业，一些工会领导人要求建立由政府及工人代表组成的联合控制机构；在私人工厂中，工会领导人则要求建立由雇主及工人代表组成的联合委员会，以便参与工厂管理。工会地位的提高，推动了参与工厂管理诉求的逐步实现。

　　在 1917 年惠特利报告（Whitley Report）出台之前，在工厂层级，劳工参与工厂管理的情况已经出现。例如，曼彻斯特的汉斯·雷诺德有限公司（Hans Renold Ltd.）就是这样："直到 1916 年末，

---

　　① Howard F. Gospel, "Employers and Managers: Organisation and Strategy 1914 - 1939", in Chris Wrigley, ed., *A History of British Industrial Relations*, *1914-1939*, p. 164.

　　② W. Hamish Fraser, *A History of British Trade Unionism*, *1700-1998*, p. 142.

　　③ Branko Pribicevic, *The Shop Stewards' Movement and Workers' Control*, *1910-1922*, p. 2.

公司领导层才意识到需要和工人们建立更为密切的联系。情况不断发生变化：产品和工艺都在改变；部门正在重组；非熟练工人取代了熟练工人；雇佣人数增加了，有许多陌生人进来；工资奖励及政府指令也越发频繁。所有旧日熟悉的标志都消失了，如果要避免工作士气的低落，就必须在管理层与工人之间进行交流。……大约在此时，军需部正积极促使雇主与其雇员们一道建立事故预防委员会（Accident Prevention Committees）。各部门负责人于是借此机会提出新的想法，即成立一个由管理层和工人共同组成的联合管理委员会。部门负责人被说服去召集一个工人临时委员会来讨论此问题。然而，这个联合管理委员会的职责范围要比预防事故更为广泛。"①

雇主组织走向联合后，其与政府之间的关系非常值得关注。曾有学者认为，战时的政府与雇主实现了结盟，但这一观点本身值得商榷。更多的学者认为，雇主和政府的关系是复杂而多面的。一方面，在组织战时经济时，政府时常求助于企业家。出于战争的需要，陆军部及军需部经常将雇主带到政府管理部门来帮忙组织军需供应。东北铁路公司的埃里克·格迪斯（Eric Geddes）及工程业雇主联盟的艾伦·史密斯（Allan Smith）等人对生产和劳工政策产生影响。同样，在地方上，雇主是地区军备委员会（District Armaments Committees）组织工程能力的核心人物。这也就表明，为了战时的军需生产，政府需要得到雇主阶级的合作，离开了雇主的支持，战争将难以进行下去。

而另一方面，许多雇主认为，从他们和政府的关系层面看，一战是令人感到耻辱或者说是沮丧的时期，政府是商品及服务的最大买家，而军需部成为国家最大的劳工雇主。面对战争物资的迫切需求及劳工的强势地位，政府部门很少重视工商界的意见，尤其是在战争前半段。许多雇主感到他们管理工业的经验总是被战时管理部门所忽视。作为棉纺织雇主协会联盟的领导人，查尔斯·马卡拉自

---

① Chris Wrigley, "The First World War and State Intervention in Industrial Relations, 1914-1918", in Chris Wrigley, ed., *A History of British Industrial Relations*, *1914-1939*, p. 58.

战争伊始便呼吁将棉花列为战争禁运品，因为棉花被用于制造炸药。而政府花了一年时间才实施这项规定。自负的马卡拉爵士观察到："政府并未准备好接受那些一辈子都在处理实际事务的人的建议。"①

客观而言，英国工业联合会的发展使雇主对政府有了更大的影响力，但是很明显，政府也不反对有一个强大的雇主组织来制衡工会。随着政府越来越多地参与到有组织的工业中，它已经坚定地认为，自己应该在一个更高的层面上同雇主和工人打交道，鼓励雇主组织与工会协商谈判来化解争端，成为政府劳资政策的关注点。在战争期间及战后初期，雇主组织的数量大大增加、稳定性大大增强。毫无疑问，这得益于战争期间政府欲望的推动，这种欲望旨在推动工业界的协商，并使得代表劳资双方的组织能够强化对行业的控制。最后一点在惠特利报告中得以体现，即寻求劳资关系永久改善的一个基本条件，是雇主与劳工都建立起了完善的组织。②

总体来看，作为突发事件的第一次世界大战，在强化工会地位的同时，也推动了雇主阶级认同感的形成，各行业雇主组织建立的步伐加快，并且逐步走向了联合。雇主组织的发展壮大，一方面有利于协调政府与雇主组织在生产上的矛盾或冲突，另一方面也推动了雇主组织与工会组织之间的协商谈判，为战争后期全国性工资协议的达成及各行业劳资冲突化解奠定了基础。

第三节　国家管控与争议化解

在第一次世界大战的特殊时期，出于前线战事及后方生产的需

---

① Chris Wrigley, "The First World War and State Intervention in Industrial Relations, 1914—1918", in Chris Wrigley, ed., *A History of British Industrial Relations*, *1914-1939*, p. 52.

② Howard F. Gospel, "Employers and Managers: Organisation and Strategy 1914 - 1939", in Chris Wrigley, ed., *A History of British Industrial Relations*, *1914 - 1939*, p. 160.

要，政府加强了对生产领域的管控，通过立法手段促使劳资双方与政府合作，实现工业和平。虽说如此，劳资纠纷或劳资冲突并未完全消除，甚至在战争期间出现了加剧趋势。为了顺应形势的发展，政府管控下的争议化解机制经历了从强制仲裁到自愿主义谈判的转变。

一 国家的全面管控

第一次世界大战期间，出于战争需要，政府加强了对生产领域的控制，这表现在：通过"劳工稀释"政策来缓解熟练技术工人的供给不足，通过对军需、煤矿、棉纺等行业的接管来控制生产，通过促成不同行业劳资双方达成全国性工资协议来减少劳资冲突。多管齐下的全面管控政策，一方面满足了战争时期的国家需求，另一方面也对劳资关系的发展产生深远影响。

由于受到自由放任思潮的影响，英国政府对于经济社会事务的干预很少，而战争的爆发改变了这一状况。为了获取相应的干预权力，1914 年 8 月 8 日，即在对德宣战后的第四天，英国议会就通过了《领土保卫法》（*Defence of the Realm Acts*，*1914*），授予战争期间英国政府广泛的紧急权力。法案此后多次延期，一直执行到 1921 年。法案条款主要集中于战时国防安全，但在国内生产方面也做出了具体规定。例如，法案授权陆军部或海军部，"要求制造武器、弹药或军用物资和设备，或生产这些物品所需的任何物品的工厂或车间的全部或部分产品，应由它们支配；出于为国王陛下提供海军或陆军服务的需要，可以占有或者征用任何与军需生产相关的工厂或车间"。① 作为国家权力的标志，《领土保卫法》成为战时社会、经济和工业控制的重要立法工具，为后续相关立法提供了依据。

---

① "Defence of the Realm Acts"，http：//www. nationalarchives. gov. uk/pathways/ firstworldwar/first_ world_ war/p_ defence. htm.

　　"劳工稀释"政策是战时英国政府为了解决工业特别是军需工业中熟练劳动力不足状况而出台的举措。原因在于，战争爆发后，政府推行了大规模志愿兵政策，大量成年男子走上前线，国内主要行业从事基本生产的劳动力大大减少。有数据显示，到1915年7月，从事煤炭和其他采矿业的男性劳动力总数大概下降了21.8%，钢铁业下降了18.8%，工程业下降了19.5%，电气工程业下降了23.7%，造船业下降了16.5%。与武装庞大的志愿军群体直接相关的行业，人力损失同样严重：小型武器制造业下降了16.0%，化学品和炸药制造业下降了23.8%，货车制造业、自行车和汽车运输业下降了22.3%，拉丝、锚链制造业等下降了19.7%。[①] 劳动力的流失已经无法保障正常生产的需要。

　　与此同时，战争之初"速战速决"的希望越来越渺茫。一战时期，军事战略学家认为，在阵地战中，只有重炮才能够控制战场。前线的阵地战在造成大量人员伤亡的同时，也消耗了大量的炮弹，由此造成炮弹等弹药的短缺。在1914年秋季后，能否解决弹药短缺问题，增加弹药产出，成为影响战争进程的重要因素。

　　为了解决熟练工人的短缺问题及由此导致的弹药生产的限制，满足军队在西线长期消耗战中的需求，1914年12月21日，英国政府召开了"炮弹会议"，这是政府为了增加熟练劳动力的产出而采取的一系列举措中的第一步。贸易委员会邀请了工程行业的雇主及工会代表参加会议。在政府提议及主导下，劳、资、政三方达成协议：在战争期间，工程行业的争议不应依靠罢工或停产来解决；工程行业工会应接受"劳工稀释"，放弃限制性措施，即"同意在为技术工人正式保留的岗位上引入非熟练工人，甚至包括妇女"。[②] 作为回报，雇主和政府表示愿意增加工资，并承诺战争结束时，

---

　　① Chris Wrigley, "The First World War and State Intervention in Industrial Relations, 1914-1918", in Chris Wrigley, ed., *A History of British Industrial Relations*, *1914-1939*, p. 24.

　　② Henry Pelling, *A History of British Trade Unionism*, p. 151.

"劳工稀释"条款将立即终止。由此看来，通过减少破坏性停产次数、允许劳动力的重组来提高产量和增加工程行业的就业等举措，体现了政府在战时对劳动力市场的强力干预。

为了充分贯彻"炮弹会议"所达成的协议，1915 年 2 月，首相赫伯特·阿斯奎斯决定，在工程业和造船业建立生产委员会。该委员会的职责是，在战争导致的紧急状态下，负责军需工业的雇主和工会就提高生产率进行谈判。委员会成员为：代表贸易委员会的乔治·阿斯奎斯，代表海军部的弗朗西斯·霍普伍德（Francis Hopwood），代表战争部的乔治·吉布（George Gibb），担任委员会秘书的前工业理事会登记员威尔逊（H. J. Wilson）。[1] 生产委员会成立后立即开始工作，与雇主协会和工会举行定期会议，并就计时工资制、岗位限定、适当使用半熟练和非熟练劳动力等问题发布报告。

无论是"炮弹会议"所达成的协议，还是生产委员会所制定的目标，"只有在工会正式代表之支持下始得实现"，因此，政府"需给此辈工会代表以独特的前所未有的工人阶级外交代表之地位"。[2] 3 月 17 日，"考虑到国家急需战争军需产量大幅度增加的总体立场，以及政府为实现该目标而建议采取的组织国家工业的步骤"，财政大臣劳合·乔治、贸易委员会主席伦西曼（Runciman）单独与整个工会世界之全权代表举行会议，双方达成《财政协议》。

《财政协议》得到了除联合工程师协会以外的所有工会代表的支持。为了加快武器弹药及战争装备的生产，工会接受政府提议，首先做出了战争期间不停工的承诺："战争期间，任何情况下都不得停止武器弹药和战争装备的生产以及其他为赢得战争所必需的工作：战争造成的所有工资或就业条件差异，应按照相关规定进行处

---

① John Sheldrake, *Industrial Relations & Politics in Britain*, *1880-1939*, p. 25.

② ［英］韦伯夫妇：《英国工会运动史》，陈建民译，第 442 页。

理；在战争期间，非战争因素引起的问题不应成为停产的原因。"①

不仅如此，各行业工会还承诺接受政府的"劳工稀释"政策，即"放宽现有的行业限制，以接纳半熟练工人与女性工人，但不得因此对通常的工作报酬产生不利影响。如果平时从事此工作的男性工人因此受到不利影响，应进行必要的调整，使其能够维持从前的收入水平"。② 尽管联合工程师协会当时未签署《财政协议》，但后来随着谈判范围的进一步扩大，工程行业也被纳入"劳工稀释"政策。韦伯夫妇对工会及其成员接受"劳工稀释"政策、做出重大让步给予高度评价："必须作为工会之光荣而流传于后世者，即当时无一工会会员曾拒绝此种牺牲，而其为牺牲也并未要求多加报酬以资补偿。"③

为了加强政府权力、强化对生产的管控，1915 年 7 月 2 日，英国议会通过了《战争军需法》，将此前《炮弹会议协议》《财政协议》中的相关条款以立法形式确定下来。法案的出台是对 1915 年前线弹药危机的回应，当时炮弹和其他弹药供应不足，导致了阿斯奎斯内阁的政治危机，迫使其于 5 月 17 日组建由三个主要政党参加的联合政府。法案的出台体现了政府对军需生产的重视，以劳合·乔治为大臣的军需部设立起来。

为了最大限度地提升军需产量，法案做出如下规定：不准以私人利益阻挠国家的公务或危害国家的安全；职工会章程必须暂停实施；雇主的利润必须加以限制；熟练工人必须留在工厂里；必须通过"劳工稀释"和妇女就业来促进人力的合理使用；军需行业的

① "The Labour Year Book (1916): The Treasury Conference", in J. T. Ward and W. Hamish Fraser, eds., Workers and Employers: Documents on Trade Unions and Industrial Relations in Britain since the Eighteenth Century, p. 190.

② "The Labour Year Book (1916): The Treasury Conference", in J. T. Ward and W. Hamish Fraser, eds., Workers and Employers: Documents on Trade Unions and Industrial Relations in Britain since the Eighteenth Century, pp. 190-191.

③ ［英］韦伯夫妇：《英国工会运动史》，陈建民译，第 443 页。

私人工厂必须由国家控制，并建立新的国家工厂。[①] 从内容来看，军需部对于生产的控制体现在三个方面：对于军需行业私人工厂的控制甚至接管；"劳工稀释"政策在军需相关行业的强制推行；限制技术劳动力的流动，获得雇主颁发的离职证明是技术劳工流动的前提。强制管控政策推行后，到 1915 年底，受管控的私人工厂已达到 2000 多家，军需产量出现惊人增长，战场上弹药不足的状况很快得以改观。

《战争军需法》代表着国家对生产领域特别是劳资关系的干预达到了高潮。詹姆斯·欣顿等学者认为，《战争军需法》成为资产阶级用来对抗旨在反对"国家奴役"的工人运动的有力武器，这体现在私人企业中国家权力被雇主用来推行强制劳动。不过，罗杰·戴维森（Roger Davidson）却认为，《战争军需法》的出台，只不过是在战争紧急状态下促进劳动力供给最大化之举，并不具有"压迫性的动机"。[②] 尽管如此，《战争军需法》中的"劳工稀释"以及劳工离职证明规定的推行，确实恶化了劳资关系，促进了车间代表运动的兴起。

《战争军需法》颁布后，在战争时期屡经修订，其目的在于，根据战时需要扩大国家管控的范围。起初，只有与军需相关的军火、钢铁等行业纳入管控，建立受管控机构的工厂数量为 134 家。1915 年 11 月中旬，在管控机构工作的人员包括 1077800 名男子和 103300 名妇女。然而，被管控的工厂很快扩展到了主要军备和造船公司之外，1916 年 1 月 1 日，2422 家工厂被宣布实行管制。随着形势的发展，尤其是 1916 年 12 月劳合·乔治建立战时联合内阁后，为了充分调配国内资源来应对战争，国家管控的范围空前扩大，甚至与军需关联不大的民用行业，如矿山、纺织、铁路运输等

---

① ［英］马里欧特：《现代英国（1885—1945）》，姚曾廙译，第 394 页。

② Gerry R. Rubin, "Law, War and Economy: The Munitions Acts 1915 – 17 and Corporatism in Context", *Journal of Law and Society*, Vol. 11, No. 3, Winter 1984, p. 317.

也被纳入其中。

以煤炭行业为例，为了消除战争利润，避免战争期间的劳资纠纷，并确保矿场劳动力的最佳使用，1916 年 12 月 1 日，英国政府宣布接管南威尔士煤矿。劳合·乔治成为首相后，当即履行了此前向工党的承诺，并宣布从 1917 年 3 月 1 日起，依据《领土保卫法》的授权，国家全面接管所有煤矿，当劳合·乔治在 12 月成为首相时，他向工党承诺，国家将接管所有煤田。这是根据《领土保卫法》的规定进行的，自 1917 年 3 月 1 日生效，并在贸易委员会中增设煤炭管理部。

值得注意的是，英国工会代表大会和全国矿工联合会分别在 1892 年和 1894 年通过了支持煤矿行业国有化的动议，并在 1906 年后得到越来越多的支持。很少有人预料到，战争推动了工会关于煤炭行业国有化的夙愿的实现。煤炭行业国有化并未得到雇主的充分支持，W. A. 李（W. A. Lee）曾担任英国矿业协会主席，他声称："政府于 1917 年初控制了采矿业，对于该行业的效率低下几乎未产生影响。"[1] 他以战争期间每班次产量下降和每吨煤成本上升为证，表达了对煤炭行业国有化的不满。

除了煤炭行业，棉花产业也被纳入国家管控的范围之内，其标志是 1917 年棉花管制委员会（Cotton Control Board）的建立。[2] 在 1917 年 4 月 6 日美国参战之前，维持棉花出口对于赚取外汇尤为重要。到 1917 年中期，由于德国潜艇战造成大量船只损失惨重，航运空间受到严格限制，从美国进口棉花受到越来越多的限制。棉花管制的时机是由利物浦期货市场猖獗的投机活动决定的，导致棉花市场于 1917 年 6 月 20 日暂时关闭，棉花管制委员会于 6 月 28 日成立。根据 1917 年 9 月 10 日生效的《棉花限产令》（*Cotton Restriction of*

---

① Chris Wrigley, "The First World War and State Intervention in Industrial Relations, 1914-1918", in Chris Wrigley, ed., *A History of British Industrial Relations*, *1914-1939*, p. 34.

② W. Hamish Fraser, *A History of British Trade Unionism*, *1700-1998*, p. 136.

Output Order, 1917）的规定，棉花的消费受到限制，管制任何纺纱或织造厂可以使用的机械。由于埃及的棉花并不短缺，因此对从埃及纺制棉花的限制没有对美国棉花的限制严重。最初，在纺纱方面，纺织厂可以使用 60% 的机器，但使用美国棉花的纺织厂可以使用 70% 以上的机器，使用埃及棉花的纺织厂可以使用所有的机器，且雇主必须为额外使用的机器缴税。税收资金被用于支付因棉花管制委员会实施的限制而失业的人。① 因此，埃及贸易的繁荣或是美国企业的利益被集中起来，就像煤炭开采行业一样，出口部门为利润池做出了贡献，而利润较低的国内部门则从中受益。

到 1917 年秋季，羊毛业、精纺毛料工业等也实现了国家管控。军队需要导致了国家对纺织行业管控的加强，有人这样评价："这是战争的社会主义试验，士兵和税收需要布料和衣服，这是私人企业无法做到的。"但也有人认为："该计划是将成本计算和价格固定制度应用于生产民用消费品，正如它已经应用于军事物资中那样。"随着战争的持续，国家管控范围进一步扩大。到 1918 年战争结束时，政府控制了 90% 的商品进口以及国内的食品、煤炭生产及原材料供应。政府还控制了船运业和铁路运输。政府通过配给制控制了食品和原料分配，全国接近 350 万名劳工直接或间接受雇于军需部所管控的与军需生产相关的钢铁工业、化学工业及其他行业。②

从基本走势来看，从 1915 年国家管控开始，到 1918 年战争结束时，国家对于国内经济部门的管控越来越强，管控范围越来越大。国家管控是战时国家权力扩张的标志，其目的，一方面在于满足战场前线的需求，另一方面在于稳定国内市场。

尽管国家管控从总体上来看是出于战争的需要，但从劳资关系视角而言，国家对相关行业的直接管控，也是为了减少劳资争议、

---

① Chris Wrigley, "The First World War and State Intervention in Industrial Relations, 1914-1918", in Chris Wrigley, ed., *A History of British Industrial Relations*, *1914-1939*, p. 41.

② James Hinton, *The First Shop Steward Movement*, p. 29.

缓解劳资冲突。工资问题是劳资争议中最为核心、最具普遍性的问题，无论在和平时期还是战争时期，都是如此。在一战时期，英国工人阶级为国家做出了巨大牺牲，但这种牺牲并未换来相应的回报。战时物价的上涨远远超过工资的增幅，这"无疑给大多数工人阶级带来了巨大压力，在某些情况下还导致了生活困难和饥饿问题。毫无疑问，在某些情况下，工资的增长程度基本上弥补了生活费用的增加，但有些工人的工资即使有增长，也微乎其微，有些工人的收入实际上反而减少了"。①

不仅如此，在与军需相关的工程行业，雇主利用"劳工稀释"政策，通过大量雇佣半熟练工、女工来压低技术工人的工资，一些行业中的工资差异成为劳资争议的焦点。正如前文所述，"劳工稀释"在战争期间成为劳资纠纷及动乱的重要根源。尽管工会领导层与政府合作，接受了"劳工稀释"政策，但这一政策对于工程行业的熟练工人来说却是一个挑战。大量缺乏专业技能的半熟练工、女工等进入相关行业，降低了熟练工人的地位及工资水平。在某些行业，由于采取计件工资制，通过"劳工稀释"进入该行业的劳工，其收入水平甚至高于技术工人。这种差异在造船厂尤为明显，在那里，从事计件工资工作的船舶修理工和锅炉工人的工资，通常是熟练工程师的 3—4 倍。② 技术工人对工资的不满所引发的劳资冲突由此越来越普遍。

出于解决劳资争议特别是相关行业工资争议的需要，在实现国家管控之后，国家在各工业部门工资率的确定上起到主导作用，在部分行业甚至推行了全国性工资协定。以煤炭行业为例，在实行管控之前，矿工一直获得地区工资奖励，但各地的奖励幅度有所不同，因而容易造成矿工的区域性流动。1915 年 7 月，政府进行干预，以

---

① Eric Hopkins, *A Social History of the English Working Classes 1815-1945*, p. 214.

② "*Commission of Inquiry into Industrial Unrest*, Report on Wales, PP 1917-18, xv", in J. T. Ward and W. Hamish Fraser, eds., *Workers and Employers: Documents on Trade Unions and Industrial Relations in Britain since the Eighteenth Century*, p. 196.

解决南威尔士矿工的罢工问题，实际上是满足矿工的条件而平息了罢工。1916 年 11 月，面对煤炭供应进一步中断的前景，南威尔士煤矿被政府控制。此后，政府控制全国煤矿的步伐大大加快了。国家控制煤矿以后，有了统一的金融体系和集中的利润池，这就消除了反对政府和矿主先前部署的全国工资结算的经济论据。于是，从 1917 年夏天开始，全国矿工联合会与政府进行谈判，要求基于生活成本的变化，调整矿工的工资水平，这一要求得到满足。[①] 9 月，政府决定推行全国统一的工资增长政策，即成年矿工每天增加 1 先令 6 便士，青少年矿工每天增加 9 便士。政府之所以做出如此大的让步，是因为战争对煤炭有着巨大需求。

国家管控为全国性工资协议的推行提供了可能。全国性工资协议是政府主导下劳资双方集体谈判的结果，正如罗杰·查尔斯所说："战时谈判的一个显著特点就是全国性协议的发展。这影响到所有行业，包括那些战前就已经存在有效集体谈判机制的行业。"[②] 1917 年初，英国颁布《全国性工资协议》（*National Wage Agreement, 1917*）。这是在工程行业，由雇主联盟与联合工程师协会签订的协议，即由生产委员会每 4 个月重新确定工资水平，其对于工资率的确定在全国范围内有效。《全国性工资协议》随后逐步在全国各行业推行。1917 年煤气供应行业加入；到 1918 年，面粉加工业、化学工业、肥皂业、电车业都加入其中。[③] 在全国各行业推行集体谈判、确定全国性工资协议过程中，政府起到了关键性作用。以海运行业为例，早在 1917 年 8 月，海运部就召集该行业的雇主与工会，

---

① Tony Adams, "Market and Institutional Forces in Industrial Relations: The Development of National Collective Bargaining, 1910-1920", *The Economic History Review*, New Series, Vol. 50, No. 3, August 1997, p. 511.

② Rodger Charles, *The Development of Industrial Relations in Britain, 1911-1939*, pp. 133.

③ Chris Wrigley, "The First World War and State Intervention in Industrial Relations, 1914-1918", in Chris Wrigley, ed., *A History of British Industrial Relations, 1914-1939*, p. 53.

就标准工资率举行全国性谈判。在双方谈判过程中，海运行业车间代表发起了罢工，对谈判施压。最终，政府一方面对雇主施压，另一方面满足了工会的要求，即通过全国性谈判方式来确定全国统一工资水平以及工资增长率。[①]

由此看来，战时相关行业的管控以及全国性工资协议的推行，是国家主导下劳资双方集体谈判推进的结果。战争强化了政府在集体谈判中的作用，战前自愿主义集体谈判被政府管控下的集体谈判所取代，尽管在一定程度上背离了英国的工业传统，但确实为战争后期劳资冲突的缓解以及战时相对和平的产业环境塑造奠定了基础。

二　强制仲裁的推行

一战期间，在政府的高压政策之下，劳资双方总体上采取休战与合作政策，但劳资争议及劳资冲突的产生具有普遍性与必然性。如何从根源上减少劳资纠纷，以及如何化解已产生的劳资争议，成为战时英国政府劳资政策的核心。一战之前，英国已经形成了比较成熟的自愿主义集体谈判机制，即劳资双方通过自行协商谈判，或者必要时在贸易委员会协助下举行谈判，以化解劳资争议，解决冲突。一战期间，政府通过与劳资双方达成的谈判协议以及相关立法，终止了战前自愿主义的集体谈判机制，转而引入政府主导下的强制仲裁机制。"强制仲裁的引入是战时紧急状态下政府活动延伸的一部分，但与许多战时特征不同的是，它没有在英国的（劳资关系）体系中留下永久印记。"[②] 强制仲裁在战时的实践并不太成功，雇主和工人都希望回到战前的自愿主义谈判机制中，这使得在战争即将结束时，英国政府发布惠特利报告，逐步完成从强制仲裁

---

① Tony Adams, "Market and Institutional Forces in Industrial Relations: The Development of National Collective Bargaining, 1910–1920", *The Economic History Review*, New Series, Vol. 50, No. 3, August 1997, p. 513.

② Ian G. Sharp, *Industrial Conciliation and Arbitration in Great Britain*, p. 302.

机制到自愿主义集体谈判机制的转变。

在英国参战后，为了维护后方的和平，1914 年 8 月，作为工人阶级代表的工会与工党召开了一次联合会议，通过了一项关于劳资休战、缔造产业和平的决议。如果说在开战初期，出于爱国主义的需要，劳资之间还能搁置争议、保持合作，那么，到了 1915 年 2 月，这种建立统一的工业战线以对抗共同敌人的政策开始逐渐失效。这是因为，当时有几个因素扰乱了劳资关系。其一，对失业的担忧被同等的对劳动力短缺的恐惧所取代，征兵工作的推进已耗尽了可用的劳动力，而生产战争物资的工业对熟练工人的需求日益增加。其二，由于政府的"一切照旧"政策，物价迅速上涨，生活成本不断上升。工人阶级感到，其爱国主义热情被动员起来，没有利用劳动力短缺来牟取私利，但在政府默许下，雇主却大发战争横财，牟取高额利润，工人们感觉到，自己战时心甘情愿地付出，"完全为政府服务，而非为任何私人雇主之利益服务"。[①] 其三，战时工会领导层执行与雇主、政府的合作政策，对于下层劳工状况缺乏了解，也未能及时关注下层劳工的利益诉求，致使下层劳工依靠激进的车间代表来捍卫其权益，劳资争议频发成为必然。1915 年 1 月，贸易委员会知晓的劳资纠纷只有 10 起；到了 2 月，已经增加到 47 起；到了 3 月，达到 74 起。[②]

劳资纠纷的涌现，特别是克莱德地区非官方罢工运动的兴起，促使政府采取行动。1915 年 2 月，政府任命的生产委员会宣告成立，这个委员会是在首席工业专员乔治·阿斯奎斯的推荐下任命的，阿斯奎斯后来担任了委员会主席。在委员会于 2 月 20 日发布的临时报告中，阿斯奎斯给出了解决劳资纠纷的具体建议："在目前的情况下，雇主和工人在任何情况下都不应该允许因其分歧而导致停产……如果出现争议，而该分歧未能由直接相关当事人或当事

---

① ［英］韦伯夫妇：《英国工会运动史》，陈建民译，第 443 页。

② John Sheldrake, *Industrial Relations & Politics in Britain*, *1880-1939*, p. 25.

人代表，或依靠任何现有的协议解决，该争议应该提交国王陛下政府指定的公正法庭（Impartial Tribunal）立即进行调查，并向政府报告，以期获得解决。"① 从这份建议来看，生产委员会首先鼓励劳资双方自行解决争议，只有当双方无法自行解决争议时，才必须提交给政府任命的公正法庭来裁决。这份建议意味着自愿主义的消退及强制仲裁的萌芽。不出所料的是，政府立即通过了这项建议，并在翌日扩大了委员会的职权范围，使之能够充当争议得以解决的公正法庭角色。公正法庭成立当天就审理了一个案件，并在 8 天后做出裁决，此后它主要以仲裁法庭的形式而存在。

为了说服工会接受这份提交仲裁的建议，1915 年 3 月，财政大臣劳合·乔治与参与战时军需生产的 36 个工会领导人在财政部开会。除联合工程师协会反对外，其他 35 个工会与政府达成了《财政协议》。关于劳资争议及强制仲裁，协议做出了更为具体的规定："根据目前普遍适用的解决争议的协议或方法，除非双方共同安排，否则单纯个人或地方性质的争议，应由劳工代表与公司进行协商解决；因战争产生的影响工资和就业条件的具有共性的争议，应由劳资双方召开会议解决。在直接相关方或其代表未能达成争议解决方案的所有情况下，或在现有协议下，争议事项应按照双方共同商定的以下三种备选方案之一进行解决，或在未达成协议的情况下，由贸易委员会裁决。这三种备选方案是：生产委员会；双方协商一致产生或者由贸易委员会任命的独任仲裁员；依据劳资双方平等代表权而组建的仲裁法庭。"②

从上述内容来看，在劳资争议解决方面，政府的立场是：劳资双方首先通过协商方式，尽可能达成解决协议；一旦协议无法达成，则必须提交生产委员会解决，或者通过仲裁方式来解决。这种安排，

---

① Ian G. Sharp, *Industrial Conciliation and Arbitration in Great Britain*, p. 307.

② "*The Labour Year Book* (1916): The Treasury Conference", in J. T. Ward and W. Hamish Fraser, eds., *Workers and Employers: Documents on Trade Unions and Industrial Relations in Britain since the Eighteenth Century*, p. 190.

一方面大大扩展了生产委员会的工作职权；另一方面，即便诉诸仲裁，劳资双方也能获得一定的自主选择权。正因为如此，有学者依然将此视为自愿主义阶段的延续。在这一阶段中，有 39 项劳资争议被提交仲裁，而仲裁结果均被双方接受。不过，带有自愿色彩的《财政协议》似乎未能阻止日益高涨的非官方停工潮，因为协议中并未对非官方罢工或闭厂事件做出规定。由此，在协议签署后的 3 个月中，罢工数量增加了，影响了逾 8.4 万名工人，给国家带来逾 52.5 万个工作日损失。这种状况促使政府出台更为强力的立法。

1915 年 7 月 2 日，为保障战时军需生产，英国出台了《战争军需法》。该法案不仅强化了国家对于军需行业的生产管控，同时在劳资争议解决方面，强制仲裁原则得以明确体现。对于此前出现的非官方罢工及停工事件，法案予以明令禁止："禁止雇主宣布停工，禁止工人参与罢工，除非劳资争议已报告给贸易委员会，且委员会自收到报告后的 21 天内未能依据本法解决争议；违背这一条款者将面临巨额罚款。"[1] 从该条款来看，任何形式的罢工、停工事件都被宣布为非法，将受到法律严惩，这意味着作为劳资双方博弈手段的罢工或停工，已经不再被法律所许可。

既然罢工或停工被宣布为非法，那么，劳资争议产生后，将如何化解呢？法案做出了详尽的规定："当劳资争议产生且未能自行解决时，争议中的任何一方均可向贸易委员会报告，贸易委员会需要采取任何有助于争议解决的措施。如果贸易委员会认为合适，其可以将争议提交给《财政协议》中提到的三个法庭之一来裁决。法庭裁决对雇主和劳工都具有约束力，依据本法案的规定，违背裁决的劳工每人每天将被判处不超过 5 英镑的罚款，而违背裁决的雇主，其罚金数将依据其违法行为所影响到的劳动数量，按照每人每天 5 英镑计算。"[2]

---

① Lord Amulree, *Industrial Arbitration in Great Britain*, p. 127.

② Ian G. Sharp, *Industrial Conciliation and Arbitration in Great Britain*, pp. 309-310.

从上述规定来看，法案开始背离现行的自愿主义劳资争议解决机制，强制仲裁在战时成为高效化解劳资争议的手段，以避免军需工业的停产。由于英国存在自愿主义传统，《战争军需法》的这一突破，无疑面临雇主和劳工的强大阻力。也正是基于此，在争议产生后，法案并未将强制仲裁作为首选，而是任由劳资双方根据已有协议，或通过自行协商谈判来解决。只有在遇到僵局的情况下，争议才会被提交给贸易委员会。此时，争议的解决依然有两种可能：如果贸易委员会认为雇主和雇工已达成的某项协议之中已有适当的解决方法，那么该争议可能会据此诉诸那些相应的解决办法，让已有的调解机制发挥作用；如果贸易委员会认为已有调解机制已难以发挥作用，那么该争议将被提交仲裁。由此看来，尽管法案引入了强制仲裁机制，但在一定程度上也照顾到了工业领域长期以来的自愿主义传统；只有在劳资双方自愿主义调解机制确实失效时，强制仲裁才会作为最后选项被提出来。

不过，尽管法案允许贸易委员会尝试通过强制仲裁以外的方式来化解劳资争议，但在战争时期，在劳资争议被提交到贸易委员会之后，很少有争议是通过其他方式来处理的。战前令人满意的调解或协商在战争条件下被证明是不合适的。这是因为，在罢工、停产被宣布为非法之后，劳资双方都希望争议能得以迅速解决。但在争议解决的时效上，调解往往要经过冗长的博弈期，仲裁则更为高效便捷。因此，在战时紧急状况下，尽管具有强制性色彩，但仲裁更受雇主和工人的欢迎。

当三个仲裁法庭就劳资争议做出裁决后，如何确保裁决结果能被接受并执行呢？根据法案第 15 条的规定，将组建军需法庭（Munitions Tribunal），并由其负责裁决的实施。根据规定，"军需大臣将为此目的组建军需法庭，法庭将由经过军需大臣任命的两位或其他偶数的陪审员构成，其中一半从代表雇主的陪审团中产生，另一半从代表工人的陪审团中产生。军需大臣可依法将军需法庭分为两类：第一类法庭有权处理本法规定的所有违法行为和事项；第二类法庭对于任何违反或未能遵守国家管控工厂的法规，或违背本法第二部分的违法行为，具有司法管辖权"。① 依据对法规的解释，第一类为军需总法庭（General Munitions Tribunal），一般处理较为重要的案件，全国设立了 10 个这样的法庭，根据 1916 年《战争军需法修正案》，该法庭获得了监禁的权力；第二类为地方军需法庭（Local Munitions Tribunal），处理常规性案件，包括罢工、停工及因离职证明而提起的诉讼等，全国设立了 55 个这样的法庭。两类法庭结合起来，处理任何违反《战争军需法》的案件，其中包括拒绝接受仲裁、延迟或拒绝缴纳罚金、非法罢工或停产等案件。根据规定，严重违法者可由军需法庭判处监禁。由此看来，军需法庭的设立为强制仲裁的实施提供了法律保障。

　　强制仲裁在战时的盛行，同工会与雇主组织的高度认同有关。这是因为，接受强制仲裁原则对于工会和雇主都有利。关于这一点，官方调查报告做了很好的阐释："所提交的大多数案件，产生于工会代表其成员因工资垫款或工作条件改善而提交的报告或产生的分歧，工会发现仲裁是迅速解决争议的最便捷手段。在许多情况下，调解委员会的普通程序被证实过于缓慢，工会没有精力去花费大量时间进行谈判，因为这最终可能无法达成协议。工会发现，在争议的早期阶段，直接依据《战争军需法》将争议上报会更快捷。如果所提交的争议属实，依据该法案及修正案，贸易委员会必须在 21 天内将案件提交仲裁。而且，根据该法案提交仲裁的有利之处是，该裁决可通过军需法庭依法执行。通过这种方式，工会也经常能够强迫那些之前没有与他们谈判过的雇主接受仲裁。在雇主方面，仲裁往往被视为最令人满意的程序；在为政府的目的进行了大量工作后，雇主有时并不能从谈判中获得同等的经济收益，因为劳

---

　　① 　G. R. Rubin, "The Origins of Industrial Tribunals: Munitions Tribunals during the First World War", *Industrial Law Journal*, Vol. 6, Iss. 1, June 1977, p. 153.

工作为消费者并不能偿还增加的工资。"①

　　针对战时非法停工、停产以及拒绝接受仲裁协议或拒绝缴纳罚款等情况，战时军需法庭开始强力干预，并对相关违法行为予以严惩。军需总法庭获得监禁违法者的权力，在必要时可寻求各地警察的协助。官方公布的档案显示，格拉斯哥费尔菲尔德造船厂的三名造船工因为拒绝缴纳私自停工的罚款而被判监禁。佩斯利一家车厢制造厂的雇主，拒绝执行格拉斯哥统一的工资率，也拒绝接受仲裁。在贸易委员会拒绝干预后，工人开始罢工。军需总法庭对罢工工人提起诉讼，一些劳工因证据不足而被释放，但有 10 名罢工者被判处 5 先令罚金及 5 天监禁。② 由此看来，作为民事纠纷的劳资争议，如果拒不接受政府的仲裁，或者肆意停工停产，依据《战争军需法》的相关规定，就变成一种刑事违法行为，情节严重者则会被判监禁。这表明，政府以刑事惩罚作为威慑，来敦促强制仲裁的实施。

　　1915 年《战争军需法》通过后，在战时又根据其实践情况做了多次修订，以便协调好军需及相关行业的劳资关系。1916 年，《战争军需法修正案》获得通过。与 1915 年法案相比，修正案扩大了"军需行业"的范围，一些与战争不直接相关的行业也被涵盖在内。法案还授权军需大臣对某些特定工种确定工资率，以避免工资争议的产生，这主要适用于接受"劳工稀释"的行业。在争议化解机制上，新法案也做了相关调整：其一，考虑到"劳工稀释"后大量女性进入军需生产，特此规定，如果争议方中有女性劳工，则建立女性仲裁法庭；其二，法官在做出裁决时，要以仲裁

---

① *Twelfth Report of Proceedings Under the Conciliation Act 1896：1914-1918*, pp. 14-15, quoted in Chris Wrigley, "The First World War and State Intervention in Industrial Relations, 1914-1918", in Chris Wrigley, ed., *A History of British Industrial Relations, 1914-1939*, pp. 26-27.

② G. R. Rubin, "The Origins of Industrial Tribunals：Munitions Tribunals during the First World War", *Industrial Law Journal*, Vol. 6, Iss. 1, June 1977, p. 157.

员意见一致为基础，这是为了回应工人阶级关于职业法官忽视仲裁员的意见而做出的修改；其三，为了平息人们对于仲裁法庭判决的不满，决定在高等法院之下设立上诉法庭，上诉法庭做出的判决是最终裁决，所有军需仲裁法庭必须遵照执行。[1] 不过，由于上诉法庭受理的案件很少，几个月之后它就不复存在了。

1917 年 8 月 2 日，英国又通过了新的《战争军需法》。与此前的法案相比，新法案带来的变化主要表现在如下几个方面。

其一，1916 年底新成立的劳工部在劳资争议化解中发挥作用。法案规定，任何政府部门以及争议的任何一方均可向劳工部报告，劳工大臣获得授权，为避免争议解决的拖延而制定相关规则，由劳工大臣提交的争议，仲裁法庭必须"在上报之日起 14 天内，毫不拖延并切实可行地做出裁决"。

其二，军需大臣可将某些裁决和协议作为整个行业的共同规则加以强制推行。根据军需大臣命令做出的裁决或双方达成的协议，在涉及工资率、工作时间、雇佣条款等方面，已令人满意地约束了该行业的军需工人和雇主，则可作为全行业规则加以推行。

其三，取消军需工人一直厌恶的限制其人身自由的离职证明，允许军需工人在军需行业内部自由流动，但在雇主已支付周薪或者工人未在至少一周前告知时，不得提前终止军需工作合同。

其四，在争议化解方面，根据法案第一条，军需大臣获得授权，可以对军需行业或者受管控行业的计时工资率给予指导；对于由这种指导而产生的劳资争议，可以提交给 1916 年法案规定的特别法庭来裁决，该法庭成员与生产委员会成员完全相同。[2]

不难发现，1917 年法案在化解劳资争议、重塑劳资关系方面更为细致具体：一方面，法案充分关注前两部《战争军需法》在实践中遭遇的困境，并及时做出了调整，如在仲裁时限的拖延、离

---

[1] G. R. Rubin, "The Origins of Industrial Tribunals: Munitions Tribunals during the First World War", *Industrial Law Journal*, Vol. 6, Iss. 1, June 1977, p. 157.

[2] Ian G. Sharp, *Industrial Conciliation and Arbitration in Great Britain*, pp. 314-315.

职证明对于劳工的限制等问题上，都及时给予了修正；另一方面，法案强化了军需部对于劳资关系的管控，这体现在军需大臣可将仲裁结果及协议作为共同规则在全行业推行，军需大臣可以确定军需行业的计时工资率等。相较于 1915 年通过的第一部法案，新法案中劳资关系管理的自愿主义因素进一步削弱，国家权力渗透下的强制因素达到了顶峰。

从实践而言，《战争军需法》通过后，政府主导下的强制仲裁变得越来越普遍，并逐渐超过民间自愿主义仲裁。1915 年成立的生产委员会，在《战争军需法》颁布后，成为政府解决劳资争议的核心机构。从其裁决劳资争议的数量来看，1915 年为 141起，1916 年为 500 起，1917 年为 815 起，1918 年达到 2298 起。生产委员会接手的第一起裁决案是审查造船业的工资，委员会在做出裁决时指出，战时工资的增长，应被视为战争造成的异常情况所致。而一旦就工资或其他事项做出裁决，在此后至少 4 个月内，政府会拒绝任何一方的改变诉求。通过各项仲裁，生产委员会在确定战时各行业的工资水平及计件工资等方面发挥着重要作用。而劳资双方自行选定独任仲裁员裁决争议的数量，1914 年为81 起，1915 年为 256 起，1916 年为 877 起，1917 年为 1552 起，1918 年为 898 起。①

从演进趋势来看，生产委员会所做出的官方强制仲裁，在1914—1918 年增长了 15.3 倍；而劳资双方发起的民间自愿仲裁，在 1914—1917 年增长迅速，到 1917 年达到顶峰，但到 1918 年又骤然下降了 42%。比较而言，1915—1917 年，提交给独任仲裁员的案件几乎是提交给生产委员会案件的两倍；而 1918 年的情况则有了逆转，由生产委员会所做出的仲裁，首次远远超过民间仲裁，前者约为后者的 2.56 倍。这表明，官方主导的强制仲裁已经占据

① Chris Wrigley, "The First World War and State Intervention in Industrial Relations, 1914-1918", in Chris Wrigley, ed., *A History of British Industrial Relations*, *1914-1939*, p. 27.

主导地位。

那么，为何在战争即将结束时，生产委员会做出的官方仲裁迅速超越民间仲裁而占据主导地位呢？要想了解原因，就必须谈到1917年5月生产委员会的重组。1915年军需部设立后，生产委员会监管工程业、造船业的职能划入军需部，生产委员会仅作为《战争军需法》之下的仲裁法庭而存在，成为战时主要的仲裁机构。1917年的重组是工会争取代表权的结果。重组之后的生产委员会包括：雇主代表两名、工人代表两名、中立的主席两名。随着仲裁案件的增多，生产委员会的成员也逐步扩充，到战争结束时，委员会由5名中立的主席和8位劳资双方代表组成。改组后的生产委员会尽管是官方组建的仲裁机构，但由于劳资双方代表的进入并占据多数，其在获得劳资双方认可度方面大大增强，致使提交给生产委员会的劳资争议骤然增多，并超过了其他两类仲裁机构的案件数量。由此，"生产委员会所做出的裁决，不仅成为其他仲裁机构的指导，而且在其他地方经常成为自愿主义机制的基础"。①

关于战时各类仲裁机构处理劳资争议的情况，根据阿穆尔里勋爵所做的统计，在1915年3月至1918年11月存续期间，生产委员会裁决的争议为3746起，由独任仲裁员组建的临时仲裁法庭裁决的争议为3664起，特别法庭（其成员来自生产委员会）裁决的争议为64起，女性仲裁法庭裁决的争议为346起。战时各类仲裁机构做出的裁决共计7820项，这些裁决几乎完全被双方所接受。②

综合而言，在开战后的第二年即1915年，从生产委员会的建立，到《财政协议》达成，再到《战争军需法》的出台，在劳资争议化解机制的演进之路上，我们可以看到，战前盛行的自愿主义的调解机制逐步被抛弃，而政府主导下的强制仲裁机制渐渐成为主流。到1917年《战争军需法》颁布时，强制仲裁机制达到了顶

---

① Ian G. Sharp, *Industrial Conciliation and Arbitration in Great Britain*, p. 313.

② Lord Amulree, *Industrial Arbitration in Great Britain*, pp. 144-145.

峰。强制仲裁的推行，是战时国家紧急状态下的产物，同时也以爱国之名义，总体上得到了雇主和劳工的支持，从而保障了战时军需及相关行业生产的正常开展，为英国赢得战争胜利打下了基础。不过，由于强制仲裁原则背离了英国传统的自愿主义调解机制，再加上战时国家强力管控政策对劳工利益的侵害，工业领域中的不满情绪始终存在，由此引发的小规模争议及大规模冲突也并不罕见。这就使得在战争即将结束时，英国政府开始重点关注产业纠纷及动荡，并探索从根源上化解劳资争议及冲突的政策，强制仲裁机制由此走到了尽头。

三　自愿主义的回归

　　战时强制仲裁，是战争紧急状态下利用国家权力来化解劳资争议的一种机制，这种强制性机制的运作，一定程度上确保了战时劳资争议的减少，缓解了劳资冲突。但从本质上而言，强制仲裁并未消除劳资争议或冲突的根源，也违背了英国工业领域中的自愿主义传统。因此，在战争后半段，当战争即将结束、和平可期之时，在一些有识之士的推动下，英国政府开始关注工业领域动荡的根源，并根据相关调查委员会的报告，及时调整既定的劳资政策。当战争临近结束时，惠特利报告的出台及其实践、1918 年《行业委员会法》（*Trade Board Act, 1918*）的颁布及仲裁法院的调整，标志着强制仲裁的终结以及自愿主义的回归。

　　当战争还在进行时，劳资争议频发，工业动乱加剧。在裁决劳资纠纷、平息工业动乱的同时，英国政府一方面设立劳工部，专门处理战时劳资关系；另一方面委任成立相关委员会，调查劳资争议及工业动乱的原因，旨在为劳资政策的出台提供相关依据。根据工业动乱调查委员会（Commission of Inquiry into Industrial Unrest）的报告，战时劳资冲突加剧的原因，有如下几点值得关注。

　　其一，劳工们认为，自己正在承受战争的负担，但雇主阶级却利用战争为自身牟取暴利，这种不公平带来的被剥夺感导致了争议的发生。例如，战争期间，政府对煤矿实行国家管控，但为了确保其获得可观的利润，煤矿主向政府施加压力，迫使政府同意将煤矿附属的高炉、焦炉及副产品厂从国家财务管控中排除，这使得煤矿主不仅可以获得管控法规定的标准利润，还可以获得附属企业在管控期间的全部利润。① 然而，矿工工资却没有出现相应增长，这成为战时煤矿业动乱的根源。

其二，战争发生以来，在一些行业中，同类行业熟练工人之间、熟练工人和半熟练工人之间、非熟练工人之间的工资不平等现象大大加剧，这引起了许多人的不满。这种情况，在与军需生产相关的工程行业、造船行业表现得最为明显。大量女工、非熟练工进入军需生产行业后，与熟练工人享有同等的工资水平，削弱了熟练工人原有的优势地位，由此引发的劳资争议越来越普遍。

其三，战时生产领域国家管控的加强，侵蚀了劳资关系领域的自治与自愿传统，劳工和雇主都有所不满。委员会报告显示，接受调查的双方证人对于政府干预表现出强烈的敌意，这种敌意来自两个方面：一是处理劳资关系的政府部门众多，彼此之间缺乏协调；二是生产委员会等政府机构在解决劳资争议时拖延情况严重，并且经常对劳资双方已自行达成的友好协议进行官方干涉。②

从委员会报告中可以看出，劳资冲突及动乱的产生，与战争有着密切的关系：前两条原因是战争对工人阶级权益造成侵害，劳资争议是工人阶级捍卫自身经济权益的表现；而第三条原因为劳资双方对政府干预的不满，因为以强制仲裁为特点的国家干预，背离了劳资关系领域的自治传统。这份报告为英国政府在战争后期出台以自愿主义为宗旨的劳资政策提供了指导。

值得关注的是，战争后期，英国政府调整以强制仲裁为特点的

---

① G. D. H. Cole, *Labour in the Coal Mining Industry*, *1914-1921*, p. 53.

② "*Commission of Inquiry into Industrial Unrest*, Report on Wales, PP 1917-18, xv", in J. T. Ward and W. Hamish Fraser, eds., *Workers and Employers: Documents on Trade Unions and Industrial Relations in Britain since the Eighteenth Century*, pp. 196-197.

劳资政策，还有赖于工会运动的强大压力，谋求工人阶级对车间、工厂、行业的控制权，成为战时工会运动的重要目标。从上层来看，1916 年，哈里·高斯林在全国工会代表大会上做年度报告，明确提出了工人控制权的奋斗目标："我们希望有比仅仅避免失业和罢工更好的事情。我们厌倦了劳资领域的斗争。不管自己的生活条件如何，英国工人都不能安静地向专制政府屈服。即使是在码头、工厂或矿井，他都不会接受'普鲁士主义'。由于战争原因，我们向限制性立法屈服，但当和平来临时，我们摆脱了这些立法。为何这个国家的雇主不能通过允许工人以部分参与的形式为他们自己的生意提供新的基础呢？这不是在利润方面，而是在控制方面。"[1]

战争期间，铁路、煤炭、工程等行业工会都发起了工厂及行业控制权的斗争。以铁路行业为例，战时国家对铁路实施全面管控，全国铁路工人工会就提出，"对于联合起来的铁路工人来说，在铁路系统的安全有效运行方面，如果不授予其适当的控制权及职责，铁路的国有化是不可接受的"。1917 年，铁路工会提出了明确的行业控制目标，即"在联合王国所有铁路的管理方面，全国与地方铁路工会都应该获得平等的代表权"。1918 年，全国铁路工人工会提出一项议案，其中包括："本行业的控制权须置于一个六人委员会的手中，其中三名委员须由铁路工会任命产生。"[2] 该议案由工党议员在下院提出，但后来在政府的劝阻下撤回，政府表示将提出官方的议案。

由于受到战时劳资纠纷及工业动乱的困扰，当《战争军需法》的强制仲裁仍在生效之时，促进战后产业和平的政策也在酝酿之

---

① "TUC, *Annual Report* (1916): Presidential Address by Harry Gosling", in J. T. Ward and W. Hamish Fraser, eds., *Workers and Employers: Documents on Trade Unions and Industrial Relations in Britain since the Eighteenth Century*, p. 198.

② Branko Pribicevic, *The Shop Stewards' Movement and Workers' Control, 1910-1922*, p. 6.

中。实现劳资关系的改善和永久和平，成为战后复兴政策总体规划的一部分。这一构想促成了惠特利委员会的成立及惠特利报告的出台，从而实现了自愿主义劳资关系机制的回归。

1916年3月，阿斯奎斯政府就设立了关于战后复兴的内阁委员会。同年10月，在重建部成立后，一个附属的"劳资关系委员会"设立，其职权范围是："（1）提出并考虑关于永久改善雇主和工人之间关系的建议；（2）为相关部门系统审查影响劳资关系的工业条件提出方案，以期实现状况的改善。"①

为实现这一目标，委员会的构成，除政府官员以外，还包括许多经验丰富的专家。下议院委员会主席惠特利担任主席，后来他成为下议院议长及英国广播公司董事会主席。来自工会的代表有：全国矿工联合会主席罗伯特·斯米利（Robert Smillie），全国普通工人联合会（National Union of General Workers）主席 J.R. 克莱恩斯（J.R. Clynes），联合工程师协会执行委员会委员 F.S. 巴顿（F.S. Button），妇女工会联盟（Women's Trade Union League）执行委员会委员苏珊·劳伦斯（Susan Lawrence）。来自雇主组织的代表有：工程业雇主联盟主席艾伦·史密斯，伦敦与西北铁路公司（London and North Western Railway Company）董事长乔治·克劳顿（George Claughton），英国矿业协会（Mining Association of Great Britain）秘书托马斯·拉特克利夫－埃利斯（Thomas Ratcliffe-Ellis），造船业雇主联合会主席 G.J. 卡特尔（G.J. Carter）。除此之外，委员会还有一些独立的各领域专家，包括：伦敦经济学院经济学教授约翰·霍布森（John Hobson），曼彻斯特大学政治经济学教授 S.J. 查普曼（S.J. Chapman），全国反血汗行业联盟（National Anti-Sweating League）秘书 J.J. 马伦（J.J. Mallon），国民健康保险（National Health Insurance）专员莫纳·威尔逊（Mona Wilson）。委员会的秘书是：阿瑟·格林伍德（Arthur Greenwood），曾任工党副

①　Ian G. Sharp, *Industrial Conciliation and Arbitration in Great Britain*, p. 320.

党魁；H. J. 威尔逊（H. J. Wilson），曾任工业法庭书记官、生产委员会秘书，后成为劳工部常务秘书。①

由于惠特利担任主席，因此"劳资关系委员会"通常又被称为"惠特利委员会"。与以往劳工问题调查委员会相比，惠特利委员会有着鲜明的特点：其一，委员会成员来源非常广泛，涵盖了劳资双方代表、政府代表及独立派人士，具有充分的代表性；其二，委员会中劳资双方拥有完全平等的代表权，即工会代表人数与雇主代表人数完全相等；其三，处于第三方的多名独立派人士进入委员会，其立场的中立性有利于确保委员会报告的客观性；其四，委员会的关注点并非劳资冲突的事后补救，而是事前预防。

惠特利委员会成立后，对劳资关系领域进行了广泛而深入的调查，并充分关注到了战时该领域发生的重大变化，这包括：（1）工会力量的壮大及其地位的提高，政府认识到，工会代表与雇主代表一样不可或缺；（2）战时工会及雇主的组织化程度进一步提高，多年战争促成了双方合作，雇主逐渐习惯于与工会开展集体谈判；（3）战时国家对于工业的大规模干预，侵犯了个人权利，尽管意图不同，但劳资双方却联合起来，呼吁产业"自治"。②

惠特利委员会充分认识到了工业领域所发生的重大变化，从1917年3月8日发布第一份报告，至1918年7月1日发布最后一份报告，委员会一共发布了5份报告。其中第一份报告最为全面细致，第二、三、四份报告是对第一份报告的阐释和补充，而第五份报告则是对前四份报告的总结。惠特利委员会的报告基于三个基本假设：承认工会主义；在工业领域实现广泛自治的必要性；接受战前政府在行业规范中的非强制性政策。③ 以此为基础，惠特利委员会提出了永久性改善劳资关系、实现产业和平的建议，即建立联合工业委员会（Joint Industrial Councils）的方案。

① John Sheldrake, *Industrial Relations & Politics in Britain*, 1880-1939, pp. 30-31.
② Ian G. Sharp, *Industrial Conciliation and Arbitration in Great Britain*, pp. 322-323.
③ Ian G. Sharp, *Industrial Conciliation and Arbitration in Great Britain*, p. 323.

在 1917 年发布的第一份报告中，委员会提出："非常重要的是，战争期间建立起来的各阶层之间的合作关系，特别是劳资双方的合作关系，在战后应该延续下来。……为此目的，每个行业都应该建立一个代表雇主和劳工的组织，其宗旨在于对影响行业发展及福祉的所有问题做常规的考虑。"鉴于"为雇主和劳工提供适当的组织机制是劳资关系永久改善的一个必要条件"，委员会向政府提出建议，要求政府促成各行业建立不同层级的组织机制。根据组织化程度的不同，惠特利委员会将所有行业分为三类，每一类对应不同层级的组织。

第一类行业：雇主和劳工组织的发展已非常充分，其自认为足以代表本行业内的绝大多数人；第二类行业：劳资双方或其中一方，其组织发展虽然可观，但在程度上不如第一类行业那样显著；第三类行业：劳资双方或其中一方，其组织发展很不完善，未能建立能够充分代表本行业群体的任何组织。

针对不同行业劳资双方组织化程度的不同，委员会提出建议：在第一类行业中，应该建立从全国到地方再到工厂的三层级组织，即全国联合工业委员会（National Joint Industrial Comcil）、区域联合委员会（Joint District Council）、工厂联合委员会（Joint Works Committee）。各委员会在处理本行业事务时执行共同规则，从而确保最大限度地采取一致行动："每个组织都与其他组织相互联结，从而形成一个可以涵盖全行业的机构；该机构能够就影响行业福祉的事项进行审查并提出建议，并就雇主和劳工共同关心的产业事务加以讨论和解决，给予劳工们明确的和更大的份额。"[1] 在第二类行业中，应该建立代表雇主组织及工会的区域联合委员会，推动不同行业内既定谈判机制的发展。在第三类行业中，应该在各个工厂

---

[1] The Bureau of Industrial Research, compiled, *The Industrial Council Plan in Great Britain: Reprints of the Whitley Committee on Relations between Employers and Employed of the Ministry of Reconstruction and of Related Documents*, Washington: The Bureau of Industrial Research, 1919, p. 57.

建立代表管理者及受雇劳工的工厂联合委员会，工厂联合委员会要与地区性及全国性组织保持密切合作。

在各层级委员会中，劳资双方任命同等数量的代表加入委员会；委员会是一个常设性机构，将定期召开会议；委员会将就劳资双方关心的问题进行讨论和协商，旨在达成符合双方利益的协议，进而消除劳资冲突的根源。

惠特利委员会的第一份报告构建起未来不同行业劳资关系的基本框架。第一份报告的关注点是第一类行业，其建议是建立全国—地方—工厂的三层级的组织机制。委员会发布的第二份报告，针对第二、三类行业建立联合工业委员会提供了具体方案。报告指出：对于当前劳资双方组织非常薄弱或完全缺乏的行业，应该根据1918年《行业委员会法》，对行业委员会体系进行调整和扩大。[1]对于组织规模庞大但尚未普及的行业，可以在政府的帮助下建立联合工业委员会机制；当这些行业发展到第一份报告所阐释的阶段时，政府的帮助便不再需要。在第二份报告中，委员会还提出一项计划，即当某个行业就其雇员在特定工作条件下的最低工资达成协议时，该行业的联合工业委员会就可以将协议标准向其他地区或全国推广。[2]

---

① 作为旨在改善雇主和劳工关系更广泛战略的一部分，惠特利委员会关于调整与扩大行业委员会的建议被政府所采纳。1918年，政府出台《行业委员会法》，根据规定，管理扩大后的行业委员会体系的责任从贸易委员会转移到劳工部。相较于此前的1909年《行业委员会法》，新法案在三个方面做了调整：其一，劳工大臣有权在未经议会确认的情况下将该法案适用于新的行业；其二，劳工大臣可以这样做，不仅是因为新的行业工资水平特别低，也是因为其雇主和劳工的组织化程度很低，因而无法进行有效的集体谈判；其三，委员会不仅有权确定工时和计件工资，还可以确定加班工资和保障计时工资率工资。在1918年法案通过后，行业委员会数量迅速增加。到1920年底，全国建立起63个行业委员会，覆盖工人数量约300万人。参见 John Sheldrake, *Industrial Relations & Politics in Britain*, 1880-1939, p. 37。

② The Bureau of Industrial Research, compiled, *The Industrial Council Plan in Great Britain: Reprints of the Whitley Committee on Relations between Employers and Employed of the Ministry of Reconstruction and of Related Documents*, p. 58.

从内容来看，第一份报告和第二份报告共同构成了一个计划，旨在涵盖全国所有主要行业，并为每个行业组建一个有代表性的联合机构。该机构能够处理影响雇主和劳工所关心的行业福祉的事项，并关注行业状况的逐步改善，以此作为国家繁荣的一个有机组成部分。

第三份报告关注的主题是劳资双方组织化程度很低、未能建立代表性机构的行业，这些行业应该建立劳资双方共同参加的工厂联合委员会。作为一项普遍原则，工厂联合委员会要在固定的时间召开周期性会议，至少保证每两周一次。工厂联合委员会所关注的是工厂内部劳资双方共同关注的问题，包括影响劳工日常生活及工作舒适度、工作效率及工厂发展等方面的问题。[①]委员会认为，工厂联合委员会不会对工会主义构成威胁；恰恰相反，在广泛的工业结构基础上建立的工厂联合委员会，必将能够更好地捍卫在工厂内的劳工利益。工厂联合委员会的设立，能够从基层来推动雇主和劳工关系的改善。

从惠特利委员会发布的前三份报告可以看出，委员会希望建立一种全新的劳资关系机制，在这种机制的运作下，雇主和劳工之间的关系能够得到持续改善。全国—地方—工厂这三层级的常设委员会设立后，劳资双方通过定期召开会议，持续审查行业发展状况，消除争议的根源，化解已产生的争议。在劳资互信建立后，通过制度化对话，劳资冲突得以避免。[②]

不过，惠特利委员会也意识到，即便在行业自己建立的联合机构中，有一些争议可能还是无法自行解决。为此，委员会发布的第四份报告则关注争议解决机制，即调解与仲裁机制。报告指出以下

[①]　"Committee on Relations between Employers and Employed, *Final Report*, Cmd 9153（1918）", in J. T. Ward and W. Hamish Fraser, eds., *Workers and Employers: Documents on Trade Unions and Industrial Relations in Britain since the Eighteenth Century*, p. 199.

[②]　John Sheldrake, *Industrial Relations & Politics in Britain*, *1880-1939*, p. 32.

几点。

其一，鉴于强制仲裁在战时都未能成功地阻止罢工，那么，毫无疑问，其在和平时期也不可能获得成功。这是因为，履行劳资协议的最好依据是道德义务上的一致，而不是法律上的强制。因此，委员会反对任何形式的强制仲裁，倡导推广自愿主义机制，以化解争端。当争议方无法自行弥合分歧时，委员会建议，由劳工部授权设立调查法庭，在了解争议的现实及原因后，发表一份权威性声明，而非做出强制仲裁。

其二，当劳资双方希望将争议提交裁决时，尽管双方可以自行选定独立仲裁员，但委员会还是建议，按照目前临时生产委员会的模式，建立一个常设仲裁委员会。当劳资双方按照日常程序无法达成协议并希望将其提交仲裁时，仲裁委员会才可以对影响整个行业的争议及共同规则做出裁决，这实际上是拒绝了当时仍在生效的强制仲裁机制。[①]

1918年7月1日发布的第五份报告，对前面四份报告进行了简要总结。报告指出：战时内阁接受了第一份报告，并由劳工部分发给全国的雇主组织及工会，在一些行业或地区，联合工业委员会先后建立起来，取得了可喜的成效；而随着劳工部与重建部的建立，政府也成立了一些专门机构，来协助各行业成立自己的联合组织；"这个机构的功能以及已建立的各种咨询委员会所开展的活动，将必然包括对劳资关系及由此产生的相关问题的审查；与现存的委员会相比，在与我们所建议设立的联合工业委员会的协助下，这个机构毫无疑问将能更好地提供建议和指导"。[②] 基于此，委员会认为，由于担心其与这些新机构重叠，并考虑到其任务已经完成，委员会希望在政府的允许下解散。

---

① W. Hamish Fraser, *A History of British Trade Unionism*, 1700–1998, p. 141.

② The Bureau of Industrial Research, compiled, *The Industrial Council Plan in Great Britain: Reprints of the Whitley Committee on Relations between Employers and Employed of the Ministry of Reconstruction and of Related Documents*, p. 60.

从惠特利委员会所发布的报告来看，其核心内容是：根据劳资双方组织化程度的不同，建立由劳资双方共同参与的不同层级的委员会，即全国性的联合工业委员会以及附属的区域联合委员会、工厂联合委员会。需要强调的是，委员会的职权范围几乎涵盖了劳资关系的所有方面，不仅包括常见的工资、工时问题，还包括生产与雇佣的规范化、行业信息的收集与统计、从业劳工健康状况的改善等问题。[1] 通过各层级联合工业委员会的建立以及对行业几乎所有问题的协商，旨在建立一种全新的劳资关系协调机制，这通常被称为"惠特利计划"或"惠特利主义"。惠特利计划包含如下四个核心原则。

第一，全国性原则，即劳资双方合作机制的作用范围必须是全国性的。地方和区域在谈判中不能再被视为毫无联系的个体，因为一个地区的调解方案肯定会对其他地区产生影响，建立全国性委员会是首要的需求。不过，这种全国性的合作机制，在实践过程中，必须实现从中央到地方再到工厂的扩散。这就使得，在组织化程度相当高的行业，即便创建了全国性的联合工业委员会，在地方及工厂层面，创建附属性委员会也非常有必要。后者在主动采取行动、迅速化解争议方面往往发挥着更为直接的作用。

第二，长期性原则，即各层级联合工业委员会不是临时性机构，而是长期存在的常设性机构。从历史上看，劳资双方自行组建联合机构来规范行业规则、化解劳资争议，在 19 世纪 60 年代就已经开始了，诺丁汉制袜业调解与仲裁委员会、伍尔弗汉普顿建筑业调解与仲裁委员会就提供了很好的先例，但这些机构存续的时间并不长。而惠特利报告所构想建立的联合工业委员会，"是雇主和劳工之间自行成立的永久性、持续性机构，这通常被认为是一个创举"。[2] 正如委员会报告所指出的：事实证明，临时协商比长期接

---

[1] Lord Amulree, *Industrial Arbitration in Great Britain*, p. 152.

[2] Lord Amulree, *Industrial Arbitration in Great Britain*, p. 151.

触的效果要差，一旦中断就很难恢复，因为任何一方的主动都可能被视为虚弱的信号。因此，在一个常设机构中进行定期的联系对于相互理解及双方成员之间关系的改善都有益处。

第三，自治性原则，即广泛推行产业自治。委员会坚信，雇主和劳工之间关系的长足进步，必须建立在产业自治基础之上。长期以来，雇主及其组织在行业规范制定、工厂管理、工资工时、工作环境等方面拥有绝对的主导权。战争时期，无论是工会领导层，还是基层的车间代表，均明确提出了工厂管理及控制权的诉求。建立各层级的联合工业委员会，让劳资双方享有平等的代表权，不仅能促成劳资互信及良好关系的建立，同时也是推动产业自治的重要途径。

第四，自愿性原则，即实现向战前自愿主义机制的回归。委员会反对"任何形式的强制仲裁，因为没有理由相信它是雇主和劳工所期待的，总体上也得不到他们的支持，显然这种强制会导致动乱"。① 在劳资争议产生后，委员会建议由劳资双方自行协商解决；只有在无法协商一致时，经双方同意才可以提交仲裁。因此，委员会"强调尽可能地继续实行目前的制度，让各行业自己达成协议，自己解决分歧，才是明智之举"。② 基于此，政府机构的职责仅限于向各行业委员会提供相关建议，"要求劳资双方采取必要措施"，但不应采取立法措施来强制劳资双方遵守。

不难发现，惠特利计划中所包含的核心原则，其最基本的出发点在于促进劳资关系的永久性改善。全国性原则旨在实现行业规范在全国范围内实施，避免因区域差异而产生争议；长期性原则保障了联合工业委员会的常设地位，为劳资双方的日常沟通提供了交流平台；自治性原则满足了战时工会及车间代表关于工人控制的诉

① The Bureau of Industrial Research, compiled, *The Industrial Council Plan in Great Britain: Reprints of the Whitley Committee on Relations between Employers and Employed of the Ministry of Reconstruction and of Related Documents*, p. 39.

② Ian G. Sharp, *Industrial Conciliation and Arbitration in Great Britain*, p. 327.

求，一定程度上促进了产业民主的实现；自愿性原则，也是最为重要的原则，与《战争军需法》中的强制仲裁原则完全背离，体现出争议化解机制向传统自愿主义的回归。四项原则密切关联，构建起以自治、自愿、协商、合作为特点的新型劳资关系。

1917 年 3 月惠特利委员会第一份报告发布后，得到政府的高度重视。战时内阁经过讨论，很快接受了惠特利计划。7 月，政府将报告分发给了全国组织化程度较高的行业中的 107 个雇主协会与 183 个行业工会，以征询其立场和看法。到了 10 月，政府没有收到任何反对该计划诸原则的回复，只收到了 5 条反对在其行业实施该方案的回复。由此，政府随即宣布接受该项建议，将其作为战后重建政策的重要部分。

惠特利计划提出后，得到了重建部及劳工部的大力支持。1917 年 8 月，重建部成立，重建大臣克里斯托弗·艾迪森在就任后的第一次公开演讲中，积极倡导各行业成立惠特利计划所倡导的联合工业委员会。与此同时，他还领导成立了隶属于重建部的工业重建委员会（Industrial Reconstruction Council），以宣传惠特利报告中的知识和建议。1918 年初，重建部声称："到目前为止，在重建计划方面，惠特利报告得到了相互对立的两派的认可，这是最鼓舞人心的进展。"[1]

劳工部于 1916 年 12 月建立，随后承担起落实惠特利计划的重任。1917 年 10 月 20 日，劳工大臣乔治·罗伯兹（George Roberts）向主要雇主组织及工会发出通函，敦促其尽快落实惠特利计划，建立联合工业委员会。在这封公开信中，为了打消雇主组织及工会对于国家干预的顾虑，罗伯兹在信中特别澄清了四点。第一，尽管国家希望组织化程度较高的行业毫不拖延地尽快建立委员会，但其组建主要是行业内部事务，各行业将依据自治原则来实施，成功组建的委员会将是一个自治机构，事实上也将获得比现在更大的行业自

---

① John Sheldrake, *Industrial Relations & Politics in Britain*, *1880-1939*, p. 35.

治权。第二，惠特利计划在不同行业的实施可以是有差别的，"每一行业可以根据自身需要，以最为合适的方式来接受并实施报告中的相关条款"。第三，联合工业委员会的代表权建立在行业现有雇主组织和工会的基础之上，"因为委员会的权威性与效用性完全依赖于其对不同利益的代表程度，并需要得到现有组织的全力支持"。第四，尽管惠特利计划由官方提出，但其意图并不在于促进强制仲裁，"在处理争议时，无论达成什么样的协议，都必须由行业自身去设计；协议的效力必须依靠与其实施相关的组织之间的自愿性合作"。[1]

在此基础上，罗伯兹阐释了政府在建立联合工业委员会问题上的立场：依据惠特利计划所建立起来的联合工业委员会，在政府出台相关立法时，将被视为最能代表相关行业的组织；"在影响到其所代表行业的未来所有问题上，委员会将获得政府承认，成为官方常设性咨询委员会"，进而成为政府了解各行业状况的通常渠道。罗伯兹表示，在各行业建立委员会过程中，劳工部将非常乐意提供任何帮助，同时也乐于接受来自劳资双方的任何建议。[2]

在信件发出后，劳工部编写和分发了阐述惠特利计划的小册子，同时就建立联合工业委员会和工厂联合委员会提出了官方建议，这些建议构成了可作为所有行业基础的框架。1918年，劳工部之下成立了联合工业委员会局（The Joint Industrial Council Division），专门负责协助组建各行业联合工业委员会，包括安排行业双方的会议、协助起草章程、解决各组织之间代表任命方面的分歧、主持新的委员会首次会议的召开等。[3]

---

[1]　The Bureau of Industrial Research, compiled, *The Industrial Council Plan in Great Britain: Reprints of the Whitley Committee on Relations between Employers and Employed of the Ministry of Reconstruction and of Related Documents*, p. 7.

[2]　The Bureau of Industrial Research, compiled, *The Industrial Council Plan in Great Britain: Reprints of the Whitley Committee on Relations between Employers and Employed of the Ministry of Reconstruction and of Related Documents*, p. 9.

[3]　Ian G. Sharp, *Industrial Conciliation and Arbitration in Great Britain*, p. 326.

　　尽管关注到了战争期间劳资双方的意愿与诉求，并且得到政府的大力支持，但从实践层面来看，战争末期及战后初期，惠特利计划在各行业接受及实施的状况存在显著差异。有意思的是，在一些组织化程度较高的行业，如煤炭、工程、造船、纺织等，这些行业的大工会选择无视或拒绝接受该计划，而更青睐于自己的谈判方式；大多数已建立雇主组织的行业，雇主对于建立工厂联合委员会的想法缺乏热情，因为他们相信，这将直接侵害到其管理特权。[1]

　　虽说如此，一些组织化程度不高的新行业还是抓住了这个机会，劳资双方在政府的敦促下纷纷成立联合工业委员会。截至1918年12月1日，成立全国联合工业委员会的行业包括：烘焙、床架制造、线轴制造、建筑、重化工、瓷土、家具制造、金银及其附属、针织品、皮具、火柴制造、刷漆、陶器、橡胶、锯木、丝绸、汽车制造，以及苏格兰羊毛和精纺。全国联合工业委员会还参与起草以下行业的行业章程：鞋靴制造、商业道路运输、电力承包、电力供应、供暖及家庭工程、非商业性市政就业、渔具、报纸、印刷、滚筒雕刻、外科器械制造、锡矿、马口铁、电车、自来水厂等。[2] 值得关注的是，惠特利委员会最初的意图是使联合工业委员会覆盖所有私营企业，但事实上，国有行业的公职人员成为主要的受益者。邮政署（Post Office）、政府文官及皇家造船厂成为最早一批实施惠特利计划的国有机构与群体。

　　从联合工业委员会的建立来看，1918年1月，制陶业建立起第一个全国性委员会，紧随其后的是建筑业于5月成立的全国性委员会。截至1918年末，有20个联合工业委员会召开了其第一次会议，所涉及行业大多具有地方性、专业性特点。1919年4月，公

① W. Hamish Fraser, *A History of British Trade Unionism*, *1700-1998*, p. 142.

② "Labour Research Department, *Monthly Circular*, III, 6（1 Dec. 1918）", in J. T. Ward and W. Hamish Fraser, eds., *Workers and Employers: Documents on Trade Unions and Industrial Relations in Britain since the Eighteenth Century*, p. 200.

共事业领域第一个委员会——非商业服务地方局（Local Authorities Non-trading Service）宣告成立，随后在 7 月，在行政和法律部门，第一个文官领域的委员会也建立起来。此后，该计划被其他政府机构以及地方当局所采用，惠特利计划所倡导的机制在这些部门的运作最为顺利。[1]

从委员会的发展来看，1919 年 7 月，全国性的联合工业委员会数目为 41 个，到 1921 年底增加到 73 个，与之并存的还有 150 个区域联合委员会和 1000 个工厂联合委员会。1918—1921 年，通过附属的联合工业委员会局的努力，劳工部积极推动建立委员会，召开代表会议，并就组织问题提供建议。

从惠特利计划的实施成效来看，战争末期及战后初期，联合工业委员会在政府部门及一些私营部门的运作较为成功，但在一些组织化程度较高的行业，则根本无法推行。而在接受惠特利计划的行业或部门中，联合工业委员会在解决相关行业劳资争议方面总体上是成功的，由此在一定程度上避免了战后初期的工业动荡。不过，在推动产业自治与产业民主、实现劳资双方对工厂及行业的共同管理方面，联合工业委员会却面临巨大的挑战。正是这种挑战，削弱了劳资双方对于惠特利计划的热情。1921 年，全国性联合工业委员会中，有 15 个已停止运作；在随后的 1921—1930 年，新成立的全国性委员会只有 3 个，而停止运作的全国性委员会却达到 30 个。[2] 政府对惠特利计划的直接支持，在战后迅速变化的形势下走向终结，直到第二次世界大战时才恢复。

综上所述，第一次世界大战时期是英国劳资关系史上的一个独特阶段。从劳资关系状况的发展来看，从战争初期的暂时和平，到战争中期非官方罢工的兴起，再到战争后期劳资冲突的剧烈化，劳资关系在政府的高压政策之下却呈现出不断恶化的趋势。这表明，

---

[1]　Ian G. Sharp, *Industrial Conciliation and Arbitration in Great Britain*, p. 329.

[2]　John Sheldrake, *Industrial Relations & Politics in Britain, 1880-1939*, p. 36.

单纯地依靠国家干预，并不能构建一种良性的劳资关系。从战时劳资双方的组织发展来看，工会力量走向壮大，地位得到空前加强；但作为工会基层代言人的车间代表，却不满工会上层与政府及雇主的合作政策，发起了较为激进的车间代表运动，引发了剧烈的劳资冲突；受到工会力量壮大的影响，战时雇主组织纷纷建立，并逐步走向了联合。在战争期间，随着劳资双方组织化程度的提高，作为第三方的政府直接介入生产领域，出于战争需要而实现了对关键性行业的管控；在劳资争议化解方面，通过出台《战争军需法》，政府引入了强制仲裁原则，实现了政府权力向工业领域的扩张，为战时快速有效地化解劳资争议提供了保障；违背自愿主义传统的强制仲裁并未能避免或阻止劳资冲突的加剧，这使得在胜利曙光初现之时，英国开始考虑建立以自治和自愿为基础的全新的劳资关系，惠特利计划在这一背景下提出，并在战争结束之年付诸实践，意味着国家权力的退出，劳资关系协调机制从强制仲裁向自愿主义回归。

第 三 章

零和博弈下的对抗：一战后初期的
英国劳资关系（1918—1926）

　　自一战结束至20世纪20年代中期是英国经济由盛转衰的时代。经济、政治环境的变化直接引起产业环境的改变，并进一步对劳资关系的发展产生影响。劳资关系的波动成为一战后突出的历史现象，在整个时期，英国的劳资关系始终保持对抗态势，但各阶段劳资关系的具体内涵又呈现出鲜明的阶段性特征。战后重建时期，工会对雇主的主动进攻推动了劳资对抗的兴起。20年代初，经济危机导致雇主强制降低雇佣待遇，劳工予以强烈抵制，劳资对抗仍旧延续。20年代中期，矿工联合其他劳工群体一道发起大罢工，与雇主、政府展开斗争，劳资对抗走向高潮。在劳资关系发展过程中，劳资博弈的策略与互动特征发生变化，工会积极实行组织合并与领导机构改革，而雇主在着力加强内部组织性的同时调整了劳资关系战略。在劳资对抗、产业萧条的冲击下，集体谈判制的发展陷入困境。面对劳资对抗愈演愈烈的困局，政府多策并举，直接干预与间接干预相结合，包括改进劳资争议处理机制、推动工资与失业保险立法、推行住房与养老金改革。一战后初期，英国劳、资、政三方的互动充分体现了零和博弈的特征。

第一节　劳资关系发展的基本态势

自一战结束到 20 年代中期，劳资对抗在劳资关系发展中始终占据主导地位。但随着社会经济环境的变化，劳资对抗的起因、内容、形式等都在发生改变，劳资关系的具体内涵呈现出阶段性的特征。战后重建时期，经济繁荣及工会实力飙涨推动劳工阶层向雇主进攻，各行业中以增加工资和减少工时为目的的罢工接连不断，战时合作终结，劳资对抗兴起。20 年代初，由于经济环境恶化，雇主为摆脱行业危机开始降低雇佣待遇、加强生产管理，这些举措再次激化劳资矛盾，劳工群起反抗，劳资对抗延续。到 20 年代中期，经济形势再度恶化，各工会团结在矿工周围，与雇主、政府博弈，1926 年大罢工成为一战后劳资对抗的顶峰。

一　战后重建时期劳资对抗的兴起

1918—1921 年是英国的战后重建时期，彼时战时国内外贸易中断、物资紧缺、市场需求受压抑的局面结束，英国经济呈现出一派欣欣向荣的景象。在此背景下，一方面，饱受苦难的劳工阶层越发认识到自己为战争的胜利做出了巨大的牺牲，对既有雇佣协议的不满情绪日益激增；另一方面，工会因战争期间的积极表现得到官方认可，战后工会规模进一步扩大，实力飙涨。由此，各工会向雇主和政府发起猛烈进攻，强烈要求改善经济待遇。正如乔治·台德（George Tate）所指出的：战后，劳工运动以汹涌澎湃的声势出现，这是自宪章运动全盛时期以来从未有过的现象，工会通过战前的罢工斗争和战时的艰苦生活得以觉醒，他们抱定决心，要结束其贫困和被剥削的悲惨生活。[①] 战后初期劳工阶层的"直接行动"（direct

———————————

[①]　[英] 莫尔顿、台德：《英国工人运动史（1770—1920）》，叶周、何新等译，第 294 页。

action）对劳资关系的发展产生重大影响。一战以来，在政府积极
干预下得以保持的劳资相对和谐的状态开始在国家干预解禁后发生
转变，劳资关系由合作走向对抗。

战后重建时期劳资关系的对抗性体现在诸多方面，当时的罢工
次数、罢工人数及罢工造成的工作日损失数都清晰地反映了劳资关
系的紧张化。从罢工次数看，一战时期英国每年爆发的劳资冲突数
量仅维持在 500—1000 次，但在战后两年内，这一数据全部在 1000
次以上，最高达到 1600 多次。从罢工人数看，战后每年卷入劳资
冲突的工人数由战时的数十万飙升到数百万，其中 1919 年高达
259.1 万人。从罢工造成的工作日损失看，战后第一年工作日损失
就高达 3600 万个，战时每年数百万个的工作日损失与此相比，可
谓相形见绌。[1] 若进一步与战前的 "大规模劳工骚动" 对比，战后
重建时期劳资纠纷的数据亦远超当年。"在自 1917 年以来的 5 年
中，参加罢工的人数和损失的工作日比包括 '大动荡' 时期大战
前的 5 年间的同类数字高出一倍以上。"[2] 这些数据分析表明，战
后重建时期劳资关系走向恶化，劳资冲突数量剧增，其激烈程度远
超战时和战前的情况。

劳资对抗是战后重建时期劳资关系的主色调，从劳资冲突爆发
的根源看，主要有以下几个方面的原因。其一，战后经济环境的变
化和生产领域的调整是劳资纠纷频发的重要原因。战后经济的短暂
繁荣导致通货膨胀，生活成本上升，工人的实际工资下降，劳工要
求增加工资以弥补这种损失。例如，1918 年棉纺织工人在要求雇
主增加工资时表示：现行工资既未考虑到生活成本的上涨，也未能
保证劳工在行业营收中获得公平的分配。[3] 而经济重建要求社会生
产的主要物品由战时军需品转向社会消费品，军火工业停产，数百

---

① Tony Van Den Bergh, *The Trade Union: What Are they?*, p. 239.

② ［英］莫尔顿、台德：《英国工人运动史（1770—1920）》，叶周、何新等译，
第 297 页。

③ Lord Askwith, *Industrial Problem and Disputes*, p. 461.

万名军人复员。原本为战争服务的大批人员重新回到劳动力市场，各经济部门无法在短期内消化这批劳动力，就业状况恶化，失业率随之上涨。根据工会的统计数据，失业率从 1918 年 10 月底的0.4%上升至 1919 年 2 月的 2.8%。① 该数据尚未将女工和非技术工人包括在内，实际的失业情况要更加严重。事实上，战后军工生产结束直接导致高达 150 万名女工失业。② 工会为避免就业状况进一步恶化，要求雇主缩短工时，由此引发劳资纠纷。例如，1919 年克莱德工人委员会的成员就表示：实现 40 小时周工作制可以使该地区失业人数减少，为此他们将不惜发起地区总罢工。③

其二，政府劳资政策的变化为劳资对抗的兴起提供了外在条件。一战期间，为有效组织社会生产以服务战时需要，政府通过立法干预劳资争端，禁止罢工闭厂，采用强制仲裁处理劳资纠纷。劳工群体迫于政府的高压管制，在工业生产中秉持合作态度，因而战时的劳资关系相对和谐。战后，为完成对经济社会的重建，政府调整劳资政策，放弃对劳资关系的强制干预，向自愿主义回归。政府采取的措施包括：废除《战争军需法》，恢复工会的罢工权利；废除对劳资纠纷的强制仲裁，鼓励劳资双方进行集体谈判；颁布《战前惯例恢复法》（Restoration of Prewar Practices Act），恢复劳工在战前的各种工作惯例；等等。总之，政府劳资政策的变化为劳资双方争取自身诉求解除了"枷锁"，随之罢工增多，劳资冲突加剧。

其三，战后工团主义思想的广泛传播增强了劳工群体的斗争性，工会积极进攻导致劳资对抗激烈。工团主义思想是工会运动的一股新思潮，战前已盛行一时。与以往的工会运动不同，工团主义思想

① H. A. Clegg, *A History of Britain Trade Unions since 1889*, Vol. 2, *1911 - 1933*, p. 241.

② Chris Wrigley, "The Trade Unions between the Wars", in Chris Wrigley, ed., *A History of British Industrial Relations*, *1914-1939*, p. 109.

③ ［苏］弗·格·特鲁汉诺夫斯基：《英国现代史》，秦衡允、秦士醒译，生活·读书·新知三联书店 1979 年版，第 30 页。

指导下的工会运动不仅提出增加工资、缩短工时等传统目标，而且有着改造社会的宏大意图，试图建立一个以工会为基础的社会秩序。实现这一目标的手段在于，对内推动工会合并，增强工会实力，对外通过罢工活动迫使资本家做出让步。一战以来，工团主义思想传播更加广泛，越来越多的工会试图通过"直接行动"迫使资本家屈服。正如亨利·佩林所指出的那样，战后重建时期工业部门的异常动乱和工会的"好斗"，在一定程度上是由经济状况恶劣，以及战前风行一时的"直接行动"思想在工会领袖中仍然广泛传播造成的。①可以说，工团主义思想是战后劳资对抗兴起的重要催化剂。

这一时期劳资冲突的特征鲜明。从劳资冲突的影响范围看，战后重建时期的劳资冲突分布广泛，涉及众多行业。1919年爆发的1400多次纠纷中，涉及煤矿业（212次）、其他采矿及采石业（32次）、工程及造船业（188次）、其他金属业（126次）、运输业（129次）、纺织业（61次）、服装业（77次）、木工及家具业（62次）、建筑业（150次）及其他行业（277次），公共部门中的地方政府服务机构也爆发过99次纠纷。② 1920年这些行业产生的纠纷更多。具体来看，1919年初便发生电力、工程、伦敦地铁工人的罢工，同年6—7月棉纺织工人及煤矿工人开始罢工，9—10月有铁路工人的罢工。1919年末冶金工业爆发罢工，这次罢工持续了105天，参加罢工的工人数达6.5万人。1920年2月，南威尔士有1.8万名炼钢工人举行罢工。③ 1920年10月，煤矿工人为提高工资再次罢工。公共部门中最具代表性的劳资纠纷发生在警察行业，该群体在战争结束前后两度罢工。1918年全国警察与监狱官联合会

---

① ［英］亨利·佩林：《英国工党简史》，江南造船厂业余学校英语翻译小组译，人民出版社1977年版，第51页。

② Ministry of Labour, "Employment, Wages, Hours of Labour, Prices and Disputes", *The Ministry of Labour Gazette*, January 1920, p. 6.

③ ［苏］弗·格·特鲁汉诺夫斯基：《英国现代史》，秦衡允、秦士醒译，第37页。

（National Union of Police and Prison Officers）要求政府改善待遇，并承认工会为警员的代表，8 月 30 日 1.2 万名警员停工，政府不得不做出让步。1919 年为加强对警员的管理和控制，政府通过了《警察法》（The Police Act, 1919），该法被称为"警察宪章"。法案大幅改善了警察群体的待遇，在提高工资的同时要求给予所有职级的警察免费住房或住房津贴。立法还要求建立英格兰和威尔士警察联盟（Police Federation of England and Wales），作为警员利益的代表组织。纠纷发生时，联盟负责与政府协商，但无权罢工。联盟成立后，任何警员不得再加入任何工会。[1] 警察联盟的成立导致警察工会的存在受到威胁，8 月工会发起罢工，伦敦有上千名警察停工，但其他城市的警察消极响应，罢工以失败告终。可以说，战后重建时期的劳资冲突影响范围广，各行各业的劳工斗争热情高涨。

从劳资冲突的焦点看，各行业的劳资纠纷主要围绕工时、工资问题展开。在煤矿、纺织业，工资、工时问题同时成为冲突的核心。以纺织业为例，1919 年 1 月，纺织厂工人混合协会（The United Textile Factory Workers Association）代表所有纺织业工会，要求雇主将每周工作时间从 55.5 小时削减到 44 小时，同时基本工资增加 50%，或在现有收入的基础上增加 25%，以阻止实际工资的减少。而纺织业雇主表示只能在不补偿工人收入损失的基础上将每周工时减少至 49.5 小时，或者在每周工时 48 小时的条件下基本工资增加 15%。纺织工人与雇主围绕工时及工资问题讨价还价，互不相让，谈判走向破裂。同年 6 月，工会的罢工投票通过，45 万名纺织工人停工，进行了长达 18 天的罢工，造成工作日损失达 800 万个以上。最终纺织工人获得胜利，工时减少到每周 48 小时，基本工资增加 30%。[2]

---

[1]　Joseph F. King, "The United Kingdom Police Strikes of 1918 – 1919", Police Studies, Vol. 11, Iss. 3, Fall 1988, p. 136.

[2]　H. A. Clegg, A History of Britain Trade Unions since 1889, Vol. 2, 1911 – 1933, p. 267.

工时纠纷的代表是工程业。停战伊始，联合工程师协会与工程和轮船制造业协会联盟要求工程业雇主联盟减少工时。双方就此达成协议，在不削减工资的条件下，每周工作时间从 54 小时减少到 47 小时。虽然联合工程师协会声称该协议的签订是英国工会运动的一次巨大胜利，但雇主的让步远未达到格拉斯哥、贝尔法斯特和伦敦工程业劳工的期望。格拉斯哥的工程业劳工争取 40 小时周工作制，并要求恢复传统的早餐休息时间，贝尔法斯特劳工相应的诉求是 44 小时周工作制，他们为此不惜发起罢工活动。① 在苏格兰，工程业劳工的罢工迅速扩展到大多数造船厂和工程工厂。但工程业工会总部对这种非官方的罢工活动不予支持，并阻止了格拉斯哥和贝尔法斯特的区域联合委员会的活动。与此同时，政府动用军队和警察进行镇压，引发乔治广场之战（Battle of George Square），最终工程业劳工不得不在 1919 年 2 月中旬复工。虽然劳工群体的工时诉求并未完全达成，但工时的普遍减少是战后劳工运动较为突出的成就。正如悉尼·波拉德（Sidney Pollard）所言，一战后的 1919—1920 年，工时普遍缩短，不仅在之前 9 小时制的工业行业，而且在如炼钢业这样每班 12 小时制仍普遍盛行的行业中，也争取到 8 小时工作制。②

工资纠纷主要发生在铁路、码头搬运等行业。在铁路业，由于战后重建时期政府尚未解除对铁路的控制，因此该行业的劳资冲突在铁路工会与政府之间展开。1919 年 2 月，英国政府虽然同意铁路业实行 8 小时工作制，但在工资问题上采取了强硬态度。铁路业的工资谈判一直延续到 9 月，此时贸易委员会主席奥克兰·格迪斯（Auckland Geddes）向铁路工会发出最后通牒，明确要求除火车司机和锅炉工外，普遍削减其他铁路工

---

① Chris Wrigley, "The Trade Unions between the Wars", in Chris Wrigley, ed., *A History of British Industrial Relations*, *1914-1939*, p. 76.

② ［英］彼得·马赛厄斯、M. M. 波斯坦主编：《剑桥欧洲经济史》第 7 卷，徐强等译，经济科学出版社 2004 年版，第 209 页。

人的工资。工资削减幅度为每周 1—16 先令，例如，搬运工的工资从每周 53 先令削减到 40 先令。[①] 在战后生活成本不断上涨的情况下，政府的做法遭到铁路工人的强烈反对。全国铁路工人工会在 1919 年 9 月发起全国性罢工，铁路停运持续整整一周，对英国公众的生活造成极大的不便。除了铁路工人自身的抗争，全国运输工人联合会、费边社劳工研究部（Labour Research Department）及各地方合作社（Local Co-operative Societies）等团体都对罢工给予了支持。大范围罢工威胁迫使政府提出新的解决计划，内容包括对铁路业进行工资标准化谈判、撤销削减工资的命令，维持现行工资水平一年。新计划还规定，若生活成本高于 1914 年的水平，任何成年铁路工人的周工资应不少于 51 先令。[②] 新协议在一定程度上满足了劳工的诉求，铁路业劳资纠纷得以平息。

在码头搬运业，1919 年 10 月，全国运输工人联合会表示要为码头工人争取每日 16 先令的最低工资，遭到港口雇主的反对。劳资分歧并未迅速导致罢工，双方选择将争端诉诸劳工部新建的调查法庭（The Court of Inquire）。该法庭由劳资双方的同等代表（各三人）和三名独立成员构成，肖勋爵（Lord Shaw）任主席。在欧内斯特·贝文（Ernest Bevin）的努力下，劳工遭受不公正待遇的行业状况得到揭露，港口雇主所获得的高额利润和码头工人恶劣的生活条件形成了鲜明的对比。1920 年 3 月，法庭公布的调查结果认可了码头工人增加工资的诉求，确定其每日工资应不低于 16 先令，在雇佣方式上建议用全面登记制取代临时雇佣制，并在全行业实行失业抚恤制度。[③] 但雇主仅在工资问题上进行了让

---

① 王章辉：《英国经济史》，第 408—409 页。

② Noreen Branson, *Britain in the Nineteen Twenties*, Minneapolis：University of Minnesota Press，1976，p. 33.

③ G. D. H. Cole, *A Short History of the British Working Class Movement*, *1789-1947*, p. 395.

步，并未履行委员会的其他建议。

除工时、工资纠纷外，战后重建时期劳资冲突的焦点还包括国有化问题。马克斯·比尔指出，从 1917 年至 1921 年 4 月 15 日的"黑色星期五"（Black Friday）的四五年中，工会受到战斗精神的鼓舞，采取了攻势，不仅是为了实现工资和工时的工业目的，也是为了广泛实现控制工业、国有化等社会目的。[①] 国有化问题在煤矿业劳资争端中表现得尤为尖锐。长期以来，由于法律上的限制[②]，英国的煤矿所有权掌握在贵族地主手中。多数矿主并不亲自经营煤矿，而是将其租给各煤矿公司，收取租金和通行费。各煤矿公司经营不同矿主的煤田，各区域经营状况又参差不齐，煤矿开采难以实现集中统一管理、形成规模效益。更有甚者，由于英国煤矿公司生产方式落后，煤炭有效开采率低，其价格在国际市场上缺乏竞争力，利润有限。各种因素限制了英国煤矿业的现代化改造，煤矿公司效益低下的经营状况阻碍了矿工工资水平的提高、工作条件的改善，因此煤矿业劳资纠纷接连不断。

一战期间，国家对煤矿业实行直接控制，改善了行业的经营状况及工人待遇。一战后矿工认识到，煤矿私人占有与煤矿业发展间的矛盾必须得到解决，矿工、煤矿主与政府围绕煤矿国有化问题展开三方博弈。1919 年初，全国矿工联合会要求政府增加工资，期望的增幅为 30%，工时由 8 小时减为 6 小时，所有煤矿国有化，工人参与对煤矿的监管。政府对此表示反对，随后全国矿工联合会举行罢工投票，以 6∶1 的多数获得通过。[③] 面对罢工威胁，劳合·乔治软硬兼施，宣称矿工若执意罢工，政府将派军队镇压，若暂缓罢工，

[①]　[德]马克斯·比尔：《英国社会主义史》下卷，何新舜译，第 353 页。

[②]　根据英国法律，任何人拥有地表土地的同时也占有地下的矿藏，因此煤层属于土地所有者，一般为贵族。

[③]　Charles Loch Mowat, *Britain between the Wars, 1918-1940*, London：Methuen and Co. Ltd., 1968, p. 31.

政府将成立煤矿业调查委员会（The Coal Industry Commission）研究其诉求，全国矿工联合会最终选择了后者。在委员会构成上，政府任命法官约翰·桑基（John Sankey）为委员会主席，其他成员劳资双方各占一半。1919 年 3 月桑基委员会（The Sankey Commission）发布报告，主张改善矿工待遇。以桑基为首的委员们建议：矿工每日工资增加 2 先令，工时缩短 1 小时，若情况允许，1920 年进一步减少 1 小时，现存的所有权及工作体系应当被其他制度取代。[①]对此，政府承诺将按照委员会建议改组煤矿，同时要求委员会继续工作，提交一份关于国有化或行业重组建议的最终报告。

　　在桑基委员会继续工作期间，矿工鉴于政府的良好态度而取消了全国性罢工，而雇主一方则强烈反对煤矿业的国有化。煤矿公司的代表盖恩福德勋爵（Lord Gainford）提出，公有制不适合在煤矿业推行，这是一个具有高度投机性的行业，需要承担风险，只有在私营企业基础上才能运营成功。[②]为此，煤矿业雇主发起声势浩大的反国有化运动，采取了发布通告、游说议员、征求报纸支持等一系列举措。1919 年 6 月，桑基委员会发布最终报告，委员会 13 位成员中有 7 位赞成煤矿国有化和矿工参与煤矿生产的管理，其中包括主席桑基，他要求在对煤矿所有者进行补偿的前提下实行国有化。全国矿工联合会呼吁政府按照桑基等人的建议改组煤矿业，并未得到积极回应。1919 年 8 月，劳合·乔治以桑基委员会不能在任何问题上达成多数共识为由，否决了国有化的建议。1919 年 12 月，遭遇挫败的全国矿工联合会向工会代表大会求援，大会发起名为"为国家开矿"（Mines for the Nation）的宣传活动，以争取公众对国有化的支持，但影响有限。[③]此后，全国矿工联合会试图诉诸总罢工来达成煤矿国有化的目标。1920 年 3 月，矿工举行的总罢

---

①　［英］韦伯夫妇：《英国工会运动史》，陈建民译，第 364 页。

②　Noreen Branson，*Britain in the Nineteen Twenties*，p. 24.

③　G. D. H. Cole，*A Short History of the British Working Class Movement，1789-1947*，p. 394.

工投票获得多数通过，但罢工决议遭到工会代表大会的反对，大会主张继续进行政治宣传。至此，战后重建时期矿工寻求煤矿国有化的运动彻底失败。

煤矿国有化运动的失败主要有两个方面的原因。一方面，当时工会领导层持实用主义态度，注重追求有限的经济目标，暂时搁置了国有化等宏大的社会目标。正如梅德利科特所言，1919 年末之前，工会领导人承认在国有化问题上需要引导舆论，这表明他们暂时地——有时并非过分勉强地——接受了传统的劳资关系，主要强调工资要求而不是工业监督；当前的任务是巩固并在可能情况下努力扩大战时在工资和生活条件方面取得的成果。[①] 可见，国有化未能成为当时工会运动的主要目标，这是国有化运动失败的重要原因。另一方面，战后联合政府执政期间，保守党的力量处于上升时期，并在议会中占多数，主要代表雇主集团的利益。联合政府的经济政策又倾向于解除战时干预，向自由主义回归，因此对煤矿国有化问题十分慎重。国有化的实现有可能产生广泛的示范效应，对雇主群体造成巨大威胁。诺森伯兰公爵（Duke of Northumberland）声明，他将尽全力反对国有化，全国矿工联合会只是把追求国有化计划作为它采取更激进、更具革命性措施的一步，只是为实现他们自身对煤矿的垄断。[②] 由此，雇主的施压使政府在支持矿工诉求上面临巨大压力，这也是桑基委员会无法达成多数共识，以及劳合·乔治否定国有化的原因。

综上可见，在战后经济环境转变、社会生产急剧调整、国家解除对劳资关系干预的社会环境下，劳资双方围绕工资、工时等经济目标和国有化的社会目标，在各行各业展开争夺，导致工业生产领域急剧动荡，劳资对抗呈现勃然兴起之势。

---

① ［英］W. N. 梅德利科特：《英国现代史（1914—1964）》，张毓文等译，第155—156 页。

② Noreen Branson, *Britain in the Nineteen Twenties*, p. 23.

二　20 年代初劳资对抗的延续

政治、经济环境是影响劳资关系的重要因素，尤其会改变劳资关系主体的力量对比。20 年代初英国政治经济环境发生剧变，在新的社会环境之下，劳资双方不得不就劳资博弈的策略及活动做出调整。与两次世界大战期间其他时段相比，20 年代初英国的劳资关系具有鲜明的特色。

从经济环境看，20 年代初，英国经济发生重大转折，战后繁荣仅持续 18 个月，萧条迅速来临，经济疲软的状态延续了好几年。经济危机对英国的工业生产造成重创，尤其是对工业革命以来形成的传统支柱型产业，各类经济指标全面下降。以工业生产指数为例，若 1913 年的数据为 100，则 1920 年为 90.5，1921 年降为 61.35，1922 年稍有回升，达到 76.6，1923 年为 82.9。对外贸易额也显著下降，出口总额减少 44.6%，进口总额减少 39.8%。从各行业的经济指标看，煤炭产量从 1920 年的 2.3 亿吨下降至危机后的 1.63 亿吨，生铁产量从 1920 年的 800 万吨降为 1921 年的 260 万吨，而钢产量由 910 万吨降为 370 万吨。造船业和纺织业的情况同样不容乐观，1920 年英国造船厂建成的船只总排水量为 127.8 万吨，1921 年降到 95.4 万吨，英国棉花消费量从 1920 年的 1690 万公担降为 1921 年的 1050 万公担。① 经济萧条的另一大表现是失业人数的上涨。失业者从 1920 年 10 月的 69 万人飙升至 1921 年 6 月的 217 万人，当时有近 18% 的投保工人失业。此后，在整个 20 年代，失业人数从未低于百万，被许多史家称为"难对付的一百万"。在失业人口的行业分布上，煤炭、轮船制造、钢铁、工程和建筑等传统行业的失业问题较为严峻。1921 年 10 月，轮船制造业失业工人占投保工人的比重达到 36.1%，钢铁、工程以及建筑业的

①　[苏] 弗·格·特鲁汉诺夫斯基：《英国现代史》，秦衡允、秦士醒译，第 53 页。

数据分别为 36.7%、27.2%、20.5%。①

　　从政治环境看，在产业环境恶化的同时，国家的经济政策也在进行调整。其一，政府实行紧缩性的财政政策，大幅度削减开支。20 年代初的经济萧条导致政府的财政政策受到攻击，埃里克·格迪斯被委派领导国家支出委员会（The Committee on National Expenditure），为政府的经济政策提供建议。格迪斯委员会支持广泛地削减公共开支，其建议被政府采纳，格迪斯因而获得了"格迪斯大斧"（Geddes Axe）的称号。② "政府开支锐减，从 1917—1918 年度的 26.96 亿英镑缩减到 1920—1921 年度的 10 亿英镑多一点。"③ 其二，政府解除从战时延续至战后的工农业管制。1921 年 2 月政府宣布提前解除对煤矿的国家控制，1920 年《煤矿法》（The Coal Mines Act, 1920）规定，国家对煤矿的控制延续至 1921 年 8 月底，后来这一时限又被提前到 3 月底。1921 年 8 月政府又解除了对铁路的管制，并颁布《铁路法》（The Railways Act, 1921），将铁路交由合并后的四大私人铁路公司管理。同年政府解除对农业生产的干预，废除 1920 年《农业法》（The Agriculture Act, 1920），不再对农产品价格及农业工人的最低工资进行保护。劳合·乔治联合政府的财政政策大幅度削减了公共开支，降低了英国民众的社会福利水平，而其自由放任的工业政策则意味着劳资双方不得不依靠自身的力量去应对经济危机。由此可见，无论是经济环境还是政治环境，劳资双方的处境都较为艰难。经济学家 W. H. B. 考特（W. H. B. Court）认为，20 世纪初英国的工业结构依旧是 19 世纪的类型，直到一战结束后，大部分旧结构方才衰弱，曾经压垮和损害资本主义农民和农村劳动者的大宗制造品（煤、棉花和生铁）在

---

① Charles Loch Mowat, *Britain between the Wars, 1918-1940*, p. 126.

② Henry Pelling, *Modern Britain, 1885-1955*, Edinburgh: Thomas Nelson and Sons Ltd., 1962, p. 96.

③ ［英］A. J. P. 泰勒：《英国史（1914—1945）》，徐志军、邹佳茹译，华夏出版社 2020 年版，第 119 页。

20 世纪 20 年代使工业资本家和工资劳动者遭受同样的厄运。①

在恶劣的市场环境下，雇主面临利润减少、企业亏损甚至倒闭的风险，而劳工可能会面临工资削减、失业、生活处境恶化等方面的问题。如何应对经济危机，是劳资双方共同要面对的问题，两者采取的不同策略会影响劳资关系的走向。一般而言，资本家可以采取缩小产业规模、削减工资成本、延长工时的短期策略渡过经济危机，亦可以采取调整产业结构、进行技术革新的长期战略。由于产业的调整与转型并非一朝一夕所能达成，因此在面对 20 年代初的经济萧条时，英国雇主大多选择降低生产成本、压低工资和延长工时的策略。艾莉森·布思（Alison L. Booth）认为，1921 年战后繁荣瓦解时，雇主试图通过削减工资来减少开支，引起大量的劳资纠纷。② 在劳工一方，工业化初期经济危机降临时，雇主往往肆意裁员、削减工人工资，劳工以分散化的力量去对抗雇主，劳资对抗的结果常常以劳方的失败告终。同时，国家执行自由放任的经济政策，在这一过程中劳工的处境异常悲惨。但进入 20 世纪，工会运动经过上百年的发展，劳工群体的组织性与战斗性都得到增强，一战及战后繁荣进一步推动工会实力的增长。面对雇主的挑战，劳工不再轻易就范。马丁·雅克（Martin Jacques）表示，1921—1926年，产业工人关键阶层的情绪仍是好战、好斗和团结的，他们在一定程度上愿意并准备战斗，20 年代初的大规模失业并未造成工会运动斗争性的根本转变。③ 由此，劳资双方的斗争策略决定了 20年代初英国的劳资关系依旧延续战后重建时期的对抗状态。经济史学家王章辉也指出："20 世纪 20 年代是劳资关系非常紧张的一个

---

① ［英］W. H. B. 考特：《简明英国经济史（1750 年至 1939 年）》，方廷钰等译，商务印书馆 1992 年版，第 227 页。

② Alison L. Booth, *The Economics of the Trade Union*, Cambridge：Cambridge University Press，1995，p. 21.

③ Martin Jacques，"Consequences of the General Strike"，in Jeffrey Skelley, ed. , *The General Strike*，*1926*，London：Lawrence and Wishart Ltd. , 1976，p. 377.

时期，劳资冲突频发，罢工不断。工业不景气，企业主企图降低工资和延长工作时间是劳资冲突频发的主要原因。团结在工会里的工人对资本家的进攻进行了顽强的抵抗，罢工时有发生。"① 可见，20 年代初英国的劳资关系走势并未发生根本转变，劳资对抗继续在劳资关系的发展中占据主导地位，但这一时期的劳资对抗与战后重建时期相比，具有一些新的特点。

首先，劳资对抗的激烈程度较前一阶段有所降低。据统计，英国的劳资纠纷数量从 1920 年的 1607 次下降到 1921 年的 763 次，1922—1925 年的数据都维持在 1921 年数据之下。与此同时，参与劳资纠纷的人数和冲突所造成的工作日损失数也有所减少。劳资纠纷的参与者数量从 1921 年的 180.1 万人减少至 1922 年的 55.2 万人，此后三年都在 50 万人上下浮动；工作日损失从 1920 年的 2657 万个上升至 1921 年的 8587 万个，随后开始骤降，1922 年为 1985 万个，一直减少到 1924 年的 842 万个。②

劳资对抗激烈程度的减弱与 20 年代初劳资双方力量对比的变化密切相关，产业力量格局由战后重建时期的劳强资弱局面转变为劳弱资强局面。1918—1920 年，英国工会实力增强，"工会成员大幅度增加，从 1918 年的 650 万人持续增长到 1920 年的 830 万人，截止到那时，工会成员已经代表了英国工作人口的 45% 左右，工会主义首次覆盖英国大多数行业"。③ 在雄厚的人力与财力支撑下，战后重建时期工会方能频繁发起进攻，迫使雇主对其经济诉求让步。到 20 年代初，经济危机导致工人大量失业，工会成员大批流失，而 1921 年煤矿业劳资纠纷又直接导致工会中最具实力的联盟——三角同盟瓦解，这进一步削弱了工会的组织力量，工会不得不在劳资对抗中转攻为守。马克斯·比尔认为，1921 年春到 1926 年底的几年，

---

① 王章辉：《英国经济史》，第 405 页。

② Tony Van Den Bergh, *The Trade Union: What Are They?*, p. 239.

③ Howard F. Gospel, *Markets, Firms and the Management of Labour in Modern Britain*, p. 81.

工会主义被迫退入防守的地位，它所能做的只是极力维持和保障它不久前所获得的成就。① 工会斗争策略的转变直接使工会运动的进攻性有所减弱，而雇主也并未借机全力打压工会，由此，20 年代初劳资纠纷的数量有了一定程度的下降。

其次，与战后重建时期劳资冲突遍及各行各业的情况不同，20 年代初劳资冲突波及范围缩小，主要集中在受经济萧条打击严重的煤矿、工程、造船等传统行业。例如，1921 年英国共爆发近 800 次劳资纠纷，其中建筑、煤矿、工程及造船业的数量最多，分别为 134 次、115 次、90 次。就纠纷的参与人数看，煤矿业纠纷参与人数最多，占该年总数的 67.4%。而在工作日损失中，同样是煤矿、工程及造船、纺织业占据最大的比重，煤矿业的工作日损失占该年总数的 84.4%。② 到 1922 年，劳资冲突依旧集中在煤矿、工程行业，其中工程业是劳资冲突的主战场，共有约 26 万名劳工涉入纠纷，占该年总数的一半左右，损失 1367.6 万个工作日，占该年总数的近 70%。③ 1923 年的劳资冲突主要分布在造船、煤矿及纺织业。总之，在历年的劳资对抗中，传统行业在劳资纠纷数量、参与人数及工作日损失数上都占据主导地位。深入来看，20 年代初上述传统行业单次劳资纠纷就能卷入大量的劳工群体及造成巨额的工作日损失。以 1923 年为例，当年劳资纠纷的中心是造船业，该行业仅爆发 33 次纠纷，同年煤矿业的纠纷数是 174 次，但造船业造成了最多的工作日损失，占该年总数的 55.2%。④ 事实上，这是战后劳工运动凝聚力增强的结果，工会合并后形成的大工会与雇主联盟进行有组织的全行业对抗，劳资冲突的规模进一步扩大。战后英国工人

---

① ［德］马克斯·比尔：《英国社会主义史》下卷，何新舜译，第 354—355 页。

② Ministry of Labour, "Employment, Retail Prices, Wages, and Trade Disputes in 1921", *The Ministry of Labour Gazette*, January 1922, p. 4.

③ Ministry of Labour, "Employment, Wages, Cost of Living & Trade Disputes in 1922", *The Ministry of Labour Gazette*, January 1923, p. 6.

④ Ministry of Labour, "Employment, Wages, Cost of Living and Trade Disputes in 1923", *The Ministry of Labour Gazette*, January 1924, p. 5.

运动表现出充分的组织性和向心性，这与战前自发分散的情况有很大不同。20 年代的劳资冲突多数是大工会有组织的行动。① 可见，工会与雇主组织的发展具有两面性，这既为双方发展集体谈判制化解劳资争端奠定了基础，同时也反向提高了劳资对抗的激烈程度。

再次，就劳资博弈的焦点看，与前一阶段工会要求加薪、减少工时的诉求相比，20 年代初工会的主要斗争目标在于抵制雇主削减工资、加强车间管理权威的行为。正如克里斯·里格利指出的那样："从 1921 年开始，涉及强大工会的主要劳资纠纷都是为保住 1915—1920 年的利益或减少对雇主的让步，而不是要求提高工资或改善工作条件。"② 这一时期最具代表性的劳资对抗是 1921 年煤矿业及 1922 年工程业的劳资纠纷，这两场纠纷基本反映出一战后劳资对抗焦点的变化。1921 年煤矿业纠纷是 20 年代初劳资双方围绕工资问题博弈的代表性事件。在战后国家控制煤矿时期，矿工就曾在工资、工时及国有化问题上要求政府让步，到 20 年代初，经济萧条及政府将煤矿归还私人雇主的举措导致煤矿业劳资关系进一步恶化。1921 年 2 月政府宣布取消管制后，煤矿主公布新的雇佣计划，要求执行区域性工资协定，即各区域煤矿按自身经营状况确定新的工资水平。这意味着矿工工资将平均减少 22%，降幅范围从坎伯兰郡的 48% 到德比郡、诺丁汉郡及莱斯特郡的 1%。③ 事实上，降幅较大的地区往往是煤矿出口区，以达勒姆郡及南威尔士为例，矿工工资的降幅将达到 30%—40%。④ 全国矿工联合会在行业萧条的情况下同意接受全面减薪，但要求保留其在国家控制下实行的全国工资管理制度，抵制区域性工资协议，因为这将导致某些地

---

① 钱乘旦、陈晓律、陈祖洲、潘兴明：《日落斜阳——20 世纪英国》，第 214 页。

② Chris Wrigley, "Labour and Trade Unions in Great Britain, 1880-1939", *Refresh*, Autumn 1991, p. 2.

③ B. J. McCormick, *Industrial Relations in the Coal Industry*, London: The Macmillan Press Ltd. , 1979, p. 37.

④ W. Hamish Fraser, *A History of British Trade Unionism, 1700-1998*, p. 152.

区矿工的待遇急剧恶化。但煤矿主采用关闭矿井的手段回应矿工，全国矿工联合会则诉诸罢工与其针锋相对。矿工还赢得三角同盟、工会代表大会的支持，但在煤矿业劳、资、政三方谈判的过程中，三角同盟发生分歧，1921 年 4 月 15 日铁路工人与运输工人取消罢工，三角同盟瓦解，当天被称为劳工运动史上的"黑色星期五"。全国矿工联合会只得独自与煤矿主进行了为期 3 个月的斗争，在损失 7000 多万个工作日后罢工以失败告终，矿工被迫接受地区工资协议，收入大幅减少。

1921 年矿工罢工的失败对整个劳工运动是一次巨大打击，对雇主群体而言却是一次具有标志性意义的胜利。煤矿罢工的失败意味着工人阶级中最具战斗力、最具实力的群体向雇主屈服，此后各行业雇主开启大规模减薪运动，并在历次工资纠纷中获胜。工程师、造船工人、建筑工人、海员（轮船上的烹饪及管理人员罢工失败）、纺织工人（经历一次大罢工）都被迫降低工资。截至 1921 年底，近 600 万名劳工的周工资削减幅度达到 8 先令以上。[1] 各行业工资的具体降幅表现为：相较 1921 年前后的工资水平，到 1923 年，煤炭业每班平均工资降低一半，建筑工人的周工资降低 26 先令 6 便士，冶金工人降低 56 先令，机器制造业和造船业工人降低 31 先令，纺织工人降低 21 先令，运输工人降低 19 先令 6 便士，公用事业工人降低 20 先令。[2] 由此可见，劳工群体在 20 年代初工资纠纷的斗争中可谓节节败退，损失惨重。

1922 年工程业的争端是 20 年代初劳资双方围绕生产管理权进行斗争的典例。在 20 年代经济萧条的背景下，雇主为了在恶劣的市场环境中生存下来，主张削减成本、加强对生产管理的控制。在控制成本上，工程业雇主早在 1921 年就要求削减工资，到 1922 年

---

① Allen Hutt, *The Post-War History of the British Working Class*, London： Victor Gollancz Ltd., 1937, p. 62.

② ［苏］弗·格·特鲁汉诺夫斯基：《英国现代史》，秦衡允、秦士醒译，第 62—63 页。

劳资双方的分歧进一步扩展到加班、车间管理等生产控制问题上。工程业雇主联盟要求，在双方采取常规程序化解纠纷期间，工会必须遵守雇主改变车间雇佣条件的相关指示，此外，雇主有权决定何时需要加班生产的问题。[1] 这一诉求遭到工程业联合工会（The Amalgamated Engineering Union）的否决。1922年3月，工程业雇主联盟对工程业联合工会的成员实施闭厂措施，5月又将这一制裁扩展到工程业的其他47个工会。经过长达3个月的行业停摆，工程业各工会在6月相继向雇主屈服。事实上，20年代初因为雇主加强车间管理、变更生产条件而引起的纠纷远不止这些。1923年，黄麻纺织业劳资双方在单个纺纱工纺纱数量多少的问题上产生分歧，进而爆发冲突，这同样是生产管理过程中的细节问题，结果2.9万名黄麻工人遭到长达近2个月的闭厂制裁。[2] 总之，劳资双方争夺生产管理权是20年代初劳资纠纷爆发的重要原因。

最后，除主流的工会运动之外，20年代初期英国的劳资冲突出现新的形式——失业工人运动。彼时经济危机导致失业问题加剧，上百万名劳工失业，其处境异常艰难。但工党和工会代表大会作为英国工人阶级的领导机构，未能担负起组织失业工人争取自身权益、改善其境遇的责任。新成立的英国共产党（Communist Party of Great Britain）瞅准时机，号召失业工人自发组织起来。在这一过程中，工程业的车间代表发挥了重要作用。一战期间，工程业掀起了富有战斗意识的车间代表运动，培养出大批车间代表。一战后车间代表运动瓦解，激进的车间代表群体遭到解雇，此后这一群体并非再无作为，而是在领导失业工人方面重新发挥组织才能。由此，失业工人的组织性不断增强，失业工人运动不断高涨。1920年10月，伦敦11个区的失业工人代表协商成立伦敦区失业工人委员会（London

---

① Ministry of Labour, "Employment, Wages, Cost of Living & Trade Disputes in 1922", *The Ministry of Labour Gazette*, January 1923, p. 5.

② H. A. Clegg, *A History of Britain Trade Unions since 1889*, *Vol. 2*, *1911 - 1933*, p. 337.

District Council of Unemployed）。1921 年，来自英格兰和威尔士各城镇的 50 名代表召开失业工人委员会全国会议，发起全国失业工人委员会运动（The National Unemployed Workers' Committee Movement）。①与工会领导下的工人采取罢工、集体谈判与资方进行博弈不同，失业工人通过各种激进行动来引起社会关注，包括举行"饥饿游行"（Hunger Marches）示威，袭击加班工厂，占领各种房屋，反对因交不起房租而被迫迁离。② 1922 年全国失业工人委员会运动曾发起向议会请愿的第一次全国性饥饿游行，到该年 11—12 月，来自全国各地的近 2000 名游行者相继抵达伦敦，并在 1922 年 11 月 23 日和 1923 年 1 月 7 日分别举行大规模示威活动。③ 可见，失业工人运动成为 20 年代初劳资对抗的重要组成部分。

总体上看，20 年代初经济环境恶化、政府工业政策调整改变了产业发展的土壤，特别是传统行业陷入困境。面对行业危机，劳资双方都希望对方承担更多的损失，尤其是雇主群体试图通过降低工资、延长工时、加强对生产过程的控制来转嫁危机，引起劳工群体的反抗。由此，20 年代初工业领域仍呈现出一片骚乱景象，一战结束以来的劳资对抗仍在延续。

三 20 年代中期劳资对抗走向高潮

迈入 20 年代中期，一战结束以来劳资关系领域中的对抗状态并未终结，甚至有愈演愈烈之势。根据劳工部的相关统计数据，1925 年延续了 20 年代初以来劳资对抗相对减弱的趋势，该年的劳资纠纷数量、参与人数及工作日损失数都是 1919 年来第二低的，

---

① Ralph Hayburn, "The National Unemployed Workers' Movement, 1921-36, A Reappraisal", *International Review of Social History*, Vol. 28, Iss. 3, December 1983, p. 287.

② ［苏］弗·格·特鲁汉诺夫斯基：《英国现代史》，秦衡允、秦士醒译，第 63 页。

③ Andrew Charlesworth, David Gilbert, Adrian Randall, Humphrey Southall and Chris Wrigley, *An Atlas of Industrial Protest in Britain*, *1750-1990*, London: Macmillan Press Ltd., 1996, p. 160.

分别为 603 次、44.1 万人及 891 万个，但到 1926 年，这一趋势发生逆转。虽然 1926 年的劳资纠纷数量仅有 323 次，是一战以来最低的一年，但劳资纠纷参与人数达到 273.4 万人，远高于一战以来的任何一年，造成的工作日损失数更是高达 1.6 亿多个，在整个 20 世纪英国劳资关系史上绝无仅有。[1] 该年在劳资纠纷数量甚少的情况下卷入大量劳工，并造成如此巨大的工作日损失，说明劳资冲突集中程度高，在这种情况下，劳资纠纷呈现出向少数几个具体行业集中的态势，这些行业中单个行业的单次纠纷就能导致严重的工作日损失。具体来看，造成这一情况的是煤矿业，其劳资纠纷数量、参与人数及工作日损失数都远超其他行业。煤矿业在此期间共发生 58 次纠纷，约涉及 109.8 万名劳工，造成 1.47 亿个工作日损失，各项数据分别占该年总数的 18.0%、40.1%、91.9%。因煤矿业纠纷而引起的同情性总罢工，又卷入 158 万名劳工，造成 1500 万个工作日损失，分别占该年总数的 57.8% 和 9.4%。[2] 由此可见，煤矿业是 20 年代中期劳资对抗的主战场，各行业劳工都涉入煤矿纠纷中，一战结束以来的劳资对抗在 1926 年大罢工中达到高潮。对煤矿劳资纠纷及 1926 年大罢工的分析是这一时期英国劳资关系研究的重点。

从劳资对抗的起源看，20 年代中期劳资对抗走向高潮主要有以下两个原因。其一，产业环境的恶化是导致劳资对抗的直接原因。20 年代初因经济萧条导致工业发展不景气的状态到 1923 年有所好转，英国经济实现短暂恢复。就煤矿业而言，这主要得益于 1923 年法国对德国鲁尔工业区的占领，德国煤炭的出口快速下降，英国煤炭对外贸易条件改善。在煤矿业景气的情况下，全国矿工联合会要求煤矿主修改 1921 年的雇佣协议，改善工资待遇。经劳资双方的博弈以及政府的斡旋，矿业协会与全国矿工联合会达成

---

① Tony Van Den Bergh, *The Trade Union: What Are They?*, p.239.

② Ministry of Labour, "Employment, Wages, Cost of Living, and Trade Disputes in 1926", *The Ministry of Labour Gazette*, January 1927, p.5.

1924 年煤矿业协议。新协议规定盈余收入归入工资的比例提高到 87% 左右，标准工资最低增加比例从 20% 修改为 33.81%，增加确保最低生活工资所需的津贴额。[1] 协议的执行期限为一年，延续到 1925 年 7 月。新协议确保了煤矿业劳资关系的和谐。

但好景不长，1924 年底鲁尔危机结束，德国煤炭借助道威斯计划（Dawes Plan）迅速席卷市场，英国煤炭遭受激烈竞争。随后英国经济政策的调整又导致本就萎缩的出口状况雪上加霜。1925 年 4 月，英国恢复战前的"金本位制"（Gold Standard），英镑币值被高估 10%，这直接提高了英国商品的出口价格，其国际竞争力下降，这对英国的工业和出口贸易造成巨大困难。[2] 煤矿业深受其害，这一时期煤矿业相关数据的变化可反映其产业环境的恶化。英国煤炭总产量从 1921 年的 1.63 亿吨上升至 1923 年的 2.76 亿吨，但到 1925 年却下降为 2.43 亿吨；煤炭出口从 1923 年的 7950 万吨下降到 1925 年的 5080 万吨；自 1924 年 9 月到 1925 年 3 月，全国有一半以上的煤矿处于亏损状态，到 1925 年 5 月底这一比例已增至 67%。[3] 产业环境的变化导致煤矿业劳资关系急剧恶化，为应对行业困境，劳资双方围绕雇佣条件的调整在 1925—1926 年展开数次交锋。

其二，工人阶级内部凝聚力增强、工会代表大会领导层的左倾成为推动 1926 年大罢工的重要因素。20 年代初以来，经济萧条和工会运动中的"黑色星期五"削弱了工会的组织力量，劳方在随后几年的劳资斗争中暂居守势，斗争性减弱。到 20 年代中期，各工会对 1921 年消极应对煤矿纠纷的结果颇有悔意，"黑色星期五"造成的工会分裂使各自为战的劳工团体无力抵抗雇主的大规模减薪运动，同时，贸易条件的恶化再次使各工会面临减薪威胁，这些环境因素

---

[1]　H. Townshend-Rose, *The British Coal Industrial*, Abingdon: Routledge, 2018, p. 19.

[2]　王章辉：《英国经济史》，第 397 页。

[3]　M. W. Kirby, *The British Coalmining Industry*, *1870 - 1946*, London: Macmillan Press Ltd., 1977, pp. 67-68.

的转变促使劳工群体再次团结起来。科尔认为：20 年代中期各工会团结起来帮助矿工的原因在于，1924 年后产业环境再度恶化，各地雇主认为劳动力成本过高，迫切要求降低工资摆脱行业困境，劳工经济待遇受到威胁；更重要的是，各工会开始抛弃对煤矿业纠纷袖手旁观的态度。① 由此，1925 年三角同盟恢复，铁路、运输及海员工会都同意矿工罢工期间对煤炭运输实施禁运。此外，工会代表大会领导层的重组也是导致劳资对抗的重要因素之一，1924 年以 J. H. 托马斯（J. H. Thomas）为代表的温和派领导因参加工党政府退出工会代表大会总理事会（General Council），左翼力量崛起，工会运动走向高潮。刘成等学者表示："总理事会左翼力量的掌权增强了工会的战斗力，它不想放过这样一个展示自身权力的机会，于是全力支持矿工。"② 结果，在工会代表大会总理事会及三角同盟的助力下，矿工斗争的底气更足，最终促成 20 年代中期的劳资大对抗。

从劳资对抗的具体过程看，20 年代中期的劳资对抗历经了 1925 年的"红色星期五"（Red Friday）、1926 年大罢工以及大罢工后矿工的单独斗争。1925 年，面对日益恶化的产业环境，煤矿主首先发难。矿业同盟要求中止 1924 年煤矿业协议，降低工资，废除全国最低工资标准，每日工作时间延长至 8 小时。根据全国矿工联合会的统计，煤矿主们的新协议将导致每班工资平均减少 2 先令，其中苏格兰的矿工工资将从每班 10 先令 3.5 便士减少至 8 先令 2.5 便士，诺森伯兰的矿工工资将从 9 先令 5 便士减少至 7 先令 3 便士。③ 对此，矿工们坚决反对，但全国矿工联合会的力量在 1921 年煤矿纠纷后已大不如前，会员流失严重，罢工基金不足，因此他们寻求工会代表大会的帮助。1925 年 7 月工会代表大会承

① G. D. H. Cole, *A Short History of the British Working Class Movement, 1789–1947*, p. 416.
② 刘成、何涛等：《对抗与合作——二十世纪的英国工会与国家》，第 59 页。
③ G. A. Phillips, *The General Strike, The Politics of Industrial Conflict*, London: Weidenfeld and Nicolson, 1976, pp. 51–52.

诺将全力支持全国矿工联合会，如有必要，将发起一次总体性的同情性罢工，一场大罢工似乎难以避免。在政府一方，起初，首相鲍德温（Baldwin）试图通过建立一个调查法庭来处理煤矿纠纷，未能奏效。在劳资双方的斗争愈演愈烈之际，政府不得不采取干预政策。1925年7月底，鲍德温宣布对煤矿发放临时补贴，补贴期长达9个月，以保持现有工资水平及工时不变；同时成立由赫伯特·塞缪尔（Herbert Samuel）领导的皇家委员会调查煤矿业情况，要求就摆脱行业困境提出建议。劳资双方选择接受政府的条件，煤矿纠纷暂时平息。对工会而言，此次联合行动迫使政府做出让步，不啻为一次巨大的胜利，当日恰值星期五，因而1925年7月31日被称为劳工运动史上的"红色星期五"。但这并不意味着20年代中期劳资对抗的结束，煤矿纠纷并未得到根本解决，"红色星期五"只是推迟了双方公开对决的到来。

1926年是英国劳资关系史上标志性的一年，这一年战后劳工运动发展到顶峰，促成了1926年大罢工，大罢工是1925年煤矿劳资纠纷的延续。就当年的劳资关系状况来说，塞缪尔调查委员会如何处理煤矿业的纠纷，帮助劳资双方渡过行业难关，将直接影响劳资关系的走向。从1925年到1926年，塞缪尔调查委员会进行了长达数月的工作，召开33次公开会议，搜集大量证据，并深入部分矿区进行实地考察。1926年3月6日，委员会发布了最终调查报告，就一系列问题提出建议。一方面，调查报告表示需要满足矿工的相关诉求，将矿区使用权收归国有，实施合并小矿、消除亏损矿井等改组煤矿的措施；改善矿工待遇，包括改善居住条件、矿口配置洗浴设施、建立家属津贴及分红制度等。另一方面，调查报告又拒绝煤矿国有化，要求停止补贴，或降低工资或延长工时以渡过行业危机。[1] 劳资双方对塞缪尔委员会的建

---

① ［英］W. N. 梅德利科特：《英国现代史（1914—1964）》，张毓文等译，第239页。

议都不满意，政府也拒绝执行该报告。矿工群体在 A. J. 库克（A. J. Cook）的领导下高呼"工资不少一分，工时不加一分"（Not a penny off the pay, not a second on the day），呼吁全体劳工帮助矿工。工会代表大会总理事会通过决议一致支持矿工的斗争，煤矿主则重申其大幅度削减工资、延长工时的要求。尽管此时劳、资、政三方的谈判仍在进行，但劳资和解的希望似乎十分渺茫。

1926 年 4 月底，政府补贴到期，煤矿主发布停摆公告，关闭矿井，矿工亦开始罢工，政府宣布进入紧急状态。此时此刻，各工会团体宣布发起同情性罢工支持矿工，尽管工会代表大会总理事会仍试图与政府沟通以避免对抗，但 5 月 3 日鲍德温以工会干涉新闻自由为由中止谈判，和平化解纠纷的希望就此破灭。① 1926 年 5 月 3 日午夜，一场同情性的全国大罢工开始，总理事会将各行各业的声援工人分两批投入大罢工。当晚，包括运输、铁路、印刷、钢铁、冶金、建筑、电力、煤气等行业在内的第一梯队工人开始罢工，第二梯队包括工程制造及造船业的工人，则计划在 5 月 11 日投入罢工。而政府早已为大罢工做足工作。1925 年 9 月，自愿性的"维持供应组织"（Organization for the Maintenance of Supplies）在官方的秘密支持下积极活动，其职能是在罢工期间招募志愿者取代罢工者；1925 年 11 月，约翰·安德森（John Anderson）完成了应对大罢工的紧急服务方案。② 总罢工开始后，政府采取一切手段扑灭罢工，包括调遣军舰、集结军队、派驻警察、积极宣传掌控舆论、组织中产阶级市民维护生产生活的基本秩序。政府反罢工工作的有效开展使得大罢工的前景黯淡，最终，以赫伯特·塞缪尔介入调解为契机，总理事会在 1926 年 5 月 12 日无条件结束罢工，敦促各行业劳工复工复产，但煤矿业的劳资纠纷仍在延续，矿工单独进行了长达半年的斗争，直到 1926 年 11 月才回到矿井工作，至此，

---

① 《每日邮报》（Daily Mail）的印刷工人拒绝印刷一篇反罢工的文章，鲍德温认为这是大罢工开始的标志，直接终结了总理事会与政府的谈判。

② Henry Pelling, A History of British Trade Unionism, p. 175.

大罢工以彻底失败告终。大罢工失败的原因引人深思，为何上百万名劳工同时停工未能使政府屈服？其原因在于，工会一方虽然斗争热情高涨，但仓促应战，准备不足。工会内部也未能做到团结一致，总理事会与全国矿工联合会各执己见，导致工会运动分裂。相反，政府在大罢工前做足准备，罢工期间又组织起有效的反制行动，削弱了大罢工的威力。

1926 年大罢工被许多史家称为英国历史上有组织的劳工与国家间爆发的重大冲突，在世界工会运动史上也是较为引人注目的冲突之一，其影响更是不容忽视。具体而言，大罢工对矿工群体、整个工会运动及英国劳资关系的走向产生重大影响。

首先，1926 年大罢工的失败对矿工群体造成重创。一方面，矿工经济待遇降低，被迫接受更加恶劣的工作条件。大罢工后，煤矿业开始执行地区工资协议，最低工资标准被废除，到 1928 年矿工平均工资比大罢工前低了 15%，在某些地区，矿工工资甚至仅略高于失业救济金的水平。[1] 政府还废除了 1919 年《七小时工作制法》（*The Seven Hours Act*, *1919*），各地区工时普遍被延长至 7.5—8 小时。部分矿工处境更加悲惨，他们因在自己的矿区找不到工作而不得不迁往他处。另一方面，矿工组织性遭到严重削弱。在耗尽一切资源进行抗争后，全国矿工联合会被迫投降，工会基金损失殆尽，士气低落，加之雇主拒绝以任何形式承认其地位，仅与地方工会谈判，联盟各分支离心倾向严重，陷入四分五裂的境地。在诺丁汉郡和莱斯特郡，矿工建立了脱离联盟的独立工会[2]，而南威尔士也出现了非政治性的矿工产业工会[3]（The Miners' Industrial

---

[1]　Margaret Morris, *The General Strike*, London：The Journeyman Press, 1980, p. 272.

[2]　在诺丁汉，乔治·斯宾塞（George Spencer）成立诺丁汉郡及郡内各区矿工产业工会（Nottinghamshire and District Miners' Industrial Union），作为独立的工会直到 1937 年才再次与诺丁汉矿工联合会（Nottinghamshire Miners' Association）合并。

[3]　非政治性矿工产业工会由雇主扶持成立，双方订立协议，规定不得与其他区域的矿工联合，用以瓦解矿工内部的团结。

Union）。由此，全国矿工联合会雄风不再。会员数由 1926 年的 80
万人下降至 1927 年的 72.5 万人，1928 年只剩下 60 万人。① 矿工
在整个工会运动中的地位急剧下降。马丁·雅克表示："总罢工
前，矿工在工会运动中占有重要地位，是工人中规模最大、力量最
强、最有凝聚力和最具政治色彩的群体，1918—1926 年，矿工几
乎在所有涉及多个工人群体的全国性工业斗争中处于中心地位。但
1926 年大罢工后，矿工们成了一支相对无足轻重的力量，再也没
有在工会运动中占据中心地位。"②

其次，大罢工导致整个工会运动损失惨重。大罢工后，各工会
因发放罢工工资和失业救济金导致基金锐减，会员也严重流失。各
工会基金总数从 1250 万英镑减少至 850 万英镑，其中全国铁路工
人工会至少支出 100 万英镑。③ 工会会员总数从大罢工前的 550 万
人下降到 1927 年的 500 万人以下。部分罢工者被解雇或取代，个
别工会受到雇主的严厉打击。在格拉斯哥，约 5000 名电车司机中
有 368 人在罢工后被解雇。在纽波特（Newport），市政当局保留了
300 名志愿者以代替全国通用工人与市政工人工会（National Union
of General and Municipal Workers）的成员，而布赖顿（Brighton）
市议会则强迫其有轨电车员工脱离运输工人与通用工人工会
（Transport and General Workers' Union）。④ 钢铁冶炼工会（The Steel
Smelters' Union）的约翰·霍奇（John Hodge）更是在雇主协会的威
逼下被迫签署文件承认工会的罢工罪行，苏格兰的报业雇主宣布工
会成员将不再被雇佣。⑤ 此外，工会的法律地位也遭到削弱。1927
年政府通过《劳资争议与工会法》（*Trade Disputes and Trade Unions*

---

① 钱乘旦、陈晓律、陈祖洲、潘兴明：《日落斜阳——20 世纪英国》，第 215 页。

② Martin Jacques, "Consequences of the General Strike", in Jeffrey Skelley, ed.,
The General Strike, *1926*, pp. 383-384.

③ ［英］约翰·穆莱：《1926 年英国总罢工》，顾学稼译，生活·读书·新知三
联书店 1956 年版，第 137 页。

④ G. A. Phillips, *The General Strike*, *The Politics of Industrial Conflict*, p. 245.

⑤ W. Hamish Fraser, *A History of British Trade Unionism*, *1700-1998*, p. 169.

Act，*1927*），规定同情性罢工、胁迫政府的罢工为非法，限制工会的罢工纠察，破坏工会工党间的财政联系，禁止公务员加入工会代表大会附属的任何工会。总之，工会活动受到雇主和政府的打压，大罢工成为战后工会运动的转折点，此后工会运动转入低潮。

最后，大罢工的失败促使工会转变斗争策略，劳资关系由此发生转变。鉴于工会运动整体士气低落、实力下降，政府的工业天平又偏向雇主，工会不得不一改战后以来"直接行动"、积极斗争的行动策略，在劳资博弈中减少罢工，加强与雇主的协商与合作。理查德·海曼（Richard Hyman）认为，1926 年总罢工的失败有助于破灭产业斗争能让政府向工会屈服的幻想，并使许多工会领袖乐于接受更为制度化的产业合作关系。① 事实上，不仅工会上层的思想发生转变，工会下层的普通工人也倾向于减少冲突。"大罢工的失败和 1927 年的工会法促使工会政策发生了巨大的变化……以往工会的战斗精神，不仅在工会干部中，就是在一般工人中，也明显消退，大罢工后的英国工运，呈现出'向右转'的保守趋势。"② 结果，英国的劳资关系由一战结束以来的长期对抗转向劳资合作。大罢工前后劳资纠纷造成的工作日损失数据的对比清楚地反映了这一点。1919—1925 年平均每年损失的工作日高达 2800 万个，而 1927—1939 年平均每年损失的工作日仅有 300 多万个。③

总的来说，一战结束后的一段时期，工会在劳资博弈中始终保持斗争性。尽管工会的力量在 20 年代初的经济萧条中遭到削弱，但劳工在历次劳资纠纷中仍尽力反抗，并在 1926 年发起了大罢工，与雇主和政府展开公开对决。劳资对抗是这一时期劳资关系的常态，各阶段的劳资对抗呈现出一定的独特性。

---

① ［英］理查德·海曼：《解析欧洲工会运动——在市场、阶级和社会之间》，吴建平译，第 53 页。

② 陈晓律：《资本主义的历史发展与大罢工的使命——1926 年英国大罢工失败的启示》，《当代世界与社会主义》1997 年第 2 期。

③ Eric Hopkins, *A Social History of the English Working Classes*，*1815–1945*，p. 251.

第二节 劳资博弈的策略与互动特征

1918—1926 年，英国劳资关系的发展处在全新的社会经济环境下，劳资间的互动也深深烙下时代的印记。在此期间，劳资双方调整了自身的劳资关系战略，工会积极实行组织合并与领导机构改革，提升自身的凝聚力，以求在劳资斗争中立于不败之地。雇主面对战后劳工斗争性的增强，着力加强内部的联合，并调整了劳资博弈的策略，由战后重建时期的妥协退让转向 20 年代的强硬对抗。在劳资对抗、产业萧条的双重打击下，集体谈判制的发展相对式微，各类谈判机构趋于瓦解。

一 工会的合并与改革

一战结束以后的七八年间，英国工会运动的发展遭遇挫折，工会实力长期增长的态势遭到逆转。一战前后英国工会的力量尚处于上升期，工会保持积极发展态势，实力不断增长；但 20 年代初经济危机后，失业问题的加剧、劳资斗争中劳方的失败导致工会运动陷入低潮，工会实力不断衰退，其颓势一直延续到 20 世纪 30 年代。工会发展趋势的转变可以从工会相关数据的变化中反映出来。从会员数量看，工会会员数从 1914 年的约 400 万人增长到 1918 年的 650 万人左右，到 1920 年进一步上升至 830 万人；1921 年后，工会会员数开始下降，为 660 万人左右，到 1927 年进一步下降到 500 万人以下。从工会密度看，"工会密度从 1910 年的 15% 持续上升到 1920 年的 45%，1921 年开始下降，为 35.8%，1925 年降至 30%，到 1933 年进一步降至两次世界大战之间的最低点，工会密度仅有 22.6%"。[1]

---

[1] Alison L. Booth, *The Economics of the Trade Union*, pp. 12–13.

在工会衰退的过程中，通用工会（General Union）① 的损失较为惨重。例如，1920—1923 年，煤气工人与通用工人工会（The Gasworkers' and General Labourers' Union）损失 60%的会员，全国劳工联合会（The National Amalgamated Union of Labour）则损失了 65%的会员，劳工联盟的会员损失率更是达到了 70%。②

　　劳工组织力量的急剧衰退直接导致工会在劳资冲突中处于不利地位，工会亟须对内部力量进行调整与重组，以适应劳资斗争形势的变化。团结分散化的工会力量、增强工会运动的凝聚力是工会调整的重心，由此，工会合并与组织改革成为一战后工会发展的重要特征。工会合并是一战后劳工组织力量调整的重要步骤。休·克莱格表示，20 世纪英国工会的结构史记录了大量的工会合并，第一次是在一战之后，第二次开始于 20 世纪 60 年代。③ 莫尔顿、台德也指出："在战后的年代里，由于 10 年来工会积极分子努力的结果，许多组织机构进行了合并和改组，从而大大地改变了英国工会运动的组织结构。"④ 事实上，早在战前，大规模的工会合并就已在工团主义思潮的推动下蓬勃发展，一战的爆发暂时中断了工会内部力量重组的过程。战争结束后工会合并运动再次高涨。1919—1920 年各行业的合并谈判都在积极进行，包括工程、造船、纸张及印刷、建筑、钢铁、纺织、邮政等行业，跨行业的各通用和运输工会间的谈判也在推进。以全国通用工人工会（The National Union of General Workers）为例，战后两年内，它与农业工人工会、收容所工人工会、伯明翰煤气工人工会、干船坞工人工会、伦敦码头工人工会、女工联盟、北威

---

① 通用工会是一种综合性的工会，是指代表所有行业和公司工人的工会；不同于手工工会和行业工会仅代表某一特定部门或行业的劳工，其吸收的劳工群体覆盖各行各业，早期受众主要为普通工人。

② John Lovell, *British Trade Unions*, *1875-1933*, p. 59.

③ H. A. Clegg, *The System of Industrial Relations in Great Britain*, p. 55.

④ ［英］莫尔顿、台德：《英国工人运动史（1770—1920）》，叶周、何新等译，第 301 页。

尔士采石工工会、工人协会等工会讨论过合并计划。①

　　一战后工会合并运动的蓬勃发展有几个方面的原因。其一，战时议会颁布的《工会（合并）法》为合并提供了良好的制度环境。早期工会合并面临严格的法律限制，必须获得大多数会员的支持。1876 年《工会法修正案》规定：工会合并要求获得 2/3 以上会员的支持。1917 年《工会（合并）法》出台新规定，仅要求参与投票者至少要占有投票权会员数的 50%，并且同意合并的赞成票数至少要超过反对票数的 20%。② 这大大降低了工会合并的难度。其二，工团主义思潮的推动。工团主义运动在一战前就已蓬勃发展，工团主义者认为："英国工会运动的致命伤就是在于联合王国 1100 个工会的地方性，完全缺乏工人阶级团结一致的真正精神，结果工会主义者也就无法利用手里的工会组织有效地进行阶级斗争。"③ 由此，多工会主义（Multi-unionism）④ 成为工团主义的攻击对象，工会合并则是克服多工会主义的有效手段，一战后工团主义思想进一步广泛传播，工团主义者积极推进工会合并运动。其三，1920 年经济危机后工会发展不利，通过合并"抱团取暖"有助于维护劳工利益，阻止会员流失。理查德·海曼指出："将碎片化的英国工会结构给联合起来，被普遍认为是确立有效的工人阶级力量的方法，使工人阶级有能力去应对雇主方强有力的团体。一些积极分子还将这种集权化看作是对政府产生更为有效影响的基础。"⑤ 在 20

---

　　① H. A. Clegg, *A History of Britain Trade Unions since 1889*, *Vol. 2*, *1911 - 1933*, p. 304.

　　② Bryn Perrins, *Trade Union Law*, London：Butterworth and Co. （Publishers） Ltd. , 1985, p. 143.

　　③ ［英］莫尔顿、台德：《英国工人运动史（1770—1920）》，叶周、何新等译，第 253 页。

　　④ 多工会主义是指在一个工作场所、企业或行业中存在两个或多个工会，这是英国工会运动发展普遍而典型的特征。

　　⑤ ［英］理查德·海曼：《解析欧洲工会运动——在市场、阶级和社会之间》，吴建平译，第 102 页。

年代经济萧条的社会环境下，工会合并是劳方抵制雇主进攻的有效手段。

工会合并在各行各业有着具体表现，运输、工程等行业的合并运动尤其值得关注，它们直接推动了众多大工会的诞生。在运输业，合并运动早在战后重建时期就已开始。1919 年，全国通用工人工会与伦敦码头工人工会的合并以失败告终，但该行业工会合并的积极性并未受挫，欧内斯特·贝文继续推进各主要工会的合并谈判。合并需要克服的主要困难在于如何兼顾个体工会的独立性与整个工会联盟的团结，这直接影响到合并的成功。贝文的策略是：在行政上，新的工会将是一个完整的联合体，下辖各行业团体有自身的管理者及委员会处理工业事务，全国执行委员会（包含区域和行业团体的代表）只在财政、政策及罢工问题上有最终决定权。[1]这是一种双重管理制，既保证了工会的独立性，又促进了各工会的联合，得到各大工会支持。1920 年 10 月，合并谈判最终完成，1921 年各工会开始进行合并投票。1922 年，伦敦码头工人工会、联合汽车工人工会、全国汽车工人工会、利物浦码头工人工会、苏格兰码头工人工会等工会团体的投票相继通过，联合成立运输工人与通用工人工会，贝文因其杰出贡献被选为工会主席。新工会下辖 11 个区域部门和 5 个全国性团体，拥有 30 万名会员。[2] 此后，它仍在通过合并其他工会进行扩张，"截至 1926 年底，它已经是 27 个工会的联合体"。[3]

在工程业，面对工程业雇主联盟的挑战，汤姆·曼等产业工会主义者积极鼓动各工程业工会克服重重困难、加强合作。其中技术工人组成的工会大大降低入会门槛，为工会间的合作创造条件。

---

① H. A. Clegg, *A History of Britain Trade Unions since 1889*, Vol. 2, *1911–1933*, p. 306.

② W. Hamish Fraser, *A History of British Trade Unionism*, *1700–1998*, p. 159.

③ Chris Wrigley, "The Trade Union Between the Wars", in Chris Wrigley, ed., *A History of British Industrial Relations*, *1914–1939*, pp. 71–72.

1920 年 7 月，联合工程师协会协同蒸汽机制造者工会、机器工人工会、精密工具制造者工会和其他 6 个工程业工会成立工程业联合工会（The Amalgamated Engineering Union），会员达 40 万人以上。普通工人工会的合并亦是战后工会合并运动的重要组成部分。1924 年全国通用工人工会、全国劳工联合会以及市政雇员协会（The Municipal Employees' Association）合并成立全国通用工人与市政工人工会，合并后其会员人数飙涨到 35.9 万人。

此外，木工、建筑、冶金、铸造、纺织、印刷、邮政等行业也存在广泛的工会合并现象。在木材工业，1920 年在吸收木匠和装配匠的工会后，木工联合工会（The Amalgamated Society of Woodworkers）成立。在建筑业，1921 年砖瓦工人、石匠组成的三个工会合并成立建筑业工人联合工会（The Amalgamated Union of Building Trade Workers）。在冶金业，1921 年 10 个地方性的工会合并成立全国钣金工与焊工工会（The National Union of Sheet Metal Workers and Braziers）。在铸造业，1922 年三个铸造工会合并成立全国铸造工人工会（The National Union of Foundry Workers）。在纺织业，为满足毛纺织工人的诉求，1922 年该行业的三个工会联合成立全国纺织工人工会（The National Union of Textile Workers）。[①]在邮政业，9 个规模较小的工会联合成立邮政工人工会（The Union of Post Office Workers）。在出版行业，印刷、造纸、订书及机器标尺等行业的工人团体联合成立印刷、订书、机器标尺、造纸工全国工会（The National Union of Printing, Bookbinding, Machine Ruling, and Paper Workers）。总之，一战后各行业的工会合并运动在 20 年代初期不断高涨。

工会合并运动对工会的发展产生多方面影响。第一，工会合并直接导致工会数量减少，工会的规模得以壮大。据统计，工会数量

---

① J. T. Ward and W. Hamish Fraser, eds., *Workers and Employers: Documents on Trade Unions and Industrial Relations in Britain since the Eighteenth Century*, pp. 258-259.

从 1919 年的 1360 个下降到 1921 年的 1275 个，到 1926 年则进一步减少至 1164 个。[1] 20 世纪 20 年代工会数量的减少与当时恶劣的经济环境密切相关，但工会合并是促成工会数量减少的主要因素，有研究表明："整个 20 世纪上半叶，工会主义最突出的特征在于工会数量的减少，这是工会合并和吸收过程作用下的结果。"[2] 第二，新合并的工会往往跨越多个行业，通用工会由此兴起，传统的行业工会相对衰弱。通用工会在工会运动中的地位越发重要，传统行业工会（纺织、煤矿）的重要性相对下降。据统计，1914 年煤矿、纺织行业的工会会员数占工会会员总数的 30% 以上，1926 年这一数据下降至 21% 以下。[3] 第三，合并导致工会全职官员的数量大幅度增加，工会管理更加规范化、精细化，工会组织结构更加复杂，工会领导层对工会运动的控制力增强。"这些合并从表面上看增加了有关工会的力量，但从长远来看，也产生了大量的全日制官僚，工会在地方部门的力量遭到削弱。"[4] 肯尼斯·布朗也指出："官僚机构的重组如此广泛，以至于在工会会员数量减少的同时，全职官员的数量却在增加，这进一步削弱了激进分子的影响力。"[5]

　　工会调整的另一个层面是工会领导组织机构的改革。长期以来，工会运动的统一领导问题突出。尽管工会运动的中心组织工会代表大会早在 19 世纪后半叶就已成立，但其常设机构议会委员会（The Parliamentary Committee）主要负责关注议会在工业政策上的动向，职能及权力十分有限，未能有效领导工会运动。各工会团体往往各自为政，缺乏集中统一行动。艾伦（V. L. Allen）指出，在成立后的许多年里，议会委员会不仅对工会间的纠纷置之不理，而

　　① Chris Wrigley, "The Trade Union Between the Wars", in Chris Wrigley, ed., *A History of British Industrial Relations*, *1914-1939*, p. 72.

　　② Ministry of Labour and National Service, *Industrial Relations Handbook*, pp. 12–13.

　　③ Henry Pelling, *A History of British Trade Unionism*, p. 180.

　　④ 陈晓律、陈祖洲等：《当代英国——需要新支点的夕阳帝国》，贵州人民出版社 2000 年版，第 304 页。

　　⑤ Kenneth Brown, *English Labor Movement*, *1700-1951*, p. 229.

且未对劳资纠纷产生任何影响，其活动仅限于向大臣们进行游说和派出代表，主要关注立法问题，旨在消除影响劳工和选举改革的特殊立法。① 20 世纪初，新成立的工党逐步主导工人阶级的政治活动，议会委员会的重要性进一步下降。

工会运动缺乏统一领导的问题在战后重建时期的罢工乱象中更加凸显。1919 年铁路罢工时，各工人团体的工业行动缺乏协调机构，工会不得不成立临时调解委员会（Mediation Committee）来承担这一重任，最终它促成了铁路工人在劳资纠纷中的胜利。由此，工会内部认识到建立一个永久性的全国权力机构何其重要，铁路罢工结束后，运输工人强烈要求改革议会委员会，使其成为未来工会活动的中央协调机构。工会代表大会自身也逐步意识到组织改革的必要性，1919 年底大会接受了有关委员会的报告和建议："有必要为'整个运动建立起真正有效的中央领导机构'。由于缺乏全盘领导已经一再造成了'不仅在行政工作上的机构重叠，而且使整个劳工运动蒙受巨大的财力和精神损失的内部以及其他的无谓纠纷'。工会运动必须有集中的领导，运动在政治、产业和合作方面的工作必须协调起来。"② 与此同时，工会代表大会议会委员会的选举制度也饱受诟病，要求改革的呼声不断高涨。选举活动背后的拉票和易票行为一度导致某些强大的工会团体被排除在议会委员会之外。例如，1920 年矿工的两名代表都未能入选议会委员会，引发全国矿工联合会的不满，强烈要求改组议会委员会。在各种因素的推动下，一战后工会领导组织机构的改革开始启动。

1919 年，工会代表大会任命了一个工会协调委员会（The Trade Union Co-ordination Committee）来推动工会的组织改革。委员

---

① V. L. Allen, "The Reorganization of the Trades Union Congress, 1918-1927", in V. L. Allen, ed., *The Sociology of Industrial Relations*, *Studies in Method*, London: Longman Group Ltd., 1971, p.158.

② ［英］莫尔顿、台德：《英国工人运动史（1770—1920）》，叶周、何新等译，第 308 页。

会成员欧内斯特·贝文提交了重组工会代表大会的备忘录，强调以工业方式解决工会问题的重要性（对议会委员会关注立法、游说议员的方式表示否定）。工会协调委员会进一步建议：总理事会取代议会委员会，成员由大会每年选举产生；制订总理事会构成及选举方面的计划；为总理事会行政部门的发展做出安排，提供足够的人员和设备，以确保一个有效的工会中心的运行。随后，科尔在总理事会选举和构成的问题上又提交了详细的解决报告，这些建议成为工会代表大会组织改革的思想基础。但工会改革进程依旧缓慢，1921 年经济萧条导致工会运动处境恶化，在劳资斗争中各工会加强合作的需要变得越发迫切。这主要是因为大多数工会在 20 世纪20 年代严峻的经济形势下采取的工业行动都遭到毁灭性打击，使人们更加需要一些中心机构来协调工会的抵抗，并确保在大规模纠纷中相互支持。最终，工会组织改革得以在 20 年代初完成。

　　1921 年工会代表大会废除议会委员会，改设新的常设机构总理事会，总理事会由大会选举的来自 17 个产业团体和 1 个妇女团体的 32 名成员构成。1923 年家具行业协会（Furnishing Trades' Association）的弗雷德·布拉姆利（Fred Bramley）当选为总理事会第一任全职书记，1925 年电气工会（Electrical Trades' Union）的沃尔特·西特林（Walter Citrine）成为第二任书记。总理事会的权力及职能相较议会委员会得到扩展，主要负责"促进工会间争端的解决，代表工会运动发声，加强工会与国外劳工运动的联系，在工资、工时等普遍问题上协调工会间的共同行动"。[①] 成立之初，总理事会的权力受到严格限制，在矿工等群体的压力下，总理事会不得干涉大会附属工会和联盟的内部事务，各工会的自主权得到极大程度的保留。但总理事会的力量也在不断增长，1922 年总理事会与工党成立了一个全国联合委员会（National Joint Council），双方

――――――――――

① Alan Fox，*History and Heritage：The Social Origins of the British Industrial Relations System*，p. 342.

各占一半的席位。1924 年，在工会代表大会的支持下，总理事会获得干预重大劳资争端的授权。若调解失败，总理事会可动员工会运动的资源支持有关工会，这为其在 20 年代中期发起大罢工奠定了基础。

20 年代初的工会改革对工会运动的发展意义重大。工会组织更加集权化，工会管理更加规范化。工会运动不仅形成一个强有力的全国领导中心——总理事会，而且配备了相关辅助机构，各类工业和职能小组委员会得以建立，研究、宣传以及与工党进行联络的部门形成。工会的决策也更加科学化，总理事会的决策越来越以专家提供的信息为基础，对现实做出及时有效的反应。"组织改革使得工会代表大会由一个工会的自愿联盟转变成一个紧密合作且强有力的中心组织，大会以一种更加完备的形式存在，通过总理事会日复一日地运行。工会的中心组织由一个仅仅是执行工会代表大会一般政策的行政机构转变成一个更加活跃的机构，系统处理工会主义引起的相关问题。"① 由此，总理事会在工会运动中发挥更加积极有效的作用。亨利·佩林也指出："从此，总理事会承担了重大的政治作用与工业作用，并建立了一个与工党总部相匹敌的总部。值得注意的是，一些有才能的工会领袖宁愿在总理事会中任职，也不愿参加看来相当死气沉沉的议会政治活动。"② 可见，总理事会在劳工运动中扮演了中心角色。

总的来说，工会的合并与改革对劳资关系的发展产生了两方面影响。一方面，一战后初期工会运动更加具有组织性，劳工群体在劳资博弈中的凝聚力增强；另一方面，总理事会、各大工会联合组织的罢工行动造成劳资冲突更加激烈，工业局势更加动荡，工作日损失更加严重。

---

① J. T. Ward and W. Hamish Fraser, eds., *Workers and Employers*: *Documents on Trade Unions and Industrial Relations in Britain since the Eighteenth Century*, p. 226.

② ［英］亨利·佩林：《英国工党简史》，江南造船厂业余学校英语翻译小组译，第 52 页。

二　雇主组织与战略的调整

作为构成劳资关系的主要对象，雇主群体会对劳资关系的发展产生重要影响。一战后，随着社会经济环境的变化，在工会通过合并与改革增强自身凝聚力的同时，雇主也在劳资博弈中加强组织性、调整劳资博弈战略，以适应工业发展的动向。

一战后，雇主在劳资关系领域的主要活动之一是加强雇主间的联合，促进内部团结，这可以从一战前后雇主组织数量的变化反映出来。据统计，1898 年雇主组织的数量仅有 675 个，"到 1914 年其数量达到 1487 个，到 20 年代初，这一数据已飙升至 2403 个，其成员的覆盖面得到极大的扩展"。[①] 雇主组织数量的大幅增加表明雇主间的合作大大增强。詹姆斯·富尔彻（James Fulche）也指出："20 世纪 20 年代工会在全国层面实现更大协调的同时，雇主一方也有类似的发展。有迹象表明，战争结束不久，雇主间的合作加强了，随着英国工业联合会和全国雇主组织联盟（The National Confederation of Employers' Organizations）的成立，雇主们在全国层面的合作得以实现。"[②] 可见，雇主间联合的层次在战后得以提升，由区域层面发展到全国层面。

雇主加强内部合作主要有以下几方面的原因。其一，战后工会力量的增长及其积极进攻的姿态引起雇主的恐慌，雇主群体的阶级意识增强，雇主联合对抗工会成为一种必要。麦基弗就指出："1914—1920 年，政府对工业的空前干预、工会实力的增长以及车间工人战斗性的增强都给个体雇主造成巨大压力，这提高了工业资本家集体行动的能力，由此英国雇主组织的数量得以增加，代表性和稳定性都得以增强，并在 20 年代初

---

① Howard F. Gospel, *Markets, Firms and the Management of Labour in Modern Britain*, p. 81.

② James Fulcher, *Labour Movements, Employers, and the State: Conflict and Cooperation in Britain and Sweden*, p. 117.

达到顶峰。"① 其二，一战改变了国家与工业的关系，政府积极干预工业事务成为常态，战后政府一系列的劳资政策都鼓励雇主群体加强合作。阿姆斯特朗（E. G. A. Armstrong）表示，一战时的国家干预推动了工会和雇主组织的发展，公共政策的承诺增强了工业组织的力量，推动了集体谈判制的发展和联合协商机构的建立，促进了雇主组织的成立和发展。② 例如，政府扩展行业委员会的立法就推动了雇主内部的联合，"政府为确定行业最低工资进行的行业委员会立法推动了各行业雇主组织的建立，这些组织建立的主要目的在于确保雇主在各行业委员会中得到充分的代表"。③ 其三，在与工会进行集体谈判的过程中，雇主群体加强联合具有诸多裨益。一方面，雇主通过在谈判中联合起来，可以合作对抗任何罢工，从而防止劳工"击败"最弱势的雇主，并以此作为在其他地方提出加薪要求的基础；另一方面，在企业较小和没有严密管理体系的情况下，雇主没有具备处理工会事务的专业知识或技能的管理人员，也没有专门的人事政策来管理他们的雇佣关系，通过将与员工谈判的责任委托给雇主协会的官员，雇主可在不根本改变组织结构的情况下，处理自己新的、更复杂的雇佣关系。此外，多雇主协议也有助于减少劳动力市场的竞争，并向雇主保证他们必须支付相同的工资，没有雇主可以在工资成本上进行"不公平"的竞争。④ 总之，这一系列有利因素引导雇主走向合作。

---

① Arthur J. McIvor, *Organised Capital: Employers' Associations and Industrial Relations in Northern England, 1880-1939*, p. 146.

② E. G. A. Armstrong, "Employers Associations in Great Britain", in J. P. Windmuller and Alan Gladstone, eds., *Employers' Associations and Industrial Relations, A Comparative Study*, Oxford: Clarendon Press, 1984, pp. 46-47.

③ J. Henry Richardson, "Employers' Organizations in Great Britain", in Frank E. Gannett and B. F Catherwood, eds., *Industrial and Labour Relations In Great Britain, A Symposium*, p. 141.

④ Gill Palmer, *British Industrial Relations*, London: George Allen and Unwin Publishers Ltd., 1983, pp. 54-55.

　　具体来看，一战后雇主组织性增强突出表现为一系列大型雇主组织的形成，其中最具代表性的是全国雇主组织联盟和经济联盟（Economic League），它们在 20 年代劳资关系领域发挥了重要作用。全国雇主组织联盟是战后雇主群体建立的各雇主组织的领导中心。与劳工群体早在 19 世纪后期就建立劳工运动的领导中心工会代表大会不同，长期以来，雇主群体在劳资博弈中缺乏一个全国性的组织核心，雇主组织更多是地方性的行业团体，跨行业的雇主组织较少。一战时期，雇主组织获得快速发展，相继成立了全国制造商联盟（The National Union of Manufacturers）、英国工业联合会等全国性跨行业的雇主组织，但这些大型雇主组织在职能分工上存在分歧，尤其是在谁能代表全体雇主处理劳资关系的问题上。例如，战时英国工业联合会作为主要处理商贸问题的雇主组织，屡屡在劳工及社会改革问题上采取积极行动，遭到工程业雇主联盟的强烈反对。

　　雇主群体在劳资关系领域协作不足的问题在战后更加严峻，1919 年劳合·乔治召开全国工业会议（The National Industrial Conference），邀请劳资双方就解决工业骚乱问题建策献言，但雇主内部缺乏处理相应问题的全国性雇主组织来回应政府的号召。若不采取积极行动，一战后国家劳资政策的制定可能会偏向劳工，雇主在劳资博弈中将陷入被动状态。由此，在艾伦·史密斯的积极推动下，1919 年雇主群体成立了一个新的雇主组织——全国雇主组织联盟，以专门处理劳资关系方面的问题。其具体职责包括：在处理劳资关系问题上确保雇主组织间的充分合作，通过联盟联合行动或与其他雇主组织合作推动实现联盟目标，关注可能影响雇主利益的立法，从事其他有利于联盟的事务。[1] 一经成立，该组织就获得官

---

　　[1]　Philip Ollerenshaw, "The Growth and Role of Employers' Association in the UK (1916-1945): Comparisons and Contrasts", in Danièle Fraboulet, Andrea M. Locatelli and Paolo Tedeschi, eds., *Historical and International Comparison of Business Interest Associations* (*19th-20th Centuries*), p. 145.

方承认，劳工部指定其作为处理劳工问题最具代表性的雇主组织，它还获得指派雇主代表参加国际劳工大会的权力。

在组织构成上，全国雇主组织联盟仅吸收雇主组织，主要是每个行业负责劳资关系问题的核心雇主组织。成立之初，由于劳工群体"咄咄逼人"的进攻，雇主们加紧联合，联盟规模迅速壮大。截至 1920 年 4 月，它已获得 40 个雇主组织的支持，包括工程业雇主联盟、航运同盟（The Shipping Federation）、全国建筑业雇主联盟（The National Federation of Building Trades Employers）、化学业雇主联盟（The Chemical Employers' Federation）、煤气业雇主联盟（The Federation of Gas Employers）等。[①] 但在 1921 年后其发展遭遇挫折，经济萧条使得雇主更加看重自身利益而非团体利益，雇主加强联合的热情消退，联盟成员数不断下降。为应对生存危机，全国雇主组织联盟积极进行组织章程改革，扭转了发展颓势。1922 年矿业联盟和铁路公司联盟（The Railway Companies Association）加入同盟，它还进一步吸收其他行业的雇主组织，成为包括工程、矿业、铁路、棉纺织、轮船制造等五大产业雇主组织的强大联盟。成立十年后，全国雇主组织联盟在工业领域获得稳固的地位，拥有一批可靠的支持者，雇主组织的成员数量达到 40 个以上，其下辖公司雇佣的工人数量超过 700 万人。[②] 可以说，全国雇主组织联盟已成为英国产业领域最具代表性的雇主组织。

经济联盟是一战后雇主群体发展出的承担宣传职能的雇主组织。1919—1920 年，经济联盟在保守党议员雷吉诺德·霍尔（Reginald Hall）及雇主组织领导人艾伦·史密斯（工程业雇主联

---

① Terence Rodgers, Work and Welfare: The National Confederation of Employers' Organizations and the Unemployment Problem, 1919-1936, Ph. D. dissertation, University of Edinburgh, 1981, p. 22.

② Terence Rodgers, "Employers' Organizations, Unemployment and Social Politics in Britain during the Inter-war Period", Social History, Vol. 13, No. 3, October 1988, pp. 316-317.

盟）、卡斯伯特·劳斯（Cuthbert Rouse，船业联盟）及埃文·威廉姆斯（Evan Williams，煤矿协会）等的积极推动下成立。该组织主要致力于在英国公众面前为资本主义辩护，进行教育宣传，普及资本主义经济学知识，压低社会主义者、共产主义者在工人阶级中的影响力，减少破坏性的工业动乱，为雇主群体提供"黑名单"服务，阻止雇佣激进分子。到 20 世纪 20 年代中期，经济联盟已发展成为一个强大的反劳工组织，获得众多雇主群体的支持。到 1925年，其组织性更加完善：由一个中央委员会和 14 个地区委员会组成，覆盖大部分重要工业区。14 个地区委员会共有 169 名会员，中央委员会有 41 名会员，中央委员会成员或由地区选举产生，或从行业领袖中指派。中央委员会成员中有大量的前雇主组织领导人，其活动经费主要源于个别雇主及雇主组织的资助，其中工程业雇主组织对经济联盟的发展助力颇多。①

两次世界大战之间，经济联盟在工业领域十分活跃，频繁地举行宣传教育活动。从 1923 年 10 月到 1926 年 12 月，经济联盟共举办 22630 次会议，参与人数达到 3709839 人；同时组织 4105个学习论坛，受众达 260650 人。② 此外，该组织还与英国工业联合会、全国雇主组织联盟等机构加强联系，在历次劳资对抗中合作对付劳工。在 1926 年大罢工期间，经济联盟与英国工业联合会合作，向政府提供煤炭库存、交通、罢工破坏者组织的信息。③在经济联盟中央委员会的领导下，其地区组织也相当活跃，积极印刷并分发自办的"每日新闻"（daily news-sheet）等宣传材料，

---

① Philip Ollerenshaw, "The Growth and Role of Employers' Association in the UK (1916-1945)：Comparisons and Contrasts", in Danièle Fraboulet, Andrea M. Locatelli and Paolo Tedeschi, eds., *Historical and International Comparison of Business Interest Associations* (19th-20th Centuries), p. 150.

② Arthur McIvor, "'A Crusade for Capitalism'：The Economic League, 1919-39", *Journal of Contemporary History*, Vol. 23, No. 4, October 1988, p. 637.

③ Arthur McIvor, "'A Crusade for Capitalism'：The Economic League, 1919-39", *Journal of Contemporary History*, Vol. 23, No. 4, October 1988, p. 644.

登记志愿工人，在未经工会许可情况下进行提供卡车司机和运送食物等活动。总之，经济联盟在雇主群体破坏罢工的行动中扮演了重要角色。

在上述全国性的、宣传性的雇主组织得到发展的同时，雇主组织在行业层面也得到扩展与巩固。在运输业，1920 年劳资纠纷期间，在劳工部的干预下，劳资双方的集体谈判机构全国港口运输联合委员会（The National Joint Council for Port Transport）成立，作为回应，港口运输业的地方雇主协会与航运同盟等使用码头设施的雇主组织联合成立码头雇主全国协会（The National Association of Port Employers）。① 在钢铁业，面对 20 年代初工会的合并浪潮，钢铁行业的雇主加强联合，以结成统一战线对抗有组织的劳工。1922 年，钢铁行业各雇主协会联合成立钢铁业雇主联盟（The Iron and Steel Trades Employers Association）。② 一战及战前的雇主组织在战后也得到进一步的发展。在煤矿业，作为英国较早成立的雇主组织之一，英国矿业协会在 1923 年已发展成为包括 24 个地区协会的雇主联盟，包含 700 个董事，负责英国出口煤炭总量的 95%。在建筑业，1913 年全国建筑业雇主联盟仅包括 9 个地区协会，到 1923 年已发展到包括 250 个地方协会。③ 在工程业，一战前工程业雇主联盟下辖公司的数量仅 800 个左右，雇佣成年男性工人数在 20 万—30 万人，战后其规模迅速扩大，1918—1920 年，下辖公司的增长数量已达上千个，到 1921 年，联盟已拥有 2600 家公司，雇佣工人数达 44.87 万人。④ 总之，一战后数年间，各类雇主组织蓬勃发展，雇主群体

① H. A. Clegg, *The System of Industrial Relations in Great Britain*, p. 128.

② Frank Wilkinson, "Collective Bargaining in the Steel Industrial in the 1920s", in Asa Briggs and John Saville, eds., *Essays in Labour History 1918-1939*, London: Croom Helm Ltd., 1977, p. 115.

③ J. T. Ward and W. Hamish. Fraser, eds., *Workers and Employers: Documents on Trade Unions and Industrial Relations in Britain since the Eighteenth Century*, p. 222.

④ Eric Wigham, *The Power to Manage, A History of the Engineering Employers' Federation*, p. 303.

的组织力量得到极大的发展。

雇主劳资关系战略的转变也是一战后劳资关系发展的重要特征。战后重建时期面对工会力量的急剧增长和斗争性的增强，雇主对劳资对抗的结果缺乏信心。詹姆斯·克洛宁（James E. Cronin）就指出，1920 年夏季之前，劳工在主要的劳资对抗中取得胜利，政府和私人雇主都对劳资双方的公开对决缺乏信心。[①] 由此，雇主对劳工的利益诉求更多采取妥协和退让策略，工会在工资、工时、工作条件等方面都有了极大的改善。马克斯·比尔认为，1919—1920 年劳工阶级发展达到顶峰，劳工获益良多。但这不能完全归功于工会的行动和政策，还有其他层面的原因。"一部分似乎是由于资产阶级害怕革命，他们宁愿拿出一笔保险费之类的款项来保证社会火灾和骚乱不致发生，一部分则由于战后的繁荣景象可以使各方面都分沾比较优厚的报酬。"[②] 不得不说，战后重建时期雇主的合作态度是工会运动蓬勃发展的重要原因。

雇主群体在劳资关系领域的积极合作有几个方面的具体表现。其一，在某些行业雇主承认了战时兴起的车间代表，并赋予工会相关权利。例如 1919 年 5 月，在联合工程师协会的坚持下，工程业雇主联盟允许工人选举车间代表，代表的名字、选区要得到有关管理工会的认可，工厂联合委员会的管事被允许参观自己选区以外的工厂。其二，雇主承认了众多白领工会。在工程业，1920 年工程业雇主联盟承认了全国职员工会（National Union of Clerks）。在报刊业，早在 1917—1918 年，报纸所有者协会（National Proprietors Association）就承认了全国记者工会和报业协会（The Newspaper Society），战后重建时期，它又相继承认了全国印刷、装订和造纸工人工会（The National Union of Printing,

---

① James E. Cronin, "Copping with Labour, 1918 - 1926", in James E. Cronin and Jonathan Schneer, *Social Conflict and Political Order in Modern Britain*, New Brunswick: Rutgers University Press, 1982, p. 128.

② ［德］马克斯·比尔：《英国社会主义史》下卷，何新舜译，第 353—354 页。

Bookbinding and Paper Workers）、全国印刷工人和办事员助理协会
（The National Society of Operative Printers and Assistants for Clerical
Workers）、苏格兰日报协会（Scottish Daily Newspaper Society）。其
三，雇主支持工会在某些社会政策上的诉求。例如，雇主在战后重
建时期支持政府扩大失业保险的计划，他们试图通过失业保险方面
的退让换取工会在工资及工作条件方面的让步。

20 年代初，英国爆发严重的经济危机，产业环境恶化，工会
力量急剧衰退，劳资间的力量对比发生转变，由劳强资弱转向劳弱
资强，由此，雇主群体在劳资博弈中开始转变战略，由妥协退让转
向强硬对抗，乃至主动向劳工群体发起进攻。在霍华德·F. 高斯
贝尔看来，随着 1920 年经济危机的来临，雇主决策层中的战时合
作精神和惠特利主义被全国雇主组织联盟中更为好战和强硬的团体
所取代，这些人致力于夺回车间的控制权，并以他们认为最合适的
方式应对海外竞争。经济萧条助长了雇主群体中的强硬派，并给雇
主的反攻创造了机会。[①] 可见，产业环境的变化使雇主在劳资斗争
中掌握了主动权。

雇主群体的反攻主要在两个领域进行。在产业领域，雇主开始
对劳工施压，尤其是那些遭受经济危机打击严重的行业，如煤矿
业、工程业、纺织业、造船业、建筑业等，重申车间管理权威，压
低工资降低生产成本。当遭遇抵抗时，雇主不惜闭厂迫使工会屈
服。例如，在棉纺织业，棉纺织雇主协会联盟试图通过缩短全行业
的工时来限制生产和提高利润，当该战略未能摆脱行业困境时，联
盟又转向限制劳动力成本。1921—1922 年雇主迫使纺织工人降低
工资，其货币工资减少 40% 以上，实际工资的降幅也超过 10%。[②]
兰开夏的棉纺织雇主还积极捍卫罚款制度，以此作为加强生产管

---

　　① Howard F. Gospel, "Employers and Managers: Organization and Strategy 1914 –
39", in Chris Wrigley, ed., *A History of British Industrial Relations*, *1914–1939*, p. 163.

　　② Arthur J. McIvor, *Organised Capital: Employers' Associations and Industrial
Relations in Northern England*, *1880–1939*, p. 186.

理、控制车间的必要手段。长期以来，纺织业工会要求雇主废除劣质工作和其他小问题导致的罚款，1910—1920 年，大量的工厂已废除了罚款制度，但在 20 世纪 20 年代雇主重新恢复了罚款制度。棉纺纱工和制造商协会（Cotton Spinners' and Manufacturers' Association）在与工会对抗时，就成功地在法庭面前维护了罚款制度的合法性。[①]

在轮船制造业，当锅炉制造工与钢铁造船工联合会于 1923 年拒绝接受管理方关于加班和夜班的工作协议时，造船业雇主联合会和工程与造船业联合会（The Federation of Engineering and Shipbuilding Trades）采取闭厂措施，约有上万名造船工人被迫停工，另有约 3 万名其他工人被牵连，涉及镀金工、铆工、敛缝工等。[②] 闭厂持续近 7 个月，到 11 月底工会被迫按照雇主的协议恢复工作。20 年代中期，煤矿纠纷中劳工的失败更是给了雇主压制劳工的机会。1926 年大罢工后，部分雇主拒绝工会积极分子复工，诺丁汉郡的迪克·马丁（Dick Martin）回忆说："对于那些激进分子，雇主表示，'你不必再回来，离开，这没有你的事'……我知道一些家庭在 1926 年大罢工后就再也没有回来过。"[③] 可见，20 年代产业环境的萧条、雇主态度的强硬导致劳工群体陷入相当艰难的境地。

在劳资立法领域，雇主群体也积极打压工会。早在 20 年代初，雇主就极力反对政府颁行改善劳工境遇的新工厂法。1924 年，政府再次提议修改工厂法，内容涉及女工和童工的工时、防止意外及确保健康的工作环境、改善照明、厂房建设纳入工厂法的管理等，结果遭到雇主群体的联合反对。英国商会联盟（The Association of British Chambers of Commerce）号召，当每个组织考虑这一问题时，

---

① Arthur J. McIvor, *Organised Capital: Employers' Associations and Industrial Relations in Northern England, 1880–1939*, p. 188.

② Ministry of Labour, "Employment, Wages, Cost of Living and Trade Disputes in 1923", *The Ministry of Labour Gazette*, January 1924, p. 6.

③ Andrew August, *The British Working Class, 1832–1940*, p. 199.

应当统一反对。制造商全国同盟表示，它将尽全力阻止该法案以现存形式通过。全国雇主组织联盟也在 1927 年谴责该法案规定的是一种僵硬的、拘泥于小节的、不灵活的国家管理体制。[1] 最终，雇主群体的强硬态度推迟了新工厂法的出台。

　　雇主群体还要求改革既有的工会法，限制工会的活动。20 世纪初以来，工会的法律地位不断改善，雇主在劳资对抗中的强势地位减弱，尤其是 1906 年自由党政府颁布的《劳资争议法》，规定工会在集体罢工行动中享有民事豁免权。战后重建时期，出于对工会实力的忌惮，雇主集团尚无力在立法层面打压工会。20 年代初的经济萧条削弱了工会的实力，雇主开始在产业领域向工会施压，到 1926 年大罢工结束，劳工群体在一战结束以来的劳资对抗中彻底失败，雇主迅速抓住机会，要求在法律层面限制工会。1926 年，当内阁就是否要通过修改《工会法》惩罚参与大罢工的工会和工会领导人向雇主组织咨询时，全国雇主组织联盟建议对 1906 年《工会法》进行大幅修改，以减少对工会和工会领导人免受劳资纠纷中损害诉讼的保护，并限制其示威活动。[2] 虽然雇主组织的要求并未完全得到满足，但政府在 1927 年通过的《劳资争议与工会法》依然在很大程度上限制了工会活动，如将大罢工、同情性罢工定为非法。

三　集体谈判制的相对式微

　　根据国际劳工组织的界定，集体谈判是指雇主或雇主组织作为一方与工人组织作为另一方之间进行的所有协商活动，目的在于决定工作条件和就业条款，规范雇主与工人之间的关系。[3] 可见，集

　　[1]　Helen Jones，"Employers' Welfare Schemes and Industrial Relations in Inter-War Britain"，*Business History*，Vol. 25，No. 1，March 1983，pp. 64-65.

　　[2]　H. A. Clegg，*A History of Britain Trade Unions since 1889*，Vol. 2，*1911 - 1933*，p. 422.

　　[3]　唐鑛、嵇月婷：《集体协商与集体谈判》，中国人民大学出版社 2019 年版，第 4 页。

体协议是集体谈判的最终目标，集体协议的签订有助于减少劳资纠纷。在英国，作为一种劳资纠纷化解机制，集体谈判制在 19 世纪中叶就已兴起。[①] 到 19 世纪末 20 世纪初，政府的一系列劳资立法为集体谈判制的稳步推进奠定了坚实基础。例如，1896 年政府颁布的《调解法》就对集体谈判制的发展产生重大影响，"1896 年《调解法》的出台及实施，成为英国劳资关系史上的重要里程碑……推动了劳资双方以自愿集体谈判方式来化解争议与冲突"。[②] 1906 年《劳资争议法》亦改善了工会的法律地位，给予其民事纠纷方面的豁免权，为劳资双方通过集体谈判化解纠纷提供了必要保障。由此，一战前得益于政府的积极引导，集体谈判制迅速发展。一战期间，在国家干预和劳资合作的和谐氛围下，集体谈判制得到进一步发展，从地区层面扩展到全国层面。克里斯·里格利指出："一战极大地促进了集体谈判……国家在经济中扮演的更加重要的角色导致了更多行业的全国性工资谈判，如天然气供应、面粉、化工、肥皂及有轨电车等行业。"[③] 总之，自 19 世纪末到一战期间，集体谈判制总体呈现良好的发展态势。

　　一战后，集体谈判的发展呈现出新的特点，其基本情况可通过克里斯·豪威尔的研究反映出来。19 世纪末仅有纺织业发展起集体谈判程序，集体设定工资协议的覆盖范围不到英国劳动人口总数的 1/10。到 1910 年，全国性集体协议和固定工资机制（主要是行业委员会）的覆盖范围增长到 15%—16%，1918 年上升至 50%—

---

　　① 参见刘金源《从对抗到合作：近代英国集体谈判制的兴起》，《史学集刊》2017 年第 5 期；刘金源《19 世纪英国集体谈判制兴起原因述论》，《安徽史学》2017 年第 4 期；徐聪颖、刘金源《集体谈判制与 19 世纪中后叶的英国劳资关系》，《探索与争鸣》2010 年第 9 期。

　　② 刘金源、胡晓莹：《1896 年〈调解法〉与英国集体谈判制的发展》，《探索与争鸣》2016 年第 2 期。

　　③ Chris Wrigley, "Labour and Trade Unions in Great Britain, 1880-1939", in Anne Digby, Charles Feinstein and David Jenkins, eds., *New Directions in Economic and Social History*, Vol. 2, p. 101.

57%，1925 年的数据为 57%—60%（其中固定工资机制占 22%—25%），到 1930 年下降到 29%—30%。① 这些数据变化表明，20 世纪前 20 年集体谈判制呈现快速发展的态势，尤其在一战期间，但进入 20 年代后集体谈判制的长期发展趋势遭到逆转，10 年间其覆盖范围几乎缩小一半。对比 1918 年和 1925 年的数据，似乎一战后的七八年间，集体谈判制依旧在缓慢发展，但事实并非如此，其发展形势恰恰在这一时期发生转变，集体谈判制的发展呈现出相对式微的态势。

战后重建时期，集体谈判制延续一战以来的良好发展态势。克莱格认为："1919—1920 年的集体谈判记录表明，无论在劳资关系机制还是集体协议的范围及特征方面都取得了前所未有的发展，战前集体谈判仅仅覆盖到少部分体力劳工以及有限的白领工人……截至 1920 年，大多数体力劳工已被工会与雇主签订的全国性协议覆盖。"② 可见，战后重建时期集体谈判的覆盖范围得到极大的扩展，越来越多的劳工受到集体机制的保护。在覆盖范围扩大的同时，集体谈判的层次也得到提升，由区域性谈判发展为全国性的行业谈判。杰克逊（Michael P. Jackson）指出，截至一战前，人们普遍认为集体谈判已经扩展到轮船制造、工程、建筑等以外的其他行业工人（尤其是体力劳动者及非技术工人），但这种集体谈判仍主要盛行于地方层面。一战及战后初期，全行业层面的协议迅速增加。③ 战后集体谈判制快速发展的另一大表现是集体协议的大幅增加。一战前，英国集体协议的数量最高仅达到 1000 多个，"截至 1920 年，英国大多数行业的公司在劳资关系方面已严重依

---

① Chris Howell, *Trade Unions and the State: The Construction of Industrial Relations Institutions in Britain, 1890–2000*, p. 79.

② H. A. Clegg, *A History of Britain Trade Unions since 1889, Vol. 2, 1911–1933*, p. 266.

③ Michael P. Jackson, *Industrial Relations: A Textbook*, London: Croom Helm Ltd., 1978, p. 121.

赖雇主协会谈判达成的协议，这些协议主要是由有关雇主联盟和工会的总部达成的，因为国家层面的谈判已经取代了地区和区域谈判……当时英国已拥有超过 2500 个雇主协议，形式和细节越来越严格，覆盖特定区域、地区或整个行业，直接或间接覆盖了超过一半的工作人口"。① 集体谈判制日益成为劳资双方处理纠纷的重要手段。

这一时期集体谈判制获得快速发展主要得益于政府的积极引导和推动。一战末期，劳资关系趋于紧张，政府不得不考虑重建战后的劳资关系，因此成立了惠特利领导的劳资关系调查委员会（The Reconstruction Committee on the Question of the Relationship of Capital and Labour），要求其对确保未来劳资关系的永久改善提出建议。委员会经过两年的调查，共发布五份报告，对战后政府的劳资关系管理提出一系列建议，其核心宗旨在于重申自愿主义原则，反对扩大政府在劳资关系领域的作用，劳资双方最好自行达成协议、解决纠纷。这些报告指出自愿主义集体谈判应当成为政府劳资政策的重心。在政策的具体落实上，委员会指出：工人联合参与工业决策十分重要，基本条件是劳资双方得到充分组织，在此基础上，应在三个方面推动集体谈判机制发展。第一，扩展 1909 年《行业委员会法》构建的法定集体谈判机制，将一切组织不充分的行业纳入自愿主义集体谈判体系内。第二，在组织良好的行业，自愿建立三个层级的联合工业委员会，包括全国联合工业委员会、区域联合委员会及工厂联合委员会，以处理有关行业的所有问题。第三，建立一个常设性的自愿仲裁法庭，法庭由劳资双方的代表构成。当集体谈判机制失败时，纠纷可诉诸仲裁法庭。② 其中，行业委员会是战前政府规范低工资行业劳资关系的集体谈判旧机制，而联合工业委员

---

① Howard F. Gospel, *Markets, Firms and the Management of Labour in Modern Britain*, p. 84.

② Dorothy Sells, "The Settlement of Industrial Disputes in Great Britain", *Law and Contemporary Problems*, Vol. 5, No. 2, July 1938, p. 325.

会则是惠特利调查委员会设想的集体谈判新形式。

惠特利调查委员会的建议得到充分认可，政府管理劳资关系的实践也基本遵照了委员会的计划。一战结束后，政府废除战时遗留的各种强制性管控措施，议会出台法案，劳工部积极活动，从各方面为自愿主义集体谈判体系的发展保驾护航。1918年政府颁布新的《行业委员会法》，修改了1909年的法案，放宽了设立行业委员会的条件。劳工部获得授权，不仅可以在血汗行业，也可以在劳资双方组织程度较低、无力建立集体谈判机构的行业建立行业委员会。行业委员会的成员包括劳资双方各自指派的同等数量的代表，以及劳工大臣任命的与该行业无关的若干人员。得益于行业委员会机制，最低工资基本上由劳资双方共同决定。若双方不同意，任命的委员可居间调解或仲裁。委员会决定的最低工资必须公布，公布两月内若双方都无异议，即发生效力。劳工部还委派专门官员监督最低工资的实施，一旦发现低于最低工资的情况，则该工资标准归于无效，同时雇主也将受到处罚。[①] 政府还积极推动联合工业委员会计划。停战伊始，劳工部就设立了专门负责该计划的联合工业委员会局，并为这一新的集体谈判形式起草一份范本。根据该范本，同等数量的工会和雇主代表将定期开会，不仅讨论工资和就业条件问题，而且讨论更广泛的合作问题，包括劳动效率和工作满意度等。各行业是否执行联合工业委员会计划遵循自愿原则。

就实践的具体效果看，在政府的积极引导和推动下，惠特利调查委员会倡导的集体谈判机制获得可喜的发展。在联合工业委员会的发展上，1918—1921年，产业领域建立了73个联合工业委员会和33个临时工业重建委员会（Interim Industrial Reconstruction Committees）。临时工业重建委员会是成立于组织程度较为薄弱行业的集体谈判机构，由政府提供资金，若运行良好可发展成为联合

---

① 任扶善：《世界劳动立法》，中国劳动出版社1991年版，第61—62页。

工业委员会,最终有 14 个临时工业重建委员会转化成联合工业委员会。1917—1922 年,有超过 1000 个工厂委员会成立。[①] 这一集体谈判机制广泛覆盖了私人和公共部门中的各个行业,尤其是那些缺乏组织的行业及新兴工业部门,包括家具制造、制袜、制靴、制鞋、制陶、橡胶、汽车制造、电力、营利性的道路运输、报纸、印刷、电车、煤气供应等行业。

最初政府打算将联合工业委员会机制应用于私营部门,但这一倡议在公共部门引起广泛反响,政府各级部门先后成立名为惠特利委员会的集体谈判机制,包括全国公务员惠特利委员会(Civil Service National Whitley Council)、各部惠特利委员会(Department Whitley Council)、各区惠特利委员会(District or Regional Whitley Council)。[②] 该机制主要被用于协助解决各行政部门雇员的待遇问题,由此,公务员成为惠特利计划的主要受益者。在行业委员会的发展上,战前仅有四个血汗行业(裁缝、纸箱制造、制链、花边制造)建立行业委员会,覆盖约 40 万名劳工;战后行业委员会机制快速扩展,1920年就有 23 个新的行业委员会建立。[③] 截至 1920 年底,政府共建立 63 个行业委员会,覆盖约 300 万名劳工,其中 70% 是女工。[④] 不得不说,战后重建时期各类集体谈判机制都实现了快速发展。

虽然集体谈判制在战后重建时期获得极大发展,但集体谈判的广度和深度还远远不够。这主要体现在两个方面:其一,集体谈判扩展的行业范围有限,煤矿、铁路、工程、纺织、造船等传统行业拒绝了关于联合工业委员会的倡议,理由是它们已经有了类似的集

① N. Robertson and J. L. Thomas, *Trade Unions and Industrial Relations*, London: Business Books Ltd., 1968, p. 92.

② 王继远、陈雪娇:《英、美、德三国公共部门集体协商制度立法及对我国的启示》,《中国劳动》2016 年第 8 期。

③ Simon Milner, "The Coverage of Collective Pay-Setting Institutions in Britain, 1895-1990", *British Journal of Industrial Relations*, Vol. 33, No. 1, March 1995, p. 77.

④ Jerold L. Waltman, *Minimum Wage Policy in Great Britain and the United States*, New York: Algora Publishing, 2008, p. 67.

体谈判机制；其二，集体谈判的内容有限，行业委员会被主要用于确定行业最低工资，而联合工业委员会中劳资双方合作的范围也未能扩展到工资、工时议题之外的领域。

20 年代初，集体谈判的发展形势发生转变，逐步陷入相对式微的状态。以霍华德·F. 高斯贝尔和吉尔·帕尔默为代表的学者就表示："全行业集体谈判的发展主要发生于战后重建时期，随着 20 年代失业问题的加剧及各工会在劳资斗争中的失败，其发展趋势终结。在众多行业，由于雇主撤销了对集体谈判的支持，联合工业委员会瓦解……两次世界大战之间的经济萧条导致全国性集体谈判体系的良好发展形势消失。"[1] 可见，产业环境的变化严重影响到集体谈判制发展的土壤。集体谈判制的发展是以工业领域雇主与劳工组织程度的提高和劳资双方的合作为基础的，但 20 年代初的经济危机削弱甚至瓦解了这些条件。经济萧条导致工会会员流失严重，工会力量急剧衰退，劳工的组织程度降低，与此同时，雇主群体在劳资博弈中的态度变得强硬起来，其削减工资、增强管理权威的举动加剧了劳资对抗，新兴的集体谈判机制饱受考验。高斯贝尔指出，1914—1920 年，一种全国性谈判模式和部分英国雇主倾向于合作的趋势已建立起来，1920 年萧条的爆发严重地考验了该模式，改变了权力的平衡和雇主的策略，使雇主由合作的战略转向了对抗的战略，在这种对抗的前沿，工程业和煤矿业的雇主走在了最前面。[2] 劳资对抗导致集体谈判机制越发脆弱，部分行业的劳资协商制度由此瓦解。

除产业环境的恶化，集体谈判制的衰退与政府政策的转变也密切相关。20 年代初，面对经济危机的冲击，政府解除了战时以来对部分工业的管制，同时实行紧缩政策，削减财政开支，这直接影响到政府干预劳资关系的实践。财政部大力抨击劳工部积极推进自愿

---

① Howard F. Gospel and Gill Palmer, *British Industrial Relations*, p. 202.

② Howard F. Gospel, "Employers and Managers: Organization and Strategy 1914-39", in Chris Wrigley, ed., *A History of British Industrial Relations*, *1914-1939*, pp. 169-170.

主义集体谈判机制的计划，认为加强工会力量和利用行业委员会设定最低工资会扰乱劳动力市场，劳资关系官员的干预导致劳资纠纷数量不降反升。在财政部的打压下，劳工部的活动大幅减少，其劳资关系司（Industrial Relations Department）的职员从 1919 年的 229 人下降到 1924 年的 28 人，劳工情报司（Labour Intelligence Department）和联合工业委员会局也被解散。[1] 1921 年，政府设立了凯夫委员会（Cave Committee），对行业委员会的工作进行了调查。1922 年该委员会发布报告建议，行业委员会机制应限定在血汗行业，而不是用来推动集体谈判制发展，同时要求加大设立行业委员会程序的难度，最终凯夫委员会的建议得到政府的认可。毫无疑问，在各个层面，20 年代初政府减少了对集体谈判机制的支持。

具体来看，20 年代初集体谈判制相对式微有三个方面的表现。第一，一战后政府在工业领域构建劳资高层共识的尝试失败。1919 年初，面对劳工骚动的加剧，劳合·乔治召开第一次全国工业会议，旨在凝聚劳资共识，促进工业和平。这是劳资对话的高峰论坛，可称之为最高水平的集体谈判。600 名工会代表及 300 名雇主代表参会，但三角同盟成员及工程业工会拒绝参会。大会成立了一个临时联合委员会（Provisional Joint Committee），负责凝聚共识。委员会在劳资关系程序、最低工资、最长工时、失业等问题上展开讨论。在此后长达三年的时间里，政府召开数次全国工业会议，但其工作毫无进展，1921 年各工会代表退出会议，至此，这一劳资高层的对话平台瓦解。全国工业会议未能凝聚劳资共识，促进劳资关系的良性发展。正如大卫·鲍威尔（David Powell）所言："它几乎没有改善雇主和工会间的关系，对政府的经济或工业政策也没有影响。"[2]

第二，政府引导下的全行业层面、车间层面的集体谈判机制逐

---

① Chris Howell, *Trade Unions and the State*: *The Construction of Industrial Relations Institutions in Britain*, *1890-2000*, p. 76.

② David Powell, *British Politics and the Labour Question*, *1868-1990*, p. 69.

步瓦解。由于经济萧条，一些战后重建时期成立的联合工业委员会遭到摧毁。联合工业委员会的数量从 1921 年的 73 个下降到 1924 年的 47 个，到 1938 年，进一步下降到 45 个，工厂联合委员会更是消失殆尽。① 这主要是因为雇主撤回对联合工业委员会的支持，并加强工厂中的管理权威，已有的集体谈判机制失去了存在的必要条件。正如高斯贝尔所指出的："车间代表的活动以及工厂谈判在两战之间的萧条岁月里减少了，随着失业的加剧，雇主抓住机会结束对车间代表的认可，加紧单边管理控制，坚持集体谈判应当集中在全国层面。"② 帕尔默也认为："车间代表运动和车间谈判的威胁在两次世界大战之间的经济衰退中消失了，1920—1940 年，英国的平均失业率为 13%，许多雇主借此机会结束了对车间代表的认可……车间谈判变得无足轻重。"③ 与此同时，行业委员会的增加也基本陷入停滞状态。自 1921 年起到 20 年代中期，仅有 4 个行业委员会建立。

　　第三，民间自愿主义集体谈判的层级下降。在煤矿业，雇主自信于自身力量的增长，大罢工后将谈判撤回到地方层面，拒绝在全国层面展开谈判。在其他行业，雇主也缩小了集体谈判的范围，并将其维持在给自身带来便利的水平。在建筑业，全国雇主协会阻止了部门谈判的发展；在工程业，当经济状况从 20 世纪 30 年代中期开始改善时，雇主成功地拒绝了地区和部门的谈判。④ 总之，无论是政府引导下的集体谈判还是民间自发的谈判，都呈现出相对式微的发展态势。

---

① B. C. Roberts, ed., *Industrial Relations：Contemporary Problems and Perspectives*, p. 95.

② Howard F. Gospel and Gill Palmer, *British Industrial Relations*, p. 204.

③ Gill Palmer, *British Industrial Relations*, p. 156.

④ Howard Gospel, "Markets, Institutions, and the Development of National Collective Bargaining in Britain：A Comment on Adams", *The Economic History Review*, New Series, Vol. 51, No. 3, August 1998, p. 595.

第三节　国家对劳资关系的干预

纵观整个 20 世纪前半叶的英国劳资关系史，除两次世界大战期间外，政府对劳资关系的干预并不积极，长期奉行自愿主义原则。根据多诺万委员会（Donovan Committee）的解释，自愿主义是指"国家不参与在私营企业中进行的集体谈判过程……在解决雇主和工人之间有关工资和工作条件所引起的纠纷时，最好尽可能少地运用法律干涉"。[①] 但自愿主义并不意味着对劳资关系采取放任自流的态度，一战后，英国政府积极改进劳资争议处理机制，通过立法保障工人的工资，解决失业、住房及养老问题，其管理劳资关系的实践对劳资关系的发展产生重要影响。

一　劳资争议处理机制的改进

一战后，政府调整对劳资关系的干预政策，解除战时管制，具体包括取消对劳资纠纷的强制仲裁、颁布法令恢复战前惯例等。换言之，劳资争议处理机制从战时政府的积极干预向战后自愿主义回归。但政府对劳资关系的"解禁"并未带来工业和平，战后劳工运动不断高涨、劳资冲突加剧，对社会稳定构成威胁，英国政府不得不对原有的劳资争议处理机制进行调整。一般而言，劳资争议处理的方法可分为一般调整方法和紧急调整方法。一般调整方法又具体分为协商、斡旋、调解、仲裁及审判，紧急调整方法是指政府对公益事业中或紧急情况下的劳动争议采取的调整方法。[②] 一战后，英国政府对劳资争议处理的一般机制和紧急

---

①　［荷］约里斯·范·鲁塞弗尔达特、耶勒·菲瑟主编：《欧洲劳资关系——传统与转变》，佘云霞等译，第 50—51 页。

②　程延园主编：《劳动关系学》，中国劳动社会保障出版社 2005 年版，第 415—417 页。

机制都做了一定程度的改进。

一般处理机制的改进集中在仲裁制上，这主要得益于惠特利委员会的倡议。1918 年惠特利委员会发布的第四份报告建议：当劳资双方无法通过联合工业委员会自行化解纠纷时，国家可通过调解或仲裁介入。在政府利用仲裁化解劳资纠纷时，委员会反对任何形式的强制仲裁。政府应对劳资纠纷的事实及原因进行独立调查，并发表权威声明；政府还应设立一个常设性的仲裁委员会，以供劳资双方将纠纷诉诸仲裁。① 以此为基础，英国政府在工业仲裁领域逐步去除战时强制干预的因素，推进自愿主义。

停战伊始，政府就颁布《工资（临时管理）法》［The Wages (Temporary Regulation) Act, 1918］，废除了《战争军需法》中涉及禁止罢工和闭厂的条款，政府对劳资纠纷的强制干预也被取缔。但强制仲裁并未被根除，当劳资双方就以下四种情况发生分歧时，可以诉诸政府强制仲裁：其一，判定某一劳工是否属于某一指定工资水平的工人行列；其二，指定的工资水平是多少；其三，某一行业的现行工资水平是否应当被指定的工资水平替代；其四，需要被替代的工资水平是多少。② 事实上，一战后政府对劳资关系的强制干预已在很大程度上被解除，强制仲裁的部分保留主要是为了服务政府的工资管制政策。从冲突化解的具体过程看，纠纷爆发时，劳资双方中只要有一方向劳工部请求仲裁，劳工大臣就可建立临时仲裁法庭（The Interim Court of Arbitration）介入纠纷，其成员大多来自战时负责仲裁的生产委员会（The Committee of Production），这些人处理劳资纠纷的经验较为丰富，法庭判决结果必须强制执行。但正如法案名称所显示的，这是一部临时管理法，因此强制仲裁也是临时性的。

1919 年 11 月《工业法庭法》的颁布标志着战后英国政府对仲

---

① Ian G. Sharp, *Industrial Conciliation and Arbitration in Great Britain*, p. 347.

② B. G. De Montgomery, *British and Continental Labour Policy*, pp. 345-346.

裁制的调整彻底完成，仲裁制的强制色彩被根除，自愿主义仲裁机制得以确立。《工业法庭法》提供了三种形式的仲裁机制用以解决劳资争端，包括一个工业法庭、一个由劳资双方同等代表组成的仲裁委员会以及被任命的一名仲裁员，采用何种形式解决争端视当事人需要而定。事实上，仲裁员与仲裁委员会这两种政府仲裁形式早在 1896 年《调解法》颁布后就被采用，用以处理特殊争端，一战后被继续沿用，而工业法庭则是政府新成立的一个常设性仲裁机构。在人员构成上，工业法庭由独立成员及劳资双方的 8 名代表组成，当争议涉及妇女的就业问题时，法庭还会引入 1—2 名妇女代表，所有成员皆由劳工大臣任命。法庭可以处理的劳资争议的内容范围相当广泛，包括基本工资、工时、津贴、加班、夜间工作、周日工作、离职和雇佣协议涉及的其他问题等。[1] 工业法庭在战后逐步发展成为化解劳资纠纷的主要仲裁形式。据统计，1920 年通过仲裁化解的劳资纠纷案达到 628 个，其中工业法庭处理的案件数就多达 500 多个，除 1922 年外，1921—1926 年工业法庭的仲裁案件数仍基本保持在 100 个以上，而仲裁委员会或一名仲裁员每年处理的案件数都在 20 个以下。[2] 可见，工业法庭承担了一战后政府仲裁的主要职能。

　　《工业法庭法》确立的政府仲裁制最突出的特征是自愿主义，它完全不同于战时生产委员会的强制仲裁。无论在仲裁的发起上还是在仲裁结果的执行上，都体现出浓厚的自愿主义色彩。在仲裁发起上，只有当劳资双方通过集体谈判、调解等一切手段都无法解决争端，并一致同意仲裁时，纠纷方可被诉诸工业法庭。曾担任工业法庭主席的阿穆尔里勋爵表示：《工业法庭法》反映了一种普遍看法，即仲裁应是和平解决劳资纠纷的最后手段，调解的资源应首先

---

　　[1]　Harold Morris，"The Industrial Court and Its Working"，*Economica*，No. 22，March 1928，pp. 22-23.

　　[2]　Rodney Lowe，"The Government and Industrial Relations，1919-1939"，in Chris Wrigley，ed.，*A History of British Industrial Relations*，*1914-1939*，p. 203.

被用尽；法案条款明确提醒劳工大臣和劳资双方，分歧中有关各方的首要责任在于尽可能地自己化解纠纷。① 在仲裁结果的执行层面，法案并不要求涉案各方强制执行工业法庭的裁决。多萝西·塞尔斯（Dorothy Sells）就指出："工业法庭的裁决不是强制性的，但结果往往被涉案各方接受。"② "工业法庭成立后的 19 年里，除去只提供意见而未公开的裁决外，针对各行业及公务员的各种纠纷，工业法庭已做出 1700 多项裁决，其中仅有四项遭到劳资双方的否决。"③ 不得不说，工业法庭的裁决在很大程度上获得了劳资双方的认可。

从实践效果看，政府确立的自愿仲裁制取得了良好效果。整个战后七八年间，相较通过调解化解纠纷，劳资双方更乐于诉诸仲裁。1920—1926 年，每年通过仲裁化解的纠纷数都要多于调解的相关数据，总数据比为 1419∶670。仲裁的规模还呈现出阶段性变化，1920 年通过仲裁化解的纠纷数尚在 600 个以上，但 1921 年经济萧条后这一数据急剧下滑，1921—1926 年平均每年仅有 100 多个劳资纠纷案通过仲裁处理。④ 这是由于战后重建时期雇主在劳资斗争中处于不利地位，将纠纷诉诸仲裁更有利于达成妥协，1921 年经济危机后，雇主不再需要借助政府仲裁来抗衡工会的诉求，由此，政府仲裁解决的纠纷数快速下降。在仲裁的行业分布上，纺织、煤矿、钢铁和铁路等行业的劳资纠纷较少诉诸工业法庭，而在其他工业部门，工会更加乐意采取仲裁程序处理纠纷。

此外，《工业法庭法》还授予劳工大臣调查职能。当劳资纠纷

---

① Lord Amulree, *Industrial Arbitration in Great Britain*, p. 176.

② Dorothy Sells, "The Settlement of Industrial Disputes in Great Britain", *Law and Contemporary Problems*, Vol. 5, No. 2, July 1938, p. 328.

③ Harold Morris, "The Industrial Court of Great Britain", in Frank E. Gannett and B. F Catherwood, eds., *Industrial and Labour Relations In Great Britain: A Symposium*, p. 73.

④ Rodney Lowe, "The Government and Industrial Relations, 1919-1939", in Chris Wrigley, ed., *A History of British Industrial Relations, 1914-1939*, p. 203.

较小时，劳工大臣只需建立一个调查委员会；当涉及重大纠纷及公共利益时，劳工大臣可以建立临时的调查法庭。无论劳资纠纷是否向劳工部报告，劳工大臣都有权对劳资冲突的状况及原因进行调查，调查过程中劳资双方必须接受调查人员的质询，并提供相关证据，调查完成后需向议会甚至公众通报，但政府调查的建议对劳资双方没有约束力。事实上，政府针对劳资纠纷的调查职能早在1896 年《调解法》的授权中就已获得，《工业法庭法》在此基础上做出了改进，其中调查法庭的创建及向议会报告的程序都是政府调整的结果。调查虽然不像调解或仲裁那样可直接解决争端，但它是化解劳资纠纷的重要辅助手段，调查做出的最终报告和提出的建议对劳资纠纷的和平解决具有积极意义。"它没有权力强制执行，但它可以提出合理解决争端的建议。事实上，以往的经验证明，对争端事实和情况进行知情和公正公开的审查，对于为进一步谈判提供基础具有相当大的价值。"[1] 1920—1926 年，劳工大臣积极运用调查职权干预煤矿、工程、运输等主要行业的劳资冲突，共建立了16 个调查法庭。1922 年工程业、1924 年码头业和建筑业、1925 年毛纺织业的纠纷化解都得益于政府调查。[2]

　　一战后英国劳资纠纷紧急处理机制的改进体现为 1920 年《紧急权力法》（*The Emergency Power Act*，*1920*）的颁布。《紧急权力法》是政府在紧急情况下采用的劳资纠纷处理机制，一战后劳工运动不断高涨，特别是以三角同盟为代表的工人组织声明要采用大罢工的手段争取工人权益。三角同盟基本控制了英国国民经济的三大命脉——煤矿、运输、铁路，这些工人群体的联合罢工对社会秩序的稳定会产生较大影响。有学者就指出，英国工人阶级中构成三角同盟的矿工、运输工人及铁路工人总数达到近 200 万人，连同其

---

　　① Great Britain Central Office of Information, *Labour Relations and Conditions of Work in Britain*, London: HMSO, 1967, p. 20.

　　② Chris Wrigley, "The Trade Unions between the Wars", in Chris Wrigley, ed., *A History of British Industrial Relations*, *1914-1939*, p. 87.

家属将占英国总人口的 1/5，若他们同时罢工，势必会使全国经济陷于瘫痪。① 由此，英国政府在应对一战后各类劳工骚动时极度恐慌。1920 年，在应对煤矿业劳资冲突时，政府通过了《紧急权力法》。法案规定，当认为有任何个人或团体已采取或即将采取某些行动，其性质和规模足以妨碍食物、用水、燃料或照明的供应和分配，或妨碍交通工具，以致剥夺社会或其某一重要部分的生活必需品时，政府可宣布进入紧急状态，有效期不得超过 1 个月。其间，政府有权制定条例、授权机构，保证社会的基本生活需要，包括维持安定、保障和调节食物、用水、燃料、照明和其他生活需要的供应和分配等。任何违反相关条例的人都应受到法院审判，最高刑罚为 3 个月监禁或 100 英镑罚款，或监禁、罚款并处，同时责令罪犯赔偿经济损失。但紧急状态下，政府的权力并非毫无限制，法案禁止政府实施任何形式的强迫军事服役或产业征兵，也不得将任何个人或群体参加罢工或用和平手段劝说其他任何个人或团体参加罢工的行为视为非法。②

从上述内容可知，《紧急权力法》主要是用来应对社会生产领域的重大劳资纠纷，它们往往影响到国民经济的平稳运行、社会生活的基本需要。在和平时期，政府获得了宣布"国家紧急状态"的权力，据此，它可制定条例、动用军队和警察保障国民经济生产生活的基本需要，同时维护社会秩序的稳定。《紧急权力法》的一系列条款及举措对 20 年代英国劳资关系的发展产生重要影响，成为各届政府镇压大规模罢工的有力武器。法案自颁布到 1926 年期间被多次启用，1921 年 3 月 31 日，煤矿业罢工时，劳合·乔治联合政府宣布进入紧急状态，向罢工矿区派驻部队。1924 年 3 月 26 日伦敦运输工人发起大规模非官方罢工时，工党政府宣布进入紧急状

---

① ［苏］弗·格·特鲁汉诺夫斯基：《英国现代史》，秦衡允、秦士醒译，第 31 页。

② 齐世荣主编：《世界通史资料选辑：现代部分》第 1 分册，商务印书馆 1997 年版，第 386—387 页。

态，并安排部队进入码头接管通常由码头工人和装卸工人从事的工作。1926年5月2日大罢工时，保守党政府亦宣布进入紧急状态。[①]

除了制定法案、获得紧急授权应对大型劳资纠纷，政府还建立和完善了反罢工组织，积极应对战后以来劳工群体的历次进攻。1919年初，政府就成立了跨部门的工业动乱委员会（Industrial Unrest Committee），由劳工大臣、贸易委员会主席、苏格兰事务大臣、民政事务大臣等内阁成员组成，主要负责制订紧急计划、安排人员及物资、处理各类工业紧急情况。工业动乱委员会下设五个附属委员会，负责处理公用事业、运输、防卫、通信和电力问题。当重要行业处于紧急状态时，它们负责向民众提供"生活必需品"。[②]

战后重建时期，工业动乱委员会积极干预了煤矿、铁路等行业的劳资纠纷。1919年煤矿业劳资纠纷期间，工业动乱委员会积极应对三角同盟的威胁，在全国范围内启动了三个委员会，秘密进行工作，用于积累、储存、运输及保护各种物资。1919年全国铁路罢工期间，工业动乱委员会更名为罢工委员会（Strike Committee），在埃里克·格迪斯的领导下，委员会协调了政府反对铁路工人罢工的所有行动，包括安排公路运输、分发重要物资、召集志愿者驾驶火车及卡车、将军队派往有需要的地方等。尤其值得注意的是，罢工委员会建立了运输替代系统，它调集了一批有经验的军事人员以及大量军事装备和运输工具应对罢工。例如，1919年3月罢工委员会委派100多名军官组织道路运输，并征集了1047辆军用卡车承担紧急运输工作。可见，政府将曾经对付外敌的战争机器用来对付国内的劳工运动。正如阿瑟·亨德森所指出的，相比以前，一战后政府可以更好地应对罢工，因为战争机器可以用来对

[①] David Bulter and Gareth Butler, *British Political Facts*, *1900－1994*, New York: St. Martin's Press, 1968, pp. 372－373.

[②] Ralph H. Desmarais, "Lloyd George and the Development of the British Government's Strikebreaking Organization", *International Review of Social History*, Vol. 20, No. 1, April 1975, pp. 4－5.

付劳工，也可以用来摧毁工会。[1] 但铁路业的劳资纠纷得以和平化解，罢工委员会反罢工举措的有效性尚未得到充分检验。

进入 20 年代，政府改组了既有的罢工委员会，成立新的反罢工组织——供给与运输委员会（The Supply and Transport Committee），委派首席民事专员进行管理，并对组织结构进行改革。供给与运输委员会新设立了志愿服务委员会（Volunteer Service Committee），各地区设立分会，具体负责志愿者的招募及培训工作。委员会根据处理铁路罢工的经验，制订了一套应对未来劳资冲突的计划，主要是根据罢工过程中出现问题的严重程度划分阶段，订立相应的行动规划。阶段划分的目的在于确定委员会的工作，同时确定与委员会各阶段合作的政府部门所需执行的任务。单次罢工主要可分为三个阶段：第一天到第四天、四天之后、罢工进一步扩大阶段。各阶段的应对举措为：第一阶段集结力量，如召集志愿者、调配运输工具及物资；第二阶段罢工加剧的情况下增加警力及其活动；第三阶段国内骚乱威胁到现有秩序，调动军队平息动乱。20 年代初，供给与运输委员会借助日益完善的反罢工组织及措施，及时处理各行各业的工业危机。"1919 年 10 月到 1921 年 11 月的两年间，供给与运输委员会共召开 46 次会议，主要的附属委员会开会次数达 70 次以上。"[2] 例如，在 1921 年煤矿工人罢工期间，委员会制订了应急计划，并招募了 7 万名志愿者。

1921 年"黑色星期五"后，三角同盟瓦解，劳工运动走向低潮，经济萧条又导致政府削减开支，政府反罢工组织的活动逐步偃旗息鼓。以供给与运输委员会为例，其经费被削减到每年 2000 英镑以下，其附属组织供给与运输组织（The Supply and Transport

---

[1]　Ralph H. Desmarais, "Lloyd George and the Development of the British Government's Strikebreaking Organization", *International Review of Social History*, Vol. 20, No. 1, April 1975, p. 11.

[2]　Ralph H. Desmarais, "The British Government's Strikebreaking Organization and Black Friday", *Journal of Contemporary History*, Vol. 6, No. 2, 1971, p. 115.

Organization）也被迫解散。① 但一战后劳资对抗的长期性使政府不得不重启反罢工组织。1923 年保守党政府面临非官方罢工的严重威胁，鲍德温委派约翰·安德森（John Anderson）调查恢复反罢工机制的可能性。最终安德森报告（The Anderson Report）建议恢复供给与运输委员会下旧组织的活力，并使之现代化，以应对可能发生的罢工和由此可能出现的任何紧急情况。1924 年第一届工党政府恢复了供给与运输组织的活动，同年保守党政府再次上台后，供给与运输组织得到进一步的发展，这为政府应对 20 年代中期的大罢工奠定了坚实基础。

　　1925—1926 年的煤矿业劳资纠纷及大罢工的规模在英国劳资关系史上可谓空前浩大，严重考验了政府的危机处理能力，反罢工机构的有效组织及运行在挫败工人阶级的挑战上发挥了重要作用。1925 年"红色星期五"之后，供给与运输委员会制订了周密计划，将全国分为十个地区，每个地区配备一名民事专员（Civil Commissioner），负责组织必要的服务，维护法律和秩序，招募品行良好、身体健全的公民担任临时警员。② 在食品组织分发方面，政府建立了 150 个由食品和分销行业商人组成的自愿运输委员会，负责在紧急情况下协调地方车辆的使用，以发挥公路运输的最大效力。在志愿者招募层面，政府组织起 88 个志愿服务委员会，负责志愿者的登记和招募工作。委员会主席由在地方上具有影响力的绅士担任，并得到国家军队派驻的地方代表的协助。针对供给与运输委员会行动迟缓、对征聘志愿者和分配工作不熟练的问题，政府还支持建立了一个私立组织——供应维持组织（Organization for the Maintenance of Supplies），主要由议会上院的部分成员组成，负责提前招募志愿者，并为这些志愿者提供指导和

---

① James Fulcher, *Labour Movements, Employers, and the State: Conflict and Co-operation in Britain and Sweden*, pp. 119-120.

② Eric Wigham, *Strikes and the Government, 1893-1981*, p. 62.

训练，以保证快速有效地替代罢工者。① 据称，到 1926 年 4 月，供应维持组织已经有了一份由 10 万名志愿者组成的名单。② 各种反罢工组织的有效运行极大地削弱了大罢工的威力，在和政府、资方的较量中，工会最终失败。

总的来说，两次世界大战之间，反罢工组织在政府的领导下积极活动，破坏工人群体的历次罢工行动，劳工群体的罢工武器被削弱，在一战后劳资对抗的过程中劳工群体最终走向失败。

二　工资与失业保险立法

一战结束到 1926 年，英国的劳资关系以劳资对抗为主，劳资冲突造成大量工作日损失，导致社会生产的停滞。其中战后重建时期和 1925—1926 年的劳资冲突尤为激烈，在英国劳资关系史上造成深远持久的影响。细究一战后劳资纠纷的急剧增加，工资及失业问题是引起劳资对抗、社会动乱的重要因素之一。据统计，1918—1925 年，由工资问题引起的劳资纠纷占该年劳资纠纷总数的比重都维持在 50% 以上，其中 1921 年的比重达到 73.4%。1926 年工资纠纷仍在劳资纠纷中占据较大比重，达到 45.8%。③ 而失业问题在两次世界大战之间的严峻性也毋庸置疑，失业导致了严重的社会骚乱。"1920 年 10 月，警察和 2 万多名失业游行示威者发生暴力冲突，到 12 月初，3 个市政厅、5 个图书馆和其他许多建筑被失业者占领。随着失业率的上升，类似的事件在全国迅速蔓延。"④ 工资纠纷和工人失业是影响一战后英国社会稳定

---

① Geoffrey McDonald, "The Defeat of the General Strike", in Gillian Peele and Chris Cook, eds., *The Politics of Reappraisal*, *1918–1939*, London: Palgrave Macmillan Ltd., 1975, p. 71.

② Noreen Branson, *Britain in the Nineteen Twenties*, p. 172.

③ Chris Wrigley, ed., *A History of British Industrial Relations*, *1914–1939*, p. 16.

④ Alan Deacon, "Concession and Coercion: The Politics of Unemployment Insurance in the Twenties", in Asa Briggs and John Saville, eds., *Essays in Labour History 1918–1939*, pp. 11–12.

的主要因素，英国政府在这些方面加强立法干预以促进劳资和谐。

停战伊始，英国政府就通过工资立法来干预劳资关系。大批军事服役人员复员将导致劳动力市场供过于求，这可能给雇主削减工资以可乘之机。战后重建需要工业领域的和平作为保障，为避免因工资问题导致劳资对抗，1918 年 11 月 13 日，劳合·乔治召集各主要工会，要求起草一部法案来阻止工资的下降，随后在 11 月 21 日政府通过了《工资（临时管理）法》。

法案规定，停战后的半年内，任何行业的雇主付给工人的工资都应符合特定的标准，或不少于法案为某一行业所指定的工资标准，或是由临时仲裁法庭裁决所决定的工资标准，或是劳工大臣支持协议下决定的工资标准。若雇主违反上述法案规定，违法期间，可被处以每天不超过 5 英镑的罚款。[1] 关于何为行业指定的工资标准（prescribed rate），法案做出了具体的解释。"受雇于某一地区某一行业的任何男性工人，其指定工资应当是 1918 年 11 月 11 日被支付的计时工资或根据其他因素决定的工资（包括因超时、夜班、周末、假期加班应发放的津贴，战争的额外奖金及预付款），从事海上服务的男性工人群体工资的决定原则同样如此；而女工指定工资的决定，或是依照《战争军需法》的命令、仲裁，或是依照雇主与工会的协议，抑或是依照 1918 年 11 月 11 日该行业雇主付给大多数女工的工资。"[2] 为促进法案的实施，达到理想的管理效果，法案还赋予劳工部监察之职。"劳工大臣任命的任何官员都有权在合理的时间进入任何企业的经营场所，以确认法案的条款是否得到遵守，在此过程中，雇主或者企业的管理者应当向监察员提

---

① William Henry Stoker, *The Industrial Courts Act, 1919, and Conciliation and Arbitration in Industrial Disputes, Containing the Conciliation Act, 1896; the Wages (Temporary Regulation) Act, 1918; the Industrial Courts Act, 1919, and Rules*, London: Stevens and Sons Ltd., 1920, pp. 9-11.

② Humbert Wolfe, *Labour Supply and Regulation*, Oxford: The Clarendon Press, 1923, pp. 407-408.

供所有相关信息和制作有利于监察的工资手册或其他类似文件。若雇主未履行这些责任，阻碍监察，则以触犯本法定罪，处以 10 镑以下的罚款。"①

从法案内容可以看出，政府对战后工人的工资标准做出详细规定，并要求雇主在此基础上执行只升不降的原则，这相当于为工人确立了最低工资标准，对维护劳工阶层的经济权益大有裨益。事实上，这一政策的实施说明，政府充分认清了一战后劳工在雇佣谈判中地位不利的社会现实。道格拉斯·布罗迪指出，政府考虑到战后立即结束管制并不明智，复员将冲击劳动力市场，从而导致工资水平迅速下降，因此引入《工资（临时管理》法》来确保工资水平。② 在战后 6 个月的工资管制期结束后，考虑到重建工作的长期性与艰巨性，政府在 1919 年颁布《工业法庭法》时，将《工资（临时管理）法》中保护工人工资水平的条款进一步延长至 1920 年 9 月 30 日，至此战后政府对工人工资的强制保护结束。《工资（临时管理）法》实施期限短暂说明，这是国家干预劳资关系的一种临时性举措。在政府劳资政策向自愿主义回归的大背景下，强制保护工资的举措难以延续，但工业骚乱的加剧又迫使政府需要在工资问题上为劳资关系的改善做出长期努力。

除了总体上对工资的临时管理，政府还对特定行业的工资进行立法调整。在农业领域，20 年代初经济萧条的冲击使政府解除了对农业的保护，雇主为摆脱危机肆意降低农业工人的工资待遇。据统计，"国家干预农业生产时期，普通农业工人的周工资从 1917 年的 23 先令 6 便士上升至 1920 年中期的 46 先令，国家解除干预后，周工资下降到 1921 年底的 37 先令，1922 年底进一步降为 28 先令"。③ 这导

---

① Humbert Wolfe, *Labour Supply and Regulation*, 1923, p. 407.

② Douglas Brodie, *A History of British Labour Law*, *1867-1945*, p. 150.

③ Alun Howkins and Nicola Verdon, "The State and the Farm Worker: The Evolution of the Minimum Wage in Agriculture in England and Wales, 1909-24", *The Agricultural History Review*, Vol. 57, No. 2, 2009, p. 270.

致农业生产领域劳资关系急剧恶化。以诺福克郡为例，1923 年当地雇主延长工时（周工时从 50 小时延长到 54 小时）、削减工资（周工资从 25 先令削减到 22 先令 6 便士）的做法激化了劳资矛盾，引发成千上万的农业工人罢工。

面对农业中日益汹涌的劳资纠纷，1924 年工党政府出台《农业工资（管理）法》[Agricultural Wage (Regulation) Act, 1924]，意图通过确立农业工人最低工资保障制度来缓和劳资关系。该法案规定，各郡建立农业工资委员会（The Agricultural Wage Committee），由劳资双方的同等代表和农业渔业部指派的委员组成，各委员会要确定该区域的最低工资水平，工资标准必须契合实际，一个身体健全者能够挣得的工资要既能促进其工作效率又能维持其自身和家庭的基本生活水平。除了确定以上最低计时工资，委员会还应当确定最低计件工资。委员会还有权为那些身体残缺、有智力障碍的弱势群体确定特殊工资。法案还决定设立中央农业工资理事会（Central Agricultural Wage Board），理事会由劳资双方的同等代表和独立成员组成。郡农业工资委员会需将确定的工资水平上报理事会，一般情况下理事会无权更改郡农业工资委员会的工资率，但有权发布法律命令使其审核生效。[①] 政府通过建立农业工资委员会协调农业领域劳资双方的关系，改善了农业工人的经济待遇。正如王中文所言，农业工人最低工资制度产生了积极的社会效益，客观上使农业工人受益，使农业工人家庭脱贫，阻止其滑向贫困线，农业工人的工资在 20 世纪 20 年代增长了 15%，到 30 年代增长了 20%。[②]

失业问题是两次世界大战之间较为严重的社会问题之一，失业政策成为当时政府社会政策的重要组成部分。事实上，失业现象早

---

① Ministry of Labour and National Service, *Industrial Relations Handbook*, pp. 156 - 157.

② 王中文：《劳合·乔治与英国农业工人最低工资制度的确立》，《湖北社会科学》2008 年第 1 期。

已引起政府关注，20 世纪英国对失业问题的国家干预起源于 1911
年的《国民保险法》，起初仅为工程、建筑、轮船制造等几个失业
问题较为严重的行业提供失业保障，一战时期失业保险扩展到大多
数军需工人。一战结束后，出于对社会动乱乃至革命的恐慌，政府
出台临时性的失业救济政策，免费向为战争服务的相关人员（主
要包括复员军人、军需工人）及其家属发放失业救济金（out-of-
work donation），以促进劳动力从军工领域向就业市场的和平转移。
在发放额度上，男性每周 29 先令，女性每周 24 先令，第一个孩子
每周 6 先令，其他孩子每周 3 先令；在领取周期上，复员军人一年
内可领取 26 周的失业津贴，军需工人如在停战后的半年内缴纳了
13 周的健康保险费，也可领取同等时长的失业津贴。[1]　由于战后重
建工作的艰巨性与长期性，该计划被多次延长，针对平民的失业救
济延续到 1919 年 11 月，针对复员军人的则延续至 1921 年 3 月，
前后共耗资 6244.8 万英镑。[2]　停战之初临时性的失业救济计划化
解了劳动力市场的混乱问题，促进了战后英国社会向和平状态的平
稳过渡，一定程度上缓解了当时社会的紧张气氛，并为随后失业保
险的制度化奠定了基础。

　　到 1920 年，劳合·乔治联合政府开始了一项新的缴费性质的
失业救济计划，该计划是 1911 年国民保险计划的进一步延伸，由
此诞生了 1920 年《失业保险法》（*The Unemployment Insurance Act,
1920*）。在保险的覆盖范围上，失业保险被扩展至所有体力劳动者
和那些年收入不足 250 英镑的非体力劳动者，农业工人、家政服务
工人和那些被认为没有定期失业风险的雇员，如公务员和铁路工人
等群体被排除在外。新计划极大地扩展了失业保险的保障范围，受
益者从战前的 250 万人扩展到 1920 年的 1200 万人。失业津贴的发
放额度也得到提升，男性每周领取的额度从 1911 年的 7 先令上升

---

①　丁建定：《英国社会保障制度史》，人民出版社 2015 年版，第 281 页。

②　United States Department of Labor, *Report of the Advisory Committee on Employment
Statistics*, Washington: United States Government Printing Office, 1931, p. 277.

至 15 先令，女性上升至 12 先令，而未成年被保险人的额度为成年人的一半。① 在保险金的缴纳和支取上，法案做出严格规定，保险金额由雇主、雇工及国家共同承担，保险人必须在交满 6 周的保险费后方可领取一次失业津贴，一年内领取失业津贴的总时长不得超过 15 周。② "六比一原则" 主要是为了限制投保人连续获得失业津贴，以防止失业保险的滥用。可见，1920 年的失业保险计划主要被用于应对短期失业的问题。

不幸的是，1920 年底英国经济形势急剧恶化，经济萧条导致成千上万的人失业，大规模长期失业成为社会最为突出的特征之一，这对刚刚推行的《失业保险法》造成严重冲击。"六比一原则" 在当时的社会环境下并不适用，反而成为政府解决失业问题的严重阻碍。艾伦·迪肯（Alan Deacon）指出："在大规模失业的时期，这种自动限制的持续运作是不可能的，1920 年《失业保险法》认为大量失业者将在几周内找到另一份工作，只有装病的人会受到'六比一原则'的影响，但到 1921 年初，该观点被证明是错误的。"③ 许多被保险人无力积累足够多的资金使自身获得失业津贴，该计划面临破产，政府只得仓促指示失业工人未来 8 周可以继续领取失业津贴，失业保险制度的改革迫在眉睫。

1921 年 3 月，政府出台新的《失业保险法》，对 1920 年失业保险计划的相关条款做出调整。法案引入了 "非契约性津贴"（Uncovenanted Benefit），又称 "扩大性津贴"（Extended Benefit），确立了新的失业津贴支取原则。失业保险计划覆盖行业的工人，即使在保险金缴纳不足或完全没有缴纳的情况下，也可领取失业津

---

① W. R. Garside, *British Unemployment, 1919 - 1939: A Study in Public Policy*, Cambridge: Cambridge University Press, 1990, p. 37.

② Charles Loch Mowat, *Britain between the Wars, 1918-1940*, p. 45.

③ Alan Deacon, "Concession and Coercion: The Politics of Unemployment Insurance in the Twenties", in Asa Briggs and John Saville, eds., *Essays in Labour History 1918-1939*, p. 14.

贴，这是因为政府向该群体借出了高达 1000 万英镑的失业保险金。同时政府还提高了失业保险的保障标准和延长了领取津贴的最高时限，男性失业津贴每周提升至 20 先令，女性提升至 16 先令，津贴的最大领取时长也从每年 15 周延长至 26 周。① 由此，无论缴费与否，失业工人都能够得到失业保险计划的救济。但随着失业群体规模的不断扩大，新的失业保险计划面临巨大的财政压力，政府对失业津贴的发放与支取设定了控制阀——"求职测试"（seeking work test）。该制度规定，要获得全额失业津贴，失业者必须向地方就业委员会（Local Employment Committee）证明确实在求职方面一直求而不得。政府工作人员在失业津贴的发放与否上具有很大的支配权，以此限制受援对象的数量，进而控制财政开支。

1921 年初《失业保险法》施行后，根据政府的财政状况和社会中的失业状况，失业保险制度被多次调整，到 1923 年，因保守党内部分歧重重，未出台新的失业保险法，失业保险制度才相对稳定下来。1921 年 6 月，为避免失业保险基金破产，失业津贴被削减到 1920 年的水平。1921 年下半年，政府又通过其他方式提高失业工人的待遇，颁布《失业工人家属（临时条例）法》[*The Unemployed Workers' Dependants（Temporary Provision）Act, 1921*]给予失业男子为期 6 个月的家属津贴，每周给予其妻子 5 先令，每个孩子 1 先令，该条款随后发展成为失业保险计划的永久性组成部分。1922 年政府再次对失业保险制度进行改革，压缩失业津贴的发放，要求"扩大性津贴"的申请者必须接受财产状况调查（The Means Test），随后还发布指示，规定只有家庭收入每周低于 13 先令方可领取"扩大性津贴"。②

1924 年工党上台后，为兑现对工人阶级的承诺，重新调整了

---

① W. R. Garside, *British Unemployment, 1919 – 1939: A Study in Public Policy*, p. 39.

② Keith Burgess, *The Challenge of Labour: Shaping British Society, 1850 – 1930*, p. 207.

既有的失业保险制度。新的失业保险法取消了财产状况调查，重新恢复扩大性津贴的发放，并提高了失业津贴的额度，男性每周 18 先令，女性每周 15 先令，增加家属津贴，每周给予孩子的失业津贴被调高到 2 先令。但它也将"求职测试"扩展到所有失业救济金的申请者，并且规则更加严格，同时设立一个专门的委员会来审查失业保险。① 但工党短期执政后，新上台的保守党政府又再次降低失业保险的救济标准。

总的来说，一战后英国各届政府对工人失业问题进行了积极干预，颁布了多部失业保险法，对失业保险制度进行了数次调整。其最终目的在于减少工业动乱、避免社会革命、保护资本主义制度。但从另一层面看，失业保险政策似乎更多是各届政府的一种权宜之计、应激反应，在一战后联合政府、保守党政府、工党政府的交替执政中，失业保险计划标准多次出现反复。在失业保险制度调整的过程中，为减少财政开支而执行的财产审查制度、求职审查制度更是对失业者的精神造成了严重伤害。正如德里克·弗雷泽（Derek Fraser）所言，对社会革命的恐惧造成英国社会政策的发展。一战后初期出现了大规模工业动荡、广泛的不满以及对布尔什维克的恐惧，不给失业者任何帮助会引起社会动乱，由此，多方救济是保护资本主义的权宜之计，它造就了一个意志消沉的民族，而不是一个革命的民族。但在停战后的 15 年里，英国政府的失业救济完全是对事件的临时、无计划的反应，是一个根据需要采取权宜之计的过程，直到 20 世纪 30 年代中期，才出现了有意识的模式。② 由此可见，一战后英国当局对失业者的救济缺乏政策连贯性是失业问题难以化解的重要原因之一。

---

① Ian Gazeley, *Poverty in Britain*, *1900 - 1965*, Hampshire：Palgrave Macmillan, 2003, p. 125.

② Derek Fraser, *The Evolution of the British Welfare State：A History of Social Policy since the Industrial Revolution*, pp. 171-172.

三　住房与养老金改革

作为人类社会生活的基本需要，住房事关国计民生，更与工人阶级切身利益紧密相关，妥善处理好社会大众的基本生活需求对社会关系的和谐颇有助益。杜甫的诗句"安得广厦千万间，大庇天下寒士俱欢颜"说的正是这个道理。在劳资关系领域，政府对住房问题的有效干预有助于减少劳资冲突。英国的住房问题早在工业化时期就已成为突出的社会问题，恩格斯在 19 世纪上半叶的社会调查中就曾揭示英国工人阶级住房条件的恶劣，这是英国自由放任式工业化道路造成的社会产物。19 世纪下半叶英国政府积极推行社会改革，住房问题有所缓解。进入 20 世纪，在新的社会经济环境之下，住房问题再次凸显。

一战后，英国的住房问题主要体现在两个方面。一方面，住房市场供不应求，住房短缺成为普遍的社会现象。据统计，在英格兰和威尔士，1911—1918 年，需要独立住房的家庭数量增加了 84.8 万户，而在原来的基础上住房存量仅增加 23.8 万套，约 61 万户家庭缺少配套的住房；在苏格兰，住房短缺也高达 9.5 万套。① 在住房供给紧张的情况下，人们只能挤在既有的房屋中，这直接导致住房日益拥挤。1921 年的人口普查显示，英国有 970 万户家庭挤在 880 万套住房中。一户一套住房的要求尚且不能达到，若家庭人口众多且房间较少，其拥挤程度可想而知。利物浦的一位居民表示："对任何人而言，战后住房都是紧缺的，若运气不好，房间不足，每个人都得与父母挤在一起……我一直与丈夫的家人生活在一起，家里挤满了他的父母、兄弟姐妹及我们的孩子。"事实上，在 1921 年，近 1/8 的利物浦家庭一个房间至少要住两人。② 三代同堂的现象在当时较为普遍。另一方面，住房缺乏基础设施，居住条件恶

---

① Stephen Merrett, *State Housing in Britain*, London: Routledge and Kegan Paul, 1979, p. 31.

② Andrew August, *The British Working Class, 1832-1940*, pp. 178-179.

劣。以伯明翰为例，根据一战前政府的城市调查：当地 17.5 万套房子中，4 万套（超过 1/5）没有室内供水、水槽或污水管，5.8万套（近 1/3）没有独立的抽水马桶，这些设施往往安装在公共场地，供几个家庭共同使用。① 这种住房条件给工人阶级的生活造成诸多不便，这些住户被戏称为"居住在 19 世纪环境中的 20 世纪人"。一战后住房问题急剧恶化与一战的战时环境有关。当时社会生产服务于战争，政府对房屋租金实施管制，住房市场利润有限，私人建筑商承建、改善住房的动力有限，住房建设、维护陷入停滞，进而造成住房短缺、住房条件恶劣。

居者有其屋是一战后社会的普遍诉求，也是影响社会稳定的重要因素。根据 1919 年英国内政部关于社会动乱的调查，巴兹尔·汤姆森（Basil Thomson）指出，战后影响群众革命情绪的因素由重到轻可分为暴利与高价、住房供应不足且条件恶劣、极端主义工会领袖的影响、失业率等。② 住房问题被政府视为引发社会动乱的第二大隐患，可见这一问题的严峻。由此，住房问题成为战后社会重建的重中之重。此时市场调节已非良策，国家必须积极干预住房市场。一战后各届政府颁布了一系列法案，在住房领域进行大刀阔斧的改革。

停战伊始，劳合·乔治就代表联合政府承诺要建设"适合英雄居住的家园"（Homes Fit for Heroes），计划要在战后短时期内新建 50 万—100 万套额外的住房。③ 卫生大臣克里斯托弗·艾迪森负责该计划的实施，在其积极推动下，1919 年议会颁布《住房与城镇规划法》（*Housing and Town Planning Act*, 1919，又称《艾迪森法》）。该法案构成战后重建时期住房改革的核心，其主要内容

①　Noreen Branson, *Britain in the Nineteen Twenties*, pp. 104-105.

②　James E. Cronin, "Copping with Labour, 1918-1926", in James E. Cronin and Jonathan Schneer, *Social Conflict and Political Order in Modern Britain*, p. 120.

③　Keith Burgess, *The Challenge of Labour: Shaping British Society, 1850-1930*, p. 207.

是：地方政府具体负责解决工人阶级的住房短缺问题，统计各自辖区内的住房短缺数量并制订相应的建设计划，提交卫生部审核；中央政府对地方政府和私人建筑商建造的住房进行补贴，其中对地方政府所建住房进行全额补贴，若超出预算，对超出的部分补贴10%。[①] 法案还参考了都铎·沃尔特斯报告（Tudor Walters Report）[②]，对新建住房的建设标准做出规定，要求远优于工人阶级的实际住房条件，大大改善其居住环境。1919年政府还颁布《住房（额外权力）法》[The Housing (Additional Powers) Act, 1919]，规定私人建筑商为工人阶级建造出售或出租性质的住房时可获得260英镑的补贴。[③] 显然，战后重建时期联合政府主要通过资金补贴的经济手段刺激住房市场。

但好景不长，20年代初英国经济发展形势恶化，政府大规模削减开支，1919年的住房计划因巨额财政支出被抨击，住房建设的补贴原则遭到废弃，艾迪森愤而辞去公职。尽管如此，战后重建时期的住房建设仍取得一定的成就。在《艾迪森法》的推动下，共建成21.3万套住房，其中私人建筑商承建17万套左右，地方政府承建4.3万套。[④] 国家补贴计划的中断导致住房建设速度再次放慢，住房短缺问题并未根本解决。斯蒂芬·梅里特（Stephen Merrett）指出，自停战到1923年3月底，英国共建成25.2万套住房，仅占1919年住房短缺和1919—1923年新增住房需求总和的23%，提供50万套住房的承诺留下的局面却是这个国家在1923年

---

① 高宁波：《论英国1919年〈住房与城镇规划法〉》，硕士学位论文，南京大学，2016年，第39—42页。

② 都铎·沃尔特斯报告是1918年都铎·沃尔特斯领导的议会调查委员为解决一战后的住房问题而出台的议会报告，报告呼吁以较高的建筑标准建造宽敞的低密度半独立式住宅，报告的建议对英国此后的住房建设产生深远影响。

③ Charles Loch Mowat, *Britain between the Wars, 1918-1940*, p. 44.

④ M. A. Crowther, *Social Policy in Britain, 1914 - 1939*, London: Macmillan Education Ltd., 1988, p. 75.

面临的住房短缺较一战时更加严重。① 一战后住房市场供不应求的局面未能得到扭转，反而愈演愈烈。

保守党执政时期，住房短缺的严峻形势迫使政府做出调整，时任卫生大臣的内维尔·张伯伦（Neville Chamberlain）继续推进住房改革。1923 年议会出台《住房法》（Horsing Act，1923），又称《张伯伦法》（Chamberlain Act）。法案规定，重新对住房建设实施补贴，政府提供每年 6 英镑、为期 20 年的补贴给地方政府或私人建筑商按照约定规格建造的住房，补贴主要面向私人建筑商。② 张伯伦住房改革的核心理念在于，满足中产阶级下层拥有住房的愿望，在该群体的住房需求得到满足的同时，住房市场中将腾出多余的住房给低层工人阶级，进而在总体上解决住房问题。但政策实施过程中，在张伯伦计划下建造的新住房主要被出售给中产阶级和高薪劳动者，工人阶级住房紧张、拥挤的问题并未解决。

1924 年工党首次执政时，作为代表工人阶级利益的政党，工党将住房建设的重心转移到建设工人阶级的住房上。约翰·惠特利（John Wheatley）领导了当时的住房改革，推动议会颁布1924 年《住房（财政条款）法》［Housing（Financial Provisions）Act，1924］，又称《惠特利住房法》（Wheatley Housing Act）。法案要求提高住房补贴的额度，将每年地方政府为低收入劳工建设的出租性城市住房的补贴从 6 英镑提高到 9 英镑，农村地区的补贴提高到 12.5 英镑，同时延长补贴周期，从 20 年延长至 40 年；住房建设标准也得到提高，首次强制要求在碗碟洗涤室配备厕所而非淋浴间。私人建筑商只有在建设出租性质的住房时方可获得补贴。③ 在确立住房政策的同时，惠特利积极做好住房建设的配套

---

① Stephen Merrett，State Housing in Britain，p. 41.

② Jamileh Manoochehri，Social Policy and Housing：Reflections of Social Values，Ph. D. dissertation，University College of London，2009，p. 35.

③ ［英］彼得·马赛厄斯、悉尼·波拉德主编：《剑桥欧洲经济史》第 8 卷，王宏伟等译，第 568 页。

工作。例如，在劳动力供给上政府与建筑工会合作，增加熟练建筑工人的数量等。

在一战后数年间，各届政府积极推进住房改革，努力解决住房这一重要的民生问题，30年代，英国的大规模住房建设计划仍在延续。住房建设取得重大成就，住房存量大大增加，住房短缺问题得到缓解。德里克·弗雷泽指出，两次世界大战之间，英国共建设400万套住房，其中110万套由地方政府建设，40万套由获得公共补贴的私人建筑商建设，另有250万套由私人建筑商独自建设，住房短缺问题基本得到解决。[①] 不得不说，政府为改善工人阶级的居住条件做出了持续不懈的努力，并取得了显著的成效。

养老问题是战后英国政府面临的另一大社会问题。早在20世纪初，养老问题就已引起时人的关注，当时养老问题往往与贫困问题挂钩。一战前的各种社会调查表明：英国大约有1/3的人生活在贫困中，而老年、疾病和失业问题是导致贫困的主要原因。[②] 可见养老问题的解决对济贫工作有很大的帮助，自由党政府由此颁布1908年《养老金法》（*Old Age Pensions Act, 1908*），实行非缴费性（non-contributory）养老金制度。法案规定年收入低于31英镑10先令的70岁以上的老人每周可获得5先令养老金（已婚夫妇为7先令6便士）。[③] 1908年免费养老金制度的确立为老年人提供了一定程度的保障，但养老金的受众范围十分有限。法案不仅将受众年龄设置得过高，还排除了济贫法受益者、疯人院中的患者、罪犯（含酗酒犯罪）以及体格正常却不工作的人。

一战后，英国的人口老龄化程度加重，这导致养老问题形势更加严峻。一方面是越来越多的老人需要赡养。据统计，到1921

---

① Derek Fraser, *The Evolution of the British Welfare State: A History of Social Policy since the Industrial Revolution*, p. 187.

② 钱乘旦、陈晓律、陈祖洲、潘兴明：《日落斜阳——20世纪英国》，第192页。

③ Chris Cook and John Stevenson, *The Longman Handbook of Modern British History, 1714-1987*, London: Longman Group UK Ltd., 1988, p. 125.

年，英国 65 岁以上的人口高达 250 万人，约占人口总数的 6%，其中又有约 110 万人在 70 岁以上，女性老龄人口多于男性，老年人在人口中所占的比例还在不断增长。① 更糟糕的是，一战导致英国损失大量青壮年人口，众多老年人丧失子女的赡养，国家不得不对这部分老年群体负责。另一方面是养老负担日益沉重，免费养老金制导致国家在养老问题上的财政开支日渐庞大。据统计，1913—1914 年度养老金开支达到 980 万英镑，1921—1922 年度增至 2170 万英镑，在 20 年代初经济萧条的情况下，养老金开支甚至还在小幅增长，1922—1923 年度进一步增长到 2230 万英镑。② 英国社会中养老问题的供需矛盾越发尖锐，养老金体制改革刻不容缓。

战后重建时期英国政府开始对战前的养老金制度进行改革。1919 年，在罗伊德·阿德金斯委员会（Ryland Adkins Committee）的推动下，劳合·乔治联合政府出台《养老金法修正案》（*Old Age Pensions Amending Act*, *1919*）。法案将养老金的发放额度提高到每周 10 先令，并将收入限制从每年 26 英镑 5 先令提高至 49 英镑 8 先令，接受济贫法救济、体格正常而不工作的限制性条款被取消，由此扩大了养老金的发放范围，领取者新增 22 万人。③ 1919 年的养老金改革顺应了当时的社会现实，在战后通货膨胀、货币贬值、老年赡养人口增多的情况下，提高养老金发放额度、放宽限制可以惠及更多老年人，并改善其生活。但改革也存在局限，养老金体制的小修小补并未彻底解决养老金需求增多与政府财政负担加重之间的矛盾。进入 20 年代，萧条的社会经济环境导致劳工的生活处境日益恶化，以工会代表大会为首的劳工组织屡次要求取消经济审查，放宽养老金的发放限制。1924 年工党政府上台后，兑现对工

① Noreen Branson, *Britain in the Nineteen Twenties*, pp. 132-133.
② 汪建强：《20 世纪英国养老金制度研究》，齐鲁书社 2011 年版，第 108 页。
③ John Macnicol, *The Politics of Retirement in Britain, 1878-1948*, Cambridge: Cambridge University Press, 1998, p. 179.

人阶级的承诺，放宽对领取养老金的收入限制。结果，1925 年领取养老金的人数达到 100 万人以上，超过 60% 的 70 岁以上英国人口被养老金制覆盖。① 养老金的受众范围扩大了，政府的财政负担更加沉重。

到 1925 年保守党执政时期，内维尔·张伯伦继续推进养老金制度改革，颁布《寡妇、孤儿和老年人缴费养老金法》（*Widows, Orphans and Old Age Contributory Pensions Act, 1925*）。在养老金费用的缴纳上，男性劳工每周需缴纳 9 便士，雇主与劳工各承担一半，女性劳工每周缴纳 4.5 便士，雇主承担 2.5 便士，劳工承担 2 便士。每周男性劳工在健康保险及养老金上的缴费总数为 1 先令 6 便士，女性为 1 先令 1 便士。② 在养老金的受众及发放额度上，法案对四种情况做出具体规定。第一，向过世被保险人的遗孀提供每周 10 先令养老金，向其 14 岁以下的长子（女）提供每周 5 先令补助，向其他孩子提供每周 3 先令补助，所有孩子的补贴到 14 岁截止。第二，向过世被保险人的孤儿提供每周 7 先令 6 便士的补助，直至 14 岁。第三，1926 年 7 月 2 日起，向所有 70 岁以上或在 1926 年 7 月 2 日到 1928 年 1 月 2 日达到 70 岁，并在 70 岁之前已参加国民健康保险制度的老人提供每周 10 先令养老金，这一养老金不受任何财产收入状况的限制。第四，1928 年 1 月起，向年龄在 65—70 岁的被保险人提供每周 10 先令养老金，直至 70 岁，70 岁之后进入免费的养老金系统，每周仍可领取 10 先令不附带任何收入状况调查的养老金；若被保险人的妻子达到 65 岁且丈夫开始领取养老金，其妻子也可领取每周 10 先令的养老金。③

1925 年保守党政府的养老金改革具有重大的历史意义。其一，它降低了领取养老金的年龄限制，扩大养老金的受众范围，而且无

---

① Noreen Branson, *Britain in the Nineteen Twenties*, p. 137.

② Percy Cohen, *The British System of Social Insurance*, London：Phillip Allan, 1932, p. 60.

③ 汪建强：《20 世纪英国养老金制度研究》，第 119 页。

论缴费与否，均受到养老金制度的保障，实现了缴费型养老金制度与免费养老金制度的统一。其二，它扩大了养老金的保障范围，除了为老年人提供社会保障，还将寡妇、孤儿这类弱势群体纳入其中。其三，它让雇主与劳工共同分担养老金的费用，既减轻了工人阶级的负担，也减轻了国家的财政负担。丁建定指出，1925 年养老金改革在英国养老金制度发展史上具有重要地位，它改变了养老金制度的免费性，在英国建立起缴费养老金制，实现了养老金问题上权利与义务相结合的原则，使英国的养老金制度开始真正具有现代社会保障制度的性质。[①] 可以说，相较一战前的养老金制，1925 年新建的养老保障制度更加合理，能够实现养老事业的可持续发展。

综上所述，一战后的数年间英国政府在住房和养老这两个涉及工人阶级切身利益的领域进行了大刀阔斧的改革，改革的结果是工人阶级住房短缺的问题被基本解决，居住条件大幅度改善。而历届政府的养老金体制改革在解决英国民众老无所养问题的同时，也缓解了政府的财政危机。英国政府的社会保障政策满足了工人阶级的基本生活需求，以再分配的手段转移了社会财富，劳工群体成为主要的受益者，劳资间在工资、工作条件等问题上的矛盾减少。

纵观一战结束至 1926 年大罢工这段时期，英国劳资关系的发展充分体现出零和博弈的特征。从劳资博弈的过程看，战后重建时期，劳工积极向雇主及政府进攻，要求改善雇佣待遇，罢工接连不断。20 年代初，产业萧条之下雇主要求降低工资、加强生产管理，遭到劳工的强烈抵制，劳资关系依旧紧张。到 20 年代中期，劳资双方都在整合力量试图赢得压倒性的胜利，1926 年大罢工是这种零和博弈达到顶点的产物。从雇主的角度看，战后重建时期，面对波涛汹涌的劳工运动，雇主选择暂时向工会妥协，秉持劳资合作的态度，其工作重心在于恢复生产，采取合作策略有助于获得双赢。

---

① 丁建定：《英国社会保障制度史》，第 278 页。

但 1920 年经济危机后，雇主群体开始转变策略，由合作转向强硬对抗，试图削减工资、加强控制，将危机转嫁给劳工群体。例如，1922 年工程业雇主要求降低工资，在遭到劳工拒绝后不惜发起全行业歇业予以压制。在经济危机面前，雇主选择牺牲劳工的利益渡过难关即是零和思维作用下的结果。从政府的角度看，战后重建时期，政府尚且能够延续战时的干预政策，积极构建和完善自愿主义集体谈判体系，号召劳资双方开展集体谈判化解争端。但 20 年代前期英国政府管理劳资关系的实践可以说是失败的，经济萧条下，政府选择向自由放任主义回归，解除国家对经济的干预，大幅度削减各类社会福利开支，不仅放任劳资双方在内外压力下相互争斗，甚至加入对抗罢工的行列。可见，政府最终也陷入劳资双方的零和博弈中。若英国政府能够采取适当策略调和好劳资矛盾，或许 1926 年大罢工可以避免。然而，历史不容假设，在经济增长放缓甚至社会财富减少的情况下，政府如何避免劳资间的零和博弈是一个值得长久深思的问题。

第 四 章

困境与生机：大萧条前后的英国
劳资关系（1926—1939）

自 1926 年大罢工至二战爆发，英国劳资关系的发展环境经历了比较复杂的变化。这段时期的大部分时间，上承激烈冲突的大罢工，下接资本主义经济危机的打击，劳资关系处于剑拔弩张的态势。经济环境的恶化，尤其在传统行业，使得劳资双方本就存在的矛盾更为激化。削减成本以维持生产、削减救济金以缓解财政压力，这两项矛盾成为触发这一时期大多数劳资冲突的导火索。面对恶劣的环境，工会代表大会对工会运动的领导能力提升，工会运动由往日的斗争路线转向以与政府、雇主合作为特征的合作路线。然而，这一意愿未能得到雇主的配合，面对生产困境，雇主以破坏集体谈判为主要方式继续打击工会，向渴望合作的工会泼了一盆冷水。幸有政府的果断立法干预，这一时期剑拔弩张的状态才未能酿成大规模冲突。在 30 年代劳、资、政三方互动的过程中，产业领域也出现新的生机。以蒙德—特纳会谈（Mond-Turner Talks）为代表的高层集体谈判尽管以失败告终，但却为之后的合作奠定了重要基础。政府针对失业问题而引发的激烈辩论，也为战后的福利国家建设进行了一次"思想解放"运动。在具备这些条件的基础上，随着重整军备以及二战时期充分就业状态的

实现，劳资合作、福利国家的建设等 30 年代尝试过却失败的蓝
图，均成为现实。

第一节　劳资关系的阶段性演变

　　1926 年大罢工是英国劳资关系史上具有分水岭意义的重要事
件。以这场有组织劳工和国家之间的激烈冲突为分界线，英国劳资
关系开始由在工团主义影响下的激烈斗争模式向走政治路线的温和
模式转变。这一温和模式的产生，既与 1927 年备受争议的《劳资
争议与工会法》(*Trade Disputes and Trade Unions Act, 1927*) 对工
会的严厉打击不无关系，也与困境中劳工运动主体对新模式的探索
密切相关。总之，1927—1939 年的劳资关系进入了历史上的平静
期。但具体而言，在这十余年中，英国的社会经济状况在短时间内
发生巨变，既经历了新旧产业更替、传统行业的合理化运动，也经
历了资本主义世界经济危机的洗礼及重整军备给经济发展带来的转
机。这使得在总体平静之下，劳资关系在不同历史时期呈现出既有
延续又有转变的复杂特征。在这十余年内，工资问题仍是劳资争论
的焦点。而随着共产国际的发展，劳工运动进入了提倡复兴革命的
第三国际时期，在其影响下，英国共产党在这一时期的活跃性增
强，表现出了更高的战斗性，这成为影响劳资关系走势的重要
因素。

一　冲突过后的短暂平静（1926—1929）

　　相比冲突激烈的 20 世纪初期，1926 年大罢工造成的工作日损
失大大减少。至经济大危机正式爆发前，劳资关系相对平稳。大罢
工的结束，是长期以来仇视工会的保守党右翼的阶段性胜利。趁此
机会，保守党尽可能地采取各类方式攻击工会，其具体表现为
1927 年备受争议的《劳资争议与工会法》的通过。根据该法案的

规定，大罢工和同情性罢工被禁止，这一阴霾为劳资关系蒙上了"被动平静"的面纱，这种平静被称为大罢工受挫后"工业寂静主义"（Industrial Quietism）的开端。①

整体而言，这一时期劳资冲突降低至一战结束后的最低水平，涉及5000人以上的罢工都十分少见，罢工造成的工作日损失数很低。但这种劳资关系平静状态的背后，却并没有平稳的经济、稳定的就业、工资的提升予以支撑。这使得1927—1929年的劳资关系呈现出一种"被动平静"的特征。

如表4-1所示，1927—1928年的罢工数量始终维持在300次左右，不足战后初期的1/3。其所涉及的人数和损失的工作日数也达到了史上最低水平。就具体行业而言，1927—1929年煤矿行业发生罢工的数量分别为114次、97次、151次，而工程行业则为8次、10次、18次，纺织行业为27次、33次、17次。由此可见，煤矿行业仍是罢工的重灾区。② 尽管如此，在罢工最多的1929年，矿工罢工造成的工作日损失数也仅有57.5万个，涉及的人数为7.77万人。③ 这与1926年大罢工的规模及其造成的损失毫无可比性。1926年大罢工成为一个分水岭，以激烈斗争为特征的劳工运动似乎销声匿迹了。

表4-1　1918—1929年英国劳资争端情况

年份	罢工次数（次）	直接涉及人数（人）	间接涉及人数（人）	损失的工作日数（个）
1918	1165	923000	193000	5880000
1919	1352	2401000	190000	34970000
1920	1607	1779000	15000	26570000
1921	763	1770000	31000	85870000

① ［英］彼得·马赛厄斯、悉尼·波拉德主编：《剑桥欧洲经济史》第8卷，王宏伟等译，第565页。

② Ministry of Labour, "Employment, Wages, Cost of Living, and Trade Disputes", *The Ministry of Labour Gazette*, January 1927-1929.

③ Ministry of Labour, "Employment, Wages, Cost of Living, and Trade Disputes in 1928", *The Ministry of Labour Gazette*, January 1928, p. 3.

年份	罢工次数（次）	直接涉及人数（人）	间接涉及人数（人）	损失的工作日数（个）
1922	576	512000	40000	19850000
1923	628	343000	62000	10670000
1924	710	558000	55000	8420000
1925	603	401000	40000	7950000
1926	323	2724000	10000	162230000
1927	303	89000	18000	1180000
1928	302	80000	44000	1410000
1929	420	492000	40000	8283000

资料来源：Ministry of Labour, "Employment, Wages, Cost of Living, and Trade Disputes", *The Ministry of Labour Gazette*, January 1927—1929。

　　值得注意的是，这一时期劳资之间并非"无事可争"。1929年大萧条来临的前夜，在工资水平持续下跌的情况下，劳资之间仍存在诸多紧张因素。如表4-2所示，因工资造成的争议仍是触发罢工的主要原因。自1927年以来，工资水平便处于持续下降的过程中。具体而言，减薪总额之中的70%发生在煤矿行业。要求工资上涨、拒绝工资削减及其他工资问题是造成这一时期劳资纠纷的主要原因。

表4-2　1928—1929年罢工原因占比统计

罢工原因	罢工次数（次）	占罢工数的比重（%）
要求工资上涨	65	9.0
工资削减	146	20.2
其他工资问题	180	24.9
雇佣特定人员	172	23.8
其他问题	100	13.8
同情罢工	9	1.2
工会原则	38	5.2

资料来源：Ministry of Labour, "Employment, Wages, Cost of Living, and Trade Disputes", *The Ministry of Labour Gazette*, January 1927—1930。

由此可见，劳资之间的争端数量少、因争端造成的损失小，定有他因。具体而言，在1926年大罢工失败后，工会面临来自保守党政府与雇主的双重攻击。1927年《劳资争议与工会法》的出台使工会处于不利境地，这是大罢工后劳资关系处于平静发展状态的重要前提。1927年《劳资争议与工会法》从其内容上看并非对大罢工的就事论事，而是具有强烈的惩戒色彩，是政府强硬态度的延续。在罢工进行过程中，温斯顿·丘吉尔主持编辑了一份政府报刊《英国公报》（*British Gazette*），将1926年大罢工比作一场"内战"（civil war）。1926年5月的《英国公报》指出："立宪政府正受到攻击……大罢工是对议会权力的挑战，使我们国家走向无政府主义和毁灭。"① 由此可见，保守党试图引导舆论，将1926年因经济下行引发的煤矿业劳资冲突问题不真实地夸大为一种政治行为，将其妖魔化。雇主也抓住了这一"机遇"，参与到针对工会立法的讨论之中。1926年6月，内阁便着手通过立法手段惩罚大罢工的工会参与者，并向雇主组织咨询意见，英国工业联合会和英国雇主联合会再次探讨了各自的权责范围，并默契地达成共识，要在对工会的惩戒中分一杯羹。② 雇主达成共识，希望大量取缔现行的1906年《劳资争议法》对劳资纠纷中工会及其成员的多项保护条款，并对工人纠察权（picketing）加以限制，实则是意欲通过立法形式，在今后的劳资纠纷中降低工会的斗争性。而保守党政府则关注大罢工这一行为的法律性质和法律规范，以及通过彻底限制工会政治捐税，降低工党的竞争力。这实际上是企图借助大罢工事件对进行工人运动的劳工与工会，以及作为自己政治竞争对手的工党进行双重打击，企图一劳永逸地削弱劳工运动的力量。自1927年4月起，法案历经议会三读。尽管经过了各方力量的激烈辩论，保守党政府

---

① Stanley Baldwin, "Message from the Prime Minister", *The British Gazette*, 6 May, 1926, p. 1.

② H. A. Clegg, *A History of British Trade Unions since 1889*, Vol. 2, *1911 – 1933*, p. 422.

及雇主组织依旧对工会持强硬态度，法案于 1927 年 7 月正式生效。

1927 年《劳资争议与工会法》通过的带有惩戒色彩的规定，使工会的行动能力受到了严重打击。该法案规定以下状况下的罢工行为非法，即除为延续现有劳资争议不得不实施的罢工之外的任何目的的罢工，意欲胁迫政府并直接或间接影响公众生活的罢工。对于上述违法行为，司法大臣可发布禁令，禁止工会向上述违法的罢工行为提供资金支持。一旦违反，所有参与罢工的劳工都将被判处长达两年的监禁。从上述条款的规定中可以看出，法案并未明确提及"大罢工"一词，而是通过具体条款中暧昧不清的"文字游戏"，试图降低今后工会罢工的影响力，削弱其斗争性。法案的第三部分将"对他人及其家属或者抚养人造成伤害"或"对任何人或财产的暴力或损害"定义为"恐吓"（intimidation）行为，"恐吓意味着让他人感受到被伤害……或对任何人或财产的暴力或破坏"，而"伤害"一词又包括对他人的商业、职业、雇佣等来源财产的伤害。① "实际上，法案的第三部分是令人担忧的，它使现有的关于纠察的法律保护失效。"② 法案的第四部分对工会的政治经费管理方法做出调整，也是《劳资争议与工会法》最具争议的一部分。依据传统规定，不愿缴纳工会会费的工会成员可以将这一部分资金承包出去。而新法案则规定："除非工会会员自身以书面形式表明其捐款的意愿，任何强制要求工会成员支付政治捐税的行为都属违法。"③ 这条试图削弱工会经济实力、限制其罢工能力的规定，实际上也对工党造成了沉重打击。根据 1913 年《工会法》的规定，工党可以在其成员的多数投票后，对一项政治税进行评估，将其存入一个独立于工会财务的特别基金。工会资金来源的缩减也

---

① Douglas Brodie, *A History of British Labour Law*, 1867-1945, p.193.

② H. A. Clegg, *A History of British Trade Unions since 1889*, Vol. 2, 1911 - 1933, pp. 422-423.

③ H. A. Mills, "The British Trade Disputes and Trade Union Act, 1927", *Journal of Political Economy*, Vol.36, No.3, June 1928, p.323.

将极大降低工党的资金捐税水平，从而对工党的政治行动造成严重打击。

1927 年《劳资争议与工会法》通过限制工人防止罢工被破坏的纠察权、削弱工会与工党联系等手段，直接降低了工会的斗争性，并促使工会代表大会对工人运动方向进行反思，罢工不再被作为主要的斗争方式，工会运动开始转向相对平静的政治路线。1927 年《劳资争议与工会法》对工人运动打击极大，直至二战后该法案被废除，其都是工会代表大会挥之不去的梦魇。西特林曾评价道："通常认为英国保守党的恐怖主义毕竟是温和的，他们没有公开杀害工人，或放火焚烧他们的房屋、轰炸他们的村庄……但其实他们的恐怖是更加微妙的，统治阶级不需要野蛮的暴力，就可以得到他们想要的，他们能够通过言语掩盖不公平的行为。"① 1927 年《劳资争议与工会法》的出台也令争取政治权力的目标重回视野，工会代表大会意识到"若允许工人运动被作为社会动荡的工具，将对我们有序进步的希望造成致命打击"。新工会主义（New Trade Unionism）概念被提出，以暴力形式为工人阶级谋取利益的方式成为过去，工会代表大会将谋求政治权力和地位作为其发展的突破口。

就产业环境的角度而言，这一时期经济发展总体比较平稳，制造业的发展得以巩固，失业维持在 20 年代以来较低的水平之上。相对而言的总体平稳，尤其是在新兴行业，降低了劳资冲突激化的可能性。"两次世界大战之间，尽管制造业面临着非常严重的困难，但在两次世界大战之间的几年内，制造业不仅得到巩固，而且其在国民收入中所占的份额也有所增加。"② 新兴行业如化学、车辆和电气工程业发展势头正盛。在产业环境相对好转的背景下，

---

① Robert Taylor, *The TUC: From the General Strike to New Unionism*, Basingstoke: Palgrave Macmillan, 2000, p. 41.

② Roderick Floud, Paul Johnson, *The Cambridge Economic History of Modern Britain*, Vol. 2, Cambridge: Cambridge University Press, 2004, p. 375.

1927年，"失业状况与20世纪20年代的任何一年相比都有所好转"。① 从不同行业劳资冲突数据的变化上看，相比于20年代罢工较多的1924年，1927年工程行业的罢工减少了近75%。②

尽管劳资关系整体发展比较平稳，但具体而言，几次较为严重的冲突集中于传统行业，传统行业劳资关系仍备受困扰。在达勒姆地区，矿工因不满煤矿主提出的降低工资的要求，将争端诉诸仲裁。仲裁结果是保留削减工资的要求，这严重损害了矿工利益。矿工的工资每班削减6便士，将低收入成年人的生活津贴每班削减1便士。③ 针对这一仲裁结果，多个煤矿走向罢工。棉纺织行业同样备受经营不善的困扰。1929年6月末，雇主的减薪态度同此前相比变得十分强硬，94%的棉纺织雇主协会联盟的雇主支持通过闭厂的方式达到减薪目的。而面对这一问题，工人的态度也十分强硬，他们以20∶1或更高的比例拒绝就这一条款达成妥协。④ 劳工部介入，协商并不愉快，双方不愿做出让步，1929年7月29日，雇主闭厂，约有3.5万名工人受到影响。8月6日，首相麦克唐纳介入，双方将争议诉诸仲裁。

在煤矿行业，推动传统行业的合理化运动成为解决其运行不佳问题的突破口，而以推动矿井合并为主要内容的合理化运动收效甚微，未能扭转煤矿行业的衰退状况。这种衰退迫使雇主不得不继续将减薪作为维持生存的手段。"1928年对英国工业及其未来发展表现进行的调查表明，在两次世界大战之间，工业既有积极的一面，也有消极的一面。既有发展良好的特点，也有实现潜力的能力备受

---

① Ministry of Labour, "Employment, Wages, Cost of Living, and Trade Disputes in 1928", *The Ministry of Labour Gazette*, January 1928, p. 2.

② Ministry of Labour, "Employment, Wages, Cost of Living, and Trade Disputes", *The Ministry of Labour Gazette*, January 1927–1930.

③ H. A. Clegg, *A History of British Trade Unions since 1889*, Vol. 2, *1911–1933*, p. 427.

④ H. A. Clegg, *A History of British Trade Unions since 1889*, Vol. 2, *1911–1933*, p. 429.

制约的一面。"① 棉纺织、煤矿、造船和机械等传统行业发展欠佳。
1925 年，英国政府宣布金本位制的回归。这导致英镑对其他货币
的估值过高，出口价格进一步提升，使自 1918 年以来出现严重生
产过剩局面的传统出口行业面临更加严重的打击。

为解决产能过剩问题，英国政府开展了广泛的工业合理化运
动，即通过减少过剩产能来实现工业的合理化。自 1925 年开始，
官方对钢铁和煤炭行业进行了专门调查。1925—1929 年，旨在探
索经济衰退原因的贝尔弗委员会（Balfour Committee）就提高工商
业效率的政策发布了多项报告。委员会于 1929 年发布的最终报告
指出："英国现阶段的主要目标是要恢复其在世界贸易之中的领先
地位。为实现这一目标，首先要实现工业的合理化。"② 报告还发
现，由于英国经济体系的僵化，市场未能实现合理化。这份报告共
六卷，包含了对英国工业竞争力的全面调查，并就英国未来在海外
市场的竞争能力提出了建议。在合理化的政策实践过程中，煤炭行
业成了重要的关注对象，合理化运动使其蒙受了巨大损失。

1926 年 6 月，政府正式出台针对煤矿行业的《矿业法》（*The
Mining Industry Act, 1926*），这成为政府规范煤矿行业合并行为的
主要政策。在该法案实施后，煤炭的滞销状况得以改善。英国煤矿
行业面临市场萎缩和竞争力下降两大"顽疾"。正如亚当·尼莫爵
士（Sir Adam Nimmo）于 1927 年 7 月指出的："如果竞争国家增加
了产量并占领了我们的市场，那只可能是因为煤炭的价格太贵
了。"③ 面对日益严峻的国际煤炭贸易竞争形势，英国煤炭行业出
现了严重的衰退，失业率上升，财政损失严重。对此，1925 年鲍

---

① Roderick Floud, Paul Johnson, *The Cambridge Economic History of Modern Britain*,
Vol. 2, p. 374.

② James Joseph Carney Jr. , *Institutional Change and the Level of Employment: A
Study of British Unemployment 1918 - 1929*, Miami: University of Miami Publications in
Economics, 1956, p. 100.

③ M. W. Kirby, *The British Coalmining Industry, 1870-1946*, p. 108.

德温政府命令塞缪尔委员会（Samuel Commission）针对煤矿行业进行调研，并提出了促进煤矿行业合并（amalgamation）和发展有组织销售（marketing）两个改进方向。针对该建议，鲍德温政府于 8 月出台《矿业法》。该法案着重强调了自愿主义基础上的政府控制原则，在一名或多名煤矿主的建议下，"为了更经济、更有效地处理和煤矿相关的工作"，政府有权发起矿井合并的决议。同时法案进一步规定，"在企业寻求新的矿井之前，必须向政府提出申请。如果政府认为（这一申请）对国家利益有利，则应将该权利授予申请人"。由此可见，在自愿主义的基础上，政府将鼓励煤矿行业的合并、控制煤矿行业规模作为消解产能过剩的方式之一。在《矿业法》通过后，煤矿业资本集中的趋势增强，"煤矿业主为了控制煤炭生产和价格而逐步联合起来，中部成立了'四郡计划'组织，建成控制煤炭生产和销售的卡特尔，威尔士和苏格兰也成立了类似的联合组织"，[①] 矿井的合并进行得比较顺利。"1926—1927 年，煤炭的出口量从 2060 万吨提升至 5110 万吨。"[②] 改善煤炭行业滞销问题效果显著。

自 1928 年开始，由行业合理化引发的就业问题开始浮现。煤炭行业劳资关系再次出现恶化趋势，一系列非官方罢工相继出现。1928 年，"煤矿的产能由 1927 年的 2512 万吨下降至 1928 年的 2375 万吨，出口量也从 5110 万吨下降到了 5010 万吨。煤矿行业的盈利状况显著下降，每吨的薪资水平从 1927 年的 4 先令 11.5 便士下降到了 1928 年的 4 先令 8.5 便士。失业率从 1927 年的 18% 迅速上升至 23%"。[③] 休·克莱格指出："截至 1928 年 1 月，利润的下降已使每个矿区重新恢复到之前由利润共享协议规定的最低工资水

---

①　王章辉：《英国经济史》，第 382 页。

②　M. W. Kirby, *The British Coalmining Industry*, *1870–1946*, p. 111.

③　M. W. Kirby, *The British Coalmining Industry*, *1870–1946*, p. 115.

平（minimum rates）。"① 上述状况使煤矿行业劳资关系的紧张因素增加。

综观这一时期劳资冲突，整体而言，劳资关系发展十分平稳，有记录的罢工数和因罢工损失的工作日数达到了有史以来的最低值。从争议的性质来看，以传统的薪资冲突为主，且主要集中于传统行业。除煤炭行业仍存在的问题外，在双方的协商之下，劳资冲突的规模和影响基本可控，与 1926 年大罢工类似的冲突在其后的岁月里彻底成为记忆。

二　危机之下的艰难共存（1929—1933）

1929 年，资本主义经济危机席卷英国。尽管英国受到危机的波及程度有限，但由危机带来的严重失业问题，成为横亘在劳资双方面前的严峻挑战。大规模、长时段的失业使工会生存艰难，而雇主也因彼此间竞争的加剧无力进行劳资对抗。这导致这一时期劳资关系呈现出"艰难共存"的局面——虽未产生类似 1926 年大罢工的大规模冲突，但这种共存却是艰难的，双方往往就争议僵持不下，甚至在政府的干预下才能解决冲突。而就调解与仲裁结果而言，二者常处于两败俱伤的状况，并不存在真正的赢家。

20 世纪 20 年代末期开始，资本主义经济危机通过国际贸易、金融等渠道影响英国经济。英国经济，尤其是以出口行业为主的经济遭遇了衰退（slump）。英国经济衰退规模虽不及美国等资本主义国家，但影响也不浅。"1929—1931 年，英国的出口量由 8.39亿英镑下降到了 4.61 亿英镑。"② 其中，煤矿、钢铁、造船、棉纺织等行业受到的打击最大。受其影响，"20 世纪 20 年代末，当全球经济衰退冲击英国经济时，失业率再次飙升，1932 年达到

---

① H. A. Clegg, *A History of British Trade Unions since 1889*, *Vol. 2*, *1911 - 1933*, p. 427.

② John Sheldrake, *Industrial Relations and Politics in Britain*, *1880-1989*, p. 45.

15.6%至22.5%"。而从劳工部的统计数据来看，在此前经济发展较为平稳的1927—1929年，失业率仅为6.8%左右。经济衰退期的到来使失业率在短时期内大幅提升。1932年，钢铁行业有一半工人登记失业，煤矿行业的数据为1/3，而造船行业则高达2/3。[①]1932年末，尽管经济开始走出衰退，失业率也并未降到7.8%（平民就业人口的）或10.8%以下。除上述失业规模大的特征外，不同于以往结构性、周期性等暂时性失业，20年代后期以来英国的失业状况还呈现出长期性的特点，长期失业一直持续到20世纪30年代末。据统计，"在20世纪30年代最糟糕的几年中……长期失业者比例高达20%，并一直持续至1938年"。[②]

　　面对经济状况的恶化与失业问题的加剧，两组矛盾关系成为触发劳资冲突的关键性因素。一方面，经济下行使劳资双方产生了降低成本与维持生存之间的矛盾；另一方面，政府也面临维持财政系统运转和制定合理的失业政策之间的矛盾。纺织行业成为这一时期劳资冲突最为严重的行业之一，1929—1931年，三次全国规模的罢工行为都发生在这一行业。工资削减是造成罢工的主要原因，但冲突发生后，二者往往僵持不下，无一方获利。"在这一时期全部的1970万个因罢工损失的工作日中，两次棉纺织行业的全国性罢工和一次毛纺织行业的全国性罢工所造成的工作日损失即高达1300万个。"[③] 1927年在布拉德福德（Bradford）地区和考尔德山谷（Calder Valley）地区，毛纺织行业工人因雇主提出的工资削减决议而进行罢工。为维持生产的顺利进行，各个工厂主被迫同意按之前的工资条件重新开工。然而，这种被迫妥协的态度仅仅是将问

　　① Rodrick Floud, D. N. McCloskey, *The Economic History of Britain since 1700*, Vol. 2, Cambridge：Cambridge University Press, 1981, p. 265.

　　② Roderick Floud, Paul Johnson, *The Cambridge Economic History of Modern Britain*, Vol. 2, p. 355.

　　③ H. A. Clegg, *A History of British Trade Unions since 1889*, Vol. 2, *1911 – 1933*, p. 493.

题搁置了起来。1927 年 7 月，雇主再次提出要将薪资降低 16%。雇主与工会对这一决议进行谈判，但双方僵持不下，没能达成一致协议，只得由政府介入。由麦克米兰勋爵（Lord Macmillan）主持的调查法庭对冲突状况进行了调研。雇主希望"撤回基本工资10%的补贴，削减计件工人一半的工资"，在减薪作为渡过行业难关这一立场上绝不放松。工人则希望"不在当前的薪资基础上做出任何形式的削减，各部门固定基本工资、固定计件工资"，拒绝成为国家出口贸易下降的"替罪羊"。鉴于产业经营状况确实不容乐观，盈利不佳致使无法提出新的工资方案，调查法庭最终判决："我们无法避免这样的结论，即降低工资势在必行。"① 这从侧面反映出在严峻的国际竞争形势下，英国纺织行业所面临的艰难处境。调查报告虽支持减薪，但提议将减薪幅度控制在 9% 左右。报告一经发布，工会就表示拒绝这一决议，雇主则决意强制执行。工会提出交涉，将降薪幅度确立在 5% 至 6%。经济萧条的逼迫加剧了雇主之间的利益分歧，针对此次减薪，各工厂主依据自身情况与工人签订单独和约。劳工无力掀起大罢工，雇主也无力支持长期闭厂，失去强力谈判筹码之后，集体谈判也形同虚设，二者在相互拉扯中气息奄奄。

棉纺织行业也于 1930 年经历了一场旷日持久的争端。自 20 年代后期以来，为提升竞争力，兰开夏郡的雇主意欲通过提升工作量的方式挽救行业危机，这引发了工人的强烈不满，双方展开了艰难的协商。1928 年棉纺织业雇主试图延长工时，结果以失败告终。1929 年夏，棉纺织雇主协会联盟要求进一步削减计件工资，遭到劳工的严词拒绝，仲裁机制在双方的争端面前也一无所成。② 伯恩利（Burnley）地区的雇主开始推广一个织工负责八台织机的工作体系，相比于此前一人负责四台织机的传统，将极大地增加织工的

---

① Ministry of Labour, "Wool Textile Industry", *The Ministry of Labour Gazette*, March 1930, p. 84.

② W. Hamish Fraser, *A History of British Trade Unionism*, *1700-1998*, p. 174.

工作量。在经历一番谈判后，工会同意接受就八台织机的工作模式进行试验。1929 年 3 月，棉纺织厂雇主对其现有织机的 4%实施新模式，在新模式下工作的棉纺织工人的时薪规定为 2.5 英镑。这一试验效果并不理想，遭到了织工的强烈反对。其反对理由主要集中在以下两点。一方面，人均工作量的增加，会在就业情况本不乐观的情况下，导致更多人失去工作。另一方面，正如伯恩利织工委员会对该举措在缓解行业危机的有效性上提出的质疑："难以保证这一机制会使我们的行业状况发生好转。"① 织工联合会（The Weavers Amalgamation）发出公告，要求在 1930 年底结束这一试验。然而，雇主联盟于 1930 年 6 月提出要求在伯恩利地区继续实行"八织机模式"，双方由此发生冲突。织工继续对该要求表示出强硬态度，工会同样态度强硬，拒绝通过协商方式对雇主进行任何妥协。最终，因雇主的内部分歧，大部分雇主并不希望改变之前的生产模式。在经济萧条的背景下，雇主对态度强硬的工会亦无能为力。恰如《棉纺织厂时报》（*Cotton Factory Times*）所指出的："大多数闭厂的雇主实际上都在为一些对他们并没有任何好处的交易赔钱。"② 协议无果的情况持续至 1931 年 8 月，双方重回谈判桌。雇主提出愿意为原有的四织机工人提供特殊的计件工资，同时在有必要的情况下采取八织机的模式。1931 年工党下台后双方重新展开协商。

1928 年面临严重经营问题的煤矿行业在这一时期的状况也并未改善。这一行业中降低成本与维持生存之间的矛盾也十分显著，它成为这一时期仅次于纺织行业的劳资关系问题重灾区。煤炭行业劳资冲突的焦点在于工时增加问题，这场争端自 1930 年开始，持续了一年的时间，最后以双方的妥协告终。"尽管 1927—1930 年为

---

① H. A. Clegg, *A History of British Trade Unions since 1889*, Vol. 2, *1911 - 1933*, p. 488.

② H. A. Clegg, *A History of British Trade Unions since 1889*, Vol. 2, *1911 - 1933*, p. 488.

劳资纠纷数据降至有史以来因罢工损失的工作日数最少的四年周期，但 1931 年煤矿行业因罢工损失的工作日数多达 300 万个。"①
1929 年以来，为继续寻求化解行业经营危机的方法，政府于 1930 年出台新的《矿业法》，主要涉及建立中央煤炭销售委员会和减少工作时长两方面内容。法案提出要推行七个半小时工作日，这条规定成为引发劳资冲突的焦点问题。早在 1926 年，《矿业法》就废除了关于七小时工作制的立法，"这被视为矿工联合会失败的重要标志"。② 在 1929 年大选期间，工党曾就这一问题向矿工做出保证，会就削减工作时长问题做出努力。但煤矿行业经营状况的恶化令改革无从下手。工党上台后的矿业部调研显示，"自 1925 年以来平均每吨生产成本下降了 3 先令 6 便士或更多。其中，至少 1 先令 6 便士的成本下降是由于工作时间的增加。但自 1929 年中期开始，行业的产出甚至未能达到预计的 80%，其中还有近 20 万名工人失业，主要集中在出口地区。如果继续削减工作时长却不降低工资……失业问题的进一步恶化将不可避免"。③ 1929 年 7 月中旬，矿业部制订了一项基本行动计划，希望该计划能够实现两个目标，即减少过剩的产能，并使矿业能够承受工作时间的减少，而不必削减工资，这遭到矿业协会（The Mining Association）的强烈反对。尤其是位于出口区的矿主，向工党施压，拒绝同意带有削减工时条款的《矿业法》，致使工党陷入了两难境地。为确保煤矿行业销售整改的顺利进行，政府只得在最终条款中做出妥协，提出实施七个半小时工作日的方案。

　　针对 1930 年《矿业法》中关于增加工作时长的规定，煤矿行业发生了一系列激烈冲突。"自 1930 年 12 月起，雇主与工人便开始商讨自 1931 年 1 月起应该实施的工作时间与工资规定。矿工要

---

　　①　H. A. Clegg, *A History of British Trade Unions since 1889*, *Vol. 2*, *1911 - 1933*, p. 493.

　　②　M. W. Kirby, *The British Coalmining Industry*, *1870-1946*, p. 124.

　　③　M. W. Kirby, *The British Coalmining Industry*, *1870-1946*, p. 124.

求恢复 45 小时工作周……而雇主不愿接受这一决议。"① 矿井工人要求雇主将争议提交至煤矿全国劳资委员会（Coal Mines National Industrial Board）。经协商讨论后，委员会向南威尔士地区建议，"维持现有的 45 小时工作周下的工资水平，其中工作日时长为每天 7 小时 40 分，周六的工作时长为 6 小时 40 分钟"。② 这并没有回应矿工对于削减工作时长的要求，引发了强烈不满，南威尔士地区的矿工开始罢工。1931 年 1 月 15 日，为支持南威尔士地区的罢工，兰开夏地区代表要求考虑实施全国性罢工的可能性，但被驳回。两日后，矿工回归工作岗位，并被要求在 3 月 1 日开始接受不实施浮动工资制（spreadover）但需要减薪的裁定。少数派运动（The Minority Movement）不满于现状，要求继续罢工，但也并未避免一无所获的结果。3 月 19 日，全国矿工会议（National Miners' Conference）投票通过结束浮动工资制的决议，但是要求苏格兰地区的矿工遵守协议直到 1931 年 6 月协议到期为止。这实际上是双方僵持不下的缓兵之计，持续的对立和工作的停滞，在经济萧条的情况下必定会导致两败俱伤。但牺牲苏格兰地区矿工的利益引发了强烈不满，1931 年 7 月，苏格兰地区矿工开始罢工，此次罢工收获了与南威尔士地区相同的效果，为期三周的罢工同样以废除浮动工资制但降低工资标准告终。

在经济萧条时期，英国面临严峻的失业问题，在维持财政系统运转和制定合理的失业政策之间也形成了较大的张力。政府对失业问题的不当处理加剧了工人阶级对政府的不满，引发了大萧条时期最严重的冲突。1930 年 11 月，随着失业人数高涨，政府增加的失业保险支出使其面临严重的财政危机。为解决国家面临的财政危机，由乔治·梅（George May）爵士担任主席的国民开支委员会

① Ministry of Labour, "Coal Mines National Industry Board", *The Ministry of Labour Gazette*, January 1931, p. 7.

② Ministry of Labour, "Coal Mines National Industry Board", *The Ministry of Labour Gazette*, January 1931, p. 7.

（Committee on National Expenditure）对目前的财政状况以及危机缓解政策进行了调研。1931 年报告指出，1932—1933 年的赤字预计将达到 1.2 亿英镑；赤字只能通过削减公共支出来解决。"委员会提议削减的支出总量为 9650 万英镑，最大的部分是失业保险，为6650 万英镑，其中包括削减 10% 的失业救济金。"[1] 1931 年 8 月 28日，工党内阁以 11 票赞成 9 票反对的结果通过了该报告。这引发了工会与工党的分裂。韦伯夫人在其日记中批判了工会不懂得变通的态度，认为"工会代表大会十分愚蠢，他们不会同意任何削减失业保险或薪资的事"。[2] 而工党政府的政策也引发了工党内部其他成员的不满："我们要把麦克唐纳挂在酸苹果树上，同时绞死菲利普·斯诺登（Philip Snowden）和托马斯来陪伴他，因为那里才是叛徒应该待的地方。"[3] 这致使 1931 年 9 月 28 日麦克唐纳、斯诺登等人被开除党籍。在官方层面，梅委员会报告中削减 10% 失业救济金的决议加剧了工党与工会之间的分歧。而报告中所提出的针对失业救济管理的家庭财产检查制度（The Household Means Test）则引起了广大工人阶级的强烈不满，酿成了在大萧条期间冲突性最强的一场劳资纠纷。

家庭财产检查制度在增加获取失业保险金难度的同时，一定程度上侵犯了工人阶级的隐私与尊严，引发了失业工人的普遍不满。1931 年工党下台后，新组成的国民联合政府（National Government）推动梅委员会报告的实施，男性失业工人及其妻子可获得的失业救济金减少。所有想要获取失业救济金的申请人都需提供关于其家庭经济状况的详细资料，由地方公共援助委员会（Public Assistance Committee）进行经济状况调查。家庭财产检查制度的推行意味着

---

[1]　Philip Williamson, *National Crisis and National Government: British Politics, the Economy and Empire, 1926-1932*, Cambridge: Cambridge University Press, 2003, p. 268.

[2]　Ian G. Sharp, *Industrial Conciliation and Arbitration in Great Britain*, p. 195.

[3]　K. Laybourn, *The Labour Party, 1881-1951*, Sutton: Sutton Publishing Ltd., 1988, p. 92.

"在国家负责之前，其亲戚和一家之主应该承担起对失业者的赡养责任"，从经济计算的角度而言，在其推行初期确实取得了一定成效。正如《泰晤士报》在 1932 年 3 月所指出的，"家庭财产检查制度清晰地将保险（insurance）和救济（relief）区分开来，并且节省了大量资金"。① 据劳工部估计，"1932—1934 年，家庭财产检查制度为国家财政节约了 4450 万英镑，相当于这一时期过渡性补贴实际支出的 1/3"。② 但是其中存在的问题也是不容忽视的。最基本的行政问题是，政府系统授权 183 个地方公共援助委员会处理案件，就好像它们是"申请公共援助的有能力的法人"。③ 没有中央政府的指导，每个委员会对失业人员都有自己的规定，有自己的支付额度并自行负责家庭津贴。除不合理的支付方式外，工人阶级家庭生活中重新引入济贫法的调查也引起了广泛的不满。"事实上，申请过渡福利的人被认为是说谎者和装病者，他们的话不能相信，对他们必须经过严格的调查，才能得到几先令的信任"，"这仍然明显是惩罚性的和调查性的"。④

1932 年由英国共产党所领导的全国失业工人运动（National Unemployed Workers Movement）组织了针对家庭财产检查制度的"全国饥饿游行"（National Hunger March），共包括 3000 人，分为 18 支游行队伍。他们主要由经济萧条地区的工人组成，欲将一份包含 100 万人签名的请愿书提交给议会，要求废除家庭财产检查制

---

① Frederic M. Miller, "National Assistance or Unemployment Assistance? The British Cabinet and Relief Policy, 1932 - 33", *Journal of Contemporary History*, Vol. 9, No. 2, April 1974, pp. 169-170.

② Eveline M. Burns, *British Unemployment Programs, 1920 - 1938*, Washington: Committee on Social Security, Social Science Research Council, 1941, pp. 140-141.

③ Frederic M. Miller, "National Assistance or Unemployment Assistance? The British Cabinet and Relief Policy, 1932 - 33", *Journal of Contemporary History*, Vol. 9, No. 2, April 1974, p. 170.

④ Frederic M. Miller, "National Assistance or Unemployment Assistance? The British Cabinet and Relief Policy, 1932 - 33", *Journal of Contemporary History*, Vol. 9, No. 2, April 1974, p. 169.

度。这次游行示威充满暴力色彩。在罗奇代尔和格拉斯哥地区，失业工人都与警察发生了严重的冲突。"1 月 15 日，在基斯利（Keighley）市政厅外，警察和本土部队与一批失业队伍相遇，12 人因发生的骚乱被捕……挥舞警棍的警察袭击了数千名聚集在外的失业工人。"① 失业者在议会广场和警察发生冲突，在布里斯托也有 1.5 万名失业者如此。这一带有暴力色彩的游行示威运动一直持续到 3 月。1929—1932 年，国际共产主义运动正处于提倡革命复兴的第三国际的发展时期，这极大地影响了英国共产党的发展，使其开始具备较强的斗争性。1932 年全国失业工人运动只是 20 世纪 30 年代爆发的众多工人阶级大规模游行示威中的一次，也是其中规模最大和冲突性最强的一次，是这一时期左翼工人运动与官方工人运动分道扬镳的顶峰。

经济危机的到来给劳、资、政三方都造成了不同程度的影响，削弱了劳资双方进行持续对抗的可能性。受经济危机影响的传统行业冲突较多，劳资双方都丧失了支持长时期、大规模罢工的能力，双方僵持不下的状况致使任何一方都未能在这一时期取得实质性成果。在艰难的生存条件下，英国共产党对工人运动的吸引力持续增加，失业工人在其倡导下团结起来，加剧了这一时期劳资冲突的暴力色彩。

三　危机过后的机遇与挑战（1933—1939）

国民联合政府上台后，成功地从货币政策和财政政策两大方向去解决英国经济衰退问题。重整军备也为英国经济的复苏注入活力。在相对平稳的经济环境下，这一时期几乎未发生任何针对工资、工时等问题的官方冲突。此外，自大萧条期间开始兴起的失业工人运动继续发展，并进行了多场"饥饿游行"。"饥饿游行"将

---

① Matt Perry, *Bread and Work*, *The Experience of Unemployment*, *1918 - 39*, London: Pluto Press, 2000, p. 106.

官方工会外的多股劳工运动势力团结起来，成为威慑政府失业政策的重要力量。

国民联合政府上台后，着手从货币政策和财政政策两个层面入手解决经济衰退问题。在新的政策环境下，英国政府自 20 年代以来的产业调整政策也获得了实质性成就。在此基础上，英国自 1935 年开始了广泛的重整军备（rearmament）活动。由此，自 1933 年至二战爆发的几年之内，英国正处于一个相对稳定的经济环境中。1931 年 9 月，英国宣布放弃金本位制，"英国和与它经济关系密切的国家组成了英镑集团，在除加拿大以外的英联邦各国和地区及爱尔兰、冰岛等国用英镑作为基准货币"。[①] 在其放弃金本位制的 3 个月内，英镑贬值，英镑对美元的比率从 1∶4.86 下降到 1∶3.40，这极大地提升了英国商品的竞争力，英国的出口额已从 1932 年开始基本稳定下来。英国的财政政策的调整也对经济复兴起到了重要作用。"财政预算从 1929—1930 年占国民生产总值盈余的 0.4%，到 1932—1933 年赤字占国民生产总值的 1.3%"，[②] 外交和军事需求的增加，进一步刺激了经济的复苏。1936 年"军费开支比前一年增加 36%，达到 1.86 亿英镑，1937 年达到 2.65 亿英镑，1938 年为 4 亿英镑，1939 年激增到 7 亿英镑"。[③] 同时，英国实施了更为宽松的货币政策，进一步支持了国内的需求。此外，重整军备的支出不仅刺激了钢铁、工程等与国防相关行业的产出和就业，还刺激了整个经济的发展。据估计，"1935 年，该计划已创造 44.5 万个就业岗位，重新吸收了约 15% 的失业人口。到 1938 年，该计划创造的就业岗位数量已上升至 150 万个。再加上浮动汇率赋予的货币灵活性，重整军备的支出在 1937—1938 年减轻了经济衰

---

① 祁敬宇、王刚：《全球治理背景下的金融监管重建与大国金融》，中国金融出版社 2017 年版，第 72 页。

② Chris Wrigley, ed., *A Companion to Early Twentieth-Century Britain*, Oxford: Blackwell Publishing Company, 2003, p. 337.

③ 钱乘旦、陈晓律、陈祖洲、潘兴明：《日落斜阳——20 世纪英国》，第 56 页。

退的严重程度"。① 无论是宽松的货币政策，还是以赤字支出为主要手段的财政政策，实质上都起到了刺激需求、促进消费的重要作用，使英国走出了经济萧条的阴霾。

英国政府为应对经济危机实施的另一财政政策是提高关税，实施贸易保护制。进口关税的提升对长期以来生存艰难的传统出口行业意义非凡，减缓了传统行业面临的国际产品竞争、国内新兴产业面临的资本竞争两方面的压力。1932 年 3 月英国《进口关税法案》（Import Duties Act, 1932）出台，法案规定，除食品、原材料和从大英帝国进口的商品外，对大多数进口产品征收 10% 的关税。"具体而言，关税可以在由法案建立的进口关税咨询委员会（Import Duties Advisory Committee）的建议下进行增加。在法案通过后不久，针对不同商品税率从单一规定的 10% 提升至了15% 至 33%不等。"② "关税的提高鼓励了国内产品对进口产品的替代，使英国在 1932—1937 年的制造业生产总体水平提高了 48%，这一增长率对英国的制造业而言是空前绝后的。"③ 此外，面临进口竞争压力最大、最需进行关税保护的传统行业的就业状况在 20 世纪30 年代继续恶化。如不增加关税，其恶化速度会更快，同时导致新兴产业发展更快，致使更多的资源流向新兴产业，加速传统行业的灭亡，引发社会动荡。通过关税的增加，"至少在第二次世界大战前夕，新兴产业的雇佣人数仅仅勉强超过了传统行业的雇佣人数"，④ 传统行业的就业状况得以改善。整体而言，国民联合政府的政策使英国走出了阴霾，为劳资关系发展创造了一个相对稳定的经济环境。正如休·克莱格指出的："当危机退去，国民政府要比

---

① Chris Wrigley, ed., *A Companion to Early Twentieth-Century Britain*, p. 337.

② David L. Glickman, "The British Imperial Preference System", *The Quarterly Journal of Economics*, Vol. 61, No. 3, May 1947, p. 433.

③ Nicholas Kaldor, "Lesson of the 1930s", *The Times*, 21 April, 1983, p. 15.

④ Chris Wrigley, ed., *A Companion to Early Twentieth-Century Britain*, p. 338.

第二届工党政府对工会及其成员更友善。"①

　　随着经济复苏的来临，这一时期英国的就业和实际收入整体而言维持在较为稳定的水平。如图4-1、图4-2所示，无论是全行业的实际收入水平还是制造业的实际收入水平，在1936年之前都保持稳中有升，尽管1936年以来略有下降，但也始终维持在高于1931年的水平。具体而言，"1933年6月，工资指数下降到了两次世界大战之间的最低水平，但是1930年至1933年之间的下降只是从33.2下降到了31.8（以1956年的工资指数为100）……到1937年1月工资指数已经超过了1923年的水平，到1939年中期已经达到了35.5"。② 而同期的生活水平指数则一直处于下降之中，"1922—1928年，生活水平指数下降率高达14.5%"。③ 对于就业水平而言，自1932年以后，英国就业水平即进入了快速提高时期。

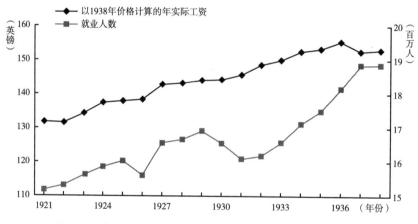

图4-1　英国全行业实际工资和就业水平变化（1921—1938）

　　资料来源：Roderick Floud，Paul Johnson，*The Cambridge Economic History of Modern Britain*，Vol. 2，p. 280。

---

　　① Chris Wrigley，*British Trade Unions since 1933*，Cambridge：Cambridge University Press，2002，p. 9.

　　② Chris Wrigley，*British Trade Unions since 1933*，p. 8.

　　③ Roderick Floud，Paul Johnson，*The Cambridge Economic History of Modern Britain*，Vol. 2，p. 286.

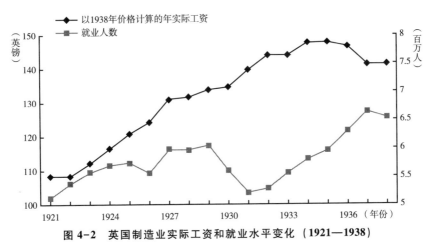

图 4-2 英国制造业实际工资和就业水平变化（1921—1938）

资料来源：Roderick Floud, Paul Johnson, *The Cambridge Economic History of Modern Britain*, Vol. 2, p. 280。

在有利的经济社会背景之下，劳资冲突在 1933—1939 年进入了有史以来最平静的时期。总体而言，"因罢工而损失的工作日数在 1933—1939 年是自这一数据以七年为周期进行记录以来最低的，平均每年为 170.3 万个工作日，只有 20 世纪 90 年代的部分时间可与之匹敌"。[1] W. 哈米什·弗雷泽对于这一时期也评价道："在 1933 年以后的二十年里没有发生过一次全国性的争端。直到战争年代，争端数量仍与 1910 年前平静的年代相当。"[2]

但与此同时，1933 年至二战爆发这段时期的劳资关系也面临一些新挑战。1935 年和 1936 年非官方罢工十分严重，引发了议会与工会代表大会的关注。根据议会的官方估计，"从 1935 年 1 月到 1936 年 9 月，在全部 1101 次罢工案例之中，至少有 530 次被定义为非官方罢工"。[3]

---

① H. A. Clegg, *A History of British Trade Unions since 1889*, Vol. 2, *1911–1933*, p. 11.

② W. Hamish Fraser, *A History of British Trade Unionism*, *1700–1998*, 1999, p. 174.

③ E. W. Evans and S. W. Creigh, "The Natural History of the Strike in Britain", *Labour History*, No. 39, November 1980, p. 56.

"仅在 1936 年，在 818 次罢工中非官方罢工就有 435 次，总共 90 万参与罢工的工人中有 31.6 万人参与，在因罢工损失的 182.9 万个工作日中占 90 万个。"[1] 1937 年，工会代表大会也警示地方工会（Trades Councils）不得鼓励未得到工会认可的罢工行为。在工程行业，自 1931 年以来，以学徒（apprentice）待遇问题为主题的非官方罢工时有发生。对于这一群体而言，不受国家集体谈判约束的低于正式工人的薪资、自 20 世纪初期以来技能培训的缺乏、给熟练工人端茶倒水、被当作孩童对待的不公正待遇等，都成为其不满的因素。

在煤炭行业中，严重的冲突在这一时期仍然存在，且十分集中。据统计，"1927—1940 年，92% 的煤炭行业罢工只涉及一个煤矿，只有 4% 涉及超过一个煤矿。其中，46% 的罢工发生在苏格兰地区，24% 的罢工发生在南威尔士地区"。[2] 这一时期煤炭行业最严重的冲突是发生在 1936—1937 年的霍沃斯冲突（Harworth Dispute）。1926 年，由乔治·斯宾塞领导的诺丁汉矿工协会（Nottingham Miners' Association）脱离全国矿工联合会，成立了与之竞争的诺丁汉郡及郡内各区矿工产业工会，也即"斯宾塞工会"（Spencer Union）。在诺丁汉地区，雇主拒绝承认全国矿工联合会的有效地位，只接受斯宾塞工会的存在，因为这一工会行事相对温和。1936 年 9 月之前，这个属于巴博沃克的煤矿公司雇佣了超过 2000 名工人，在两个月后，由于一名称重员的纠纷，约有 1000 名矿工发起了非官方罢工。在全国矿工联合会的要求下，罢工工人返回了工作岗位。但是雇主将退出全国矿工联合会而加入斯宾塞工会作为复工的条件。这一要求在 1937 年 1 月被撤销，雇主拒绝与斯宾塞工会或全国矿工联合会进行进一步谈判，约 1000 名工人仍处于罢工状态。1937 年 2 月 25 日，双方工会代表出席关于探讨工会合并的会议，在持续沟通下，

---

① 　E. W. Evans and S. W. Creigh, "The Natural History of the Strike in Britain", *Labour History*, No. 39, November 1980, p. 56.

② 　Chris Wrigley, *British Trade Unions since 1933*, p. 11.

斯宾塞工会回归了全国矿工联合会。

　　1934—1936 年，针对 1934 年出台的《失业法》（*The Unemployment Act，1934*），失业工人运动仍通过饥饿游行的方式对劳资关系持续施加影响，成为这一时期劳资关系中冲突性最强的一环。根据 1932 年皇家失业委员会的最终报告，1934 年《失业法》规定重组失业保险，成立失业救助委员会（Unemployment Assistance Board），救济不符合资格的失业者。在这一救济体系下，国家标准的补助略低于之前的地方标准，且和此前的家庭财产检查制度一样，需实施严格的检查制度。自 1934 年起，《失业法》的新规定和救助标准引发了强烈反抗。"随着失业救助委员会体系的推行，成百上千的工人面临福利削减或资格剥夺。"[1] 自 1934 年 1 月 21 日起，6 万名工人向庞特普里德（Pontypridd）进发举行游行示威。次日，又有 4 万名在梅瑟（Merthyr）地区的工人参与其中。地方矿工联合会对这一运动加以支持。"坎布莱恩全国矿工联合会"（Cambrain Combine Miners）宣布，"如果在 2 月 25 日前不废除法案的第二部分，就将进行罢工"，[2] 以此援助失业工人运动。在下议院激烈的辩论之后，麦克唐纳政府做出了回应，在严格的经济状况调查和救助规模上做出了一些让步，但这并不足以阻止日益壮大的反对运动。1 月 31 日，1 万人游行到北希尔兹的码头，试图说服码头工人罢工，然后前往议会继续示威，由此爆发了这一时期规模最大的示威游行活动。1935 年 2 月 3 日，约 30 万名工人走上南威尔士的街头，其中包括大量妇女和儿童。在谢菲尔德地区，4 万人呼吁立即撤销削减开支的计划，游行示威人群与警方发生了两小时的激烈冲突，"26 名工人被逮捕，9 名警察受伤"。[3] 在重压之下，谢菲尔德地区政府顾问前往伦敦，请求立刻撤销削减开支的计划，政府对此做出了让步。

---

① Matt Perry, *Bread and Work，The Experience of Unemployment，1918-39*, p. 110.

② Matt Perry, *Bread and Work，The Experience of Unemployment，1918-39*, p. 110.

③ Matt Perry, *Bread and Work，The Experience of Unemployment，1918-39*, p. 111.

　　谢菲尔德地区的成功抗议引发了全国各地的效仿，各方要求获得与其相同的待遇，玛丽波特、坎伯兰和邓迪地区再次发生暴力示威。为防止暴力事件的进一步发酵，政府就 1934 年《失业法》的相关条款做出进一步让步，承诺按照两个失业法案体系之下最高的福利水平给予补贴。这意味着这一时期失业者、失业工人运动、独立工党与英国共产党以及各类未经官方批准的劳工运动获得了对国民联合政府的重大胜利。

第二节　劳资策略差异与合作危机

　　以 1926 年大罢工为契机，在 1927 年《劳资争议与工会法》出台的不利环境下，工会努力寻求转变发展方向，从斗争路线转向与雇主、政府寻求合作的政治路线，采取新的发展策略。而与之相反，除少数受大萧条影响甚微的行业外，雇主在大萧条之中自顾不暇。因长期失业问题而形成的相对而言资强劳弱的产业环境，也使雇主对工会持强硬态度。由此可见，双方的愿景各异、实力不均，使得以自愿主义集体谈判为特征的劳资合作的发展遭受危机。

一　工会的现代化转型

　　放眼西方主要资本主义国家的工人运动发展，20 世纪 30 年代是一个备受挑战的时期。正如亨利·佩林所指出的："20 世纪 30 年代对目前的工会运动发展并不是一个好时机。在欧洲大陆，它们正被独裁压垮，而在美国，一个全新的国家产业组织大会（Congress of Industrial Organization）突然出现，挑战了美国劳工联合会（The American Federation of Labor）的权威。"而对于这一时期英国工会运动的发展，存在两种不同的声音。部分学者对这一时期工会运动的发展持消极态度，认为在 1927 年《劳资争议与工会法》和大萧条造成的失业的双重打击下，工会运动只得在夹缝中生存。会员水平的下降使工会一直保持在相对弱势状态，进而导致这一时期的工会运动缺乏战斗性。而更多的学者则认为，"尽管受到保守和温和的批评……但工会代表大会不仅增加了成员，而且提高了其在政府和公众中的地位"。[1] 尽管基于不同的评价标准得出来的结论各异，但可以确信的是，英国工会在 20 世纪 30 年代的发展策略发生了转变。工会运动的发展摒弃了在工团主义思潮影响下依靠工人阶级自身经济手段斗争的方式，开始奉行依靠合作、以谈判协商为主的新的生存哲学。这种发展策略的转变，不仅对工会应对危机意义重大，还为战时及其后工会与雇主组织的良好合作奠定了基础。

在大罢工的冲击下，工会代表大会开始自我反思，并对自身发展方向做出调整，这成为工会代表大会实现现代化发展的转折点。工会的现代化转型即指西特林所提出的"要将工会代表大会由一个普通的组织转变为一个不可或缺的重要权力阶层（estate of realm），成为与政府和雇主组织沟通的唯一声音"。[2] 就指导思想而言，工会代表大会放弃了 19 世纪劳资对立背景之下的武装斗争策略，将阶级合作作为发展的主导思想。1927 年时西特林曾提出，"工会主义的发展已到了防御阶段的尽头……其新目标应是积极参与协调一致的努力，通过发展最科学的生产方式来实现工业的最高效率，消除浪费和有害的限制，消除摩擦和不可避免的冲突的根源"。[3] 在此基础上，工会代表大会对工会运动的斗争方式的变化也有了新的认知，认为工会代表大会应丰富斗争方式，"工会应更加专注于争取资本主义的变革，这将改善工人阶级的境遇，而这要求工会与雇主进行某种形式的合作"。[4] 针对这种指导思想的转变，

---

① 　Henry Pelling, *A History of British Trade Unionism*, p. 211.

② 　Robert Taylor, *The TUC: From the General Strike to New Unionism*, p. 39.

③ 　Mary Davis, *Comrade or Brother?: The History of British Labour Movement*, p. 204.

④ 　Neil Riddell, "Walter Citrine and the British Labour Movement, 1925 - 1935", *History*, Vol. 85, No. 278, April 2000, p. 293.

有学者曾指出，"这是旧的阶级合作思想的新包装"。① 总之，以大罢工为契机，面对随之而来的以工业合理化为特征的经济模式的变化，工会迫切想要在这种变革之中获得话语权，承担起更多的政治责任。依托这一思想转变，在 20 世纪 30 年代，工会代表大会对其发展模式做出了诸多层面的调整。

英国工会运动的转型展现在对内结构改革和对外关系改革两个层面。20 世纪 30 年代，英国工会致力于加强工会代表大会对工人运动的领导能力。在对内改革方面，通过组织架构变动和行政人员变更，工会代表大会建立起了更加专业化、官僚化的管理团队。休·克莱格将这一时期西特林领导工会代表大会的方式称为"精英主义"（elitism）。区别于 19 世纪各工会主要依靠成员的团结来处理劳资关系，西特林强调谈判技巧以及最好由全职的官员和执行委员会成员来担此重任，重视专业人员对工会发展的重要性。1924 年，西特林通过竞选成为总理事会的助理秘书。时任总理事会书记的弗雷德·布拉姆利要求西特林"像他在电气工会时的改革一样，全面改革工会代表大会的档案制度"，② 这对工会代表大会的行政效率提升而言意义非凡。早在 1924 年，西特林对工会代表大会现存问题进行调研后便提出，总理事会的执行人员"代表其工会成员参与，各工会的工作依靠行业进行划分，并由了解其成员的专家（specialist）组成"。③ 西特林在总理事会工作期间，工会代表大会的专职行政人员数量迅速提升。"1924年，工会代表大会的主要官员仅有 14 人，而到 1930 年已经升至近40 人。"④ 此外，为有效提升与政府和雇主组织的沟通效率，工会代表大会还建立起了专业的经济委员会（Economic Committee），

---

① Mary Davis, *Comrade or Brother?：The History of British Labour Movement*, p. 203.
② Clive Griggs, *The TUC and Educational Reform*, *1926 – 1970*, Portland：Frank Cass Publishers, 2002, p. 13.
③ Robert Taylor, *The TUC：From the General Strike to New Unionism*, p. 26.
④ Robert Taylor, *The TUC：From the General Strike to New Unionism*, p. 49.

这一委员会成为工会代表大会的主要委员会之一，在这一时期发挥了重要作用，"截至 20 世纪 30 年代末期，这一委员会的全职官员人数提升至40 人"。①

除提升工会代表大会管理团队的专业化程度外，在对内改革方面，工会代表大会还试图通过加强总理事会的权力，以提升工会代表大会对工人运动的领导能力。大罢工的悲剧发生后，西特林将归因重点放在对工会代表大会自身发展问题的反思上。早在 1925 年，西特林即对工会运动的领导能力产生担忧，"尽管要对权力集中的负面影响有所认识，但在危急时刻，普通工会成员（rank and file）必须（无条件地）信任他们的领导和总理事会"。② 大罢工的失败结果使西特林更加确信，并非大罢工这种形式存在问题，而是工会代表大会并无支撑大罢工顺利运作的机制。而改变这一现状的手段即是加强总理事会的权力。西特林在回忆录中指出："工会机制并未与之相适应，必须打破他们的规则，让总理事会有权宣布罢工。"③ 西特林还表达了对矿工的失望："他们从未真正信任过他们的总理事会……必须赋予总理事会绝对的与全部的权力。"④

西特林任书记后，便着手提升工会代表大会对附属工会的控制力。早在 1924 年，西特林即对工会之间存在的由地方主义、竞争关系而引发的诸多问题给予了密切关注，并初步形成了"综合工会"（General Unionism）的想法，即"工会代表大会就是一个'统一大工会'（one big union）的核心，这个大工会由 17 个工业团体（trade groups）构成，并由总理事会负责监管……只有代表整个工

① H. A. Clegg, *A History of British Trade Unions since 1889*, Vol. 2, *1911－1933*, p. 449.

② Neil Riddell, "Walter Citrine and the British Labour Movement, 1925－1935", *History*, Vol. 85, No. 278, April 2000, p. 290.

③ Robert Taylor, *The TUC: From the General Strike to New Unionism*, p. 37.

④ Neil Riddell, "Walter Citrine and the British Labour Movement, 1925－1935", *History*, Vol. 85, No. 278, April 2000, p. 292.

会运动的时候，工会代表大会才能顺利地发挥其作用"。① 1928 年，工会代表大会出台了一项决议，确立了总理事会对各附属工会的调查权，并且其成为一项长期存在的规定（standing order）。依据规定，"总理事会有权对任何工会的行为展开调查，一旦总理事会认定这一行为可能会损害工会的利益或违反公认的工会代表大会的原则和政策，总理事会应召集该工会出席总理事会或相关委员会会议，以便对该工会的活动做出调查。如果涉事工会拒绝参加，则可在该工会缺席的情况下进行调查"，同时，"被暂停活动的工会有权向工会代表大会提出申诉……但工会代表大会拥有对该案件的最终处理权，选择判定该活动继续进行、暂停或剥夺该工会成员进入工会代表大会的资格"。②

　　以加强总理事会的权力、促进工会代表大会官僚化为代表的对内改革手段，其最终目的是提升工会代表大会对整个工人运动的领导力。这种在工会代表大会内部展现出来的"集权"趋势同样体现在工会代表大会对共产主义的态度之中。20 世纪 30 年代，工会中的共产主义因素也被视为影响工会代表大会权威性的不稳定因素，工会代表大会在这一时期注重厘清与共产主义的关系。工会代表大会采取严厉措施打击少数派运动，禁止少数派运动的成员出席每年的工会会议。随着共产主义势力对工会运动影响的增强，西特林曾指出："共产主义活动……只是为了服务共产党的革命目的，而并非以促进工会主义为目的。"③ 在针对共产主义的工会代表大会会议中，"代表们以 374.6 万票对 14.8 万票的压倒性优势，谴责工会被渗透……"④ "1934 年，来自总理事会的'黑色通告'警告

　　① Robert Taylor, *The TUC：From the General Strike to New Unionism*, p. 27.

　　② TUC, *Report of the Annual Trade Union Congress*, London：Trade Union Congress, 1928, p. 305.

　　③ Neil Riddell, "Walter Citrine and the British Labour Movement, 1925 - 1935", *History*, Vol. 85, No. 278, April 2000, p. 291.

　　④ Robert Taylor, *The TUC：From the General Strike to New Unionism*, p. 51.

称，如果贸易委员会接纳了与共产主义或法西斯组织有联系的代表，他们将不被认可。"① 由此可见，工会代表大会以控制其核心力量的方式，努力撇清与共产主义运动的关系。

经过对内关系改革，工会代表大会获得了就工会内部事务尽可能形成一致声音的能力。在此基础上，工会代表大会调整与工党的关系，通过对外改革实现工会的现代化转型。1931 年工党执政危机成为触发工会对工党进行干预的关键事件。工党在经济压力之下选择牺牲工会利益，对失业保险金的削减使工会代表大会彻底认识到工党作为执政党的不可靠，必须增强自身对工党的控制与影响。1931 年，工会对原建于 1921 年的全国劳工联合委员会（The National Council of Labour）进行重组，并于 1934 年再次重组改名为全国劳工理事会（The National Council of Labour），成为这一时期工会影响工党政策的主要机构。亨利·佩林就曾对这一机构中工会代表大会所起的作用加以强调，认为工党成了"工会代表大会总理事会的党"。② 李华锋也指出，工党在整个 20 世纪 30 年代成为工会代表大会的工党。尽管这一说法包含夸张成分，但工会确实依托总理事会并借由全国劳工理事会对工党产生了重要影响。全国劳工理事会由工会代表大会总理事会、工党议会党团、工党全国执委会按 7∶3∶3 的比例组成，③ 每月举行一次会议。1933 年，工会领袖便向工党领袖乔治·兰斯伯雷（George Lansbury）写信控诉，指责其行为未经过全国劳工理事会准许。全国劳工理事会也为工党 40 年代社会主义政策的形成奠定了基础。其 1934 年出台的《为了社会主义与和平》（For Socialism and Peace, 1934）政策文件正是在总理事会影响下的结果。

―――――――

① W. Hamish Fraser, *A History of British Trade Unionism*, *1700-1998*, p. 180.

② Henry Pelling, *A Short History of the Labour Party*, Hampshire：Palgrave Macmillan, 1991, p. 71.

③ 李华锋：《1930 年代英国职工大会对工党的控制论析》，《淮北师范大学学报》（哲学社会科学版）2011 年第 1 期，第 50 页。

　　综上所述，自 1926 年大罢工以后，工会代表大会掀起的"现代化"改革从改善工会与政府关系、改善工会代表大会与附属工会关系以及调整工会与工党关系等几个方面展开。这一"现代化"改革取得了以下成果。

　　经过工会的"现代化"改革，工会运动在经济困境下得以维持和延续。上述改革措施有效地缓解了 1926 年大罢工对工会代表大会权威性的冲击，这致使即使工会运动在因失业问题等而发展困难的 30 年代，总体而言，推进状况仍比较稳定。英国工会运动"不致发生像美国一样的状况"，[①] 即新出现的产业组织大会对美国劳工联合会的权威性提出挑战，发生争取主导地位的激烈斗争。1926 年大罢工严重地挫伤了工会代表大会的权威性，这也进一步影响了工会对广大工人的吸引力。"到 1926 年底，工会经费减少了 400 万英镑，仅在 1927 年，工会成员就减少了 50 多万人。"[②] 1925—1927 年，仅附属于工会代表大会的工会成员就减少了近 50 万人。煤矿行业还面临诸如苏格兰地区共产主义工会、斯宾塞工会的多重挑战。但在"现代化"改革中，工会代表大会在一开始即划清了同共产主义的界限，加强对附属工会的控制。在二战之前，"全国矿工联合会在 1929 年的人数达 804236 人，而在 1939 年减少到 588321 人，但工会成员人数占总人数的比重提升了"。[③] 与此同时，棉纺织业的工会成员占总人数的比重也得到维持。1938 年棉纺织行业工会的人数还稍有提升。尽管限于经济条件未能达到人数上的大幅增加，但其发展仍是比较稳健的。而在 1940 年，随着重整军备带来的经济状况的好转，工会人员迅速增加，"到 1940 年，工会会员人数恢复到 1921 年的水平，超过 650 万人，其中有超过 100 万名女性会员"。[④] 就工会运动影响的领域而言，"1900—1939

　　① Henry Pelling, *A History of British Trade Unionism*, p. 211.
　　② Mary Davis, *Comrade or Brother?*: *The History of British Labour Movement*, p. 204.
　　③ Henry Pelling, *A History of British Trade Unionism*, p. 205.
　　④ W. Hamish Fraser, *A History of British Trade Unionism*, *1700-1998*, p. 177.

年，英国工会主义从技术娴熟的工匠精英的狭窄基础扩展到了包括
大量半熟练、非熟练、非手工工人和女性工人"。① 相较美国而言，
"1940 年美国仅有约 25％的劳工进入工会，而在英国为 32％……在
英国，工党已经成为主要的反对党，工会运动正长期处于一个强大
的位置上"。②

此外，对工人运动而言，工会在劳资关系互动中的主动性和作
用增强，工会的地位得以提升。工会由因产业环境、雇主打击所造
成的冲突和压迫的被动接收者转变为对产业环境、劳资政策产生积
极影响的参与者。工会地位的提升首先表现在政府对工会运动代表
人物的认可上。1935 年，西特林被授予骑士身份，这是巨大的荣
誉与认可。此外，工会得以在政策制定之中获得话语权，从而自上
而下地对劳工政策施加影响。"棉纺织行业工会参与到了 1936 年、
1939 年棉纺织行业法案的制定过程中，而在渔业结构的变化这一
问题上，工会代表大会也成为政府的咨询对象。"③ 无独有偶，工
会代表大会也开始在政治、外交问题上施加影响。二战前夕，工会
代表大会在谴责绥靖政策的过程中发挥了重要作用，"20 世纪 30
年代，西特林曾准备与保守党的反绥靖主义者温斯顿·丘吉尔合
作，并在公共平台上与其对话，反对政府对独裁者的政策"。④ 由
此可见，西特林在改革之初想要实现的目标已部分达成。

值得注意的是，这一时期工会的发展也存在显著的局限性。尽
管工会得以自上而下地影响劳资关系政策，并参与政治外交问题，
但在涉及劳资关系的核心问题方面仍受制于政府，对工会运动严重
不利的 1927 年《劳资争议与工会法》直至 1939 年甚至二战时期都
未能废除。自 1927 年法案颁布后，工会与工党通过联合行动委员会

---

① Chris Wrigley, ed., *A Companion to Early Twentieth-Century Britain*, p. 322.

② ［英］彼得·马赛厄斯、悉尼·波拉德主编：《剑桥欧洲经济史》第 8 卷，王
宏伟等译，第 485 页。

③ Henry Pelling, *A History of British Trade Unionism*, p. 212.

④ Robert Taylor, *The TUC：From the General Strike to New Unionism*, p. 77.

（Joint Action Committee）反对立法的尝试以失败告终，"它一直是工会代表大会的愤怒之源，直到 1946 年工党政府最终废除了它"。①

除现代化改革外，这一时期工会的发展也出现了一些其他的变化。20 世纪 30 年代，工会运动发展的结构性差异进一步扩大，行业工会之间的规模差距变大，形成了以全国通用工人与市政工人工会、工程业联合工会、运输工人与通用工人工会为代表的几个具有重大影响力的工会。大规模工会占工会总数的比重提高，工会发展开始进入几大工会施加重要影响的时期。"工会对 1927 年以后社会状况的反应如同雇主一样，是部分有组织地联合成更大的单位……截至 1939 年，厄内斯特·贝文的运输工人和普通工人工会已吸收了 47 个工会的会员，会员人数达到 60 万人。"② 除工会规模大外，几大工会也对工会运动的发展产生了重要影响，其中以运输工人与通用工人工会的贝文，任劳工大臣、出身于全国通用工人与市政工人工会的玛格丽特·邦菲尔德（Margaret Bondfield）为代表。全国通用工人与市政工人工会更是通过限制共产主义成员担任公职而成为成功打击共产主义的典型。工程业联合工会的规模在这一时期也经历了迅速的扩张，"1926 年，工程业联合工会决定对非熟练技术工人敞开怀抱，这导致在 1933—1939 年，它的会员人数翻了一番，在 1940 年达到了 390873 人"。③ 工程业联合工会在争取带薪休假法案、40 小时周工作制两个问题上发挥了重要作用。

科尔在对 20 世纪 30 年代的工会发展进行评价时认为工会只能艰难维持生存，尽可能地避免冲突，没有任何扩展其覆盖范围的意向。对于 30 年代工会发展的评价褒贬不一、争议较大。究竟如何对其复杂的变化做出一个相对客观的评价，首先要为工会的评价标准设定几项维度。通过回溯英国工会的发展史，其可大致划分为理

① Robert Taylor, *The TUC: From the General Strike to New Unionism*, p.41.
② ［英］彼得·马赛厄斯、悉尼·波拉德主编：《剑桥欧洲经济史》第 8 卷，王宏伟等译，第 485 页。
③ Henry Pelling, *A History of British Trade Unionism*, p.207.

论思想、组织能力、实际成就几项。就理论思想而言，以强调融合、合作为主的合作主义理论（corporatism）代替了以阶级对抗为内核的工团主义理论（syndicalism），这促使工会转变斗争路线，将参与政治作为维护自身利益的主要手段。大罢工的失败是这一转变的导火索，而 30 年代工会代表大会的实践为这一转变奠定了基础，是二战时期的成功合作模式建立的重要前提。就组织能力而言，依托总理事会权力的加强，工会代表大会对附属工会、工党的组织协调能力都有所提升，工会与工党作为工人运动经济、政治的两翼，配合更加成熟、稳定。这为 20 世纪 40 年代工党再次执政，形成并实践其带有社会主义色彩的改革意义重大。就实际成就而言，在二三十年代早期，其对雇主组织反击的有效应对，维护了部分工会成员的利益。"虽然工会看起来可能扮演了一个从属性的角色，但很明显的是，即使在两次世界大战的经济萧条期间，工会仍然起到了防止工作过度和剥削的缓冲作用。"① 在 1927 年《劳资争议与工会法》的阴霾之下，这些决策影响深远且方向具有前瞻性，这些工会发展优势使得由短暂性成员扩张不佳的保守导致的弱势微不足道。

二　经济压力下的利益分歧

与组织化程度一直呈上升趋势发展的工会不同，英国雇主组织与工会相比是一个较为年轻的组织，自其成立之初，即呈现出较为松散的特征。受经济发展的阶段性变化影响，雇主组织化程度即呈现出波动化的发展方式。20 世纪 30 年代，大萧条对英国经济各行业的影响各异，不同行业所遭受的成本压力不同。在经营困难的传统行业，雇主不得不采取减薪等方式维持自身运转，并为了生存各自为政。共产主义在 30 年代的活跃，也促使 19 世纪早期的阶级仇恨重新体现在雇主对劳工运动的策略之中。

---

① Chris Wrigley, ed., *A Companion to Early Twenty-Century Britain*, p. 331.

在经济萧条的影响之下，雇主组织呈现出更高的离心倾向，同时个别行业雇主的攻击性也显著增强。雇主组织的离心力首先表现为雇主组织对成员的吸附能力减弱，成员显著减少。"工程业雇主联盟的成员由 1922 年的 2690 人下降至 1935 年的 1806 人"，① 减少了近 1/3。在建筑行业也出现了类似的状况。"两次世界大战之间，仅仅在西北地区，就有 29 个委员会消失。"② 具体而言，"油漆工人有 40 个地方协会，会员超过 1200 人。仅曼彻斯特地区管道工协会（region master plumbers' association）在 1926 年就有 650 名会员……事实上，这段时间内在上述城镇中，参与联盟（Federation）的承包商占总数的比例还不到一半"。③ 在纺织行业，最大规模雇主协会的"人数由巅峰时期代表行业的 65% 的雇主，到 1932—1933 年下滑到 53%。同样地，棉纺织行业雇主协会联盟（FMCSA）的成员也由曾代表行业的 80% 的雇主下降到了 1931—1935 年仅代表 65%—67%"。④

雇主组织的离心趋势还体现在雇主之间因利益分歧引发的观点分歧越发严重，很难形成一致行动。1928 年 5 月，曼彻斯特地区的劳工、学徒一起进行了罢工。曼彻斯特地区的雇主组织试图通过替代性劳工的方式打击罢工，以约 300 名工人对罢工工人进行替代，但这也使雇主遇到了因替换劳动力而产出降低的瓶颈。在这种情况下，曼彻斯特的雇主协会呼吁在 9 月发起一场全国范围内的闭厂运动。这种呼吁遭到了全国联盟（National Federation）的直接反对，全国联盟派代表团前往曼彻斯特进行干预，局势得以缓和。

在对内整合方面，雇主组织表现出了较强的离心倾向，在对外

---

① Eric Wigham, *Strikes and the Government*, *1893-1981*, p. 75.

② Arthur J. McIvor, *Organised Capital*: *Employers' Associations and Industrial Relations in Northern England*, *1880-1939*, p. 214.

③ Arthur J. McIvor, *Organised Capital*: *Employers' Associations and Industrial Relations in Northern England*, *1880-1939*, pp. 214-215.

④ J. A. Jowitt, A. J. McIvor, *Employers and Labour in the English Textile Industries*, *1850-1939*, London: Routledge, 2020, p. 265.

劳资关系处理方面，雇主组织则呈现出攻击性增强的趋势。以棉纺织行业为例，雇主以强势态度处理罢工，公然向集体谈判制度发起挑战。20 世纪 20 年代初期，闭厂作为应对罢工的手段被频繁使用。"棉纺织行业雇主协会联盟曾五次在不同的情况下威胁通过全行业闭厂以应对个别工厂的罢工。"① 在大萧条前后，雇主也多次使用替换劳动力、惩戒工会积极分子的方式打击工会。据统计，因官方争议程序导致解雇的案例在这一时期激增。雇主还通过单方面解除此前通过集体谈判达成的集体合约，削减工资、变更工作条件。布莱克本（Blackburn）地区工人的保障周（taper guaranteed weeks）在 1936 年被完全废除，工作强度不断加大，时长不断增加。1919 年纺纱工人的《清洗时间协议》（Cleaning Time Agreement, 1919）也于 1929 年被棉纺织行业雇主协会联盟废除，纺纱工人被迫一周工作 48 小时。

经济联盟（Economic League）在 20 世纪 30 年代的攻击性也显著提升，从一个以舆论宣传、教育为主要目的组织转变为一个通过情报获取对劳工组织加以反击的"情报"机构。经济联盟在建立之初，其目的是应对 20 年代社会主义与资本主义的激烈冲突状况，增强资本主义作为一种经济意识形态的影响力，以对抗 40 年来的社会主义宣传。在 20 世纪 20 年代，经济联盟即在工业领域十分活跃，一方面加强与两大雇主组织的联络，另一方面不断加强日常宣传活动。尽管经济联盟并不鼓吹完全意义上的阶级对立，但其倡导的劳资合作是雇主占主导地位的劳资合作，本质上是提倡资本主义主导之下的阶级融合，其根本目的是缓解 20 年代兴起的迅猛的共产主义思潮对资本主义的颠覆风险。1926 年大罢工是其第一次把与劳工阶级的冲突的理念付诸实践。自此之后，工人运动组织便提升了对经济联盟的警觉性，二者的对立情绪加重。

---

① Arthur J. McIvor, *Organised Capital: Employers' Associations and Industrial Relations in Northern England*, *1880-1939*, p. 187.

20 世纪 30 年代，经济联盟对自身发展目标做了重新定位，将反共作为自己的坚定目标，在反击共产主义影响下的"全国饥饿游行"中起到了重要作用。在 1934 年的饥饿游行中，"经济联盟印发了一本标题为《全国饥饿游行：他们为什么游行》的小册子，在其中将饥饿游行描述为'共产主义的手腕……是共产主义不断惹是生非的策略的一部分'"。"2 月 6 日至 25 日，经济联盟在首都的每一个劳工介绍所（employment exchange）召开宣传会议，并于 2 月 25 日在街道上设置 21 个手册分发点，以此应对在海德公园进行大规模游行示威的所有饥饿游行的队伍。"①

"秘密行动"（confidential service）是经济联盟攻击性增强的又一力证。秘密行动是指经济联盟为雇主服务，通过设立黑名单、档案文件等方式，严密监控激进工会分子、共产主义与社会主义分子的活动与行为。1937 年，在经济联盟与工人之间发生了一次比较重大的冲突。5 月，《每日工人》（The Daily Worker）刊登了经济联盟区域领导与警察之间的往来书信，这些书信揭露了经济联盟的秘密行动："证据表明经济联盟的中央委员会和地区联盟保存着一份被认定为具有颠覆性的人和组织的名片索引，记录着他们的活动，并利用上述数据向各公司提供信息。"② 因其涉及信件刊登的版权问题，经济联盟将《每日工人》告上法庭。根据最高法院的判决，"由于是贝克·怀特（Baker White）先生与梅杰·霍尔（Major Hoare）的往来书信，信件的版权归属于经济联盟……但法庭并未决定保护这一版权，因为在一些信件中，经济联盟的行为违反了 1911 年的《官方保密法》（The Official Secrets Act, 1911）……违反《官方保密法》的行为属刑事犯罪，对于这种情

---

① Arthur McIvor, "'A Crusade for Capitalism': The Economic League, 1919–39", *Journal of Contemporary History*, Vol. 23, No. 4, October 1988, p. 647.

② Arthur McIvor, "'A Crusade for Capitalism': The Economic League, 1919–39", *Journal of Contemporary History*, Vol. 23, No. 4, October 1988, p. 648.

况，经济联盟的版权不受任何保护"。① 涉及违反《官方保密法》的信件共有四封，依据最终判决，经济联盟有权获得关于上述信件的全部版权，最高法院没有理由不保护其版权。与此同时发出警告，责令被告《每日工人》向原告经济联盟交付所有的相关报道及其副本。这次冲突使经济联盟的秘密行动得以确认，并公之于众。

这些秘密行动所搜集到的情报确实对打击工人运动起到了实际性的作用。通过监视工人运动，经济联盟与雇主之间保持密切联系，随时准备对工人运动进行精准打击。20 世纪 30 年代，英国共青团（The British Communist Youth League）致力于在主要工业区的工厂中发展革命组织。经济联盟密切关注英国共青团的活动，"在 1931 年撰写了 150 份报告，指明隐藏于工厂之中的英国共青团成员，并将其提供给其所在公司的雇主"。② 这一秘密行动展现了经济联盟所设计的严密间谍网络。英国共青团成员阿尔伯特·史密斯（Albert Smith）、全国失业工人运动前主席席德·埃利亚斯（Sid Elias）都曾为经济联盟提供间谍服务。

随经济发展状况变化而产生的雇主利益诉求的变化，是导致雇主攻击性增强的根本原因。整体的经济萧条一直持续到 1933 年经济复苏和重整军备正式开始。这一发展压力使雇主想尽办法削减生产成本，而在经济恢复后，雇主组织的攻击势头减弱。以工程行业为例，对英格兰西北部进行的研究表明："这一时期出现了一场统一的、积极的雇主运动。工程业雇主联盟充当了削减劳动力成本、重申管理权威的先锋，一场传播私人自由主义资本优点的意识形态运动也在同步进行。"③ 工程业雇主联盟任命了一个危机委员会来

---

① "Chancery Division Application to Restrain Publication of Letters", *The Times*, 15 June, 1937, p. 5.

② Arthur McIvor, "'A Crusade for Capitalism': The Economic League, 1919-39", *Journal of Contemporary History*, Vol. 23, No. 4, October 1988, p. 647.

③ Arthur J. McIvor, *Organised Capital: Employers' Associations and Industrial Relations in Northern England, 1880-1939*, p. 234.

制定进一步降低成本和提高竞争力的方法。作为强制实行减薪的另一种策略，委员会提议通过改变商定的工作条件，"包括加班、倒班和计件标准来降低生产成本"。而自 30 年代中后期开始，随着经济复苏的开始，工程行业一改之前普遍减薪的做法，对劳资关系的处理方式更加温和，"削减成本运动戛然而止，1935—1953 年，工程行业的男性工人共获得了四次协商加薪，总计每周增加了 10 先令"。① 除日常薪资的增加外，工程行业工人的"加班费和夜班费也有所增加"。②

　　不同行业、同一行业的不同部门受经济危机的影响各异，由此导致对削减成本的诉求各异。雇主之间的竞争关系大于合作关系，这是造成雇主之间存在利益分歧、产生离心倾向的主要原因。这一特征鲜明地体现在英国全国性的雇主组织之一英国工业联合会在 30 年代的发展经历之中。英国工业联合会初建于 1916 年，其大部分成员来自传统行业。在 30 年代，"作为一个主要反映出口行业焦虑的组织，不足为奇，联合会主要关心和讨论的问题集中于如何提高英国产品在海外市场的竞争力"。而由于各出口行业对海外市场的依赖程度存在差异，联合会根本无法就关税问题达成共识，"这也导致英国工业联合会从未能产生任何实质性影响"。③ 由于发展的具体行业、地域差异，工程行业雇主内部也难以达成共识。"除曼彻斯特以外的西北部地区的大多数协会都辩称，1935—1938 年，贸易不足以保证工资的增长和带薪休假的优惠。" 这导致即使是在经济发展有所恢复的 1935—1939 年，仍有很多成员对工程业雇主联盟提升工资的做法不满。伯恩利的工程业雇主联盟一致投票反对

---

① Eric Wigham, *The Power to Manage: A History of the Engineering Employers' Federation*, pp. 148-149.

② Arthur J. McIvor, *Organised Capital: Employers' Associations and Industrial Relations in Northern England, 1880-1939*, p. 262.

③ R. F. Holland, "The Federation of British Industries and the International Economy, 1929-39", *Economic History Review*, New Series, Vol. 34, No. 2, May 1981, p. 289.

1937 年的加薪和带薪休假制度，奥尔德姆（Oldham）地区则以 88 票对 18 票反对接受 1937 年的协议。[①]

综上所述，这一时期的雇主组织呈现出离心倾向增加、攻击性增强两项特征。这两项特征共同反映出雇主组织缺乏一致的行动能力与明确的行为目标。这种在成员组织上的离心倾向破坏了有组织集体谈判的存在基础，在一定程度上阻碍了工会将有组织集体谈判作为改善工资待遇和工作条件的机会。1928 年，劳工部报告中指出，"令人十分恼怒的是，未组织化的雇主比组织化的雇主支付的薪资更少"。

三　集体谈判危机的产生

集体谈判发展状况受劳资双方诉求、劳资双方力量、政府政策干预的影响，而劳资双方诉求与力量又在其中起决定性作用。20 世纪 30 年代，总体而言工会处于弱势地位，集体谈判发展状况的主动权很大程度上在雇主手中。面对处于弱势地位、发动罢工能力减弱的工会，雇主在理论上倾向于通过集体谈判解决问题，这将严重影响集体谈判的有效性。另外，在经济萧条时期，雇主之间因利益分歧产生离心倾向，集体协议实际上很难达成。20 世纪 30 年代是英国集体谈判面临挑战并转型的时期。一战时期及 20 年代早期以惠特利委员会为代表的强势政府干预衰退，经济衰退带来的压力促使雇主更倾向于回归地方集体谈判，受危机影响较大的传统行业更是面临集体谈判崩溃的局面。

这一时期，出现了以全国性、高层次、具有合作主义（corporatism）为特征的集体谈判尝试。以蒙德—特纳会谈为代表的高层集体谈判建构出包括参与国家工业政策制定、建立高层次集体谈判机构在内的劳资合作的理想蓝图。但这一尝试以失败告终，20 世

---

① Arthur J. McIvor, *Organised Capital: Employers' Associations and Industrial Relations in Northern England*, *1880-1939*, p. 262.

纪30年代"未能出现由行业层面向高层集体谈判的自然过渡"。①
1928年前后的蒙德—特纳会谈的开展是高层次领域集体谈判开展
的重要成果，在帝国化学工业（ICI）主席阿尔弗雷德·蒙德
（Alfred Mond）和工会代表大会总理事会书记本·特纳（Ben
Turner）的倡导下，全国雇主组织联盟与工会代表大会展开了一系
列谈话，相继对国家工业政策、建立合作机构即国家劳资委员会
（National Industrial Council）等问题进行讨论。1928年4月，一份
备忘录被递交给国库大臣（Chancellor of the Exchequer），其中包含
对黄金储备问题的探讨。该备忘录的出台表明双方将高层次沟通平
台建设作为工业界与政府沟通的渠道之一。

在建立常设合作机构这一问题上，工会与雇主之间的巨大分歧
导致其推行并不成功。在1928年7月4日的一次完全会议上，一
项过渡报告（interim report）通过，提倡建立一个由工会代表大会和
全国雇主组织联盟共同出席，并按季度召开会议的国家劳资委员会。
委员会下设更小规模的联合常设委员会（Joint Standing Committee），
其有权任命一个联合调解委员会（Joint Conciliation Board），对行
业内具有威胁性的争端做出报告。"在委员会报告出台前，在要求
时间内，任何一方不得停工或变更雇佣条件。"同时，双方就国家
劳资委员会应具备的常规功能做出了规定。其核心是对工业合理化
政策的讨论。参与工业合理化政策的讨论对劳资双方而言意义重
大。雇主将其作为安抚工会、减小工业合理化推进的阻力。正如蒙
德曾在致工会代表大会的一封信中提到的："只有与代表工人阶级
利益的团体进行合作，工业重建才能真正实现。"② 这同时也是中
和金融方（bankers）单一意见的重要途径。于工会而言，这意味
着在政府政策制定过程中发出自身声音，符合工会自1926年以来

---

① Chris Howell, *Trade Unions and the State*：*The Construction of Industrial Relations Institutions in Britain*，*1890-2000*，p. 75.

② Eric Wigham, *Strikes and the Government*，*1893-1981*，p. 71.

的现代化发展模式所一直追寻的目标。除参与工业合理化政策的讨论外，该报告还指出国家劳资委员会应负责建立一个法定的"行业协会"（Council of Industry），由包括雇主、工人和独立人员在内的成员共同组成。该组织的作用包括推动和促进劳资谈判机制的发展、监督工资水平、协商社会福利问题等。综上所述，蒙德—特纳会谈反映出，在国家经济干预处于加强趋势的情况下，劳资双方希望通过合作参与工业政策制定，将调解与干涉劳资冲突的权力收归自身，从而在更高层面上维持自愿主义传统、保持工业独立性。

蒙德—特纳会谈的最突出成果，即以建构高层协商机制为主要内容的过渡性报告遭到了雇主组织的强烈反对。在英国产业结构重构与经济危机的打击下，不同行业雇主之间利益分歧导致的需求分歧，瓦解了高层集体谈判存在和发展的基础。蒙德所属的化学行业属于新兴行业，"支持他合作意愿的雇主主要来自大型（垄断）公司，属于更加现代化的企业，相比于衰退的传统行业，更不受竞争压力的影响"。[1] 当他们希望将推进集体谈判的目光置于与工会合作、参与工业合理化进程等广义的议题上时，传统行业的雇主在经济衰退的压力下重在关注眼前问题，即关税与成本问题。而降低成本意味着与工会有着根本性的分歧与对立。在最初工会代表大会提出合作意愿后，蒙德选取了39名企业家与其共同处理同工人运动之间的合作关系。"对这39名企业家所进行的分析表明，他们都来自当时英国最大的企业……其中有五人来自帝国化学工业。"[2] 而在大企业和其他行业的企业家之间必定存在利益分歧。对此，全国雇主组织联盟就曾发表声明称，"蒙德—特纳会谈所倡导的善意的精神应该存在于个别的行业之中，或者存在于企业内部劳资双方的

---

[1]　Chris Howell, *Trade Unions and the State*：*The Construction of Industrial Relations Institutions in Britain*，*1890-2000*，p.75.

[2]　G. W. Mcdonald and Howard F. Gospel, "The Mond-Turner Talks, 1927-1933", *The Historical Journal*，Vol.16, No.4, December 1973, p.818.

日常接触中"，① 对国家劳资委员会的建立持消极态度。霍华德·
F. 高斯贝尔在其研究中也指出："尽管大量的工会领导人渴望与雇
主进行更为直接的谈话，但仅有一小部分的资本家愿意支持
谈话。"②

在 1928 年所提出的过渡性报告失败后，30 年代，在工会代表
大会和英国工业联合会的倡导下，工会代表大会、英国工业联合
会、全国雇主组织联盟三方仍就金本位制、自由贸易等经济政策
问题，以及劳资关系处理机制、失业问题等劳资关系问题展开了
一系列谈话。对前者的探讨在雇主的主导下进行得比较顺利，而
在劳资关系调解方面的探讨，几乎未取得任何成绩。伴随工会代
表大会谈判热情的消退，蒙德—特纳会谈自然而然地成为历史。
"1930—1933 年，关于帝国贸易的一系列谈话成功开展，这些谈话
主要遵循英国工业联合会的方针，劳资双方共同起草了一系列备
忘录，并向政府提交了联合声明。"③ 但当工会代表大会提出与全
国雇主组织联盟进行因工业合理化造成失业问题的讨论，并试图重
提建立高层次集体谈判机制的议程时，全国雇主组织联盟仍然严词
拒绝。工程业雇主联盟也表示，"对因工业合理化问题造成的劳工
替代（labour displacement）问题的探讨，将会构成对雇主管理特权
的侵犯"，④ 从而拒绝任何对工业合理化与失业问题的探讨。在工
会相对处于弱势地位的 30 年代，雇主当然没必要在平等的基础上
给予工会任何承诺。最终，双方未就劳资关系的处理方面达成任何
共识。

---

① Eric Wigham, *The Power to Manage：A History of the Engineering Employers'
Federation*, p. 70.

② G. W. Mcdonald and Howard F. Gospel, "The Mond-Turner Talks, 1927-1933",
The Historical Journal, Vol. 16, No. 4, December 1973, p. 822.

③ G. W. Mcdonald and Howard F. Gospel, "The Mond-Turner Talks, 1927-1933",
The Historical Journal, Vol. 16, No. 4, December 1973, p. 827.

④ G. W. Mcdonald and Howard F. Gospel, "The Mond-Turner Talks, 1927-1933",
The Historical Journal, Vol. 16, No. 4, December 1973, p. 828.

蒙德—特纳会谈犹如昙花一现，短暂存在后便以失败告终。高层次集体谈判不同于单一行业的集体谈判，更远比工厂层面的集体谈判复杂。具备高度组织化基础，且劳资双方力量相对均衡是其成功的必要条件，而 30 年代，这两项条件尚不成熟。自大罢工至二战前的这段时间内，尽管工会代表大会致力于增强其对工人运动的领导能力，并渴求与政府、雇主进行合作，但经济危机的压力引发了巨大的劳资分歧，这使工会代表大会的意愿很难与附属工会统一。尤其是这一时期蓬勃发展的共产主义运动，对谈话给予了猛烈抨击。时任全国矿工联合会秘书长的库克就曾对国家劳资委员会加以谴责，将国家劳资委员会视为资本控制经济的工具："我不相信雇主所声明的要在工业合理化过程中保护工人利益的诚意。对工人利益的最好保护，就是一个强有力的工会运动……国家劳资委员会无法帮助工人控制工业，它只不过是工业领域资本制的表现"，[1]"我怀疑其最初建立的逻辑，即资本主义制度之下，劳资之间可以和平共处"。[2] 尽管这一攻击占少数，但仍对工人运动制定一致性的方针产生了影响。

就雇主层面而言，英国工业联合会、全国雇主组织联盟分立的状况本身便加大了形成一致声音的难度。20 世纪 30 年代，双方的关注点仍具有差异性，无法形成一致性意见。此外，1929 年以来经济条件的恶化给双方都施加了压力。尽管工会代表大会愿意承担更多工业责任，但在资强劳弱的产业背景下，大部分雇主无必要，更无意愿承担建立全国层面集体谈判制度的责任。综上所述，在 30 年代，尚不具备建立起高层次集体谈判制度的条件，这也预示了蒙德—特纳会谈必将以失败告终。

尽管谈话并未收获任何实质上的成果，但这一大胆尝试对此后

---

[1] J. T. Ward, W. Hamish Fraser, eds., *Workers and Employers*, *Documents on Trade Unions and the Industrial Relations since the Eighteenth Century*, p. 255.

[2] J. T. Ward, W. Hamish Fraser, eds., *Workers and Employers*, *Documents on Trade Unions and the Industrial Relations since the Eighteenth Century*, p. 255.

高层次集体谈判制度的建立起到了引导、推动作用。谈判过程中使双方高层正式接触，一定程度上提升了工会代表大会的地位，为日后的合作协商奠定了基础。谈话中工会代表大会的地位得到了认可，"在劳资关系事务上，工会代表大会以及其成员被认为是最高效、最适当的工人代表"。[①] 1926年后由于工会发展的弱势，其与雇主沟通的能力弱、涉及的范围小。而谈话意味着历史上第一次，工人组织的代表能够与资本家一起商讨财政、工业事务，并发表自己的观点。此外，谈话确实达成了一些有意义的共识，为日后的合作破除了障碍。"蒙德—特纳会谈为日后劳资关系的现代化树立了模板。"[②] 这种高层谈判以解决政策、劳资关系问题的方式，在二战时期发挥了重要的积极作用。通过谈话，劳资双方至少达成了一种共识，即在工业发展中，劳资双方存在共同利益。"即使在蒙德—特纳会谈破裂后，这种共同的观点依然存在，并为贝文、雷金纳德·麦肯纳（Reginald McKenna）和凯恩斯（Keynes）在麦克米伦委员会（Macmillan Committee）上结成联盟铺平了道路。它还在工会成员中创造了一种对凯恩斯主义的开放性，而这种开放性在工党的高级顾问中并不存在。"[③]

整体而言，这一时期行业集体谈判的发展备受挑战，集体谈判覆盖率在1925—1930年迅速下降，整个30年代都未能恢复至一战后的水平。依托惠特利委员会而在战后广泛建立的联合劳资委员会发展衰退，行业集体谈判的有效性不足。"根据高斯贝尔的估计，截至1920年，约有2500份多雇主行业协议达成，覆盖约50%的工人"，"到1925年，受雇佣工人中的60%被行业集体协议

① G. W. Mcdonald and Howard F. Gospel, "The Mond-Turner Talks, 1927-1933", *The Historical Journal*, Vol. 16, No. 4, December 1973, p. 820.

② J. T. Ward, W. Hamish Fraser, eds., *Workers and Employers*, *Documents on Trade Unions and the Industrial Relations since the Eighteenth Century*, p. 249.

③ James Cronin, *The Politics of State Expansion*, *War*, *State and Society in twentieth Century Britain*, London: Routledge, 2005, p. 113.

或行业委员会和工资委员会的协议覆盖"。① 如图 4-3 所示，1925—1930 年，集体谈判覆盖率迅速下降，跌至一战前的水平。尽管自 30 年代开始集体谈判覆盖率缓慢回升，但覆盖率并不高，直至 1945 年才恢复至 1925 年所达到的巅峰水平。联合工业委员会在这一时期也呈现出运营不佳的状况："联合工业委员会的数量从 1921 年的 73 个下降到 1924 年的 47 个，到 1938 年进一步下降到了 45 个。"② 也有研究指出："73 个联合工业委员会只有 20 个在两次世界大战间的经济萧条下存活了下来。"③ 总之，行业一级集体谈判的发展呈现出显著的倒退趋势，雇主更倾向于以个体的形式签订劳动合同。

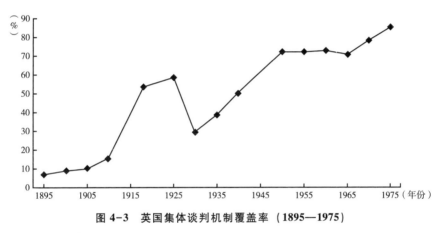

图 4-3 英国集体谈判机制覆盖率（1895—1975）

资料来源：S. Milner, *Charting the Coverage of Collective Pay Setting Institutions, 1895-1990*, Centre of Economic Performance, London School of Economics and Political Science, p. 29。

具体而言，行业集体谈判的衰退具有产业差异性，传统行业与新兴行业的集体谈判发展差异极大。20 世纪 30 年代，备受经济危

---

① Chris Howell, *Trade Unions and the State：The Construction of Industrial Relations Institutions in Britain, 1890-2000*, p. 74.

② B. C. Roberts, ed., *Industrial Relations：Contemporary Problems and Perspectives*, p. 95.

③ Chris Wrigley, ed., *A Companion to Early Twentieth-Century Britain*, p. 330.

机影响的传统行业集体谈判受影响程度最为严重，以纺织行业为例，尤其在棉纺织行业，集体谈判面临崩溃，这致使"1927—1939年，因罢工而造成的工作日损失数仅有约 300 万个，而在这之中，2/3 的行业级争议发生于纺织行业"。① 具体而言，纺织行业集体谈判的衰落表现在以下几个方面。其一，棉纺织行业的行业集体协议遭到频繁破坏，雇主无视行业集体协议，"实施对于最低工资水平的削减、强迫工人延长工作时间，并根据雇主的意愿随意调整人员和工作量"。② 其二，行业集体谈判常常无效，致使工会主动放弃行业谈判，这在劳资关系史上十分罕见。在毛纺织行业的一次仲裁后，织工因不满仲裁结果仍进行罢工，导致行业协议被废除，这是"唯一由工会主动放弃国家谈判的案例"。③ 其三，棉纺织行业集体谈判达成协议的周期长。针对 1932 年 2 月伯恩利地区有 19 个棉纺织公司参与的地方性罢工，行业层面的谈判持续至 6 月，仍未得到有效结果。尽管在政府的干预下，双方最终于 9 月达成协议，但协议执行状况不佳，直至 1933 年初，破坏协议的状况仍持续发生。煤矿行业的谈判状况也不乐观。"在煤矿行业，自大罢工发生后，雇主即重新推崇地方谈判，并在两次世界大战之间保持地方谈判的习惯。"④

　　相比于受经济危机影响的传统行业，在受国外竞争影响较小的传统行业以及主要面向国内市场的新兴行业之中，集体谈判的发展较为乐观。"在铁路行业和建筑行业，基本上而言，第一次世界大战期间建立起来的集体谈判制度仍然存在，虽然有所起伏，但仍根

①　B. J. McCormick, *Industrial Relations in the Coal Industry*, p. 41.

②　J. A. Jowitt, A. J. Mcivor, *Employers and Labour in the English Textile Industries*, *1850-1939*, p. 65.

③　H. A. Clegg, *A History of British Trade Unions since 1889*, Vol. 2, *1911 - 1933*, p. 490.

④　Michael P. Jackson, John W. Leopold, Kate Tuck, eds., *Decentralization of Collective Bargaining*, London: Palgrave Macmillan, 1993, p. 8.

深蒂固。"① 造船行业的发展状况也比较乐观，工人通过集体谈判取得了一些积极的成果，"1929 年 6 月至 1931 年 6 月，集体谈判达成的工资削减占比不到 2%，然而生活成本指数下降则达到了9%以上。尽管经历了大萧条，但被集体协议覆盖的大多数员工在1931 年前确实比前两年更加富有了"。② 上述状况均体现出传统行业内部自身也确实存在发展差异。在依赖国内市场发展的新兴行业中，尤其是以大规模经营为特征，已呈现一定垄断趋势的行业，行业集体谈判符合其发展需求，其稳定、蓬勃的发展势头也是顺应历史趋势的表现。以面粉加工行业为例，在 20 世纪 30 年代，随着面粉加工行业技术革新的发展与消费市场的扩大，垄断化趋势开始出现，这使得面粉加工行业的集体谈判制度成为 30 年代惠特利委员会理念践行的理想模式。

面粉加工行业建立起了由中央到地方、工厂层面各级的联合工业委员会，即全国联合工业委员会、区域联合委员会、工厂联合委员会，是惠特利委员会理念实践化的一个理想模式。以全国联合工业委员会为代表的中央机构对地方、工厂层面机构的运作起到了示范、协调作用。全国联合工业委员会规模大、规章明确，对于章程的落实程度高。"这一行业的国家联合工业委员会由 42 名成员组成，比其他行业的委员会的平均数量（24 人）要多。"这 42 名成员由工会、雇主按 1∶1 的比例组成。其中，工会一方的组成较为复杂，包括运输工人与通用工人工会、工人联合会、全国装配工人工会（The National Distributive and Allied Workers）的代表。按要求，全国联合工业委员会每年 5 月需举行一次全国会议，每年还要至少再召开两次会议。除此之外，可在主席、副主席的要求下随时召开特殊会议。

---

① W. Hamish Fraser, *A History of British Trade Unionism*, *1700-1998*, pp. 183-184.

② H. A. Clegg, *A History of British Trade Unions since 1889*, *Vol. 2*, *1911-1933*, p. 497.

除决策机构外，全国联合工业委员会执行机构的设立，也对其决策的有效性做出了保障。根据具体决策类型，全国联合工业委员会可自由设定执行委员会（executive committee）、工厂委员会、技术教育委员会等执行机构，负责集体谈判决策的落实。在各执行机构的加持下，在 1927 年之前对传统工资、工时问题达成各项决议的基础上，全国联合工业委员会又对以技术培训为代表的各项问题达成了决议。全国联合工业委员会的技术小组（technology committee）开设了一门帮助工人学习面粉加工技术的课程，"1939年，22 个中心开设班级和课程，服务约 750 名成员"。[1] 中央委员会下设 15 个区域联合委员会，其运作良好，起到了对地方委员会的协调作用。区域联合委员会具有考量并执行全国联合工业委员会决议的义务，且"对于涉及其他区域的决议，必须先咨询并获得全国联合工业委员会确认后，方可执行"。

工厂联合委员会由工厂工人和雇主组成，并受到上两级联合委员会的严格监管。"工厂联合委员会无权出台任何与地方、中央委员会不一致的决议。地方和中央任何一级委员会的决议可随时取代工厂联合委员会的决议。"[2]

在英国工业结构存在发展差异、工会与雇主组织缺乏统一意见等因素的影响下，"合作主义"的劳资关系模式在这一时期尚无法被满足。20 世纪 30 年代的英国正处于传统行业衰落、新兴行业发展的交替期，大萧条的打击更是加剧了工业发展的差异性。同时，经济环境的变化导致的劳资双方力量的变化、产业结构差异等因素，改变了工会和雇主推进行业集体谈判的能力和需求，这使得30 年代缺乏行业集体谈判发展的有利环境。

通常而言，发起集体谈判的需求来自工会，通过集体谈判达成的集体协议是工会保护其成员利益的重要方式，而基于工会规模和

---

[1] Ian G. Sharp, *Industrial Conciliation and Arbitration in Great Britain*, p. 340.

[2] Ian G. Sharp, *Industrial Conciliation and Arbitration in Great Britain*, p. 343.

影响力的罢工能力是工会谈判的重要筹码。在 30 年代大萧条的影响下，工会敏锐地认识到了自己所处的相对弱势地位，选择了和平渐进的斗争路线，这削弱了工会逼迫雇主进行行业谈判的能力。而基于 1927 年《劳资争议与工会法》的政府对工会的打击态度，也加剧了工会的窘迫状态。正如富尔彻所指出的："这一时期国家采取限制工会的措施，导致工会在这一时期未能强大到能够请求雇主进行协调、应对的地步。"[1]

反观雇主组织，尤其在传统行业之中，在企业分散程度较高的基础上，经济危机使其竞争加剧，这使得雇主缺乏达成行业协议的需求。"过多的集体谈判的非正式化与碎片化都是雇主一方对发展变化的反应。在将集体谈判缩小至地方层面（local bargaining）的过程中，雇主起到了主动作用。"[2]

由此可见，一战后惠特利委员会建议建立联合工业委员会和国家工资厘定机制，通过政府引导建立行业集体谈判制度的实践，在 30 年代的经济萧条时期，至少在运营艰难的传统行业，缺乏生长的土壤。

第三节　曲折往复的政府政策

自 1926 年大罢工至二战前，政府的劳资政策十分曲折复杂，政府劳资政策的曲折复杂既表现为政策连贯性的缺乏，多为一时的应急之策，持续时间短，变换频率高，也表现为政策推行阻力大，很多立法草案最终未能成为法律。1928 年工党在《工党与国家》中所提出的就业、国有化等问题未能有计划地兑现。这种特征的产生与大萧条时期政府的执政特点密切相关。这一时期工党执政成功，但解决随之而来的严重的失业问题成为其工作要点，因削减失

---

① Chris Howell, *Trade Union and the State*: *The Construction of Industrial Relation Institutions in Britain*, *1890-2000*, p. 75.

② Michael P. Jackson, *Industrial Relations*: *A Textbook*, p. 141.

业救济金而引发的争议使其执政生涯转瞬即逝。1931 年国民联合政府上台，工党便很难再有继续推进其政策的机会与能力。尽管诸多立法的推进过程受阻，但建设集体谈判制与最低工资制的愿景最终还是留下了痕迹。在集体谈判危机重重的传统行业，政府尝试通过立法手段干预处于危机之中的集体谈判机制与程序。而对部分既无集体谈判机构又缺乏任何工资条例的行业，政府通过出台《合理工资条款》（Fair Wages Provisions）推动了合理工资的确立，这一立法还在一定程度上缓解了行业竞争问题。正是基于上述干预成果，克里斯·豪威尔才声称："在 20 世纪 30 年代，劳工大臣继续扮演我们所熟悉的经纪人的角色，鼓励雇主和工会达成协议，并创立新的协商谈判机制。但国家的作用更加直接了，在建立劳资关系机制中发挥了更重要的作用。"①

一　对集体谈判危机的干预

借由一战余波，政府对集体谈判的推动力度加大，1909 年《行业委员会法》立法框架下的行业委员会和惠特利委员会建议下的联合工业委员会双线并行、迅速发展。但随着 20 世纪 20 年代经济衰退的到来，产业环境的恶化使雇主、政府都不愿继续成为集体谈判制度的推动者，通过立法对劳资关系进行干预的方式也有所减弱。20 世纪 30 年代，为避免行业劳资谈判状况的进一步恶化，在工会和短暂的工党政府的配合之下，关于集体谈判机制和最低工资的立法都获得了一定程度的推进。正如伊恩·夏普指出的，在劳资关系方面，"（两次世界大战之间）国家机构的增多，不仅仅是对一战模式的延续，更成为一种长久的趋势"。②

20 年代末期政府对集体谈判的干预模式基本延续了一战后政府对集体谈判的干预政策，符合 1926 年贝尔弗委员会（Balfour

---

① Chris Howell, *Trade Unions and the State: The Construction of Industrial Relations Institutions in Britain*, 1890-2000, p. 78.

② Ian G. Sharp, *Industrial Conciliation and Arbitration in Great Britain*, p. 367.

Committee）所认可的政府干预原则。贝尔弗委员会对劳资关系之中政府应该扮演的角色做出了定义。

首先，自愿主义集体谈判制的优越性得以再度强调，但这种制度优越性的实现基于如下前提："雇主与劳工双方都应具有强大、参与性高、具有代表性的组织。双方要有进行自愿主义协商的积极意愿，并且要有执行理论上仅靠道德约束维持的集体协议的能力。"由此可见，该报告较为客观地认知了此阶段英国自愿主义集体谈判制度推行有限的原因。

其次，报告承认了法律手段在推行自愿主义集体谈判制度中所具有的重要意义，但也特别强调法律角色的有限性："国家的角色应该受到限制……应继续被限定于通过调解机构（conciliatory machinery）的方式促进自愿协议的达成。"但即便是这种推动作用，也应该是有限的，如行业委员会的设立"仅适用于一些缺乏组织性或者组织性弱的低工资特殊行业"。[1] 基于这一原则，适用范围超过某一行业的通用规则立法（common rule legislation）不被推崇。

最后，委员会拒绝实施强制仲裁："强制仲裁会削弱工会的责任，这将导致工业双方需要依赖外部干预来解决最基本的劳资关系问题，这与政府提倡工业自治的政策理念相悖。强制仲裁从长远看必然是无效的，因其无法阻止罢工。"[2]

1926 年贝尔弗委员会对政府角色的定位反映出 20 年代末 30 年代初政府对自愿主义集体谈判机制有效运转所持有的乐观态度，这使 20 年代末期的政府政策呈现出一种"无为而治"的状态，政府几乎未出台任何对就业问题进行规范的条款。正如菲利普斯（G. A. Phillips）所指出的："鲍德温政府尽量避免卷入工业纠纷之中。"[3] 这种政策在 1927—1929 年劳资关系相对平静的时期适用，

① 　Douglas Brodie, *A History of British Labour Law*, 1867-1945, p. 196.
② 　Douglas Brodie, *A History of British Labour Law*, 1867-1945, p. 197.
③ 　G. A. Phillips, *The General Strike*, *The Politics of Industrial Conflict*, p. 58.

而随着经济萧条的到来，劳资关系尤其是传统行业劳资关系急转直下，促使政府转变政策。

以 1931 年《工资率法》（*The Rates of Wages Bill，1931*）的出台为代表，面对经济萧条的到来与劳资冲突恶化局面的加剧，政府开始对集体谈判进行立法干预。1931 年《工资率法》主要针对已存在集体谈判机制，但运行效果不佳的行业，通过提出使集体谈判成果具有约束力的方式改善集体谈判的运行状况。"该法案赋予劳工大臣自由裁量权，可以在雇主和劳工双方的共同申请下，使集体谈判的成果在该行业具备约束力。雇主协会的成员只有在代表该行业的大多数成员时，才有权提出申请，这一要求也适用于工会。"[1]就法案的内容而言，集体谈判达成的协议在特殊条件下可以具备法律效力，从而对集体协议的执行产生约束，这意味着英国政府向规范行业最低工资迈进了一步，是一项对工会有利的举措。

但随着 1931 年工党下台，国民联合政府无意继续推动这一法案的通过，劳工部亦对此持十分消极的态度。首相在 1931 年关于该法案是否能通过的辩论中指出："根据政府的政策，在当下的条件下这项法案不可能通过。"[2] 劳工大臣也指责其条款不够灵活，缺乏随时做出工资调整的空间，且大部分雇主和劳工应该不愿意被这种法定的工资条例束缚。另外，这种通用规则的立法在执行上也是不可取的，不同行业的差异较大。最后，他认为这种性质的立法将会破坏行业的自我管理。在雇主、政府的共同施压下，这一法案并未正式通过。

1931《工资率法》试图将使集体谈判具有约束力作为改善大萧条时期集体谈判危机的方式，这是一种相对激进的改善方式。正因如此，该法案受到雇主、劳工部的双重阻挠而未正式通过成为法律。尽管如此，1931 年《工资率法》所提供的强制执行集体谈判

---

① Douglas Brodie, *A History of British Labour Law，1867-1945*，p. 198.

② Hansard, *House of Commons Debates*, Fifth Series, Vol. 256, 16 September, 1931.

成果的思路，为政府以此作为一种处理集体谈判岌岌可危的传统行业的紧急手段提供了参考价值，其中最具代表意义的即是 1934 年《棉纺织行业法案》（*The Cotton Manufacturing Industry Act*，*1934*）。在 20 年代以来经济萧条的打击下，大量的雇主因面临破产，在绝望的状态下不断破坏此前关于生产、价格、工资的协定，由此造成了严重的后果：已有协定被破坏，劳资关系混乱无组织，行业发展境况不断恶化，社会动荡剧烈。1934 年 1 月，劳资双方共同向劳工大臣提出申请，要求其"向议会提出立法，以打击非雇主联盟成员的工资削减行为"。[①] 制定这一法案，实际上是要求全行业，无论是隶属于棉纺织行业工会还是隶属于雇主协会，都要遵守行业的集体谈判合约，也即把棉纺织行业的立法需求推向谈判结果具有法律效力的方向。1934 年《棉纺织行业法案》规定，在雇主、工会双方均同意的情况下，可向劳工大臣提出联合申请。如果申请成功，在原有的个体合同中将加入新的条款，使支付集体协议的工资标准成为一项强制要求，拒绝支付将被视为一种刑事犯罪。该法案的通过比较顺畅，在议会中"几乎未遭到什么反对意见，轻松地通过了各个阶段，并在 1934 年 6 月 28 日获得了御准"。[②]

　　1934 年《棉纺织行业法案》于英国劳资关系发展史而言是一项较为激进的立法，其能够通过，是多方面因素综合作用下的结果。1965 年多诺万委员会对英国劳资关系中的自愿主义传统做出了定义："自愿主义是我国劳资关系体系中的一个独特的方面，即国家不参与私营企业中进行的集体谈判过程。政府留给劳资双方达成协议的自由……集体谈判的劳资双方几乎不把谈判看作具有强制性的法律合同，而仅将其视为名义上的约束力。"[③] 由此可见，集

---

① Ian G. Sharp, *Industrial Conciliation and Arbitration in Great Britain*, p. 406.

② Ian G. Sharp, *Industrial Conciliation and Arbitration in Great Britain*, p. 347.

③ ［荷］约里斯·范·鲁塞弗尔达特、耶勒·菲瑟主编：《欧洲劳资关系——传统与转变》，佘云霞等译，第 50—51 页。

体谈判的结果对双方而言不具备强制的法律约束力，是英国自愿主义劳资关系特征的重要组成部分。

而 1934 年《棉纺织行业法案》正是对这一原则的挑战，其能够通过，首先是基于时代和行业的特殊性所需，法案符合劳资双方的共同利益。英国自愿主义劳资关系形成的时期处于英国自由主义经济发展的高峰时期，发展良好的经济态势令政府坚信，自由放任逻辑对包括处理劳资关系在内的各个经济发展环节具有不可替代的积极作用。然而，自 20 世纪 20 年代以来，英国的经济发展面临诸多危机，从实施工业合理化开始，政府开始对经济进行干预，传统行业的发展每况愈下，唯有通过立法方式才能使其劳资关系恢复正常。而在特殊的经济困难时期以及特殊的产业环境之下，这种强制干预无疑符合双方的共同利益，这是其遭到的反对意见较少的根本原因。

此外，法案相对严丝合缝的各项规定，最大限度地杜绝了劳资双方对自愿主义原则被颠覆的顾虑。在任何一方的要求下，向劳工大臣提出的申请可随时取消，进一步拓展立法的尝试也被禁止，使该法案所传递出来的立法原则并未延伸至其他行业，其限度得以控制。最后，自 1912 年以来，各项以强制推行集体谈判条例为特征的立法相继出台，尽管其并未通过议会的最终立法程序，但这些行为在一定程度上为 1934 年法案的出台做了铺垫，削弱了其可能造成的冲击性效果。

综合而言，1934 年《棉纺织行业法案》的出台，使得集体谈判结果在基于劳资双方同意的前提下具备了法律效力，这实质上是一种只可能发生在备受困扰的传统行业中，在特殊的经济环境压迫下，对自愿主义原则进行有限突破的特殊个例，并不意味着政府对自愿主义原则的放弃。就实践效果而言，在该法案短暂运行的三年内，棉纺织行业劳资关系得到了一定程度的改善。根据法案设立的质询委员会（Board of Inquiry）就曾表示，三年内该法案共使纺织业最高组织之间的两项集体协议具有法律约束力，使该行业"多年来首次免受减薪和降价的负面影响"。[1] 但由于内容的特殊性，1934 年《棉纺织行业法案》在出台三年后便停止运作，并于 1957 年被正式废除。

二　最低工资立法的尝试

确立法定最低工资标准是工人阶级一直追求的目标之一。最早在 1909 年，政府即通过《行业委员会法》，以建立行业委员会的方式解决低廉工资行业的工资问题，行业委员会成为在劳资双方组织化程度较低的行业推行集体谈判的一种方式，被称为"半集体谈判"（quasi-collective bargaining）。通过对行业委员会有效性的调查，凯夫委员会（Cave Committee）的报告不建议政府继续通过这一形式进行干预，行业委员会应限制在以低廉工资为代表的血汗行业。此外，自 1891 年起，政府即通过出台《合理工资决议》（Fair Wages Resolution）这种更为间接的方式推动最低工资立法。两次世界大战之间，《合理工资条款》也在多个行业被提出。政府政策的间接性表现在"仅仅为其提供枪和靶子，将实现具体目标的任务交给执行者"，[2] 这也意味着其执行效力十分值得怀疑。20 世纪 30 年代，这种形式的干预在汽车货运行业（Road Haulage Industry）取得了显著成效。

英国政府最早自 19 世纪末期即通过出台《合理工资决议》的方式干预行业工资立法。1924 年《地产行业法》（The Housing Act, 1924）、1925 年《英国糖业法》（The British Sugar Act, 1925）即是 20 年代根据《合理工资决议》出台的规范行业工资标准的法案。其主要的立法逻辑是确保从业者的工资收入不低于雇主所能支付的最低工资，以此保证集体协议不存在或执行力较弱的行业从业者的收入水平相对合理。在这一理念的影响下，规范汽车货运行业的尝

---

① Ian G. Sharp, *Industrial Conciliation and Arbitration in Great Britain*, p. 409.

② Vinod K. Agarwal, "Fair Wages Condition in United Kingdom Government Contracts", *Journal of Indian Law Institute*, Vol. 11, No. 3, July 1969, p. 350.

试自 1930 年起逐步展开，经历了漫长的拉锯期，直至 1938 年《公路运输工资法》的出台才有了具有执行意义的法案。1930 年，受《合理工资条款》的影响，《道路交通法》（*The Road Traffic Act, 1930*）出台。该法案自 1929 年 11 月被提出，1930 年 2 月完成二读，同年 7 月完成三读，并于 8 月获得御准。《道路交通法》共包括 6 部分 123 个章节。其中第 93 章节，即 "公共服务车辆的工资和工作条件"（Wages and Conditions of Employment of Persons Employed in Connection with Public Service Vehicles），敦促公路运输行业保障其工资的合理性。其具体内容包括以下方面。法案规定："任何公路运输行业的雇主所支付的薪资不得少于其所能支付的最低工资，其工作条件不得低于任何下议院决议所提出的要求。"① 在此基础上，任何代表公路运输行业的工人的组织，一旦发现其成员的雇佣条件低于第一项条款的规定，即可向行业委员会提出申请，如果这一争议未被处理，则可以提交至劳工部，并诉诸工业法庭（Industrial Court）进行解决。如果工业法庭判定其违反了此项条款，则如同其未遵守运营执照一样，做同等处理。由此可见，1930 年《道路交通法》将是否支付合理工资与是否能获得运营执照挂钩，以此敦促公路运输行业重视工资问题，自发形成制定合理工资的机制。但该法案的适用范围仅限于公共服务车辆。

1930 年法案对公共运输服务行业的整顿小有成效。但其他道路交通运输行业的行业混乱、行业竞争、恶性压低工资问题仍十分严重。为此，议会着手将 1930 年《道路交通法》的相关规定应用于所有的公路和铁路运输行业，而这也就包括其中对工资问题的规定。1933 年《公路和铁路交通法》（*The Road and Rail Traffic Act, 1933*）应运而生。该法案将 1930 年原则应用于更广阔的范围之内。该法案第 8 项条款即 "运营许可条件"（Conditions of Licences）规定："想要获取 A 类和 B 类执照的雇主，必须满足 1930 年《道路

---

① HMSO, Road Traffic Act 1930, Chapter 43, 20 and 21 Geo 5, p.76.

交通法》之中规定和修改的相关条例。"① 法案第 32 项条款是对 1930 年《道路交通法》第 93 项工资条款的补充与延伸，具体分为两部分。其一，进一步规范工业法庭判决的合理性。"对于任何工业法庭提出的关于工资和工作条件的争议，法院在做出判决的过程中，必须参考同等雇佣条件下（其他行业）的工资和工作条件的决议，或联合工业委员会、协商机构以及雇主和雇员之间协商得出的条款。"其二，规定了上述条款的适用范围："上述条款适用于被雇佣担任司机的所有人，包括持有 A 类或 B 类执照雇主所雇佣的司机。"② 由此可见，新的《公路和铁路交通法》确认了 1930 年原则，即将支付目前《合理工资条款》所规定的工资和工作条件作为获取营业执照的必要条件。在此基础上，扩展了这一原则的适用范围，并对这一规则的执行做了更加清晰、明确的规定。

1933 年《公路和铁路交通法》在执行层面面临较大问题，致使其实践效果不佳。为进一步解决交通运输行业存在的问题，1936 年，贝利委员会（Baillie Committee）成立，负责调查交通运输行业员工的工资水平和工作条件。调查报告指出："现存的问题是，已有的合理工资条款是不够的，因为对于不同行业的执照获得要求的合理工资义务规定不同。由于缺乏有效的组织，全国联合调解委员会（National Joint Conciliation Board）建议的执行工作受到严重阻碍，这进一步加剧了问题的严重性。"③ 此外，雇主对 1933 年法案条例的执行力度欠缺，"雇主对此的态度是十分个人主义的，他们之间的竞争是激烈的，降低价格、支付低工资、系统地逃避规定是其常见的做法。而行业中的工会成员为了保住自己的工作，或因为贿赂而对雇主违反规定的行为熟视无睹"。④ 基于上述问题，贝

① HMSO, Road and Rail Traffic Act 1933, Chapter 53, 23 and 24 Geo 5, p. 8.
② HMSO, Road and Rail Traffic Act 1933, Chapter 53, 23 and 24 Geo 5, p. 23.
③ Zoe Adams, *Labour and the Wage: A Critical Perspective*, Oxford: Oxford University Press, 2020, p. 147.
④ Douglas Brodie, *A History of British Labour Law, 1867-1945*, p. 203.

利委员会指出，只依靠随机的集体谈判机制解决工资问题是不够的。要对自愿主义集体谈判原则进行"扬弃"。在承认自愿主义集体谈判优越性的基础上，对工资状况岌岌可危的行业，必须通过立法手段加以干预。由此可见，自 1930 年以来，依托《合理工资条款》，将支付合理的工资与能否获得营业执照相关联，通过对交通运输行业立法，间接推动行业最低工资确立的尝试失败了。1938年，专门针对该行业工资的立法《公路运输工资法》（*The Road Haulage Wages Act*, *1938*）出台，以行业委员会的形式解决道路运输行业的工资问题，但该行业设立的委员会性质又与传统的行业委员会有所区别。

1938 年《公路运输工资法》建议在公路运输行业建立以咨询性质为主的委员会（boards），针对工资和工作条件的解决方案、协定机制、组织化等问题向劳资双方提出建议。《公路运输工资法》共包含三部分内容。第一部分介绍了公路运输中央工资委员会（Road Haulage Central Wages Board）的构成及其主要职责，"包括 10 个地区委员会以及一个针对苏格兰地区的特殊委员会。中央委员会由劳工部咨询双方后任命，包括 39—47 名成员。其中，12—18 名成员是工会和雇主的代表，工会和雇主成员各占一半……剩余的 24 名成员从地区委员会之中选出，此外独立人士3—5 名，分别任委员会的主席及副主席"。[1]

公路运输中央工资委员会具备三项主要职能。第一，提交行业工资提案。针对属于 A、B 类执照的行业，对其工资（包括休假工资），在充分参考联合工业委员会、调解委员会等类似机构曾经的协议基础上，提出合理的工资建议。建议提出后，需进行公示，并进行意见征求。第二，中央工资委员会有义务就行业工作条件问题向政府提出建议，涉及的问题包括但不限于道路安全、健康问题。第三，中央工资委员会和各地区委员会都有义务协助劳资争议的解

---

[1]   Ian G. Sharp, *Industrial Conciliation and Arbitration in Great Britain*, pp. 393-394.

决，纠纷涉及的问题包括但不限于工资问题。

从第一部分的规定可以看出，中央工资委员会的设置与行业委员会在形式上相似，但其在职能上较传统的行业委员会更加丰富。传统的行业委员会只有设定行业最低工资这一单一职能，而公路运输中央工资委员会的职能包括工资协定、工作条件改善、劳资纠纷化解等多方面，这意味着通过一种全新的方式，公路运输行业向自愿主义集体谈判制度的建立迈出了关键的一步，是政府通过立法形式对集体谈判和工资问题加以干预的成功案例。

1938 年《公路运输工资法》的第二部分内容针对如何实现 C 类执照司机的工资合理性做出了规定。第三部分则对法定工资的执行方案和法案的行政问题做出了规定。这充分地显示出，相较于此前的各类法案，1938 年《公路运输工资法》更加完善，对劳资双方（主要是雇主）更具约束力。依其规定，C 类执照行业不再设置工资委员会，但如果行业内的大部分工人认为特定情境下的收入"不合理"（unfair），可以提出申请，将问题提交至工业法庭处理。而对于何为"不合理"工资，则有着十分复杂的定义。符合法案第一部分规定的工资、双方通过组织达成的协议、与该地区同行业其他工人通过集体协议达成的协议相当、与劳资协商机构得出的决议一致等情况都不应作为"不合理"工资处理。综合而言，法案第二部分的执行以第一部分中央工资委员会的顺利运行为前提，以其标准为参照，是对第一部分内容无法覆盖领域的补充，显示出1938 年《公路运输工资法》立法的相对完善。在此基础上，《公路运输工资法》的第三部分对法定工资的执行方案和法案的行政问题做出规定。A、B、C 三类执照的雇主都必须支付不少于法定薪资的工资，违反该条例的雇主将受到程度不等的处罚，轻则罚款，重则暂停营业甚至吊销执照。[1] 法案的行政权归劳工部所有。

一战后，在公路运输行业蓬勃发展的同时，行业竞争激烈、缺

---

① Ian G. Sharp, *Industrial Conciliation and Arbitration in Great Britain*, pp. 397-398.

乏相关法律体系监管也导致其恶性降薪状况十分严重，行业收入状况混乱。在20世纪30年代总体资强劳弱的产业背景下，公路运输行业从业者的处境十分艰难。经历六年的探索，1938年《公路运输工资法》成功地完成了设定行业最低工资的任务，并长远地在该行业培植起了可以进行有效集体谈判的环境与土壤。"截至1940年末，共有约20项案例在工业法庭被审理，而这仅是该法案下对工资问题进行上诉的一小部分。"① 这与1933年法案出台后几无响应的状况形成鲜明对比，足以证明其执行层面的可行性与有效性。行业最低工资得以确立，"在A、B类执照领域，基于咨询双方后中央工资委员会形成的报告，法定最低工资和节假日工资通过法案下的法令（order）加以规定"。② 除解决工资问题外，《道路交通法》还起到了"授人以渔"的作用，"随着自愿调解机制在这一行业的发展，法定条款所起到的作用越来越小"，③ "相较于规范行业斗争，更重要的意义在于保证工人实际上能从雇主手中获取生存的权利"。④ 而就长远意义而言，集体谈判制度的确立，无疑是维护劳工生存权最有效的方式。从政府立法与劳资关系的角度来说，1938年《公路交通运输法》树立了一个恰到好处的典范，即在劳资关系不平等、从业者极度困难的行业，不受自愿主义集体谈判框架的禁锢而果断出手。但这种干预并未将行业的自愿主义"一棍子打死"，而是留有在成熟时转向由自愿主义协商谈判机制解决工资、工作条件等问题的余地。相较传统的行业委员会而言，这一立法无疑是更为灵活宽松的，是一种"有机"的立法。

三　对社会福利政策的探索

20世纪30年代的经济萧条所引发的失业问题，对政府施加了

---

① Ian G. Sharp, *Industrial Conciliation and Arbitration in Great Britain*, p. 398.

② Ian G. Sharp, *Industrial Conciliation and Arbitration in Great Britain*, p. 399.

③ Ian G. Sharp, *Industrial Conciliation and Arbitration in Great Britain*, p. 398.

④ Zoe Adams, *Labour and the Wage: A Critical Perspective*, p. 147

巨大压力，处理失业问题与财政问题之间的矛盾，成为这一时期政府社会政策的重点。1931 年，工党政府选择通过削减失业救济金的方式缓解财政危机，辜负了工人运动对其的信任，最终下台。国民联合政府上台后，对失业政策进行了漫长的探索。30 年代，凯恩斯主义已出现，并经由麦克米伦金融与工业委员会（Macmillan Committee on Finance and Industry）听证会对英国政府和民众产生了一定影响。但这一思想并未出现在政府的各项社会政策中。总体而言，30 年代政府为安抚劳工而出台的各项社会政策是在原有框架上的完善。这种完善与过渡比较平稳，并未取得突破性成果。

　　20 年代末 30 年代初的长期失业状况使英国以往主要依靠职工、以雇主上缴为主的国民保险体系无法有效运转，新的失业保险体系亟待建立。"英国是资本主义国家中为工人阶级建立全面的公共保障体系的先驱"，[1] 早在一战前即建立了世界上第一个强制的失业保险体系，到 1920 年，已覆盖除农业工人、家庭仆佣、小手工艺者外的大多数工人。但面对 20 年代以来长期失业状况以及 30 年代经济萧条的打击，以 1911 年《国民保险法》为基准的保险体系的弊端也随即暴露，引发了严重的财政危机。"到 1927 年 1 月公布其报告时，失业保险基金负债 2100 万英镑。"[2] 1931 年，"根据财政部的估计，即将到来的预算赤字很可能是 1.7 亿英镑……主要是因为失业保险和过渡性福利支出（transitional benefit）增加所带来的负担"，为此，财政部采取提高缴款、削减过渡性福利额度的方式减负，"经济委员会决定削减 8200 万英镑的国家支出，其中 4550 万英镑将来自失业救济"，"过渡性福利的申领人被转移到济贫法的管理体系下"。[3]

　　[1]　Margret Weir, Theda Skocpol, *State Structures and the Possibilities for "Keynesian" Responses to the Great Depression in Sweden, Britain, and the United States*, Cambridge: Cambridge University Press, 1985, p. 108.

　　[2]　Matt Perry, *Bread and Work, The Experience of Unemployment, 1918-39*, p. 42.

　　[3]　W. R. Garside, *British Unemployment, 1919-1939: A Study in Public Policy*, p. 61.

　　20 世纪 20 年代末长期失业带来的挑战引发了对国家角色的探讨，尽管提出了通过更积极手段干预失业问题的构想，但这一探索遭到了较强烈的反对，并未能对失业政策造成任何实质性影响。早在 1928 年，自由党便出台《英国工业未来》（*Britain's Industrial Future*）、《失业问题必将解决》（*We Can Conquer Unemployment*）等政策蓝图。1929 年 3 月，劳合·乔治也做出尝试诉诸公共工程解决失业问题的承诺。上述尝试扩大政府在就业问题中的权力，即通过公共工程、信贷扩张等手段干预就业的方式遭到了以财政部为首的传统经济观点持有者的强烈反对。在 1928 年的一次会议上，菲利普·斯诺登也对此持反对意见，他认为"一个对货币和信贷实行绝对控制的无原则政府"很容易大幅度降低失业率，但要做到这一点，"必须付出这个国家迟早要付出的可怕代价"。在多重阻力之下，1929 年，工党只能为了获取大选的胜利而制定了一种相对温和的方案，拒绝通过赤字方式解决失业问题，尽管其曾承诺要无条件并切实地解决失业问题。以 1931 年 7 月的麦克米伦听证会的召开为契机，双方进行正面交锋，这为主张国家干预的凯恩斯主义的正式出台提供了契机。对国家干预就业问题的支持者有力地批判了现有社会政策的无效性，"批评了所谓的正统观点并向委员会宣传他的反对意见"。[①] 而在此基础上，财政部也提出了反对扩大公共工程方案的两个要点。其一，实施公共工程必将带来行政权力的变更，从而引发地方行政权力官僚化程度的提高以及中央监管的介入，这并不符合英国宪政的发展传统。其二，通过赤字的方式进行融资不利于吸引投资者，而从长远来看，这将造成不可估计的经济影响。总之，财政部、麦克米伦听证会以及工党之间的思想角逐让政策制定者意识到，是否具有相应的行政能力是任何政府都无法逃避的问题。由此，以凯恩斯主

---

　　① James Cronin, *The Politics of State Expansion*, *War*, *State and Society in Twentieth Century Britain*, p. 106.

义为代表的极具前瞻性的思想未能投入解决失业问题的政策实践之中。

自 1931 年 2 月梅委员会报告正式提出削减失业保险支出的重要性之后，工党、国民联合政府相继对解决失业问题进行了一系列探索。这些举措虽然在一定程度上起到了暂缓财政危机的作用，但也因采用地方负责的家庭财产检查制度而备受争议，仅短暂地起到了应急作用。为缓解失业问题和由失业造成的财政负担，工党做出削减支出的决定，这一决定直接引发了工党政府的垮台。国民联合政府一上台便着手处理工党未能完成的支出削减任务，对过渡性救济申领人实施家庭财产检查制度，对家庭成员的经济状况、家庭的各类财产进行调查评估。针对其他失业救济金的申领者则实施"求职测试"（Genuinely Seeking Work Test），"申领人需证明其正在努力寻找全职工作"，[①]"这一手段在 1921—1930 年曾让 300 万人失去了他们的救济金"。[②] 1932 年《过渡性支付法案》（*The Transitional Payment Act, 1932*）通过，适当减轻了针对过渡性申领者经济检查的严苛程度。总体而言，家庭财产检查制度使失业救济恢复济贫法体系下的歧视色彩，仍未解决根本性问题，"自 1921 年 3 月以来面临的失业保险体制的结构性缺陷……在保险与救济之间的徘徊仍在持续"。[③]

1934 年《失业法》是承接 1931 年《过渡性支付法案》而出台的一项具有"妥协"色彩的法案。针对上述两个备受争议的要点问题，1934 年《失业法》选择保留家庭财产检查制度，但通过建立失业救济委员会（Unemployment Assistance Board）这一独立于政府的中央机构来负责标准的制定与执行，减少了新的失业方案

① F. Pennings, *Benefits of Doubt: A Comparative Study of Unemployment Benefit Schemes and Reintegration Opportunities of Great Britain, France, the Federal Republic of Germany and the Netherlands*, Dordrecht: Springer Netherlands, 1990, p. 43.

② Matt Perry, *Bread and Work, The Experience of Unemployment, 1918-39*, p. 43.

③ Matt Perry, *Bread and Work, The Experience of Unemployment, 1918-39*, p. 44.

运作的阻力。面对现行过渡性支付体系引起的强烈不满，1932 年皇家失业问题委员会（Royal Commission on Unemployment）发布其最终报告，建议失业问题的解决应从失业保险（unemployment insurance）、失业救济（unemployment relief）、济贫法体系三个维度展开。在原有失业保险制度的基础上，添加由劳工部控制、地方政府负责执行的失业救济体系以解决经济萧条时期特殊的长期失业问题，而不满足上述体系的失业者则交由旧有的济贫法体系加以管理。上述建议基本落实在了 1934 年 5 月出台的《失业法》之中。法案主要包含两部分内容，第一部分涉及失业保险，"拓宽了强制保险的覆盖范围，并附加了一项单独的农业计划，到 1937 年覆盖人数约有 1450 万人。由雇主、雇员、政府三方支持缴费，并保持 1931 年实施的福利削减"。保险计划由一个独立的国家委员会监管执行，一旦超过 26 周的申领期限，将不再对失业工人负责。第二部分涉及失业援助（unemployment assistance），针对无权申领失业保险的群体，这一群体将由新成立的失业援助委员会负责。"这一机构接受财政部的资金支持，但其日常管理可以免受政治压力的影响……自行制定其条款、标准和家庭财产检查标准。"①

　　由失业救济委员会负责的新《失业法》自 1934 年开始进入准备阶段，并于 1935 年正式投入使用。1934 年《失业法》设定了两个约定日（appointed day）。第一个约定日是 1935 年 7 月 1 日，要求在此之前完成对 1931 年以来的过渡性支付体系之下的申领者的接收工作。第二个约定日是 1935 年 3 月 1 日，要求在此之前完成之前由地方政府负责的健全失业者的接收工作。1934 年 7 月，失业救济委员会召开了第一次会议，会议确定了其所要接收的任务指标："属于过渡性支付负责的所需要接收的申领人数共计 80 万人，加之其家属总

① Derek Fraser, *The Evolution of the British Welfare State：A History of Social Policy since the Industrial Revolution*, p. 182.

计 250 万人。而在第二个约定日，还将有 20 万人待接收。"① 总计近 300 万人的处理量给行政过程施加了一定压力，"1934 年 7 月至 1940 年 3 月……失业救济委员会共正式举行了 143 次会议"。② 1934 年开始，"一个由 15—20 个地区办事处（District Office）和 250 个区域办事处（Area Office）组成的网络初步形成，每个办公室大概需要处理 5000—6000 个案例"。③ 除完成新旧行政体系的人员交接等基本行政工作外，新《失业法》的具体救济标准成为法案准备阶段的另一重大问题。经过劳工部的几轮探讨，最终的救济标准确立如下："对符合申领失业保险的人而言，夫妻每周可领 26 先令，21 周岁以上的未婚男性、女性每周分别可以领取 17 先令、15 先令，其他与家庭共同生活的成年男性、女性分别可以获得 17 先令、15 先令。16—21 岁的男孩、女孩分别依据其年龄区别每周可获 5—15 先令不等。"就失业救济委员会负责的人群而言，其标准略低于失业保险体系之下的救济："夫妻每周可领 24 先令，21 周岁以上的未婚男性、女性分别可领 16 先令、14 先令，其他与家庭共同生活的成年男性、女性分别可领 10 先令、8 先令、7 先令（第二位女性）。16—21 岁的男孩、女孩分别依据其年龄区别每周可获 6—7 先令不等。"④ 在上述准备都已充分的基础上，1935 年 1 月，新《失业法》正式投入使用。

　　1934 年《失业法》出台的首要目的是避免由失业问题所引发

---

①　Tony Lynes, *Reinventing the Dole*：*A History of the Unemployment Assistance Board 1934-1940*, Chapter 7, p. 1, https：//tonylynes. wordpress. com/reinventingthedole, 2022 年 10 月 20 日。

②　Tony Lynes, *Reinventing the Dole*：*A History of the Unemployment Assistance Board 1934-1940*, Chapter 7, p. 9, https：//tonylynes. wordpress. com/reinventingthedole, 2022 年 10 月 20 日。

③　Tony Lynes, *Reinventing the Dole*：*A History of the Unemployment Assistance Board 1934-1940*, Chapter 6, p. 3, https：//tonylynes. wordpress. com/reinventingthedole, 2022 年 10 月 20 日。

④　W. R. Garside, *British Unemployment, 1919-1939*：*A Study in Public Policy*, 1990, p. 78.

的政治危机和财政危机。虽然在一定程度上缓解了失业者的生活困难，但1934年《失业法》并不是解决英国失业问题的长久之策，政府的失业政策仍未摆脱英国失业保险体系长期以来徘徊于失业保险和失业救济之间的结构性缺陷。通过将失业保险面临的救济压力转移，成立独立的失业救济机构的方式，备受争议的削减救济金、地方行政权力官僚化等问题得以避免。尽管如此，《失业法》将失业救济一分为三的做法只是暂时的救济之策，终究在三种申领者之间开启了不必要的比较。这种差异性导致1935年1月劳工大臣发起针对法案的"中止"（standstill）。失业救济与济贫法的相关规定给申领者造成的窘迫状态，仍成为1934年以来失业工人运动所反抗的主要内容。而在实践过程中，《失业法》的复杂体系使得行政管理十分困难，直至1937年4月，在以往济贫法管理体系之下的人员才被吸纳进新的体系之中，用时三年之久。1934年《失业法》的出台也仅仅是一种在既有失业保险体系之上的改进。政府尚未意识到积极解决就业问题以达到充分就业状态的重要性，以致失业问题直至二战重整军备开始前仍十分严重。"失业人数在1932年达到了340万人，约占全国劳动者的17%……而长时段的失业状况至1937年达到了顶峰，失业者之中的27.1%经历了一年以上的失业。"[1]

在国民健康领域，20年代末30年代初失业问题的加剧也给英国的国民健康保障制度施加了一定压力。英国政府对健康保险的申领条件做出了微调，在避免重现1931年因失业保险削减造成的政治危机的基础上，有效地发挥了国民健康保险的社会保障作用。"20世纪20年代以后，申请领取健康保险津贴者的人数直线上升，健康保险的覆盖面越来越大，1912年参加健康保险的人数为1150万人，1922年为1350万人，1938年为2026万人。"[2] 30年代大萧

---

[1]　Matt Perry, *Bread and Work*, *The Experience of Unemployment*, *1918-39*, p. 64.

[2]　丁建定：《英国社会保障制度史》，第83页。

条带来的失业状况恶化与健康状况的恶化形成了恶性循环，致使30 年代的参保人数增加近 1 倍。这也导致健康保险支出迅速增加，"1921—1922 年，英国用于国民健康保险的支出为 1315.5 万英镑，1926—1927 年猛增至 2048.2 万英镑，此后基本保持在 1860 万英镑以上的水平，1936—1937 年增至 1889.6 万英镑"。①

面对新问题的产生，政府并未减少保险额度，"两次世界大战之间，国民健康保险始终保持在男性 15 先令、未婚女性 12 先令的水平"。② 但申领的标准有所变化："首先，只有满足 104 先令的缴费要求后，才能获取全额款项。如果没能达到上述的缴费标准，只能获得一半款项。其次，在 26 周期限过后，也只能获得一半款项。再次，其家庭附属成员无法获得支付款……最后，1933 年针对已婚女性的额度降低至 10 先令。"③ 由此可见，政府未对国民健康保险进行削减，而是提出更加明确、严格的方式避免保险金的无效使用，避免了因 1931 年失业保险金支出造成的政治危机。总体而言，"尽管起初并非为协助失业问题而用，但国民健康保险的疾病补助（sickness benefit）确实成为失业者的另一种收入"，在大萧条时期有效地发挥了其社会保障作用。

同时，在公共卫生领域，1936 年政府出台《公共卫生法》。新《公共卫生法》属于项目整合性质的法案，对此前 20 年代出台的针对具体问题的各类《公共卫生法》做了归纳、总结。1936 年《公共卫生法》是以 1936 年 1 月地方政府和公共卫生整合委员会（Public Health Consolidation Committee）第二次临时报告的草案为基础出台的，共包括十二部分内容，分别就地方政府在公共卫生中的权利与义务、建筑物排污处理、具有公共卫生危害性的企业、供

---

① 丁建定：《英国社会保障制度史》，第 83 页。

② Charles Webster, "Health Welfare and Unemployment during the Depression", *Past and Present*, No. 109, November 1985, p. 210.

③ Charles Webster, "Health Welfare and Unemployment during the Depression", *Past and Present*, No. 109, November 1985, p. 211.

水、疾病的预防与救治、医院与产科医院、儿童保育等问题做出了细致的规定。1936 年《公共卫生法》在整合已有法律的基础上进行了修正与扩充。总体而言，"对于与公共卫生相关的各类法案的整合，意味着国家已明确意识到健康是个人和国家最大的财产，疾病总是要付出比健康更多的代价"，[1] 关于公共卫生的行政权责也有了更加明晰的参考。总之，这一时期针对国民健康的社会保障体系并未有关键性突破，发展比较稳定。但这种稳定也使既有的体系得以巩固、完善，为战后英国福利国家的建设奠定了基础。

丁建定教授认为，两次世界大战之间是英国社会保障制度"初步发展的时期，也是英国社会保障制度逐步变化、不断完善的时期"。大萧条所引发的失业问题为考察社会保障制度的运行设置了一个"困难模式"，提出了财政困难、需求增多等几项难题。这推动政府的社会保障制度朝着更加合理化的方向迈进。尽管这一探索遇到了诸多问题，且尚未找到战后英国福利国家充分就业政策的精髓，但这对建设福利国家来说是必不可少的。关于政府在就业问题上应该承担责任的再认知自 20 年代末期就开始了，30 年代政府在社会政策方面寻求一种保守的中间道路，这无疑是符合大萧条的时代要求的。但由此带来的左右派在 30 年代的激烈争论，为政府建设福利国家进行了一次基础的"思想解放"，一旦经济好转，再加上二战这场全民投入的战争提供的契机，向充分就业的福利国家的过渡便更加畅通无阻。

综合而言，这一时期的劳资关系被置于双重压力之下。1927 年《劳资争议与工会法》已使双方关系紧张，30 年代经济危机使双方的利益对立更加显著。这一压力直接削弱了集体谈判制度的有效性，严重影响了自愿主义传统下劳资双方对争端的自我调节能力，传统的劳资关系模式处于危机之中。在困境之中，工会的应对

---

[1]　John J. Clarke, "The Public Health Acts, 1936", *The Town Planning Review*, Vol. 17, No. 3, July 1937, p. 196.

之策为打破这一局面提供了契机。工会开始重新审视工团主义影响下的经济斗争路线，发展出了依靠合作、以谈判协商为主的新的生存哲学。这种发展策略的转型，不仅对工会应对危机意义重大，还为战时及其后劳资双方的良好合作奠定了基础。而经济危机本身的发生，也强化了政府干预劳资关系的合法性。政府加强了对集体谈判的干预，出台《合理工资条款》推动合理工资制度的建立，并开展了对社会福利政策的初步探索。综观这一时期，劳资关系转变的因素已在各层次开始酝酿，只是因为经济压力的存在，还未能达到质变。随着战时经济模式的开启，30 年代酝酿的因素都被激发，并最终完成了质变。

第 五 章

高压下的和平共存：二战时期的
英国劳资关系（1939—1945）

　　两次世界大战之间，尤其是 1926 年大罢工之后，伴随经济萧条带来的共同打击，劳资双方均萌发了寻求合作的意愿。蒙德—特纳会谈、联合工业委员会等一系列致力于促进劳资合作的谈判或机构相继出现，但均因双方力量失衡、缺乏信任等而收效甚微，以失败告终。二战时期，国家对经济的干预加强，战争动员使 20 世纪 30 年代经济萧条的状况得以改善，引发劳资双方激烈争议的失业问题得到显著缓解。同时，工会在新的经济机遇中恢复了力量，改变了劳资力量格局，这为劳资关系的发展带来了新的机遇。总体来看，二战时期的劳资关系相对平稳。尽管罢工数量较多，但持续时间较短。这种相对和平的状态得以持续，政府对劳资关系的干预起到了重要作用。战时政府的劳资政策是三方合作共赢的产物，这意味着任何形式的政策干预都是三方合力作用的结果。这种"妥协""合作""让步"的特征贯穿战时劳资关系发展过程的始终。战时劳资关系的发展被置于禁止罢工的《1305 号令》的高压管制之下，而这种共识的达成又是以坚持自愿主义原则为前提而实现的。政府对于自愿主义原则的坚持，也使二战时期成为英国自愿主义集体谈判发展的黄金时期。

第一节　战时合作的经济社会基础

第二次世界大战期间，英国凭借其雄厚的海军与空军实力，对战争胜利有着极大贡献。这一表现很大程度上得益于其强大的战争动员能力、坚实的后方补给。由此，二战在英国被称作"人民的战争"（people's war），即一场社会各层面均被卷入的全面战争。二战时期，社会经济条件发生了诸多变化。重整军备使政府对经济的干预不断扩展至社会生产的各个领域，一扫30年代经济萧条的阴霾，创造了一个相对稳定的经济环境。但战时经济背景下，劳动力短缺、通货膨胀等问题相继涌现。相较于外交意义上的敌人"法西斯主义"，以上问题成为特殊情形下劳、资、政三方所要共同应对的"敌人"，这为政府引导下的劳资合作提供了前提与机遇。为应对上述问题，避免重蹈一战覆辙，劳、资、政形成了三方决策框架，共同参与战时经济问题决策，为劳资合作提供了前提。随着工会力量的提升，劳资双方力量相对平衡，二者之间的合作成为可能。

一　战时经济社会背景

经济社会背景是影响劳资关系走势的重要因素。自20世纪初以来，随着英国经济在国际范围内的相对衰弱，英国相继遭受了20年代经济发展停滞和30年代经济危机的打击，总体经济发展状况不容乐观，传统行业备受打击。在此影响下，劳资双方对立趋势加强，冲突加重。30年代末期，随着政府重整军备活动的开启，政府对经济的干预加强，经济状况好转，工业发展呈现新格局。战时的经济发展模式不断在计划与自由放任之中寻求平衡，这为劳资关系的发展带来了新的契机。

随着战时重整军备的开始，英国经济发展水平得以恢复。经济动员对英国工业进行重新规划，通过"以战代赈"的方式，一战以来经济衰退、失业严重的状况得以缓解。这一经济状况的出现主要得益于国家在经济生活之中的角色转变。尽管英国进入战时高度管控的经济模式的过程较为曲折与犹豫，但政府最终于1937年确立起了对国家经济进行严格控制的行政框架。具体来看，这一过程经历了两个阶段。首先，以1932年国防需求委员会（Defence Requirement Sub-committee）的成立为标志，政府破除了对国家经济施加干预的思想障碍。一战后至30年代初期，英国的备战计划一直在"十年规则"（Ten-year Rule）的原则下展开。这一原则于1919年8月15日由内阁提出，主导思想为："在未来十年内英国无须为任何'伟大的战争'（Great War）做准备。"[①] "十年规则"实质上是一种裁军思想，内阁规定："不经内阁同意，海军的规模不得超过战前标准……军队和空军的主要任务是为印度、埃及提供武力……以及为国内提供支持。"[②] 由此可见，在战争形势尚不明朗的情况下，政府的战备工作较为被动。1929年《战争价格走势备忘录》（*The Courses of Prices in a Great War*）对战时需要注意的税收、储蓄、利润控制、工资、进出口、定量配给制度做了探讨，并初步确立起了"将国家分散的经济资源最大限度地集中于战时生产"的经济规划目标，[③] 要求帝国防卫委员会（The Committee of Imperial Defence）对具体的经济政策进行研究。以此为契机，1932年国防需求委员会成立，并废除了轻视战时经济规划的"十年规则"，破除了国家干预的思想障碍，国内经济管控计划正式展开。

在经济管控计划具备雏形的基础上，政府开始获取对经济加以管控的行政权力，这是政府对经济加以控制的第二阶段，即实践阶

---

① CAB 23/15, Naval, Military and Air Estimates, 15 August, 1919, p. 270.

② CAB 23/15, Naval, Military and Air Estimates, 15 August, 1919, p. 270.

③ W. K. Hancock, *The British War Economy*, London: HMSO and Longmans, Green, 1949, p. 47.

段，政府出台各类法案并成立相关部门，建立起对战时经济加以规划的行政框架。即使在战争时期，英国政府也不可违法行事，其任何行为均需具备法律依据。普通法、皇室特权、成文法是英国政府获取法律依据的三个重要来源。1924年起，英国便开始了对未来战争中紧急权力问题的研究。一旦获取紧急权力，政府即可在无须经过议会讨论的背景下通过条例（regulations），在不履行法庭义务的前提下采取行动，甚至是通常不被允许采取的行动。政府通常可在自然灾害、工业事故、战争、公共卫生事故等极少数的情况下使用紧急权力。1937年7月，国防需求委员会通过《国防法案》草案及一项综合的《国防条例》（*Defence Regulations*，1937），并对各类相关问题做出规定。正如有学者指出的，"在战争开始的前两年，政府对经济控制的权力基础已经形成"。[①] 随着欧洲战争威胁的增加，1939年4月，内阁正式提出《国防法案》，并在一天内通过，最终出台了针对国防问题的《紧急权力法案》（*The Emergency Powers Act*，1939），在获取广泛的紧急权力的基础上，政府还对《国防法案》不涉及的税收、公共开支、公共服务变更等具体问题做出了规定。具体而言，在行政机构的设置方面，政府部门依据战时需求重组并细化，战时供给和经济部（Ministry of Supply and Economic Warfare）、劳工部、食品部、航运部等相继成立，吸取一战教训，部分部长兼任战时内阁成员。由此可见，战争前期，政府对战时经济进行干预的权力基础是十分完备的。

在上述经济动员框架下，英国经济经历了二三十年代发展低谷以来的复苏，依托国防开支的增加，传统行业与新兴行业均在战时获得了不同程度的发展。战时政府以军需品（munitions）、必需品（essential work）为依据对生产设立优先级。军需品行业包括工程、船舶制造业等，必需品行业包括煤矿、交通运输、钢铁等。后者是前者得以顺利生产的重要支撑，二者均在战时经济发展中被设为优

---

① W. K. Hancock, *The British War Economy*, p. 84.

先项，成为国防开支的重点投入对象。1938 年开始，英国国防支出迅速提升，且一直保持在较高水平，如表 5-1 所示。"战争支出从两次世界大战之间占国民生产总值的 10% 左右上升到战时的54%。"① 这一支出在整个国家财政支出之中的占比也极为可观："1939—1940 年用于国防和民防的计划开支高达 5.8 亿英镑，占全部财政支出的一半以上，约为整个 30 年代政府支出的 80%。"② 以上数据显示出英国战争动员之充分，战争局势步步紧逼也为 30 年代以来疲软的经济提供了复兴的契机。

表 5-1　英国政府的国防和民用开支（1937—1944）

单位：百万英镑

	1937—1938 年	1938—1939 年	1939—1940 年	1940—1941 年	1941—1942 年	1942—1943 年	1943—1944 年
总供应	605	696	1078	3637	4502	5295	5407
国防	197	254	626	3220	4085	4840	1950
民用	394	427	437	402	400	438	439

资料来源：David Edgerton, *Warfare State：Britain, 1920 - 1970*, Cambridge：Cambridge University Press, 2006, p.67。

具体而言，"1939 年 4 月到 1945 年 3 月，仅在军需品工业上，政府就花费了超过 9 亿英镑的资本支出"。③ 在新兴行业中，飞机制造业成为政府财政投入的重点。自张伯伦政府以来，飞机生产被视为战时生产的重点，飞机生产的需求不断提高。皇家军工厂（Royal Ordnance Factories）、皇家造船厂、飞机生产处、供应和海军生产处等专门的政府机构建立，负责对飞机、船只的建设进行计划与监管。"1935—1939 年，飞机结构重量增加了 15 倍；1936 年

---

① David Edgerton, *Warfare State：Britain, 1920-1970*, p.72.

② David Edgerton, *Britain's War Machine：Weapons, Resources, and Experts in the Second World War*, Oxford：Oxford University Press, 2011, p.29.

③ W. K. Hancock, *The British War Economy*, p.552.

7月至 1939 年，主要军舰的总吨位增加了一倍。正如我们所见，英国在重整军备时期的海军比其他所有国家的海军都要强大。空军的军备也使英国在 1940 年拥有了最强大的飞机生产能力。"[1] 1905 年以前，英国并不存在飞机制造业。两次世界大战之间，航空业被视为最关键的新兴军事技术，并且被给予重要支持。由此可见，战争需求成为促进新兴产业发展的重要原因。就煤矿、造船、钢铁等传统行业而言，二战早期，其产能得到恢复。但在战争末期，其产能均呈现出下降的趋势。

除因战时需求变动引起的不同行业的发展差异外，战时出于战略考虑对生产布局的规划也使不同区域的工业发展各异。战时第一类行业对生产的技术性要求极高，技术型劳工分布状况成为其布局的首要考量，这使得诸多工厂都被安置在了轻机械中心，如米德兰地区以及英国南部地区等轻机械中心。第二类行业是确保重要军需品得以正常生产的"生命之源"，且属传统行业，对地区相应的生产基础设施要求较高，一旦遭受攻击，将会对战时军备造成毁灭性打击。基于此，此类工厂布局以安全性作为首要考量，这极大地促进了英国北部、西部等远离欧洲战场地区的钢铁、造船等传统行业的复兴。由此可见，尽管英国的战时经济动员较为犹豫，但战时的"以战代赈"取得了一定成效，自宣战以来逐步接近充分就业。战时特殊需求改变了英国的工业布局，一战以来的萧条地区发展状况得以改善，给劳资关系的发展带来了新的机遇。

经过战时经济的规划，二三十年代以来的失业状况得到了显著改善。随着新工厂的建立和战时生产压力的日益提升，为平衡征兵工作造成的巨大劳动力缺口，大量失业人口成为劳动力吸纳的重点。1939 年 9 月战争开始后，《国民服役（武装部队）法》出台，代替原有的《军事训练法》，将规定的应征入伍人员年龄范围扩大至 18—41 岁，"到 1940 年 7 月 1 日，他们已经吸收了 20—25 岁年

---

[1]　David Edgerton, *Warfare State, Britain, 1920-1970*, p.74.

龄段中一半以上的男性人口，以及 26—30 岁年龄段中 1/5 以上的男性人口……总体而言，军队早期吸纳了 16—41 岁年龄段中 22.6% 的男性人口"。① 截至 1939 年 9 月 11 日，英国失业人口约有 105.2 万人，② 而 "1940 年 7 月至 11 月，失业人数接近 50 万人……到 1941 年 6 月，英国只有 15.8 万人失业"。③ 总之，战争生产给英国经济带来了极大刺激，缓解了 30 年代以来经济下行、失业严重的状况。军需品的生产刺激了制造业的迅速发展，并在一定程度上推动了传统行业的复兴。由此可见，战时政府对经济的控制加强，英国有了一个相对平稳、可预测的发展前景，这为劳资双方合作提供了经济前提。

尽管经济发展的总体状况得到改善，但由于自由主义经济向战时高度管控发展，生产目的、生产要求等的变革也引发了诸多问题。从备战开始以来，英国政府长时期面临劳动力短缺的情况。如何依据产业要求重新分配劳动力、解决日益严峻的技术劳工不足问题，成为政府制定劳动力分配方案时所要解决的两大问题。应征入伍极大地改变了可利用的劳动力情况，为完成这一时期的军事生产订单目标，预计 "需要多于现有工人 70% 的人员参与到战时劳动之中，即 130 万人左右"。④ 与此同时，为满足战争需求，行业劳动力分布状况亟待优化调整。尽管有大量的失业人口亟待动员，但就业人口分布与军事生产需求之间存在较大差异。据统计，"1939 年负责生产民用产品的第三组行业雇佣的人数要多于武装部队，金属、工程和化学行业（第一类行业），以及基本工人（第二类行

---

① W. K. Hancock, *The British War Economy*, p. 138.

② Ministry of Labour, "Employment, Wages, Hours of Labour, Cost of Living and Trade Disputes in September", *The Ministry of Labour Gazette*, October 1939, p. 359.

③ M. M. Postan, *British War Production*, London: HMSO and Longmans, Green, 1952, p. 146.

④ David Edgerton, *Warfare State, Britain, 1920–1970*, p. 15.

业）加在一起的人数"，① 甚至仍有大量失业人口，而因无切实可行的转移措施，军用生产行业仍人员缺乏。除劳动力分布状况与劳动力需求不匹配之外，技术劳工短缺的状况也日益严峻。1940 年 5 月，一份由海军部统计的关于工程、动力和飞机工业就业状况的调查报告总结道："在（上述）重要的生产领域……需要扩招 71.5%，如今（在过去的 10 个月中）仅扩招了 11.1%。"② 该备忘录将技术劳工不足的问题归咎于政府措施的被动性。基于上述状况，政府经济顾问悲观地认为，这一阶段的战争计划可能无法实现。1941 年，预测的全面人力资源短缺状况如期而至。可见，要解决劳动力短缺问题，需要拥有对劳动力调配的权力，而这一权力的获取需要得到工会的认可，并就劳动力转移、针对技术工人的稀释法（两个技术工人完成原本三人的任务）等一系列问题达成双方一致认可的方案。

自张伯伦政府到联合政府成立前这一段时间内，尽管政府针对劳动力问题采取了一系列政策，但上述政策体现出了较强的被动性，收效甚微。一方面，对劳动力从民用向军需品生产转移的引导方式是间接与被动的。议会于 1939 年 9 月 21 日通过《就业控制法》，授予劳工大臣发布命令的权力，将对特定行业的劳动力调动权收归政府。该法案主要就政府对就业控制的具体措施、执行及对违规情况的上诉做出了规定。战时对劳动力的就业安排，包括雇佣和解雇、职位调换等权力均收归政府，劳工大臣可发布具体法令，要求"（特定行业）雇主禁止通过宣传招聘雇员，也禁止在战争的

① Margaret Gowing, "The Organisation of Manpower in Britain during the Second World War", *Journal of Contemporary History*, Vol. 7, No. 1 - 2, January - April 1972, p. 148.

② ［英］温斯顿·丘吉尔：《第二次世界大战回忆录 1　风云紧急》，原北京编译社等译，时代文艺出版社 1995 年版，第 522 页。

紧急时期雇佣或重新雇佣工人，除非经过劳工部或国民服役部的同意"。① 另一方面，政府与工会无法就稀释法问题达成一致。工程业联合工会在战争初期即反对稀释法的实施，"1939 年 12 月开始，劳工部报告便提示内阁要注意潜在的问题，注意工程业联合工会和其他工会成员对于稀释法的厌恶以及对于工资控制问题的反感"。② 技术工人的短缺直接影响了工厂对普通工人的吸纳能力，这导致劳工动员十分低效，"直至 1940 年 4 月，战争已开始 8 个月后，仍有约 100 万名劳工登记为失业人口"。③ 从根本上来说，战争初期劳工动员的低效性是由政府与工会之间信任与合作的缺乏造成的，缺乏工会的支持与配合，政府很难推行更加强制性的劳工政策。

通货膨胀问题是英国政府在战争早期面临的另一大威胁。在"以战代赈"的经济背景下，由于经济生产向军需品行业倾斜，外加充分就业情况下居民的可支配收入增加，通货膨胀缺口不断扩大，英国陷入生活成本指数上涨与工资上涨恶性循环的威胁之下，由此导致工资与物价挂钩的固有调节制度失灵，在控制物价和控制工资之间，政府与工会之间形成了较大的张力。自 1939 年 10 月以来，生活成本指数持续上涨，如表 5-2 所示。到 1940 年 6 月，生活成本指数已比 1939 年 9 月增长了 17%。面对生活成本指数的上涨，政府希望通过推行规定工资制解决。1939 年 11 月，由斯坦普勋爵（Lord Stamp）负责的"战备经济与财政计划小组"成立，为财政部提供顾问服务，展开一系列调研，即斯坦普调查（Stamp Survey）。其所发布的报告指出："目前工资申请提出的数量要多于

---

① Margaret Gowing, "The Organisation of Manpower in Britain during the Second World War", *Journal of Contemporary History*, Vol. 7, No. 1 - 2, January - April 1972, p. 148.

② Talbot C. Imlay, *Facing the Second World War: Strategy, Politics, and Economics in Britain and France*, Oxford: Oxford University Press, 2003, p. 338.

③ Alan Bullock, *The Life and Times of Ernest Bevin*, Vol. 2, London: Heinemann, 1967, p. 7.

以往任何时期，并且对工资增长提出要求的数量还在持续增加。为避免造成物价上涨与工资上涨的恶性循环，本调查向经济政策委员会建议'建立一个对工资变化进行集中审查和批准的体系'。"毫无疑问，这一相当于限定工资的要求遭到了工会的强烈反对。时任运输工人与通用工人工会主席的贝文坚决维护工人权益及工会利益，指出他"有权为自己所代表的工人们争取利益，并要求提高工资以应对物价的上涨"。[①]　工会代表大会秘书长西特林针对该问题表示："工会代表大会的成员们一定会拒绝政府所提出的以牺牲工人利益为代价的提议，并提出愿意支持自愿储蓄运动。"由此可见，战争开始后，政府和工会就工资控制问题产生了较大分歧。

表 5-2　1939 年 9 月至 1940 年 6 月英国生活成本指数的变化
（以 1939 年 9 月为基准 = 100）

日期	食品	服装	燃料	租金	所有项目
1939 年 9 月	100	100	100	100	100
1939 年 10 月	109	107	101	100	106
1939 年 11 月	112	113	103	100	109
1939 年 12 月	114	118	107	100	112
1940 年 1 月	114	120	110	100	112
1940 年 2 月	117	125	111	100	114
1940 年 3 月	117	128	113	100	115
1940 年 4 月	114	131	113	100	115
1940 年 5 月	115	135	114	101	116
1940 年 6 月	114	137	116	101	117

资料来源：W. K. Hancock, *The British War Economy*, p. 166。

随着人力资源成为战时最为稀缺的资源，对于通货膨胀问题僵持不下，政府认识到了获取劳工力量配合的重要性。在绥靖政策、

---

① Russell Jones, *Wages and Employment Policy*, *1936 - 1985*, London：Routledge, 2018, p. 135.

与工会关系不佳、对战时经济处理不善等问题的综合作用下，张伯伦政府下台。1940 年 5 月，丘吉尔接替张伯伦担任首相，与工党组成联合政府，并成立联合咨询委员会。联合咨询委员会由劳工大臣贝文主持，工会代表大会与英国雇主联盟（British Employers' Confederation）各五名成员参与。相比张伯伦政府时期的联合咨询委员会（Joint Advisory Committee），新联合咨询委员会具有更为实际的咨询意义，它的成立标志着工业组织被纳入战时经济计划的中心，战时劳、资、政三方合作框架正式建立。正如基思·米德尔马斯（Keith Middlemas）指出的："雇主和工会成员确实被纳入了新的部门结构中，主要是在劳工部与战时供给和经济部。工会代表和雇主也的确共同参与到了咨询委员会中，但显然，实际的执行权（最后决定权力）明显偏向于雇主。"①

综上所述，战争这一特殊事件及其引发的经济社会变化，为政府引导劳资双方进行合作提供了契机。政府与工会的合作由失败到成功的经历表明，在与工会存在固有矛盾的情况下，忽视给予工会应有的权利与尊重，仅依靠资本家进行战备经济的方式，与战争需求的新的经济社会背景下，劳资双方基于平等合作解决问题的时代发展趋势相悖。联合政府成立后，以劳、资、政三方合作为特征的决策框架成功建立，这成为战时处理劳资关系的前提和基础，也为劳资关系的合作发展提供了前所未有的机遇。

二　工会力量的提升

二战时期，工会建立起以工党为桥梁的机制与政府开展积极主动的合作，在涉及工业问题的各环节得以参与政策制定。工党也在 30 年代遭遇执政危机后再次执政，联合政府使工党从执政党的视角重新进行自我审视，将国有化政策的思想付诸实践，日

① Keith Middlemas, *Power, Competition and the State*, Vol. 1, *Britain in Search of Balance*, *1940-61*, London: The Macmillan Press Ltd., 1986, p. 18.

益走向成熟。综合而言，二战时期是工党与工会作为劳工运动的政治与工业两翼密切合作、实现双赢的时期。无论是从工会规模还是工会权利而言，这一时期工会得到了"量"与"质"的双重提升。

尽管面临诸多限制因素，但二战时期仍是工会发展的上升期。工会规模稳步扩展，在诸多新兴领域取得了令人欣慰的发展。30年代工会经历了发展低潮。科尔指出："工会只能尽其所能地坚持下去，在任何领域避免争端，并无拓展其组织规模的举措。"[1] 因失业问题严重，工会的规模缩小，谈判筹码及战斗性减弱。至1939年，总体而言，工会密度达到31.9%，重新恢复至一战后初期水平，二战结束后，"工会密度从1938年的30%提升到了1948年的45%"。[2] 二战时期，工会总人数从1938年的605.3万人增长到1945年的780.3万人，人数增长约29%。在上述增长中，女性工会成员比例增加是二战时期工会规模变化的一个显著特征。"1938—1944年，女性工会成员的人数由92.5万人增加到了180.5万人，几乎增加了一倍。"[3] 二战时期女性成员人数的增加与二战时期女性劳工动员状况一致。

由于人力资源短缺，女性劳工成为政府动员的重点。1940年1月，丘吉尔在曼彻斯特发表演说，将女性劳工作为劳动力扩充的重点对象。他指出："我们将需要数百万名新工人，而且必须有百万名以上的妇女勇敢地参加我们的军事工业，进入炮弹工厂、军火工厂以及飞机工厂。假如不扩大这种劳动力的来源，假如不让英国妇女们像她们所希望的那样参与战斗，我们就根本不能负起英法两国

---

① Chris Wrigley, *British Trade Unions since 1933*, p. 7.

② James Hinton, *Labour and Socialism: A History of the British Labour Movement*, p. 161.

③ G. D. H. Cole, *A Short History of the British Working Class Movement, 1789-1947*, p. 455.

共同担负的责任中我们应该承担的那一部分。"① 根据劳工部门的统计，如要完成战时的生产计划，"还需有 4.6 万名女性被征召进入工业领域"。② 战争动员在 1943 年取得了最佳效果，"就女性工人而言，就业的总人数由 1931 年的 626.5 万人增长到 1943 年的 750 万人"。③ 由此可见，在战争动员的情况下，失业人员的再就业、女性就业人数的增加，即应战争生产的需求产生的劳动力增加成为工会力量增长的主要来源。值得注意的是，尽管女性劳动力数量增加，但是女性劳工的入会率仍然较低。"尽管女性工会成员大幅度增长，但即使在 1943 年政府动员女性就业的最高峰，也只有不超过 1/4 的女性工人参加工会。"④ 这主要是由于从工会角度而言，接纳女性进入工会仍然是一种不情愿且备受争议的行为。这一问题在男性技术工人占据优势地位的工程行业尤其明显。二战时期，女工通过稀释法进入工程行业，工程业联合工会对于接纳女性劳工一直持犹豫、被动接受态度。1940 年 2 月，工程业联合工会的秘书长指出："通常情况下，除非经过工会的一致同意，女性不得加入工程行业。"⑤ 工程业联合工会直到 1943 年才开始接受女性成员加入。1943 年工会对该问题态度的转折是基于竞争关系，即运输工人与通用工人工会接纳女工后规模扩大，对其造成压力。此外，入会与否对同工同酬问题的关键性作用，也影响着女工自身对加入工会的态度。

① ［英］温斯顿·丘吉尔：《第二次世界大战回忆录 1　风云紧急》，原北京编译社等译，第 522 页。

② Chris Wrigley, *The Second World War and State Intervention in Industrial Relations, 1939–45*, Cheltenham: Edward Elgar, 1996, p. 15.

③ Penny Summerfield, *Women Workers in the Second World War: Production and Patriarchy in Conflict*, London: Routledge, 1984, p. 29.

④ 杨俊佳：《二战期间英国女性就业问题研究》，硕士学位论文，陕西师范大学，2012 年，第 36 页。

⑤ Penny Summerfield, *Women Workers in the Second World War: Production and Patriarchy in Conflict*, p. 124.

　　具体而言，战时经济发展的行业差异也较为显著地体现在行业工会的发展差异之上。作为战时重点发展的领域，金属、工程、化工领域的工会规模得到了迅速发展。工程业联合工会的人数从1939年的33.4万人增加到了1943年的82.5万人，战争使其人数扩展为之前的两倍。运输工人与通用工人工会的人数也迅速增加，由战前的46.7万人增长到了1943年的72.6万人。在战时作为基础工业发展的领域，即传统工业领域的各工会，也自1926年大罢工后的举步维艰中逐渐恢复过来。全国矿工联合会人数在1944年由58.8万人提升到了60.2万人。[①] 总之，各工会的总人数增加、规模扩大，工会运动的组织性得到增强，工会在二战时期越来越成为一支不容小觑的力量。

　　除以人数扩展、规模扩大等为特征的工会"量"的发展外，二战时期，工会也获得"质"的提升，主要表现在两方面。第一，工会运动的组织性显著增强，工会代表大会的结构得以优化，对附属工会的控制能力增强，工会之间的合并趋势也显著增强。第二，工会的政治地位和影响力显著提升。1926年之后，在对总罢工失败的反思过程中，西特林便开始通过建立并完善总理事会以期对工会代表大会的角色进行重新定义，希望其更好地发挥对整个劳工运动的领导作用。二战时期，西特林沿袭了这一发展重心，强调战时各工会支持工会代表大会总理事会决议的重要性。在1940年5月贝文被任命为劳工大臣后工会代表大会的一次大会上，西特林指出："在这样的背景下，我确信我们不会对政府不得不采取的非正常时期的措施感到不满。"[②] 由此，寻求工会代表大会各附属工会团结一致支持以贝文为纽带的工会的政治行动展开。"在这种情况下，年度代表大会和总理事会比以往任何时候都更成为整个工会运

①　Henry Pelling, *A History of British Trade Unionism*, p. 223.
②　Robert Taylor, *The TUC: From the General Strike to New Unionism*, p. 84.

动正式的政策制定机构。"①

除工会代表大会更具组织性外，工会之间的合并趋势增强，也成为二战时期工会得到质的提升的重要体现。工会的年平均合并数于1944—1946年达到了最高值，为12.7%，前后十年的平均值均未超过10%。② 在工程与造船领域，行业工会细碎、复杂，不同行业工会间矛盾重重，严重妨碍了集体谈判制度的有效推进。为解决这一问题，1943年工会代表大会总理事会对各工会的结构进行审查，着重解决覆盖行业重叠与相互之间竞争严重的问题，以推进工会之间的有效合并。全国矿工联合会、全国装配工人工会是这一时期工会合并的重要成果。二者与工程业联合工会、铁路工人协会共同名列工会运动领域的"四巨头"，占据了工会代表大会总人数的一半以上。尽管二战时期工会之间的合并和扩展程度不及一战时期，但缓慢渐进的合并减少了工会组织之间的摩擦，有效增强了工会的谈判力量。

二战时期工会力量的质的提升还体现为工会的政治地位与影响力提升。这种转变表现在中央与地方各层面之上。从中央层面而言，工党与工会成员均在战时联合政府中任要职。战争初期，张伯伦政府对工党与工会仅做出了象征性的被动妥协，保守党给予工党联合组阁职位极少，且并未对工会在工业政策制定中的重要地位以及问题关切给予重视。财政政策与外交政策上的巨大分歧使这种不信任的态度持续蔓延，严重影响了战时初期保守党与工人力量的有效合作。1940年5月丘吉尔重新组阁后，为工党提供了战时内阁及政府中超过1/3的席位。艾德礼、格林伍德分别在战时内阁中任要职，贝文被任命为劳工大臣。值得注意的是，1940年5月议会通过《紧急权力法案》，法案规定："每个人和他们的财产都可因

① G. D. H. Cole, *A Short History of the British Working Class Movement*, 1789–1947, p. 460.

② Gary N. Chaison, *Union Mergers in Hard Times: The View from Five Countries*, New York: Cornell University Press, 2018, p. 93.

政府的需求而被征用，并赋予政府惩罚违反国防规定的人的权力。"① 这意味着身兼政府劳工大臣和运输工人与通用工人工会主席的贝文在劳工问题上拥有了极大权力。由此，工党与工会不仅作为压力集团，更是成为政府劳资政策制定中的核心力量。从地方层面而言，作为两次世界大战之间惠特利委员会理念延伸的联合咨询委员会以及联合生产委员会（Joint Production Council）广泛建立。前者由雇主联合会、工会代表大会代表组成，主要从整体上对工业政策相关问题，如工资政策、劳工动员政策等加以讨论。在联合咨询委员会中，工会起到了重要作用。联合生产委员会则在地方各层面广泛建立，截至 1942 年 12 月，共建立了 2000 个联合生产委员会，覆盖各类工厂，员工多达 200 万人，负责对生产、管理问题进行协商讨论。② 由此可见，不同于 30 年代的被动参与，有组织劳工作为体制内力量的地位得到了重视，工会的声音得到了合理尊重，工会不仅在战时工资政策、劳工动员政策制定中被重视，也在战时具体的生产和管理问题中拥有一席之地。

　　战时工会力量的提升是多重因素共同作用的结果。首先，战时经济的相对繁荣使大量失业工人重回就业岗位，这为工会规模的扩大提供了基础。战时生产对特定行业的需求极高，推动了相关行业工会的迅速发展。其次，因战争对生产以及人力资源的动员需求迫切，且在战争初期遭遇困境，政府迫切需要工会的积极配合，遂向工会抛出橄榄枝。早在 1937 年，丘吉尔便对与工会合作表达了积极态度。他在给安东尼·艾登（Anthony Eden）的信中指出："没

---

① HMSO, *Emergency Power（Defence）Act 1940*, Chapter 20, May 1940, https：//www. parliament. uk/about/living－heritage/transformingsociety/private－lives/yourcountry/collections/collections－second－world－war/second－world－war－legislation/emergency-powers-defence-act-c20-1940-1/，2022 年 10 月 5 日。

② Nick Tiratsoo and Jim Tomlinson, *Industrial Efficiency and State Intervention：Labour, 1939-1951*, London：Routledge, 1993, p. 18.

有工会的支持，我们的军需品计划就无法正常实施。"① 最后，工会对自己在这一时期的发展目标有着明确的认识与规划，将战争视作一次提升影响力的机会，积极谋求话语权的提升。早在 1926 年大罢工后，贝文便致力于为工人阶级争取一种新型的"工人阶级公民身份"（Working-class Citizenship），希望通过国家劳资委员会参与到国家经济问题的讨论与政策制定之中，但囿于工会自身力量在大罢工后的严重削弱，该尝试收效甚微。战争初期，西特林向工会代表大会下属委员会做报告时即点明了工会在战时的关键性作用。随后，贝文再次强调战争作为提升工会影响力、树立工会运动在社会中新地位的重要契机。"如果我们的运动和我们的阶级凭实力提升自己的地位，并拯救人民于水火之中，那么国家将永远对拯救他们的人充满信心。"② 总之，二战时期工会力量显著增强，工会已不再是雇主阶级控制的代表其利益的社会中的反对力量，而是成为新的社会体系中的组成部分，这为政府干预下势均力敌的劳资关系的平稳发展提供了前提。

战时工党与工会的联系更为密切，形成了劳工运动合则两利的局面。在二者的密切合作下，工党抓住了战时劳工运动的机遇，为其 1945 年再次执政奠定了坚实基础。1931 年工党执政危机发生以来，工党内部分裂，工党与工会关系亦开始走下坡路。二战时期，工党充分尊重工会的意见与态度。在是否参加联合政府这一问题上，在已获得全国执委会同意，并承诺在新的政府之中加入工会一方代表的基础上，艾德礼还是亲自征得了贝文的同意，并指出："没有整个劳工运动的支持，他不准备参加政府，因为只有与劳工运动的政治和工业两翼保持紧密的联系，获得他们积极的支持，他们才能在政府内开展高效的活动。"③ 此外，诸多工会领袖均进入

---

① Chris Wrigley, *British Trade Unions since 1933*, p. 12.

② Alan Bullock, *The Life and Times of Ernest Bevin*, Vol. 2, p. 20.

③ Stephen Brooke, *Labour's War: The Labour Party during the Second World War*, Oxford: Clarendon Press, 1992, pp. 50-51.

政府成立的各类委员会，积极参与到政策讨论之中，减少了工会政策推行的阻力。这一时期也是工党重获劳工运动领导权的重要时期。工党自 1931 年危机后再次执政，也使其在 30 年代反思后，重新从执政者这一政策制定者视角审视问题，加之战时工党与工会的密切合作，为工党作为执政党走向成熟，并最终获得 1945 年大选的胜利提供了前提。

二战促使工党的诸多政策由模糊走向成熟，正如艾德礼所说："应该抓住（战争）时机，为计划经济体制奠定基础。"① 1940 年，工党发布《内政》（*Home Policy*），"为后来的战争方案提供了框架"。② 1941 年，中央战后重建委员会（Central Committee on Problems of Post-War Reconstruction）建立，并于 1942 年 2 月发布《旧世界与新社会》（*The Old World and the New Society*），为充分就业、社会保障、教育改革等问题提供了新的解决方案。贝文、艾德礼等人在战时内阁中对国内事务的积极参与，推动了公众对工党执政能力看法的转变。战时经济条件下，英国对公有制、充分就业、福利制度等问题的现实利益有了切身体验，从而在一定程度上改变了公众的一偏之见。在此基础上，1945 年工党在《让我们面向未来》竞选宣言切中要害地延伸了公众的预期。

综合而言，二战时期是工会历经二三十年代发展低潮后重获新生的重要时期。这既是工会代表大会自 1926 年大罢工失败后对工人运动进行自我反思的结果，也是 20 世纪 30 年代末期以来国际局势变化所带来的发展机遇。备战需求使劳工重要性提升，工人运动重回发展上升期。相较因国内经济状况相对好转而导致的工会规模的扩大，这一时期工会的发展还具有工业民主层面的重要意义。在以往作为压力集团这一角色的基础上，通过直接参与政府决策，工会成为一支获得政府认可的积极力量。由此，二战

---

① Andrew Thorpe，*A History of British Labour Party*，London：Macmillan Press，1997，p. 106.

② Andrew Thorpe，*A History of British Labour Party*，p. 99.

时期，工会的力量不容小觑，这也为战时劳资之间的有效合作提供了前提。

三　雇主组织的稳健发展

相较于战时工会地位的突破性发展，雇主组织的发展展现出相对的稳健性。随着战时政府干预经济程度的加强，雇主组织以尽可能地保持工业独立性为目标，相应调整自己的发展策略，在战时经济政策的制定过程中发挥重要作用，并依托战时的经验成为英国工业发展过程中一支更加负责任的力量。

随着战时社会经济条件的变化，企业的发展也面临很多不确定因素，企业的管理权被削弱，从而使雇主在战时的发展中处于相对守势。依据《1305 号令》的规定，雇主在谈判中强有力的筹码闭厂同罢工一样被定为违法行为，争议需提交由劳、资、政三方构成的仲裁法庭进行调解。这实际上会使工人抱有在仲裁法庭上获得更高工资提升的期望，从而消极对待前期谈判。在工程行业，除 1940 年 5 月工人成功通过谈判获得 5 先令的工资提升外，之后工程领域的全部工资争议均被提请到仲裁法庭裁决。针对这一问题，工程业联合工会于 1943 年 1 月召开会议表示："对于一个以劳资双方自发解决问题为习惯的工业，定期将工业争议诉诸仲裁是不符合其尊严和最佳利益的……越来越多的雇主丢弃自己的管理职责会加速政府对工业事务的干预。"[1] 战时企业不得以任意理由解雇工人，进一步削弱了雇主对企业的管理能力。1939 年 9 月以来，政府不断收紧对劳工的控制权。议会于 1939 年 9 月 21 日通过《就业控制法》，授予劳工大臣发布命令的权力，将对特定行业的劳动力调动权收归政府。1941 年《基本工作条令》（*Essential Work Order, 1941*）出台，要求所有技术工人进行登记，根据劳工部的安排，

---

① Eric Wigham, *The Power to Manage: A History of the Engineering Employers' Federation*, p. 153.

除因重大失误被开除，或主动向当地军官提出申请外，不得被解雇或擅自离开岗位。政府对技术性劳工雇佣权的控制，进一步削弱了雇主在劳资冲突中的威慑力。

尽管从个体企业角度来看，二战时期其发展处于守势，但对雇主组织而言，二战时期其规模壮大，结构得到了进一步优化。二战时期，英国工业联合会的地位和作用得到了提升与增强，无论是从其在工业界的统领地位，还是政府对其地位的认知而言，"到战争结束时，英国工业联合会都被视作主要的代表机构"。[1] 二战期间，作为英国占主导地位的工业组织，英国工业联合会确立起了英国工业界中心代表机构的地位，被认为是"英国工业之声，针对当今最重要的问题阐明工业界的观点和要求"，[2] 是战时政府与企业展开沟通的重点渠道。从英国工业联合会与各行业协会（trade associations）及个体公司的关系层面而言，二战时期，英国工业联合会的会员数量成倍增长。"1939 年英国工业联合会仅拥有 178 个行业协会和 2785 家个体公司，而到 1946 年其成员数量已经增加至243 个行业协会和 4478 家个体公司。这种迅速增长状况在接下来的两年内得以延续，到 1948 年，英国工业联合会已拥有 270 个行业协会和 5754 家个体公司。"[3] 由此可见，战争期间，英国工业联合会的成员数量增加了一倍多，这意味着对于行业协会和个体公司而言，英国工业联合会在战时发挥的作用得到认可，加入英国工业联合会成为一种明智之举。成员数量的增加也意味着英国工业联合会的力量增强，在与政府进行沟通方面具备了更大的话语权。

战时，随着政府对经济干预的加强，如何保持工业界自身的独

---

[1] Stephen Blank, *Industry and Government in Britain: The Federation of British Industries in Politics, 1945-65*, p. 31.

[2] Stephen Blank, *Industry and Government in Britain: The Federation of British Industries in Politics, 1945-65*, pp. 6-7.

[3] S. E. Finer, "The Federation of British Industries", *Political Studies*, Vol. 4, No. 1, January 1956, p. 62.

立性成为雇主组织的共同关切，加强自身组织性成为雇主组织应对经济干预的新策略。在战时劳、资、政三方合作框架中，就雇主一方而言，合作与协商依托英国工业联合会、英国雇主联合会完成。在三方合作的具体实践过程中，英国工业联合会显示出对经济事务强烈的干预意愿，在战时经济问题、战后经济规划中均起到了重要作用。1942年，随着战后重建问题被提上日程，政府就战后世界可能存在的经济问题咨询工业界意见，贸易部要求英国工业联合会提交针对相关问题的报告。英国工业联合会在报告中指出，"战后将会出现人口结构固定、社会老龄化严重的问题，由此导致消费市场缩减，工业扩张前景惨淡……同时，战后将面临一个虚弱的贸易体系"，在这种情况下，"要给予行业协会极大的自主管理权力"。①

　　总体而言，英国工业联合会通过强调战后经济世界存在的诸多问题及其严重后果，提出"要限制政府权力，政府只负责维护好自治体系顺利运作的框架，如进行国际协商等"，这是英国工业联合会创立之初的重要目标在战时特殊环境下的重申，即在战后不可避免的政府对经济干预的新模式之下，尽可能多地保持工业界的独立性。1944年，随着战时政府干预经济的积极成果显现，英国工业联合会承认政府在战后重建过程中的重要作用，并企图积极寻求与政府的合作。但合作过程中，工业界的独立性如何保持，成为其担忧的主要问题。在这一背景下，查尔斯·布鲁斯（Charles Bruce）成立专门小组，针对该问题发布了一份重要报告。该报告指出，"除非工业界自身开始……采取措施成立合适的组织，政府可能会迫于（战后）环境压力自行设计并主导其与工业界的交流途径"。② 由此可见，对战后经济环境的合理预期，使英国工业联

---

① Stephen Blank, *Industry and Government in Britain: The Federation of British Industries in Politics, 1945-65*, pp. 33-34.

② Stephen Blank, *Industry and Government in Britain: The Federation of British Industries in Politics, 1945-65*, p. 38.

合会将加强自身组织性（the organization of industry）作为在政府干预中保持自身独立性的重要举措。从 1916 年建立之初到战前，英国工业联合会被认为"从未达到其创始人所追求以及其对手（工会）所害怕的（对于经济政策）的主导地位"。[①] 战时及战后可预期的政治经济环境的变化，导致了英国工业联合会对自身角色定位的转变，即由默默无闻到积极参与，其实是要由此抵御政府对于工业界的"过度干预"。

战后资本主义发展进入新阶段，追求充分就业、科技迅速发展，成为战后资本主义发展的新特征。在新的经济条件下，政府对经济的积极干预已成为不可避免的事实。随着政治与经济发展关系的变化，英国工业联合会作为工业领域的代表利益集团，其对待政府的态度也随之变化，英国工业联合会的改革进程由此开启。在19 世纪以来传统的自由主义经济模式下，英国工业联合会的主要制衡对象是工会，其主要目标在于以组织化作为实现工业自治的重要方式。在两次世界大战及大萧条的影响下，英国工业联合会发展出以下三方面职能：第一，为组织内成员提供一般性服务，包括为行业协会和个体公司提供关乎其切身利益的税收政策等相关信息，"新的立法、规定、官方声明以及特定的地方法案都被记录在册"；第二，对涉及整个行业盈利的事项进行协商；第三，干预政府与工业相关政策的制定，进而确保其成员的既得利益不受损害。而第三项职能作为其在新的经济条件下的新增职能，也被视作英国工业联合会最为重要的职能。正如 S. E. 芬纳（S. E. Finer）所指出的，"英国工业联合会最重要的职能就是与政府打交道"，它"处于一个独特的地位，能够以负责任和政治家的方式影响政府政策"。[②] 为适应新经济形势下主要职能的转变，英国工业联合会对自身的组

---

① Stephen Blank, *Industry and Government in Britain：The Federation of British Industries in Politics，1945-65*，p. 31.

② S. E. Finer, "The Federation of British Industries"，*Political Studies*，Vol. 4，No. 1，January 1956，pp. 64-65.

织架构做出了调整。

英国工业联合会自 1923 年以来未对其内部结构做出任何变更，这导致在战时和战后初期，其运转十分低效。基于此，加之与政府进行联络沟通的迫切需求，1945 年以来，诺曼·基平（Norman Kipping）任英国工业联合会总干事（Director-General），开始对英国工业联合会开展以组织精简化、功能明确化为主要方向的机构改革。首先，高级理事会（Grand Council）的规模缩减，选举产生方式更加合理化。从组织规模和组织构成来看，"高级理事会的规模被缩小至原来的 1/3，由小组和附属小组进行年度选举的方式被废除，并建立了新的三年为一期的选举制度。每个行业协会都确保在总理事会中拥有席位……行业协会成员占总理事会成员总数的 2/3，剩余的 1/3 由个体公司代表担任"。从高级理事会的选举方式来看，"为方便选举，个体公司以主要产品为依据被划分为 47 个小组"。[1] 此外，联合会的权力结构也发生变化。为更好地在地方层面与政府开展合作，联合会设立地区委员会（Regional Councils）。每个地区委员会包括两名高级理事会成员，以加强中央机构与地方机构的联系。同时，联合会开始确立以众多功能明确的委员会为特征的新型组织架构模式，组织化程度显著增强。最高权力归属于高级理事会，"高级理事会负责选举主席和执行委员会（Executive Council）"。[2] 为了更有针对性地与政府进行各层面的沟通，英国工业联合会开始实施专门性的常务委员会制度（system of standing committee），每个委员会由一个特定部门负责。同时，英国工业联合会还成立了政策咨询类委员会，通过设置主席咨询委员会（The President's Advisory Committee）为联合会提供关于当前政府经济、税收政策的分析建议。总体而言，战时政府对经济的干预加

---

① Stephen Blank, *Industry and Government in Britain：The Federation of British Industries in Politics*, 1945-65, p. 48.

② Stephen Blank, *Industry and Government in Britain：The Federation of British Industries in Politics*, 1945-65, p. 49.

强，这一趋势在战后的英国继续发展，成为英国工业联合会对自身结构进行改革的契机。经过内部改革，英国工业联合会的基本权力结构得以确立。专门性和咨询性常设性委员会的设立，从实践和理论层面提升了英国工业联合会的综合应对能力，"联合会作为英国工业的中心代表机构以及政府工业关系的核心点的地位得以加强"。①

从具体的行业雇主组织来看，以工程业雇主联盟为例，其组织规模和结构发展趋势也与英国工业联合会存在相似性。整个 20 世纪 20—30 年代，其所包含的成员公司数量均呈减少趋势，由 2573 家跌至 1880 家。而 40 年代以来，公司数量迅速增加，截至 1945 年，已增加至 3571 家。② 除规模扩大外，工程业雇主联盟的组织性也有所增强。1941 年以来，工会对企业生产效率问题的一系列指控，使该组织意识到了获取议会代表权的重要性，雇主组织开始出现政治化的趋势。时任英国工程业雇主联盟领袖的拉姆塞（Ramsay）在组织会议上建议"英国工程业雇主联盟获取在下院的代表权，并为此成立了一个委员会。在与雇主联盟进行讨论后，董事会倾向于赞成这一提议"。③ 此外，工程业雇主联盟对自身的行政机构做了精简与整合，提升了雇主组织的行政效率。工程业雇主联盟取消与董事会有过多职能重叠的行政委员会，代以由 14 名董事会成员组成的规模更小的政策委员会（policy committee）。在资金组织方面，作用欠佳的戴尔基金（The Dyer Memorial Fund）被合并为慈善和戴尔纪念基金（Benevolent and Dyer Memorial Fund），领班互助会（The Foremen's Mutual Benefit）和员工互助会（The Staff

---

① Stephen Blank, *Industry and Government in Britain：The Federation of British Industries in Politics，1945-65*，p. 47.

② Steven Tolliday, Jonathan Zeitlin, eds., *The Power to Manage：A History of the Engineering Employers' Federation*，Appendix J.

③ Steven Tolliday, Jonathan Zeitlin, eds., *The Power to Manage：A History of the Engineering Employers' Federation*，p. 151.

Benefit Society） 合并为领班和员工互助会（The Foremen and Staff Mutual Benefit Society）。

综合而言，战时的特殊经济背景使劳、资、政三方合作框架的建立不仅十分必要，而且具有高度可行性。30年代，在经济衰落、失业严重的背景下，工会力量处于弱势，加之1927年《劳资争议与工会法》的打压，工会选择采取温和的"议会斗争道路"，作为一种明哲保身的被动之举。蒙德—特纳会谈、联合工业委员会等一系列致力于促进劳资双方合作的谈判或机构相继出现，但均因双方力量失衡、缺乏信任等而收效甚微，以失败告终。在特殊的经济条件下，随着工会与工党核心成员进入战时内阁，工会的地位显著提升。雇主组织稳定发展，其科学化、组织化的改革使雇主组织的行为受政策的影响增大。由此，在政府引导下的劳资有效合作最终成为可能。

第二节　高压政策下的相对和平

随着贝文任联合政府劳工大臣，政府与工会之间的不信任逐步消解，以1940年5月《紧急权力法案》的出台为标志，政府获取了对劳工问题进行干预的绝对权力。依托这一权力，政府对劳工转移、劳资争议化解等一系列问题进行严格管控，并通过《1305号令》禁止战时的罢工与闭厂。《1305号令》实质上是将劳资双方强制纳入谈判轨道之中，在其威慑作用下，劳资关系总体较为平稳。在政府的积极推动下，集体谈判制度在各行业得以恢复和建立，工会与雇主间关系得到显著改善。在双方关系改善的背景下，尽管罢工数量相比30年代有所增加，但罢工规模小，因罢工损失的工作日极少。

一　政府的高压政策

在君主立宪政体之下，英国政府想要获得不受限的行政权力并非易事。二战时期，为进行高效的经济动员，英国政府再次诉诸议会，要求拥有高度的行政权。政府行政权力的扩大，也即意味着政府对劳资关系进行干预的权力增加。在这一条件下，唯有对权力进行谨慎与合理的使用才能达到最佳目的。

随着战事吃紧，英军在敦刻尔克大撤退中损失惨重，政府将战争初期出台的《紧急权力法案》延期，这成为赋权政府干预劳资关系的法律前提。1940年4月联合政府成立，这标志着政府、劳工双方已达成了初步的合作意识。联合政府目前的紧迫任务是消除障碍，获取确保战时经济按照预期运行的行政权力，即政府在劳工动员、控制罢工、干预生产等问题方面的绝对权力。经与联合咨询委员会商议，在获得工会、雇主代表准许的前提下，议会于1940年5月通过《紧急权力法案》。5月出台的《紧急权力法案》是之前的法案延期一年的结果。对于英国政府紧急权力的使用最早可追溯至爱德华六世时期。"最早在爱德华六世时期，即有相当多的英国法规，从以下几个层面去增强英国在战时的力量。其中包括对各类经济手段的赋权，以及可以在紧急时刻发布特殊法规的权力。"[1]一战时期，在1914年8月的前6天，"在上述法规的准许之下，便有约17项能够应用在英格兰和威尔士的相关法规发布。同时，议会制定了各项其他法规以便对特殊情况加以处理"。[2] 1914年8月7日下午，内政大臣"手里只拿了半张笔记，却没有提交法案草案"，他要求下议院通过《领土保卫法案》（*Defence of the Realm Act*），匆忙地将军事统治和特权概念转变成法定条款。"这成为后来由政府建立的战时权力大厦的基石。"但总体来看，一战时，对于紧急权力的运用是"试验性的、犹豫的……当政府的第一份正式法案通过时，政府强调其会最低限度地动用权力，仅在威胁生

① Cornelius P. Cotter, "Constitutionalizing Emergency Powers: The British Experience", *Stanford Law Review*, Vol. 5, No. 2, April 1953, p. 384.

② Cornelius P. Cotter, "Constitutionalizing Emergency Powers: The British Experience", *Stanford Law Review*, Vol. 5, No. 2, April 1953, p. 384.

命、财产等重要问题出现时才会动用上述紧急权力。一战时期政府
对于紧急权力准备不充分的情况造成了诸多隐患。政府多次在法庭
上因法律的执行问题被成功起诉"。① 总之，一战时期政府权力的
获取是犹豫、草率、不充分的，这也成为二战时期紧急权力出台问
题的重要参照——要早做准备，且要在各方面进行充分准备。

两次世界大战之间，政府对和平时期紧急权力的保留做出了新
的规定。出于对和平时期紧急权力存在必要性的考虑，政府于
1920 年通过《紧急权力法案》。这一法案的出台，为政府在和平时
期干预劳资关系提供了极大的可能性。劳合·乔治坦诚地指出：
"这一法案出台的目的，就是要给予政府一项有力的武器，使政府
能够借此处理（对国家和社会秩序）严重有害的罢工行为。"② 该
法案首先对经济情况做出了定义，即当"食物、水、燃料或照明
的供应和分配受到威胁""公众或大部分公众的生活必需品受到剥
夺"的情况发生时，国王即可宣布当前处于紧急状态。在紧急状
态之下，如果议会同意，政府即可以命令（order）的方式出台各
项条例（regulations）。但在 1920 年法案中也明确规定，"本法中的
任何内容不能被解释而用于实施任何形式的义务兵役或工业征兵
（industrial conscription）"。③ 违反条例者由简易裁判程序做出相应
判决。最后，是对政府与议会关系的规定。对于紧急状态的判定宣
布以及相关条例的出台，必须即刻与议会商议。相关条例必须在提
出后立刻向议会呈递，如果 14 天之内，议会的两院未能通过，则
条例作废。从 1920 年《紧急权力法案》实施的情况来看，两次世
界大战之间《紧急权力法案》曾在 20 年代政府处理罢工问题时多
次应用。

---

① W. K. Hancock, *The British War Economy*, p. 83.

② Hansard, *House of Common Debates*, Fifth Series, Vol. 133, Cols. 1350–1399, 25
October, 1920.

③ Cornelius P. Cotter, "Constitutionalizing Emergency Powers: The British Experience",
Stanford Law Review, Vol. 5, No. 2, April 1953, p. 397.

1940 年 5 月《紧急权力法案》的出台，成为二战时期政府干预劳资关系的法律基础。在《紧急权力法案》之下，《58A 号条例》（Regulation 58A）出台。该条例规定："每个人和他们的财产都可因政府的需求而被征用，并授予政府惩罚违反国防规定的人的权力。"[1] 从工业层面而言，该条例的出台意味着政府在工业征兵方面迈出重要一步。劳工大臣被授予在紧急状态下对各工业领域从业人员进行调度的权力。"虽然截至 1941 年仅颁布了 1.5 万个条令，在战争结束时，劳工部通过《58A 号条例》颁布的条令超过了 100 万个。"[2] 可见该法案在战时发挥了重要作用。在明确了对劳工的调度权的基础上，1940 年 6 月《雇佣限定条令》（Restriction on Engagement Order，1940）出台，将建筑、民用和通用工程领域的工人就业权收归政府，通过失业者严格登记、雇主进行空缺上报等方式有针对性地对上述领域的就业空缺进行安置。根据登记情况，"约 900 万名登记的工人被约谈……一旦被约谈，工人们就会被安排到战时基本行业工作"。1941 年 4 月，劳工部发布《基本工作条令》，对工人转移过程中可能出现的问题做出较为详细的规定。依据该条令，煤矿、码头、钢铁、造船等行业被列为基本行业，一旦某一行业被列为基本行业，"该行业的工人在未经当地国民服役部（National Service Office）允许的情况下，不得擅自离开岗位。同样，雇主也只有在得到允许的情况下解聘工人"，一旦有违反条例的状况出现，则由地方上诉法庭（Local Appeal Boards）进行审理。该条例也提供了对工人不满问题的解决渠道；工人如对工作安排不满，也可进行上诉，且规定"雇佣条件不得差于《1305号令》或仲裁法庭判定的结果，福利和培训条件也需同样达标"。[3]

---

[1]　Sidney E. Rolfe, "Manpower Allocation in Great Britain During World War II", *Industrial and Labour Relations Review*, Vol. 5, No. 2, January 1952, p. 180.

[2]　Douglas Brodie, *A History of British Labour Law*, *1867-1945*, p. 226.

[3]　Sidney E. Rolfe, "Manpower Allocation in Great Britain During World War II", *Industrial and Labour Relations Review*, Vol. 5, No. 2, January 1952, p. 183.

由此可见，通过获取紧急权力，政府对劳工动员的政策朝着精细化、明确化的方向发展。在这一过程中，任何一项规定的通过与实施均需要劳资双方的密切配合。从封闭自由劳动力市场到禁止随意解雇工人，《1305号令》对雇主与工人的基本权利、工资问题的变更、工作条件的转变等提出了挑战。

《紧急权力法案》的通过是工会配合政府战时行为的表现。联合政府成立以来，贝文注重将联合咨询委员会作为征求劳资双方意见、推行其政策理念的重要机构。紧急权力的获取、劳工动员草案的出台，都在联合咨询委员会的会议上得到了充分的讨论。在《紧急权力法案》出台后，1940年5月22日，工会代表大会召开特殊会议，讨论在《紧急权力法案》带来的政治状况下工会的应对方案。贝文想利用这次会议获取工会代表大会的信任，解除工会对《紧急权力法案》下政府干预劳资关系权力增加的恐慌。贝文在这次大会上提出："实际上，我要求你们听从国家的安排。我们是社会主义者，这是对社会主义的检验。这是对我们是否能做到我们平时通过的决议的考验。我不想过分担心政府中的每个人……"① 由此可见，贝文努力向全体工人阶级说明，政府在战时获得的巨大权力对工人运动不存在威胁。西特林对贝文的说法表示认同和支持，并敦促各附属工会对工会代表大会及劳工部的决议给予配合。西特林指出："这次会议召开的时刻比我们的运动在历史上遇到的任何一次都更具戏剧性。我们从未面临像今天这样的威胁……我们必须迎战这个紧张的时刻，这是对我们每个人才能进行检验的最佳时刻。在这样的背景下，我确信我们不会对政府不得不采取的非正常时期的措施感到不满。"②

通过获取劳工调动权，政府制定了更为合理的劳工动员方案，战争初期的劳工短缺问题得到了一定程度上的缓解。随后，贝文便

---

① Robert Taylor, *The TUC：From the General Strike to New Unionism*, p. 82.
② Robert Taylor, *The TUC：From the General Strike to New Unionism*, p. 83.

着手处理备受争议的工资问题。1940 年 7 月 25 日，《1305 号令》出台，这成为战时政府规范劳资关系、处理劳资争议的主要参照标准。"这一法案标志着英国历史上强制仲裁达到了最高程度"，[①] 将劳资冲突限制在了严格的高压威慑之下。1940 年法国陷落，敦刻尔克大撤退给英军造成了极大的损失，军备生产问题十分迫切。贝文代表劳工部就如何尽可能地消除因工资问题导致的争议对生产造成的影响、尽量在战时预防罢工行为，与由工会代表大会和雇主联盟组成的联合咨询委员会共同商议解决方案。联合咨询委员会任命了一个特殊咨询委员会（Special Consultative Committee），为该问题提供方案，并向劳工部提出如下建议。首先，"在目前国家的紧急状态之下，必须防止一切因劳资纠纷造成的停工问题"。为实现这一目的，"各行各业现存的针对工资和工作条件的谈判协商机制应当继续运作。如果现存谈判机制无法有效解决问题，则应诉诸仲裁，仲裁结果对双方都具有约束力，不得进行罢工或闭厂。在无法提供仲裁的行业，双方可以对仲裁提出新的规定，否则需将争议递交给劳工与国民服役大臣，并由其委任的仲裁官进行裁决。同时，劳工与国民服役大臣要确保谈判或仲裁的结果适用该行业所有的雇主及工人。此外，在前述方案不适用的情况下，任何关于工资或工作条件的争议均应通报给劳工与国民服役大臣，如果在规定期限内问题尚未解决，则由国家仲裁法庭进行裁决。在此期间不允许出现任何罢工及闭厂行为"。[②]

特殊咨询委员会给出的建议基本体现在了《1305 号令》之中。基于特殊咨询委员会的建议，《1305 号令》对战时劳资纠纷及其处理做出了主要规定。依据该法令，工人和雇主的罢工、闭厂行为被视为违法，除非在将无法解决的争议提交至劳工部进行仲裁后 21 天仍未得到有效的解决。在任何行业，在劳资争端处理方面有良好

---

① Ian G. Sharp, *Industrial Conciliation and Arbitration in Great Britain*, p. 419.

② Ministry of Labour, "Conditions of Employment and National Arbitration Order", *The Ministry of Labour Gazette*, August 1940, p. 210.

的协商机制的，仍继续运作。在原有协商机制无法有效解决争端时，双方将争议提请官方仲裁，由国家仲裁法庭（National Arbitration Tribunal）在 21 天内做出裁定，该裁定对双方均有法律效力，并且应被写入雇佣合同中。从构成来看，国家仲裁法庭包括五名成员：主席及其中两名成员由大臣指派，其他两名由大臣从英国雇主联盟和工会代表大会提名的名单中各选一名。

针对《1305 号令》，学者众说纷纭。依据是否有效、是否损害了集体谈判制度两项评价标准，产生了积极、消极与中立派。积极派学者如克里斯·里格利，他认为，"《1305 号令》是对战前权力的补充，而并非替代。战时，一半以上的劳资争端由集体协商解决"，[1] 从而肯定了《1305 号令》对于促进集体谈判、化解劳资争端的有效性。消极派认为："随着战争推进，《1305 号令》的缺陷逐渐暴露，工会的罢工权被剥夺，对工人造成巨大伤害。"[2] 其"大大削弱了工会权力，尤其是集体谈判权及工会的存在感"。[3] 中立派学者如亨利·佩林则指出："《1305 号令》并未阻止罢工……在《1305 号令》起作用的 11 年中，罢工比之前的 20 年都要多……但是持续时间短、损失的工作日数少。"[4] 虽然《1305 号令》对罢工和闭厂做出了严格的限制，但其在避免劳资冲突的目的之下最大限度地遵从了自愿主义原则。在自愿主义集体谈判的三个层面，即双方组织的自愿性、程序的自愿性、协议执行的自愿性方面，《1305 号令》仅在协议执行自愿性方面加以修正。只有当双方自发调解不起作用的情况下，才诉诸强制仲裁。由此可见，《1305 号令》不仅将劳资双方的协商谈判作为化解争议的首要方式，还对此给予法律上的认可，递交国家仲裁法庭仅是一种

---

① Chris Wrigley, *British Trade Unions since 1933*, p. 14.

② ［英］艾伦·胡特：《英国工会运动简史》，朱立人、蔡汉敖译，第 120 页。

③ G. C. Peden, *British Economic and Social Policy, Lloyd George to Margaret Thatcher*, Oxford：Philip Allan, 1985, p. 12.

④ W. Hamish Fraser, *A History of British Trade Unionism, 1700–1998*, p. 187.

保险的威慑手段。同时，《1305 号令》也是对集体谈判制度有效性的一种检验与修正。在双方无法达成一致，即集体谈判制度无法正常推进的地方，官方强制仲裁将劳资双方重新纳入规范的谈判机制内。

二　相对平稳的劳资关系

随着贝文任联合政府劳工大臣，政府与工会之间的不信任逐步消解，以 1940 年 5 月《紧急权力法案》的出台为标志，政府获取了对劳工问题进行干预的绝对权力。依托这一权力，政府对劳工转移、劳资争议化解等一系列问题进行严格管控，并通过《1305 号令》禁止战时的罢工与闭厂行为。《1305 号令》实质上是将劳资双方强制纳入谈判轨道之中，在其威慑下，劳资关系总体较为平稳。在政府的积极推动下，集体谈判制度在各行业得以恢复和建立，工会与雇主间的关系得到显著改善。在双方关系改善的背景下，尽管罢工数量相较于 30 年代有所增加，但罢工规模小，因罢工损失的工作日数极少。

如图 5-1 所示，二战时期，英国罢工次数远高于劳资关系相对平稳的 30 年代，且罢工次数在战时呈上涨趋势，特别是 1942 年以后，非官方罢工次数迅速增加，劳资冲突趋势进一步加剧。但如图 5-2 所示，这一时期，罢工持续时间短，规模小，因罢工损失的工作日数相对较少。总之，在战时劳、资、政三方合作的背景下，劳资双方存在摩擦，但总体来看关系相对平稳。从发展趋势上看，在《1305 号令》出台前，1939 年、1940 年劳资冲突状况主要受生活水平指数变化影响。1939 年，在战争初期，由于物价迅速上涨，且政府在稳定物价以及生活物品补贴等问题的处理上较为犹豫，由工资问题引起的罢工较多，罢工总数达 930 次，因罢工损失的工作日数达 134 万个。1940 年，随着生活水平指数变化的平缓，劳资之间的紧张状况得以缓解。罢工次数和因罢工损失的工作日数分别降至 914 次、94 万个，达到了战时最低水平。①1941年以后，罢工次数和因罢工损失的工作日数开始呈明显的上升趋势，正如克里斯·里格利指出的，"罢工的情况在二战后期要比战前严重，罢工的数量增加，尤其是在1941—1945年。在战争结束后，因罢工损失的工作日数更是急剧上升"。②

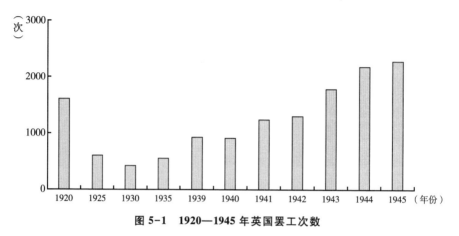

图5-1　1920—1945年英国罢工次数

资料来源：Ministry of Labour, *The Ministry of Labour Gazette, 1939-1945*。

　　二战时期劳资关系的相对平稳，还表现在劳资双方依托各类集体谈判机构进行协商成为化解劳资争议的主要方式，各层次级别的集体谈判有效运作。从官方层面来看，以联合工业委员会和行业委员会为代表的官方层面的集体谈判迅速发展，成为化解劳资争议的主要方式，行业一级的集体谈判重焕生机。"二战时期，集体谈判制度的覆盖率达到了50%，与此同时，国家层面的集体谈判制度的覆盖率达到了40%。"③ 这意味着，二战时期国家层面的集体谈判，即行业一级的集体谈判得到了迅速发展，这与一战对于集体谈判的影响相同。

---

　　① Ministry of Labour, "Employment, Hours of Labour, Cost of Living and Trade Disputes in 1940", *The Ministry of Labour Gazette*, January 1941, p. 5.
　　② Chris Wrigley, *A History of British Industrial Relations, 1939-1979*, p. 27.
　　③ Chris Wrigley, *A History of British Industrial Relations, 1939-1979*, p. 30.

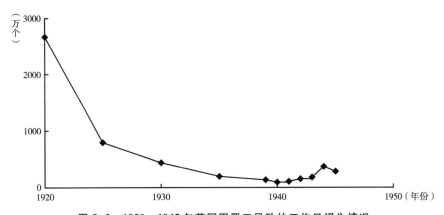

图 5-2　1920—1945 年英国因罢工导致的工作日损失情况

资料来源：Ministry of Labour, *The Ministry of Labour Gazette*, 1939-1945。

　　二战时期，行业一级集体谈判的发展是政府在有限的干预和监督下顺利推进的产物。据统计，依靠劳资双方谈判化解争议仍是最主要的劳资冲突化解方式，在谈判、调解、仲裁等几类劳资争议化解方式中占比最高，达 50.9%。在官方层面，联合工业委员会自 30 年代的发展低谷以来，重新焕发生机。联合工业委员会在二三十年代的昙花一现是多方面因素共同影响的结果。一方面，二三十年代英国产业环境艰难，行业内部竞争严重，利益差异大。行业一级集体谈判对工资和工作条件做出全行业统一规定并不符合雇主的利益预期。另一方面，联合工业委员会的成功运作对劳资双方的组织化程度要求极高，而二三十年代劳资双方并不能满足高度组织化这一要求。此外，劳资双方间的不信任感强，双方均惧怕联合工业委员会成为对方消除己方影响力、主导劳资关系的机构。这些固有问题在二战时期获得了新的化解契机。二战时期劳资双方的组织化程度均有所提升，在面临共同敌人的背景下，双方合作意愿加强。"二战时期，共有 55 个新的联合工业委员会得以建立。"由此可见，联合工业委员会在战时重获生机，成为官方层面、行业层面集体谈判顺利进行的主要机构，劳资双方维持劳资关系相对平稳的意愿不可忽视。

二战时期也被称作 "集体自由放任"（Collective Laissez-Faire）的盛行时期。集体自由放任是一个法律及经济学术语，是指政府允许工会和雇主在有限的政府干预和监督下自由地进行集体谈判的政策。除联合工业委员会迅速发展之外，这一特征还体现在政府积极推行各项工资政策，致力于在集体谈判尚未建立或天生薄弱的行业将劳资双方重新拉回谈判桌。据霍华德·F. 高斯贝尔估计，截至 1945 年，国家层面约有 500 个组织，在这些组织的内部，雇主可以与工会进行协商。克里斯·豪威尔也指出："英国集体薪资协定机构数量在 1940—1950 年增长了 20%，其中 10% 来自集体谈判制度的扩张，而另外 10% 来自对法定工资的裁定，尤其是在一些低收入的工资领域。"[1]以行业委员会为例，1911 年第一个行业委员会成立，这可以视为集体谈判制度发展的童年期。谈判在工人代表和雇主之间进行，但仍需 "在三名独立人士的监督下进行。如果在修改工资的问题上出现分歧，就会进行投票，让独立人支持其中一方"。[2] "一战后，行业委员会扩张加速。1920 年新成立了 23 个行业委员会……到 1920 年底，共覆盖 300 万名工人，超过就业人口的 15%。" 而自此以后，行业委员会的运作情况便出现了严重滑坡，"1936 年的覆盖工人只有约 100 万人"。经过二战时期的发展，行业委员会再次焕发生机，据弗雷德·贝利斯估计，到 1948 年，覆盖的工人达 350 万人，达到有史以来最高人数，占总就业人口的 18%。[3]由此可见，官方层面的集体谈判机构在二战时期有效运行，并对二战之后集体谈判制度

---

①　Chris Howell, *Trade Union and the States: The Construction of Industrial Relation Institutions in Britain, 1890-2000*, p. 89.

②　Simon Milner, "Coverage of Collective Pay-Setting Institutions in Britain, 1895-1990", *British Journal of Industrial Relations*, Vol. 33, No. 1, March 1995, p. 77.

③　Simon Milner, "Coverage of Collective Pay-Setting Institutions in Britain, 1895-1990", *British Journal of Industrial Relations*, Vol. 33, No. 1, March 1995, p. 78.

的发展产生了重要影响。

与此同时，民间层面的集体谈判也显著增加。尤其是在行业一级集体谈判难以推进的领域，民间层面的集体谈判成为劳资双方展开协商合作的重要途径。"第二次世界大战期间，车间代表运动迅速发展起来。似乎在战争时期，工人的代表比和平时期更强大。"①理查德·克罗齐（Richard Croucher）对考文垂地区工人代表数量变化的统计表明，"1941 年在工程行业的所有就业人员中，大概每 125 名工人之中就有 1 名车间代表"。以数据可供统计的考文垂地区为例，战时的条件促进车间代表人数迅速增加。如表 5-3 所示，1941—1944 年工程业联合工会记录在册的其所承认的车间代表人数均在 300 人以上，"大概达到了 1938—1939 年的 2.5—4 倍。这一涨幅明显高于这一时期考文垂地区工人总数增长的幅度，由此可见，车间代表的覆盖率在战时一定出现了显著的增长"。除受承认的车间代表数量增加外，一些以往并不存在车间代表地区的车间代表也开始大量涌现。"截至战争末期，几乎在英国的每一个地区都存在一些受过训练的车间代表。"②

表 5-3　考文垂地区 1941—1945 年工程业联合工会所承认的车间代表的数量变化

年份	车间代表数量(人)
1941	426
1942	319
1943	441
1944	336
1945	236

资料来源：Coventry AEU DC Minutes, quoted in Richard Croucher, Communist Politics and Shop Stewards in Engineering, 1935-46, Ph. D. dissertation, the University of Warwick, 1977, p. 85。

---

① G. D. H. Cole, *A Short History of the British Working Class Movement, 1789-1947*, p. 289.

② Richard Croucher, Communist Politics and Shop Stewards in Engineering, 1935-46, Ph. D. dissertation, the University of Warwick, 1977, pp. 85-86.

　　除在数量上显著增加外，战时，车间代表的职权范围和影响力也显著扩大。除传统的工资问题外，其影响渗透进工厂的工作条件、生产管理等各个方面。在全面战争以及工人的生产生活越来越以工厂为中心的情况下，有效解决工人因工作强度过高产生的不满具有重要意义。车间代表在改善工人工作条件方面起到了重要作用。1940年5月，在纳菲尔德机械化与航空公司，"当工会工人被禁止在工厂周围走动时，车间代表向公司申请在每个工厂中使用电话"。① 车间代表还解决了战时工人的交通不便问题。战时很多军工厂建立在偏远地区，随着备战进入全面战争阶段，工作时间增加，往返于住处和工厂之间变得更加困难。车间代表承担起了与公交公司进行沟通的工作，使公交公司的时间表与战时工厂的换班时间相适应。此外，车间代表在战时还积极参与工厂的管理。1941年10月，在考文垂地区的另一家工厂，车间代表通过一项提议，控诉该工厂的高级管理人员，要求罢免工程经理，并寻求在工厂管理层之中增加车间代表。渴望参与工厂管理并非被动应对之举，车间代表对自己的权力行使有着明确的意愿。正如"在克莱德赛（Clydeside）地区的一位召集人（convenor）告知所在公司的管理人员，总有一天他们会拥有同等的地位，这使公司的总经理十分震惊"。②

　　车间代表力量在战时的迅速壮大在工程行业表现得十分显著。作为集体谈判在工厂一级兴起的表现，车间代表在二战时期的复兴是英国的集体谈判制度对战时特殊经济状况进行调适的结果。战时工程行业的产业环境经历了两个层面的变化。从宏观层面而言，大量的皇家军工厂建立，新公司以承包人的身份加入工程领域，工程行业原有的劳资平衡局面被打破。一些新公司不在原有的雇主体系

---

① Richard Croucher, Communist Politics and Shop Stewards in Engineering, 1935-46, Ph. D. dissertation, the University of Warwick, 1977, p. 215.

② Richard Croucher, Communist Politics and Shop Stewards in Engineering, 1935-46, Ph. D. dissertation, the University of Warwick, 1977, p. 216.

之内，不受雇主与工会谈判的限制。在这种情况下，工人谈判代表即成为工人与雇主进行沟通谈判的主要途径。以南威尔士地区为例，该区域在 1939 年前的工程行业规模较小。战备需要改变了该地区工程行业的分布情况。煤矿公司巨头鲍威尔—达芙琳动力煤炭有限公司（Powell-Duffryn Steam Coal Ltd.）即在该区域拓展其在工程领域的业务。在劳资关系方面，鲍威尔—达芙琳公司的工程部分仍遵从其煤矿公司的管理方式，即设立领班制（foreman），劳资双方进行集体谈判的方式在此处未能立足。1942 年 10 月，该公司的雇主与工人因工资问题发生分歧，原因在于该公司拒绝支付《基本工作条令》所规定的工程行业在该地区的工资。在工程和联合行业工会代表的干预之下，才未酿成大规模罢工。

从微观层面看，战时车间代表的复兴受到了共产主义的影响，只是其实际影响程度较为有限。战时基层工人诉求得到表达，有效地疏导了因战时生产要求而造成的劳资双方的紧张状况。"战争期间，英国共产党的人数约增加了 1/3，仅在 1941 年后半年便从 1.5 万人增加至 2 万人。"在工程行业，共产党员拥有高昂的生产热情，成为推动车间代表运动发展的重要力量。苏联参战后，共产党工人关注的生产问题也成为车间代表所关注的主要问题，"他们并不要求实施任何形式的改革，而是要求工人与工厂管理人员能够在管理委员会中进行协商，这样他们便可以自行解决生产过程中所出现的停滞问题"。[1] 车间代表运动对于国有化的诉求并不高，其斗争性也显著减弱。这在很大程度上是由于工会对车间代表控制的增强，"非官方以及不被认可的车间代表相比 1914—1918 年显著减少"。[2] 总体而言，一战时期是车间代表运动的奠基与广泛发展时期，二战时期是车间代表在英国劳资关系史中迅速发展的时期。克莱德委员

---

① Daniel Todman, *Britain's War: Into Battle*, Oxford: Oxford University Press, 2016, p. 689.

② G. D. H. Cole, *A Short History of the British Working Class Movement*, *1789-1947*, p. 457.

会作为一个相对成熟的车间代表组织，在这一时期，明确了车间代表的性质和目标。一战结束时，车间代表的身份得到了政府的官方认可。二战时期，无论是受到政府承认的还是自发的车间代表，数量均有所增加，其成为基层劳资双方协商解决问题的重要方式，是英国工业民主在基层得以发展的重要体现。

三　非官方罢工加剧

在《1305 号令》的高压规定下，劳资关系总体朝预期方向发展，劳资双方以集体谈判作为解决争端的首要方式，大多数争议也通过国家仲裁的方式得以解决。尽管如此，《1305 号令》的威慑力最终是否有效，取决于集体谈判制度的有效性。这也即意味着，在劳资关系恶劣、集体谈判制度尚未建立或问题严重的行业，罢工无法避免。这也导致在二战时期，煤炭、工程等行业罢工问题仍十分严重，尤其在战争中后期，上述领域的非官方罢工行为显著增加。

二战时期，如图 5-3 所示，煤矿行业成为罢工行为的重灾区。从数量上看，煤矿行业的罢工数量占战时罢工数的主要部分，并于 1944 年、1945 年超过半数，分别高达 56%、56.7%。据统计，"1940—1944 年，煤矿行业的罢工数量占所有罢工数量的46.6%"。[①] 从规模上看，战时规模较大的罢工也多发生在煤矿行业。因生产负担过重对工资水平不满、对工资争议提请仲裁后对仲裁结果不满是煤矿行业罢工频发的主要原因。

在战争前两年中，"在 1939 年秋季发生了几场罢工，分别在苏格兰的肖茨、寇克卡迪、庞特弗拉克特附近以及英格兰的罗瑟勒姆。1940 年，煤矿行业因罢工损失的工作日数占所有损失工作日数的 53.7%。在这两年中，仅有两次超过 5000 人的罢工，都出现在煤矿行业"。[②] 1941 年 12 月初，肯特郡贝特谢格煤矿

---

① Chris Wrigley, *The Second World War and State Intervention in Industrial Relations*, *1939-45*, p. 27.

② Chris Wrigley, *A History of British Industrial Relations*, *1939-1979*, pp. 27-28.

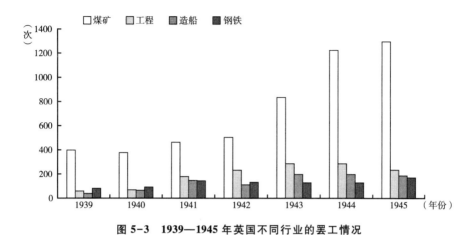

图 5-3　1939—1945 年英国不同行业的罢工情况

资料来源：笔者自制。

（Betteshanger Colliery）的 60 名采煤工人就一个极难开采的新矿井
与雇主进行谈判。新矿井即 2 号矿井的开采比之前更加危险、开采
难度高，产出无法达到要求。而矿主则坚持认为 "生产的下降是
因矿工的消极怠工"，[①] 拒绝支付此前商定的最低日工资。煤矿管
理层命令以上矿工离开矿井，其他矿工对此深表同情。1942 年 1
月 9 日，矿工反抗仲裁法庭做出的维持雇主提出的工资的决议，罢
工开始。历经矿工对监禁、罚款的官方指令的违反，罢工范围进一
步扩大，1942 年 5 月劳工部开始介入，问题最终得以解决。这场
罢工前后共持续 6 个月，共有约 4000 名工人参与。

　　随后，1942 年煤矿行业罢工不断，这引起了政府的警惕与反
思，并于 1942 年 6 月成立燃料和电力部（Ministry of Fuel and
Power）对煤矿行业加以管控。同时，政府建立一个独立调查委员
会对煤矿行业的薪资和工作条件展开调查。该调查提出提高煤炭
行业工资、设立产出奖励等建议。尽管如此，1943 年以来煤矿行

---

① Ariane Mak, "Spheres of Justice in the 1942 Betteshanger Miners' Strike: An Essay
in Historical Ethnography", *Historical Studies in Industrial Relations*, No. 36, 2015, p. 33.

业的罢工状况并未好转。1943 年 10 月，造成工作日损失最多的罢工在煤矿行业爆发。全国矿工联合会要求将地下与地表工作的最低工资水平分别提升至每周 6 英镑和 5.5 英镑。而经国家仲裁法庭判决，最后仅决定给予 5 英镑和 4.5 英镑，相比原来的 4.15 英镑、3.90 英镑仅有微小的提升。煤矿工人因不满这一判决而进行罢工。

造成煤矿行业非官方罢工频发的原因十分复杂。煤矿行业罢工问题严重是其长期存在的各项矛盾在战时特殊背景下集中爆发的表现。首先，长久以来煤矿行业工资问题严重，劳资关系恶化，传统的协商渠道无法有效解决问题。长期以来，煤矿行业并未能够形成有效的模式，自 19 世纪以来，劳资关系恶化的状况即十分严重。政府对煤矿行业的不恰当介入导致 1916—1922 年煤矿行业罢工十分严重。1926 年大罢工后，矿工被迫接受低工资，煤矿行业损失惨重。在 30 年代产业重组的背景下，1930 年《矿业法》"建立以地区为基础的销售协会，每个协会都被授予控制价格的法定权力"，政府对于煤矿行业集体谈判的控制进一步加强。1936 年，霍沃斯（Harworth）地区的煤矿行业爆发了一场罢工。针对这场暴力罢工，斯坦利·鲍德温指责道："集体谈判的对立面是什么？是无政府状态……另一个对立面则是暴力。"[1] 由此可见，长期以来，尽管政府试图采用多种形式加以干预，但煤矿行业工资问题仍持续存在，并未得到妥善解决。有效的集体谈判推行艰难，罢工甚至暴力罢工成为冲突激化后的无奈之举。

战时，尽管煤矿行业的工资水平有所提升，但其工资相比其他行业仍较低。在煤矿行业，"成年工人每次轮班将获得 1 先令的奖金，未成年的青少年男工工作周内全勤可获得 6 便士的奖励"。[2]

---

① Nina Fishman, *The British Communist Party and the Trade Unions, 1933 - 45*, Michigan: Scolar Press, 1995, p. 191.

② M. W. Kirby, *The British Coalmining Industry, 1870-1946*, p. 174.

"1941年，随着生活成本指数的增长，国家针对煤矿行业提出给予矿工每次换班2先令8便士的奖励。"而战时，《基本工作条令》的颁布使得这一局面恶化。《基本工作条令》规定："（基本行业的工人）在未经当地国民服役部允许的情况下，不得擅自离开岗位。同样，雇主也只有在得到允许的情况下解聘工人。"同时，"（基础行业）的雇佣条件不得差于《1305号令》或仲裁法庭判定的结果"。① 根据这一要求，煤矿行业工人失去了根据工资高低选择工作地点的自由。"事实上，战时矿工家庭中，年轻成员因军火厂工作而比户主收入更高的情况并不罕见。"② 综合而言，战时煤矿行业工资问题仍十分严重，有效的集体谈判制度尚未确立，这成为煤矿行业劳资关系恶化、罢工严重的首要原因。

　　战时对煤矿行业的产出要求超出煤矿行业产能，导致工人疲惫、怠工问题严重，使本就存在的矛盾进一步恶化。"二战造成了一次中断，1940—1957年，煤炭始终处于短缺状态，对短缺问题的解决无能也进一步影响了经济的发展。"③ 1941年10月，煤炭短缺的危机便已被提出。在谈论关于煤炭供给的上院辩论中，便有人指出："我想提醒大家注意一个明显的事实，我们国家正面临煤炭短缺问题……这几乎是难以置信的。"④ 但煤矿部最终对此表现出不以为然的态度，认为这一危机预警"是对（煤矿行业）周密计划的令人厌烦的阻碍，如果运气好，再加上愿意努力，产能不足的问题将在今年年末被克服"。⑤ 煤矿部对产能不足问题的态度，是其对煤矿行业产能下降问题认知偏差的表现，显示其解决煤矿行业产能不足问题的能力十分有限。煤矿行业有效

---

① Sidney E. Rolfe, "Manpower Allocation in Great Britain During World War II", *Industrial and Labour Relations Review*, Vol. 5, No. 2, January 1952, p. 184.

② M. W. Kirby, *The British Coalmining Industry, 1870-1946*, p. 175.

③ B. J. McCormick, *Industrial Relations in the Coal Industry*, p. 2.

④ Hansard, *House of Lords Debates*, Fifth Series, Vol. 120, Cols. 116 – 148, 1 October, 1941.

⑤ M. W. Kirby, *The British Coalmining Industry, 1870-1946*, p. 171.

劳动力供给不足、工作安排效率低下，是造成煤矿行业产能低下的主要原因。"在二战期间，尽管出勤率很高，但消极怠工现象十分严重。"① 1940 年法国陷落以来，英国失去了一个重要的煤矿出口市场。大量煤矿行业失业工人被引导加入征兵计划或军需品的生产之中。煤矿行业的雇佣数量从 1939 年的 766300 人下降到 1941 年的 697600 人。

此外，煤矿行业年轻劳动力少、技术性人才缺乏。"近 10 年来，在公共政策和私人压力的综合作用下，年轻人被引离煤矿行业"，这导致在 1941 年时，煤矿工人老龄化问题严重，"1941 年，40%的矿工年龄在 40 岁以上"。而在煤田机械化程度不断提高的背景下，某些岗位上技术型工人的缺失可能会导致产量急速下降。在这样的产业环境下，工人被迫承受着几乎无法完成的任务，疲惫不堪。"与 1939 年相比，矿工们整体上工作的时间更长"，"战争初期，每人轮班的次数也在增加，从 1939 年的每周 5.15 次轮班增加到 1942 年每周 5.34 次轮班"。② 但在劳资关系长期恶化的背景下，雇主却将工人因疲惫造成的消极怠工现象视为煤矿行业产能下降的主要原因，对矿工施加严格的工作纪律要求。这进一步加剧了矿工的不满，导致罢工频发。

除煤矿行业外，工程、造船、钢铁等行业也是罢工活动比较集中的领域，尤其是工程行业，1941 年以来的罢工次数居高不下，尤其是在战争后期，非官方罢工十分严重。在战时所有的劳资纠纷之中，工程行业的劳资纠纷占其中的 13.9%，仅次于煤矿行业的 46.6%。③ 从罢工规模来看，工程行业的罢工规模较小，并未形成任何地区范围的大规模罢工。综合而言，尽管战时工程行业工资高于其他行业，但工资问题仍是造成工程行业罢工严重的主要原因。1941 年 2 月 28 日，一场由学徒工资问题引发的非官方罢工爆发。

---

① B. J. McCormick, *Industrial Relations in the Coal Industry*, p. 139.

② M. W. Kirby, *The British Coalmining Industry, 1870–1946*, p. 173.

③ Ministry of Labour, *The Ministry of Labour Gazette, 1941–1945*.

"早在 1941 年，学徒们便感到自身地位如同廉价劳动力。长时间服务于工程行业的学徒因收入低于稀释法技工而感到愤怒……同时他们也对工程业联合工会拖延向雇主施压增加学徒工资而不满。"① 这场非官方罢工由克莱德学徒委员会（The Clyde Apprentices Committee）发起，持续至 3 月 19 日，罢工影响到艾尔郡、拉纳克郡、伦弗鲁郡、米德洛锡安等地的共 1.25 万名学徒。1943 年 9 月，在巴罗地区，又一场因工资问题导致的非官方罢工爆发。由于对国家仲裁法庭涉及"额外奖金制度"（premium bonus system）的裁决不满，1943 年 9 月 17 日至 10 月 4 日，工程行业的 6700 名工人罢工，该罢工共造成了 10 万个工作日损失。② 从以上两次相对大型的罢工可见，工程行业工资差异导致的罢工主要是由行业内部收入差异较大引起的。

除工资问题外，战时劳动力大量短缺，在稀释法的影响下，大量女性涌入工程行业，针对女性工人的各类偏见也成为工程行业罢工问题显著的重要原因。1944 年 8 月 7 日，阿克林顿（Accrington）一家公司的工程师因反对在纺织机械制造岗位雇佣女性劳工而罢工，罢工共持续两周，涉及约 5000 名工程师，并引起了布莱克本一家公司 370 名工程师的同情性罢工，共造成工作日损失达 5.5 万个。最终，根据《劳工部公报》的记载，"工作恢复，按照法律规定解决争端"。③ 同年 8 月，格拉斯哥的工程师因要求解雇一名没有经过学徒培训的工人而罢工，罢工后期，要求增加工资也成为诉求之一。本次罢工共涉及 2000 名工程师，持续时间长达两个月，共损失 10 万个工作日。从上述案例可见，由稀释法、劳工转移引发的技术工人优势地位丧失等引起的各类争议，是造成工程行业罢

---

① Chris Wrigley, *A History of British Industrial Relations*, *1939-1979*, p. 32.

② The Ministry of Labour, "Principle Trade Disputes Involving Stoppages of Work During September", *The Ministry of Labour Gazette*, September 1943, p. 144.

③ The Ministry of Labour, "Principle Trade Disputes Involving Stoppages of Work During August", *The Ministry of Labour Gazette*, September 1944, p. 154.

工严重的主要原因。

虽然战时工程行业的实际工资有所提升，但相比之下，"学徒工人工资过低"。[①] 在此基础上，工程行业针对学徒工人的工资谈判机制并不成熟，这成为非官方罢工增加的另一原因。20 世纪 30 年代以来，学徒工人的待遇以及薪资问题备受争议。在成为正式工程师之前，"学徒被当作儿童使唤，在服侍雇主和被强迫给熟练工人端茶倒水中浪费培训时间，而且要被领班和工头谩骂、打耳光"。[②] 从薪资角度看，学徒工人工资水平长期低于学徒期满的熟练工人，且关于其薪资的讨论不在行业集体谈判的范围之内。这种情况在战时仍然存在。"在 1941 年初期，劳工部规定的学徒第 5 年的平均工资是每周 31 先令 3 便士，相比之下，在 1941 年 1 月颁布的 3 先令 6 便士的奖励之后，成年非技术工人的计时工资（time rate）是 3 英镑 11 先令 6 便士。"[③] 即使是有着丰富的学徒经验的工人，其收入也远不及学徒期满的成年工人。在 1941 年罢工后，第 5 年学徒的工资被提升到每周 46 先令，且每年都有一定的学徒可以学成。[④] 但 1941 年的改进仍难以令人满意。1941 年罢工后，利物浦的一名学徒在其写给友人的信件中即表达了对现行学徒制度及其待遇的不满："克莱德、贝尔法斯特以及爱丁堡地区的全部学徒都为了寻求更高的工资而罢工……长话短说，虽然我们争取到了工资的提升，但这对我来说是远远不够的……第一年我们接受标准工资，第二年将会获得更高的收入，每增加一年都是如此，直到学徒期满。但现在却要根据年龄支付工资，一个学徒期比我短的人每周有 32 先令 6 便士工资，仅仅因为他 18 岁而我只有 17 岁。一个

---

① Richard Croucher, Communist Politics and Shop Stewards in Engineering, 1935 – 46, Ph. D. dissertation, the University of Warwick, 1977, p. 115.

② Richard Croucher, Communist Politics and Shop Stewards in Engineering, 1935 – 46, Ph. D. dissertation, the University of Warwick, 1977, p. 64.

③ Peggy Inman, *Labour in the Munitions Industries*, London: HMSO, 1957, p. 329.

④ Peggy Inman, *Labour in the Munitions Industries*, p. 334.

20 岁的男性，无论他是否刚刚开始学徒期都能有 46 先令的收入。所以不要认为只有加拿大的学徒制存在问题。"①

在工程行业，工会于 1937 年才被授予针对学徒工资进行谈判的权力。而其他与学徒工人相关的工作条件、工作福利等问题尚无明确的规定。尚不成熟的针对学徒工人的谈判制度使工程业联合工会在这一问题上态度犹豫。必须经由行业级谈判的限定又限制了地方问题的有效解决，这也是造成工程行业非官方罢工严重的重要原因。

综合而言，随着战争紧张形势的加剧，政府获取紧急权力，积极引导劳资双方在就业、工资等各项问题上进行协商，并出台《1305 号令》，以高压的法律手段限制罢工与闭厂行为。总体来看，这一时期劳资关系较为平稳，尽管罢工数量较平静的 30 年代稍多，但并无大规模冲突，因罢工损失的工作日数较少。在高压威慑下，双方被强制通过协商谈判化解冲突。但在集体谈判制度"先天不足、后天畸形"的行业，非官方罢工行为仍然存在。由此可见，在政府以立法形式禁止罢工的高压政策下，战时仍然存在的罢工行为实际上是对集体谈判有效性的试错和纠正。

第三节　政府角色转型下的劳资新政

在劳资关系演进过程中，政府扮演着十分重要的角色。"在近代英国的劳资政策中，政府的角色经历了从家长制控制到自由放任、再到逐步干预的演变过程。"② 二战这一特殊时期使政府在经济、政治、社会生活中的作用显著增强。这种行政权力的增加，也必然对政府干预劳资政策的方式产生新的影响，拓展政府干预劳资

① Richard Croucher, Communist Politics and Shop Stewards in Engineering, 1935-46, Ph. D. dissertation, the University of Warwick, 1977, p. 117.

② 刘金源:《近代英国劳资政策指导思想的演变》,《史学月刊》2013 年第 6 期。

关系的维度。通过立法手段强化自愿主义集体谈判框架、调节财政政策对劳资关系施加影响、颁布福利政策缓和社会矛盾等方式，战时政府形成了一套干预劳资关系的组合新策。

一 对自愿主义框架的强化与拓展

在《紧急权力法案》的赋权下，劳工大臣理论上拥有了对劳资关系加以干预的权力。从表面上看，《1305号令》通过高压政策严格限制罢工和闭厂行为，通过提供官方仲裁作为化解冲突的最终手段。但从实际效果上看，这是政府运用法律权利对自愿主义集体谈判框架的一次强化。学者张伯伦（Chamberlain）曾指出集体谈判发展的三项特性，即签订劳动力工资待遇的方式、制定工业管理规则和机制的工业资质形式、做出有利于双方共同发展决议的一种管理方式，以此作为衡量集体谈判发展阶段的三项标准。[①] 在和平时期，罢工、闭厂是双方推动谈判朝有利于自身方向发展的有力筹码。而在冲突之中，罢工与闭厂的威慑力又直接受劳资双方的力量对比影响。《1305号令》实际上是通过立法形式对自愿主义集体谈判进行推广，对其有效性进行肯定。此外，政府积极以立法形式在煤矿、餐饮等集体谈判薄弱、失效的环节推动自愿主义集体谈判进程，并引导劳资双方在超越工资问题之外的生产、管理问题方面进行商讨。综合而言，这一时期，在政府的引导之下，英国政府干预劳资关系的自愿主义原则在法制规定下得以强化，并取得了阶段性发展。

《1305号法令》通过法律威慑力及强制仲裁推动了集体谈判，尤其是国家层面集体谈判的发展，使二战成为自愿主义集体谈判，尤其是行业一级的集体谈判发展的分水岭。由此，二战时期的劳资关系模式也被称为"工业巴茨凯尔主义"。巴茨凯尔主义原指"政

---

① 程延园编著：《员工关系管理：方法、案例、操作全书》（上卷），中国经济出版社2016年版，第451—452页。

敌共同支持同一政策的情况"，而"工业巴茨凯尔主义"则指二战时期和战后初期，行业层面集体谈判的发展成为雇主和工会、工党和保守党都认同的共识。克里斯·豪威尔在《工会与国家》一书中也对二战时期政府在行业集体谈判拓展之中的角色给予了肯定。他强调："第二次世界大战以及对战后问题的处理，强化了集体自由主义、行业层面的劳资关系谈判制度，国家再次在其扩展的过程中起主导作用。"[1] 从行业集体谈判机构的拓展来看，行业集体谈判机构数量在战时迅速增加。到 1945 年，大约有 500 个全国性机构供雇主协会和工会进行谈判。战时国家集体谈判的覆盖率也有所提升，"从 1940 年的 49%—52% 上升到 1950 年的 71%—73%，之后一直持续在这一水平之上"。[2] 而在这一发展进程中，《1305 号令》无疑起到了重要作用。一方面，《1305 号令》在规定层面明确支持行业集体谈判，工会与雇主双方只能在集体谈判无效的情况下行使权利。"这是一种对集体谈判制度的扩展和扩大，目的是让工会清楚那些不遵守或在实际上破坏行业协议的小型雇主。"[3] 另一方面，工会和雇主都要接受仲裁结果，仲裁结果需纳入相关工人的合约内。这就意味着工会可以将经仲裁"公认"的条款和条件强加给雇主，从而解决了一些行业工资标准缺失的问题，推动了行业层面集体谈判的发展。综合而言，尽管《1305 号令》赋予劳工部对劳资关系加以干预的极大权力，但也为政府提供了一个干预劳资纠纷，鼓励和推动行业集体谈判的机会。劳工部对《1305 号令》的实际执行也表明，《1305 号令》是在自愿主义核心之下的政府有限干预。其直接目的是尽量预防战时劳资冲突激化影响战备进程，

---

① Chris Howell, *Trade Union and the State*: *The Construction of Industrial Relation Institutions in Britain*, *1890-2000*, p. 89.

② Simon Milner, "The Coverage of Collective Pay-Setting Institutions in Britain, 1895-1990", *British Journal of Industrial Relations*, London School of Economics, Vol. 33, No. 1, March 1995, pp. 82-83.

③ Chris Howell, *Trade Union and the State*: *The Construction of Industrial Relation Institutions in Britain*, *1890-2000*, p. 91.

其根本目的是对 30 年代以来政府便试图推进的行业集体谈判进行系统化推广。

在对《1305 号令》的具体实践过程中，贝文作为劳工大臣审慎使用《1305 号令》赋予的逮捕权，以促进工会与雇主达成满意的协议为最终目的，避免极端的争议化解方式，这也是《1305 号法令》推动集体谈判发展的表现。以政府对 1942 年肯特郡煤矿工人罢工的处理为例，因担心有损政府与工会在战时的友好合作关系，劳工部在启用《1305 号令》时十分被动。尽管如此，在内阁的准许下，政府还是向 1050 名矿工发出传票，动用额外警力，并在坎特伯雷地方法院安排特殊开庭（special session）。在审判过程中，政府与工会之间达成协议，工会同意对几个"试探性案例"（test case）的判决，认罪并接受罚款。这既维护了《1305 号令》的权威，又减轻了对工会和涉事人员的处罚。最终经过法庭审理，"工会书记、地方主席和一名行政人员被判监禁和劳役，涉事矿工中的约 1000 名判处 3 英镑到 5 英镑不等的罚款"。① 矿工对这一判决不满，更多的矿工因这一判决而进行大规模的同情性罢工。面对局势的恶化，煤矿局局长在全国矿工联合会主席的陪同下介入，在政府与工会的合作之下，重新展开协商。最终，煤矿管理人员与工会达成新的协议，以满足煤矿罢工工人最初的要求告终。

对于规模较大的非官方罢工而言，尽管劳工部毫不犹豫地动用权力对涉事人员依法惩处，但一旦有工会介入，双方的谈判机制得以恢复，便会从轻处罚。以对 1944 年 2 月贝尔法斯特工程师发起罢工的争议化解方式为例，在贝文的准许下，"罢工召集者和车间代表被逮捕并判处 3 个月的劳役"。② 随后，在工程业联合工会介入并与雇主达成新的协议后，车间代表被保释。由此可见，《1305 号令》对罢工惩罚措施缺乏严格规定，可操作空间

---

① Mary Evans, *The Battle for Britain*, *Citizenship and Ideology in the Second World War*, London: Routledge, 1993, p. 37.

② Chris Wrigley, *A History of British Industrial Relations*, *1939-1979*, p. 33.

极大。一旦罢工行为涉及工会，贝文动用极端权力的态度便较为犹豫，仅以保持政府权威性、确保劳资双方得以开展有效谈判为底线，为达到这一目的进行轻微惩罚，以不致损害双方的合作与互信。

但一旦罢工涉及颠覆行为，尤其是针对战争后期严重的托洛茨基分子（Trotskyist）煽动或脱离工会，有损工会权威性和团结性的非官方罢工，贝文动用《1305 号令》进行处决的态度便十分坚决。这也是贝文维护工会权威性，推崇以官方集体谈判而非暴力手段解决问题的表现。1944 年起，托洛茨基分子被认为在煽动工程行业罢工中起到了重要作用。同时，共产主义也被认为在电气工会、煤炭工会等工会中有重要影响。针对此类具有政治倾向的罢工行为，贝文严格惩处，并颁布新立法加强对此类罢工行为的打击。早在1942 年底，苏格兰的争议调解员便向贝文表达了对托洛茨基分子煽动罢工行为的担忧。随后，劳工部的众多官员都开始担心此时泛滥罢工背后的煽动行为。军情五处（M. I. 5）针对可能涉及托洛茨基分子和共产主义引导的克莱德地区的罢工行为出具特殊报告。自20 世纪 30 年代以来，工会代表大会便试图塑造负责任、可信赖的形象，厘清自身同共产主义的关系，是这一策略的延伸手段。贝文也力求提升工会的合法性，他十分尖锐地指出了托洛茨基分子对集体谈判制度推行的负面影响："英国现在正处于火山之上，在战时政府依赖集体谈判的决策是正确的，但是这项政策在（战争）的最后一刻即将崩溃，因为集体谈判机制在一个伟大的行业运行无效。"[1] 1944 年 4 月 17 日，贝文在《紧急权力法案》之下颁布了1AA 号规则（Regulation 1AA），规定煽动罢工行为违法。该规则规定："任何在基本行业工作的人不得煽动其他参与或发起任何形式的罢工或闭厂；违反规定者将被定罪，一旦诉诸公诉程序，可被判处不超过五年的有期徒刑，或不超过 500 英镑的罚款，或两者兼

---

[1]　Eric L. Wigham, *Strikes and Government*, *1893-1981*, p. 93.

备；除非获得公共检察官的批准，否则不得对该法令下的逮捕进行
起诉。"①

战争时期，贝文通过调研、立法等措施积极解决煤矿行业罢工
严重问题，对该行业集体谈判情况进行干预，推动煤炭行业国家一
级集体谈判的发展。在此进程中，政府针对煤炭行业的状况做了多
项调研。1941 年肯特郡贝特谢格煤矿大罢工以及煤矿行业持续恶
化的劳资关系状况，引发了政府对于煤矿行业长远发展政策的考
量，是否实现国有化、如何实现等成为煤矿行业进行改革面对的重
要问题。

1942 年 4 月，战时内阁决定成立安德森委员会（Anderson
Committee）。该委员会在对煤矿行业问题进行调研后得出两个结
论。第一，在所有权和管理方面引入双重功能管制（dual control），
即拒绝任何形式的国有化和征用制，财政控制仍由煤矿主负责，政
府只负责其管理。同时，对煤矿实行行业委员会负责下的区域性控
制。第二，必须满足矿工不断增长的工资需求，以防止煤矿行业状
况的进一步恶化。根据该委员会的调查结果，政府于 1942 年 6 月
出台规定煤矿行业工资标准的白皮书，成立燃料和电力部对煤矿行
业加以管理，同时建立国家协商机制。② 但以上举措收效甚微。
1942 年政府成立了一个独立调查委员会——格林委员会（Greene
Board），对煤矿行业的薪资问题与工作条件进行评估，以制定解决
煤矿行业问题的长远方案。

在长达约一年的调研后，格林委员会发布了三份报告，分别针
对国家最低工资标准、设立与生产挂钩的奖金、设立国家级谈判机
构三项问题。在 1942 年的两份报告中，委员会首先对矿工的工资
需求做出了回应："委员会同意矿工提出的提高工资率和支付全国

① Ministry of Labour, "Regulation Relating to the Instigation of Strikes", *Ministry of Labour Gazette*, April 1944, p.59.

② M.W. Kirby, *The British Coalmining Industry*, *1870-1946*, p.177.

最低工资的理由。因此，委员会建议对成人矿工每班额外支付 2 先令 6 便士，国家最低工资标准需达到地下工人每周 83 先令，地表工人每周 78 先令。"① 尽管工资提升程度有限，但国家最低工资标准的设定消除了煤矿行业集体谈判状况恶化的负面影响，对于遏制 1942 年不断增长的非官方罢工意义重大。煤矿工人最终获得了最低工资保证，这使其收入水平从战时工业中的第 59 位提升到了第 23 位。

除设置最低工资标准外，格林委员会还提议设立与生产挂钩的奖金（output bonus）。但该政策收效甚微，煤矿行业产量下降仍然持续，"当地的罢工和旷工在很大程度上破坏了发放奖金的目的"。② 1943 年 3 月，格林委员会的第三份报告发布，针对煤矿行业集体谈判失效的状况，建议设立一个全国调解委员会（National Conciliation Board）。新的委员会由两部分构成：由数量相等的矿工联合会和矿业协会代表组成的联合谈判委员会（Joint National Negotiating Committee），以及与该行业不相关的三名独立人士构成的国家咨询法庭（National Reference Tribunal）。咨询法庭可对谈判委员会递交的任意问题进行仲裁。全国调解委员会接受任何关于国家层面工资标准的争议。报告还建议在地方层面设立相应的调解委员会。总体而言，在行政手段的积极干预下，全国调解委员会的建立标志着矿工地位的实质性提升。1926 年大罢工挫败后，全国矿工联合会追求的"建立正式国家调节机构""建立国家最低工资标准"两个目标成为现实，煤矿行业的集体谈判状况得到极大改善。

尽管如此，1943 年后，矿工行业的罢工严峻形势并未改善，在接受了全国性的新型工资标准后，矿工工会进一步对工资差异问题提出诉求。裁决的失败使政府进一步加大了对煤矿行业的干预力

---

① M. W. Kirby, *The British Coalmining Industry, 1870-1946*, p. 180.

② Page Arnot, *The Miners: In Crisis and War*, Sydney: Allen and Unwin, 1961, p. 341.

度。1943 年末，煤矿行业再次要求提升最低工资，同时提高计件工资，该项诉求交由格林委员会建立的国家咨询法庭裁决，但最后裁决对最低工资稍做提升，拒绝了改变计件工资的要求。因对裁决不满，1944 年 1—4 月，苏格兰、兰开夏郡、约克郡等地共 17 万名工人参与罢工，因罢工造成的工作日损失多达 85 万个。为此，贝文施压内阁开展对煤矿行业工资标准的新一轮谈判。1944 年 2 月，国家咨询法庭重新对煤矿行业的工资条件进行审查，由劳合·乔治负责与双方代表展开谈判。根据承诺，政府决定给予计件工人福利，并同意对提高的产出给予更高的工资，煤矿领域的罢工浪潮稍稍平息。从战时煤矿行业的经历来看，政府注重通过行政权力，以建设调解委员会、咨询法庭的方式为劳资双方提供谈判平台，这实质上是对自愿主义原则的坚持，对改善煤矿行业劳资关系具有重要意义。

战时，在政府的引导下，联合生产委员会在各行业广泛建立。在这一机构下，劳资双方进行集体谈判的范畴由基本的工资、工时等问题，拓展至生产、管理等各项问题，集体谈判制度的内涵得以拓展。1941—1942 年，英国面临严重的生产危机，英国政府以及工会、雇主均面临严厉指责。1941 年 7 月，《经济学人》指出，战争的生产是"长期低效的"，"生产……距离预期仍有很大差距"。① 1942 年初，《泰晤士报》也批评道："对于战争的巨大生产投入……并未发挥出其应该发挥的能力。"② 劳资双方对于生产不足的问题相互进行指责。右翼政客将"祸水左引"，批评"故意的怠工，对更高工资的无耻要求"是造成生产困境的重要原因。与此同时，左翼人士则谴责"全面战争的需要与社会中有影响力

---

① "*Economist*, July 12, 1941", in Nick Tiratsoo and Jim Tomlinson, *Industrial Efficiency and State Intervention*：*Labour，1939-1951*，p. 16.

② "*The Times*, January 2, 1942", in Nick Tiratsoo and Jim Tomlinson, *Industrial Efficiency and State Intervention*：*Labour，1939-1951*，p. 16.

（资本家）利益的冲突"① 是影响生产效率提升的主要原因。在这种情况下，政府引导建立三方共同参与的联合生产委员会，对生产效率、工厂管理等问题进行协商谈判。"截至 1942 年 12 月，共有 2000 个联合生产委员会得以建立，覆盖各类工厂的员工多达 200 万人。"② 尽管联合生产委员会并未在所有行业发挥作用，但总体来看，取得了较好的效果。《商业期刊》（*Business Journal*）评价道，1942—1943 年冬季的调查结果显示，联合生产委员会的建立十分成功，并且已成定局。战时生产低效问题给劳资双方都带来了巨大压力。对雇主而言，生产低效影响了其订单的完成，其战时盈利受限；对劳工而言，尤其是苏联参战后，工人亦希望提升生产效率。而在造成生产效率低下的各类原因中，无论是生产管理、技术提升还是工作安排，均需要双方合作方能妥善解决。而联合生产委员会在各行业、各级别的广泛建立，成功化解了因生产问题而造成的劳资双方的不信任，推动了集体谈判向更深层次发展，是政府通过干预劳资关系促进产量提升的重要举措，是产业民主进一步推进的重要表现。

二　凯恩斯主义与政策调整

从 19 世纪中叶到第二次世界大战前夕的这段时间通常被视为英国政府从小型的自由放任政府转向新兴的现代政府的过渡时期。而这种转变发生在政府规模、范围和经济影响等各方面。政府对劳资关系的干预方式实际上是政府经济角色转变的表现之一。罗恩·比恩（Ron Bean）在《比较产业关系》中将政府的角色分为五种：劳动者基本权利的保护者（protector）、集体谈判与雇员参与的促进者（promoter）、劳动争议的调解者（peace-maker）、就业保障与

① Argonaut，"Give Us the Tools"，in Nick Tiratsoo and Jim Tomlinson，*Industrial Efficiency and State Intervention*：*Labour，1939-1951*，p. 17.

② Nick Tiratsoo and Jim Tomlinson，*Industrial Efficiency and State Intervention*：*Labour，1939-1951*，p. 18.

人力资源的规划者（planner）以及公共部门的雇佣者（public employer）。[1] 其中，集体谈判与雇员参与的促进者、劳动争议的调解者，是指政府对劳资关系的直接干预。二战时期，在凯恩斯主义的影响之下，解决有效需求不足被置于政府的管理之下，政府开始通过财政政策、货币政策刺激私人与公共投资，拉动消费。在特殊时期政府角色转变之下，财政政策、以工资立法为主的收入政策也成为政府对劳资关系进行干预的重要手段。

战时，为解决通货膨胀这一严重问题，政府逐步将凯恩斯主义确立为经济政策制定的主导思想，在凯恩斯主义的影响下，1941年4月《国民收入白皮书》（The White Paper on National Income）出台，为悬而未决的通货膨胀问题提供了一个可供接受的解决方案。从宏观层面预防了因通货膨胀造成的生活成本上升导致劳资双方矛盾进一步恶化。战时通货膨胀是不可避免的，据统计，"1941年政府面临的通货膨胀缺口为5亿英镑"。[2] 预计的战争支出和国民收入已经严重失衡，这使英国面临通货膨胀的风险，进而导致陷入生活水平指数上升和要求工资上涨的"工资—价格螺旋"（wages-prices spiral）。通货膨胀导致的工资水平不变动，成为影响劳资关系稳定的关键性因素。此前，战时的财政政策在1940年7月的版本下进行。这一财政政策以提升税收为主要手段，但被证明是远远不够的，"即使是一整年，增加的税收也只能达到2.79亿英镑，占所需要增加的8亿英镑战争开支的35%"。[3] 1941年4月，《国民收入白皮书》出台，其主要由两部分组成。第一部分对战争资金的来源进行分析，第二部分对1938—1940年每一季度的国民收入及其分配做出了分析。综合而言，《国民收入白皮书》

① 刘健西：《劳资关系协调机制及政策研究》，第 32 页。

② W. K. Hancock, *The British War Economy*, p. 325.

③ W. K. Hancock, *The British War Economy*, p. 327.

的出台是"凯恩斯主义渗入官方思维的关键时刻"。① 4 月的财政预算将提高税收与资源储蓄相结合，作为政府收入的主要来源。依其规定，标准所得税税率从 8 先令 6 便士提高到了 10 先令，折合率从 5 先令提高到 6 先令 6 便士。"因纳税人通过减少免税额而支付的额外款项将被视作战后信贷，以上提议相当于增加了 300 万名纳税人。"②此外，依 1941 年 4 月的预算，2 亿—3 亿英镑的个人储蓄还需填充，政府倡导并组织进行了大规模的国民储蓄运动。在凯恩斯主义指导的政府新的财政规划之下，通货膨胀危机有所缓解。

《国民收入白皮书》受凯恩斯主义影响，是战时特殊条件下联合政府内利益博弈的结果。其出台标志着政府开始建立财政政策对劳资关系的影响路径，对战后政府财政政策的出台有着深远影响。二战作为一场"人民的战争"，高强度的战备需求意味着广大劳动者成为不可或缺又极为脆弱的群体。劳动者在战时地位的提升，使联合政府内工党势力推动符合其利益的相对公平的财政政策的出台成为可能。"在预算条款的实际形成过程中，凯恩斯主义的介入和凯恩斯计算方式的采用仅仅是一个因素。其主要决定因素是财政部对通货膨胀问题的首要关切，以及劳工在战时地位的上升和国家顾问机构内工会地位的提高。"③ 在工党经由联合政府的干预下，《国民收入白皮书》的出台标志着政府对财政预算认知的转变。财政预算的制定由传统意义上的经济层面的独立程序转变为一种对"经济和社会政策具有更广泛影响"④ 的政治过程。

---

① James Cronin, *The Politics of State Expansion*, *War*, *State and Society in Twentieth Century Britain*, p. 118.

② W. K. Hancock, *The British War Economy*, p. 327.

③ James Cronin, *The Politics of State Expansion*, *War*, *State and Society in Twentieth Century Britain*, p. 118.

④ James Cronin, *The Politics of State Expansion*, *War*, *State and Society in Twentieth Century Britain*, p. 120.

　　为了缓解因通货膨胀导致的潜在工资问题，政府还出台了消费定量配给（consumer rationing）政策，通过维持物价的稳定防止因物价上涨造成工会频繁要求工资上涨，从而引发劳资危机。面对物价上涨的情况，1939 年 12 月，政府以粮食补贴的形式控制生活成本。1940 年 7 月底，随着生活成本指数仍持续提升，战时内阁通过食品部的建议，决定以补贴的形式将基本食品的价格维持在较低水平，以此防止生活成本指数上涨进而造成工资上涨的恶性循环。政府下达冻结命令，规定约 20 种食品的价格稳定在 1940 年 12 月的水平。上述政策取得了一定的阶段性成果，"食品价格指数从 1940 年 6 月的 114 提升到了 12 月的 125；在 1941 年 3 月又回落到 122"。①

　　尽管食品价格暂时得到控制，总体的商品价格仍有较大问题。由此，1941 年 4 月，财政部正式确立起以财政手段控制物价上涨为主要手段的价格稳定政策。1941 年 7 月 22 日，《商品和服务（价格控制）法案》［*Goods and Services（Price Control）Act, 1941*］经议会讨论通过成为法律。该法案赋予行业委员会权力，可以对生产、分配任何环节的物品最高价格以及最高利润做出规定，对遏制非粮食食品之外的物价上涨起到了重要作用。1942 年 6 月，联合食品委员会（Combined Food Board）成立，并开始进行定量配给。到 1942 年 8 月，几乎所有食物（蔬菜和面包除外）都进行了定量配给。

　　综合而言，政府通过直接的价格控制和消费品的定量供给制度控制生活成本指数，实际上是在避免触碰工会痛点的情况下，成功推行了相对有效的工资政策。战时，贝文曾向联合咨询委员会提议推行工资控制政策，即将工资稳定在现有水平，并由国家仲裁法庭进行每月审查。控制工资的政策遭到了工会与雇主双方的反对。在明确工资控制目的不可能直接达成的情况下，政府通过价格手段达

---

　　① W. K. Hancock, *The British War Economy*, p. 334.

到间接控制工资的目的。这是战时政府对工会与雇主利益做出平衡的结果，是对工会克制要求工资上涨的态度的政治回报。而无论是实行财政政策还是定量配给制，实际上都是政府动用财政手段有目的地对影响劳资关系的潜在因素进行干预。战时政府的上述干预兼顾了劳资双方的利益，是从宏观层面控制劳资冲突恶化可能性的有效之举。

此外，政府还最终于 1945 年出台了《工资委员会法》（*Wages Councils Act*, *1945*），作为英国确定行业最低工资标准的重要阶段性成果，最低工资标准以立法的方式最终确立，与集体谈判共同作为处理劳资工资问题的重要方式而常态化。贝文运用战时权力，出台《餐饮行业工资法》（*Catering Wages Act*），推动行业委员会在餐饮行业的建立，使餐饮行业结束了此前缺乏工资协定机制的混乱局面，成为 1945 年《工资委员会法》出台前的一次重要实践。"虽然该法案适用的范围有限，但其条款中所表达的新的立法原则具有重要意义。"[1] 餐饮行业庞杂，其工资支付体系一直缺乏规范，"工人往往在习惯或临时的安排下被雇佣，因此服务或雇佣合同很难做到这一点"。[2] 根据该法案的规定，劳工部被授权建立餐饮工资委员会（The Catering Wages Commission），对行业工资状况、行业工作条件、集体谈判制度的覆盖程度展开调研。

在集体谈判制度存在问题或匮乏的具体领域，由劳工部建立工资委员会（wages board）对工资问题进行协商，由工资委员会向劳工部反馈相关意见。根据其建议，劳工部可出台《工资规范条令》（*Wages Regulation Order*），将该领域的劳资双方纳入集体谈判渠道。双方协商后的条款写入雇佣合同。该立法产生的示范效应，意

① O. Kahn-Freund, "Minimum Wage Legislation in Great Britain", *The University of Pennsylvania Law Review*, Vol. 97, No. 6, May 1949, p. 788.

② Catering Wages Commission, *Catering Wages Act*, *1943*, *Report of the Catering Wages Commission on Their Recommendation for the Establishment of a Wages Board for Licensed Non-Residential Establishments*, London: HMSO, 1945.

义深远。从餐饮行业自身发展来看，该法案的出台维护了战时餐饮行业发展的稳定性，防止了大量工作人员在物价上涨的情况下离开该行业的局面出现。从其对英国劳资立法的意义而言，该法案的出台意味着，国家可以在存在集体谈判的领域进行工资干预，通过法定最低工资机制来增强集体谈判的结果的执行效力，这为 1945 年《工资委员会法》的出台做了铺垫。

1945 年 3 月，《工资委员会法》正式出台。该法案废除了 1909 年和 1918 年的行业委员会，规定现行的行业委员会全部转变为工资委员会。这是自愿主义原则基础上政府通过建设谈判机构增强行业集体谈判的重要实践。法案规定，工资委员会可在如下两种情况下建立。其一，可以通过劳工大臣主动发起提议。"在劳工与国民服役大臣认为缺乏对工人薪酬进行有效管理的行业，可以成立调查委员会。根据调查委员会的建议，该行业因自愿机制不存在或岌岌可危而导致无法维持合理的薪酬标准。"① 在这种情况下，可提出建立工资委员会。调查委员会为处理每一项特别命令而建立，由劳工大臣任命的三名独立成员和两名或四名工会雇主代表组成。其二，在认为原有谈判机构存在问题的情况下，联合工业委员会或其他劳资谈判机构可向劳工大臣提出请求，要求建立工资委员会。一经许可，劳工大臣可将请求提交至调查委员会，由调查委员会审议其是否属实，并就谈判机构的完善提供建议。从其职责来看，工资委员会主要负责三方面事务：向部长或任何政府部门就劳资关系状况进行汇报，向劳工大臣提出工资调整方案，以及为虚弱或无行为能力人士发放许可证。综上所述，工资委员会是集调研与修正职能于一身的自愿主义集体谈判促进机构，有利于对行业集体谈判状况提出科学、有效的改进建议。自 1896 年《调解法》以来，运用官方机构促进并完善集体谈判是英国的立法传统。相较于此前的各项法案，1945 年《工资委员会法》的出台是对这一传统的扩展与延

---

① Ian G. Sharp, *Industrial Conciliation and Arbitration in Great Britain*, p. 373

续，并在机构发起、程序设置、决议执行等方面均展现出更强烈的自愿主义倾向。

三　面向未来的福利政策

20 世纪以来，英国经济备受失业问题的困扰。30 年代经济危机下，传统经济理论和政府政策失灵，促使英国寻求新的经济理论作为支撑。凯恩斯专注于"非自愿失业"状况，认为化解失业问题的重点在于解决有效需求不足，即通过政府的财政政策和货币政策刺激私人与公共投资，拉动消费。在凯恩斯主义的影响下，通过实现充分就业达到社会资源物尽其用，成为政府的重要目标。战时特殊经济状况使凯恩斯主义得到了一次成功实践，并由此获得官方认可。二战是一场"人民的战争"，英国举国上下的人力、物力均得到充分动员，国家及民众为战争付出了巨大牺牲。在战争的中后期，关于战后重建讨论的热度不断提升，公众希望自己在战时付出的努力在战后社会中得到重视与补偿。在具备了思想理论与实践需求的基础上，政府陆续出台各种面向公众的就业政策，并勾画出了福利国家的建设蓝图。

1942 年 12 月《贝弗里奇报告》（*Beveridge Report*）的发布及其产生的广泛影响，标志着战后重建问题被置于战时政治议程的重要位置。自此之后，政府陆续出台各种社会政策，作为战时安抚劳工、防止劳资冲突激化的重要措施。早在 1940 年，社会舆论便展现出了对战后社会改革问题的强烈关切。1940 年 12 月 30日，《泰晤士报》上的一篇文章写道："有理智的人不得不看到，人类不仅要经历世界大战的战火，而且要经历社会革命的烈火，并且还将看到由此产生的新世界，这个新世界在思想、信仰和行为等许多方面都会和旧世界截然不同。"[①] 战后重建涉及多方利益，"重建工作并不是一蹴而就，容易而直接地通向战后福利国家

---

① 　［苏］弗·格·特鲁汉诺夫斯基：《英国现代史》，秦衡允、秦士醒译，第 379 页。

和充分就业的天堂"。① 1941 年，丘吉尔建立了一个内阁重建委员会（Reconstructing Committee of the Cabinet），但阿瑟·格林伍德领导下的重建委员会态度十分谨慎，收效甚微。1941 年，政府任命威廉·贝弗里奇爵士（Sir William Beveridge）领导社会保险和相关服务调查。历经一年的调研，1942 年 12 月，《贝弗里奇报告》发布，这标志着"战后重建成为战时政治议题中的首要议题"。②《贝弗里奇报告》提出了战后社会重建的任务，即摆脱重建道路上的"五大巨头"，"贫困仅仅是英国战后重建需要解决的五大问题之一，而在某种程度上可以说是最容易解决的一个问题。其他问题包括疾病、愚昧、肮脏和懒散"。报告将社会保障体系的建立作为解决上述问题的主要手段。而为了实现社会保障制度的建设，报告对国家的角色予以强调，"社会保障需要国家和个人的合作。国家的责任是保障服务的提供和资金的筹集"。③基于此，报告对社会保险制度的建立提出了包括统一社会保险缴费作为社会福利基础、社会保险和国民救助由社会保障部统一管理，将家庭妇女作为有工作人群中的一个特定保险阶层等在内的 23 项改革建议。

综合而言，报告所体现的是英国社会保障制度的变革式发展道路。"英国人民所希望的是通过贡献来换取利益，而不是从国家获得免费津贴。"这实质上是将充分就业作为社会保障体系成功运作的基础。"政府将寻求维持就业并防止大规模失业，这是整个社会保障计划所基于的假设之一。"④《贝弗里奇报告》在阿拉曼战役后

---

① Keith Middlemas, *Power, Competition and the State*, Vol. 1, *Britain in Search of Balance, 1940-61*, p. 77.

② James Cronin, *The Politics of State Expansion: War, State and Society in Twentieth Century Britain*, p. 122.

③ ［英］贝弗里奇：《贝弗里奇报告——社会保险和相关服务》，劳动和社会保障部社会研究所组织翻译，中国劳动社会保障出版社 2008 年版，第 3 页。

④ Joan C. Brown, *Victims or Villains?: Social Security Benefits in Unemployment*, London: Policy Studies Institute Location, 1990, p. 26.

英国民众关于战后建设热情高涨之时发布，激发了民众的期待，政府解决贫困、就业问题的压力增加。"报告一发表，就备受社会公众关注，不到一个月就售出 10 万份，最后销售总量为 63.5 万份，成为当时最为畅销的出版物。"① 1942 年报告发布后，贝弗里奇本人也开始起草关于如何解决就业问题的草案，这进一步形成压力，迫使政府出台新的就业政策。《贝弗里奇报告》的发布为政府出台各类战后重建政策提供了思想指导。

《贝弗里奇报告》将充分就业状况的实现作为社会保障制度发挥作用的前提，这迫使政府出台合理的就业政策，防止战后大规模失业问题的出现。报告发布所形成的舆论压力使工党、保守党、工会三方对就业政策展开了激烈辩论。1944 年，《就业政策白皮书》发布。白皮书概述了就业政策的三重方针：第一，要注重与其他国家合作，努力创造有利于经济发展的国际环境，扩大出口；第二，关注战争向和平的转向，注重采取微观经济措施，谨防由工业和劳动力分配不均引起的失业状况；第三，依据过渡期后的具体经济状况，采取宏观经济措施以维持总需求。由其主要思想可知，《就业政策白皮书》的颁布是凯恩斯主义影响下的产物，标志着政府正式将解决失业问题作为自身的职能之一。《就业政策白皮书》的顺利发布是战争政治的产物。首先，政府必须开始重视失业问题。战时工人付出了巨大牺牲，对战后良好就业前景的承诺，是维持战时生产顺利进行以及战后社会稳定的重要手段。其次，《贝弗里奇报告》的发布使政府被迫结束对解决失业问题方式的辩论，承担起政府对失业问题的责任。在报告发布前，财政部对凯恩斯式的国家对就业的干预持保守态度。1941 年 7 月经济部的詹姆斯·米德（James Meade）在其论文中论述维持需求即是防止普通失业问题的方法，但其观点遭到了财政部的反对。财政部坚持将控制需求和通货膨胀作为战后解决失业

---

① 郑春荣编著：《英国社会保障制度》，上海人民出版社 2012 年版，第 50 页。

问题的方针，拒绝接受凯恩斯式的通过预算来维持总需求的政策。"如果没有《贝弗里奇报告》的影响，政府内部的辩论可能永远也不会结束。"①

　　1945年7月，工党成功以多数党身份上台执政，成为战后重建政策的主要执行者。工党作为执政党，相继通过《家庭津贴法》《国民保险（工伤）法》《国民保险法》等法案，兑现了其将人民福利作为自己神圣职责的竞选宣言，对促进英国人民生活水平提高具有重要意义。一系列社会保障政策的出台成为政府调节劳资关系的特殊方式。1945年新的《家庭津贴法》出台，该法案共由29个部分组成。该法案规定："津贴的主要拨款来自一般税收，而并非通过保险缴款。按每周5英镑支付津贴，除第一个孩子外，每个孩子都能获得，无须进行收入审查。"② 这极大地减轻了战后家庭的生活负担，"对于一名雇员而言，当社会保险制度最终推出时，他将有足够的收入去支付，同时又无须因家庭津贴承担额外费用"。③ 新的《家庭津贴法》相比30年代政府为解决失业问题而实施的家庭财产检查制度取得了巨大进步。

　　1945年，英国政府颁布《国民保险（工伤）法》，在英国建立起了新的工伤保险制度。1942年发布的《贝弗里奇报告》中，便提出废除现行工伤赔偿计划，将工伤事故或职业病纳入统一的社会保险方案。在对英国工伤赔偿制度进行调研后，报告指出了现行工伤制度的特点及其存在的问题。改革前的工伤赔偿制度按照1906年的版本进行，该项制度要求因公和在工作过程中发生工

---

① James Cronin, *The Politics of State Expansion: War, State and Society in Twentieth Century Britain*, p. 124.

② Rupert Cross, "The Family Allowances Act, 1945", *The Modern Law Review*, Vol. 9, No. 3, October 1946, p. 284.

③ Freda Young, "The British Experiment in Family Allowances", *Social Service Review*, Vol. 23, No. 1, March 1949, p. 70.

伤事故或职业病造成的雇员收入损失，雇主必须承担法定赔偿义务。同时，无论工伤事故是由职业病还是雇主或雇员的直接或间接疏忽造成的，雇主都要进行赔偿。"这一制度基于雇主和雇员分担损失的原则，赔偿的金额与雇员的平均工资挂钩，但不能超过最高限额。"①报告指出，目前的工伤赔偿制度主要有以下几个方面的缺点：第一，现行制度以威胁或提起诉讼作为最后的手段来确保执行，用这种方式解决问题，容易引起雇主和雇员之间的争执，或者导致诉讼费用超过任何一险种，或超过其他国家的工伤事故或职业病的赔偿金总额；第二，除非雇员得到工会、批准社团或其他联合会的有力支持，否则没有任何机构帮助他们索赔，雇员经常感受到不正当的压力，接受不公平的索赔；第三，不能完全保证赔偿金的支付；第四，不能保障维持基本生活所必需的收入；第五，根据造成伤残的原因不同，会出现赔付责任方面的争议……②针对先前工伤赔偿制度的问题，报告建议将工伤事故和职业病的保险金、养老金和补助金所需的基金以保险形式按周缴纳，作为保险费。高出普通行业风险的雇主还需缴纳工伤附加费。

　　从1945年颁布的《国民保险（工伤）法》来看，新的工伤保险制度由国家经营管理，并由国家和雇主分担事故责任。保险费用由国家、雇主、雇员三方共同缴纳，不幸遭遇工伤的雇员从工伤保险基金中接受赔付。由此可见，新的《国民保险（工伤）法》基本遵循了《贝弗里奇报告》的相关建议，解决了雇主独自承担保险费用造成的弊端，在英国建立起了关于工伤事故的社会保险制度。在此基础上，1946年《国民保险法》的出台标志着英国福利国家的正式建立。《国民保险法》对报告

---

　　①　[英] 贝弗里奇：《贝弗里奇报告——社会保险和相关服务》，劳动和社会保障部社会研究所组织翻译，第31页。
　　②　[英] 贝弗里奇，《贝弗里奇报告——社会保险和相关服务》，劳动和社会保障部社会研究所组织翻译，第31—32页。

的建议做出了回应，建立了统一的救济金、疾病和失业津贴制度。"基本福利为单身男子每周 26 先令，夫妇每周 42 先令，丈夫、妻子和孩子每周 49 先令 6 便士，并由家庭津贴加以补充。"① 这项规定是在 1945 年选举前制定的，于次年 1 月开始实施。

综上所述，二战时期的劳、资、政三方基本在高压之下实现了和平的共存。这种模式酝酿于 30 年代"合作主义"对劳资关系的影响之中，在战时新因素作用下成为可能。具体而言，二战时期劳资冲突处于较低水平，冲突化解效率高，因罢工损失的工作日数极少，是战时特殊经济社会环境这一新因素作用的结果。战争如同一场实验，提供了和平年代所不具备的经济社会条件，为劳、资、政三方的有效合作提供了前提，这从源头上减缓了劳资双方冲突激化的可能性。另外，劳资双方力量对比状况是影响 30 年代与战时合作结果差异的重要因素。备战为工会发展赋予了新的经济与政治活力，工会规模稳步扩大，组织性提升，运动能力得到综合提高。政治层面，艾德礼、格林伍德出任阁员，贝文任劳工大臣，使工会运动得以渗透进政策制定层面。上述新变化改变了 30 年代以来资强劳弱的格局，使和平的劳资关系更容易维持。而这一新变化又使政府角色发生根本性转变，其在劳资关系过程中的角色更为"中立"，在减轻政府干预阻力的同时，也催生了新型的政府干预模式。政府通过《1305 号令》，在名义上扩充了自己对劳资关系进行干预的权力，任何形式的罢工和闭厂都被禁止。但高压不是目的，而是扩大自愿主义共识的手段，实质上是将双方纳入自愿主义集体谈判的轨道。在法案执行过程中，政府也最大限度地实行了"最小干预原则"，相对公正地处理劳资纠纷，有效防止了争端的扩大。产业环境、劳资力量对比、政

① James Cronin, *The Politics of State Expansion*: *War*, *State and Society in Twentieth Century Britain*, p. 135.

府干预模式是互相影响又共同作用于劳资关系的几项因素。在二战的特殊环境中，这几项因素形成了一种巧妙的"平衡"，为后来劳资关系发展提供了新思路，英国劳资关系发展进入"集体自由放任"时期。

本书受中国历史研究院学术出版经费资助

本书获国家社会科学基金重点项目（15AZD041）资助

学 术 出 版 资 助

20世纪以来
英国劳资关系史

下 册

刘金源 莫磊 等著

社会科学文献出版社
SOCIAL SCIENCES ACADEMIC PRESS (CHINA)

第 六 章

从战时和平到冲突再起：劳资关系的
延续与变迁（1945—1968）

在二战后经济重建的背景下，英国政府鼓励劳资双方延续战时合作机制，以实现社会由战争向和平的顺利过渡。在工党艾德礼政府的推动下，和平与合作成为20世纪40年代后半期劳资关系的主流。从20世纪50年代开始，经济环境的变化尤其是通胀压力和国际收支问题使劳资关系的紧张因素增多。进入60年代，随着英国经济相对衰落，劳资关系走向对抗，非官方罢工增多。在二战结束后新的政治、经济和社会背景下，英国劳资关系的发展开始出现新的走势。工会力量开始崛起，在国家政策制定和劳资谈判中的影响力不断增强，相比之下，英国雇主间的联合逐渐弱化，劳资力量的这种变化使英国形成了劳强资弱的产业格局。随着国有化和收入政策的推行，政府在劳资关系领域的地位和作用开始加强，许多劳资关系问题也由此成为政治问题。在50年代劳资关系紧张因素增多的背景下，英国劳资冲突化解机制出现分散化趋势，产业集体谈判体系开始分散到企业内部，自愿主义机制在冲突化解的过程中开始面临挑战。20世纪60年代，政府逐渐加大对劳资关系的干预力度。为应对通胀和罢工等问题，政府的劳资关系理念开始由战后初期的自由放任走向国家干预，劳资立法和收入政策成为政府治理劳资关系的主要措施，确立新的劳资冲突化解机制被提上了政治议程。

第一节　战后初期劳资关系状况

从二战结束到 20 世纪 60 年代末，随着英国产业经济和政治状况的变化，英国劳资关系发展状况呈现出由和平到对抗的阶段性变化。大体来说，在 40 年代后半期，英国面临艰巨的经济重建任务，在工党政府领导下，劳资关系大体维系了战时的和平与合作局面。50 年代，英国经济开始出现通胀和收支不平衡问题，劳资关系的不稳定因素开始增多，劳资双方围绕工资问题而产生的争议不断增多，未经工会官方授权的非官方罢工在一些经济部门出现，但总体规模较小。进入 60 年代，英国经济在战后的短暂繁荣局面结束，受国内外经济环境和政府政策的影响，劳资间的分歧与对抗加剧。

一　战时劳资和平局面的延续

第二次世界大战改变了英国的经济发展进程，战争使英国经济遭受严重破坏。阿伦·斯克德（Alan Sked）和克里斯·库克（Chris Cook）认为："战争期间，英国损失了约 70 亿英镑，大约占全国财富的四分之一。由于当时采取的政策，它的出口贸易约损失三分之二；为了全力以赴进行战争，国家经济被弄得极不正常；甚至到 1945 年，在军队里服役、从事民防和军工生产的人数还高达 900 万，为战前的 4.5 倍。英国商船总运输能力减少了 28%，战争结束时，贸易条件对英国极为不利……国内经济也令人担忧。英国四年来的战争开支超过国民收入 50%，战时通货膨胀意味着钞票发行量增加，英镑贬值。"[1] 因

---

[1]　[英] 阿伦·斯克德、克里斯·库克：《战后英国政治史》，王子珍、秦新民译，世界知识出版社 1985 年版，第 14 页。

此，二战结束后，英国面临艰巨的战后重建任务，如何整合国内各阶层力量投入社会生产也成为英国政府必须应对的问题。

在面临经济重建任务的同时，英国国内政治环境也发生很大变化。1945 年大选来临之际，人们不大关注国际事务，把目光更多地投向国内面临的经济社会问题，人们期待政府在和平时期能够像战时一样迅速有效地解决各种问题，通过改革给予人们社会福利、工作保障和住房安置。从政治上来说，作为英国两大主流政党，保守党和工党必须回应民众对未来社会发展的诉求。虽然保守党和工党都提出了相似的福利建设方案，但在选民看来，工党似乎是执行这些方案的"天然"领导者。尽管保守党挥舞着胜利的大旗，并且有着很好的说辞，但在堆积如山的国内问题悬而未决的情况下，很少有人会认可其说辞。他将盖世太保的标签贴给工党的做法引起许多人的反感。① 工党赢得选举后，在 1945—1951 年先后组成了两届工党政府，摆在其面前的首要任务就是恢复被战争破坏的国民经济。

从社会层面来看，第二次世界大战也见证了英国社会阶层力量，尤其是劳资之间、国家与个人之间力量对比的巨大转变。二战期间，处理英国劳资关系的自由集体谈判制度得以发展，其影响范围也不断扩大。英国政府在战时颁布的有关调节劳资冲突的《1305 号令》仍未废除，对于经济领域的劳资争端要通过强制仲裁来解决，禁止冲突双方采取罢工和闭厂等集体对抗行动。尽管战时的劳资机制和规定在战后得到延续，但英国劳资关系也经历了一些变化，其中最突出的便是工会力量得到加强，其会员人数不断增加。埃里克·威格姆等人的统计显示，截至 1946 年底，英国工会会员人数比 1939 年多出 1/3，达到 880.3 万人，首次超过 1920 年的会员数量。② 工会力量的壮大增加了其在集体谈判中

① Janet Roebuck, *The Making of Modern English Society from 1850*, London: Taylor and Francis e-Library, 2005, p. 113.

② Eric Wigham, *Strikes and the Government, 1893-1981*, pp. 96-97.

的优势，这也成为影响战后初期劳资关系走向的重要因素。除力量对比发生变化外，这一时期英国工会的组织结构也发生了很大变化。战后，工党艾德礼政府开始广泛实施国有化政策，短短几年内，英国就实现了能源、交通运输、英格兰银行等国民经济重要部门的国有化。国有化实行后，原来私有部门的工人成为国家公共部门的雇员，国家由调解劳资关系的第三方直接转变为公共部门的雇主，这些变化深刻地影响着战后英国劳资关系发展。

从二战结束到 1951 年保守党上台前，英国在工党政府的领导下致力于恢复被战争破坏的经济。在此期间，英国劳资关系大体保持了较为和谐稳定的局面，尽管有小规模的冲突和对抗，但劳资合作的和谐局面是这一时期劳资关系状况的主流。劳资关系的和谐状况一方面体现为劳资双方尤其是工会积极配合政府执行各项经济社会政策，协助政府恢复被战争破坏的国民经济，工会对内要求会员维持稳定的劳动秩序，避免采取对抗形式解决争端；另一方面，工会也采取与雇主合作的态度，帮助雇主恢复生产，提高劳动生产率。在此情况下，作为劳资冲突表现形式的工会罢工和雇主闭厂行动较少发生，劳资冲突的规模不断缩小、频次不断减少。

在政府极力倡导和推动劳资合作与和平的背景下，英国工会改变了此前对抗主义的行动策略，采取合作主义的态度处理内外关系。工会行动策略朝和平与合作的方向演进是由当时的客观条件决定的。一方面，工会是工人组织的代表，要为工人争取更多的物质利益，从而获得广泛的阶级力量支持。但英国在战争中损失严重，工会如果采取对抗的态度处理劳资争议不利于社会生产的恢复，工人物质生活条件的改善也就无从谈起。另一方面，工会与工党在政治上和经济上有着天然的联盟关系，工会将工党视为自己政治上的代表，并在资金方面给予工党极大支持。这就决定了工会必须支持工党的某些经济措施，以实现英国经济的好转。这突出表现为工会自愿限制工资，配合政府的收入政策。1948 年，艾德礼首相在下院做的有关个人收入、成本和物价的报告中声明：在当前条件下，如果没有更多的商品和服务来满足国内市场的需求，就没有任何理由增加工资收入，因为这种增加只会带来生产成本的上涨，而不利于更多的商品生产，同时它还会产生通货膨胀的不利影响。[①] 工资问题向来是劳资关系中最敏感的核心部分，工会领导对此十分谨慎，工会提出：只要那些生活水平"低于起码标准"的人的要求能得到满足，"必要的区别对待得以保持"，它们就同意与政府合作。此后，工资的增长高于财政大臣所希望的速度，但低于工人所要求的速度，然而，工会表现了突出的责任感，采取了相当克制的态度。[②] 工会在工资问题上配合政府的做法，在一定程度上牺牲了工人的核心利益。但这并未引起工人的对抗，1948 年，英国工会代表大会以绝对优势通过了支持政府限制工资的决议，其中支持率达 73%。[③]

在积极配合工党政府经济政策的同时，工会对内也极力要求工人阶级不要采取对抗行动，以实现经济由战争向和平的平稳过渡，改善人们的生活条件。战后初期，英国曾出现数次官方罢工的威胁，但都在最后关头被来自工会代表大会和政府的压力化解。1946年，印刷业工会投票支持罢工以争取其工资需求，但在罢工发生前制定了有关工资的解决方案。而战后对《1305 号令》威胁最大的决定来自造船和工程行业工会联盟，该联盟于 1950 年举行投票，要求其会员在罢工和强制仲裁之间做出选择。劳工与国民服役大臣乔治·艾萨克斯（George Isaacs）在对下院的报告中说，没有任何一个派别将这一争端向其报告，罢工活动明显不合法。最终，工会会员以 3∶1 的多数支持仲裁，从而化解了有关废除《1305 号令》

[①] *Statement on Personal Incomes, Costs and Prices*, February 1948, London: HMSO, Cmd 7321, p. 3.

[②] ［英］阿伦·斯克德、克里斯·库克：《战后英国政治史》，王子珍、秦新民译，第 14 页。

[③] Chris Wrigley, *British Trade Unions since 1933*, p. 56.

的争端。①　大多数工人在战后希望在政府领导下度过困难的重建时期，即使在最艰难的情况下，工人阶级也没有诉诸激烈的冲突对抗措施。

在与雇主关系方面，工会也采取了与雇主合作的态度，帮助其恢复生产，提高劳动生产率。这些支持主要体现在劳资谈判机制方面。1945 年，为实现经济由战时向和平状态的顺利过渡，艾萨克斯向由雇主和工会代表组成的联合咨询委员会提出建议，要求在一定期限内继续沿用战时有关禁止罢工的《1305 号令》，工业法庭继续存在并发挥强制仲裁的作用。该规定是在战争状态为稳定国内生产秩序而做出的剥夺工人罢工等权利的决定，而罢工是工人阶级为争取更好工作条件和待遇的重要途径。同年 10 月，英国工会代表大会通过决议，力图施压废除强制仲裁。但工会代表大会总理事会却与雇主代表达成共识，继续沿用《1305 号令》作为处理劳资争议的临时方法，直到双方有任何一方认为该规定应该停止使用时为止。②　尽管工会也试图利用《1305 号令》中的相关规定，敦促雇主履行保障工人权利的义务，但在战后生产条件遭受严重破坏的情况下，工会对内严格要求会员不得发起对抗行动，采取与雇主合作的态度是值得肯定的。

这一时期英国劳资关系之所以表现出相对和谐的稳定局面，有着多方面原因。从政治上来看，战后英国工党赢得选举，艾德礼政府所实施的一系列福利建设和经济改革带来工人阶级工资的增长，有效地稳定了工人阶级群体。有了这些福利，工人阶级就能忍受工资冻结、货币贬值以及令人不快的艰苦了。他们对于本国政府的忠诚经受得住一切考验。③　对于占人口绝大多数的工人阶级而言，自1945 年以来，日子过得像维多利亚时代后期的鼎盛时代一样。工

---

① Eric Wigham, *Strikes and the Government*, *1893-1981*, pp. 102-103.

② Eric Wigham, *Strikes and the Government*, *1893-1981*, p. 100.

③ ［英］肯尼斯·O. 摩根主编：《牛津英国通史》，王觉非等译，商务印书馆1993 年版，第 588 页。

资比 1938 年提高了 30%，人们的生活水平提高，就业得到保证，生活环境和教育设施也让人感到满意。[1] 这一时期的法律环境也不利于工人阶级开展产业行动，战时法律规定严禁罢工的《1305 号令》并未废止，罢工行动仍要遭受严厉惩罚，这在一定程度上有利于劳资关系的稳定。

从经济上来看，战后英国面临的首要任务就是恢复被战争破坏的国民经济，工人阶级意识到产业行动不利于国内经济发展，也从根本上不利于自身生活水平的提高。因此，工会采取了支持工党政府的态度。即使在国内经济环境不景气的情况下，工人阶级也没有采取激烈的对抗行动。在 40 年代，绝大多数人英国家庭都缺少燃料，肉类和鸡蛋更是少之又少。许多人处于缺衣少食的状态，尤其在 1946 年与 1947 年之交的冬季，英国遭遇百年未有的寒冬，由于燃料不足，供暖减少，交通运输瘫痪和电力供给中断。许多投机者趁机进行黑市倒卖活动获取暴利，物价高涨，社会犯罪陡然增多。即使在这种极端艰难的生活环境中，人们依然相信日子不会那么糟糕，生活一定会好起来。在此情况下，罢工活动变得不得人心。民众认为，大规模的罢工和工会行动，会让人感到强有力的工会是人民的敌人；人们坚信工党能够完成大选期间的承诺，未来的日子一定会变好。[2] 在这一理念的主导下，民众积极投入经济重建，这在客观上减少了可能导致劳资关系紧张的经济因素。

从社会层面看，工人阶级的就业得到保障，他们不必再诉诸罢工反对雇主裁员。广大民众对战前经济萧条和高失业率的危害记忆犹新，这也使得工人不敢贸然行动。战后初期，英国百业待兴，急需大量的劳动力投入经济重建，这在一定程度上打消了工人阶级对失业的顾虑。艾萨克斯认为："在 1946 年，能够满足国内服务和促进外贸发展的劳动力人数增长并不充足。出口制造业的工人数量在

---

① Kenneth O. Morgan, *Twentieth-Century Britain：A Very Short Introduction*, New York：Oxford University Press, 2000, p.64.

② Janet Roebuck, *The Making of Modern English Society from 1850*, p.117.

1939 年有 99 万人，而到 1946 年这一数量为 144 万人，增加了 45 万人，但发展对外贸易行业所需劳动人口为 50 万人，目前的劳动力供给显然不能满足需要，且满足国内需求的关键的制造业企业对劳动力的需求也在不断增加。"① 在此背景下，英国开始实施充分就业政策。充分就业政策的推行为民众提供了就业保障，不仅改善了工人阶级的生活，也让其有条件为未来的生活做更好的打算。充分就业政策也改善了英国的贫困状况，到 50 年代初，由失业和低工资造成的贫困基本被消除，大多数贫困是由老年和疾病造成的。因此，即使没有福利国家，贫困状况也会消失，因为工人的充分就业得到了保证。② 这为劳资关系的和平与合作提供了坚实的社会基础。

二 劳资关系紧张因素增多

劳资关系的和平与合作有赖于一定的政治、经济和社会环境基础，产业经济环境通过影响劳资利益格局来塑造双方关系。进入 20 世纪 50 年代，随着英国经济实现了由战争到和平状态的过渡，影响劳资关系走向的英国政治和社会环境也发生变化，在经济通胀的背景下，劳资双方围绕工资、工作条件和社会福利等问题开始产生争议，战后初期劳资关系的和平与合作局面告一段落。

1951 年保守党赢得大选，在首相丘吉尔的领导下重返执政舞台。保守党执政之初仍沿用艾德礼执政时实行的福利政策，历经六年的战后重建，英国经济复苏并呈现出良好的发展势头。在经济状况不断改善的情况下，工人阶级也在一定程度上分享到经济发展的福利，其生活水平有所提高。尽管政党轮替，加之艾德礼政府在 1951 年废除了有关禁止罢工的《1305 号令》，但英国劳资关系的整体发展状况并未因此发生变化，工会与政府之间并无明显分歧，

---

① *Statement on the Economic Considerations Affecting Relations between Employers and Workers*, January 1947, London：HMSO, Cmd 7018, p. 4.

② Janet Roebuck, *The Making of Modern English Society from 1850*, p. 120.

丘吉尔首相也要求内阁成员在制定经济政策时重视工会的观点，以避免罢工的威胁。[1] 在处理劳资关系问题时，保守党政府仍主张实行自愿主义的集体谈判制度，鼓励工会与政府继续合作，保持劳资关系的稳定。埃里克·威格姆认为，在保守党执政时期，仲裁法庭依然发挥作用，在很大范围内处理大小企业的争议。在 1955 年之前，全国没有发生大规模的官方罢工，这部分是因为政府在面临罢工威胁时经常采取让步策略。但非官方罢工开始增多，并且其数量在 1954 年超过 2000 次，这些罢工大多为煤炭产业的罢工活动。之前罢工倾向较为突出的码头工人在保守党执政的最初两年则表现得相对平静，但从 1954 年和 1955 年开始，他们也回归到大规模的罢工行动中。[2] 可见，在保守党重返执政舞台之初，英国劳资关系在一定程度上还保持着稳定的局面。

尽管在保守党重返政坛之初劳资关系大体稳定，但造成劳资关系紧张的因素并未消除。从 20 世纪 50 年代初开始，劳资争议不断增加，工人阶级数次掀起罢工运动。劳资关系的紧张首先源于经济环境的变化。1950 年，朝鲜战争的爆发引起国际市场上原材料价格上涨，对进口依赖程度较高的英国出现国际收支恶化的情况，而英国大规模的重整军备活动增加了财政开支，这给行业均衡发展和财政收支平衡带来危险，[3] 尽管这种情况在朝鲜战争结束后就消失了，但到 20 世纪 50 年代中期，英国经济又面临通胀问题，这对战后以来相对稳定的劳资关系产生极大影响。自二战结束后，英国雇主在对待工人阶级的态度上，一直秉持既不冒犯也不合作的中间立场。在经济发展较好的年份，雇主也愿意拿出更多的成果分享给工人阶级。而 50 年代中期开始，面临通货膨胀和产品出口竞争力下

---

[1] Chris Wrigley, "Trade Union Development, 1945-79", in Chris Wrigley, ed. , *A History of British Industrial Relations*, *1939-1979*, p. 78.

[2] Eric Wigham, *Strikes and the Government*, *1893-1981*, p. 108.

[3] Alec Cairncross, *The British Economy since 1945*, Oxford: Blackwell Publishers, 1995, p. 99.

降的困难局面，雇主为降低生产成本，拒绝工人增加工资的需求，一些产业部门开始出现罢工活动，劳资之间的工资争议不断增多。奈特（Knight）在其对 1950—1968 年英国制造业劳资冲突的研究中发现，最主要的罢工都与货币工资的增长有关。引发工资通胀的主要原因则来自劳动力市场和价格预期的不同。因当前工资变动没有满足工人过去工资增长的预期，罢工活动则是这种工资需求遭遇挫折的一种表达。[①]

在经济通胀问题严峻的背景下，劳动力市场的变化也给劳资利益格局的平衡带来挑战。1953—1955 年，英国生产增长迅速，劳动力需求增加，1955 年，劳动力市场的紧张情形像 1951 年那样，这一年失业率一直低于 1%，与之相伴的是通货膨胀的风险日益增加。在 50 年代，消费价格上涨速度较慢，其增长幅度在 1951 年为 9.5%，在 1953 年和 1954 年为 2%，而在 1955 年又达到 3.5%，在 1956 年，增长幅度超过 4.5%，造成这种增长的原因并非进口商品价格上涨，其价格一直落后于这种增长速度。但英国工资增长速度较快。在经历 1953—1954 年的缓慢增长后，工资增长幅度在 1955 年达到 4.5%，而在 1956 年，工资增长幅度达到 8%，这一增幅较高，但并非前所未有。不同的是，1956—1957 年的通货膨胀是由工资上涨推动的，而且上涨速度较快。[②] 就这一时期经济发展的总体情况而言，在 50 年代，充分就业被认为是理所当然，人们也树立了提高生活水平的坚定信念。但从 20 世纪 50 年代后期开始，英国的企业开始面临激烈的国内外市场竞争。[③] 西德·克斯勒认为："考虑到政府充分就业政策和经济增长目标，如果该政策成功实

---

① K. G. Knight, "Strikes and Wage Inflation in British Manufacturing Industry, 1950-68", *Bulletin of the Oxford Institute of Economics and Statistics*, Vol. 34, 1972, pp. 281-294.

② Alec Cairncross, *The British Economy since 1945*, p. 107.

③ Howard F. Gospel, *Markets, Firms, and the Management of Labour in Modern Britain*, p. 106.

施，将会引起工资收入过快增长的风险。如果平均工资增长速度快于生产增长速度，将会引起物价上涨，而物价上涨则会导致英国通货膨胀不断上涨并高于其他竞争国家，收支平衡问题也会随之产生。为解决此类问题，政府致力于限制需求，而这又引起失业率上升以及生产下降。在二战后的 20 年至 25 年内，上述方案随着固定汇率系统和强烈防止货币贬值的经济期望而大大强化。"① 在此情况下，影响劳资关系运行的经济环境不断恶化。

在劳资关系所处的经济环境发生变化的情况下，影响劳资关系运行的政治环境也悄然变动。1955 年 4 月丘吉尔离任后，继任的保守党政府在制定政策时逐渐减少了对工会领导人的咨询。在执政过程中，尽管保守党的政策目标仍是充分就业、物价稳定以及社会保障，但政府尤其重视自由市场，更加倾向于运用货币政策，优先关注物价稳定，而在充分就业方面则表现得模棱两可，讨厌任何带有计划经济色彩的政策。② 对执政的保守党来说，政府既是经济发展的规划者，也是劳资利益的协调和平衡者，这一身份定位要求其从整体上发挥经济调节的职能，维护整个国家的利益，保持劳资关系的稳定。作为国有化企业的雇主，政府也必须重视企业生产效率。

政治环境的变化给劳资利益格局带来冲击并影响着劳资关系的稳定。对雇主来说，保持工资稳定、降低生产成本以及增加出口是其生产利益所在。作为工人阶级利益的代表，工会力量在战后充分就业政策的刺激下增长明显，这大大提升了工人阶级在集体谈判中的地位。工会在对待政府限制工资等一系列反通胀措施中表现出强烈的不服从性。尤其在 50 年代后半期，工会希望通过确保工资增长，应对通货膨胀对工人实际工资水平的威胁。③ 因此，政府的工

---

① Sid Kessler, "Incomes Policy", *British Journal of Industrial Relations*, Vol. 32, No. 2, June 1994, p. 182.

② Alec Cairncross, *The British Economy since 1945*, p. 94.

③ Chris Wrigley, "Trade Union Development, 1945-79", in Chris Wrigley, ed., *A History of British Industrial Relations*, *1939-1979*, p. 78.

资和收入政策也不断引起工人的反抗，40 年代以来的产业和平局
面逐渐崩溃。1955 年 5 月，丘吉尔离开首相职位不久后，英国就
发生了 20 年来规模最大的一次罢工运动。在铁路行业的工资争议
中，火车司机联合工会发起持续 15 天的罢工运动。50 年代末，造
船工人发动罢工，尽管首相麦克米伦想要劳资双方和平解决争端，
但他在回忆录中指出，正是在此时政府制定了对付罢工的应急预
案，并做了最坏打算。麦克米伦说："应急组织运转良好，地区应
急组织再次运作，这一次，我们有充足的部队（士兵、飞行员和
海员），尽管我们应对的不再是德国，但战斗仍将是猛烈的。"他
在 3 月 18 日发表了就任首相以来第一次公开演说，呼吁罢工人群
通过仲裁等形式和平解决争端，而非进行"自我毁灭"的斗争。①

　　政治和经济环境的变化加剧了劳资关系的不稳定性，工人和雇
主在工资和工作条件等方面的分歧逐渐明显。从这一阶段劳资争议
的表现形式来看，罢工成为工人阶级斗争的主要方式。20 世纪 50
年代初开始，英国罢工数量日益增多，1953—1959 年，在煤矿行
业以外的产业部门，其罢工数量上升 79%，20 世纪 60 年代，这种
上升趋势更加明显，煤炭产业以外的罢工数量超过 1000 次；而在
整个 60 年代，罢工数量仍或多或少地增加。尽管 50 年代后期全国
范围的大规模罢工活动依然存在，但这些罢工只发生在某一企业或
者部门，罢工持续的时间缩短，这在一定程度上反映了谈判结构的
混乱。这些罢工大多是非官方罢工或者非法罢工，到 60 年代前期，
参加罢工的年平均人数约为 500 人，年平均损失工作日大约 1000
个；其中非官方或者非法罢工约占罢工总数的 95%，损失工作日约占
总损失的 2/3。②

　　从劳资冲突的行业分布情况来看，这一时期的罢工活动主要集
中在一些制造业部门。直到 60 年代早期，在所有的罢工活动中煤

---

　　① Eric Wigham, *Strikes and the Government*, *1893-1981*, p. 115.

　　② Howard F. Gospel, "The Management of Labour", in Chris Wrigley, ed., *A History of British Industrial Relations*, *1939-1979*, p. 89.

炭行业罢工一直居主导地位，占总罢工数量的 1/2 甚至 3/4，但非煤炭行业等新兴制造业部门在罢工活动中的重要性也在逐渐提高。1953 年，当铁路罢工被政府有限地避免后，造船和工程行业工人发起一日罢工行动（one-day strike）。1955 年火车司机发动全国大罢工，其他制造业部门的工人陆续跟进，造船和工程行业工人分别在 1957 年和 1962 年掀起全国大罢工，印刷行业也在 1959 年发起大罢工，铁路车间和建造工人在 1963 年发动大罢工。此后，大规模的官方罢工也经常出现。①

从这一时期劳资争议的焦点来看，工资、工作条件与工作保障和工人福利待遇等是劳资双方争议的主要领域。

从工资方面来看，工资问题是劳资关系中最为核心而敏感的问题，对劳动者而言，工资构成其收入的主要来源，对于雇主来说，工资和薪水方案是生产成本的重要组成部分，这关系到市场上产品价格的制定。同时，政府作为全国最大的雇主，对整个国民经济的运行负有主要责任，也必然关注工人的工资水平。如果工资水平（准确说是劳动力成本）过高或工资增长过快，必然导致该国产品在国际市场上处于不利地位，这反过来也会影响收支平衡、货币交换比率和雇佣水平。这些问题也是 50 年代英国政府和雇主面临的主要困境。在 50 年代中期，雇主和政府越来越重视通货膨胀给英国产品出口带来的不利影响，这种关注在 1955 年、1957 年和 1961 年因英镑面临较大困难而更加突出。② 可见，自 50 年代开始，工资问题已经成为英国经济面临的问题之一。为解决工资和通胀等经济问题，政府和雇主也将限制工资上涨作为抑制通货膨胀的主要手段。因此英国政府和许多雇主对工资问题采取坚定态度，这在造船业和制造业非常明显，这些产业雇主拒绝工人的工资增长需求，尝

---

① E. W. Evans and S. W. Creigh, eds., *Industrial Conflict in Britain*, London：Frank Cass, 1977, p. 9.

② Chris Wrigley, "Trade Union Development, 1945-79", in Chris Wrigley, ed., *A History of British Industrial Relations*, *1939-1979*, p. 78.

试打破过去期望的工资每年都有所提高的增长模式，雇主和政府拒绝增加工资的做法引发了大规模的劳资争议。① 因此，工资问题不仅带来雇主和工会的争议，也导致政府和工会关系的紧张。二战后，英国的劳资争议绝大多数与工资问题有关，克里斯·里格利的研究表明，从二战到 1968 年，44%—48%的罢工活动主要由工资问题导致。②

工资问题加剧了政府和工会关系的紧张程度，这突出地表现在政府作为国有化企业的雇主，其限制工资和收入政策往往带来劳资关系的紧张，这在铁路行业表现明显。根据国有化法案的规定，铁路公司每年应按自己的方式确定工人工资，但铁路公司面临不断累积的赤字亏空，所以英国交通运输委员会要求拒绝工人的工资需求。铁路行业劳资争议不断。1954 年铁路工人拒绝了政府的工资方案，并以罢工相威胁，最终政府妥协，并以更大的工资让步为代价换取产业和平。1954 年底，全国铁路工人工会最初接受了政府讨论解决工资结构的提议，但由于工人的反对，工会最终拒绝该提议，并宣布将于 1955 年 1 月 9 日凌晨发动全国范围内的大罢工。③面对罢工威胁，政府成立由约翰·卡梅伦（John Cameron）领导的调查法庭，法庭认为："为实现铁路运输系统为民服务的目的，提供此服务的工人应该得到公平和足够的工资报酬，从广义上来说，铁路工人的待遇不能低于其他类似行业工人的水平。"尽管运输委员会不断重复调查法庭的观点，但由于无法满足工资增长比例的要求，他们反而认为改善工人待遇的观点是前后矛盾的。最终，在劳工大臣沃尔特·蒙克顿爵士（Sir Walter Monckton）的召集下，铁路行业劳资双方达成了大幅增加工人工资的协议。④ 可见工资问题

---

① Chris Wrigley, "Trade Union Development, 1945-79", in Chris Wrigley, ed. , *A History of British Industrial Relations*, *1939-1979*, p. 78.

② Chris Wrigley, *British Trade Unions since 1933*, p. 45.

③ Eric Wigham, *Strikes and the Government*, *1893-1981*, pp. 108-109.

④ Eric Wigham, *Strikes and the Government*, *1893-1981*, p. 109.

已成为引发劳资冲突的主要原因。

从工作条件与工作保障来看，工作环境差和工作无保障是造成冲突的焦点问题之一。自战后以来，工人的工作环境并未发生显著改善。1948 年，伦敦的 11 位码头工人拒绝卸载 100 吨的氧化锌货物，原因是狭小的货仓工作条件十分肮脏，工人提出支付额外报酬的要求也遭到船主拒绝。在工人不愿卸货的情况下，政府动用法律惩罚这些码头工人，此举立即引起工人不满，泰晤士河（Thames）和默西赛德（Merseyside）地区的 3 万名工人立即停止工作，政府只好再次动用紧急法令，并调集军队到码头卸货。[1] 工作条件差和工作无保障等造成的劳资争议主要是由雇主的行为引起。从 20 世纪 50 年代中期开始，面对国际竞争的压力，雇主开始采取多种手段增加产出，提高生产效率。他们更多地采用轮班制和超时工作的方法。而在一些老式生产企业中，雇主们大量雇佣廉价移民劳动力超时工作。同时，对女性劳工尤其是已婚女性劳工的雇佣也不断增多，雇主们将其视为廉价劳动力的来源而非发展培训的生产资源。此外，一些雇主也采用传统计件工作的管理策略，提供直接的报酬而不用对生产过程和工作方法做出较大调整，这种按劳付酬的工资体系同样带有弊端并引发劳资关系问题。[2]

从工人阶级所享受的福利待遇方面来看，福利政策的变化对工人阶级实际生活产生不利影响是造成劳资冲突的另一焦点。一方面，二战后英国开始了广泛的福利国家建设。工人在就业、住房、教育、医疗等领域享有广泛的社会福利保障。但另一方面，福利政策也造成政府开支庞大，并且影响到整个经济的运行。50 年代开始，对福利政策的批判声音开始出现，而对工人阶级而言，福利政策在一定程度上构成工资的重要补充。50 年代中后期，政府用于食品和住房的津贴开始减少，这引起工人的不满，工会领导指责保

---

[1]　Eric Wigham, *Strikes and the Government*, *1893–1981*, p. 103.

[2]　Howard F. Gospel, "The Management of Labour", in Chris Wrigley, ed., *A History of British Industrial Relations*, *1939–1979*, p. 91.

守党没有给工人生活水平提供任何保护，工会也没有义务服从保守党政府的管理，为了民众的利益，工会代表大会声称将用产业行动对抗政府削减福利的做法。对此，麦克米伦不无抱怨地认为："在劳动力市场紧张的情况下，任何对福利国家的攻击必然进一步招致产业层面的麻烦。"随着基本生活物品价格的上涨，削减生活津贴的做法必然刺激工人更高的工资需求，政府试图减少工资、削减福利开支的做法一直受到抵制，产业行动的进一步威胁使得福利国家政策难以变动。①

三 走向对抗的劳资关系

从20世纪60年代开始，英国经济增长局面结束。钱乘旦等学者认为，相较而言，20世纪五六十年代，是英国历史上前所未有的经济增长时期。"但与此同时，这一时期英国经济发展远远落后于其他工业国家。到这一时期结束时，英国已沦为二流国家中的穷国。因此这一时期也是英国自工业革命以来经济相对衰落最快的时期。"② 霍华德·F.高斯贝尔认为，就已经了解的情况而言，整个60年代，人们日渐认识到英国经济增长的速度逐渐落后于其他工业化国家。在20世纪60年代中期，英国面临的经济问题进一步恶化，失业率和通货膨胀率同时上升。到60年代末，尽管时人只能模糊地感知到，但英国经济的繁荣时期已走到尽头。③ 在经济困难不断加重的情况下，劳资关系的紧张程度逐渐加剧，工人罢工活动逐渐增多。

这一时期劳资关系的紧张状况主要表现在罢工次数的上升和参加罢工的行业增多。从1960年开始，罢工数量陡然增多，非煤炭

---

① Noel Whiteside, "Industrial Relations and Social Welfare, 1945–79", in Chris Wrigley, ed., *A History of British Industrial Relations, 1939–1979*, p. 118.

② 钱乘旦、陈晓律、陈祖洲、潘兴明：《日落斜阳——20世纪英国》，第138页。

③ Howard F. Gospel, *Markets, Firms, and the Management of Labour in Modern Britain*, p. 106.

行业罢工数量自二战后首次超过 1000 次，而在整个 60 年代，罢工
的数量和参加的人数都呈上升之势。① 1960—1968 年，非煤炭行业
罢工数量增加 80%，损失工作日上升 83%，参加罢工的工人数量
则增加 283%，到 1968 年，罢工总数超过 2000 次。与 50 年代相
比，英国劳资关系的对抗程度不断加剧。从这一阶段罢工活动的总
体状况来看，在 1960—1968 年的九年中，英国由劳资对抗而造成
的罢工运动增加了 85%，英国的罢工总数自二战后首次超过 1000
次，并迅速达到 2000 次的水平。尽管其间英国罢工数量年均增长
率为 8%（1953—1959 年为 10.2%），但罢工数量在 1963 年和 1968
年这两年明显减少，而这两年之后，罢工数量又呈现明显的快速增
长态势。②

　　从罢工的波及范围及其带来的后果来看，在 20 世纪 60 年代，
制造业部门仍是罢工倾向比较明显的行业，其年均罢工数量为 252
次，占罢工总数的 17%。但传统罢工倾向比较明显的煤炭行业，
在罢工活动中的重要性明显下降。尽管从罢工数量上来看，煤炭行
业依然是英国经济部门中罢工倾向最为明显的，但从参与罢工的人
数以及罢工带来的工作日损失状况来看，煤炭行业都表现得不太突
出。在 1960—1968 年煤炭行业掀起的 8282 次罢工中，参加罢工的
总人数为 120 万人，导致工作日损失 290 万个。制造业罢工数量位
居其次，为 2265 次，主要包括三个部门，即非电力工程、汽车和
摩托车制造、电力工程，但其参加罢工的总人数分别为 240 万
人、210 万人和 130 万人，从损失的工作日来看，汽车和摩托车
制造行业为 500 万个，非电力工程行业为 400 万个，在罢工倾向
上都高于煤炭行业。这一变化趋势的出现，不仅仅是由于其他行

　　① Howard F. Gospel, *Markets, Firms, and the Management of Labour in Modern Britain*, p. 133.

　　② J. W. Durcan, W. E. J. McCarthy and G. P. Redman, *Strikes in Post-War Britain: A Study of Stoppages of Work due to Industrial Disputes, 1946-73*, London: George Allen and Unwin, 1983, p. 111.

业罢工活动增多，也是 60 年代煤炭行业的罢工明显减少的结果，从 1960—1968 年的总体情况来看，煤炭行业在罢工数量、参加罢工人数以及罢工带来的工作日损失方面下降幅度均超过 85%。[①]可见传统的煤炭行业在罢工行动中的重要性逐渐下降。

从这一时期劳资争议的焦点来看，工资问题仍是劳资关系紧张的主要原因，这一方面表现为政府收入政策带来的工会和产业工人对政府收入政策的不满；另一方面，这些争议也体现在雇主和工人在工资制定和工作待遇等方面存在分歧。在 60 年代，越来越多的人认为充分就业和工会力量的壮大是导致工资通胀和企业生产率低的主要原因，而充分就业政策则是战后共识政治的核心层面，因此，政府试图引进收入政策直接干预劳工市场以改善通胀和失业率之间的平衡关系。[②]但在工会看来，政府通过收入政策干预劳动力市场会削弱自由集体谈判的地位而对工人阶级不利。而工人阶级对政府采取收入政策限制工资增长来抑制通货膨胀的做法十分不满。因此，保守党和工党政府在 60 年代相继出台的收入政策都导致劳资争议的产生。

在 60 年代初保守党执政期间，政府经济政策仍由凯恩斯主义主导，保守党财政大臣塞尔温·劳埃德（Selwyn Lloyd）采取了一系列反通胀措施。1961 年 7 月，劳埃德提出工资冻结政策（pay pause），宣布停止增加公共部门员工的工资。这一政策的实行将对工人阶层十分不利，冻结工资政策本身也具有很大的不稳定性和不公正性，尽管那些在政策出台前获得工资增加的雇员仍维持增长后的工资水平，但对于此后工资增长被冻结的工人来说却极不公平。该政策限制公共部门工资上涨的做法也会在公共部门和私有企业之间造成差异，私有企业雇员仍可继续提出工资增长方案，但许多中

---

① J. W. Durcan, W. E. J. McCarthy and G. P. Redman, *Strikes in Post-War Britain*: *A Study of Stoppages of Work due to Industrial Disputes*, *1946-73*, p. 111.

② John Sheldrake, *Industrial Relations and Politics in Britain*, *1880-1989*, pp. 63-64.

间阶层如公务员、教师、医院医师和其他医务人员等雇佣群体却强烈抵制工资限制政策。[1] 工资冻结政策在社会上引起广泛不满，劳埃德也在一片不满声中下台，此后，保守党政府又相继实行新的工资限制政策，并成立国民经济发展委员会（National Economic Development Council）试图制定工资增长的指导政策，但该机构并未起到应有作用。[2]

保守党政府限制工资的做法成为劳资冲突的焦点。1961 年 11 月，伦敦航空公司装载工人发起罢工行动，抗议劳埃德工资冻结政策。为了对罢工表示支持，运输工人与通用工人工会认可了航空公司雇员的行动，这也是由对政府收入政策不满引起的第一次官方罢工行动。民航大臣同意按照英国海外航空公司（British Overseas Airways Corporation）的津贴标准给予工人每小时 2.5 便士的津贴，但不主张在工资冻结期间给予津贴。运输工人与通用工人工会主席弗兰克·卡曾斯（Frank Cousins）认为，民航部门应该按照工资冻结政策出台前的协议支付工人工资。[3] 1963 年，邮政工人进行了 1 个月的消极怠工行动，铁路工人以罢工相威胁迫使政府答应将工资提升 3%的要求，工程行业工人两次发起一日罢工的产业行动，煤矿工人也提出将工资提升 3.7%的要求。[4] 对收入政策的不满已成为 60 年代前期劳资争议的焦点。

保守党没有解决的劳资工资争议问题留给了离开执政舞台 13 年之久的工党。在哈罗德·威尔逊（Harold Wilson）的领导下，工党赢得 1964 年大选。上台伊始，工会试图恢复战后初期与工党政府合作的态度，避免劳资冲突。威尔逊在对待工会的态度上仍采取

---

[1] Kenneth O. Morgan, *Britain since 1945：The People's Peace*, New York：Oxford University Press, 2001, pp. 210–211.

[2] Noel Whiteside, "Industrial Relations and Social Welfare, 1945 – 79", in Chris Wrigley, ed., *A History of British Industrial Relations，1939–1979*, p. 117.

[3] From Our Labour Correspondent, "First Official Pay Pause Strike", *The Times*, 10 November, 1961, p. 6.

[4] Eric Wigham, *Strikes and the Government，1893–1981*, p. 130.

宽容和自由的态度。在工资问题上，威尔逊主张任何收入政策在观念上都必须建立在自愿主义的原则上，收入政策的这种基本形式不能中断。在工资谈判过程中，威尔逊采取温和的密切商谈的方针，许多罢工行动在唐宁街 10 号（英国首相官邸）的密切交流中得到解决。[1] 在收入政策上，政府与劳资双方达成协议，同意设定每年的工资增长率为 3%—3.5%，这有效地避免了大规模劳资冲突的发生。[2] 从 1964 年到 1966 年，英国因非官方罢工损失工作日 169.7 万个，同一时期工会官方批准的罢工活动相对较少，其损失工作日仅为 73.3 万个，但这种局面很快在 1966 年结束了。[3] 1966 年全国海员工会提出了超过政府收入政策标准的工资需求，政府以威胁收入政策为由拒绝了海员工会的工资要求。5 月，工会发动全国范围内的海员大罢工，罢工持续了 6 个星期，其间政府被迫实行紧急状态法，宣布冻结工资 6 个月，在解除冻结后仍对工资增长实行严格限制。所有的增长必须向全国物价收入委员会报告。政府此举引起工会不满，运输工人与通用工人工会和工程业联合工会在工会代表大会年会上强烈反对政府的该项政策。工会代表大会和政府关系的恶化也使得劳资冲突问题的解决困难重重。[4] 尽管罢工后来被取消，但对英国的出口和贸易平衡产生较大危害，英镑在 1967 年再度贬值。

　　总体而言，战后最初的 25 年中，英国劳资关系状况经历了由和平走向对抗的演变趋势。在 40 年代后期和 50 年代，英国劳资关系呈现相对稳定的局面，尽管在 50 年代中后期，劳资争端开始增多，但其规模和损失都不如 60 年代激烈。其中劳资间的工资争议一直占有重要地位，这种争议也因政府收入政策而波动。

---

　　① 　Kenneth O. Morgan, *Britain since 1945: The People's Peace*, p. 251.

　　② 　J. W. Durcan, W. E. J. McCarthy and G. P. Redman, *Strikes in Post-War Britain: A Study of Stoppages of Work due to Industrial Disputes, 1946-73*, p. 375.

　　③ 　Edward Royle, *Modern Britain: A Social History, 1750-1985*, London: Edward Arnold, 1987, p. 146.

　　④ 　David Powell, *British Politics and the Labour Question 1868-1990*, p. 127.

第二节 劳资关系的特征与走势

战后初期，得益于有利的政治经济环境，工会力量不断壮大，英国形成了劳强资弱的劳资关系格局。在充分就业的经济背景下，工会在集体谈判中的优势明显，劳资力量对比天平向工人一方倾斜，这也是战后英国劳资关系的显著特征。这一时期劳资关系的内涵呈现出与此前不同的特点，政治因素在劳资关系互动过程中的影响逐渐增强。一方面，国有化政策扩大了公共部门的雇员队伍，政府成为全国最大的雇主；另一方面，战后历届政府都试图通过收入政策抑制通胀，收入政策既需要工会的合作，往往也造成工会与政府关系的紧张，劳资冲突由此前的经济领域扩展到政治领域。从冲突化解机制演变的路径来看，战后英国经济结构转型导致车间代表力量逐渐崛起，雇主组织的分离倾向也日益明显，劳资关系的互动机制呈现去集体主义特征。

一 劳强资弱的产业力量格局

英国工会组织力量在二战期间获得较大发展，这是战后英国劳资关系发展的显著特征。二战后，劳动力数量的增长为工会规模的扩大提供支持。由于经济环境的变化，传统的体力劳动者减少，其在工会的权力开始缩减，代之而起的是白领工会成员的增多及其权力的扩大。随着大量的女性劳动力加入工作行列，女性工会成员开始增多，这都为英国工会组织力量的发展壮大奠定了基础。

首先，战后英国出现了有利于工会发展的经济环境，在经济重建的背景下，大量女性劳动力和白领工人群体走上工作岗位，这为工会规模的扩大提供了组织基础。从 50 年代开始兴起的技术革命和英国经济转型使得女性劳动力增多。工厂自动化水平的提高减少了体力劳动工作量，更加适合女性工作者的轻型工作增多。相较于男性劳动力，女性劳动力的工资较低，这使得雇主可以获取更多的利润，工厂生产的这一变化致使女性工作者在许多自动化产业的工人中居主导地位。食品加工与包装企业、服装企业、电子和电器行业、外科与医疗行业开始大量雇佣女性劳动者。在整个 60 年代，女性劳动者在工作中的重要性十分明显，一些观察家注意到，如果没有女性劳动者的工作，许多工商业活动将会终止。英国经济的这一转型为女性劳动力走上工作岗位提供了可能性，在此背景下，女性劳动力数量显著增多。到 20 世纪 60 年代早期，女性劳动者占工人总数的比例达到 1/3，一些未婚女性也将参加工作视为理所当然。[1]

在女性劳动力数量和女性工会会员增多的同时，白领工人为争取自身的经济利益也开始加入工会。工会白领会员的增多与白领工人争取自身权利有很大关系，随着传统重工业部门衰落和服务行业兴起，白领和服务部门从业人员增加，这些新兴就业领域的雇主为强化其管理权威，拒绝认可白领工会，抵制与其进行谈判。[2] 为了维护自身劳动权利，白领工人试图通过工会增强对抗雇主的力量，白领工会会员不断增多。爱德华·罗伊尔（Edward Royle）认为，20 世纪英国雇佣关系的结构性变化明显反映在工会成员数量的变化中，传统的产业部门工会与白领和普通工会之间的数量对比渐趋平衡，1948—1974 年，手工工人工会成员减少 6.8%，同一时期白领工会成员增加了 104.7%。[3] 英国劳资关系专家乔治·塞耶思·贝恩经过调查研究发现，在整个国民经济部门中，制造业部门的白领工会成员所占比重在 1948—1964 年增加了两倍多，在那些较大的白领工会中，其会员增加了 77%，而在整个经济部门中，增长了约 34%。与此同时，制造业部门的白领工会密度也在不断增大，

---

① Janet Roebuck, *The Making of Modern English Society from 1850*, p. 128.

② Chris Howell, *Trade Unions and the State: The Construction of Industrial Relations Institutions in Britain, 1890-2000*, p. 97.

③ Edward Royle, *Modern Britain: A Social History, 1750-1985*, p. 146.

但其增速不及白领工会会员的增速。①

其次，除经济因素外，这一时期工会力量的发展壮大也与二战结束到 60 年代初有利的政治环境有关。在战后英国政府推行的各项政策中，充分就业政策对工会组织力量的壮大起到关键作用。战后大众化生产需要大量劳动力，与此同时，工人阶级也对大萧条时期的失业状况记忆犹新。因此，工人阶级也有着强烈的工作安全保障要求。为了恢复社会生产，保障工人阶级就业，战后英国开始推行充分就业政策，这使得英国的失业率一直维持在较低水平。20世纪 50 年代，英国的失业率一直在 1%—2% 浮动，但在 1958 年和 1959 年，其平均失业人数超过 40 万人。也正是从这时起，英国政府开始着力解决高失业率问题，这在很大程度上是财政大臣采取减少公共开支和公共投资等紧缩经济政策所带来的后果。而在其他年份，政府一直通过宣传有影响力的观点保证就业以实现"高水平稳定就业"的承诺。② 因此，就劳动力市场状况而言，在战后长达30 年的时间，英国的充分就业范围得以扩大，这在英国经济史上尚属首次。充分就业一方面源于男性劳动力数量增长缓慢，另一方面是因为国内产品和服务的需求高且稳定。劳动力短缺，尤其是技术工人缺乏是英国制造业的显著特征，这在五六十年代表现得较为明显。因此，尽管战后英国的失业率逐渐上升，但在 70 年代之前，其增长速度一直缓慢。二战后近 25 年时间里，充分就业以及较高的劳动需求对劳资关系产生深刻影响，不仅威胁劳资关系的稳定，也对产业级别的集体谈判体系产生影响。③

最后，工会组织力量的壮大增强了工会在集体谈判中的力量，劳资力量的天平向工会倾斜，英国形成了以劳强资弱为特征的劳资关系格局。

---

①　George Sayers Bain, *The Growth of White-Collar Unionism*, pp. 32-33.

②　Alec Cairncross, *The British Economy since 1945*, p. 95.

③　Howard F. Gospel, *Markets, Firms, and the Management of Labour in Modern Britain*, p. 129.

相较于工会力量的增强，雇主的力量逐渐弱化，这主要表现为雇主间联合减少以及雇主在劳资争议中难以形成应对工会的集体力量。威廉·麦卡锡（William Edward John McCarthy）等人的调查表明，自20世纪50年代末以来，由于熟练工人的长期短缺，雇主间的集体主义正在瓦解。在此期间，即便是那些以纪律严明著称的雇主组织，也越来越意识到其在吸引或留住熟练工人的竞争中无力阻止其成员公司违反集体协议。[①] 针对个别雇主破坏雇主联合规则的行为，雇主联合组织也难以发挥影响力，即便是影响力较大的制造业雇主协会，也很少能够强制执行集体纪律以外的制裁。[②] 雇主联合力量的弱化降低了其对抗工会的能力。约翰·谢尔德雷克认为："充分就业政策大大加强了工会在集体谈判中的力量，从国家层面来看，工会代表大会的影响力在全国仍持续地扩大，而从企业生产车间来看，车间代表一直拥有持续的权利。因此，许多人认为工会力量的增强也使得工人的不服从性提升，充分就业和工会力量增强导致企业生产人员过剩、工人抵制生产过程变化以及提出持久不衰的工资增长要求。强大的工会力量不仅侵蚀着私有企业的利润，也占有许多公共部门的开支，这被普遍认为是英国经济竞争力下降的罪魁祸首。"[③] 1956年，在艾登政府担任财政大臣的麦克米伦不断尝试与劳资双方对话，试图保持物价稳定，让工会接受温和的工资限制，但协商对话无果而终。工会领导人深知，在劳动力短缺如此严重的情况下，想要其会员接受温和的协议，希望渺茫。雇主为吸引和留住原有工人，往往会提供较好的工资待遇，只要有一个工会因此获得较多工资增长的情况存在，工会领导想要其他工会接受政

① W. E. J. McCarthy, "A Survey of Employers' Association Officials", in *Royal Commission on Trade Unions and Employers' Associations*, *Research Paper 7*, London: HMSO, 1967, pp. 38-42.

② Authur Marsh, *Industrial Relations in Engineering*, Oxford: Pergamon Press, 1965, p. 54.

③ John Sheldrake, *Industrial Relations and Politics in Britain*, *1880-1989*, p. 62.

府协议就会变得极其困难。[①]

充分就业增强了工人的谈判力量，雇主由于在劳动力市场方面相互竞争，其谈判力量受到束缚。在产品需求日益增加的情况下，雇主愿意对工人做出让步，雇主在产品市场的竞争日益激烈，雇主间的合作和联合意愿减少，企业都倾向于自行处理其内部的劳动力成本竞争问题，这相对削弱了雇主阶级联合的力量。[②] 在企业内部，车间代表实力的增强也大大加强了工人的对抗性。在50年代，车间代表力量的壮大鼓舞工会领导人更加强烈地要求获得更好的工资待遇和工作条件。制造业企业的非官方罢工数量迅速增加，在1957—1962年的罢工潮中，小规模非官方罢工表现明显，罢工与通胀、裁员、停停走走的经济环境相互联系，构成英国经济不稳定的客观写照。[③] 事实上，在整个50年代，政府试图限制工资增长的收入政策都因力量强大的工会的反对而无法实施。在1955年大选后，通货膨胀问题再次成为政府关注的焦点。这首先反映在1956年政府发布的《充分就业的经济含义》白皮书中，政府在白皮书中强调战后充分就业政策带来的工资通胀问题。政府试图提升失业率或者与工会协商限制工资增长，但这些尝试均以失败告终。1957年，为解决通胀问题而设立的科恩委员会也没有提出明确的政策出路，而其将工资压力作为通胀原因的解释也引起工会的敌对。[④]

综上所述，在战后相对有利的政治经济环境下，工会的力量获得较大发展，工会的组织人数增多，这增强了工会在集体谈判中对抗雇主的力量。相对于工会力量的扩大，雇主阶级联合的程度在不

① Alec Cairncross, *The British Economy since 1945*, p. 108.

② Howard F. Gospel, *Markets, Firms, and the Management of Labour in Modern Britain*, p. 139.

③ Chris Wrigley, *British Trade Unions since 1933*, p. 41.

④ Nick Tiratsoo and Jim Tomlinson, *The Conservatives and Industrial Efficiency*, *1951-64: Thirteen Wasted Years?*, London: Routledge, 1998, p. 28.

断下降，特别是在充分就业和经济结构调整的大背景下，雇主之间在商品和劳动力市场上的竞争加剧，这削弱了雇主对抗工会的力量，劳强资弱成为英国劳资关系状况的显著特征之一。

二　劳资互动向政治领域扩展

二战后，英国劳资关系发展呈现的另一显著特点是其互动范围扩大。从传统上来看，工会对工资的诉求和雇主对提高企业生产效率的追求是劳资双方关系互动的主要内容，这决定了其互动范围主要集中在经济领域。在二战后特殊的政治经济环境下，工会和雇主被纳入政府决策体制，劳资关系的互动开始具有强烈的政治色彩。理查德·海曼认为："战后英国的福利国家建设尤其在教育、医疗健康和社会保险领域已经得到系统化扩展，国有化和充分就业也得以实施，这些措施加强了工会在劳动力市场的地位。其带来的一个非常重要的结果是公共部门就业增加并扩展为劳资关系互动的政治舞台，政治化生产从此与国家的财政危机密不可分。尽管在 60 年代到 70 年代这一过程是缓慢的，但劳资关系的政治化内涵正在深刻地积累。"[1] 这表明，战后英国劳资关系的发展出现了新的特点和趋势，即劳资关系内涵政治化，劳资关系的互动范围开始蔓延至政治领域，这是此前英国劳资关系未有的状况。大卫·鲍威尔认为："劳资关系问题成为重要的政治议题体现在以下两点：巩固保守党、工党两党政治体制，该体制建立的基础是劳资关系主体雇主和工会的认可；英国的经济地位在国际上持续衰落，使得政府制定的劳资政策如有关劳资关系问题的工资限制和生产力等具有重要的政治作用。"[2] 因此，就劳资关系发展呈现的政治化特征而言，其既包括在政治层面产业主体对英国政治体制的认可，也包括政府对劳资关系核心要素的影响力

---

[1]　Richard Hyman, *The Political Economy of Industrial Relations*, *Theory and Practice in a Cold Climate*, London: Macmillan Press, 1989, p. 206.

[2]　David Powell, *British Politics and the Labour Question*, *1868-1990*, p. 115.

扩大。

从政治层面而言，劳资关系互动范围的扩大体现在工会有了制度化的政治参与途径，工会与政府的合作与争议成为劳资关系发展的新特征。

战后英国政府推行的国有化和充分就业政策强化了工会的权利，政府也开始认可工会在政策制定方面的地位。从历史上来看，工会作为工人阶级利益的代表，主要目标为争取工人各项经济和政治利益，战争开始把工会推向与政府合作、全力投入战争经济生产之中。为保证社会生产的有序进行，政府也试图将工会纳入管理层，以更好地处理各项劳资关系事务。在英国的政党选举制度下，人数众多的工会也是一支重要的选举力量。因此，无论是出于经济目的还是为了扩大政治影响力，英国各政党都必须重视工会的力量，谋求与工会的合作，这在客观上提高了工会对政治和社会事务的参与程度。在工党艾德礼政府时期，有许多热情而忠诚的工会领导人都被政府接纳，如欧内斯特·贝文任职于外交部并担任外交大臣，西特林离开工会代表大会而成为全国煤炭董事会的一员并任中央电力机关主席。[1] 他们在制定政策时往往咨询工会的态度，注意采纳并照顾工会的利益。工会的政治参与开始被政府认可，工会已经成为英国一股重要的政治势力。

1945 年，工党主席哈罗德·拉斯基在工会代表大会上呼吁工会与政府合作，让会员配合政府恢复社会生产。拉斯基强调："工会的行动包括工会的责任，这就是说工会应该有自己的纪律。在工党而非保守党执政时出现的无休止的非官方罢工、过高的工资要价在当前的国内条件下都不应该成为工会的职能，不能给工人发动罢工的机会，在国家的危急关头，这些行为是不可饶恕的。生活水平的提高只能通过个人单位产出的增加来实现，工会应竭尽全力满足会员需求，让他们在国有企业和私有企业充分发挥管理职能，尽最

---

[1]　Eric Wigham, *Strikes and the Government, 1893-1981*, p. 98.

大力量解决经济和技术问题。"① 为配合政府行动，工会也多次通过行动商讨改善英国经济的相关问题。工会开始更多参与经济决策和动员，在 1946 年与 1947 年之交严冬的困难时刻，英国煤炭和电力供给短缺，与此同时，英国出现短期的工人失业，200 万名工人失去工作。在此情况下，国家联合咨询委员会迅速行动，在组织能源和电力供给方面发挥了重要作用，委员会在此后几年中也一直发挥着这种作用。② 1948 年，英国工会代表大会召开全国执行委员会，这次会议讨论的主要内容是：专注于商品短缺及其瓶颈；劳资双方领导提出组织全国或地方性的产业会议，由贸易部生产与贸易委员会的研究专家和代表组成；促成联合生产委员建立。会议还提出有关车间代表、车间工人代表、产业培训等的观点。③ 可见，在战后初期，工会在政策制定方面成为重要的体制内力量。

在 1945 年大选失败后，保守党开始进行政策反思。1947 年，保守党影子内阁制定《产业宪章》（*The Industrial Charter*，*1947*），在宪章中，保守党提出支持工会的官方政策，强调工会在指导国民经济发展方面具有重要作用。保守党认为，工会活动和工会领导的权利有赖于工会成员的支持，因此，保守党鼓励工人在自愿主义原则下加入工会，增强工会代表工人利益的普遍性和充分性。保守党认为，雇主和工会在根本利益上并不是对立的，因此不能用对抗的手段来处理劳资关系。因此，自 1947 年《产业宪章》发布到 1964 年保守党大选失利，合作、咨询和合伙是保守党在处理与工会的关系和劳资关系时的政策主线。"劳资关系问题从根本上来说是人际关系问题"，这也成为这一时期保守党制定劳资政策的前提。④ 因此，保守党在政策制定方面，亦增加了对工会和雇主的咨询。在

---

① TUC, *Report of the Annual Trade Union Congress*, 1945, p.237.

② Eric Wigham, *Strikes and the Government*, *1893–1981*, p.99.

③ Chris Wrigley, *British Trade Unions 1945–1995*, p.39.

④ Peter Dorey, *The Conservative Party and the Trade Unions*, London：Routledge, 1995, p.30.

1955 年大选中，保守党宣称："团体合作是经济发展的基本动力来源，也是我们身处其中的现代工业发展的重要方面。为了改善产业人际关系，我们将与一些工会和雇主联合部门以及英国生产力委员会（British Productivity Council）进行讨论，尽可能提高它们的地位和扩大其作用范围，鼓励雇主加强与工人的沟通，让工人了解公司的发展状况和问题。"① 工会对英国政治的影响力不断扩大，工会与政府的关系成为劳资关系的一个重要侧面，劳资关系也因此具有强烈的政治化特征。

从经济层面来说，劳资关系内涵的政治化特征集中体现在政府对劳资关系核心要素的介入程度日益深化，劳资关系问题也成为重要的政治议题。

工资问题向来是劳资关系中最为敏感和核心的要素，20 世纪五六十年代的劳资争议主要围绕工资问题展开，在通胀的压力下，政府开始介入工资问题。战后初期，铁路和码头工人数次因工资问题掀起非官方罢工，工会和政府在工资政策目标上的差异也往往引起二者的争议。1948 年，首相艾德礼在议会下院做出限制工资增长的决定后，工会代表大会经济事务特别委员会对此十分不满，在与首相、财政大臣、外交大臣和劳工大臣等政府核心权力人物会谈后，工会代表大会总理事会最终做出让步。在 1948 年年会上，工会代表大会认为出于以下原因，工资限制是工会可以接受的：政府保证并认可集体谈判和自由协商存在的必要；在生产增加的情况下，工资增长是正当要求；建立工资标准和改善关键经济部门工作条件以吸引足够的工人；为了提高生产效率和产量，在关键的经济部门中让不同水平的手工工人和技术工人之间存在工资差异应该是工资结构的重要内容之一。②

尽管工会做出了妥协，但限制工资并非长久之计，随着英镑贬

---

① Chris Wrigley, *British Trade Unions 1945-1995*, p. 46.

② TUC, *Report of the Annual Trade Union Congress*, 1948, pp. 289-291.

值，工人实际收入下降，工资政策势必引起工人的反对，工会也不得不考虑继续支持工资限制可能带来的后果。1949 年政府宣布英镑贬值，这导致 1949—1950 年食品价格上涨 7%，相对于此，男性工人工资仅上涨 1%，这意味着人们实际生活水平的下降。工会代表大会总理事会表示，未来必须有更大的工资浮动空间。① 1950 年，首相艾德礼在工会代表大会年会上提出："在自愿限制上我们寻求与每个人进行合作，但这并不意味着我们会武断地进行工资冻结……随着经济条件的好转，我们也会采取放松工资限制的措施，但就当前的经济情况而言，我们仍需要限制工资，我们依然面临通胀的危险，随着（朝鲜战争爆发）我们重整军备的开支会相应增多，这种通胀的危险会更加严重。"② 面对艾德礼的工资限制要求，工会没有选择继续合作。工会认为，自从实行工资限制以来，商品价格和利润在不断增加，与此相反，大部分工人的生活水平在不断下降。财政大臣提出减少 1950 年的预算和继续实行工资限制的政策也被认为是毫无意义的。艾德礼政府接着又提出成立工资咨询委员会（Wage Advisory Council）以建立永久的工资调整机制，提供工资和生产率的官方指导标准，允许在非通胀的环境下通过充分就业和自由集体谈判进行调解。由于没有实行严格的物价限制，1951 年，工会代表大会拒绝了政府的这一打算，在同年的大选中，工党黯然下台。③

保守党上台后，力图改变先前的反工会形象，在劳资关系领域追求与工会和雇主的合作。国际竞争和通胀压力仍困扰着保守党政府，促使其在工资政策上采取行动。1957 年，财政大臣彼得·桑尼克罗夫特（Peter Thorneycroft）成立了由经济学家、会计和法学家组成的物价、生产和收入委员会（The Council on Price, Productivity and Incomes），试图确立关于工资增长率、生产率和利

---

① Chris Wrigley, *British Trade Unions 1945-1995*, p. 41.

② TUC, *Report of the Annual Trade Union Congress*, 1950, p. 351.

③ Noel Whiteside, "Industrial Relations and Social Welfare, 1945-79", in Chris Wrigley, ed., *A History of British Industrial Relations, 1939-1979*, pp. 113-114.

润的官方指导，帮助政府制定收入政策。但该委员会的第一份报告就犯下严重错误，报告认为工资增长过快是英国经济问题产生的根源，并且表示为了降低通胀应允许失业的出现。报告内容引起工会强烈不满，工会拒绝在工资问题上与政府合作。1957 年，英镑面临新的压力，政府不得不在罢工和通胀之间进行抉择，此时工会代表大会拒绝一切形式的工资限制。在 10 月的议会辩论中，桑尼克罗夫特指出："政府将会对工资要求采取强硬态度，工资增长已经超过国民财富的实际增长……我们的国家将会面临最严重的危险，那些要求工资上涨的人，那些授权工资上涨的人还有那些判定工资增长的人，你们必须在内心深处了解这种危险。"① 劳工大臣麦克劳德（Macleod）再次表明政府的立场，并表示已经做好面对罢工的准备："政府是这个国家最大的雇主，我们也是工人索要高工资的直接雇主，正如你们将会看到的那样，我们将经受最严峻的考验……我们将不再支持工资通胀。"工会开始对政府政策发起攻击，认为政府限制工资不仅是对自由集体谈判的干涉，也会对仲裁者造成压力。大约有 250 万名铁路工人、公交司机和建筑工人正在准备提出工资需求，铁路工人和公交司机与政府在工资方面的较量使伦敦一时成为全国对抗的中心。②

　　除在收入政策方面存在分歧，保守党改革福利政策的做法也往往招致工人的反对。随着通胀问题的产生，保守党试图减少生活补助。保守党财政大臣巴特勒（Butler）攻击工党政府在 40 年代末为了限制工资而发放的食品补贴，并在 1952 年将其减少了 160 万英镑，将生活津贴和家庭补助主要给予那些极端贫困的群体。同年，政府取消了对房租的限制和租房补贴，此后又将该政策上升为法律规定，1954 年政府再次削减食品补贴。③ 政府削减生活补助的政策

① Eric Wigham, *Strikes and the Government*, 1893-1981, p. 117.
② "Ministers Cross-Examined on Wages Policy", *The Times*, 31 October, 1957, p. 4.
③ Noel Whiteside, "Industrial Relations and Social Welfare, 1945-79", in Chris Wrigley, ed., *A History of British Industrial Relations*, *1939-1979*, p. 115.

引起工会领导人的不满。1956 年，工会代表大会总理事会表达了对政府开支计划的不满："1956 年财政开支显示出政府对货币政策的依赖程度提高，相较于其他有利于改善经济活动的措施，货币政策作用甚微，而且该政策缺少对国民经济发展理念的理解。尽管政府提出一些有关平等方面的措施，但财政大臣的节制计划只会产生'劫贫济富'的效果。政府在表面上试图克服经济困境，实际上是试图把危机转嫁到工人头上。"①

1959 年英国工会代表大会发布的报告认为，政府对当前的经济问题负有主要责任，特别是在保证充分就业方面，政府应该坚持战后共识政治，继续实施扩张性经济政策。工会不是经济通胀的幕后推手，工会和政府一样重视稳定的劳资关系，而非单纯地要求涨工资。② 事实上，当政府将劳资关系问题纳入政治议程时，工会在收入政策上就会陷入两难困境。如果支持政府收入政策，工会就会失去会员的支持；如果不与政府合作，政府和雇主以及舆论就会对工会进行批评。除工会与政府的争端外，雇主与政府之间也存在分歧。从1956 年起，政府更加关注国内开支上涨问题，在激烈的国际竞争中，英国经济不景气逐渐威胁到国际收支平衡和英镑价值，也考验着政府的充分就业政策。1956 年，财政部尝试在政府、工会代表大会和规模较大的雇主联合组织之间进行联络，以实现在私有部门自愿固定商品价格，作为限制工资需求的前奏。尽管国有化企业与政府合作，但英国工业联合会却不赞同，他们认为价格上涨反映的是进口成本增加，这不受私有企业的控制。③

从 60 年代开始，工会与政府的关系开始紧张，许多争议都源于工会对政府政策的不满。1961 年，为应对通胀问题，保守党政

---

① From Our Labour Correspondent, "TUC Reply on Budget", *The Times*, 26 April, 1956, p. 6.

② TUC, *Report of the Annual Trade Union Congress*, 1959, pp. 485-551.

③ Noel Whiteside, "Industrial Relations and Social Welfare, 1945-79", in Chris Wrigley, ed., *A History of British Industrial Relations, 1939-1979*, p. 116.

府在没有咨询工会的情况下，单方面通过收入政策，冻结公共部门雇员和工人的工资，这顿时引起公共部门的不满。尽管工会代表大会同意加入劳、资、政三方组成的国民经济发展委员会，但其目的是参与经济决策，而不愿意在工资限制方面做出进一步妥协，保守党试图让工会参加全国收入委员会换取工会支持限制工资的打算也落空了。而在 1963—1964 年，全国经济发展委员会也未起到应有的作用。[①] 对于 60 年代末政府试图改革劳资关系的做法，工会也进行了强烈抵制。[②]

　　从战后工会与政府的对抗与合作来看，英国劳资关系互动超出了传统的经济领域而带有日益浓厚的政治色彩。战后的国有化政策让政府成为英国最大的雇主，政府开始更多地涉入劳资关系领域，工会与政府的对抗与合作也使得劳资关系的内涵出现政治化趋势。一方面，工会配合政府制定并执行社会政策，成为重要的体制内利益集团；另一方面，工会也因对政府政策不满进行反抗。劳资关系的政治化趋势最终在 60 年代末将劳资关系问题推向公共的政治议程，许多争论的政治化也直接导致政府与工会的冲突。在这些因素的综合作用下，劳资关系的互动范围扩展到政治领域，政治化趋势成为劳资关系发展的重要特征。

三　集体谈判的分散化

　　劳资关系的平衡有赖于主体间的妥协，从英国劳资关系传统来看，集体谈判提供了双方妥协的程序和规则。工会和雇主组织是集体谈判规则下劳资关系结构的主体，劳资双方通过谈判就各自相关利益进行协调。对雇主而言，集体主义机制抑制了地方产业行动，雇主间通过协议制定同等工资增长比例和工作条件，保留企业内部管理权力，将处理与工会的关系等事务委托给雇主组织，劳资关系

[①] David Powell, *British Politics and the Labour Question*, *1868-1990*, p. 123.

[②] Chris Howell, *Trade Unions and the State*: *The Construction of Industrial Relations Institutions in Britain*, *1890-2000*, p. 129.

更加外部化。① 雇主之间在劳动力和市场方面的竞争也被纳入集体协议。对工会来说，它们通过集体谈判，就工资待遇、工作条件和工作管理等同雇主进行集体协商，达成产业级工资增长比例和工作条件协议。集体谈判也减少了工会内部差异，加强了会员团结及其谈判力量。在集体主义体制下，政府最重要的任务是鼓励建立集体谈判制，对产业争端进行干预。克里斯·豪威尔认为，英国政府在大多情况下只是安静地参与到劳资关系结构主体中。当社会冲突达到一定程度后，政府通过鼓励集体谈判进行干预，以减少冲突，规范竞争。② 在集体主义的框架内，雇主和工会通过协商维持其关系结构中的力量和利益平衡，政府对这一劳资规范只进行有限的干预，谈判达成的协议也不具有强制性。工会、雇主和政府之间也没有明确的权限界定，这就决定了关系主体间的平衡是脆弱的，集体谈判制度主导下的劳资关系因此也被学者们称为集体自由放任的雇佣关系。③ 在战后科技革命带来产业转型的背景下，劳资关系也呈现出新的发展趋势，集体主义的劳资关系机制开始出现分散化特征。

以集体自由放任为特征的产业集体谈判制经受了第二次世界大战的考验。战后初期，工党和保守党都奉行自愿主义的劳资关系原则。在凯恩斯主义的指导下，英国政府通过国有化、充分就业和福利国家等加强对经济的干预，政府成为公共部门的雇主。为推行收入政策，政府开始让工会参与经济决策，政府与工会的关系互动也在集体主义的框架下展开。从 50 年代开始，英国的经济环境也逐渐变化，产业一级的集体谈判制度开始受到挑战。新科技革命加速

---

① John Goodman, *Employment Relations in Industrial Society*, Oxford: Philip Allan Publishers Ltd., 1984, pp. 147-148.

② Chris Howell, *Trade Unions and the State*: *The Construction of Industrial Relations Institutions in Britain, 1890-2000*, pp. 80-82.

③ Howard F. Gospel, *Markets, Firms, and the Management of Labour in Modern Britain*, p. 29.

了英国的产业转型，传统的制造业逐渐衰落，服务行业和规模化生产的大型企业增多。新的经济增长方式使得劳资关系的关注点由产业级集体谈判转移到企业内部，产业层级的集体谈判作为维系工会、雇主和政府三方关系平衡的规则开始瓦解。多雇主（multi-employer）协议的权威逐渐衰落，集体谈判的中心开始转移，国家级别的谈判协议逐渐被非正式的、地方性的车间谈判取代。[1] 约翰·戈德曼（John Goodman）认为，政府推行充分就业政策和劳动力短缺为工厂级别的谈判提供了有利条件，产业级谈判协议的工资比例大多是企业内部工资增长比例的补充，并日益被当作最低参考。[2] 劳资关系机制也因此出现去集体主义特征。

集体主义劳资关系机制分散化出现的原因是多方面的，西方学者认为："战后不久，英国解决劳资争议的集体谈判制度开始了分散化进程，有许多因素造成了这种状况：不论战时还是战后，地方车间代表的权力；劳动力生产供不应求导致工人谈判权利的增加；行业协议缺乏实质性内容，缺乏严格的强制力；缺乏对自由—附加条款的公共保护；缺乏工会和雇主间的相互协调；车间代表的相对独立性提高和公司董事会缺乏对生产管理的兴趣。"[3] 产业层级的集体谈判是劳资双方妥协的产物，在产业转型带来劳资利益格局变动的情况下，集体主义劳资关系机制也呈现新的发展特征。从长远来看，集体主义劳资关系机制分散化是英国大中型企业衰落的反映，是处于衰落中的旧式产业部门雇主与组织力量日益强大的工会相互妥协的结果。从 50 年代开始，英国老旧类型的企业向新式企业转型，大宗产业部门的衰落加快。从工会方面来看，在新兴企业

[1] R. Richardson, "Trade Unions and Industrial Relations", in N. F. R. Crafts and N. W. C. Woodward, eds., *The British Economy since 1945*, Oxford: Clarendon Press, 1991, p. 425.

[2] John Goodman, *Employment Relations in Industrial Society*, p. 157.

[3] ［荷］约里斯·范·鲁塞弗尔达特、耶勒·菲瑟主编：《欧洲劳资关系——传统与转变》，佘云霞等译，第 80 页。

和工厂发展的同时，车间代表也在增多。从 1959 年到 1966 年，英国车间代表的数量增加 12.5%，工会会员数量只增加 5%。① 随着多层级的谈判日益盛行，工会领导的权力转移到车间代表手中，其谈判的内容也扩大到工资以外的范围，劳资关系协议也更加复杂。在此情况下，雇主们开始鼓励推行公司或企业级别的单雇主（single-employer）谈判。②

英国工会的多工会主义传统也给集体主义劳资关系机制的推行带来阻碍。多诺万委员会的调查显示，英国 80% 的工会会员分布在多工会企业，在工会发展新会员的过程中，1/6 的会员处于两个或两个以上工会的竞争中。③ 多工会主义特征使得雇主和工会在集体谈判过程中面临更多的困难，谈判过程往往耗费大量时间，无论是多工会谈判还是单个工会谈判都是如此。工会内部竞争也使得谈判很难达成集体性协议，而个体工会为保持对其他工会的竞争优势，与其他工会在谈判条件的确定方面互不相让，这也助长了其成员的好战性。不同工会间的政策差异也使得工会的需求多样化，工会之间的分离倾向导致工会不愿联合与雇主进行集体性谈判。在工会内部，集体协议的达成也面临越来越多的阻力，由于不同谈判群体在协议方面存在分歧，工会内部不同工人群体间竞相提出更多的需求和协议，一些工会甚至诉诸产业行动或以产业行动相威胁。这也增加了雇主在集体主义框架内设定薪资结构的困难。④ 工会间和工会内部的竞争性和离心倾向削弱了集体主义主导下的劳资关系机

---

① H. A. Clegg, *The Changing System of Industrial Relations in Great Britain*, Oxford: Basil Blackwell, 1979, p. 52.

② R. Richardson, "Trade Unions and Industrial Relations", in N. F. R. Crafts and N. W. C. Woodward, eds., *The British Economy since 1945*, p. 426.

③ *Report of Royal Commission on Trade Unions and Employers' Associations 1965-1968*, Cmnd 3623, London: HMSO, June 1968, p. 29.

④ John R. Dobson, "The Effects of Multi-unionism: A Survey of Larger Manufacturing Establishments", *British Journal of Industrial Relations*, Vol. 35, No. 4, December 1997, p. 549.

制，集体谈判在解决企业内部劳资关系方面的影响力逐渐下降。

从雇主方面来看，在战后技术变革、企业竞争加剧和国家层面集体协议失去约束力的情况下，雇主间的集体主义理念逐渐弱化。雇主们倾向于企业内部的谈判协议，这加剧了劳资关系机制的去集体化。战后初期，雇主在处理对工会的关系方面秉持既不对抗也不合作的态度。20 世纪 50 年代末到 70 年代初，随着公司内部合并浪潮扩大了企业的规模、提高了生产的集中程度，许多大雇主逐渐疏远与国家级别雇主组织的联系，开始强调与公司内部的车间代表进行生产率谈判（productivity bargain）。[1] 雇主也逐渐分散，部分雇主开始支持与工厂内部的车间代表进行谈判，使协议更加符合公司需求。大量调查证据一再表明，雇主倾向于支持车间代表的活动，以及排外性雇佣制度，因为这为其提供了稳定劳资关系和处理工厂内部冲突的机会。[2] R. 理查森（R. Richardson）认为，1964—1979 年，雇主和工会越来越倾向于实行排外性雇佣制度，以统一对集体谈判协议内容的执行。毫无疑问，工会可借此改善自身经济状况，保障会员在集体行动中的团结。但雇主也试图通过排外性雇佣扩大谈判协议的覆盖范围。[3] 在处理劳资关系问题上，雇主既不依靠政府，更不相信工会，而是倾向于自行解决企业内的劳资关系问题。随着传统重工业部门衰落和服务行业兴起，白领和服务部门从业人员增加，这些新兴就业领域的雇主为强化其管理权威，拒绝认可白领工会，抵制与其进行谈判。[4]

从集体协议在实践中的应用来看，集体主义的劳资关系协议被

---

[1] Chris Howell, *Trade Unions and the State：The Construction of Industrial Relations Institutions in Britain*, *1890-2000*, p. 95.

[2] Chris Howell, *Trade Unions and the State：The Construction of Industrial Relations Institutions in Britain*, *1890-2000*, p. 125.

[3] R. Richardson, "Trade Unions and Industrial Relations", in N. F. R. Crafts and N. W. C. Woodward, eds., *The British Economy since 1945*, p. 424.

[4] Chris Howell, *Trade Unions and the State：The Construction of Industrial Relations Institutions in Britain*, *1890-2000*, p. 97.

分散化的企业内部协议削弱。国家级的争议解决程序无法解决日益增加的劳资争议，无论是工会还是雇主，都日益认识到这种程序是一种累赘，协议的达成往往遥不可及。[①] 例如在工程行业，从最初的车间级别争议的产生，到正式或非正式的工厂级别的会议，再到中央会议，对劳资争议的审讯可能要花费几个月时间，并且很有可能被驳回。[②] 英国集体谈判协议的内容和地位与其他国家不同。首先，在英国，雇主与工会的关系建立在程式化基础之上，而在其他国家，这是在特定时期具有强制力的一套实体法规范准则。[③] 其次，在英国，优先权首先被赋予自愿而非强制的集体谈判。换句话说，谈判的程序规则在很大程度上是由劳资双方制定而非政府强加，谈判的一些实质性规定被视为"君子协定"，而非其他国家那样带有法律强制性的合同或规范。克莱格指出，集体谈判实践在其他国家的运作是一种"成文法"模式，而在英国则下降为"习惯法"模式。[④] 这为企业内部分散化的谈判协议的兴起提供了条件。在企业内部劳资关系实践中，全国性协议趋向于制定工资和工时的最低标准，规定解决冲突的程序，但这些协议的实质内容却是贫乏的。所以，经理和车间代表之间经常进行非正式谈判，并确定越来越多的补充条例、修正条例或是取消协议。雇主联合会、高级经理和工会领导几乎不能控制这种分散化趋势。[⑤]

综上所述，战后英国社会经济环境的变化使得社会生产关系的

①　Howard F. Gospel, "The Management of Labour", in Chris Wrigley, ed., *A History of British Industrial Relations*, *1939–1979*, p. 89.

②　Howard F. Gospel, *Markets*, *Firms*, *and the Management of Labour in Modern Britain*, p. 134.

③　Keith Sisson, "Employers and the Structure of Collective Bargaining", in Steven Tolliday and Jonathan Zeitlin, eds., *The Power to Manage?*: *Employers and Industrial Relations in Comparative-Historical Perspective*, London: Taylor and Francis e-Library, 2005, p. 226.

④　H. A. Clegg, *The Changing System of Industrial Relations in Great Britain*, pp. 116–119.

⑤　[荷]约里斯·范·鲁塞弗尔达特、耶勒·菲瑟主编：《欧洲劳资关系——传统与转变》，佘云霞等译，第 81 页。

发展呈现出与此前不同的特征和趋势。在经济重建背景下，工会被纳入政府决策体制，加之工会组织力量的壮大，英国形成了劳强资弱的产业力量对比格局。在国有化将政府推向劳资关系互动前台的背景下，经济情势的变化促使政府更多地将劳资关系纳入政治议程，劳资关系的互动范围也借此扩大到政治领域。50年代英国兴起了科技革命和产业转型，传统的集体主义劳资关系机制无法应对新的形势而走向分散化。

第三节　劳资立法与政策调整

1945—1968年，英国经济经历了战后重建到短期繁荣再到相对衰落的三个发展阶段。在此期间，英国政府也根据经济情势的变化对劳资关系采取多种干预手段，以使其适应新的社会生产发展要求。在经济重建的过程中，政府最初鼓励劳资双方在生产领域开展广泛合作，这一时期的法律和制度调整都为劳资合作提供了有利条件。在劳资冲突化解方面，政府延续了此前的自愿主义传统，主张劳资双方通过集体谈判化解冲突。在经历战后经济发展的繁荣阶段后，政府在谋求劳资合作的基础上推行收入政策，以解决经济通胀问题和劳资间的工资争议。随着60年代劳资冲突的加剧，政府加大了对劳资关系的干预力度，立法调整、收入政策的推行和集体谈判制改革都成为政府干预劳资关系的主要手段。

一　劳资关系立法的演进

英国劳资关系有着悠久的自愿主义传统，这也意味着在劳资关系领域政府立法和干预的作用相对有限。尽管战后政府沿用了战时劳资关系处理机制，但自愿主义原则在战后不久便得到恢复。在60年代以前，政府对劳资立法进行调整，主张劳资双方在集体谈判的框架下解决分歧，工会和雇主也倾向于自行解决劳资关系问题。在 60 年代，随着英国经济增长局面结束和劳资关系逐渐紧张，政府认识到干预劳资关系的必要性，试图通过多部立法加大对劳资关系的干预力度。

1945 年，工党艾德礼政府通过《工资委员会法》，废除了 1909 年和 1918 年《行业委员会法》，保存了对容易遭受到雇主攻击的工人群体的保护。法案把行业委员会重新命名为工资委员会，前者的权力也随之转移到类似的工资机构。法案的意义不仅在于保障了工人阶级中的弱势群体，也是对作为劳资关系核心要素之一的工资管理方法的统一、明确和简化。[①] 法案在内容设计上的一条重要指导原则是：尝试使用法定工资确定机制来维持和强化企业中现有的自愿机制。在劳资关系理念上，法案包含了基本原则的创新，即政府通过法律干预的手段回归到不干预的劳资关系传统。劳资关系专家奥·卡恩-弗劳恩德（O. Kahn-Freund）认为："尽管自愿主义的联合机制在工资压力下将会很快崩溃，而在该机制崩溃后国家干预的色彩势必增强。但到目前为止，政府从未出手防止联合自愿机制的崩溃。在采取行动前，政府必须避开并允许该机制的结构瓦解和存在条件遭到破坏。"[②] 可见，在劳资关系领域，尽管政府进行了立法调整，但其立法理念仍是对集体自由放任主义传统的回归，自愿主义的劳资关系传统未被动摇。

战后工会活动最大的法律约束来自 1927 年《劳资争议与工会法》，该法案宣布，除罢工者所在的行业外，任何旨在迫使政府采取非法行动的罢工都属声援性罢工，工会成员必须积极参与工会政治基金捐赠。[③] 法案对工会行动和政治基金的使用设置了层层障碍，限制了工会行动，其对政治基金使用程序的限制也不利于工

---

① Hansard, *House of Commons Debates*, 5th Series, Vol. 407, cols. 69 - 70, 16 January, 1945.

② O. Kahn-Freund, "The Wages Councils Bill", *The Modern Law Review*, Vol. 8, No. 1-2, March 1945, pp. 68-69.

③ W. Hamish Fraser, *A History of British Trade Unionism*, *1700-1998*, p. 169.

党发展。① 因此，工党在大选时就表明要废除该法。1946 年议会就废除 1927 年《劳资争议和工会法》进行辩论，司法大臣哈特利·肖克洛斯爵士（Sir Hartley Shawcross）在辩论中表示："1927 年法案在限制工会运动和罢工方面没起到任何作用，反而让人产生历史性的不公平感。法案在英国大量劳动人民中间创造一种痛苦的不公正感，让他们感受到英国法院对他们的敌视，他们感到法律被操纵用来报复处于不利地位的工人，他们可以选择的、来之不易的权利——也是每个自由人的不可剥夺的权利——被剥夺了，这是为了消除这种不公正的感觉，消除那些对个人权利的无理由限制。"② 经过讨论，议会最终通过了 1946 年《劳资争议与工会法》（*Trade Disputes and Trade Unions Act*，1946），法案废除 1927 年《劳资争议与工会法》对工会活动的限制。工会对工党的基金支持得到恢复，这也是战后工党为改善劳资关系进行的重要立法调整。在战后经济重建的过程中，尽管工党上台之初通过了一些有利于工会和工人阶级的政策，但为了稳定生产秩序，工党并没有立即废除战时限制工会活动的立法，它延续了二战期间的一些强制性劳资关系政策，将工会活动限制在严格的法律框架内——即便在战争结束前，就有人主张废除这些严苛的限制工会的社会立法。③ 这也表现出工党劳资政策的延续性。劳工运动本身带有明显的政治敏感性，解决劳资争端的政策更是如此。

战时有关禁止罢工的《1305 号令》在战后初期被工党政府沿用，这也是其处理战后劳资关系的重要法律依据。根据此项规定，

---

① 　J. T. Murphy, *Modern Trade Unionism*: *A Study of the Present Tendencies and the Future of Trade Unions in Britain*, London: George Routledge and Sons, 1935, pp. 54–55.

② 　Hansard, *House of Commons Debates*, 5th Series, Vol. 419, col. 194, 11 February, 1946.

③ 　Patrick Maguire, "Labour and the Law: The Politics of British Industrial Relations, 1945–79", in Chris Wrigley, ed., *A History of British Industrial Relations*, *1939–1979*, p. 44.

任何罢工行动从技术上来说都要受到法律的制裁。但该项规定在实践上能否有效则取决于劳资双方认可的一致性。随着1949年后劳资关系渐趋恶化，政府开始探索运用法律手段控制劳资冲突尤其是官方罢工行动。① 但种种立法建议都被否定，在艾德礼任内，政府仍坚持自愿主义的劳资关系原则。伊恩·克拉克（Ian Clark）认为："自愿主义的传统并不排除国家在工作场所谈判的工作条例规则中发挥直接作用，换句话说，不干涉也代表了国家在劳资关系领域的授权模式。集体自由放任中的自愿主义通过在阶级基础上划分经济和政治利益，使劳资关系体系的功能性方法更加结构化和合法化。"② 因此，在劳资立法方面，工党政府的治理重点在于不断地从立法方面撤出，让自愿主义劳资关系机制继续发挥作用。

保守党上台后也竭力避免通过法律手段治理劳资关系，试图延续和谐稳定的劳资关系。在1945年大选失败后，保守党上下总结原因，调整政策方向。在1947年发布《产业宪章》时，保守党提出恢复1927年《劳资争议与工会法》的部分内容，但在1951年的竞选过程中，保守党的政策发生明显变化。在回答工会领导人亚瑟·迪金（Arthur Deakin）等提出的关于保守党是否会采取立法对工会施加影响的疑问时，丘吉尔也保证，一旦当选，将与工会开展真诚友好的合作。他强调保守党会对议会负责，绝不用立法途径对抗工会。③ 在重返执政舞台后，保守党也对劳资关系采取不干涉立场，强调自愿主义的价值。保守党研究部理事戴维·克拉克（David Clarke）认为，集体谈判是被劳资双方接受的工资设定方

---

① Patrick Maguire, "Labour and the Law: The Politics of British Industrial Relations, 1945–79", in Chris Wrigley, ed., *A History of British Industrial Relations, 1939–1979*, p. 48.

② Ian Clark, *Governance, the State, Regulation and Industrial Relations*, London: Routledge, 2000, p. 97.

③ "Mr Churchill's Aims", *The Times*, 10 October, 1951, p. 7.

式，在一些新企业，雇主即使不认可工会也会提高劳动力成本，在一些大公司，集体谈判是解决工资问题的唯一方式。工会的影响力远远超过集体谈判实践，他们也是政府管理和立法行为的被咨询者。① 在劳资立法方面，保守党继承了艾德礼政府从战时立法上不断撤出的做法，在这方面最明显的做法是 1951 年政府修改战时《1305 号令》，解除罢工和闭厂的政府禁令。1955 年，英国爆发大规模官方罢工，近 20 万名工人加入罢工行列，保守党内要求立法限制工会权利的建议被政府拒绝。首相丘吉尔认为，与工会对抗的政策将会招致更加严重的政治和经济后果，他主张劳资双方在自愿主义框架内解决冲突。

在 50 年代中后期，英国罢工问题日益增多，通货膨胀仍是政府面临的主要经济问题。对于日益增长的罢工问题，雇主、经济学家、报刊媒体以及保守党后座议员都对政府的妥协态度感到不满，首相艾登也认识到结束通胀问题的迫切性。1955 年，艾登与其内阁对不断上涨的罢工潮深感忧虑，保守党内阁开始就立法改善劳资关系进行讨论。在政府看来，如果不采取措施解决罢工问题，国家将再次陷入尖锐的对立中。艾登想要重新审视劳资关系的念头被工会打消了，工会领导向艾登表明工会已经认识到劳资冲突的危险信号，尽管工会对政府干预劳资关系的意图表示欢迎，但对任何新的立法干预措施均持有一定的怀疑态度。② 雇主也极力避免与工会发生冲突，立法干预劳资关系的做法在产业主体间未能达成共识。在议会讨论中，立法干预的建议很快被否定。劳工大臣蒙克顿认为，投票建议会被视为政府对工人罢工权的威胁而遭到抵制，工会也不愿意政府对其内部管理事务和规则进行干预。他在议会辩论中认为，即使立法规定罢工投票能够限制罢工活动，但法律并不能解决

---

① Robert Taylor, *The Trade Union Question in British Politics: Government and the Unions since 1945*, Oxford: Wiley-Blackwell, 1993, p. 72.

② Robert Taylor, *The Trade Union Question in British Politics: Government and the Unions since 1945*, p. 91.

拖延工作和消极怠工，一旦罢工活动得到会员投票支持并且被工会授权，就会给劳资协商和调解带来困难。① 因此，在 50 年代中期，政府很少通过法律手段干预劳资关系。

麦克米伦上任后，仍不主张劳资立法。面对 50 年代后期的罢工活动和严峻的经济困境，1958 年，保守党律师协会出版小册子《巨人的力量》（*A Giant's Strength*），主张将非官方罢工视为非法，强化友谊会注册员（Registrar of Friendly Societies）的监督权，将工人违反限制的做法提交独立法庭。但在大选临近之际，保守党认为相较于公众对保守党的不满，小册子带给保守党的政治危害有过之而无不及。最终，在处理罢工问题上，保守党在竞选中表明将会邀请劳资双方与政府一道，在接下来的几年通过三方合作主义机制解决产业问题。② 由此可见，保守党在劳资立法问题上一直采取比较谨慎的态度，而对于劳资冲突的化解，政府仍鼓励劳资双方通过谈判协商解决争议。

在劳资关系机制方面，保守党沿用工党做法，试图通过法律手段完善集体谈判制。这突出地表现在 1959 年颁布的《雇佣条件法》（*Terms and Conditions of Employment Act, 1959*）中。在工资问题上，1959 年《雇佣条件法》对此前的工资方案进行调整，使劳资双方在最低工资限制方面有法可依。在集体谈判方面，1959 年《雇佣条件法》保留了《产业争端条令》的若干准则，尤其是对于那些集体谈判制尚不存在的地方，法案规定了最低的雇佣条件。③ 法案鼓励推行集体谈判制，规定雇主在特定条件下要遵守通过集体谈判为其贸易或生产确定的条款和条件，即使雇主通过该协议获得的好处没有工会多；国有化企业委员会要履行法律义务，设立谈判

---

① Hansard, *House of Commons Debates*, 5th Series, Vol. 542, col. 1525, 23 June, 1955.

② Eric Wigham, *Strikes and the Government, 1893-1981*, p. 113.

③ Chris Howell, *Trade Unions and the State: The Construction of Industrial Relations Institutions in Britain, 1890-2000*, p. 91.

机制与工会达成协议，以解决其雇员的工作条件问题。多诺万报告（The Donovan Report）认为，1959 年政府通过《工资委员会法》授权就业与生产大臣建立工资委员会，在那些没有工资管理机制的部门处理特定工人群体的工资管理问题，对于那些缺乏有效工资管理的部门，设立工资委员会只是权宜之计。政府此举并非要推翻集体谈判，只是对那些集体谈判效率低下的部门进行管理上的补充。这对集体谈判制发展不充分的企业来说是对谈判机制的促进。①

从总体上来看，1945—1959 年，英国政府通过立法改革劳资关系的条件并不成熟。尽管在 40 年代末和 50 年代中后期，工党和保守党内部都有人提出立法干预劳资关系。英国工会受劳资关系自愿主义传统的影响较为深刻，对于政府任何带有国家干预色彩的劳资关系举措，工会都不会接受。从雇主方面看，在战后英国经济结构转型的背景下，雇主一直在强化对企业内部的管理权，他们反对政府和全国雇主组织对企业内部事务的干涉。另外，在战后的劳资冲突中，政府多次采取了有利于工会的处理结果，这让雇主对政府的政策心存疑虑。随着国内外竞争的加剧，雇主也认识到工人工资不断上涨对企业竞争力会产生十分不利的影响，而政府在处理工资问题上对工会妥协，也引起雇主对政府的不满。因此，雇主和工会都倾向于自行解决劳资争议。

政府拒绝立法解决劳资关系问题也有着深层的政治考量，战后工会成为一支规模庞大的选举队伍，这使得工党和保守党在选举问题上不得不考虑工会的态度。另外，通胀问题在战后一直困扰着英国，得不到工会的支持，任何收入政策都难以推行，这一点在战后英国经济发展过程中一再应验。此外，执政党本身在是否进行立法干预劳资关系方面存在分歧。40 年代，工党内部曾有人提出通过立法解决非官方罢工问题，遭到贝文等人的强烈反对。50 年代末，

---

① *Report of Royal Cmmission on Trade Unions and Employers' Associations 1965–1968*, Cmnd 3623, pp. 10–11.

同样的建议也被保守党议员提出，但都无一例外地失败了。保守党内大多数人认为，劳资关系的改善不能通过政府立法的方式实现，任何类似的尝试只会加剧劳资关系的恶化，对减少劳资间的不信任和冲突只会适得其反，自愿主义一直是 50 年代保守党政府改善劳资关系的箴言。[①]

尽管劳资立法存在种种困难，但随着经济问题日益严峻，特别是罢工运动的不断高涨，政府不得不考虑对劳资关系进行干预。这些不断增长的劳资争议被认为是 "英国病" 发生的重要原因。60 年代初，经济学家弗里德利希・冯・哈耶克（Friedrich von Hayek）认为，工会扭曲了工资结构，工会活动降低了整个劳动生产率，从而降低了实际工资水平。如果工会运用其工资政策所达成的结果，事实上真的比一般人认为的要少得多，那么工会在这个领域中的活动将对经济造成极大的危害，而在政治上产生更大的危险。工会运用权力的方式一方面趋于使市场制度失效，另一方面却使它们自己获得了控制经济活动方向的权力——这种权力由政府控制虽说是危险的，但如果由某个特殊群体操握也同样是不能令人容忍的。[②] 因此，从 60 年代起，政府在劳资立法方面开始转变思路。

琳达・狄更斯（Linda Dickens）认为，在 20 世纪 50 年代，英国经济及其治理的表现被决策者质疑，而有关劳工就业领域的三项法规——1963 年《劳动合同法》（*Contracts of Employment Act*，*1963*）、1964 年《产业培训法》（*Industrial Training Act*，*1964*）、1965 年《裁员赔偿法》（*Redundancy Payments Act*，*1965*）——的制定标志着方向的转变。[③] 从 1959 年到 1964 年，劳工大臣的职责范

---

① Peter Dorey, *The Conservative Party and the Trade Unions*, p. 33.

② ［英］弗里德利希・冯・哈耶克：《自由秩序原理》下册，邓正来译，生活・读书・新知三联书店 1997 年版，第 26—28 页。

③ ［英］琳达・狄更斯、聂尔伦编著：《英国劳资关系调整机构的变迁》，英中协会译，北京大学出版社 2007 年版，第 125 页。

围从口头谈判深入到行动和立法层次。爱德华·希思（Edward Heath）担任劳工大臣期间，开始与全国联合咨询委员会谈论未来的工作，包括调查产业内部的联合咨询和交流情况、产业培训、企业裁员政策及其实践、工人健康和劳资联合协商机制等，希思的继任者约翰·黑尔（John Hare）开始将这些方案付诸立法行动。[①] 在顺利解决汽车和造船业的一些非官方罢工和劳资争议后，黑尔开始追求通过法律途径提高工人阶级地位和完善工作保障，尤其是解决裁员及其赔偿问题。1956年，英国汽车公司在没有任何提醒的情况下解雇6000名汽车工人，这引起舆论的极大不满，许多工人发起罢工运动。汽车公司成立小组委员会讨论应对方式。公司试图通过地方协议进行赔偿，以免裁员赔偿成为常规或者提前一周的提醒时间被更改。尽管罢工迫使雇主答应对裁撤工人进行赔偿，并接受了后进先出的裁员准则。但此后类似情况多次上演。1961年，雇主产业联盟要求一些公司在做出裁员前应告知工人，并解释解雇原因。[②]

1962年，黑尔向议会提出《劳动合同法》草案，草案主张设立最低解聘通知期限，在企业终止雇佣那些已工作一定时间的工人前，雇主应在规定期限内，书面提供有关雇佣条款详情，将相关事宜通知工人。该议案获得首相麦克米伦以及巴特勒（R. A. Butler）、麦克劳德等政府要员的赞同。[③] 在议会二读期间，黑尔认为："法案是政府为工人提供更多保障的计划的一部分。在扩大生产和保持竞争地位方面，政府应采取生产改革并利用新技术和所有可能的手段推动经济发展。害怕变革可能意味着强烈的抵抗变革动机，也会阻碍政府改进生产和利用新技术。如果减少这种对改革的

---

① Eric Wigham, *Strikes and the Government, 1893-1981*, p. 125.

② Eric Wigham, *The Power to Manage: A History of the Engineering Employers' Federation*, p. 208.

③ Hansard, *House of Commons Debates*, 5th Series, Vol. 669, cols. 183－380, 11 December, 1962.

恐惧并给予其适当的考虑和有效帮助，我们可以帮助创造一种适应改革需要的制度环境，建立有效和灵活的经济合作机制。"① 黑尔的立法提议遭到雇主和工会代表大会的反对。雇主不希望通过这种改革产生额外的成本费用，而工会更倾向于通过集体谈判解决这些问题。不仅如此，黑尔的建议也遭到一些保守党同僚的批评。工会官员理查德·马什（Richard Marsh）反问道："黑尔只是想利用当前的情况让人们对劳资关系状况发出更多的愤怒之声。难道他真的认为这一法案可以解决罢工问题吗？"② 黑尔坚持认为，该法律的颁布就是为了避免工人换工作时遭受种种不公正待遇。正如他在介绍 1963 年《劳动合同法》时所说："自愿的方法尽管不错，但前提是它们有效，近年来，在自愿的基础上劳资纠纷的解决有了一些进展，但仍远远不够。法律途径虽然运用不多，但它确实有用，尤其是当自愿的方式取得的成效不大的时候。"③ 最终，《劳动合同法》在议会获得通过。

相较于之前的裁员问题，法案在保障工人阶级权利方面有很大进步。在保障工人阶级最低雇佣条件方面，1963 年《劳动合同法》比 1959 年《雇佣条件法》更进一步，法案规定在解雇工人前，雇主必须在特定时间内将解聘相关事宜告知雇员。埃里克·威格姆认为："这是英国政府第一次认识到工作赋予工人的权利的重要性远远超越了工资和钱包。"④ 法案的通过还有另一层重要意义，二战后，英国政府、雇主和工会在处理彼此关系方面一直把自愿主义的劳资关系机制奉为圭臬。50 年代也被视为自愿主义的全盛时期，但随后政府趋向于通过立法实现其在劳动力市场和劳资

---

① Hansard, *House of Commons Debates*, 5th Series, Vol. 671, col. 1503 - 5, 14 February, 1963.

② Hansard, *House of Commons Debates*, 5th Series, Vol. 671, col. 1510, 14 February, 1963.

③ ［英］琳达·狄更斯、聂尔伦编著：《英国劳资关系调整机构的变迁》，英中协会译，第 125 页。

④ Eric Wigham, *Strikes and the Government*, *1893-1981*, p. 127.

关系方面的目标。① 尽管这一时期政府只把立法作为自愿主义劳资关系机制的补充，但法律的通过毕竟是对传统的不干涉主义的某种修正。罗伯特·泰勒认为："1963 年法案的通过代表英国劳资政策的重大转变，政府开始放弃传统的不干涉立场。"②

保守党在 60 年代推行的另一项劳资立法是 1964 年《产业培训法》。1963 年劳工大臣约翰·戈伯（John Godber）从改善英国经济状况和提高经济竞争力方面强调企业培训的重要性。他在议会辩论中认为："产业培训议案的目的在很大程度上是通过建立产业培训委员会，改善工商业培训状况。通过提高培训水平，我们可以为培训者提供更多的工作机会和保障，为整个英国工业在国际市场竞争中提供更加坚实的基础。"③ 已经离任的前劳工大臣黑尔也认为应该通过《产业培训法》解决英国企业培训面临的种种问题。他在 1964 年的议会发言中指出："那些认为培训技术是企业自己的责任的观点已经过时了。在最近几年，我们的工人培训状况有所改观，一些个人和组织在企业培训方面发挥了重要作用，其中就有我们的一些议员。但我们的产业培训仍然存在问题：我们没能培养出足够数量的技术工人来满足工业发展需要。自战争以来，我们就缺乏各类型的技术工人，这种现象存在于许多企业尤其是那些失业率高于全国平均水平的企业；同样，我们也没能培养出足够的高水平和高质量的工人。一方面，我们有着大于其他国家的培训规模。但另一方面，我们的培训非常落伍。"④ 英国产业培训的内容往往集中在

① Linda Dickens and Mark Hall, "Labour Law and Industrial Relations: A New Settlement?" in Paul Edwards, ed., *Industrial Relations: Theory and Practice*, Oxford: Blackwell Publishing Ltd., 2003, pp. 125-126.

② Robert Taylor, *The Trade Union Question in British Politics: Government and the Unions since 1945*, p. 114.

③ Hansard, *House of Commons Debates*, 5th Series, Vol. 684, cols. 1001-1002, 20 November, 1963.

④ Hansard, *House of Commons Debates*, 5th Series, Vol. 255, cols. 277-287, 6 February, 1964.

传统学徒职业上，而越来越多的高等级技术人员和新的各种技术操作却被忽略了。许多企业未能利用大量扩张的技术学院和其他进修机构提供技术教育机会。更为普遍的是，英国未能做到与时俱进开发新的培训技术。最后，英国只有少数企业在提供和支付培训方面做出安排，而另一些没有任何培训计划的企业则不劳而获地挖取其他企业的熟练技术工人。所有受益于培训的公司都应该公平地为其企业培训做出人员和资金上的安排。①

在黑尔等人的努力下，1964 年，英国议会通过了《产业培训法》，根据法案，英国建立产业培训委员会（Industrial Training Boards），为所有超过义务教育年限的企业雇佣工人提供更好的产业培训。委员会根据企业的雇佣情况向企业提供培训类型、时间建议以及与培训有关的继续教育。委员会可确定培训人员的培训标准及其达标方法。委员会经过测试，可为达到培训标准的人员颁发证书。委员会也可为企业开展雇佣培训提供帮助，为培训人员提供生活费、差旅补助或其他与培训有关的补助。培训委员会的运作资金来源于向本行业雇主征收的义务税。法案将强制雇主纳税以作为委员会的基金来源，用于提供大范围和高效率的工人培训。法律也强化了政府在产业培训领域的权力。根据法案，劳工大臣可根据不同行业的雇主状况确立税额，也可对培训内容进行修改。劳工大臣可指派中心培训委员会（Central Training Council）成员，这类人员包括雇主组织代表、培训人员代表和国有化部门代表，中心培训委员会在劳工大臣的指导下对其活动进行报告，报告副本提交议会。中心委员会的活动资金由财政部批准。根据法案，成立劳工法庭以处理培训评估产生的有关征税人上诉和听证申诉等。② 由此可见，尽管培训费用来源于雇主，培训工作安排由企业和工会确定，但政府在培训领域的作用开始提升，产业培训费也是政府干预劳资关系的一种间接形式。

---

① Hansard, *House of Commons Debates*, 5th Series, Vol. 255, cols. 277 - 307, 6 February, 1964.

② Industrial Training Act 1964, Chapter 16, London：HMSO, pp. 1-4, 9-10.

　　1964 年《产业培训法》在英国劳资立法史上具有重要地位，该法案是保守党为解决自愿主义劳资关系体系的种种问题而进行的又一立法。这也是政府为弥补忽视培训造成企业技术工人短缺等过失而进行的迟到改革。政府人员在培训委员会中任职也表明国家将在产业培训领域发挥更加积极的作用。[①] 通过立法确立劳资双方和政府在企业培训领域的合作也是政府法团主义（合作主义）劳资指导思想的体现，这显示出政府对自愿主义传统的修正。正如劳工大臣约翰·戈伯在下院发言中指出的：政府此举为劳资双方就共同利益密切交流提供了机会，劳资双方在此方面的合作符合国家的整体利益。由于英国产业内部交流存在种种问题，劳资双方在合作和理解方面存在差异，通过培训委员会，劳资双方可以认识到彼此利益互补的重要性，劳资双方合则两利，分则两伤。这种劳资间的共识应该成为二者关系的主题。[②]

　　在产业转型以及充分就业受到质疑的情况下，劳资双方围绕雇佣公平和生产绩效等问题产生争议，企业裁员不断增多。保守党在60 年代初试图对企业裁员补偿进行立法干预，尽管 1963 年《劳动合同法》对企业裁员做出法定最低通知期限，但在有关裁员的补偿问题上，法律并未做出具体安排。从传统上来看，雇主一直宣称有权随意解雇和裁撤工人，但雇主的这种权力在二战期间受到制度上的限制，战前，企业裁员前的通告和离职补偿只存在于一些特殊的企业部门。战后，裁员开始逐步走向制度化和程序化。在解雇或者裁员实践中，雇主发布公告或者提供相应补偿逐渐成为普遍形式。[③] 在 1956 年英国汽车公司做出裁员 6000 人的决定后，公众对

---

　　① Robert Taylor, *The Trade Union Question in British Politics: Government and the Unions since 1945*, p. 115.

　　② Hansard, *House of Commons Debates*, 5th Series, Vol. 684, col. 1002, 20 November, 1963.

　　③ Howard F. Gospel, *Markets, Firms, and the Management of Labour in Modern Britain*, p. 153.

裁员赔偿更加关注。公众、报纸和议会都对汽车公司的行动进行指责，面对各方压力，雇主联盟开始以更加强硬的态度要求类似行动必须进行强制性赔偿。劳工大臣黑尔向全国联合咨询委员会提出强迫雇主就裁员进行一次性赔偿时，工会代表大会对此表示怀疑，而雇主联盟也表示反对。① 为了解决工人因生产技术变革和其他不可控因素产生的失业问题，1963 年 12 月，议员朱利叶斯·西尔弗曼（Julius Silverman）向议会提交有关裁员（解雇费）议案，提出根据工人雇佣年限和过去 5 年平均工资对解雇工人进行补偿，议案对劳资协商解聘费用及其支付方式也做出相应安排。② 可见，保守党希望通过劳资双方自愿协商解决裁员赔偿问题。

工党上台后将裁员补偿问题提上立法日程，1965 年，劳工大臣雷·甘特（Ray Gunter）向议会提交有关裁员补偿议案，议案很快获得议会通过。根据 1965 年《裁员补偿法》，法案首先确定了裁员补偿的对象。法案规定："持续雇佣达到一定时间的雇员被雇主解雇后，用人单位有义务按照法律规定向所裁员工支付经济补偿。其次，任何由裁员引起的雇员权利和补偿金额争论都交由根据 1964 年《产业培训法》设立的劳工法庭处理。"③ 此外，法案还要求成立由劳工大臣管控的裁员基金（Redundancy Fund），用于补偿符合法案规定的裁员对象。法案要求雇主以国民保险费附加费的形式向该基金缴纳费用形成统一基金，用于裁员补偿，补偿金额与工人的工作时间挂钩。④

除为工人的权利提供法律保障外，60 年代政府也试图突破传统的自愿主义劳资关系体系，不断加大对劳资关系的立法干预力度。1964 年初，保守党内部就提出用劳资立法为接下来的大选做

---

① Eric Wigham, *Strikes and the Government*, *1893–1981*, p. 127.

② *A Bill to Provide Minimum Terms or Severance Pay for Workers Dismissed through Redundancy or Other Causes beyond Their Control*, London：HMSO, December 1963, pp. 1–2.

③ Redundancy Payments Act 1965, Chapter 62, London：HMSO, pp. 1, 9, 20–22.

④ Redundancy Payments Act 1965, Chapter 62, pp. 20–22.

准备，促使政府做出这一决定的主要原因是卢克斯诉巴纳德案（Rookes vs. Barnard）引起的关于工会法律豁免权的争论。1955 年，英国海外航空公司绘图员卢克斯退出工程及造船绘图员工会，该工会援引排外性雇佣制度要求航空公司解雇卢克斯，并以罢工相威胁。公司迫于压力辞退卢克斯。卢克斯起诉工会官员和分会主席巴纳德用非法手段诱使小组委员会终止雇佣合同，其威胁罢工也是非法。尽管卢克斯最初胜诉，但上诉法院援引 1906 年《劳资争议法》中的工会行动法律豁免权条款推翻原判，继而议会上院又推翻上诉法院的判决，支持卢克斯抵制工会。该案件引起工会代表大会的强烈关注，因为该案件会使工会威胁使用罢工和其他产业行动不受法律保护。工会要求政府说明 1906 年《劳资争议法》以保证工会官员不受法律攻击。

　　劳工大臣约翰·戈伯在议会发言中表明政府将就工会的豁免权进行调查："我知道工会代表大会本身正在考虑最近的判决的效果。政府认为，应该在下一届议会早期进行调查。政府将与工会和雇主联合会进行合作，在适当的时候与他们讨论调查的形式和范围。"[1] 工党则在竞选宣言中明确表示，一旦当选将按照工会的要求修改现有的劳动法，废除威胁工会豁免权的内容。[2] 在 1964 年上台后，工党为缓和收入政策引起的政府与工会的紧张关系，在与工会达成协议的基础上，出台了 1965 年《劳资争议法》（Trade Disputes Act, 1965）。法案推翻了卢克斯诉巴纳德案的判决结果，填补了 1906 年《劳资争议法》的法律漏洞。法案声明，工会为保留自己的工人或引导他人做同样的事情而发出的威胁，不构成侵权行为理由。然而，在工业争端的过程中，日常意义上的"恐吓"，如阴谋破坏雇佣协议或者违背或威胁违背雇佣协议的干涉行为不受法

---

① Hansard, *House of Commons Debates*, 5th Series, Vol. 691, col. 1598, 19 March, 1964.

② Robert Taylor, *The Trade Union Question in British Politics: Government and the Unions since 1945*, p. 123.

律保护，引诱或威胁背叛商业协议的行为也被视为违法。法案的通过也缓解了政府与工会的紧张关系。①

　　尽管工党在保障工人和工会权利方面的劳资立法受到工会欢迎，但随着劳资冲突的加剧，威尔逊政府试图改革工会的做法却遭到抵制。1965 年，政府成立多诺万委员会调查劳资关系状况，其主要目的之一就是分析劳资冲突产生的原因，为政府采取行动提供建议。尽管委员会在提交给政府的调查报告中仍倾向于自愿主义的劳资关系机制，不主张立法改革工会，但威尔逊和就业大臣芭芭拉·卡斯特尔（Barbara Castle）却比多诺万委员会的建议走得更远。1969 年，政府公布了《代替冲突：劳资关系政策》白皮书，提出劳资关系立法，内容包括：雇主向就业生产部登记集体协议和安排；在劳资双方签订的集体协议中加强法律强制，赋予成文协议法律约束力；成立劳资关系委员会（Commission on Industrial Relations）调查工会认可争议，必要时委员会可安排无记名投票。赋予国务大臣以下权力：有权要求雇主认可工会并与其进行协商，在雇主违约的情况下，工会有权向工业法庭请求仲裁；对于非法或其他劳资双方有充分理由联合协商而未协商的罢工和闭厂行动，有权颁布命令将其推迟 28 天，并且同时要求雇主遵守指定的雇佣条件和条款；有权要求对即将发生的官方罢工举行投票。此外还提出：扩大工业法庭的司法范围，工会和雇主协会对特定事务要制定规则并进行登记；对劳资争端的定义进行必要的修改，工业委员会有权听取个人对工会不公平或武断行为的投诉。② 白皮书的颁布引起工会和工党左翼的极大愤慨，《代替冲突：劳资关系政策》提出的立法建议最终未能实现。

　　综合来看，战后至 60 年代末，英国政府的劳资关系立法理念

---

　　① K. W. Wedderburn, "Trade Disputes Act 1965 Redundancy Payments Act 1965", *The Modern Law Review*, Vol. 29, No. 1, January 1966, p. 54.

　　② *In Place of Strife: A Policy for Industrial Relations*, Cmnd 3888, London: HMSO, January 1969, pp. 36–37.

经历了由自愿主义到有限干预的路径演变。在 1959 年以前，政府主要在集体谈判的框架内对有关劳资关系的法律进行调整。进入60 年代，随着经济问题和劳资冲突问题的日益严峻，政府在劳资关系领域开始追求有限的社会立法。60 年代的立法大多为保障工人和工会的权利，这对于缓和政府、工会和雇主之间关系起到了一定作用。但也应该看到，这一时期英国自愿主义传统对劳资关系的影响根深蒂固，政府试图加大对劳资关系立法干预的做法也遭到工会和工党左翼的反对。尽管如此，英国劳资立法的环境逐渐成熟，无论公众还是政治和经济学界，呼吁政府立法干预劳资关系的主张开始增多，英国劳资立法的前景及走向逐渐明确。

二　收入政策及其影响

战后初期，历届英国政府都力图同时实现充分就业、经济增长和物价稳定的经济目标。在这些目标中，充分就业一直占有十分重要的位置，抑制通胀则位居其次。在充分就业的经济背景下，雇主之间在劳动力市场上的争夺，导致劳动力成本上涨，工人在集体谈判中的地位不断提高、力量不断壮大。[①] 劳动力价格上涨增加了企业的生产成本，为获得更高的利润，雇主和商人不断提高价格，工资和物价的竞相上涨加剧了通货膨胀的危险。从 50 年代中期开始，通货膨胀逐渐取代充分就业成为政府关注的首要经济问题，政府开始通过自愿和法定的收入政策来应对通货膨胀。收入政策的制定者往往是政府，其试图调整工资的水平及其变化比例，该政策能否成功取决于产业主体间是否达成共识。[②] 在战后 30 多年的时间里，收入政策是政府干预和影响劳资关系的重要内容。

工党政府从 1947 年开始专注于抑制工资和物价上涨带来的通胀危险。在 1947 年初的白皮书中，政府就开始注意影响劳资关系

---

① Howard F. Gospel, *Markets, Firms and the Management of Labour in Modern Britain*, p. 119.

② H. A. Clegg, *The Changing System of Industrial Relations in Great Britain*, p. 345.

的经济问题，重视日益严峻的通胀问题，但工会对此并不在意。
1947 年英国爆发经济危机让政府更加急切地考虑通货膨胀问题，
但与工会代表大会的一系列会议并未起到多大作用。在此情况下，
1948 年 2 月 4 日，首相艾德礼在下院发表题为《个人收入、成本
和物价》的讲话，在战后英国首次引入物价和收入政策。艾德礼
认为，就当前个人收入来看，除生产增加或遇有其他特殊情况外，
个人收入不能再增加。尽管限制工资政策由政府单方面引入，但得
到工会的支持。工会提出接受工资限制的条件：集体谈判体系和自
由协商不能受到削弱；在生产增加的基础上工人可以正当地提出增
加工资的要求；对于收入低于基本生活需求的工人工资应适当调
整；政府应在人员不足的关键部门设置工资和工作条件标准，以吸
引足够的劳动力；政府应保证重要企业不同技术水平工人的工资差
别，以提高效率和产量。① 作为工人运动的政治翼，工党政府感到
有必要实行收入政策，作为产业翼的工会也认识到必须支持政府的
收入政策。这是战后英国政府推行最为成功的收入政策。直到朝鲜
战争引起原料价格上涨和通货膨胀才导致该政策难以为继。②

　　1949 年，政府宣布英镑贬值，食品价格上涨并高于工资增长
速度。工人阶级的生活水平相对下降。1950 年，工会代表大会理
事会认识到，未来必须实行更加灵活的工资浮动方案。艾德礼在
1950 年工会代表大会上再次提出了工资限制要求。他认为："为了
推动产业发展和经济恢复，尽管我们不愿意英镑贬值，但此举很有
必要。没有整个社会的合作，发展经济的目标就无法实现，工会领
导和普通会员支持限制工资对于改善当前的经济处境意义重大。政
府从来没打算引入法定工资增长比例，我们应该维护集体谈判制
度，但我们有义务让劳资双方充分了解我们当前的经济处境，进而
为社会整体利益做出选择。当前，我想就个人收入限制寻求与每一

---

①　TUC, *Report of the Annual Trade Union Congress*, 1948, pp. 289-291.

②　Sid Kessler and Fred Bayliss, *Contemporary British Industrial Relations*, Third Edition, p. 3.

个人合作，我们不会贸然冻结工资，尽管经济好转时我们可以放松限制，但当前限制工资仍有必要。不断上升的通货膨胀和额外的军备开支要求我们必须实行收入限制政策。"① 在英镑贬值、物价上涨的情况下，限制工资必然对工人生活水平产生不利影响。工会在讨论工资、物价和利润时认为，当前政府应对物价和利润进行合理限制，制订更加积极的经济计划，保证工人的工资购买力及其基本生活水平。同时，工会也认为政府应出台法定的利润控制政策。最后，工会代表大会以微弱的多数通过了继续支持限制工资的收入政策。②

保守党在 20 世纪 50 年代上台后也更加重视通胀问题。1956 年，保守党在《充分就业的经济含义》白皮书中指出：为了保持充分就业，政府必须提供高水平的商品和服务，并且保证生产能力稳定提高。这意味着要有更加强烈的劳动力需求和更多的机会销售产品和服务以获取利润。在此情况下，雇员公开坚持大幅度的工资增长要求，而雇主也愿意答应工人的要求然后将提高的劳动力成本转嫁给消费者，以保证他们的边际利润。这就是英国当前面临的困境。如果经济繁荣的条件和充分就业被工会和雇主利用，物价稳定和充分就业就无法共存。问题的解决办法在于对工资、物价和边际利润进行自我限制，这样货币总收入的增长速度才不会快于产品总增长。白皮书指出了限制工资和物价的必要："如果不进行这种限制，英国必须在充分就业和物价上涨之间做出选择，尽管这种选择是痛苦的。"白皮书也提出限制边际利润的建议，鼓励企业通过提高生产率和增加商品流通以获取更多利润，而非提高物价增加利润。③ 政府鼓励劳资双方在协商的基础上决定具体的限制方案。保守党认为，为了保证充分就业和经济繁荣，应对工资需求、商品价

---

① TUC, *Report of the Annual Trade Union Congress*, 1950, p. 351.

② TUC, *Report of the Annual Trade Union Congress*, 1950, pp. 467, 473.

③ *The Economic Implications of Full Employment*, Cmd 9725, London：HMSO, March 1956, pp. 11–12.

格和边际利润进行自愿限制。白皮书的发布表明政府试图从工资政策和集体谈判入手，为发展国民经济协调劳资利益而介入劳资关系领域，实现工会、雇主和政府三方在社会生产领域的合作。

在鼓励劳资双方就限制工资、价格和利润方面进行合作的同时，政府也开始为推行收入政策进行调查。1954 年，调查法庭在处理造船和工程行业劳资争议时认为，个人的工资需求不会产生较大影响，但多数人整体的工资增长需求则会对工资、利润和物价产生影响，进而削弱整个国民经济。为此，法庭建议政府成立公正和权威的官方机构评定规模较大的工资需求，以及该需求对国民经济和维持经济发展能力的影响。[1] 1957 年财政大臣桑尼克罗夫特成立了由经济学家、法学家和会计组成的物价、生产率和收入委员会（The Council on Price, Productivity and Incomes），调查英国物价和生产率以及收入水平状况，为政府制定收入政策做准备。从 1957 年到 1961 年，委员会共提交了四份调查报告。第一份报告认为工资和物价增长是需求旺盛引起的，政府应该限制需求、抑制通胀。报告引起工会代表大会的不满。工会认为，委员会的任务是调节充分就业和合理地稳定物价，但委员会提出放弃充分就业的建议，这超出了其职能范围。1961 年，委员会在第四份报告中研究了成本和需求引起的通货膨胀，尝试解决物价和收入政策面临的问题。[2] 委员会对抑制通胀并无任何作用，反而加剧了政府与工会的紧张关系。在经济形势恶化的背景下，保守党政府面临财政部和英格兰银行引入的反通胀措施带来的压力。虽然首相麦克米伦表面上不愿执行反通胀措施，但他认为有必要改变政策方向，限制公共开支和提高利率。政府承认这一措施本身不能解决问题，必须从长远角度做出打算，改变工资增长速度快于生产率提高速度和产品增长速度的局面。[3]

---

[1]　Chris Wrigley, *British Trade Unions since 1933*, pp. 56-57.

[2]　Sid Kessler and Fred Bayliss, *Contemporary British Industrial Relations*, Third Edition, p. 4.

[3]　Peter Dorey, *The Conservative Party and the Trade Unions*, p. 37.

为解决财政赤字、英镑疲软和不断恶化的劳资关系问题，从
60 年代开始，政府一方面实行收入政策，另一方面试图建立劳、
资、政三方合作机构。1961 年，财政大臣劳埃德提出为期 7 个月
的工资冻结政策。劳埃德在下院发言中表示，当前工资增长速度快
于生产增长速度，边际利润受到极大压缩。为此，在生产增长赶上
工资增长并且生产率有进一步提升空间之前，必须暂时停止工资增
长。作为持续繁荣和增长的基础，工资冻结是必不可少的。在政府
直接负责的公共部门将按照这一政策行事。政府也要求私营机构和
其他不受政府控制的部门应该遵循这一政策。劳埃德同时指出，工
资冻结本身并不能解决生产成本和价格上涨问题，这意味着政府必
须执行新的长期政策——收入增长必须参照且不能超过全国生产率
的提升。在此期间，必须采取措施确保收入增长和生产率提高之间
的关系得以长期合理存在。① 在提出工资冻结政策后，保守党政府
组建了由政府、工会和雇主代表组成的国民经济发展委员会，试图
通过与工会合作来限制工人的工资增长需求。劳埃德的工资冻结政
策标志着保守党开始推行收入政策。尽管对政府的工资冻结政策不
满，但工会还是表现出合作的意愿。工会代表大会认为，收入政策
意味政府放弃了指导经济发展的责任，政府必须在扩大计划规模的
基础上采取合理措施，才能解决英国的经济问题，工会愿意与政府
和雇主合作实现生产增长的目标。②

在推行工资冻结政策时，政府开始考虑在暂停期结束后引入
法定的收入政策。1962 年 2 月，政府发布《收入政策：下一步》
（*Incomes Policy*：*The Next Step*）白皮书，白皮书认为："最近几年，
英国人均生产增长约 2%—2.5%，我们本应取得更好的成就，但今
年的增长比例也大约如此。在工资冻结政策结束后，相应的工资、

---

① Hansard, *House of Commons Debates*, 5th Series, Vol. 645, cols. 222 - 223, 25 July, 1961.

② TUC, *Report of the Annual Trade Union Congress*，1961，pp. 257-258.

薪水和其他收入的增长幅度也必须保持在这一限度内。"① 为让工人接受收入政策，内阁决定成立全国收入委员会（National Incomes Commission），考察与政府工资政策不一致的状况，进而根据国民财富增长状况确定工资增加比例。保守党试图从工资冻结转向收入限制，使收入政策成为政府长期推行的经济计划。麦克米伦在下院解释说："我们今天仍面临严重的经济问题，充分就业、物价稳定、收支平衡和经济增长的四重经济目标是一致的。从广义上来说，我们的充分就业规模超过欧洲其他国家。当前，我们要想继续保持充分就业，只能转移劳动力和扫除经济发展的障碍。为此，我们向国民经济发展委员会寻求援助，你们要用现代科学的管理方法管理劳动力。在整个国家增加工资、薪金和股息的情况下，生产成本将会上涨，这将导致出口下降。在这种情况下，即使个人收入的增长也将是自食苦果，因为工人实际收入并未增长。因此，收入政策应该成为我们经济生活的永久特征。尽管这不是我们经济政策的全部内容，但这是我们实现经济增长不可或缺的一部分。"② 这表明，在经济通胀的压力下，政府试图通过对劳资关系的核心要素进行调整，在劳资合作的基础上解决经济问题。

收入政策问题不仅关系到劳资关系的核心，也给劳资关系的自愿主义传统带来挑战。尽管麦克米伦表示政府无意通过收入委员会破坏集体谈判，但政府坚信收入政策是抑制通胀、实现经济增长的关键。保守党政府介入劳资关系核心要素的做法引起工会的反对，一些雇主也对收入委员会的工作态度冷淡。尽管工会领导加入三方合作的国民经济发展委员会中，但工会绝不以接受收入政策作为加入委员会的条件。在工党威尔逊政府重返执政舞台前，保守党的收入政策并未达到限制工资增长的目标。面对产业行动的威胁，1963

---

① *Incomes Policy: The Next Step*, Cmnd 1626, London: HMSO, February 1962, p. 4.

② Hansard, *House of Commons Debates*, 5th Series, Vol. 663, col. 1756–1757, 26 July, 1962.

年麦克米伦接受了铁路工人 3% 的工资增长要求，煤矿工人也提出工资增长 3.7% 的要求。一些公共部门的服务人员也获得高于国家规定的工资增长率。公务员、精神病学社会工作者、新闻记者的工资分别增长 4%、13% 和 11%。码头工人也以罢工相威胁实现 9% 的工资增长。[1] 产业行动及其带来的后果使保守党试图通过收入政策解决经济问题和劳资关系问题的目标难以实现，加之政府绕开集体谈判确定工资的做法触犯了工会底线，收入政策的推行最终以失败告终。

在重返执政舞台时，工党面临巨额的财政赤字，政府力图在物价和收入政策上有所作为。1964 年 12 月，劳资双方为协调各自利益，同意与政府合作，解决英国经济面临的现实问题。三方发表联合声明：保证英国经济活力和商品价格竞争力；提高生产和效率，以实现生产增加和工资及其他收入的同步增长；保持物价总水平的稳定。[2] 在此合作基础上，1965 年 2 月，政府公布《物价和收入政策机制》（*Machinery of Prices and Incomes Policy*）白皮书，要求劳资双方配合全国经济发展委员会监督各类物价收入的总体变动状况。政府也致力于解决企业内部的实际问题，确立企业内部的物价和收入调查机制。由王室授权组建的全国物价收入委员会负责审查特定案件，在咨询劳资双方后，判断商品价格或工人工资及其他收入是否符合政府做出的符合国家利益的规定。[3] 1965 年 4 月，政府设定工资增长率为 3.5%，规定当工人工作内容发生较大变化，工人对企业提高生产率做出直接贡献时，工资增长不受此限。为保证国家利益而进行的人员配置和工资增长需要同步开展时，工资增长率可高于 3.5%。为保证工人基本生活水平或当特定

---

① Eric Wigham, *Strikes and the Government*, *1893–1981*, p. 130.

② Sid Kessler and Fred Bayliss, *Contemporary British Industrial Relations*, Third Edition, p. 9.

③ *Machinery of Prices and Incomes Policy*, Cmnd 2577, London：HMSO, February 1965, pp. 2–3.

群体工资下降严重不符合国家利益时，其工资增长不受此限。政府也对商品价格进行限制，规定除非雇员没能有效提高生产率、非劳动力成本增加、商品单位成本增加或成本降低无法保证其满足国内外需求，政府不希望物价上涨。①

收入政策对遏制不断上涨的通胀问题起到了一定作用。1965年的通胀也降到5%以下，工会开始寻求通过生产率谈判和生产率协议作为增加工资的主要手段，② 但随之而来的1966年海员罢工使工党的收入政策遇到挑战，海员工人提出超出政府规定的涨工资要求加剧了英镑的贬值风险。1966年大选胜利后，为应对即将到来的英镑贬值压力，工党凭借自己在议会的多数党优势，正式通过了工资冻结法令。法案认为，当前需要12个月的时间使生产增长赶上收入的过快增长，1967年上半年是严格限制工资水平期，除特别正当的工资增长理由外，所有涉及价格和收入增长的情况都要特别限制。所有的工资增长都要依法告知物价和收入委员会。③ 面对政府的限制工资政策，工会提出了自己的工资方案。1967年，工会代表大会总理事会提出给予低收入者更高的工资增长率，这一方案适用于扣除班费后，周薪仍低于15英镑的工人。在技术工人群体的压力下，工会代表大会在1968年又决定退回到原来的增长率。④ 由于工资增长率存在例外条款，一些工会试图通过生产率协议达到工资增长目的。1968年，全国物价收入委员会在报告中说明：许多生产率协议提供的工资增长率高出3.5%的法定上限。尽管政府鼓励生产率谈判，但委员会建议在接下来的两年严格限制工资增长，除非有正当的工资增长理由，否则工资增长不能超过3.5%。政府也主张将工资增长推迟12个月执行。同时，委员会也

① *Prices and Incomes Policy*, Cmnd 2639, London：HMSO, April 1965, pp. 7–9.

② John Sheldrake, *Industrial Relations and Politics in Britain, 1880–1989*, pp. 65–66.

③ *Prices and Incomes Standstill*, Cmnd 3073, London：HMSO, 1966, p. 2.

④ H. A. Clegg, *The Changing System of Industrial Relations in Great Britain*, p. 350.

对物价进行限制，工资和物价的变动都被严格监督。[1]

在 60 年代工党执政期间，收入政策不仅没有实现应有的经济目标，还导致政府和工会关系的紧张。面对政府的收入限制，一些大工会如运输工人与通用工人工会和工程业联合工会都对政府收入政策进行批评。一方面，收入政策关系到工人工资和雇主的商品利润，这是劳资双方的核心利益关切；另一方面，政府限制工资和利润收入也与自愿主义劳资关系传统相抵牾。在战后充分就业和国有化的经济环境下，政府成为国有化企业的雇主，收入政策也是公共部门劳资争议的焦点，政府通过推行收入政策强化对劳资关系的治理目标未能实现。

三　冲突化解机制的改革

二战后初期，为维持战时相对和谐的劳资关系，英国政府延续了关于禁止工会罢工和雇主闭厂的战时《1305 号令》，劳资冲突都采取仲裁的形式化解。在此过程中，政府试图完善以集体谈判为主的劳资关系机制。1945 年，政府通过《工资委员会法》，用工资委员会取代行业委员会，作为法定工资规范和自愿谈判的混合形式。工会领导欧内斯特·贝文等人试图通过建立工资委员会作为劳资关系体系的法律基础，在那些不存在集体谈判机制的企业部门填补劳资冲突化解机制的空白。1945 年《工资委员会法》在一定程度上放宽了集体谈判制的实行条件，尤其是那些没有集体谈判制或集体谈判制发展不充分的企业。[2] 此举表明英国政府在战后继续奉行自愿主义的劳资关系原则，通过法定的最低工资机制和鼓励扩大产业集体谈判的方式来影响劳资关系走向，而不对劳资关系事务进行直接干涉。20 世纪 40 年代后期，工资问题引起的非官方罢工增多，

---

① *Productivity*, *Prices and Incomes Policy in 1968 and 1969*, Cmnd 3590, London: HMSO, April 1968, pp. 3-9.

② Chris Howell, *Trade Unions and the State*: *The Construction of Industrial Relations Institutions in Britain*, *1890-2000*, p. 92.

面对产业争端不断增多的状况，政府曾动用《1305号令》，但结果事与愿违。从1951年开始，政府改革了《1305号令》，解除了对工会罢工和雇主闭厂行动的禁令，强制仲裁机制被保留。劳资双方可以将争议提交给劳工大臣解决。同时，争议双方不需要经过对方同意，可直接向法庭提出仲裁申请，任何仲裁的结果都具有法律约束力。政府还用产业争端法庭取代全国仲裁法庭作为劳资仲裁机构，雇主有义务遵守仲裁决议，按规定对雇佣条件和合同进行调整，雇主也有权将单个工人违反仲裁规定的行为上报工业法庭。[1]因此，从冲突化解机制的演进来看，战后初期英国实际上存在国家干预主义和自愿主义两种冲突化解机制。

在50年代上台后，保守党力图改变之前的反工会形象，也一直强调自愿主义传统和集体谈判制度，鼓励劳资双方进行谈判与合作。在丘吉尔任内，保守党对工会的罢工活动一直采取妥协的态度。朝鲜战争爆发后，英国开始重整军备，军工企业生产需要大量劳动力。1951年，工人多次提出增加工资的要求，都未遭到雇主抵制，但政府对通胀问题的关注日益密切，保守党内部呼吁限制工资增长的声音不断增多。为避免刺激工会，保守党寻求与工会协商以限制工资。1952年，财政大臣巴特勒在全国联合咨询委员会上警告劳资双方，认为工资和物价的竞相上涨会给国家带来危险，建议劳资双方转变理念，在企业生产和工资增长方面提出解决方案。工会对此并无回应，在应对罢工方面，政府也未采取高压政策。[2]

丘吉尔离任后，英国劳资争端问题日益严峻，加之通胀问题和国际收支平衡问题的出现，保守党政府开始鼓励推行雇主与工会联合协商的劳资关系机制。保守党试图在产业内部完善劳资双方交流的制度框架。通过劳资关系委员会，雇主和雇员能够相互咨询和交流，工人可以表达对企业管理的诉求和不满，雇主也可随时告知工

---

① Eric Wigham, *Strikes and the Government, 1893-1981*, p.105.

② Eric Wigham, *Strikes and the Government, 1893-1981*, p.113.

人关于企业内部有关生产和技术安排方面的决定。首相艾登认为，建立劳资联合协商机制可以保证雇主充分关注到工人的意见，同时也可以让生产部门的工人理解管理决策变化的动机和目的。然而，扩大咨询与合作并不意味着管理控制的减少，保守党传统的权威、等级和领导理念仍原封不动地保留着。雇主对企业的管理权仍未受到任何侵犯，劳资双方扩大交流也只是更便于雇主向工人传达其管理决策，增进了工人对管理层的理解以及让工人知道其注意到了工人的要求。如果这有利于减少劳资冲突，雇主将满足于这种顺畅的交流，而不必引起工会的反对。因此，对话与和解是 50 年代保守党执政期间改善劳资关系的信条。[1]

在致力于推动劳资联合协商机制的背景下，1956 年，保守党政府发布《充分就业的经济含义》白皮书。在改善劳资关系以及化解劳资争议方面，白皮书认为，如果雇主和工人不能够限制工资和物价的竞相上涨，失业和物价上升会导致英国产品丧失海外市场竞争力。为此，必须建立一种劳资双方充分合作、互相协商和交流信息的劳资关系机制。这种有效的、开明的劳资关系体系正是当前经济发展所需要的，这也意味着政府鼓励劳资双方的生产率谈判。如果工人的工资要求更加合理，这种劳资关系结构的运作也将更加灵活。[2] 1959 年，政府通过《就业条件合同法》，从制度层面鼓励劳资双方在集体谈判框架内化解劳资争议。[3]

尽管政府鼓励并推行集体谈判制，但战后产业转型和劳动市场的变化也给谈判体制带来了挑战。在经历了战后快速的结构调整后，英国经济重心由传统的旧式企业转移到新兴行业。尽管煤炭和纺织等部门仍大范围存在，但其生产规模都在不断缩小，这些企业

[1]　Peter Dorey, *The Conservative Party and the Trade Unions*, pp. 31-32.

[2]　Robert Taylor, *The Trade Union Question in British Politics：Government and the Unions since 1945*, p. 100.

[3]　Chris Howell, *Trade Unions and the State：The Construction of Industrial Relations Institutions in Britain, 1890-2000*, p. 91.

也在经历产业转型的阵痛，[1] 其就业人数不断减少。到 60 年代末，英国经济结构调整基本完成。新型企业生产特征强调的是大范围增加新的生产要素（而不是提高现有生产要素的生产率），工资竞争、出口依赖和大量相对较小的生产者是新式产业结构的主要特征。经过结构调整，一方面企业规模扩大，所有权更加集中；另一方面，新式企业更加强调资本集中，人力成本占总生产成本的比重降低，对出口市场的依赖减少。新的资本积累方式也被称为宏观福特主义（Macro-Fordist）增长方式，企业生产增长不再靠增加新投入，而是依赖集约型增长而非粗放式增长提高生产效率。公司规模不断扩大，集中程度高。到 60 年代末，英国经济集约化程度已经超过美国和联邦德国。[2]

产业转型对劳资关系和集体谈判产生重要影响，战后英国劳资关系状况的一个突出特点就是集体谈判逐渐走向分散化，国家一级的谈判越来越不适合企业实践发展的需要，产业一级的谈判结构逐渐瓦解。就产业级集体协议对工资的安排来看，很多企业只在特定工人群体的工资增长率方面遵守产业级集体协议，而其他工人的工资则由企业内部的协议确定。在战后充分就业和产品需求较高的情况下，一些雇主为争夺劳动力往往开出高于国家级协议规定的工资。而且战后按绩效确定工资逐渐成为工资支付方案的新趋势，而企业为鼓励工人生产推出的一些奖励机制无法在全国层面实施，这些都要求工厂和生产企业内部自行解决工资设定问题。[3] 这种现象在工程行业部门非常明显，由此带来国家级的谈判下放到地方企业生产部门。

随着谈判主体和谈判级别的变化，60 年代英国出现一种新的

[1]　Michael Shanks, *The Stagnant Society*, Middlesex: Penguin Books Ltd., 1961, pp. 79-80.

[2]　Chris Howell, *Trade Unions and the State: The Construction of Industrial Relations Institutions in Britain, 1890-2000*, p. 95.

[3]　John Goodman, *Employment Relations in Industrial Society*, p. 157.

集体谈判形式——生产率谈判。这种谈判方式迎合了雇主和工人的需要，在全国范围内得以推广。由于车间代表的谈判活动主要是与工资有关的许多问题，其谈判内容也开始涉及其他生产问题。在全国性集体协议逐渐失去效力的情况下，雇主为了提高企业生产率，往往直接与车间代表就企业具体生产安排事宜进行协商。一般是雇主在工资和工作条件上做出改善，工会和工人帮助雇主提高生产率。例如在解决最重要的工资问题方面，雇主在增加产量方面主要依赖于增加工作时间和劳动力人数，在实行税后工资的男性制造业工人中，加班工作现象十分普遍。尽管加班产生的额外工资率由多雇主协议制定，但加班数量和工资分配大多由工厂内部决定。绩效工资制度在战后更加盛行，这种支付制度的内容及其运作也由工厂和车间自行安排。[1] 根据全国物价收入委员会的估计，到 1966 年，生产率谈判覆盖了将近 50 万名工人。[2] 其谈判内容涉及加班、工人工资、生产安排等，一些企业也将工人提高生产率与享受企业分红相结合，试图增强工人劳动的责任感。

企业内部生产率谈判的兴起是集体谈判分散化的反映，但其本身并不能避免劳资争议的产生。集体谈判分散化也使大多数劳资冲突发生在企业内部，由于全国性的工会对生产部门工会的约束力降低，不经工会批准的非官方罢工增多。多诺万报告显示，60 年代英国的罢工中，未经工会授权的非官方罢工约占 95%。[3] 这反映了集体谈判制度的结构缺陷及其功能的丧失。分散化谈判使得许多冲突发生在企业内部的生产部门，工人之间在工资对比、工作安排和绩效等方面的不同，是造成生产部门劳资争议的主要原因。[4] 在此

---

① John Goodman, *Employment Relations in Industrial Society*, p. 157.

② H. A. Clegg, *The Changing System of Industrial Relations in Great Britain*, pp. 141-144.

③ *Report of Royal Cmmission on Trade Unions and Employers' Associations 1965-1968*, Cmnd 3623, p. 98.

④ Phelps Brown, *The Origins of Trade Union Power*, Oxford: Oxford University Press, 1983, p. 181.

情况下，改革传统的劳资冲突化解机制成为英国政府面对的主要问题。

为解决不断加剧的劳资冲突，从 60 年代起，政府通过建立劳、资、政三方协商机制积极介入劳资冲突，试图为劳资关系的改善确立新的制度和机制。1961 年夏，英国面临经济危机，财政大臣劳埃德提出了工资冻结方案，并宣布冻结期结束后，工资增长仍受到政府限制。这引起教师、护士、邮政和电力供给等公共部门工人的不满，教师行业以罢工相威胁。同年，电力供给部门也终止与政府的谈判。① 一些报纸和保守党右派鼓动政府通过立法强制推行工资冻结政策。收入政策已使政府由劳资冲突调解的第三方直接走向工会的对立面。在政府与工会关系日益紧张的情况下，1961 年，劳埃德提出建立由政府部门制订全国经济计划的官方机制。在向工会代表大会提出这种建议时，政府又提出另一种方案：建立一个由财政大臣领导的或者完全独立的机构，即由政府、工会代表、雇主和独立人士共同组成全国经济发展委员会。1962 年，工会代表大会开始讨论是否加入三方机制。工会认为，政府设立三方机制并不代表政府会按工会的想法制订经济计划，但工会也希望通过该机构对政府决策施加更大影响，不过其前提是不以限制工资作为工会加入委员会的前提条件。② 最终，工会选择加入三方合作机制。

尽管全国经济发展委员会是一个合作主义的劳资关系机制，但该机构的成立并未对劳资冲突的化解起到太大作用。在政府取消一些收入限制政策后，邮政工人继续通过消极怠工一个月的形式与政府对抗。铁路工人为获得工资增长采取以罢工相威胁的手段，在与麦克米伦进行协商后，铁路工人最终实现了 3% 的工资增长。煤矿工人也实现了 3.7% 的工资增长，并建议工会代表大会讨论与政府合作

① Eric Wigham, *Strikes and the Government, 1893-1981*, p. 130.

② TUC General Council's Report, *Report of Proceedings at the 94th Annual Trade Union Congress*, London: Trade Union Congress, 1962, p. 254.

的政策。工程行业工人两次发起一日罢工，在经过投票后放弃了全国大罢工行动。[1]　在接下来的两年里，尽管政府通过了保障工人权利的《产业培训法》和《裁员赔偿法》，但工会对政府介入劳资关系并不赞同。1964年，上院驳回卢克斯诉巴纳德案件，该案件使工会最核心的法律豁免权受到威胁，也被视为政府反对工会的司法行动转折点，由此，合作主义机制在麦克米伦政府时期并未起到化解劳资冲突的作用。这也使保守党认识到立法限制工会权力的重要性。从劳资指导思想上来看，合作主义（或法团主义）强调的是不同利益集团之间的合作与协商，因此保守党将限制工会权力作为工会改革的前提在某种程度上是对合作主义的背离。劳工大臣约翰·戈伯也在大选来临时对公众承诺将在下届议会通过立法改革工会。

工党威尔逊政府执政期间，也秉持合作主义的劳资观，试图在集体谈判的框架内与工会进行合作。为保障英国企业和商品价格的市场竞争力，政府鼓励劳资双方在生产率提高的基础上增加工人工资。1965年，政府成立全国物价收入委员会，设定工资增长率为3%—3.5%，并声明雇员帮助提高生产率或者为保证工人基本生活水平的情况不在此限。但一些工会领导人援引该特殊规定提出高于政府规定的工资诉求，非官方罢工再次增多。多诺万委员会对担任车间代表超过6年的工人的调查显示，当问及他们在任职期间是否发起过罢工时，40%的车间代表承认发起过罢工行动。进一步调查显示，这些车间代表参与的罢工活动中，超过70%没有得到工会授权。90%的车间代表与工厂签订了争议化解协议。在接受多诺万委员会调查的车间代表中，多数车间代表表示在劳资争议中会通过其他形式对雇主施压。30%的车间代表威胁使用罢工，42%拒绝加班，28%会采用消极怠工的形式对雇主施压，12%采用减缓工作速度的抵抗方式。[2]　可见，在60年代，集体谈判制度并未能有效解

---

[1]　Eric Wigham, *Strikes and the Government, 1893-1981*, p.129.

[2]　*Report of Royal Cmmission on Trade Unions and Employers' Associations 1965-1968*, Cmnd 3623, p.99.

决罢工问题，一些车间代表也开始利用自己在谈判中的有利地位不断对雇主施加各种压力。

　　在劳资冲突加剧的情况下，威尔逊政府仍倾向于合作主义的劳资冲突化解方式，以推动劳资关系走向和平。1965年，首相威尔逊邀请劳资双方代表到唐宁街10号协商解决非官方罢工问题。劳工大臣雷·甘特也参与了此次协商。甘特表示政府希望工会与雇主采取联合行动，加强对冲突局面的控制，强调劳资联合行动必须是重大行动。在争议化解过程中，工会应该加强对车间代表和非官方罢工领导的控制。作为交换，雇主应该完全认可工会及其会员。在协商过程中，劳资分歧十分明显。雇主代表认为有必要通过法律，对那些旷工的工人和没有按照协议完成任务的工人判处罚金，罚款用于企业劳资关系的研究和培训，工会则反对建立任何带有惩罚性质的劳资关系机制。[1] 确立合作主义的劳资关系机制也因此困难重重。

　　除鼓励建立三方合作下的冲突化解机制外，为解决日益增长的罢工问题，政府也试图对集体谈判制度进行改革。1965年，政府成立由多诺万领导的皇家工会和雇主联合组织委员会（Royal Commission on Trade Unions and Employers' Associations）推动集体谈判制改革。1968年，多诺万委员会向下院提交了调查报告。报告认为："英国存在两种劳资关系体系，两种体系中存在相互矛盾的冲突化解机制。地方车间级别非正式的劳资关系体系削弱了产业级集体协议的权威及其实施效果，导致产业之间实际工资和协定工资增长率的差异扩大化，现存的冲突化解机制无法处理工厂内部的劳资争议。"[2] 为此，报告建议政府改革谈判机制，鼓励工厂级别的谈判。委员会建议公司领导部门在处理劳资关系时，应记住以下六个目标：建立更加全面和权威的集体谈判机制；建立与集体协议相符

　　① Eric Wigham, *Strikes and the Government, 1893-1981*, p. 136.
　　② *Report of Royal Cmmission on Trade Unions and Employers' Associations 1965-1968*, Cmnd 3623, p. 36.

合的快速有效的争议化解机制；制定车间代表职位规范协议；建立
裁员处理协议；采取有效的规则和程序管理企业纪律问题；定期联
合讨论促进工作安全的措施。为了实现这些目标，公司应尊重雇员
加入工会的权利，制定关于企业特殊事务的积极的管理政策，劳资
双方进行相关信息交流。[1] 报告对企业谈判也持肯定态度，认为工
厂协议可以作为处理工厂内部争议的解决程序，它适合工厂的组织
和管理结构。因此，有理由寄希望于管理人员、车间代表和工人遵
守工厂协议。它还可以包括工厂集体会议机制。如委员会涵盖了工
厂中的所有工会，可帮助结束分散化的谈判。工厂争议化解机制可
以被授权处理工厂内的具体事务，协商工作实践和内容的变化，以
适应企业生产需要。[2] 可见，尽管委员会在原则上并不反对政府立
法干预，但报告主张的争议化解机制仍是自愿主义的集体谈判机制。

　　多诺万报告的出台并没有影响政府立法改革工会的决心。在多
诺万委员会调查期间，英国经济再次面临新的困境。1966 年，海
员提出高于政府规定的工资增长要求遭到拒绝，掀起全国大罢工。
罢工加剧了英国经济困境，延长了国际收支危机，英镑在 1967 年
宣告贬值。[3] 在此情况下，政府推行的一系列反通胀措施无果而
终。这也坚定了政府用政治途径解决劳资冲突的决心。到 1968 年，
首相威尔逊和就业大臣卡斯特尔更加确信，大量的非官方罢工活动
是由好战的、毫无代表权的车间代表的鼓动引起的，这些行为由政
治上的左翼分子发起，比起对工人有利的建设性谈判，他们更热衷
于摧垮英国经济。许多选民要求政府对工会采取措施，在卡斯特尔
的强烈敦促下，威尔逊更加认可工会改革思想，决心用立法手段干

---

　　[1]　*Report of Royal Cmmission on Trade Unions and Employers' Associations 1965–1968*,
Cmnd 3623，p. 263.

　　[2]　*Report of Royal Cmmission on Trade Unions and Employers' Associations 1965–1968*,
Cmnd 3623，p. 40.

　　[3]　John Sheldrake，*Industrial Relations and Politics in Britain*，*1880–1989*，p. 67.

预劳资争端。①

　　1969 年 3 月，经过内阁长时间讨论后，卡斯特尔向议会提交《代替冲突：劳资关系政策》白皮书。白皮书认为罢工问题反映了英国劳资关系机制存在缺陷，罢工造成的不良后果比其他国家更加严重，这对整个国家的利益产生严重危害。报告认为，当前英国正经历快速的生产技术和管理方法变革，劳资双方对未来的不确定性使得二者之间的相互合作减少。当前，如果英国想要保持经济繁荣，那么政府必须采取行动推动变革。要弥补英国劳资关系的缺陷，需要在以下四个方面采取措施：改革集体谈判制度；扩大工会的作用和权利；为集体谈判的开展提供新的帮助；为群体和个人提供保障。② 为了改善劳资关系，白皮书提出立法改革劳资关系机制，白皮书尤其强调扩大政府在劳资冲突化解中的权力，使其能够更加直接地干预劳资关系。白皮书还提出了"调停"（conciliation pause）方案，在罢工活动前，由政府出面寻求和平解决办法。国务大臣有权处理工会内部争端，政府有权要求在进行产业行动前举行无记名罢工投票。③

　　白皮书的发布立即招致工会和工党左翼的强烈反对，威尔逊和卡斯特尔迫于工会和党内的压力，对白皮书中有关立法的内容进行精简，但立法干预劳资关系仍然不为工会所容。经过协商，在卡斯特尔将立法议案提交议会前，工会提出了自己的冲突化解方案——《行动纲领》（Programme for Action），主张通过劝解的方法解决工会内部争端和非官方罢工问题。而在卡斯特尔看来，纲领只是个善良的愿望，尽管威尔逊与工会领导人进行多次协商，工会代表大会仍坚决反对强制性立法和法定的经济制裁。工党—工会代表大会联络委员会（TUC-Labour Party Liaison Committee）也告诫政府，含有

---

① John Sheldrake, *Industrial Relations and Politics in Britain*, *1880-1989*, p. 67.

② *In Place of Strife*：*A Policy for Industrial Relations*, Cmnd 3888, pp. 7-9.

③ David Powell, *British Politics and the Labour Question*, *1868-1990*, p. 129.

制裁条款的限制罢工的议案是不可能的。[①] 威尔逊改革劳资关系的尝试宣告失败。尽管威尔逊政府任内对劳资冲突化解机制进行了多次调整，但这些调整都未能有效解决劳资冲突问题。在 60 年代工党执政期间，英国失业人数由 1964 年的 38 万人上升到 1970 年的 57 万人，与此同时，罢工次数由每年 2524 次上升到 3906 次，造成的工作日损失由 1090 万个上升到 2200 万个，直到工党在 1970 年离开执政舞台前，工资和物价的螺旋式上涨仍在继续。[②] 劳资冲突化解机制如何奏效继续考验着英国政府。

综上可见，随着英国经济形势的变化，政府对劳资关系的治理政策也在不断调整。在自愿主义劳资关系传统影响深刻的背景下，政府在战后初期的劳资关系治理中倾向于回归到战前的自愿主义劳资关系机制。为此，政府在立法、收入政策和改革集体谈判制方面都表现出对劳资自愿协商的回归。随着 60 年代英国经济问题日益突出以及劳资冲突加剧，政府试图改变此前的自愿主义不干预传统，在通过立法保障工人权利的同时，也试图通过引进收入政策以及改革集体谈判制等方式，强化对劳资关系核心要素的介入程度。由于劳、资、政三方缺乏共识，政府对劳资关系的治理未能产生积极效果，英国劳资关系的走向也因此进入新的、对抗不断加剧的阶段。

---

① ［英］阿伦·斯克德、克里斯·库克：《战后英国政治史》，王子珍、秦新民译，第 210 页。

② David Powell, *British Politics and the Labour Question*, *1868-1990*, pp.126-127.

第 七 章

走向全面对抗：劳资冲突的加剧
与政府改革困境（1968—1979）

　　在战后劳强资弱产业力量格局的基础上，20 世纪 60 年代末，英国工会迎来新一轮增长态势，工会组织力量获得较大发展。随着左翼力量在工会内部影响力的扩大，工会在国家层面和基层的激进主义倾向日益浓厚。相较于工会力量的壮大，雇主力量相对薄弱。雇主之间的联合减少，尽管雇主组织对其组织结构和功能进行了调整，但随着新式企业日益强化内部管理，反对企业外部力量干预，雇主组织受到个体雇主的排斥。在经济相对衰落的过程中，劳资关系的紧张因素增多，规模较大的罢工和非官方罢工同步增长。为应对不断加剧的劳资冲突，自 60 年代末多诺万报告出台后，英国出现两种形式的劳资关系改革方案：其一是以《代替冲突：劳资关系政策》白皮书和 1971 年《劳资关系法》为代表的国家干预主义的劳资关系改革；其二是以"社会契约"为框架的自愿主义劳资关系改革。但在自愿主义传统影响根深蒂固的情况下，以国家干预为主导的劳资关系改革均以失败告终。1974 年，工党上台后，政府放弃了以国家干预为主导的劳资关系改革理念，主张与工会制定"社会契约"，在工会与政府合作的框架下改革劳资关系，但这种合作建立在脆弱的经济环境中，缺乏共识的劳资关系也因经济环境的变化而曲折发展。70 年代末，英国劳资冲突大范围爆发，劳资关系改革宣告失败。

第一节　20 世纪 60 年代末的劳资关系状况和新趋势

20 世纪 60 年代末，英国工会力量有了新的增长，这主要体现为工会组织力量的壮大。由于左翼人士开始在规模较大的工会担任领导，工会内部激进主义思潮在国家和地方层面的影响力扩大，工会在劳资关系中的对抗倾向日益强烈。随着经济衰落趋势的持续，劳资争议也不断增多，相较于 60 年代中前期的劳资冲突，这一时期劳资对抗呈现出新的趋势，规模较大的全国性罢工再次出现，而小规模的非官方罢工也同步增加。公共部门劳资关系紧张程度加剧，开始成为罢工的集中区域，随着政府收入政策的推行，工资问题成为劳资争议的焦点与核心。

一　工会的壮大及其激进主义

从 20 世纪 60 年代末开始，随着英国经济相对衰落，工人阶层日益重视工会作为工人联合组织在改善自身境况方面的作用。在政府的推动下，工会认可制度获得新的进展，而工会领导人也日益重视吸收会员工作，这有力推动了工会组织力量的壮大。组织力量的壮大强化了工会领导的对抗倾向，工会内部激进主义思潮开始盛行。

从经济方面来看，经济相对衰落给工人阶级生活水平带来威胁，这是工会组织力量壮大的主要原因。从 20 世纪 60 年代中期开始，经济通胀成为英国经济发展面临的重要问题，这相对降低了工人阶层的实际工资水平。工人希望通过加入工会获得较好的工资待遇，以应对通货膨胀对实际生活的影响，大量白领工人和公共部门工人试图通过加入工会组织影响政府收入政策。① 1969 年以后，工资和物价竞相上涨，其波动也越来越大，生产增长滞后达到战后以来最严重时期。这些因素的混合导致工资增长快速、生产增长日益缓慢、竞争加剧以及企业利润下降。经济通胀威胁着工人实际收入水平，工人开始通过工会追求较好的工资待遇，工会组织力量获得较大发展。② 克里斯·里格利认为："在 60 年代末和 70 年代，英国工会经历了最为迅速的增长阶段，加入工会的许多雇员群体感受到这一时期高通胀带来的危害。尤其在 1969 年之后，工人工资增长速度较慢，而在 70 年代末，工人收入相对下降是 1968—1979 年工会人数扩张的主要原因。"③ 除工资因素外，失业率上升迫使工人通过加入工会获得工作保障。70 年代早期，工人失业人数达到 100 万人，后来这一数量有所下降，但在 70 年代末再次超过 100 万人，此后英国失业人数又急剧上升，其数量也超过 300 万人。④ 从失业率上升与工会会员数量增长的关系来看，1970—1974 年，在工会会员数量增加的同时，失业人数也在不断上升。1970 年，登记失业人数约占劳动力总数的 2.5%，到 1972 年，失业率上升至3.5%，尽管 1973 年这一比例又回到 2.5%，但 1974—1976 年，失业率提高了两倍。失业人数上升引起工人对工作安全的担忧，工人通过加入工会寻求工作保障，这有力推动了工会人数的增加。⑤

从工会发展面临的政治环境来看，政府对劳资关系事务的干预增多，在政府的推动下，雇主对工会的认可增多，这有力地推动了

① Chris Howell, *Trade Unions and the State*: *The Construction of Industrial Relations Institutions in Britain*, *1890-2000*, p. 100.

② Howard F. Gospel, *Markets*, *Firms*, *and the Management of Labour in Modern Britain*, pp. 136-137.

③ Chris Wrigley, *British Trade Unions since 1933*, p. 21.

④ Allan Barker, Paul Lewis and Michael Mccan, "Trade Unions and the Organisation of the Unemployed", *British Journal of Industrial Relations*, Vol. 22, No. 3, January 1984, p. 391.

⑤ Kevin Hawkins, *Trade Unions*, p. 83.

工会尤其是白领工会组织力量的发展。对工人阶级而言，获得雇主认可，进而与雇主通过集体谈判协商工作待遇，是其加入工会的重要推动因素。[①] 尽管在一些新的经济部门如白领就业部门，其雇佣规模扩大，但其产业力量还不足以让雇主认可白领工会及其谈判职能。对工会而言，无论是就白领工会认可问题向雇主施压，还是增加雇主抵制工会认可的难度，都需要政府政策引导。[②] 由于不希望工会势力扩张，雇主拒绝认可一些新成立的工会如白领工人工会，而不被雇主认可的工会难以发挥为工人服务的功能，由此导致工人加入该类工会的意向大大降低。这种情况在 60 年代后期开始改观，自 1968 年开始，政府强化了对劳资关系事务的管控，支持完善劳资集体谈判制度，政治环境的变化促使一些雇主认可工会及其谈判地位。[③] 1975 年，政府又出台工会认可的法律制度，这些因素共同促进了雇主对工会的认可。工人加入工会的意向较为强烈，由此带来 60 年代末 70 年代初工会会员数量的增加。[④]

在工会内部，工会领导人日益重视发展新会员工作。这一时期，在自愿主义劳资关系框架下，工会更加重视集体主义传统在提升工会影响力方面的作用，一些规模较大的工会开始加强工会宣传以扩大工会的组织吸引力。[⑤] 在此方面最具代表性的是主管人员、行政人员和技术人员协会（Association of Supervisory Staff, Executives and Technicians）。1960 年以来，在工会运动领导人克莱夫·詹金斯（Clive Jenkins）的动员和高度宣传意识影响下，该工会及其后继者科学、技术和管理人员协会（The Association of Scientific, Technical and Managerial Staff）的组织力量获得较大发

① H. A. Clegg, *The Changes System of Industrial Relations in Great Britain*, p. 195.
② George Sayers Bain, *The Growth of White-Collar Unionism*, p. 184.
③ *In Place of Strife: A Policy for Industrial Relations*, Cmnd 3888, pp. 36-37.
④ Kevin Hawkins, *Trade Unions*, p. 85.
⑤ George Sayers Bain and Robert Price, "Union Growth: Determinants, and Destiny", in George Sayers Bain, ed., *Industrial Relations in Britain*, Oxford: Basil Blackwell, 1983, pp. 30-31.

展。詹金斯在工会代表大会、工党和媒体中享有较高地位，在其领导下，科学、技术和管理人员协会成为工会代表大会附属工会成员中会员数量增长最快的工会，1968—1974年，其会员数量增长了531%。[1] 工会会员享有非会员无法获得的权益，吸引了一些雇员加入工会组织，这主要是排外性雇佣制（close shop）的影响力和约束力导致的。排外性雇佣制主要指工人只有在指定工会中保持其会员身份，才能从事特定工作。[2] R. 理查森研究认为，1964—1979年，雇主和工会越来越倾向于实行排外性雇佣制，以统一对谈判协议安排的执行。毫无疑问，工会可借此改善自身经济状况，保障会员在集体行动中的团结。但雇主也试图通过排外性雇佣，扩大谈判协议的覆盖范围。[3] 在实行排外性雇佣制的企业，工会和车间代表在工作安排和管理方面享有很大权力，拒绝加入工会的工人很难获得就业及相应工作待遇。大量排外性雇佣制企业的存在，迫使一些工人通过加入工会获得较好的工资和工作岗位，这在客观上吸引工人加入工会。

　　在以上因素的推动下，英国工会在60年代末开始了新一轮的扩张态势，工会成员绝对数量增加，工会密度提高。罗伯特·普雷斯（Robert Price）等人的研究显示："自1968年以来，工会会员人数增加了160万人，工会密度在英国工会运动史上首次达到了50%。虽然1972—1974年的工会成员增长速度比1969—1970年慢，但与1948—1968年相比，仍表现出较快的增长速度，这证实了工会运动在吸引和组织工人方面取得了前所未有的成功。"[4]

---

①　Chris Wrigley, *British Trade Unions since 1933*, p. 23.

②　Brian Weekes, ed., *Industrial Relations and the Limits of the Law: Industrial Effects of the Industrial Relations Act, 1971*, Oxford: Blackwell, 1975, p. 33.

③　R. Richardson, "Trade Unions and Industrial Relations", in N. F. R. Crafts and N. W. C. Woodward, eds., *The British Economy since 1945*, p. 424.

④　Robert Price and George Sayers Bain, "Union Growth Revisited: 1948–1974 in Perspective", *British Journal of Industrial Relations*, Vol. 13, No. 3, November 1976, pp. 339–340.

1969—1979 年，英国工会会员数量从 1050 万人增加到 1300 万人，增加了 250 万人，工会密度由 45% 提高到 54%。

同一时期工会代表大会的附属工会人数由 940 万人上升到 1210 万人。① 20 世纪 60 年代末和整个 70 年代，工会的组织规模也不断扩大。1960 年，会员人数达到 10 万人的工会组织有 17 个，其会员总数为 659 万人，约占英国工会会员总数的 67%。到 1974 年，该类工会的数量达到 25 个，其会员总数增至 925.9 万人，占全国工会会员总数的 77.5%。会员人数达到 1 万人的工会数量为 88 个，其会员数量约占全国会员数量的 95%。② 工会数量和规模达到战后最高水平。从工会人数的行业分布来看，较之战后产业和部门就业分配带来的工会成员的增长，1968 年之后工会成员的增加带有产业转型的印记，这表现在传统工会密度较高的经济部门如煤矿和铁路部门，其工会密度显著下降。而传统工会密度较低的部门如银行、保险与金融，专业和科学服务，分配和休闲服务部门，其会员密度大大提高。③

从工会组织力量扩大的职业分布状况来看，白领工会会员增多是这一时期工人组织力量壮大的重要特征。从 20 世纪 60 年代中期到 70 年代末，工会吸收了 300 万名新会员，他们绝大部分是白领工人，工会密度大幅提高。④ 战后初期白领就业人数增长速度快于白领工会会员增长速度，从 60 年代中期开始，这种现象发生变化，1964—1974 年，白领就业人数突增，白领工会成员的增长速度开始大大超过白领就业人数增长速度。⑤ 白领工会会员数量由 1964 年

---

① Sid Kessler and Fred Bayliss, *Contemporary British Industrial Relations*, Third Edition, p. 164.

② Dominic Strinati, *Capitalism, the State, and Industrial Relations*, London: Croom Helm, 1982, pp. 61-62.

③ Kevin Hawkins, *Trade Unions*, p. 68.

④ Allan Barker, Paul Lewis and Michael Mccan, "Trade Unions and the Organisation of the Unemployed", *British Journal of Industrial Relations*, Vol. 22, No. 3, January 1984, p. 391.

⑤ H. A. Clegg, *The Changes System of Industrial Relations in Great Britain*, p. 181.

的 2684 万人增长到 1970 年的 3592 万人，其增幅高达 33.8%，同一时期手工工会会员数量只增加 0.7%，1974 年白领工会会员数量又上升到 4263 万人，比 1970 年增加 18.7%。从工会密度来看，1964 年，白领工会密度为 29.6%，1970 年，白领工会密度为 35.2%，提高了 5.6 个百分点，相较于此，蓝领工会密度提高了 3.1 个百分点。到 1974 年白领工会密度达到 39.4%，提高了 4.2 个百分点。白领工会会员的密度和绝对数量增速都达到高峰。[1] 白领工会成员的增长趋势在整个 70 年代都在持续，霍华德·F. 高斯贝尔认为："从 1969 年开始，工会密度增大，白领工人入会增长明显。到 1974 年，白领工人会员占工人总数的一半，到 1979 年，这一比例达到前所未有的 55%。"[2]

在组织力量获得进一步发展的同时，工会内部的激进主义倾向也在增强。无论在地方还是国家层面，工会在处理劳资关系时日益倾向于采取对抗性策略。从基层工会来看，好战性较强的基层车间代表力量在生产部门继续崛起，工会上层对其控制逐渐弱化。[3] 凭借强大的组织力量，车间代表开始更加肆无忌惮地挑战雇主集团，工会表现出更加强烈的罢工倾向。[4] 在 70 年代工会力量强大的情况下，雇主认识到通过集体谈判改善与工会关系的重要性。在处理与工会关系方面，雇主更期望在企业内部与车间代表而非企业外部全职工会官员进行协商。雇主的这一做法在一定程度上强化了车间代表的力量，从 60 年代中期到 70 年代末，英国企业车间代表数量由 17.5 万人上升至 30 万人。同时，雇主也希望车间代表发展成为更具组织化、正规化的车间代表联合委员会，由其上层领导和召集会议，雇主的这一计划有效推动了全职车间代表和管理人员的出

① Kevin Hawkins, *Trade Unions*, p. 80.

② Howard F. Gospel, *Markets*, *Firms*, *and the Management of Labour in Modern Britain*, pp. 136-137.

③ Chris Howell, *Trade Unions and the State: The Construction of Industrial Relations Institutions in Britain*, *1890-2000*, p. 123.

④ Howard F. Gospel, *Markets*, *Firms*, *and the Management of Labour in Modern Britain*, p. 137.

现，对英国 3000 家制造业部门的调查表明，其全职车间代表的人数由 60 年代末的 1000 人增加到 70 年代末的 5000 人。[①] 由此可见，车间代表力量的崛起在一定程度上分散了工会内部的权力结构，工会组织的信誉和决策执行也因此受到削弱。

从工会上层来看，左翼思想在工会内部兴起对工会运动产生重要影响，工会的激进主义倾向在国家层面被推向新高度。在不断加剧的劳资冲突中，工会领导也采取激进的对抗策略。在处理与政府关系方面，尽管一部分工会领导不顾会员的压力，继续支持威尔逊政府，但多数工会的好战性日益增强。这种现象在英国两大工会巨头运输工人与通用工人工会和工程业联合工会尤为明显。两大工会各自的领导人杰克·琼斯（Jack Jones）和休·斯科隆（Hugh Scanlon）出身于基层工人运动，他们积极响应工会会员的呼吁，主张采取对抗策略处理工会与政府的关系。在激进工会领导人的影响下，工会内部的好战气氛日益蔓延至工会代表大会。[②] 1969 年 6 月的工会代表大会会议期间，工会的战斗倾向日益明显，工会内部很少达成建设性的协议。[③] 工会左翼领导人休·斯科隆认为，工人只有通过斗争才能更好地发挥其谈判能力，进而实现在工资和工作条件方面的利益。[④]

在工会内部左翼激进主义思想的影响下，英国劳资冲突的政治化趋势日益明显，尤其在政府试图加大对劳资关系干预力度的情况

[①] William Brown, Robert Ebsworth and Michael Terry, "Factors Shaping Shop Steward Organisation in Britain", *British Journal of Industrial Relations*, Vol. 16, Iss. 2, July 1978, pp. 143-144.

[②] John McIlroy and Alan Campbell, "The High Tide of Trade Unionism: Mapping Industrial Politics 1964-1979", in Alan Campbell, Nina Fishman and John McIlroy, eds., *British Trade Unions and Industrial Relations*, Vol. 2, *The Post-War Compromise*, 1945-64, Hants: Ashgate Publishing Ltd., 1999, p. 103.

[③] Robert Taylor, *The TUC: From the General Strike to New Unionism*, p. 190.

[④] Robert Taylor, *The Trade Union Question in British Politics: Government and the Unions since 1945*, pp. 149-150.

下，工会领导人也公然对抗政府劳资政策。1971年，政府通过
《劳资关系法》，杰克·琼斯和休·斯科隆在工会代表大会总理事
会动员工会领导抵制政府立法，他们认为，工会代表大会应该指导
其附属工会拒绝按照政府要求进行工会注册，同时激进工会的领导
人也抵制政府设立的劳资关系法庭和其他劳资关系部门等负责执行
法律的劳资关系机构。在其号召下，来自全国的14万名工会成员
在伦敦特拉法加广场举行抗议政府行动。[①] 来自工会基层的压力助
长了工会领导层在行动和谈判方面的好战性。1971年，为抗议全
国煤炭委员会提出的工资方案，全国矿工联合会成员举行罢工投
票，尽管44%的工会成员反对罢工行动，但在那些支持罢工的工
会发起罢工行动后，整个煤炭行业都被卷入罢工行列。一些研究者
认为，工会激进领导人应对罢工负主要责任，激进领导人通过其成
员发起官方罢工；温和派领导人未能对其成员的好战性进行有效约
束，这在一定程度上鼓励或容忍了非官方罢工行动。[②] 因此，激进
主义思潮不仅导致工会好战性增强，也从内部不断分化工会官方和
基层力量的联合，工会领导权威也受到削弱，两极化的权力格局对
工会管理产生不利影响。

　　综上可见，工会规模和组织力量的扩大对工会来说利弊参半。
组织力量扩大增强了工会的谈判能力，有利于其在集体谈判中为会
员争取利益，但基层工会力量增强和自愿主义思想对普通会员的持
续性影响，也从结构上削弱了工会的凝聚力。[③] 随着国家对劳资关
系的干预增多，政府期望工会作为一个整体能够强化对内控制，但
基层工会和车间部门的罢工活动显示出工会上层在劳资冲突管理方

---

① Robert Taylor, *The TUC: From the General Strike to New Unionism*, p. 193.

② Jim Phillips, "The 1972 Miners' Strike: Popular Agency and Industrial Politics in Britain", *Contemporary British History*, Vol. 20, No. 2, June 2006, p. 5.

③ H. A. Clegg, *The Changing System of Industrial Relations in Great Britain*, pp. 213-214.

面的局限性，工会对内控制力削弱。[1] 工会领导人在工会内部力量分散化方面也发挥了重要作用。杰克·琼斯主张将工会权力转移至基层车间代表，而工会官员应较少发挥作用，他认为车间工人应发挥自治作用，谴责工会领导对工会下层发号指令和过多干预。[2] 因此，从工会整体力量演变趋势来看，工会上层和下层力量都不同程度地增强，但工会内部力量却呈现两极分化趋势，基层工会对工会领导部门表现出强烈的不服从性和离心倾向，加之自愿主义影响深刻和左翼思想在工会领导中抬头，工会战斗性增强且工会官方部门难以对其进行有效管理。

二　雇主力量相对削弱

相较于工会力量的增强，英国雇主力量在 20 世纪 70 年代却相对削弱。从全国雇主组织方面来看，雇主组织力量的发展面临同工会相似的权力分散化困境。从雇主内部来说，雇主自身利益需求与组织决策和整体利益之间存在张力，雇主加入雇主组织的同时却拒绝让渡对企业内部事务的管理权力，由此导致雇主在维护自身利益与接受组织原则或执行组织决策方面存在冲突。一些雇主为强化对企业内部事务的管理，拒绝执行雇主组织决策。[3] 从雇主组织发展的外部环境来看，作为雇主利益的集体代表，雇主组织与政府和工会在劳资政策和收入政策等方面的目标存在差异，雇主在处理与工会和政府分歧过程中的任何让步或妥协都会引发其成员的不满，雇主组织的代表性受到削弱。

为扭转 20 世纪 50 年代以来雇主间的分散化颓势，从 60 年代中后期开始，雇主组织不断调整组织形态及其功能，以提高雇主

---

[1]　Dominic Strinati, *Capitalism, the State, and Industrial Relations*, p. 62.

[2]　Robert Taylor, *The Trade Union Question in British Politics：Government and the Unions since 1945*, p. 149.

[3]　Michael Salamon, *The Industrial Relations：Theory and Practice*, London：Prentice Hall, 2000, p. 272.

间的联合水平。在组织建设方面，1965 年 7 月，皇家特许成立的
英国产业联盟（Confederation of British Industry）是雇主的发言人和
行业管理者代表，它取代了雇主间的民主自愿组织——英国雇主
联合会、英国工业联合会、英国制造商协会以及威尔士和蒙茅斯
工业协会（Industrial Association of Wales and Monmouthshire）——之
前发挥的作用。产业联盟的首要目标是促进英国工商业繁荣，
采取具有高度代表性的会员制和区域性结构，能够从国家角度
观察整体经济格局，并参考工商界观点和反应采取行动。虽然
产业联盟保持严格的政治中立，但其将向政府提供咨询、建议、
帮助政府决策等作为工作内容之一，可以影响英国企业的长远
利益。除经济活动、政策制定以及处理涉及各部门成员的一般
问题外，产业联盟还通过各种方式帮助成员解决日常生产问
题。① 在 70 年代，雇主组织为保持其在企业内外的影响力，设立
了一种新类型的非标准雇主组织成员（non-conforming member），
以挽留组织成员，保持雇主组织力量及其影响力。一些雇主组
织对其成员集体团结的需求开始低于工会组织对其成员内部团
结的需求。②

从雇主组织的功能方面来看，其职能大致包括四个方面：与工
会开展集体谈判；协助成员化解争议；在劳资关系方面为成员提供
帮助和建议；向政府或其他机构表达雇主的观点和利益。③ 1968 年
多诺万报告对雇主组织的未来功能提出明确建议：首先，无论是改
革劳资关系机制还是文化，雇主组织必须发挥主导作用；其次，雇
主组织在劳资关系改革中的这一作用决定其功能必须发生根本性变
化，即从维护会员公司的管理特权转变为工业改革的中间人；再次，

---

① J. T. Ward and W. Hamish Fraser, eds., *Workers and Employers: Documents on Trade Unions and Industrial Relations in Britain since the Eighteenth Century*, pp. 336-337.

② Michael Salamon, *The Industrial Relations: Theory and Practice*, p. 272.

③ H. A. Clegg, *The Changing System of Industrial Relations in Great Britain*, pp. 60-91; Michael Salamon, *The Industrial Relations: Theory and Practice*, p. 273.

雇主协会必须在帮助企业制定全面的工厂一级协议方面发挥作用，即使这将进一步降低国家级集体谈判的重要性；最后，雇主协会必须从相对边缘化的咨询机构转变为在人事和管理方面均具备广泛的专业知识的机构。简言之，雇主协会必须重新发挥其作为改革后的英国劳资关系体系设计师的作用。[1] 多诺万报告关于雇主组织改革建议的实质是雇主协会必须从根本上改变其职能，以重新获得其权威。

从雇主面临的现实环境来看，随着产业环境的变化，雇主组织也不断调整其结构和功能，以不断适应企业发展和管理需要。在集体谈判方面，雇主组织通过与工会谈判确立其在调整企业工资与提高企业生产率方面的能力。随着产业集体谈判分散化及其在大企业尤其是私有企业中地位的衰落，雇主组织开始鼓励企业内部的生产率谈判，即企业生产部门的谈判。1968 年，制造业雇主联盟出版题为《生产率谈判与制造业企业》（*Productivity Bargain and the Engineering Industrial*）的研究文件，鼓励其雇主成员在适当谈判条件下进行生产率谈判。[2] 对雇主组织来说，接受和认可分散化的集体谈判存在难度。雇主组织活动在很大程度上依赖于成员行动的认同感及其共同利益，这对雇主组织的职能发挥具有重要作用。[3] 但分散化谈判削弱了雇主组织对成员利益的代表性，雇主对抗工会的能力也受到削弱。

在为成员提供咨询建议方面，一些雇主组织建立了专门性的咨询、建议和争议化解机构，这也成为雇主组织功能在 60 年代末和整个 70 年代显著扩展的领域。劳资关系委员会的调查显示，1967—1972 年，提供咨询和建议服务功能的雇主组织增加了 75%，在接受调查的雇主组织中，80% 的雇主组织向成员提供该项服务。一些雇主联合会还在工资设定、争议化解机制设计、企业培训、工作研究

---

[1]　*Report of Royal Cmmission on Trade Unions and Employers' Associations 1965–1968*, Cmnd 3623，pp. 199–202.

[2]　H. A. Clegg，*The Changing System of Industrial Relations in Great Britain*，p. 63.

[3]　Michael Salamon，*The Industrial Relations：Theory and Practice*，p. 273.

等方面向雇主提供咨询服务。1968，化学工业联合会（Chemical Industries Association）发展出新的咨询服务，为雇主解决劳资关系问题提供长期战略。制造业雇主联盟在 1969 年设立咨询服务部（Advisory Service Department），为成员提供专业性咨询。在其带领下，英国印刷业联盟（British Printing Industries Federation）和报纸出版业联合会（Newspaper Publishers' Association）等产业组织也采取类似政策。[1] 制造业雇主联盟将服务领域扩大到健康和工作安全领域，在 60 年代初，联盟就设立安全委员会，但未引起成员足够重视。随着生产安全事故造成的伤亡渐趋严重，1966 年，联盟任命全职安全顾问，1967 年，成立新的健康与安全委员会（Health and Safety Committee），要求成员和雇主协会任命安全顾问。由于雇主在此方面行动迟缓，1971 年，在对个体企业进行事故统计的基础上，制造业雇主联盟发起大规模行动，计划两年内将企业伤亡减少 25%。[2] 由此可见，在 60 年代末，雇主组织为扩大影响力，在向其成员提供服务方面不断扩展其功能和服务范围。

在处理对外事务方面，雇主组织通过多种途径与工会进行协商并试图对政府决策发挥影响力。在与工会关系方面，雇主组织通过与工会协商，帮助成员化解冲突和分歧。在 1971 年《劳资关系法》出台后，劳资关系紧张程度加剧。为缓和冲突，1972 年，英国产业联盟总理事坎贝尔·亚当森（Campbell Adamson）与工会代表大会总干事维克托·费瑟（Victor Feather）在工会代表大会总部召开联合会议，商讨建立独立联合的咨询仲裁服务机构，选派专职服务人员，将劳资关系问题移出政治领域。作为劳资双方集团代表，双方期望通过该服务部门限制劳资争议。[3] 在有关英国企业发

---

① H. A. Clegg, *The Changing System of Industrial Relations in Great Britain*, pp. 91-92.

② Eric Wigham, *The Power to Manage: A History of the Engineering Employers' Federation*, p. 225.

③ Malcolm Brown, "CBI/TUC Meeting to Choose Conciliators", *The Times*, 28 July, 1972.

展的重要问题上，产业联盟也积极传达企业界观点，向政府部门施加影响。在 1971 年英国决定申请加入欧洲共同体期间，产业联盟积极行动，试图就企业界观点向政府施加影响。在欧洲经济共同体发布共同市场白皮书后，产业联盟在议会讨论前召开紧急会议，产业联盟管理委员会要求成员认真分析白皮书文件，以便在下院讨论期间向政府传达企业界观点。产业联盟也呼吁其成员抓住共同市场发展机遇，其发言人表明："共同市场白皮书设定的条件对企业来说非常有利，企业界总体上支持英国入欧，欧共体带给企业的利益不会自动呈现，除非英国企业抓住这次机会。产业联盟也表示将在入欧问题上咨询成员观点。"① 这表明雇主组织在其组织力量相对削弱的情况下，仍试图强化其组织功能，以便在更大范围内发挥影响力。

尽管雇主组织在维持其组织力量和对外影响力方面做出调整，但组织力量分散化的趋势不可避免。首先，在确立与雇主组织关系和政策执行方面，雇主与雇主组织的联系不断弱化。20 世纪 60 年代后期和 70 年代英国产业转型过程中，许多正在重组的公司对雇主组织成员身份的需求减少，这些公司具有较高的自我服务水平，雇主组织对其来说不再具有真正的保护作用。② 相反，雇主协会会员的身份给企业发展带来种种不良影响，它使企业发展受制于国家要求，同时限制了企业对内政策的发展。③ 而对于那些有两个或多个雇主组织成员的公司来说，在企业内部需求和国家协议之间进行调和是困难且无意义的。在执行雇主组织通过的决议方面，一些企业也根据自身需求决定是否执行，不再听从产业联盟的指导建议，

---

① Guy Hawtin, "CBI Says Market Terms Are Good：'Up to Industry to Seize the Opportunity'", *The Times*, 8 July, 1971.

② David J. Jeremy, *A Business History of Britain*, *1900 - 1990s*, Oxford：Oxford University Press, 1998, p. 440.

③ Chris Howell, *Trade Unions and the State：The Construction of Industrial Relations Institutions in Britain*, *1890-2000*, p. 95.

这在英国外资企业中非常普遍，雇主联盟的权威因此受到削弱。①
1971 年 7 月，雇主联盟会议制定限制物价政策，在产业联盟主席
约翰·帕特里奇（Sir John Partridge）和总干事坎贝尔·亚当森的
指导下，产业联盟鼓励 200 家龙头企业签署限价保证，试图带动
产业联盟附属 1.2 万家企业共同执行限价政策。尽管一些英国企
业对产业联盟的政策表示支持，但一些外资企业拒绝签署降价保
证。三大美国汽车制造商福特、克莱斯勒和沃克斯豪尔认为：
"在供给价格和工资增长无法维持在相应水平的情况下，企业单
方面限制价格极其困难，外资企业在限价问题上拒绝与产业联盟
合作，这对产业联盟来说是巨大挫折。"② 一些大公司则直接选择
脱离雇主协会，一些公司如福特汽车和帝国化工，在很长一段时期
未申请成为会员或因产业环境变化而离开雇主协会。另一些大公司
如埃索（Esso）、壳牌（Shell）、英国石油公司（British Petroleum）
和阿尔坎铝业（Alcan）等，在 20 世纪 60 年代中期就离开雇主协
会或弱化了与雇主组织的联系。③ 大公司或企业雇主脱离雇主组织
对雇主联合产生不利影响，雇主组织的代表性被削弱。

其次，在对企业内部核心事务的管理方面，尤其在确定工资体
系劳资冲突化解机制方面，雇主倾向于自行确定其标准和规范，雇
主组织影响有限。劳资关系委员会在向议会提交的报告中说明：在
某些情况下，企业专注于内部的生产率谈判，逐渐辞去雇主协会成
员的身份，从而摆脱了遵守行业层面协议的义务。④ 在工资体制确
定方面，个体企业和公司都有权自由确定其内部工资结构，这也成

---

① Noel Whiteside, "Industrial Relations and Social Welfare, 1945 – 79", in Chris
Wrigley, ed., *A History of British Industrial Relations, 1939–1979*, p. 124.

② Giles Smith, "American-owned UK Carmakers Unlikely to Accept CBI Proposal",
The Times, 24 July, 1971.

③ Howard F. Gospel, *Markets, Firms, and the Management of Labour in Modern
Britain*, p. 141.

④ National Board for Prices and Incomes, *Productivity Agreements*, *Report 123*, Cmnd
4136, London：HMSO, 1969, p. 20.

为制造业部门确立工资的一般准则。如在雇佣规模占制造业总雇佣人数 2/3 的金属制造业、化学和食品加工业等，这些企业雇主在管理内部事务和确定工资结构上享有极大自由，一些小的制造业部门也采取类似方法。在私有服务行业，一些雇主也确立了比工资委员会工资标准更高的最低工资标准。① 在 70 年代中期，英国华威大学劳资关系研究机构（Industrial Relations Research Unit）对雇佣规模达到 50 人的制造业企业进行的调查显示，这些企业近 2/3 的蓝领工人和 3/4 的白领均采取单雇主谈判确立企业工资标准，尽管多雇主协议仍在一些部门发挥作用，且其规范内容只涵盖工时、假期、换班和加班，在工资方面，多雇主协议确立的工资方案只被视为低收入工人的最低工资标准。在一些大企业尤其是多厂企业，超过 1/4 的蓝领和白领工人工资标准由公司内部确立。② 此外，企业越来越倾向于通过对内部不同工作岗位进行工作评估，以确立内部工资结构基础，这些方案是产业级多雇主组织的权力难以触及的地方，它也强化了单个雇主对企业内部核心权力的掌握。

在争议化解机制改革方面，雇主也不断加强对企业内劳资争议的处理权。对 70 年代劳资争议化解机制的调查显示，争议化解机制的改革日益增多，且争议范围涵盖企业纪律、解雇和裁员，新建立的争议化解机制尤其是成文机制往往在企业内部完成，其管理级别下行到工厂级以下且影响范围日益扩大，尤其在车间代表的影响和推动下，劳资争议化解机制涉及的内容更加具体和明确。因此，政府从 60 年代中期也开始鼓励劳资双方开展生产率谈判，旨在抑制通胀和减小工资压力，提高生产效率。③ 根据全国物价收入委员会的调查，到 1969 年，在就业与生产部登记的实行生产率谈判的企业达到 3000 个，协议覆盖范围内工人数量为 600 万人，占英国

① H. A. Clegg, *The Changing System of Industrial Relations in Great Britain*, pp. 64-75.
② John Goodman, *Employment Relations in Industrial Society*, pp. 159-160.
③ H. A. Clegg, *The Changing System of Industrial Relations in Great Britain*, pp. 64-75.

总雇佣人数的 25%。① 由此可见，在产业转型和企业对内部管理日益重视的情况下，雇主日益倾向于强化其对内管理权力，对雇主组织的权力让渡在不断减少。

最后，在企业管理方面，雇主越来越重视加强对内管理。雇主对企业内部事务管理权的强化，体现在其重视对管理人员的培训，并试图通过制度化途径实现企业内部管理的统一化。随着英国产业转型带来的新式企业增多，公司规模的扩大和公司内部结构日益庞杂，企业雇佣规模扩大对管理人员数量和水平的要求提高。② 在此情况下，企业各层级管理人员数量逐渐增多，管理人员自战后以来的增长趋势日益明显。1958—1968 年，制造业中行政、技术和文书人员的比例从 1958 年的 27%上升至 1968 年的 34%。英国企业管理人员数量增长已经达到并开始超过外企各层级管理人员规模。但在管理水平上，仍存在一定差距。由于工人的抵制和缺乏有效的管理层次、经验和培训，企业试图转向对工作过程进行直接管理的做法难以实现。③ 战后以来英国企业经历了并购和合理化浪潮，但雇主在工人管理方面却面临问题。经济学家布劳德伯利（Broadberry）和克拉夫茨（Crafts）指出，到 1970 年，英国最大的 100 家公司中有 72%采用多部门的商业组织，但英国的工业劳动生产率却未能与欧陆竞争对手保持同步。正如克拉夫茨所说，一些大型英国公司面临的一个特殊问题与工人组织管理薄弱有关。④ 从 60 年代中期开始，雇主开始强调企业管理水平的重要性。家族式管理人员逐步撤出管理层级，将企业管理权力让渡给专业管理人员。英国也不断

① National Board for Prices and Incomes, *Productivity Agreements*, *Report 123*, Cmnd 4136, p. 3.

② Chris Howell, *Trade Unions and the State*: *The Construction of Industrial Relations Institutions in Britain*, *1890-2000*, pp. 94-95.

③ Howard F. Gospel, *Markets*, *Firms*, *and the Management of Labour in Modern Britain*, p. 111.

④ Roger Lloyd-Jones and M. J. Lewis, *British Industrial Capitalism since the Industrial Revolution*, London: Routledge, 2003, p. 171.

提高科学管理教育水平，对管理人员的教育培训不断增多。① 在企业内部，雇主不断推行排外雇佣制，试图从制度层面实现企业内部管理的强化和统一。

三　劳资冲突的加剧及其新趋势

随着英国经济情势的恶化，劳资关系走向全面对抗。在劳强资弱的产业环境下，工会的好战倾向日益强化。基层工会力量壮大和雇主联合水平的下降强化了劳强资弱的产业格局，加之不利的经济环境和政府在改革劳资关系方面的分歧，60 年代末英国劳资冲突状况达到新的高度。

在 1966 年海员罢工后，外国投资者对英国的投资环境产生忧虑，一些外资的撤离加剧了英国国际收支问题，1967 年英镑贬值后，政府试图通过经济事务部（Department of Economic Affairs）和全国性计划刺激经济，但这些政策都以失败告终。经济状况的恶化形势仍在继续，英国失业人数由 1964 年的 38 万人上升到 1970 年的 57 万人。同一时期英国罢工次数由每年 2524 次上升到 3906 次，由此造成的工作日损失从 1090 万个上升到 2200 万个，直到工党在 1970 年离开执政舞台前，工资和物价的螺旋式上涨仍在继续。② 经济环境的恶化对工人的生活产生不利影响，英镑贬值导致工人实际收入水平下降，工会基层纷纷向上层施压，要求政府提高工人工资，改善工人处境。工会不断掀起针对政府收入限制政策的罢工行动。从 1968 年开始，工党首相威尔逊执政以来相对缓和的劳资关系走向终结，英国罢工活动陡然增多，其中非官方罢工占罢工总数的比例超过 90%。③ 在新一轮的罢工浪潮中，劳资关系走向全面对

---

① Howard F. Gospel, "The Management of Labour", in Chris Wrigley, ed., *A History of British Industrial Relations*, *1939-1979*, pp. 86-87.

② David Powell, *British Politics and the Labour Question*, *1868-1990*, pp. 126-127.

③ Colin Crouch, *The Politics of Industrial Relations*, Manchester: Manchester University Press, 1979, p. 64.

抗并表现出与之前不同的新特征。

首先，工会官方批准的罢工和非官方罢工同步增加，罢工波及范围扩大，全国范围的大罢工增多。在1968年多诺万报告中，60年代中期，英国90%以上的罢工为非官方罢工，且呈现分散化特征。[①] 但在1968年之后，产业级大罢工再次出现。统计显示，相较于1960—1968年，1969—1973年英国罢工数量增加87%，参加罢工工人数量增加22%，罢工导致工作日损失增加244%。在60年代末工党执政期间和70年代希思政府时期，英国罢工的规模扩大，带来的损失大大增加。[②] 在60年代末的劳资冲突中，英国罢工数量达到前所未有的高度，到70年代早期，这一趋势仍在继续，70年代罢工带来的工作日损失达到20年代以来的最高水平，这些罢工大多是由工会上层批准的大规模官方罢工。在整个60年代，除1966年海员罢工外，大规模官方罢工已经消失，但从70年代开始，工会官方批准的产业级全国大罢工发生11次，造成相应的工作日损失超过100万个。[③] 在大规模官方罢工增多的同时，小规模的非官方罢工也同步增加。从这一时期非官方罢工的次数来看，1966年，英国罢工数量稍微减少至1384次，此后开始不断增多。1969年的罢工数量为2903次，到1970年则增长到3746次。从1964年到1967年，罢工带来的工作日损失从200万个增长至300万个。但从60年代末开始，随着劳资冲突的加剧，罢工工作日损失陡然增多，到1970年，英国罢工带来的工作日损失达到1000万个。[④] 这些小规模的罢工大多属于非官方罢工。

从罢工活动的行业分布来看，制造业部门成为罢工活动的主要

[①] *Report of Royal Cmmission on Trade Unions and Employers' Associations 1965–1968*, Cmnd 3623, p. 99.

[②] J. W. Durcan, W. E. J. McCarthy and G. P. Redman, *Strikes in Post-War Britain: A Study of Stoppages of Work due to Industrial Disputes, 1946–73*, p. 132.

[③] David Gilbert, "Strikes in Postwar Britain", in Chris Wrigley, ed., *A History of British Industrial Relations, 1939–1979*, p. 143.

[④] Eric Wigham, *Strikes and the Government, 1893–1981*, p. 147.

集中区。对 20 世纪 60 年代末 70 年代初不同行业罢工状况的研究表明，规模较大的大型制造业成为罢工倾向最强的行业。[1] 1969—1973 年，其年均罢工数量为 415 次，占罢工总数的 15%。而其他罢工倾向较强的行业分别为汽车行业、建筑业、钢铁金属加工业以及港口和内陆水运行业，占罢工总数的 37%，加上非电力工程行业，五大行业年均罢工数量超过 200 次。[2] 在建筑行业，工人由于对工资不满而通过消极怠工和罢工等形式与雇主对抗。[3] 1968 年，建筑行业工人三年期的工资方案期满，在原有生活水平标准下降的情况下，工人打算放弃时薪增加 1 便士的新工资方案，试图通过谈判将工资增长率提升至 3.5%，这是政府收入政策规定在生产率提高的前提下最高的工资增长率。但政府主张将工人原有工资增长的 1 便士加入工资增长范围内，由此工人提出的工资增长率达到 4.75%，超过物价收入委员会规定的最高标准，政府呼吁雇主按照物价收入委员会的规定，不得使工资增长率超出政府政策标准。此举引起建筑行业工人普遍不满，在物价和收入委员会的仲裁下，才避免了建筑行业罢工威胁。[4]

其次，公共部门加入罢工行列，成为罢工活动的主要集中场所，这是 60 年代后期英国劳资冲突的新趋势。在 1968 年之前，私有企业一直是罢工活动的集中区，而从 1969 年开始，公共部门如行政、医疗卫生、教育等部门加入罢工活动。在战后以来的劳资争议中，公共部门雇员很少采取激烈政策与政府对抗，在工资方面，公共部门雇员的工资标准及其变动大多由政府统一规定，集体谈判也是处理公共部门劳资争议的主要化解机制。从 60 年代末开始，

---

[1]　H. A. Clegg, *The Changing System of Industrial Relations in Great Britain*, p. 266.

[2]　J. W. Durcan, W. E. J. McCarthy and G. P. Redman, *Strikes in Post-War Britain: A Study of Stoppages of Work due to Industrial Disputes*, *1946-73*, pp. 135-137.

[3]　*Report of a Court of Inquiry into Trade Disputes at the Barbican and Horseferry Road Construction Sites*, Cmnd 3396, London: HMSO, 1967, pp. 36-37.

[4]　Eric Wigham, *Strikes and the Government*, *1893-1981*, p. 147.

经济环境的恶化使公共部门劳资关系状况的不稳定性增加，在通胀问题日益严重的情况下，政府试图引进长期收入限制政策，引起公共部门雇员的强烈对抗，雇员在工资问题上的战斗性发展到前所未有的剧烈程度。① 公共部门劳资争议主要由工资问题引发，1967年，政府主张在地方政府部门和医院推行奖金制，该建议被地方政府和工会接受，为推行该奖励机制，政府和卫生服务行业开始建立工会组织和车间代表，负责奖励政策的具体实施。70 年代早期，全国公共部门雇员工会（National Union of Public Employees）和通用工人与市政工人工会分别建立了相应的工人组织。到 1974 年，地方政府部门 70% 的男性公务员享受到该奖励，但地方政府部门和医院雇员人数较多的女性雇员很少能享受到，医疗服务部门遂采取对抗策略迫使医院管理人员让步。②

　　1972 年，为表达对政府反通胀措施的不满，全国公共部门雇员工会、公共医疗卫生服务雇员联盟（Britain Confederation of Health Service Employees）、运输工人与通用工人工会、通用工人与市政工人工会等主张采取选择性罢工、禁止加班、消极怠工和拒绝合作等对抗手段。在此次劳资冲突中，国民医疗服务部门也加入公共部门罢工行动中，医疗部门罢工持续 6 周，涉及 300 家公立医院。除收入低之外，奖励机制差异造成的工人间疏远和隔离也引起广泛不满。工人的罢工斗争不仅得到一些全国性工会的支持，而且在白领、专业员工和队伍不断壮大的女工等工人群体中也得到了支持，罢工也是其争取更高工资活动的重要组成部分。③ 1974 年护士罢工使公共部门雇员更加激进，医疗行业工会也在行动中不断发展组织力量。罗伯特·泰勒指出，在 70 年代早期，公共医疗卫生服务雇

---

① Stephen Bach and David Winchester, "Industrial Relations in the Public Sector", in Paul Edwards, ed., *Industrial Relations: Theory and Practice*, p. 287.

② H. A. Clegg, *The Changing System of Industrial Relations in Great Britain*, pp. 36-37.

③ Roger Seifert, *Industrial Relations in the NHS*, Dordrecht: Springer Science + Business Media, 1992, pp. 263-264.

员联盟的好战性与其组织力量的发展密切相关，1974 年护士为改
善工资待遇而发起的产业行动使联盟的成员增加了 14822 名。① 皇
家委员会的统计显示，1972—1975 年，国民医疗服务系统是英国
罢工倾向最突出的部门，尤其在 1973 年，该部门每千名雇员罢工
造成工作日损失 352 个，而同一时期英国各行业相应的罢工损失工
作日平均为 324 个。可见，卫生部门劳资争议在 70 年代前期的公
共部门劳资对抗中扮演了重要角色。②

　　1968 年之前教师行业在产业行动方面一直采取较为保守的态度，
但从 1968 年开始，教育部门工会化水平上升，教师罢工成为公共部
门劳资争议的另一集中区。英国教师在工资方面长期面临不公平待
遇，在 20 世纪 50 年代，英国教师就开始追求建立制度化的工资体
系。③ 一些教师试图通过加入工会维护自身权益。教师在工资水
平、工资结构及其设定方面更加重视集体行动的作用。④ 教育行业
工会组织化在 60 年代末和 70 年代获得很大发展，这一时期全国教
师工会（National Union of Teachers）基层管理组织发展迅速，学校
教师代表负责在教师和学校之间进行联络与协调。1974 年，全国
教师工会年会开展行动，与地方教育部门通过协商机制签署协议认
可教师代表并协助其履行教师车间代表职责。⑤ 教育部门劳资争议
主要源于工资待遇问题，在 60 年代末，全国中小学校长协会（National
Association of Schoolmasters）认为，男教师的经济需求和利益与那些得
到同等报酬的女教师不同。与其他职业相比，男教师的工资较低。
1968 年，伯纳姆委员会（Burnham Committee）出台新的教师工资方案，
全国教师工会接受委员会提议，但全国中小学校长协会以无法满足会

① Robert Taylor, *The Fifth Estate: Britain's Unions in the Seventies*, p. 243.
② Roger Seifert, *Industrial Relations in the NHS*, pp. 266-267.
③ Chris Wrigley, *British Trade Unions since 1933*, p. 60.
④ Mike Ironside and Roger Seifert, *Industrial Relations in Schools*, London and New York: Routledge, 1995, p. 30.
⑤ H. A. Clegg, *The Changing System of Industrial Relations in Great Britain*, p. 37.

员需求为由拒绝委员会的工资方案。一些态度强硬的教师协会成员采取消极怠工和罢工等方式与政府对抗，全国教师工会也支持其成员采取类似手段公开对抗政府的工资政策，越来越多的教师开始加入产业行动。[①] 1969 年 10 月，教师工会争取提高工资的罢工获得其会员广泛支持，在 81 家地方教育局（local education authorities）中，来自 250 所学校的 4000 名教师加入罢工队伍，罢工持续了两周。在罢工期间，教师工会拒绝了政府提出的工资增长方案，雇主即教育部门领导主张通过仲裁化解分歧的提议被工会拒绝。1969 年教师工会罢工成为战后以来教育领域最重要的劳资冲突事件。罢工也说明工会活动对教师开放，教师可以利用工会采取有效统一行动以改变政府政策。罢工为此后政府和其他专职部门的产业行动提供了可能性，使全国教师工会的左翼力量在 70 年代处理劳资关系方面更加激进。[②]

再次，在经济相对衰退的背景下，工资问题成为劳资争议的焦点。J. W. 杜尔坎（J. W. Durcan）等人对 1966—1973 年罢工原因的调查表明："这一时期，劳资冲突最主要也最直接的原因是加薪要求，其他原因包括工作场所纪律、裁员、同情、工会组织边界冲突和工会原则等。"[③] 在产业转型和经济相对衰退的背景下，工资问题在这一时期的劳资争议中具有特殊意义，其引发的劳资冲突主要表现在三个方面：政府通过收入政策限制工资以抑制通胀引起工人和工会抵制；雇主与工会在工资增长和生产率提高方面存在目标差异，由此引发劳资冲突；在工会和工人内部，不同工作内容在工资方面的差异引起工会内部分歧和劳资争议。

[①] C. J. Margerison and C. K. Elliott, "A Predictive Study of the Development in Teacher Militancy", *British Journal of Industrial Relations*, Vol. 8, No. 3, November 1970, pp. 409-410.

[②] Mike Ironside and Roger Seifert, *Industrial Relations in Schools*, p. 35.

[③] J. W. Durcan, W. E. J. McCarthy and G. P. Redman, *Strikes in Post-War Britain: A Study of Stoppages of Work due to Industrial Disputes*, 1946-73, p. 437.

在收入政策方面，自 1964 年重返执政舞台以来，工党威尔逊政府便试图通过自愿性限制工资政策，应对国际收支平衡和日益严峻的通胀问题。[①] 在"英国病"日益严重的情况下，英国面临的市场竞争也更加激烈。为保持国际收支平衡和提高产品竞争力，政府仍试图推出收入政策。1966 年海员罢工表明，仅靠自愿限制工资并不足以应对通胀问题。因此，在 1966 年英镑危机期间，政府实行了 6 个月工资冻结政策。[②] 1967 年政府又实行工资零增长政策，尽管该政策不包括那些工资收入较低以及生活水平低于正常水平的工人，但在 1967 年英镑贬值后，劳资间工资争议再次出现。[③] 1968—1974年，英国面临又一次的罢工浪潮，这主要由于 1964—1968 年工资增长缓慢和实际工资下降。在工党大力实施工资限制政策后，物价上涨和 1967 年英镑贬值导致工人生活受到威胁，英国的劳资冲突和罢工活动迅速增多。[④] 到 70 年代末，随着计件工资体制的推行和工资方案的经常性变动，劳资争议数量不断增多。[⑤]

从雇主方面来看，在相对衰退的经济背景下，工资问题在企业发展中被置于优先位置。一方面，从 60 年代后期开始，雇主面临的市场竞争更加激烈，工资增加未能被提高生产率抵消，这意味着企业将付出更高的生产成本。在欧共体市场竞争力增强以及英国市场环境日益艰难的情况下，单位劳动成本上涨和价格上涨则会威胁企业竞争力。另一方面，当劳动力成本上涨速度超过生产率提高速度，而企业无法将上涨成本转移到商品价格中时，商品边际利润被压缩，企业投资和长期发展就会受到威胁。

最后，工资和价格频繁变动给公司带来的不确定性增多，对竞

①　Chris Wrigley, *British Trade Unions 1945-1995*, p. 96.

②　TUC General Council Report, *Report of 98th Annual Trade Union Congress*, London：Trade Union Congress, 1966, pp. 321-322.

③　Eric Wigham, *The Power to Manage：A History of the Engineering Employers' Federation*, p. 229.

④　Chris Wrigley, *British Trade Unions since 1933*, pp. 41-42.

⑤　H. A. Clegg, *The Changes System of Industrial Relations in Great Britain*, p. 273.

争对手的工资和价格调整以及对企业未来产品需求的不确定性都随着工资和价格变动而变化，企业越来越难以对其产品进行定价并评估其利润。[1] 因此，在新的经济环境下，雇主在工资问题上对工会态度日益强硬。以雇佣人数较多的制造业部门为例，在 1968 年 5 月多诺万报告发布后，制造业雇主认可报告中关于工资不能再普遍增长的内容，但拒绝采纳委员会关于每年更新一次工资协议的建议。雇主联盟认为，为达成短期协议，所有的长期工资计划都被牺牲，这本身就背离了年度工资协议，雇主还没做好相应准备。可见，雇主并不主张改变现有工资方案。为在谈判桌上向雇主施压，制造业部门工会在 5 月 15 日发起罢工。在接下来的劳资谈判中，制造业雇主联盟提出普遍的小幅度工资增长方案，但工会在生产率方面未做出让步的情况下提出更高的工资要求，在协议即将达成的情况下，造船业与工程行业联合工会（Confederation of Shipbuilding and Engineering Unions）在 10 月 21 日发起全国大罢工，雇主联盟则坚定支持制造业雇主联盟的立场，即使政府对劳资争议进行了干预，雇主也坚决要求工会在生产率方面做出让步，否则增加工人工资无从谈起。[2] 因此，在市场环境和企业生产面临困境的情况下，雇主坚决抵制增加工人工资。

对工会来说，自 1967 年英镑贬值以来，不断增加的通胀危险迫使工人强烈反对政府收入政策。从 60 年代末开始，英国经济出现前所未有的通胀危机，为降低通胀对实际生活水平的威胁，工人的工资需求大大超过之前的工资要求。[3] 工资和物价的竞相上涨加剧了通胀危险，加之 60 年代末英国进口商品和工人工资税增多，

---

① Howard F. Gospel, Markets, *Firms, and the Management of Labour in Modern Britain*, p. 135.

② Eric Wigham, *The Power to Manage: A History of the Engineering Employers' Federation*, pp. 230-231.

③ J. W. Durcan, W. E. J. McCarthy and G. P. Redman, *Strikes in Post-War Britain: A Study of Stoppages of Work due to Industrial Disputes, 1946-73*, p. 142.

工人实际收入下降。在整个 70 年代，工资税上涨让工会认识到税务体制导致工人实际收入下降，工会在谈判中的工资目标应该在排除通胀和税收后有所提升。[1] 因此，工会致力于提高工人工资，加之工人在工资方面的不平等超过 1967 年之前的水平，工资问题引发的劳资冲突不断增加。对 1969 年罢工数量、参加人数和工作日损失的分析表明，工资问题引起的罢工数量有 1782 次，占罢工总数的 57.2%，参加罢工的工人数量为 81 万人，占参加罢工工人总数的 56.8%，罢工造成工作日损失 450.6 万个，占工作日总损失的 65.1%。到 1970 年，英国罢工数量为 3097 次，达到历年来罢工数量最高水平。[2] 工资问题引发的劳资争议占劳资争议总数的比例相较 1969 年显著增多，其中工资问题引发的罢工数量占总罢工数量的比例上升至 63.1%，参加罢工的工人数量比 1969 年多出 13.9%，相应的工作日损失增加至 923.7 万个，占总损失的 84.7%。由此可见，在 60 年代末工党执政后期，工资问题成为劳资冲突的核心，工党政府试图通过收入政策限制通胀和改善劳资关系的计划走向崩溃。[3]

除与政府和雇主在工资问题上存在争议外，工人内部工资差异也时常引发劳资冲突，尤其是同工同酬问题，经常造成工会内部争议。在 1966 年政府引进法定工资冻结政策时，工会代表大会总理事会就表明其在工资问题上面临的困境，当工会官方配合政府推行收入政策时，总是面临会员抵制，这也给工会基本职能带来挑战。[4] 在 1968 年政府调解制造业部门劳资争议时，制造业部门女性劳工为表达对工资方案的不满也突然爆发冲突。由于女性劳工的工资和工资增长率普遍低于男性劳工，在工会与雇主联盟达成的工

---

① Kevin Hawkins, *Trade Unions*, p. 188.

② David Gilbert, "Strikes in Postwar Britain", in Chris Wrigley, ed., *A History of British Industrial Relations*, *1939-1979*, p. 143.

③ J. W. Durcan, W. E. J. McCarthy and G. P. Redman, *Strikes in Post-War Britain: A Study of Stoppages of Work due to Industrial Disputes*, *1946-73*, pp. 141-142.

④ TUC General Council Report, *Report of 98th Annual Trade Union Congress*, pp. 321-322.

资协议中，该部分女性劳工的周薪为 13 英镑，低于其他工人 2 英镑，全国通用工人与市政工人工会成员马里恩·维奇（Marion Veitch）指责工会领导出卖女性劳工利益。工会领导决定将女性劳工工资增至 14 英镑，尽管增加幅度不大，但参加工资协商的雇主联盟成员对此表示坚决反对，并表示女性劳工工资增长方案对雇主成员尤其是以女性劳工为主的电气工程部门的雇主来说无法接受。由于在现有最低工资标准下，女性劳工比男性劳工更接近最低工资标准，因此，女性劳工无论如何都可从拟议的解决办法中获得更大收益。在雇主和工会选择牺牲女性劳工利益的情况下，就业大臣卡斯特尔指责劳资双方不顾女性劳工利益，并建议雇主增加女性劳工工资，使其达到与男性劳动力同等水平，但该提议并未被谈判各方采纳。女性劳工决定发起罢工斗争，在罢工即将爆发的最后时刻，工会接受卡斯特尔的建议，但条件是政府成立工作组，考虑全国女性劳工的工作分类。[1] 休·克莱格在总结 60 年代末劳资冲突加剧的原因时强调："收入政策的生产率标准确实让一部分工人比其他人受益更多，这无疑会促使那些感到不公平的工人通过罢工行动追求自身状况的改善。"[2] 因此，工人在工资待遇方面的差异也是劳资冲突不断爆发的重要因素。

由上可见，从 20 世纪 60 年代末开始，英国工会进入新一轮的组织力量壮大时期，在工会左翼领导人的主导下，激进主义思潮在工会基层和国家层面的影响力增强。相较于工会力量的增强，雇主力量相对减弱，在产业转型和经济相对衰退的背景下，尽管雇主组织对其结构和服务方式进行了调整，但个体雇主更加重视企业内部的管理权威，雇主之间的联系日益弱化。在劳强资弱的产业力量格局下，英国劳资对抗不断加剧，英国规模较大的全国性罢工和规模

---

① Eric Wigham, *The Power to Manage: A History of the Engineering Employers' Federation*, p. 231.

② J. W. Durcan, W. E. J. McCarthy and G. P. Redman, *Strikes in Post-War Britain: A Study of Stoppages of Work due to Industrial Disputes, 1946–73*, p. 376.

较小的非官方罢工出现同步增多的趋势，公共部门加入罢工行列成
为 60 年代末英国劳资冲突的新趋势。

第二节　政府对劳资关系的干预及其困境

20 世纪 60 年代末不断加剧的劳资争议成为政府面临的主要问
题，为缓和劳资冲突，政府逐渐加大对劳资关系的干预力度。在多
诺万报告发布后，工党威尔逊政府和保守党希思政府相继提出劳资
立法并辅之以收入政策，试图用国家干预主义主导劳资关系改革。
由于工会的压力和产业主体间存在分歧，以国家干预主义为特征的
劳资关系改革尝试最终失败，劳资关系问题依然严峻。

一　威尔逊政府的改革尝试

不断恶化的劳资关系使政府更加重视劳资冲突化解问题，从政
府劳资关系政策来看，尽管多诺万报告提出了解决英国劳资关系问
题的自愿主义机制，但威尔逊政府认为自愿主义的老路不足以应对
日益恶化的劳资关系问题。卡斯特尔认为："非官方罢工不仅威胁
工会秩序的基础，也会破坏国民经济，削弱提高生产效率和社会繁
荣的机会，进而对社会改革产生不利影响。"[1] 卡斯特尔试图通过
维持劳资关系秩序，抑制非官方罢工。在这一背景下，工党威尔逊
政府将劳资关系提上立法改革议程。

1969 年 1 月，卡斯特尔提出《代替冲突：劳资关系政策》白
皮书。经过内阁长时间讨论后，同年 3 月，卡斯特尔向议会提交
《代替冲突：劳资关系政策》白皮书。在 1969 年 4 月的内阁会议
上，卡斯特尔认为："多诺万报告为劳资关系改革提供了最有价值

---

[1] Andrew Thorpe, "The Labour Part and the Trade Unions", in John McIlroy, Nina Fishman and Alan Campbell, eds., *British Trade Unions and Industrial Politics: The High Tide of Trade Unionism, 1964-1979*, Aldershot: Ashgate, 1999, p.138.

的基础，但仅仅接受或拒绝多诺万委员会的建议的做法是错误的。多诺万报告的内容存在很多缺陷，对工会角色的分析不够充分。从法律层面来说，多诺万报告认为集体谈判协议在当前情况下不应具有法律约束力。相较于多诺万报告，《代替冲突：劳资关系政策》白皮书能够给予工会更多的保障，法律在劳资关系中的作用也将受到道德和实践的严格限制。"① 卡斯特尔的建议表明，政府试图在改革劳资关系的道路上更进一步，以确立劳资关系的法律框架，借此解决不断增加的劳资争议，尤其是困扰英国经济的非官方罢工问题。

白皮书首先指出改革劳资关系的迫切性："英国劳资关系体系取得了实质性成果，但也存在严重缺陷。当前劳资关系体制无法应对企业生产中的不公正实践、工资问题和劳动效率低等。由于集体谈判地位削弱，工会在企业争取较好经济效益的斗争中常处于弱势地位。在其他情况下，企业管理层和员工不公平地剥削消费者，危及经济繁荣。这不仅对经济发展造成极大破坏，也对提高企业生产率产生不利影响。一些产业领域仍缺乏集体谈判的机制。因此，我们必须对劳资关系体制进行根本性的变革，以满足技术变革和产业转型快速发展的需要。"②

《代替冲突：劳资关系政策》白皮书认为，罢工问题反映了英国劳资关系机制存在缺陷，罢工造成的不良后果比其他国家更为严重，对国家的利益产生严重危害。白皮书指出，当前英国正经历快速的生产技术和管理方法变革，劳资双方对未来的不确定性使得双方相互合作减少。为保证英国经济持续繁荣，政府必须采取行动推动变革，弥补英国劳资关系的缺陷。为此，政府应在以下四个方面采取措施：改革集体谈判制度；扩大工会的作用和权利；为集体谈

① CAB, 128/44-cc51 (69) -3, Industrial Affairs, Cabinet Conclusion, 23 October 1969, pp. 3-4.

② *In Place of Strife：A Policy for Industrial Relations*, Cmnd 3888, p. 5.

判的开展提供新的帮助；为群体和个人提供保障。① 为改善劳资关系，白皮书提出立法改革劳资关系机制，包括对工会组织和职能的改革。白皮书尤其强调扩大政府在劳资冲突化解中的权力，使其更直接地干预劳资关系。白皮书还提出"调停"方案，试图在罢工活动发动前由政府出面寻求和平解决办法。国务大臣有权处理工会内部争端。政府有权要求工会在产业行动前举行无记名投票。② 在处理劳资关系方面，《代替冲突：劳资关系政策》白皮书试图加大政府对劳资关系的干预力度。白皮书主张成立法定的劳资关系委员会，要求雇主将劳资集体谈判协议向就业与生产部门备案。③ 政府还修改了 1871 年《工会法》（*Trade Union Act*, *1871*），从而使政府可以更加直接地通过法律手段干预劳资关系。白皮书提出了对工会的强制认可机制，赋予劳资关系委员会审查因工会认可问题而产生的劳资争议。在此方面，白皮书不仅要求委员会可以强制雇主与工会进行集体谈判，也赋予工会权利，使其可以就工会认可问题向工业法庭提起诉讼。④

　　白皮书的发布在社会上引起不同反响。对工党内部主张改革劳资关系的议员来说，白皮书的内容满足了工会长期要求，也有利于改善劳资关系。工党议员埃里克·赫弗（Eric Heffer）认为："白皮书提出了很多保护工人的条款，尤其是保护了那些积极的工会主义者。白皮书关于工人在生产指导方面的参与权，也是英国劳资关系走向产业民主的一大进步。"⑤ 尽管威尔逊和卡斯特尔以及部分工党议员对改革劳资关系表示支持，但白皮书提出的建议遭到工会

① 　*In Place of Strife*：*A Policy for Industrial Relations*, Cmnd 3888, pp. 6-9.

②　David Powell, *British Politics and the Labour Question*, *1868-1990*, p. 129.

③　Chris Howell, *Trade Unions and the State*：*The Construction of Industrial Relations Institutions in Britain*, *1890-2000*, p. 111.

④　*In Place of Strife*：*A Policy for Industrial Relations*, Cmnd 3888, pp. 36-37.

⑤　Eric Heffer, *The Class Struggle in Parliament*：*A Social View of Industrial Relations*, London：Victor Gollancz, 1973, pp. 112-113.

和工党左翼的强烈反对。工会代表大会总干事维克托·费瑟向威尔逊和卡斯特尔表示：与其前任一样，他不愿对抗政府发布的《代替冲突：劳资关系政策》白皮书。但费瑟要求政府相信工会能够自行改革，而非通过仓促且不恰当的政府立法改革工会，否则政府立法将会遭到工会左右翼领导的反对。① 白皮书也在工党和政府内部引起分歧，在 1969 年议会下院就白皮书内容进行讨论的过程中，53 名工党议员对白皮书投出反对票，40 名议员投了弃权票。在同年 3 月工党全国执行委员会上，工党内部以 16∶5 的多数票通过决议，拒绝接受任何以《代替冲突：劳资关系政策》方案为基础的立法建议。② 工党党鞭宣称，如果政府执意通过劳资立法，政府内部争论的形势将会恶化。在威尔逊内阁成员中也有对白皮书的激烈反对意见，詹姆斯·卡拉汉（James Callaghan）直接宣称反对白皮书提出的改革计划。③ 由此可见，威尔逊等人以限制工会权力为基础的改革方案不仅遭到工会抵制，在工党内部和议会也产生分歧，政府劳资关系改革陷入困境。

保守党和雇主组织也对白皮书的发布持怀疑态度，保守党影子就业与生产大臣罗伯特·卡尔（Robert Carr）认为："白皮书可能是政府迟缓的、病入膏肓的改革计划，但是我们欢迎它，我们应该支持它。"但卡尔也指责白皮书存在细节问题："保守党设计了一整套劳资关系方案，但工党只采用了其中一部分，而忽略了更重要的内容。劳资立法十分迫切，立法的真正目的在于改革劳资关系，使劳资双方在法律框架内进行友好合作，为改善劳资关系提供基本制度。"卡尔指责罢工调停期和产业行动搁置期的设置存在问题，认为白皮书赋予卡斯特尔的权力过大。④ 在批判白皮书存在的问题

---

① Robert Taylor, *The TUC：From the General Strike to New Unionism*, p. 168.

② Eric Wigham, *Strikes and the Government, 1893-1981*, p. 151.

③ David Powell, *British Politics and the Labour Question, 1868-1990*, p. 129.

④ Robert Carr, "Qualified Backing from Tories for Industrial Plan", *The Times*, 20 January, 1969, p. 2.

上，雇主组织与保守党步调一致。产业联盟认为："白皮书有关应对非官方罢工的调停策略并不充分，这种类似于救火的紧急行动无法有效保障产业秩序；白皮书的一些建议也削弱了雇主对企业事务的主要管理权，如当劳资冲突发生时，白皮书建议雇主保持原有生产状态的做法，不仅妨碍了雇主开展工作，也为工人向雇主施压迫使雇主让步大开方便之门；白皮书未对工会的组织、结构和行为做出改革安排；白皮书主张采取选派工人代表进入企业管理委员会的做法也是错误的想法。"① 这表明保守党和雇主集团对白皮书持否定态度。

　　迫于各方压力，尤其是面对来自工会和工党内部的批评，威尔逊和卡斯特尔对白皮书有关立法内容进行删减，但立法干涉劳资关系仍然不为工会接受。工会代表大会在与政府进行长时间协商后最终达成协议，政府撤回其拟议的"刑罚"性条款，作为交换，工会代表大会承诺，修改附属工会行为规则，限制非官方罢工、工会内部争议和影响公司与企业生产的劳资争议。白皮书被视为带有强烈武断色彩的政策，该政策的出台直接导致工会与政府关系的决裂，工会强烈反对政府通过立法干预劳资关系，劳资争议状况迅速恶化。爱德华·罗伊尔认为："白皮书的发布不仅引起工会的反对，许多工党内部成员也提出异议。对于许多工会主义者而言，这一政策的出台，表明工党似乎忘记了自己的根基，成为与其他政党一样的统治者。"② 经过与工会协商，在卡斯特尔将立法议案提交议会前，工会提出代号为《行动纲领》的冲突化解方案，主张通过劝解解决工会内部分歧和非官方罢工。在卡斯特尔看来，纲领只是个善良的愿望，尽管威尔逊与工会领导人多次协商，工会代表大会仍坚决反对强制性立法和法定的经济制裁。此时，工党—工会代表大会联络委员会也告诫政府，含有制裁条款的限制罢工的议案是

　　① "Cooling-off Period Totally Inadequate Says the CBI", *The Times*, 18 January, 1969, p. 13.

　　② Edward Royle, *Modern Britain: A Social History, 1750–1985*, p. 146.

不可能通过的。① 威尔逊改革劳资关系的尝试宣告失败，劳资冲突仍未得到解决。

总体而言，在工党威尔逊政府时期，随着劳资对抗增多，工会和工党也围绕国家干预与劳资关系改革问题展开博弈。威尔逊政府试图通过立法改革劳资关系的计划以失败收场。在工党内部围绕《代替冲突：劳资关系政策》的改革内容陷入分歧时，詹姆斯·卡拉汉宣称："刑罚条款将破坏工会和工党间的相互依存关系，这对双方来说都极为不利，这会使工会在集体谈判中的地位受到削弱，工党此举也会削弱其选民基础。"工会与政府关系恶化的情况不幸被卡拉汉言中，在 1970 年大选中，工党败给了希思领导下的保守党。尽管工会在与《代替冲突：劳资关系政策》白皮书相关的争议中获胜，但主张立法限制工会权利的声音开始增多。西德·克斯勒等认为："虽然工会代表大会确实修改了规则（实际效果不大），但工会与政府的争议对政府的地位造成了很大的伤害，这被公众视为政府在工会压力下的退缩。工会代表大会权利扩大也引起公众的担忧，越来越多的观点认为工会的权利过大，政府应对其进行削减。"② 新上台的保守党政府也期待通过一场静悄悄的革命改革英国劳资关系，产业主体围绕自愿主义和国家干预展开的博弈，仍考验着英国劳资关系体制。

二　希思政府的劳资关系立法

在威尔逊政府劳资关系改革计划失败后，英国劳资关系继续恶化，社会上呼吁政府实行劳资立法的声音不断出现。在赢得 1970 年大选后，保守党希思政府开始将劳资立法提上日程，以缓和不断恶化的劳资关系。1971 年，政府出台《劳资关系法》，试图将劳资

---

① ［英］阿伦·斯克德、克里斯·库克：《战后英国政治史》，王子珍、秦新民译，第 210 页。

② Sid Kessler and Fred Bayliss, *Contemporary British Industrial Relations*, Third Edition, p. 14.

关系纳入法律框架。

在劳资冲突日益加剧的情况下，社会上对工会的批判声音逐渐增加。罢工活动的增多和冲突化解机制的失灵，都促使社会各界要求政府从制度层面加强对劳资冲突的管理。公众舆论强烈呼吁政府改革劳资关系，这为 1971 年《劳资关系法》的出台奠定了社会基础。早在 20 世纪 50 年代，英国首次出现要求采取行动对抗工会的社会宣传。[①] 从 60 年代开始，随着罢工活动及其对社会生活的不利影响增多，民众对工会的不满情绪也在上升。1964 年盖洛普（Gallup）对工会的不良印象开展民意调查。在接受调查的具有充分代表权的各类成年人中，包括多数工人在内的被调查者也支持政府成立皇家委员会，为解决劳资关系问题提供建议。在对有选举权的各阶层民众的调查中，工会会员和工人阶级等都希望保守党在大选宣言中加入改革工会内容。[②] 60 年代末，工会与政府的对抗升级。1966—1970 年，英国非煤矿行业罢工数量从 1384 次上升为 3746 次，工作日损失在 1967—1970 年增加了 700 万个，在此背景下，民众呼吁政府对工会采取措施，消除劳资关系的紧张因素。[③] 在 1971 年法案出台前，盖洛普民调显示，在接受调查的民众中，限制工会权利和惩罚不公正的产业行动的条款获得较大支持。[④] 舆论导向推动着政府劳资观的转变，劳资立法逐渐被提上政治议程。从传统上来看，英国政府长期奉行自愿主义劳资观，自愿主义原则在 50 年代劳资关系领域更是盛极一时。[⑤] 从 60 年代起，政府被推

---

① Eric Wigham, *The Power to Manage*: *A History of the Engineering Employers' Federation*, p. 224.

② "Union Reform Supported", *The Times*, 10 February, 1964, p. 5.

③ Eric Wigham, *Strikes and the Government*, *1893-1981*, pp. 142-149.

④ Robert Taylor, *The Trade Union Question in British Politics*: *Government and the Unions since 1945*, p. 194.

⑤ Linda Dickens and Mark Hall, "Labour Law and Industrial Relations: A New Settlement?", in Paul Edwards, ed. , *Industrial Relations*: *Theory and Practice*, pp. 125-126.

到劳资关系的核心位置，公共部门和国有企业雇员人数占全国总数的一半之多，这让政府更加关注劳资关系问题。① 可见，英国在 60 年代面临严重的劳资关系问题，而传统自愿主义劳资关系机制的失效，也让政府开始更多地涉足劳资关系领域，同时，社会各界要求政府立法的呼吁也表明劳资立法环境已经成熟，以上这些构成希思政府劳资立法的背景和条件。

　　1970 年 1 月，保守党影子内阁在克罗伊登的赛尔斯登公园酒店（Selsdon Park Hotel）讨论劳资立法等竞选纲领。这次会议清楚表明保守党政策右转。② 1971 年上台不久，保守党希思政府就宣布对劳资关系进行重大改革。1971 年 3 月，英国议会通过了《劳资关系法》。法案首先对工会权利进行了多方面限制。法案规定："凡有权修改规则和掌握财产的独立工人组织，均可在工会和雇主组织登记处（Registrar of Trade Union and Employers' Association）登记注册。"③ 登记处有权要求工会修改与法案相违背的工会规则。为鼓励工会认可，法案规定拒绝注册的工会将失去现有的免税权益并受到惩罚，在劳资争议中，未注册的工会在违反雇佣和商业协议时无法获得相应的法律豁免权。全国劳资关系法庭在对工会或雇主发起的不正当产业行动进行惩罚时，注册工会的惩罚金额不得超过 10 万英镑，对未注册工会的惩罚不在此限。此外，在遇到雇主不公正的产业实践时，提请强制仲裁、适用排外性雇佣条款和工会代理等方面的权利只给予注册工会。④

　　为限制工会产业行动权，法案授权全国劳资关系法庭惩罚以下行为："在促成或谋划产业行动方面，故意诱导或威胁他人破坏其

---

　　① Richard Hyman, *The Political Economy of Industrial Relations*：*Theory and Practice in a Cold Climate*, pp. 168-169.

　　② ［英］阿伦·斯克德、克里斯·库克：《战后英国政治史》，王子珍、秦新民译，第 223—224 页。

　　③ *Industrial Relations Act 1971*, Chapter 72, London：HMSO, p. 58.

　　④ H. A. Clegg, *The Changing System of Industrial Relations in Great Britain*, pp. 320-321.

协议；威胁、召集、组织和资助罢工、不规则短期罢工（考虑或促进劳资纠纷中除罢工外的任何统一行动）和闭厂行动；威胁或引导别人破坏集体协议，采取以上行动的做法。"[1] 法案还对工会的罢工活动进行种种限制，根据法律，工会在组织罢工前必须进行无记名投票，由工人决定是否发动罢工。法案授予国务大臣紧急处理罢工活动的权力，包括对罢工活动的发起日有 60 天的延搁期。工会的法律豁免权在罢工活动中也受到限制，工会内部争议引起的罢工和次级产业行动不适用法律豁免权。[2] 在集体谈判方面，法案规定："自法案执行之日起，任何成文集体协议不得包含故意使集体协议或其部分内容不具有法律效力的内容，协议各方应假定协议条款具有法律效力。如果成文集体协议在内容中声明协议具有法律效力，则本法案执行后，该协议具有法律约束力。"[3]

为削减工会集体性权利，法案扩大了工会会员的个体性权利。根据规定，"在工人与雇主之间，每个工人有权选择加入或拒绝加入工会或其他工人组织。工人有权参加工会组织的任何活动，可通过竞选、接受工会任命和选举成为工会官员"。[4] 法案对影响工人就业的排外性雇佣进行限制。排外性雇佣是英国工会在劳动力市场享有的特殊权利，其通过强制会员制度来决定工人就业及其相应权利，由于强制会员制度也有利于雇主扩大集体谈判协议的覆盖范围，减少雇主分开谈判产生的时间成本，排外性雇佣制在实践上得到雇主默许。在排外性雇佣制的企业，工会和基层车间代表在工作安排和管理方面享有很大权力，非工会成员很难获得就业及相应的工作待遇。[5] 为防止工会通过排外雇佣压迫非工会工人，法案规

---

① *Industrial Relations Act 1971*, Chapter 72, pp. 66-78.

② Chris Howell, *Trade Unions and the State：The Construction of Industrial Relations Institutions in Britain, 1890-2000*, p. 112.

③ *Industrial Relations Act 1971*, Chapter 72, p. 27.

④ *Industrial Relations Act 1971*, Chapter 72, pp. 3-4.

⑤ Brian Weekes, *Industrial Relations and the Limits of the Law：Industrial Effects of the Industrial Relations Act, 1971*, p. 33.

定，"阻碍雇主雇佣非工会会员的排外性雇佣协议无效"。为扩大集体协议覆盖范围，法案要求实行"工会代理制"（agency shop），"非工会会员可向工会或慈善组织缴纳会费，进而享有集体协议赋予会员的权利"。① 可见，在 1971 年《劳资关系法》框架下，工会集体行动权、谈判权和组织权大为削减，工人的个体性权利得到扩充。西德·克斯勒等认为："法案试图用工人个体权利对抗工会集体权利，通过限制排外性雇佣、组织纠察线、基础服务部门的劳资争端和限制工会行动法律豁免权等手段削弱工会力量。"②

最后，1971 年《劳资关系法》突出了政府在劳资关系中的作用。在冲突化解方面，全国劳资关系法庭有权处理不公平产业实践，当法庭认为劳资争议威胁国家安全时，可采取直接行动遏制劳资冲突。③ "国务大臣有权通过协商、调解和仲裁等方式中止和推迟产业行动。当劳资冲突可能导致商品和服务供给中断、国民经济和公共秩序遭受危害、个人基本生活和安全面临危险时，国务大臣可提请法庭发布命令，要求相关各方在命令生效的 60 天内不得召集、组织和资助产业行动，工业法庭可命令工人举行罢工投票等。"在劳资关系管理机构建设方面，法案规定，劳资关系委员会是政府处理劳资关系事务的法定机构，委员会成员由国务秘书任命。为突出政府在劳资关系事务中的权力，法案授权国务大臣和其他大臣根据劳资关系委员会的报告联合行动，处理各种普遍或一般性的劳资关系问题，包括"劳资双方为集体谈判而开展的活动、谈判程序和谈判权利认可、劳资双方对其成员的信息披露等"。同时，法案还为政府干预集体谈判提供条件："当企业不存在谈判程序或谈判机制难以奏效时，国务大臣可向工业法庭报告，法庭再命劳资关系委员会对企业劳资冲突进行调查并提出补救措施。在产业

---

① *Industrial Relations Act 1971*, Chapter 72, pp. 6–9.

② Sid Kessler and Fred Bayliss, *Contemporary British Industrial Relations*, Third Edition, p. 24.

③ Eric Wigham, *Strikes and the Government, 1893–1981*, pp. 157–158.

委员会向法庭提交报告前，劳资双方可提请工业法庭界定谈判程序适用单位及约束力。"①

从法案内容来看，1971 年《劳资关系法》是对劳资利益集团力量对比的调整。法案通过工会注册和保障工人加入工会自由等规定，削弱了工会的组织权。相较于自愿原则下的集体谈判体系，法案将集体谈判程序和集体协议纳入法律化轨道，这缩小了劳资谈判协议的调整空间，工会的谈判权受到削弱。有关设立劳资关系法庭、罢工投票、延期罢工等规定，也削弱了工会的集体行动权。理查德·海曼认为："1971 年《劳资关系法》的主旨是通过外部权力的粗暴应用来改变工会内部权力关系，那些不能对会员施加严格纪律的工会就会被处以经济惩罚，工会要对其成员的不公正产业实践承担严重责任。"② 相较于工会权力的削弱，政府在劳资关系领域的权力得到加强，尤其在集体谈判和限制劳资冲突方面，法案奠定了政府在劳资关系事务中的主导地位。对雇主来说，限制产业行动从根本上来说有利于企业生产，这反映出法案对雇主利益的特殊照顾。休·克莱格认为："法案较少强调雇主在改善劳资关系中的责任，雇主在强化管理权和雇佣政策上享有很大活动空间。"③

希思政府出台 1971 年法案的主要目标是缓和紧张的劳资关系，为劳资冲突化解确立制度规范。但从实践上来看，希思政府苦心经营的法案却在劳资关系实践中面临困境，英国产业主体间在推动劳资关系改革方面仍存在较大分歧。

法案一经出台即遭到工会抵制。法案通过后，工会代表大会立即通过多数票决议，要求附属工会发起抵制法案运动。禁止工会向登记处进行注册登记，对于违反工会代表大会决议的工会，大会列

---

① *Industrial Relations Act 1971*, Chapter 72, pp. 29-33.

② ［英］理查德·海曼：《劳资关系：一种马克思主义的分析框架》，黑启明主译，中国劳动社会保障出版社 2008 年版，第 97 页。

③ H. A. Clegg, *The Changing System of Industrial Relations in Great Britain*, pp. 322-323.

出种种惩罚措施，包括将注册工会开除出工会代表大会。[1] 在工会
看来，登记处有权要求其修改组织规则会引起工会分裂，尽管工会
可通过注册获得利益，但内部分歧让其得不偿失。[2] 法案实施期
间，全国仅 30 个工会根据法律要求注册，包括一些规模较小的工
会，如全国印刷协会（National Graphical Association）和全国银行
职员工会（National Union of Bank Employees），这些工会均被工会
代表大会除名。[3] 由此，许多产业行动突破了法案限制。1972 年，
矿工发起战后规模最大的全国罢工，工人组织纠察队阻止煤炭外
运。在伯明翰的索尔特利（Saltley）焦煤矿，6000 名工人纠察队成
功阻止煤炭运输并同警察发生冲突。罢工导致工作日损失 2400 万
个，宣告 1971 年《劳资关系法》失效。[4] 在产业行动中，政府限
制罢工的应急措施也未奏效。1972 年，为应对铁路工人罢工威胁，
政府根据法案将行动推迟 14 天，但 14 天后工人以消极怠工相抵
制。劳资关系法庭在听证后首次发布罢工投票命令，铁路工人以
6∶1的票数通过罢工决议，这也是政府最后一次根据法案举行罢工
投票。[5]

　　1971 年《劳资关系法》不仅未能解决工会集体行动，反而进
一步加剧了工会与政府的紧张关系，工会对政府的敌视态度日益
强烈。工会代表大会总干事维克托·费瑟认为法案是"带有过渡
杀伤力的经典案例"。[6] 从法案提出到废除，许多产业行动都带有
政治化特征，冲突焦点由经济领域转向政治领域。埃里克·威格

---

[1]　Michael Thomas，"Unions Will Not Strike Again over Bill but Rebels Mobilize"，*The Times*，19 March，1971.

[2]　Brian Weekes，*Industrial Relations and the Limits of the Law*：*Industrial Effects of the Industrial Relations Act*，*1971*，pp. 225-226.

[3]　Sid Kessler and Fred Bayliss，*Contemporary British Industrial Relations*，Third Edition，p. 25.

[4]　John Sheldrake，*Industrial Relations and Politics in Britain*，*1880-1989*，p. 64.

[5]　H. A. Clegg，*The Changing System of Industrial Relations in Great Britain*，p. 325.

[6]　Chris Wrigley，*British Trade Unions*，*1945-1995*，pp. 90-91.

姆等人对法案的实施及其地位持否定态度，认为法案在化解劳资冲突方面不仅未能发挥作用，反而招致工会的不满，引起更多的劳资对抗。法案的出台遭到工会强烈抵制，当法案尚在议会辩论期间时，英国劳资关系议案带来的罢工损失工作日超过 330 万个，工会发起抵制政府建立全国性劳资关系法庭的产业行动又导致工作日损失 100 万个。许多罢工活动都与政府劳资政策直接相关，1970 年 11 月，邮政部门工人掀起罢工，反对政府解雇邮政公司主席。1971 年 6 月和 8 月，为表达对高失业率的不满，苏格兰 10 万名工人抗议政府拒绝援助造船厂。[1] 布赖恩·威克斯（Brian Weekes）和米切尔·梅什（Michael Mellish）认为法案对劳资关系实践影响甚微。

从雇主方面看，大多数雇主在劳资关系实践中避免援引法案。在改革中，雇主集团既不信赖政府也不相信工会，而倾向于自行解决企业内的劳资关系问题。尽管法案做出许多有利于雇主的规定，但大多数雇主不愿接受该法。[2] 诺尔·怀特塞德（Noel Whiteside）认为：在管理事务上，单个雇主对其上层高压式侵入企业管理的做法十分愤慨，雇主对其他类似政策尤其是对工党试图使企业现代化的做法也愤愤不平。全国上下，个体雇主们放纵或默许其雇员规避中央出台的政策，由此产生的不平等引起工会广泛不满。[3] 尤其在排外性雇佣制方面，法案废除排外性雇佣制加大了雇主对企业的管理难度，这与雇主试图强化对企业内部的管理权威意图相抵牾。因此，废除排外性雇佣制的做法遭到雇主抵制。[4] 对雇主的调查表明，雇主不愿将企业的劳资关系问题交予第三方处理，其对法律程

[1] Eric Wigham, *Strikes and the Government, 1893-1981*, pp. 164-165.

[2] Chris Howell, *Trade Unions and the State: The Construction of Industrial Relations Institutions in Britain, 1890-2000*, p. 113.

[3] Noel Whiteside, "Industrial Relations and Social Welfare, 1945-79", in Chris Wrigley, ed., *A History of British Industrial Relations, 1939-1979*, p. 124.

[4] H. A. Clegg, *The Changing System of Industrial Relations in Great Britain*, p. 324.

序和法律惩罚并不热心，政府化解冲突的第三方角色受到很大限制。① 在集体谈判方面，法案规定谈判协议对劳资双方具有法律约束力，但大多数雇主与工会在谈判协议中注明协议不具法律约束力。英国产业联盟认为："法律的主要影响是鼓励劳资双方通过自愿协议改善彼此关系，只有在极少数情况下，雇主才会诉诸法律手段解决劳资争端。"② 自法案出台后的两年多时间，英国约有 33 个雇主在劳资争议中向法庭求助，其求助内容均属非典型劳资争议。法案在劳资关系实践中形同虚设。

从政府方面看，全国劳资关系法庭在冲突化解中也失去权威和作用。1972 年 3 月，利物浦码头工人在集装仓库设置纠察线导致公司对客户违约。在法庭处理争议期间，运输工人与通用工人工会拒绝出庭，工业法庭以藐视法庭为由对工会做出 5000 英镑罚款的处罚。同时，由于工会没能遵守法庭判罚且未能说服工人停止产业行动，法庭对运输工人与通用工人工会追加罚款 5 万英镑。法庭判决结果直接激化了工会与政府的矛盾，工会代表大会以工会不对非官方车间代表负责为由拒绝执行判决。在此后的东伦敦码头工人发起的产业行动方面，工人拒绝劳资关系法庭要求停止行动的命令，伦敦、利物浦和赫尔的工人纷纷采取行动抵制工业法庭判决，并准备发起全国大罢工。政府于 7 月逮捕 5 名参加行动的车间代表，这引起 4 万多名码头工人和 13 万名其他行业的工人罢工，工会代表大会号召附属工会 100 万名会员在月底罢工。为避免更大规模的冲突，议会上院紧急要求法庭撤回判决，释放车间代表，答应增加工作机会。③ 以上案件表明，全国劳资关系法庭在处理产业行动方面未能化解冲突，反而激起更大规模的反对，这在客观上宣告了希思

————————

① Brian Weekes, *Industrial Relations and the Limits of the Law*: *Industrial Effects of the Industrial Relations Act*, *1971*, p. 222.

② Chris Wrigley, *British Trade Unions*, *1945-1995*, p. 91.

③ Eric Wigham, *Strikes and the Government*, *1893-1981*, pp. 162-163.

政府劳资立法改革路径的重大失败。① 彼得·多里（Peter Dorey）认为，1972 年春季和夏季的一系列法庭案件和判决事件，最终葬送了 1971 年法案，法案也因此被评论家描述为"一场闹剧"。②

　　法案的失败也反映出政府在劳资关系治理理念上的错误及其在劳资关系领域未能发挥利益平衡的作用。国家作为社会利益的总代表，在社会分配过程中要处理好效率与公平的关系。从 20 世纪 60 年代开始，英国政府作为全国最大的雇主，被推到劳资关系的核心位置。但在改革劳资关系方面，政府却倾向于用零和博弈的理念处理与工会的关系。从和平学的角度来看，冲突化解是一种合作型的努力，冲突双方的理解与妥协需要第三方的介入，第三方可帮助冲突各方相互沟通，促进达成解决分歧的协议。③ 在劳资关系领域，政府既是国家和公共利益的代表，也是公共部门的雇主，具有介入劳资关系的天然优势。在劳资关系恶化的情况下，本应发挥第三方作用的英国政府却从劳资关系调解的幕后走向与工会对立的前台。这种零和博弈的态度表明政府没能对自身职能进行准确定位，作为公共部门的雇主，政府过分强调生产效率，忽视产业民主。另外，作为国家利益的代表，政府没能处理好效率与公平问题，试图通过立法削弱工会权利，政府与工会在国家干预和自愿主义之间缺乏政治共识，劳资合作的基础也无从谈起。

　　因此，从总体上来看，希思政府劳资关系立法改革的失败主要在于劳资利益集团未能达成产业共识。法案引起工党和工会的反对，工会为此开展了废除法案运动，雇主也根据自身需要，对法案持怀疑态度，由此导致 1971 年《劳资关系法》在实践上的失败。劳资关系改革应建立在劳资利益集团信任与合作的基础上，在希思

---

　　① ［英］阿伦·斯克德、克里斯·库克：《战后英国政治史》，王子珍、秦新民译，第 241 页。

　　② Peter Dorey, *The Conservative Party and the Trade Unions*, p. 62.

　　③ ［挪］约翰·加尔通：《和平论》，陈祖洲等译，南京出版社 2006 年版，第 156 页。

政府的劳资关系改革中，政府、雇主、工会基于各自利益的考虑，彼此缺乏妥协、信任和共识。在议会就法案辩论期间，希思表明劳资关系改革是社会共识，认为"战后英国在社会各领域进行广泛变革，但劳资关系改革始终未能推进，当前，整个国家已认识到改革劳资关系时机成熟"。[①] 但法案的实施结果表明希思政府追求的改革共识是政府内部共识而非产业共识。从工会方面来看，战后工会得益于有利的外部环境，其权利得以扩展。在六七十年代劳资关系改革中，工会强烈捍卫自愿主义的劳资关系体制，反对政府立法。[②] 劳、资、政三方的阶级妥协和政治共识导致法案的实施和劳资关系改革陷入困境，战后以来英国的共识政治局面也走向瓦解。彼得·多里认为，1971年法案给希思政府提出这一悖论：法案的通过表明工会成员作为个体公民和选民对劳资关系改革总体支持，但许多工人在工会领导的动员下反对法案执行。由于担心工会的不满和对抗，许多大雇主不愿在冲突中提起诉讼，法案的执行力受到进一步损害。[③] 由此，政府只能放弃实施法案，寻求达成劳、资、政三方合作的新共识。

三 冲突的加剧与政府对产业共识的探索

在政府和工会围绕劳资立法展开对抗的同时，英国经济面临的问题更加严峻。1972年，英国通货膨胀失控，注册失业人数达到93.6万人，希思政府被迫采取收入政策。为谋求工会支持收入政策，政府与工会代表大会进行多次协商，但法案始终是政府与工会间合作的障碍，推行收入政策比实施法案更艰难。因此，从1972年底开始，政府推行法案的态度不再坚定，希思内阁一致认为，必

---

① Hansard, *House of Commons Debates*, Fifth Series, Vol. 808, Col. 1134, 15 December, 1970.

② Chris Howell, *Trade Unions and the State: The Construction of Industrial Relations Institutions in Britain, 1890-2000*, p. 129.

③ Peter Dorey, *The Conservative Party and the Trade Unions*, p. 62.

须寻求"更加实用的方式解决分歧"。① 由于立法改革劳资关系无法在实践上获得进展，政府转而寻求通过收入政策影响劳资关系，缓解劳资争端的焦点问题，进而从工资等问题入手，继续强化对劳资关系事务的干预，以化解劳资争端并改善经济状况。

为弥补1971年《劳资关系法》造成的产业分歧，希思政府试图通过劳、资、政三方合作，在收入政策方面达成新的产业共识，缓和劳资间的紧张关系。在这一背景下，政府对工会的态度逐渐由强硬转变为温和，试图通过协商机制与工会开展合作。希思政府对工会态度的转变主要源于经济上的考虑，1972年，英国失业人数不断上升并接近百万大关，就业形势恶化。在同年11月的内阁会议上，就业大臣宣称，2月的统计显示，包括临时性失业人数在内，英国失业人数为157.1万人，占就业人口的6.9%。1972年1—2月，英国失业人数只增加1000人，但在刚过去的几个月，失业人数增加了1万人。工会代表大会总干事维克托·费瑟也意识到政府试图与工会进行合作的意图，自希思上台以来，保守党与工会在劳资关系改革问题上分歧颇大，随着失业和通胀问题的产生，政府不断鼓励工会代表大会领导在公共政治决策方面发挥积极有效作用。在与费瑟进行多次协商后，1972年9月工会代表大会、产业联盟和政府达成协议，三方同意在劳资关系和收入政策等方面开展合作对话。②

希思在1970年大选中就指出英国通胀问题的危害，认为其不仅破坏了国民经济，也使整个社会更加不公平，社会弱势群体受到打击。为此，保守党承诺通过减税、放弃使用收入限制等政策抑制通胀。③ 随着经济情势的恶化，通货膨胀被政府视为经济问题的根

① Robert Taylor, *The Trade Union Question in British Politics: Government and the Unions since 1945*, pp. 199-200.

② Robert Taylor, *The TUC: From the General Strike to New Unionism*, p. 197.

③ F. W. S. Craig, *British General Election Manifestos, 1900 - 1974*, London: The Macmillan Press Ltd., 1975, p. 331.

源，加之工资增长速度快于物价上涨速度，企业生产增长带来的收益未能弥补工资与物价的差距，通货膨胀率螺旋上升的危险进一步加剧。从 70 年代初开始，英国面临的通胀危机日益严峻，1971 年底，英格兰银行决定放弃银行信贷上限，以便在与清算银行和其他金融机构间的竞争中保持优势。其直接后果是允许银行贷款大幅增长：20 世纪 60 年代，银行贷款平均增长了 12%，1972 年增长了 37%，而 1973 年则增长了 43%。此外，1972 年 6 月英镑浮动导致英镑对德国马克贬值约 8%。这意味着，1973 年 1 月加入欧共体后，英国从欧洲大陆进口的价格大幅上涨，其结果是金融自由化政策导致房地产投机严重，进一步加剧了通胀危险。① 以上因素迫使希思政府尽快做出经济调整，希思政府试图说服工会代表大会支持收入政策，这也预示着劳、资、政三方接下来的谈判过程将困难重重。

在与工会的谈判中，为避免《劳资关系法》成为三方合作障碍，政府在政治上对工会做出较大让步。1972 年 9 月，希思和工会代表在首相官邸进行谈判，首相向工会代表大会谈判代表声明，政府准备在接下来两年内提高其允诺的 5% 的经济增长率，并要求产业联盟协助政府，保证零售品价格上涨维持在 5% 的范围内，工业制成品价格上涨不得超过 4% 的上限。希思同时希望工会实行工资限制，使工人周薪在工资周期内涨幅不超过 2 英镑。希思在谈判中也同意设立新的独立机构，负责提高低收入企业的生产率以作为提高工人工资的基础。② 工会代表大会总理事会提出了相应建议：要求政府实行价格控制；弃用《住房金融法》（Housing Finance Act）中增加租金的内容；抑制房价上涨和中止土地投机；与欧共

---

① Matthias Matthijs, *Ideas and Economic Crises in Britain from Attlee to Blair*, 1945–2005, London: Routledge, 2011, p. 94.

② Robert Taylor, *The Trade Union Question in British Politics: Government and the Unions since 1945*, p. 203.

体农业政策进行再谈判，降低谷物、土豆和牛奶价格；等等。① 尽
管首相在接下来与工会的谈判中表明将提高工人补贴和扩大社会保
障范围等，但也认识到政府在欧共体政策、房屋租金和《劳资关
系法》等方面存在问题。工会代表大会代表认为，首相在谈判期
间未做出任何让步，并且在向工会代表大会总理事会提供建议方面
没有发挥积极作用。希思在内阁会议上表示："在与工会代表大会
和产业联盟的最后一次会谈中，产业联盟同意仔细考虑政府建议，
但工会代表大会却拒绝政府建议，并表示工会没有任何谈判基础。
尽管工会代表大会表示将召集理事会协商，但同时表明工会将驳回
政府建议。"②

　　在政府与工会谈判陷入僵局的情况下，希思政府单方面引入《反
通胀（临时条款）法》［*The Counter-Inflation (Temporary Provisions)
Act, 1972*］，法案规定，从 1972 年 11 月 6 日起，冻结物价、工资、
租金和股息 90 天。③ 收入政策纳入法律条款被视为希思政府收入
政策的第一阶段，它表明政府通过强有力的国家干预来推行收入政
策，管理劳资关系。从上台之初放弃使用收入政策，到面临经济困
境将收入政策纳入法律程序的政策大反转，被视为其管理经济的
"U 形弯"，这一政策转变是政府经济理念变化的体现。希思认为
保守党追求的合作主义不足以应对通胀等经济问题，于是政府的经
济管理思想又回归到干预主义、新自由主义上来，并积极寻求工会
对政府策略的支持。④ 希思也希望在收入政策第一阶段结束后，工
会代表大会能够配合政府继续实施第二阶段的收入政策。在 1973

① Chris Wrigley, *British Trade Unions*, *1945-1995*, p. 116.

② CAB, 128-50-cm-72-49-50, Cabinet Conclusions, Discussions between the Government, the Confederation of British Industry and the Trade Unions Congress, 3 November, 1972, p. 3.

③ TUC General Council Report, *Report of 105th Annual Trade Union Congress*, London：Trade Union Congress, 1973, pp. 275-277.

④ Matthias Matthijs, *Ideas and Economic Crises in Britain from Attlee to Blair*, *1945-2005*, p. 95.

年 1 月的内阁备忘录中，政府仍将应对通胀作为首要问题："通货膨胀仍是英国发展和人民生活水平提高面临的唯一的、最大的威胁。通胀会使英国产品在国外市场竞争中处于下风，并损害政府对保持经济增长能力的信心，它也威胁英镑价值和民众工作，进而对创造就业机会的投资造成损害，加剧劳资关系的不稳定和社会不公正。"①在此情况下，政府出台新的《反通胀法》（Counter-Inflation Act, 1973)，法案规定，建立物价委员会（Price Commission）和收入委员会（Pay Board)，分别由政府任命 5—12 人组成，负责执行法案规定的政策。② 在收入政策方面，法案规定在收入政策第一阶段结束后的 12 个月内，人均工资最高涨幅不得超过 4%，周薪增加额不得超过 1 英镑，平均工资增长总额不得超过 250 英镑，为实行同等工资而加薪的情况不在此限。③ 政府规定将增加抚恤金和裁员补偿金，减少工作时间，增加带薪休假权。希思表示第二阶段收入政策将实行至 1973 年第三季度，直到第三阶段的物价和收入政策出台为止。④

在希思政府推行前两阶段收入政策期间，尽管工会对政府收入政策感到不满，但政府收入政策的实施并未遇到较大阻碍，其主要原因是这一时期工人工资增长速度超过其心理预期。⑤ 在政府引入第三阶段收入政策时开始遇到挑战。1973 年 10 月，政府发布收入政策第三阶段计划，在工资增长限制方面，政府规定从 1973 年 11

① CAB, 129-167-cp-5, Cabinet Memorandum, Prices and Pay-The Next Phase, 16 January, 1973, p. 3.

② Counter-Inflation Act 1973, Chapter 9, London: HMSO, pp. 1-3.

③ TUC General Council Report, Report of 105th Annual Trade Union Congress, pp. 277-278.

④ Robert Taylor, The Trade Union Question in British Politics: Government and the Unions since 1945, p. 206.

⑤ Andrew Taylor, "The Conservative Party and the Trade Unions", in John McIlroy, Nina Fishman anad Alan Campbell, eds., British Trade Unions and Industrial Politics: The High Tide of Trade Unionism, 1964-1979, p. 161.

月 7 日至 1974 年第三季度，平均工资涨幅不得超过 7%，或周薪上涨不超过 2.5 英镑，人均年度工资增长总额不得超过 350 英镑。[①] 在处理生产停顿的异常情况下，为解决异常情况或移除生产障碍，工资涨幅在原有标准上允许有 1% 的浮动空间，以更好利用人力。此方案也适用于以下情况：企业提高生产率和生产重组、非社会劳动时间（夜班或周末班）额外工资、为实现同工同酬、伦敦特定津贴等。在商品价格指数增长超过 6% 后，其每增长 1%，便允许增加工人周薪，但上涨额不得超过 40 便士。[②]

政府收入政策遭到工会代表大会的抵制，工会代表大会认为，将法定工资限制置于集体谈判之上的做法是不可接受的。同时，政府也引入财政和货币政策刺激经济，为实现超过 5% 的生产增长目标，财政大臣安东尼·巴伯（Anthony Barber）实施减税计划，到 1973 年，英国经济增长了 7.4%，相较于 1969—1972 年年均 2% 的增长率，其在战后的英国算得上是经济奇迹。这一经济增长奇迹也被称为巴伯繁荣（Barber Boom），这一时期英国失业率下降，受到工会和雇主的欢迎。[③]

在短暂的繁荣背后，英国经济的不稳定性逐渐显现，并威胁到希思政府第三阶段收入政策的推行。尽管政府力图通过收入政策建立新的产业共识，但工资问题引起的劳资争议再次出现。由于商品价格上涨和 1972 年英镑压力，经济通胀问题再次凸显。在通胀背景下，政府收入政策对商品价格的限制从长期来看使企业利润空间受到压缩，这对企业投资造成不利影响。同时，国际环境变化带来的经济危机也波及英国。1973 年秋，第四次中东战争爆发，阿拉伯国家普遍大幅提高石油价格，引发战后以来西方国家最严重的经

---

①　TUC General Council Report, *Report of 105th Annual Trade Union Congress*, pp. 281-285.

②　Eric Wigham, *Strikes and the Government, 1893-1981*, p. 175.

③　Matthias Matthijs, *Ideas and Economic Crises in Britain from Attlee to Blair, 1945-2005*, p. 96.

济危机。石油危机在英国酿成政治危机，电力供给、火车和煤矿等产业工人开始提出超出政府收入政策标准的工资要求，并准备用产业力量对抗政府收入政策。① 同年 10 月 8 日，即政府出台新收入政策当天，工会代表大会总理事会就公开表示反对，电力工程师协会（Electrical Power Engineers' Association）也随即采取禁止加班的产业行动对抗政府收入政策。在第三阶段收入政策生效前，电力部门专业化人员提出新的工资要求被政府拒绝，理由是其违反第二阶段收入政策，电力部门工人则采取禁止加班行动。② 第三阶段收入政策最大的威胁则来自矿工的挑战。

1973 年 10 月，全国煤炭委员会（National Coal Board）提出新的工资方案，并称其为"最终"方案，提出矿工平均工资增加 16%，包括 4.4% 的轮班津贴，这在第三阶段收入政策标准下已是最大的工资增长率，但参与工资协商的全国矿工联合会拒绝了委员会的工资方案。在首相希思与全国矿工联合会执行委员会的谈判中，全国矿工联合会与政府间分歧明显。许多地区的矿工联合会主张采取产业行动与政府相对抗，矿工从 11 月 12 日开始采取禁止加班策略迫使政府做出让步，此举导致英国煤炭产量下降 30%。企业生产和居民生活受到极大影响，政府被迫宣布全国进入紧急状态并采取限制用电策略。电力供应部门和负责煤炭运输的铁路部门工会也加入产业行动中，要求增加工人工资。1974 年 1 月 15 日，铁路工人采取一日罢工行动，切断对英国部分地区包括英格兰东南部在内的煤炭运输网。③ 政府与全国矿工联合会进行多轮谈判也未取得实质性进展，首相希思宣布，从 1973 年 12

---

① Colin Crouch, *The Politics of Industrial Relations*, pp. 85–86.

② Andrew Taylor, "The Conservative Party and the Trade Unions", in John McIlroy, Nina Fishman and Alan Campbell, eds., *British Trade Unions and Industrial Politics: The High Tide of Trade Unionism*, *1964–1979*, p. 162.

③ Robert Taylor, *The Trade Union Question in British Politics: Government and the Unions since 1945*, pp. 208–209.

月 30 日起，为节约能源，制造业部门每周供电 3 天；同时，财政
大臣也引入经济限制计划，大力削减公共开支。工会代表大会对
政府此举感到愤怒，指责政府的对抗性政策对大多数工人的生活
构成了威胁。① 在政府推行能源控制期间，整个国家生活在断电
之后的黑暗中，人们被告知要在黑暗中刷牙。煤矿领域的斗争并
未停止，1974 年 2 月，全国矿工联合会投票发起全国大罢工，
81％的投票者对罢工表示支持。在罢工开始之前，保守党政府以
"谁统治英国？"为标语宣布举行大选。全国矿工联合会主席乔·
戈麦雷（Joe Gormley）呼吁矿工中止罢工直到全国大选之后，但
其建议被 20 票对 6 票推翻。工资委员会通过审查矿工工资发现
其工资实际上比制造业工人少得多，这一事实同样无助于缓解政
府与工会的对抗。② 希思在大选中被威尔逊领导的工党击败，政府
法定收入政策宣告失败。

由上可见，为缓和日益紧张的劳资关系，工党威尔逊政府和保
守党希思政府都主张采取立法干预的手段，对劳资关系进行全面改
革。在《代替冲突：劳资关系政策》白皮书被推翻后，希思政府
强行通过了 1971 年《劳资关系法》，但法案在实施过程中，面临
工会抵制、雇主规避和政府机构运作无效的困境，法案在实践中如
同一纸空文。在立法改革陷入僵局的情况下，政府通过推行法定收
入政策影响劳资关系运行，并抑制经济通胀。收入政策的引入表明
政府在经济管理上试图回到 60 年代的老路，即确立新的产业共识，
但其面临与 60 年代历届政府同样的困境，围绕工资问题的旧式冲
突再次凸显。1974 年煤矿工人再次掀起罢工，走投无路的希思政
府在大选中失败，保守党以收入政策为切入点对劳资关系进行干预
的做法也以失败告终。

①　Eric Wigham, *Strikes and the Government*, *1893–1981*, p. 176.

②　W. Hamish Fraser, *A History of British Trade Unionism*, *1700–1998*, p. 229.

第三节　寻求新共识与"不满之冬"大罢工

在 1974 年重返执政舞台后，工党政府开始践行其在"社会契约"（Social Contract）中的承诺，废除保守党政府限制工会的法案，出台新法案赋予工会和工人更多工作权利。工党在 70 年代在野期间就意识到修复与工会关系的重要性，工会也认识到与工党合作对于废除政府对工会的限制具有重要意义。在这一背景下，工党与工会在 70 年代前期就展开对话，寻求新的合作与共识，双方达成了"社会契约"的合作协议。作为"社会契约"的执行方之一，工会大力支持政府收入限制政策的推行。工会与政府的合作建立在英国经济问题十分严峻的情况下，脆弱的经济环境决定了双方的合作充满不稳定性，工会和工党内部也存在对"社会契约"及其推行的不满之声。随着经济情势的恶化，劳资关系对抗增多，尤其在公共部门，政府限制收入政策引起不满，在 1978 年与 1979 年之交，激烈的劳资对抗引起"社会契约"的崩溃，工党政府以"社会契约"为框架的自愿主义劳资关系改革方案以失败告终。

一　工党与工会的"社会契约"

工党执政之初，希思政府每周供电 3 天的节能计划仍在实行，摆在威尔逊面前的首要问题是尽快恢复完整的供电周，解决矿工部门争端。为此，政府以 29% 的工资增长率（高于矿工 1973 年提出的 23% 的工资增长率）对矿工做出让步，结束了劳资冲突。政府解除了实行 3 个月之久的紧急状态。[①] 在解决矿工罢工问题和结束紧急状态后，工资管理局被撤销，强制性限制工资政策在 1974 年 7 月停止执行。然而，物价法令和物价委员会却被保留下来。1974

---

① David Powell, *British Politics and the Labour Question*, *1868–1990*, p.133.

年大选后的 6 个月，物价上涨 8%，工资增长 16%。① 尽管工党成功解决劳资争议，但其在工资和产业政策方面尚未确立新的执政方向。威尔逊政府在重返政坛的同时也延续了保守党留下的糟糕的经济状况。工资增长率升至 20%，通货膨胀问题加剧。失业率达到 1940 年以来的最高水平，公共开支失去控制，财政赤字严重。1973 年底，由于对外贸易状况恶化，英国财政赤字达到 9.09 亿英镑，到 1974 年威尔逊上台时，英国财政赤字飙升至 35.37 亿英镑。② 1974 年是英国自战后以来经济形势最为严峻的一年，其国内生产总值下降 1.5%，通胀水平超过 16%，经常项目赤字占国内生产总值的 3.8%。在 1974 年大选前，工党就开始与工会代表大会进行协商，迫切希望与工会达成"社会契约"，用工党自己的方式证明其在同工会打交道方面更成功。③ 在处理不断恶化的经济问题方面，争取工会的合作至关重要。威尔逊及其内阁对 1969 年《代替冲突：劳资关系政策》白皮书造成的工会与工党关系紧张局面记忆犹新。为防止这种不利局面的产生，工党政府试图与工会开展长期合作。

　　工党与工会新的合作基础形成于 70 年代前期在野期间。从工会方面来看，自 1971 年《劳资关系法》出台后，工会就认识到，没有工党在议会的支持，废除法案无从谈起。而在希思政府对工会采取强硬态度后，工会领导希望工党政府能够重新执政，站在工人阶级的立场推行经济和社会改革，一些工会领导人如运输工人与通用工人工会总干事杰克·琼斯等人，逐渐扭转其左的倾向，主张同工党开展更多对话。④ 对威尔逊领导的工党来说，出台新的经济政

　　① ［英］阿伦·斯克德、克里斯·库克：《战后英国政治史》，王子珍、秦新民译，第 271—272 页。

　　② Martin Holmes, *The Labour Government, 1974 - 79*, London: Macmillan Press Ltd. , 1985, p. 3.

　　③ Matthias Matthijs, *Ideas and Economic Crises in Britain from Attlee to Blair, 1945-2005*, p. 98.

　　④ Robert Taylor, *The TUC: From the General Strike to New Unionism*, pp. 210-211.

策以解决不断加剧的通胀问题成为当务之急，工党政治家哈罗德·利弗（Harold Lever）指出："工党政府在应对不断加剧的通胀问题上如不能提出独特有效的方法，将对工党选举前景十分不利。"①在工会拒绝推行收入政策的情况下，工党必须与工会在经济政策制定方面达成合作。

在杰克·琼斯的推动下，1972 年 1 月，工党—工会代表大会联络委员会第一次会议召开，委员会成员由英国议会工党、工党全国执行委员会和工会代表大会的代表组成。为消除工会与工党在60 年代末的分歧，威尔逊向工会代表大会保证，议会工党致力于用新的法案取代希思政府的《劳资关系法》。尽管工党愿意与工会合作，但工会对工党的承诺表示忧虑，工会代表大会向联络委员会传达了工会领导对政府在立法背景下讨论工会问题的忧虑。为此，威尔逊提出同工会签订书面协议，以消除工会的不信任。在联络委员会第一次会议上，双方就以下问题达成共识：废除《劳资关系法》，建立由工会和雇主代表组成的非官方调解仲裁服务机构；扩大工会成员权利，在不公平解雇和短期试用解雇方面，雇主应设立最短提醒期；对于雇主拒绝认可工会的行为，工会在仲裁委员会介入前，可要求雇主进行集体谈判；工会代表在工作中的安全和健康方面享有法定权利。②尽管在劳资关系政策方面取得合作进展，但在经济决策尤其在收入政策方面，双方并未达成协议。

经过各方长期努力，联络委员会合作取得实质性进展，工党与工会开始在"社会契约"的框架内协商经济政策。1973 年 1 月，联络委员会发表题为《经济政策和生活成本》（Economic Policy and the Cost of Living）的联合声明，确立双方合作契约。主要内容有："抑制通胀策略在于对物价、食品、住房和房租等直接采取法律控

---

① Patrick Bell, *The Labour Party in Opposition*, *1970 - 1974*, London：Routledge, 2004, p. 225.

② Robert Taylor, *Labour and the Social Contract*, Glasgow：Civic Press Ltd. , 1978, p. 3.

制；英国工资增长速度与其他工业国相差不大，问题在于单位产出的工资成本较高，其直接原因是企业产出增长较慢；企业产出和人均产出在很大程度上取决于资本设备质量、管理效率和工作方式的更新换代。英国资本设备落后于其竞争对手很多。因此，从根本上来说，英国经济问题的根源在于企业投资和资本配置等问题。"从工会对经济问题产生的原因分析来看，工会将经济通胀归因于企业和雇主，并主张政府加强对雇主的管控，试图将政府政策方向转移至企业生产和资本投资领域。工会代表大会试图对政府经济决策发挥影响力，指出新政策需要"对国民生活各层面进行更加民主的管理，政府在制定经济决策方面要承担更大的公共责任"。① 这表明，政府会重视大多数人的利益，实现对国民生活的民主化和责任化管理。它反映出工会代表大会尽管与政府进行联络，但其主要考虑的是工会成员的利益。

《经济政策和生活成本》被称为"社会契约"或"社会契约的最初版本"，工党在 1974 年竞选宣言中吸收了契约内容，这构成其施政建议的重要组成部分。② 一方面，《经济政策和生活成本》的内容反映了工党在联络委员会中的双重代表性身份，其对经济政策的承诺是工会代表大会与议会工党对话协商的结果，这保证了经济政策在工党执政下能够有效推行。另一方面，《经济政策和生活成本》也是工党施政计划的内容之一。联络委员会希望通过联合声明的内容进一步强化双方的信任，进而达成更加广泛的协议，以实现抑制通胀和提高人们生活水平的目的。声明也同时指出，"在当前环境下和在联络委员会框架内工党与工会相互理解的基础上，新当选的工党政府的首要任务是与工会代表大会缔结各项经济政策协议，并讨论履行这些政策的顺序"。③ 从联合声明可以看出，工党与工会间相互妥协与理解是双方合作得以开展的基础，工会在思想

---

① Chris Wrigley, *British Trade Unions*, *1945-1995*, pp. 121-122.

② Eric Wigham, *Strikes and the Government*, *1893-1981*, p. 181.

③ Patrick Bell, *The Labour Party in Opposition*, *1970-1974*, p. 235.

上放弃好战倾向和不妥协态度。对工党来说，消除与工会之间的隔阂以换取双方在经济上的合作至关重要。在 1973 年的工党大会上，工党提出具体计划，阐述其未来执政期间的社会政策，即"扩大公有制，与主要企业签订计划协议，通过新的工业法。政府同意开展激进的社会主义改革，采取与社会福利、住房和养老金有关的福利措施作为其与工会'社会契约'的基础，以作为对工会自愿限制工资的回报"。① 联合声明的发表表明工党抛弃了 1964—1970 年执政期间的管理主义、效率策略，在执政理念上开始左转，首相威尔逊在 1974 年上台后也接纳了这种理念。

在"社会契约"框架下，政府、工会和雇主分别发挥不同作用。政府是"社会契约"的积极推动者和策划者，由于工会反对法定收入政策，政府试图通过"社会契约"换取工会对政府政策的支持，确立新的产业共识。政府推动建立"社会契约"既不同于其在 60 年代后期的强制性收入限制，也与希思政府的法定收入政策不同。"社会契约"体现了这一理念："在全球通胀压力下，物价上涨不可避免，在工人社会福利改善的情况下，政府将与工会协商使其放弃提高工资的要求。"② 政府意在用增加工人福利开支的办法换取工人放弃工资增长需求。在放弃法定收入政策和收入委员会后，政府将严格控制物价和利润，引进食品补贴，提高抚恤金以及冻结地方当局营造的简易住宅租金。在劳资关系方面，政府废除劳资关系法案，扩大并改善辅助性立法保障工人权利，使其能够应对不公平解雇和裁员问题。③ 在取得工会的支持下，工党威尔逊政府开始在社会契约的框架内推行各项经济政策。1974 年 7 月，政府准备依照"社会契约"制定收入政策时，就业大臣迈克尔·富特（Michael Foot）在下院发言中表示："政府在过去一直参照社会契约内容，与工会代表大会保持密切沟通，在未来执政期间，政

① Martin Holmes, *The Labour Government*, *1974-79*, p. 6.

② Kevin Hawkins, *Trade Unions*, p. 206.

③ Ian Clark, *Governance*, *the State*, *Regulation and Industrial Relations*, p. 106.

府将经常与工会进行协商。"①

　　作为"社会契约"的制定者之一，工会的主要义务是遵守年度工资增长方案，说服成员避免通过集体谈判另谋工资增长，避免破坏政府收入政策。工资增长应与实际生活水平相匹配，严格遵守12个月的工资增长间隔期。同时，工会也要注意到企业的效率需求和低收入问题。② 在威尔逊政府开始将"社会契约"付诸实施的情况下，工会也开始极力配合政府政策的推行。杰克·琼斯等工会领导人不断强调，工党政府已经按照"社会契约"施政，作为契约行为主体，工会也必须承担相应职责，配合政府改善经济状况。

　　1974年6月，工党准备废除法定工资限制，完全依照"社会契约"实施经济政策。工会代表大会总理事会发布《集体谈判与社会契约》（Collective Bargaining and the Social Contract）报告，对工会在接下来与政府的联络提出建议，要求工会按照"社会契约"履行其相应职责。总理事会认为："尽管谈判的基础是提高未来英国的消费和生活水平，但当前消费领域的实际增长有限。因此，在接下来的协商过程中，应把提高和保持实际收入水平作为核心议题；考虑到门槛协议早已对物价上涨做出补偿，生活成本的提高会使人们感到有权提出补偿要求；另一可选方案是在新的协议实行期间，人们的生活水平的维持要经过谈判做出安排；为较大幅度工资增长方案的推行设置12个月的间隔期；赋予谈判协议优先权，这会对单位成本和效率产生有益影响，也有利于改革工资结构和保障工作安全；对超过18周岁的低收入工人群体，在工会代表大会提出的25英镑最低基本工资标准基础上提高其收入，优先确立其最低合理工资标准；持续消除对特定工人群体的歧视，尤其是对女性工人的歧视，改善非工资福利，如病假津贴和岗位抚恤方案，推行

①　Hansard, *House of Commons Debates*, Fifth Series, Vol. 894, Col. 1167, 1 July, 1975.

②　Kevin Hawkins, *Trade Unions*, p. 206.

每年4周的年假；充分利用调解、仲裁和调停机制，快速有效化解劳资争议。"① 工会的建议充分考虑了其成员利益，内容涵盖工资、工人福利、工作保障、冲突化解等事关工人核心利益的内容。报告提出的工资方案更加温和，表明工会更倾向于通过自愿主义的协商机制解决包括工资问题在内的各种劳资关系问题。

雇主是"社会契约"的被动接受者，在生产集中化程度不断提高和企业规模扩大的情况下，雇主日益重视对企业内部事务的管理。政府与工会的"社会契约"给雇主的管理权力带来挑战：一方面，政府对工资的限制会直接影响企业的工资结构体系；另一方面，政府限制物价和企业分红也会影响投资和效益。此外，经济通胀不断出现和英镑在国际市场上的压力也使企业的投资和竞争环境面临挑战。因此，雇主对"社会契约"的实施前景表示忧虑。这种困境决定了雇主既希望政府抑制通胀，又对政府管控物价和工资的做法感到不满。尤其在经济状况恶化和工会热衷于产业行动的年代，企业界越来越担心工会将大张旗鼓地反抗政府经济政策。在雇主看来，尽管"社会契约"框架得以确立，威尔逊政府统治下的劳资关系可能平静一段时期，但还是发生了一系列非官方罢工。在威尔逊政府执政之初，英国劳资争议并没有因"社会契约"的实施而消除。虽然工程业联合工会在休·斯科隆的领导下放弃其工资增长需求，但汽车行业的劳资纠纷层出不穷。1974年5月火车司机的产业行动使铁路交通普遍处于混乱之中，医疗群体在该年7月发起旷日持久的罢工行动。② 在此环境下，雇主很难对"社会契约"的实施效果产生信心。一些雇主在劳资关系实践中也开始突破"社会契约"的约束。在企业内部的管理方面，一些私企雇主感到有必要突破"社会契约"规定的工资限制，开始谋求新的工资增长方案。在政府作为直接雇主的公共部门，尤其在教育部门和

① Chris Wrigley, *British Trade Unions*, 1945–1995, pp. 122–123.
② ［英］阿伦·斯克德、克里斯·库克：《战后英国政治史》，王子珍、秦新民译，第274页。

国民医疗服务体系中，许多教师和护士认为其工资落后于其他工人群体，公共部门管理人员在面对雇员工资增长需求时也做出让步。①

二　劳资关系机制的改革与调整

政府劳资立法是社会契约的另一重要内容之一。作为对工会履行"社会契约"、配合政府推行收入限制政策的交换，威尔逊政府上台之后也开履行其在"社会契约"中的责任，出台劳资立法以完善劳资关系机制。与此前带有强烈国家干预主义色彩的劳资立法不同，这一时期的政府通过立法回归到此前的自愿主义劳资关系机制。在此方面，政府主要通过三个阶段的劳资立法改革与调整，践行其在"社会契约"中的承诺：政府废除 1971 年《劳资关系法》，代之以 1974 年《工会和劳动关系法》（*Trade Union and Labour Relations Act*, *1974*）；1976 年，工党通过《工会和劳动关系法（修正）》，实现对自愿主义劳资关系传统的回归；为强化工人集体权利和赋予工人新的个体权利，政府在 1975 年出台《雇佣保护法》（*Employment Protection Act*, *1975*）。政府也尝试通过产业民主立法，扩大集体谈判范围，为此，政府成立了由布洛克勋爵（Lord Bullock）领导的产业民主调查委员会（Committee of Inquiry on Industrial Democracy），试图通过调查推动产业民主立法。②

首先，在劳资关系法律方面，工党上台后将废除 1971 年《劳资关系法》纳入政治议程。1974 年，工党政府就业大臣迈克尔·富特向议会提交议案，要求废除 1971 年《劳资关系法》，工党议员罗伯特·希尔克（Robert Silk）在废除 1971 年法案时宣称："英国劳资关系体系的形成是不断发展、变化和适应的结果。我们应珍

---

① Kevin Hawkins, *Trade Unions*, p. 207.
② Chris Howell, *Trade Unions and the State*: *The Construction of Industrial Relations Institutions in Britain*, *1890–2000*, p. 114.

惜自愿主义传统而不能想当然地将规章制度强加于它。"① 工党政府废除希思政府劳资立法主要通过两部法律完成，由于 1974 年工党是以议会少数派赢得大选，工党的立法行为在一定程度上受到制约。1974 年 8 月 13 日，议会通过《工会和劳动关系法》取代 1971 年《劳资关系法》，1974 年法案只保留有关保障工人权利的条款，1971 年法案的其余内容大多被废除，1971 年《劳资关系法》取消的工会先前获得的各项权利得以恢复。② 在 1976 年大选赢得议会多数席位后，工党又通过了《工会和劳动关系法（修正）》，进一步强化了自愿主义劳资关系机制。

两部法律在以下两个方面对劳资关系机制进行重新调整。其一，政府在废除 1971 年《劳资关系法》的同时，保留其关于不公平解雇的条款。其二，法律肯定了工人作为工会会员的基本权利，其中规定："工会不是专门的注册机构，工会不被视为法人团体。""工人有权不被工会除名或排斥，任何工会或其分支机构不得通过武断的或非理性的行为歧视工会成员。""工会成员在合理提醒或遵守相关条件的情况下，可以终止其会员身份。"③ 法案强化了工会行动的法律豁免权，规定："工人违反雇佣协议的产业行动适用法律豁免权，除非该行动诱使或威胁他人破坏雇佣协议。"④ 在集体协议方面，法律表现出对自愿主义集体谈判制的回归，声明集体协议不具有法律效力，除非劳资双方在集体协议书面声明中注明其具有法律约束力。⑤ 在法案通过的同时，政府也推翻了根据 1971 年法案做出的法庭判决。1976 年，政府通过《工会和劳动关系法

---

① Hansard, *House of Commons Debates*, Fifth Series, Vol. 873, Col. 268, 7 May, 1974.

② Eric Wigham, *Strikes and the Government, 1893-1981*, p. 182.

③ *Trade Unions and Labour Relations Act 1974*, Chapter 52, London: HMSO, p. 2, 6, 8.

④ *Trade Unions and Labour Relations Act 1974*, Chapter 52, p. 13.

⑤ *Trade Unions and Labour Relations Act 1974*, Chapter 52, p. 15.

（修正）》，继续推进工党政府的立法趋势，撤销 70 年代之前法律对工会的限制，填补了劳资关系中的法律漏洞。法案扩大了工人的个体权利，规定工人在排外性和雇佣制企业，可根据合适理由拒绝加入工会。此外，法案扩大了集体行动豁免权的适用范围，法案在定义劳资争议的内容时将其扩展至外资企业和多国联合企业。①

其次，为给工人工作权利提供更好的法律保护，1975 年政府又通过《雇佣保护法》，赋予工会和工人新的权利，并试图在劳资关系机制方面做出调整，以改善劳资关系。政府阐明了立法的目的："改善劳资关系，推动建立产假基金（Maternity Pay Fund），扩大工业法庭的司法范围，改善失业津贴和追加补助。"法案同时也修改了雇佣培训法，增加了有关工人卫生、安全等立法内容。② 在工人权利方面，法案规定雇主在裁撤短期雇佣和临时雇佣的工人时，应向其支付保证金。在带薪休假方面，法案给予女工在怀孕和分娩期间工作保障和产假等相关权利，规定女工在停工期间应享有工人正常工资的合法权益。对于工会官员和公共部门服务人员的带薪休假，法案也给予其相关保障，并规定工人在收到解聘通知后寻找工作期间，也应享有与此相关的工资补贴。③ 在保障工人就业方面，法案规定：当工人遭受雇主不公平解雇时，工业法庭应判决雇主对工人进行赔偿，雇主以工人是工会会员身份而将其裁撤的行为属于违法行为，法律也强化了对工人在大量裁员过程中的保护机制。在保障工会权利方面，为保证集体谈判制的顺利推行，法律规定工会有权从雇主那里获得认可，雇主必须遵守集体协议，在集体谈判制发展不充分的企业，雇主有遵守雇佣条件和条款的义务。④

---

① *Trade Union and Labour Relations（Amendment）Act 1976*, Chapter 7, London：HMSO，pp. 4-5，2.

② *Employment Protection Act 1975*, Chapter 71, London：HMSO，p. 1.

③ Robert Taylor, *The Trade Union Question in British Politics：Government and the Unions since 1945*, p. 238.

④ *Employment Protection Act 1975*, Chapter 71, pp. 89-91.

由此可见，1975 年法案在保障工人和工会权利方面不仅仅是对自愿主义劳资关系机制的回归，它也通过国家法律的强制性干预，为工会和工人权利提供法律保障，这是在"社会契约"框架下，政府履行其对工会承诺的重要体现。

1975 年法案在劳资关系机制改革方面也做出较大调整，在集体谈判走向分散化的情况下，希思依靠立法实现政府主导下劳资冲突化解机制的改革宣告失败，工党在重返执政舞台后，放弃了国家干预主义的方法，主张回归到自愿主义的劳资冲突化解机制。为给劳资关系机制的改善提供法律基础，政府通过 1975 年法案设立劳资关系机构，包括咨询、调解、仲裁服务处（Advisory, Conciliation and Arbitration Service）以及中央仲裁委员会（Central Arbitration Committee），并以工会认证官（Trades Union Certification Officer）取代之前的工会注册登记处。1975 年法案对这些机构的运作做出规定："建立咨询、调解、仲裁服务处，用于改善劳资关系，鼓励扩大和发展集体谈判制，并在必要的情况下改善集体谈判体制。在冲突调解方面，在劳资争议发生或服务处意识到劳资冲突发生的情况下，可在冲突任何一方的或其他方的请求下，通过调解或其他手段包括派驻服务人员，为劳资争议的化解提供帮助。法案设立中央仲裁委员会，当劳资冲突无法通过调解或协商解决时，委员会可为劳资争议化解提供仲裁服务，法案列举了委员会的仲裁范围，包括集体谈判、工会认可、协商机制、雇佣协议终止、纪律裁员和企业工资体系等。委员会在适当的情况下，可就劳资关系问题对企业进行调查，并出具调查报告，为改善劳资关系提出行为守则，服务处根据行为准则处理相关劳资争议，公正提供仲裁服务。工会认证官由国务大臣任命，负责处理工会资格问题。"[1] 1975 年《雇佣保护法》受到工会领导和车间代表的欢迎，罗伯特·泰勒认为："法案在不削弱自愿主义劳资关系传统的情况下，扩大了工会和

---

[1]　Employment Protection Act 1975, Chapter 71, pp. 2–9.

工人的权利。"① 尽管工党政府在"社会契约"框架下的立法措施在某种程度上来说是对自愿主义劳资关系传统的回归，但通过政府立法回到自愿主义也表明这种回归带有国家干预色彩，这种改革强化了工会对政府的依赖，工人和工会的很多权利皆有法律支持，这体现出劳资关系立法和调整使工会更加依赖国家而非工会自治。②

最后，政府将产业民主作为"社会契约"的另一核心条款推行。产业民主主要是通过法律化途径扩大工人和工会对企业管理的参与。在工党上台之后的 1975 年 8 月，工党议员皮特·肖尔（Peter Shore）在下院表达了关于建立调查委员会的想法，他指出："在私有企业部门进行调查进而推动产业民主建设进程。委员会授权的调查范围包括以下几个方面：企业董事会和管理人员接受扩大产业民主的需求，认可工会在这一过程中的关键作用，在考虑如何更大范围地推动产业民主进程的过程中，委员会要充分考虑工会代表大会的意见，同时也要考虑到英国、欧共体和其他国家的经历，考虑到国民经济、雇员、投资者、消费者等群体利益，并分析这类群体对改善企业管理和企业法规运作的代表性作用。"③ 政府此举不仅旨在改善劳资关系状况，也旨在通过产业民主框架建立劳资合作法律机制，工会代表参与企业管理被视为政府在国家层面发展经济的合作主义和制度化途径。

在布洛克勋爵的领导下，委员会通过调查，于 1977 年向政府提交《产业民主调查委员会报告》（Report of the Committee of Inquiry on Industrial Democracy），报告就如何推动产业民主进程提出以下建议："在企业规模日益集中，工会力量日益扩大化、集中化的情况下，需要工会作为代表平衡雇主在经济管理中的相对权力，扩大工

---

① Robert Taylor, *The Trade Union Question in British Politics：Government and the Unions since 1945*, p. 238.

② Dominic Strinati, *Capitalism, the State, and Industrial Relations*, p. 170.

③ *Report of the Committee of Inquiry on Industrial Democracy*, Cmnd 6706, London：HMSO, January 1977, p. v.

会对企业经济事务管理的参与。企业也要认识到工人对工作的管理
需求日益扩大，工人参与管理对提高企业生产率和产业生产力具有
重要意义，劳资双方都有责任通过产业民主的基础路径，为企业发
展和获利做贡献。"① 报告同时强调产业民主政策必须真实有效地
推行，为此，政府主张建立单一指导委员会机构，使工人利益在企
业决策过程中得到表达。作为民主委员会的组成部分，报告还提出
了"2x+y"的代表程式，即由相同数量的雇员和雇主代表"2x"
加上第三方团体"y"，保证决策过程中的谈判不会陷入僵局，这
一程序仅适用于那些雇员人数超过2000人的企业。②

　　产业民主政策在一定程度上符合劳资关系经济逻辑，即在不
同的维度上强化集体谈判制度。在横向上，产业民主政策试图在
新的经济部门推行劳资合作决策机制；在纵向上，产业民主主张
各层级工人包括基层车间部门工人参与企业事务管理；在产业民
主的性质上，政府试图扩大集体规范的范围，以便将劳资谈判纳
入经济调整之中。③ 尽管政府极力推动产业民主政策，但该政策的
实施尤其是布洛克产业民主报告的出台，在不同程度上遭到保守
党、工会和雇主的反对。在议会辩论期间，曾任就业大臣的保守党
议员罗伯特·卡尔认为："布洛克的大多数提议是不可接受的，因
为它建立在错误的原则之上，这种原则从根本上来说既不民主，也
会对提高生产效率产生适得其反的效果，委员会的报告不利于产业
力量的团结，反而会加剧冲突，引发劳资双方的分歧而非合作，在
企业投资者与生产工人之间造成矛盾，进而减少企业投资。为争夺
在民主参与过程中的代表权，工会内部也会形成竞争和矛盾，加速

① *Report of the Committee of Inquiry on Industrial Democracy*, Cmnd 6706, p. 160.
② Dominic Strinati, *Capitalism, the State, and Industrial Relations*, p. 172.
③ Chris Howell, *Trade Unions and the State: The Construction of Industrial Relations Institutions in Britain, 1890-2000*, pp. 118-119.

工会内部分裂。"①

　　从雇主方面看，产业民主政策的实施被视为对雇主的最大威胁。随着产业规模扩大和资本集中程度提高，企业日益重视对其内部事务的管理，工人参与企业管理显然与雇主强化企业管理权的意图相左。因此，布洛克委员会的报告引起雇主的不满。在委员会报告出台期间，作为委员会成员的雇主方代表就对报告内容持怀疑态度，产业联盟和雇主组织也批判委员会通过产业民主干预企业事务，产业联盟表示其支持温和的劳资关系改革，并表示在必要情况下将支持政府进行产业民主立法。产业联盟认为："当前，脆弱的英国经济不适合激烈的变革，但产业联盟愿意采取一种自愿的、灵活的和更加实用的方法让工人参与企业管理，改善劳资关系和提高企业效率。"②

　　相较于雇主对产业民主政策有保留的支持态度，工会内部则因产业民主政策陷入分歧。工会代表大会认为产业民主政策以工会代表的参与为基础，这与集体谈判制不存在功能上的矛盾。但一些大工会如工程业联合工会和全国通用工人与市政工人工会对此表示反对，这些工会领导人认为参与企业决策和谈判在一定程度上意味着其在自身角色上的妥协，这会对工会自治造成威胁。③ 劳资双方对产业民主的怀疑和抵制态度说明，在 70 年代下半叶，劳资关系改革的社会共识全面崩溃，建立在共识基础上的"社会契约"也由此走向终结。

三　自愿主义收入限制政策及其后果

收入限制政策是工会与工党合作制定"社会契约"的核心条

---

　　①　Hansard, *House of Commons Debates*, Fifth Series, Vol. 380, Col. 181, 23 February, 1977.

　　②　Dominic Strinati, *Capitalism, the State, and Industrial Relations*, p. 175.

　　③　Robert Taylor, *The Trade Union Question in British Politics: Government and the Unions since 1945*, p. 241.

款，工会在此框架下的主要职责是配合政府制定和推行收入政策。威尔逊政府上台后一度延续了希思政府法定收入限制政策，但很快就转向与工会联合制定收入限制政策的契约框架。工会对政府收入限制政策的推行给予大力支持。1976 年威尔逊辞职后，继任首相卡拉汉继续实行收入限制，以抑制通胀，降低失业率。随着经济环境的恶化，政府削减开支、对工资限制力度加大的做法引起工人不满，一些工人开始诉诸产业行动抵制收入限制，在此情况下，工会代表大会不再与政府联合制定收入政策，主张回归到集体谈判制。工会与政府在收入政策的分歧逐渐增多。

在收入政策方面，工党威尔逊政府是以微弱优势赢得大选且工党在议会下院是少数派，这意味着工党必须在最短时间内快速有效地解决各类经济问题。上台伊始，威尔逊政府面临英国历史上最严重的通货膨胀和财政赤字。[1] 工党必须取得有效的政绩来保证下届大选在议会中获得多数。在"社会契约"实施的第一年，工党延续了希思政府的《反通胀法》，保留工资委员会，这意味着希思政府第三阶段收入限制政策在工党执政之初被延续下来。在上台三周后，财政大臣丹尼斯·希利（Denis Healey）提出新的财政预算，旨在紧缩需求。希利提出增加税收 15 亿英镑，标准税率提高 3—33 便士，税率的提高使居民收入相对下降，政府给予个人纳税减免并增加补贴。工人的生活补助获得较大提高。经过工会领导人杰克·琼斯的长期努力，工人的失业救济和患病补助都获得很大提高。食品津贴增加了 5 亿英镑，住房津贴增加了 7000 万英镑。政府还将增值税扩大到糖果类商品、汽油和其他道路基金。加上传统的礼节性饮酒和烟草税收增加，间接税增加了 6.8 亿英镑。[2] 企业税提高至 52%，雇主们要按定额为预算中宣布的国民保险金的提高负担更多。政府还大幅提高煤价、电费、钢铁价格、邮费和火车

---

[1]　Eric Wigham, *Strikes and the Government, 1893–1981*, p. 181.

[2]　Martin Holmes, *The Labour Government, 1974–79*, p. 9.

票价，以便减少国有化企业所需的越来越多的国家补贴。希利的政策并未达到目的，反而加重了许多公司面临的流动资金问题，英国经济衰退的风险还在增加。[①]

尽管工会代表大会对内要求工会成员接受收入限制，但该政策的实施尤其是希思政府法定收入限制的延续增加了工人的疑虑，在威尔逊政府重新执政之际，工程业联合工会中的白领工人和公共部门工人提出增加津贴的要求。教师、银行职员和公务员对工程业联合工会的诉求表示支持，邮政工人的罢工和禁止加班行动也从伦敦扩展到其他地区，就业大臣迈克尔·富特拒绝了工人超过法定限额的工资要求。1974年底，苏格兰地区的工人也发起产业行动，罢工浪潮扩展到多个部门，卡车司机、教师和地方政府部门公务员都卷入其中。在这些罢工活动中，导致工作日损失超过10万个的罢工有16次。在1974年的罢工活动中，不包括矿工罢工导致的工作日损失超过900万个，比1973年高出200万个。[②] 与此同时，通货膨胀的危险不断加剧，政府决定采取措施改善劳资关系，扭转不利的经济局面。

1974年7月，政府推出新的预算方案。在议会下院的发言中，财政大臣丹尼斯·希利开始强调抑制通胀的重要性，他认为，"政府一直致力于与工会代表大会和产业联盟商讨降低通货膨胀率的办法，这是降低失业率、增加投资的前提条件"。丹尼斯·希利也表明政府在抑制通胀问题上的看法："我们将采取措施抑制通胀，争取在下一工资年度使通胀率下降到10%，到1976年底实现通货膨胀率为个位数，下一工资年度的工资增长不能超过10%，企业利润分红也不能超过此限。政府将采取一系列措施，对公共部门的工资方案进行工资限制，政府既不会为公共部门过度的工资增长协议买单，也不会为公共部门的超额成本提供贷款，政府会采取行动为

---

① ［英］阿伦·斯克德、克里斯·库克：《战后英国政治史》，王子珍、秦新民译，第273页。

② Eric Wigham, *Strikes and the Government, 1893-1981*, p.193.

私有企业制定价格准则。"① 与此同时，政府废除了法定收入政策
并撤销了工资委员会，这意味着政府将完全在"社会契约"的框
架内实行新的反通胀措施。7 月实施的预算与政府准备在 10 月举
行大选相关，也因此被称为"选举预算"，但其实施充满不确定
性。由于工资增长门槛的运行仍延续希思政府的收入政策，财政大
臣丹尼斯·希利将直接税率从 10% 降为 8%，试图缓解物价上涨带
来的通胀问题。政府将食品津贴扩增至 5000 万英镑以降低零售品
价格指数，将地区就业奖励增加一倍，其成本达到 1.18 亿英镑。
以上政策的实行加剧了经济通胀，财政收支和石油价格攀升带来不
利影响，通胀和失业情势同时恶化。②

　　在废除法定收入政策的情况下，政府开始推行新的收入限制政
策，而工会的态度对收入政策的制定和推行至关重要。在 1975 年
的新年发言中，首相威尔逊强调："为了一小部分的短期利益而采
取行动会对所有人的利益造成损失。" 工党阁员雷格·普伦蒂斯
（Reg Prentice）强调工会不能回避其在"社会契约"中应承担的职
责。③ 工会代表大会也呼吁："威尔逊及其阁员已做出保证，不会
通过国家强制的方式对工资进行干预。因此，工会没有必要打破政
府 12 个月的工资增长间隔，以避免政府冻结工资或实施法定工资
政策。"④ 在工会和政府都表示支持的情况下，1976 年 7 月，政府
拟定了《抗击通胀》（The Attack on Inflation）白皮书，提出在接下
来的工资年度内，即"截至 1976 年 7 月，政府将采取措施将通胀
率降至 10% 以下，到 1976 年底，使通胀率下降至个位数"。为此，
工会和政府一致决定："对工资增幅设定 10% 的上限，人均周薪上
涨不得超过 6 英镑，增加低收入群体工资，避免大幅度货币工资提

---

① Hansard, *House of Commons Debates*, Fifth Series, Vol. 894, Cols. 1189–1190, 1 July, 1975.

② Martin Holmes, *The Labour Government*, *1974-79*, pp. 9–10.

③ Eric Wigham, *Strikes and the Government*, *1893-1981*, p. 182.

④ Robert Taylor, *The TUC: From the General Strike to New Unionism*, p. 215.

高，年收入达到 8500 英镑的工人工资将不再增加，设定个体工资增长间隔为 12 个月。"① 同时，政府要求雇主在制定工资方案时不得超出国家限制，并对物价实行严格管控。1975—1976 年度的收入限制政策主要是针对经济通胀而做出的应急策略，尽管雇主在价格和企业工资制定方面超出政府限制，但并未带来收入的剧烈变化。② 政府与工会代表大会在政策制定时曾许诺在 1976 年中期将通胀率降至 10% 以下并降低失业率。但收入限制并未缓解经济困境，1975 年 10 月，英国失业率急剧上升，失业人数突破百万大关。1976 年中期，英国面临新的英镑危机，国际货币基金组织也表达了对英国经济状况的担忧。③ 严峻的经济形势迫使政府做出改变，财政大臣丹尼斯·希利试图采取新的反通胀措施，包括减少公共支出、限制收入和减少劳资冲突。在 1976 年经济环境不断恶化的情况下，首相威尔逊突然宣布辞职，卡拉汉继任首相。

卡拉汉继任首相后最初的几个月，政府为应对危机开始大幅削减公共支出，并计划在下一工资年度继续实施工资限制。1976 年，政府与工会代表大会在上一年度收入政策的基础上制定了工党第二阶段（1976 年 7 月至 1977 年 7 月）的收入限制方针。新的工资方案规定新阶段工资增长幅度不得超过 5%，相较于上一阶段周薪 6 英镑的增长限额，1976—1977 年的收入政策降低了工资增长额度，工会与政府在协议中声明工资增长最低额度为 2.5 英镑，周薪上涨额度的上限为 4 英镑。④ 12 个月的收入增长限额政策继续实施，同时，面对雇主和产业联盟的反对，政府仍对物价和企业分红继续实施严格限制。相较于上一阶段的收入政策，新收入政策的不同之处在于政府减少了直接税，旨在保证工人实际收入，减少高于政府规

①　*The Attack on Inflation*, Cmnd 6151, London：HMSO, July 1975, p.3.

②　Kevin Hawkins, *Trade Unions*, p.207.

③　David Powell, *British Politics and the Labour Question*, *1868-1990*, p.134.

④　TUC General Council Report, *Report of 108th Annual Trade Union Congress*, London：Trade Union Congress, 1976, p.408.

定的工资增长压力。① 工会在 1976—1977 年度收入政策的推行方面发挥了重要作用，尽管这一时期英国物价上涨速度较快，但工会仍有效执行着自愿主义工资限制政策。② 在协议制定过程中，工会代表大会曾提出收入和津贴方案，但被政府拒绝。尽管如此，工会代表大会领导人杰克·琼斯等仍要求工会遵守工资限制方案。在英镑地位受到限制的情况下，工会领导认为工会应接受新的工资协议。对于工会来说，尽管当下收入限制较为严苛，但这为之后政策制定以及税负减少提供了更多的可能性，杰克·琼斯指出："尽管当前工资额度不足以满足工人需求且会引起更多工人的不满，但我们不能冒险使英镑崩溃，让工党在下届大选中失利。"最终，工会代表大会总理事会以 25∶5 的票数比例通过了对新阶段收入政策的支持。③

工会内部对工资政策的制定和执行存在不同意见，在政府对工资增长限额不断紧缩的情况下，一些工会对工资差异感到担忧。在1976 年 9 月工会代表大会年会上，一些工会主张回到自愿主义传统，通过劳资集体谈判协商工资方案，一些手工工人和技术工人工会也意识到其成员对工资差异感到不满。④ 1976—1977 年度的工资方案并未起到扭转经济情势和改善劳资关系的作用，1976 年英镑危机迫使政府推出节支计划，公共开支的减少导致失业率提高，这违背了工会参与"社会契约"的初衷，劳资冲突由此加剧。据统计，在此阶段收入政策推行期间，英国罢工数量上升至 2351 次，相应的工作日损失为 584.2 万个。⑤ 在此情形下，工会认识到继续

① Robert Taylor, *The Trade Union Question in British Politics*：*Government and the Unions since 1945*, p. 244.

② TUC General Council Report, *Report of 109th Annual Trade Union Congress*, London：Trade Union Congress, 1977, pp. 227-229.

③ Robert Taylor, *The TUC*：*From the General Strike to New Unionism*, p. 225.

④ Kevin Hawkins, *Trade Unions*, p. 208.

⑤ Eric Wigham, *Strikes and the Government*, *1893-1981*, p. 182.

支持收入限制政策将会给工会带来危险。从第三阶段收入政策的制定和实施开始，工会代表大会开始主动回避对政策制定的参与。工会代表大会退出对工资政策的商讨，表明工会和政府在"社会契约"方面的共识开始出现危机，这导致 70 年代后期劳资关系的不确定因素增多。

1977—1979 年的两阶段工资方案均由政府单方面制定，在1977—1978 年度的工资和收入方面，政府规定"工资增长幅度不超过 10%，同时，政府要求公共部门管理者和私有企业雇主在此基础上制定新的工资方案，并保证其在此后的 12 个月内不被打破"。[①] 事实上，卡拉汉上台之后采取的削减公共开支的做法与"社会契约"中关于提高工资津贴的做法相违背，这标志着政府作为"社会契约"执行者，在面对经济压力的情况下无法继续履行其承诺。在政府不再履行其承诺的情况下，工会代表大会越来越主张回归到集体谈判制，通过劳资协商确立工资方案。[②] 由此导致工会和政府作为"社会契约"双方都放弃了各自的职责，工党政府试图在"社会契约"框架下实行劳资关系改革的计划宣告失败。尽管政府与工会联合制定的工资方案失败了，但工资限制仍是卡拉汉政府追求的经济政策。1978 年 7 月，政府出版了《赢得反通胀之战》（*Winning the Battle Against Inflation*）白皮书。白皮书是政府在咨询工会代表大会和产业联盟的基础上制定的，政府在声明中提出雇主和工会的意见都将在白皮书中得到体现。"在收入限制方面，在接下来的两个工资周期内，政府将出台比之前更加灵活的收入政策。在工资增长指导方针上，政府设定工资增长幅度上限为5%，周薪增加额在 2.5—4 英镑。同时，政府也出台政策，声明提

---

① *The Attack on Inflation after 31st July 1977*, Cmnd 6882, London: HMSO, July 1977, p. 3.

② Andrew Thorpe, "The Labour Part and the Trade Unions", in John McIlroy, Nina Fishman and Alan Campbell, eds., *British Trade Unions and Industrial Politics: The High Tide of Trade Unionism*, *1964-1979*, p. 144.

高低收入群体收入、提高生活补贴等。在失去工会支持的情况下，政府认为该政策具有灵活性，但政府不能保证该政策会取得成功。"① 尽管如此，英国经济在 1978 年呈现恢复趋势，北海油田开采使政府财政由赤字转为盈余，英镑价值持续回升，通货膨胀率降至个位数，失业率下降，人们平均生活水平提高超过 8%。②

在 1978 年英国经济恢复的情况下，卡拉汉政府试图通过推迟大选获得选举优势。但收入限制政策带来的危机不断增多，1977—1979 年的收入政策均是在工会代表大会未参加的情况下制定的，工会未参加政策制定的主要原因有两点：第一，工会领导认识到其成员尤其是基层工会不会再继续接受工资限制；第二，政府制定的正式工资政策和减税计划与企业内部车间谈判确立的工资协议互不相容。③ 这两点决定了此阶段收入政策的成功前景极其渺茫。在失去工会支持的情况下，政府计划在"社会契约"的框架内继续实施收入政策：首先，在公共部门实施现金支出限额政策，这意味着超出政府工资标准的工资增长必须实行经济补偿；其次，对私有企业超出政府规定的工资增长情况进行惩罚。但这两点在实践上均以失败告终。在私有企业，1978 年福特汽车公司面对罢工威胁，与工人达成了超过 5% 的工资增长率的生产率协议。在议会协商惩罚福特汽车公司时，下院最终通过决议反对惩罚私有企业。在公共部门，教育、医疗、消防、水电供给部门以及公务员部门都发起产业行动，政府的收入政策在工人的不满中走向失败，"社会契约"宣告破产。④ 发生这一系列罢工的 1978 年与 1979 年之交的冬天被称为"不满之冬"（Winter of Discontent），劳资冲突加剧了工党政府的危机。当然，1974—1979 年工党政府和工会之间的"社会契

---

① *Winning the Battle Against Inflation*, Cmnd 7293, London: HMSO, July 1978, pp. 3-4.

② Henry Pelling and Alastair J. Reid, *A Short History of the Labour Party*, Eleventh Edition, London: Macmillan Press Ltd., 1996, p. 157.

③ Kevin Hawkins, *Trade Unions*, p. 209.

④ Eric Wigham, *Strikes and the Government, 1893-1981*, p. 203.

约"时期，以及 1978—1979 年的"不满之冬"时期发生的罢工等一系列事件，对工党和工会都造成了创伤。[1] 不断加剧的劳资对抗使卡拉汉政府试图推迟大选以获取更多选举优势的计划破产，由于工资体系的崩溃，选民对工党政府失去信心。在 1979 年 5 月的大选中，保守党领袖撒切尔击败了工党，工党政府劳资关系改革彻底失败。

综上可见，随着 60 年代末英国劳资冲突加剧，政府加大了对劳资关系的改革力度。60 年代后期，工党政府试图通过《代替冲突：劳资关系政策》白皮书主导劳资关系改革，但遭到工会反对。1970 年保守党希思政府上台后，在社会各界的呼吁下通过了 1971 年《劳资关系法》，试图强化国家干预，限制工会力量。由于工会的反对，政府立法改革劳资关系的尝试最终失败。在国家干预主义的主导下，政府试图推行收入政策以介入对劳资关系核心问题的干预，并改善日益严峻的经济通胀问题。在 1974—1979 年工党执政期间，通过与工会在"社会契约"的基础上展开合作，工党政府用有利于工会的劳资关系改革换取工人阶层对政府收入限制政策的支持。工会与政府的联合在威尔逊执政期间得到了较好的贯彻，卡拉汉上台后，政府继续在限制工资政策方面寻求工会支持。这一时期，工党政府也通过多项劳资立法与调整，保障了工会和工人的权利。尽管工党政府放弃了保守党在 70 年代前期毕其功于一役的劳资立法和改革，但政府意识到劳资关系改革的必要性，只是这种改革是在准合作主义的方向上进行。[2] 这种合作以国家干预为主导，工会配合政府推行改革措施。但这种合作建立在脆弱的经济环境中，经济的不稳定性使工会与政府的合作充满不确定性。随着通胀

①　Chris Howell, *Trade Unions and the State*：*The Construction of Industrial Relations Institutions in Britain*, *1890-2000*, p. 119.

②　Andrew Thorpe, "The Labour Part and the Trade Unions", in John McIlroy, Nina Fishman and Alan Campbell, eds., *British Trade Unions and Industrial Politics*：*The High Tide of Trade Unionism*, *1964-1979*, p. 142.

和失业问题的频繁出现，劳资关系走向恶化。在此情形下，工会转
而主张回归自愿主义的劳资关系传统，反对政府通过收入限制对劳
资关系进行干预。政府在应对经济危机的过程中也突破了"社会
契约"的要求，通过节约开支以降低通胀率和财政赤字，"社会契
约"由此走向终结。

第 八 章

强制下的和平：撒切尔主义主导下的劳资关系（1979—1997）

　　自 20 世纪 80 年代开始，英国劳资关系体系发生了深刻变化。英国产业经济结构的转型使劳资利益格局发生转换，制造业相对衰落以及经济全球化的盛行，改变了传统的就业结构和工人力量的分布，工会力量受到冲击。在这一背景下，新上台的保守党开始对工会采取排斥和打压政策，雇主也奉行敌视工会政策。经过三次大规模的较量后，战后劳强资弱的产业力量格局被彻底扭转，工会的激进倾向及其集体行动的动员能力遭到全面削弱。为强化这一力量格局，雇主日益追求灵活的企业管理，工人以个体身份参与企业内部生产和管理的机会增多，加之雇佣方式的多样化，传统上以雇主集团和工会为主导的集体主义劳资关系机制出现去集体化趋势。在新右派理念的主导下，政府颁布多部法律，从制度层面强化政府在劳资关系领域的绝对主导地位，英国劳资关系走上了国家强制和平的时代。

第一节　产业结构变化下的大罢工

　　1979 年保守党上台之际，英国面临新的产业经济环境，随着产业结构转型的深化，英国服务业超过制造业成为主要经济支柱，经济国际化水平不断提高，就业结构也随之发生变化，这些变化对劳资利益格局产生重要影响。在撒切尔夫人上台之初，英国劳资关系并未得到明显改善，公共部门成为争议的集中区。在劳资冲突中，政府对待工会和工人的态度逐渐强硬，劳资关系呈现出政治高压下的强制和平局面。

一　制造业的衰落

20世纪70年代末以来，英国劳资关系运行的经济环境发生了深刻变化，经济全球化、去工业化、新技术的应用和劳动力构成状况的变化为经济发展提供了新的环境，新的经济环境反过来刺激了企业内部生产关系的变化。① 这对劳资关系的影响是基础性和根本性的，经济环境的变化触发劳资利益格局的变化，进而影响到劳资关系的运行。

在保守党撒切尔上台前后，英国经济发展的显著特征是其全球化水平不断提高，企业雇佣方式和规模在全球化的推动下走向多元化和扩大化。在20世纪70年代布雷顿森林体系崩溃后，国际经济一体化趋势逐渐明朗，国际货币投资市场规模扩大，欧洲一体化进程加快，英国接受的海外投资不断增多。英国资本主义发展的长期特征是制造业出口导向和金融领域的国际化偏好。1979年以来，英国经济国际化程度显著提高。在所有私营部门工作场所中，由外国（非英国）组织全部或大部分拥有或控制的比例在调查期间增长了一倍多，从1980年的6%增加到1998年的13%。其中增幅最大的是运输和通信业，其比例从不到1%增长至1998年的1/4左右。海外企业雇员人数占相当大的比例，相较于其他国家，英国跨

① Chris Howell：*Trade Unions and the State：The Construction of Industrial Relations Institutions in Britain，1890-2000*，p. 137.

国公司多为服务业导向。[1]

　　在英国接受的海外投资中，美国资本长期占据主导地位，自 20 世纪 70 年代开始，法国、德国和日本对英国投资增多。20 世纪七八十年代，日资企业如索尼（Sony）、日本精工（NSK Searings）、东芝（Toshiba）等著名制造业企业先后进驻英国，日本尼桑（Nissan）在英国投资最多，其在桑德兰（Sunderland）的汽车企业雇佣人数超过 4000 人。德国资本在七八十年代也大规模进入英国市场，主要流向化学、汽车和一些服务行业（如零售业和媒体行业）。[2] 英国经济结构中外资企业所占比重不断增大，1979 年，英国 4000 多家大型私有企业中，23% 属于外资企业，其在英国的雇员规模超过 100 万人。在制造业中，约 1/5 的工作岗位由外资提供。[3] 20 世纪 80 年代，外资制造业在英国分公司所雇佣劳动力人数占劳动力总数的比例为 12%—13%，1994 年，这一比例猛增至 18%。1980—1998 年，外资私有企业雇员人数占雇员总数的比例由 6% 增长至 13%。[4] 经济全球化水平提高深刻影响到英国产业经济的发展，英国劳资关系的互动范围也大为扩展。外资企业的增多和企业所有权的变革促进了英国劳资关系的变化，外企管理中对传统的劳资关系互动机制集体谈判的需求下降，企业内部管理安排开始由先前的多雇主协议转为对企业内部协议的依赖。长期以来，英国对外直接投资占其国内生产总值的比重在发达国家中一

---

① Neil Millward, Alex Bryson and John Forth, *All Change at Work?*: *British Employment Relations 1980-1998*, *As Portrayed by the Workplace Industrial Relations Survey Series*, London: Taylor and Francis e-Library, 2002, pp. 32–33.

② Anthony Ferner, "Foreign Multinationals and Industrial Relations Innovation in Britain", in Paul Edwards, ed., *Industrial Relations: Theory and Practice*, p. 82.

③ William Brown and Keith Sisson, "Industrial Relations in the Next Decade: Current Trends and Future Possibilities", *Industrial Relations Journal*, Vol. 14, No. 1, March 1983, p. 10.

④ Neil Millward, Alex Bryson and John Forth, *All Change at Work?*: *British Employment Relations 1980-1998*, *As Portrayed by the Workplace Industrial Relations Survey Series*, pp. 32–33.

直处于最高水平。这种经济开放性的结果是英国经济极易受其他国家经济体制的影响，外资企业在影响英国劳资关系模式和雇佣实践方面也有着长期利益。[1]

随着产业结构转型，英国传统的优势企业制造业部门相对衰落，服务业开始成为国民经济的主导产业。经济全球化在推动英国外资企业和海外英资企业增多的同时，也暴露了英国经济发展面临的问题，其传统优势企业制造业投资水平落后于其他国家，其市场竞争力弱于其他工业国。对比西方工业国制造业投资水平可以看出，20世纪60年代开始，英国制造业企业和设备投资额低于其他较为成功的发达国家经济体。1960—1993年，英国制造业对机器设备投资只占国内生产总值的8.4%，而同一时期，联邦德国这一投资比例为8.7%，法国为8.9%，意大利为9.8%，日本为12.4%。[2] 可见，英国制造业技术设备投资在发达国家经济体中一直处于较低水平。就实际投资数量而言，1979—1989年，英国制造业净投资仅相当于危机前十年的1/6，在60年代，制造业部门投资仅相当于其产出的4%，但在80年代，这一比例降为0.6%，由此可见，英国制造业投资水平远远落后于其他发达国家经济体。[3] 从经济发展的角度来看，60年代以后英国经济相对衰退，加之劳资关系的恶化影响了海外资本投入，制造业部门发展缺乏强有力的现代化力量，由此导致英国制造业的进一步发展受到限制。

投资水平低导致英国制造业产品在国际市场上缺乏竞争力，英国制造业被其他工业国赶超。战后初期，由于欧洲主要竞争对手处于市场动荡期，英国制造业商品出口迎来新的发展机遇。但

---

[1]　Anthony Ferner, "Foreign Multinationals and Industrial Relations Innovation in Britain", in Paul Edwards, ed., *Industrial Relations: Theory and Practice*, p. 81.

[2]　David Coates, *Models of Capitalism: Growth and Stagnation in the Modern Era*, Cambridge: Polity Press, 2000, p. 44.

[3]　Michael Kitson and Jonathan Michie, "Does Manufacturing Matter?", *International Journal of the Economics of Business*, Vol. 4, No. 1, 1997, pp. 84-86.

从 60 年代开始，英国制造业国际竞争力下降，其商品出口市场开始被欧洲其他发达国家经济体和日本等国抢占。在战后最初的 20 年，英国制造业发展水平先后被法国和联邦德国赶上，在之后的 20 年，英国制造业完全落后于法、德两国。英国贸易和工业委员会（Trade and Industry Committee）的制造业竞争力报告显示："在 70 年代石油危机后，英国是主要工业强国中唯一未能实现制造业增长的国家，直到 1988 年，英国制造业发展才恢复到 1973 年的水平，但其增长额不到 1%。同年，法国制造业产出增长幅度为 27%，联邦德国为 25%，意大利为 85%，日本为 119%。"[1] 1983 年，曾经号称"世界工厂"的英国成为制造品净进口国，这是近 200 年来英国在和平时期首次成为制造业商品净进口国。[2]

英国制造业衰落的原因是多方面的，从英国工业基础及其传统来看，制造业在国民经济中一直占据主导地位，但其在战后投资水平一直低于其他工业国。随着主要工业国从战争的废墟中走出，英国制造业面临的市场竞争日益激烈，其出口制造品的市场竞争力较弱。制造业的衰落与英国这一时期政府采取的经济政策有关。1979 年保守党重返执政舞台时，世界经济进入新一轮的衰退期，对撒切尔政府来说，其首要经济目标仍是降低经济通胀率。为此，政府采取提高利率而非帮助企业渡过经济风暴的做法，但相较于此前政府采取的需求管理政策，撒切尔政府的反通胀政策给制造业部门带来困境，从 1979 年到 1981 年，英国制造业产出下降 15%。剑桥大学应用经济系的研究表明，制造业产出下降主要由消费者需求下降导致，利率提高导致英国消费者消费

---

① Trade and Industry Committee, *The Competitiveness of UK Manufacturing Industry*, Second Report, HC 41-I, London: HMSO, 1994, p. 16.

② David Coates, *Models of Capitalism: Growth and Stagnation in the Modern Era*, p. 44.

开支减少16%。[1] 制造业衰落加速了英国产业结构的调整，服务业逐渐取代制造业成为英国国民经济的主导行业。

二 劳动力结构的变化

产业经济环境的变化对劳资利益格局产生重要影响，在产业转型过程中，雇主的管理方式也发生转变，雇主开始强化对企业生产和经营的管理权力，强调提高企业生产率和商品市场竞争力。工人就业结构和工会内部权力关系也随着产业结构的调整而变化。

企业所有权和市场环境的变化都促使雇主在企业管理方面做出变革，雇主日益重视在企业所有权和经营管理方面的灵活性。在保守党执政期间，英国企业所有权和经营管理方式在不断变化。企业所有权不再被一些创业家族或大量私人股东所垄断，特别是在保险公司和抚恤基金部门，企业所有权日渐被人员构成较少的企业内部机构所主导。[2] 在 80 年代和 90 年代前期，英国企业所有权变革仍在继续。尼尔·米尔沃德（Neil Millward）等人的调查显示，1990—1998 年，29%的私有企业所有权发生变更，其中，39%的所有权变更发生在私有制造业部门，私有服务业所有权变革的比例为25%。对该类企业的调查显示，超过 1/3 的企业通过售卖子公司变更所有权，其中制造业部门通过全面收购实现所有权变更的企业占14%。在私有企业，制造业部门收购改变企业所有权的比例为29%，只有 5%的服务业通过收购实现所有权变更。对公用事业部

---

① Geoffrey Keith Barlow, *The Labour Movement in Thatcher's Britain: Conservative Macro-and Microeconomic Strategies and the Associated Labour Relations Legislation: Their Impact on the British Labour Movement During the 1980s*, New York: Frankfurt Am Main, 1997, pp. 50-51.

② William Brown and Keith Sisson, "Industrial Relations in the Next Decade: Current Trends and Future Possibilities", *Industrial Relations Journal*, Vol. 14, Iss. 1, March 1983, p. 10.

门的调查显示，其企业所有权变更占调查总数的比例为 18%，其中，公共卫生部门所有权变更的比例为将近 1/2，地方政府部门的所有权变更比例为 1/4，中小学校等教育部门为 1/5。此外，企业也通过合并或分离的方式改变企业所有制。①

在产业经济结构转型的背景下，工人的就业结构和工会组织成分也随之发生变化，工会内部权力结构发生转换，制造业和体力劳动者在工会内部的影响力让位于服务业部门白领工人。从工人就业整体状况来看，在撒切尔夫人和约翰·梅杰执政期间，英国工人就业总人数发生较大变化，主要产业部门雇员总数下降。1996 年 6 月，英国工业和服务业雇员总数为 2150 万人，比 1979 年 6 月减少 100 万人。1979—1983 年，随着英国经济衰退，工人就业总数下降超过 200 万人，在 80 年代接下来的时间内，就业总数增长近 200 万人。1990—1993 年经济衰退期间，工人就业总数下降超过 100 万人，1993—1996 年，工业和服务业从业人数又上升 50 万人。这一时期，工人的就业结构也发生较大变化，1979 年 6 月至 1996 年 6 月，男性劳工就业总数下降 230 万人，相较于此，女性劳工就业总数增长超过 100 万人，女性兼职工作者人数增长超过 100 万人。自雇佣工作者的人数也大幅增加，1979 年，该类型工人总数为 180 万人，1996 年，增长为 320 万人。②

工人就业结构和就业状况的变化主要表现为制造业就业人口减少，服务业就业人口增多。从就业与产业结构关系来看，"在从农业社会向工业社会的转型中，其主要标志是工业，特别是制造业所占比重的高低，在从工业社会向后工业社会的过渡中，其主要标志是服务业所占比重的高低，而在目前发达国家中信息社

① Neil Millward, Alex Bryson and John Forth, *All Change at Work?: British Employment Relations 1980-1998, As Portrayed by the Workplace Industrial Relations Survey Series*, pp. 23-24.

② Sid Kessler and Fred Bayliss, *Contemporary British Industrial Relations*, Third Edition, p. 44.

会已经到来的时候，信息产业所占比重的高低将成为衡量这些国家产业结构和就业结构的先进程度的主要标志"。① 英国传统就业人口主要分布在制造业部门，在 20 世纪中前期，英国制造业雇员数量不断增多，1930—1968 年，中等规模制造业企业平均雇佣工人数量由 230 人上升为 480 人，此后，制造业雇佣人数上涨相对缓慢，到 1978 年，英国制造业部门 2/3 的雇员工作在雇员人数 1000 人以上的企业。1958 年，雇员规模超过 1000 人的制造业占英国制造业总雇佣人数的比例为 1/4，1978 年，这一比例超过 1/3。但自 1979 年开始，一些规模较大的制造业部门开始裁员，制造业提供的工作岗位下降 20%，制造业就业人口的规模不再扩大。② 1979—1992 年，制造业雇员规模由 710 万人下降为 450 万人，其占英国劳动力总数的比例由 31% 下降为 22%，这种衰落在金属制造业、汽车业和纺织业比较明显。而在一些非制造业的生产部门，如农业、能源、建造和水利供给部门，其就业人数也大为下降。③

随着制造业在产业结构中的支配地位让位于服务业，服务业吸纳的就业人口开始稳步增长。英国工业制造业部门就业人数在 1955 年达到顶峰，从 1966 年起，工业部门就业人数开始进入绝对下降的过程。80 年代早期，英国制造业衰落趋势明显，服务业取代制造业成为英国经济结构的支柱。80 年代的调查显示，1980 年，英国制造业就业人数占雇佣工人总数的比例为 38%，到 1984 年，这一数字下降为 27%。这一趋势不仅在重工业部门中比较明显，在一些普通制造业企业，其雇佣工人数量也明显下降。相较

　　①　李培林等：《中国社会分层》，社会科学文献出版社 2004 年版，第 448 页。

　　②　William Brown and Keith Sisson，"Industrial Relations in the Next Decade：Current Trends and Future Possibilities"，*Industrial Relations Journal*，Vol. 14，Iss. 1，March 1983，p. 10.

　　③　John McIlroy，*Trade Unions in Britain Today*，Manchester：Manchester University Press，1990，p. 85.

于制造业部门的衰落，英国服务业在 80 年代前期则保持着相对稳
定的发展势头，其从业人口占总就业人口的比例由 26% 上升为
29%。① 80 年代末 90 年代初，英国服务业部门增多，这类企业主
要有商业服务、银行保险和金融、餐饮和零售行业。在 90 年代初，
英国约有 1500 万人从事服务业劳动。② 从保守党执政时期总体就
业状况来看，1979—1996 年，英国制造业就业人口减少 320 万
人，减少了 44%。这一时期制造业雇佣人数占总就业人数的比例
由 28.9% 下降为 15.8%。相较于此，英国服务就业人数不断增
长。1979—1996 年，英国服务业就业人数增加 25%，占总就业人
数的2/3。③

　　在工人职业结构方面，体力劳动者数量减少，白领阶层和女性
劳动力数量增多。经济全球化、产业经济结构变化和新技术的应用
对工人就业结构产生影响。体力劳动者一直是传统工人阶级的核心
力量，在 20 世纪 50 年代，英国劳动力总数中有 70% 属于体力劳动
者。随着经济结构调整，传统体力劳动者所在的产业部门衰落，体
力劳动者数量不断下降。1979 年，英国劳动力中体力劳动者所占比
例下降为 53%，到 20 世纪 90 年代，体力工人占劳动力总数的比例
不到一半。相较于体力劳动者数量的下降，这一时期白领工人数量
增长接近两倍。④ 由于服务业部门如金融和商业部门的增多，其工作
岗位以白领工人为主而只雇佣少数体力劳动者。白领工人和体力工人
的社会差别比较明显，许多白领阶层从事脑力劳动，而体力劳动者大
多从事单一重复的手工劳动。这一时期女性工人数量增长明显，
1980—1998 年，女性劳动者就业率由 59% 上升为 68%，其占劳动力

　　① Neil Millward, Alex Bryson and John Forth, *All Change at Work?: British Employment Relations 1980-1998, As Portrayed by the Workplace Industrial Relations Survey Series*, pp. 19-20.

　　② John McIlroy, *Trade Unions in Britain Today*, p. 86.

　　③ David Powell, *British Politics and the Labour Question, 1868-1990*, p. 138.

　　④ John McIlroy, *Trade Unions in Britain Today*, p. 86.

总数的比例由 42% 增加到 47%，相较于男性劳工，女工较少加入工会。[1]

从行业雇佣状况来看，公共部门就业数量不断减少，私有企业就业人数相对增多。保守党上台后开始对公共事业部门进行采取私有化改革和调整，在 20 世纪八九十年代，政府对煤气、电力、自来水、钢铁、电信、煤炭和铁路部门进行大规模私有化。在此过程中，一些公共部门从业人员转为私有企业雇员。公共部门规模大幅缩减，就业人数大幅下降，公共部门企业就业水平降低，1979—1991 年，国有企业雇员规模从 200 万人锐减为 60 万人。[2] 其中，英国电信公司（British Telecom）和英国煤气公司（British Gas）的私有化使 30 万名工人转为私企从业人员。[3] 从私有化对工人就业的总体影响来看，保守党推行的私有化政策使公共部门雇员减少近 1/3，雇员总数由 1979 年的 740 万人降为 1998 年的 500 万人，其中，政府私有化使国有工业部门劳动力数量下降最为严重，其雇员总数由 180 万人降至 30 多万人，减幅高达 83%。[4]

综上可见，在 20 世纪中后期，英国产业结构发生重大变化，随着传统制造业的相对衰落，英国劳动力结构也发生变化。这些变化不仅影响工会组织及其力量分布，也促使政府和作为劳资关系主体的雇主做出相应调整。

三　政府强制下的劳资和平

在保守党撒切尔夫人和梅杰执政的 18 年间，英国劳资关系总

① Neil Millward, Alex Bryson and John Forth, *All Change at Work?: British Employment Relations 1980-1998, As Portrayed by the Workplace Industrial Relations Survey Series*, p. 39.

② Jonathan Cribb, Richard Disney and Luke Sibieta, *The Public Sector Workforce: Past, Present and Future*, Institute for Fiscal Studies, February 2014, p. 6.

③ John McIlroy, *Trade Unions in Britain Today*, p. 86.

④ Chris Howell, *Trade Unions and the State: The Construction of Industrial Relations Institutions in Britain, 1890-2000*, p. 137.

体上呈现为政府强制下的和平状况，劳资对抗的剧烈程度呈阶段性下降趋势，这主要是雇主态度强硬和政府强制打压的结果。因此，也有学者将这一时期称为劳资关系的强制和平（Coercive Pacification）时期，认为其标志是工人与工会在三次重要劳资冲突中以失败而告终，即 1980 年英国钢铁工人罢工、1984—1985 年全国矿工罢工、1986—1987 年印刷行业工会反对报纸印刷行业雇主产业调整政策。[①] 这将劳资对抗层层推进，最终使劳资关系呈现强制和平的局面。

　　在保守党执政初期，雇主和政府开始尝试对工会和工人采取强硬态度，劳资关系的强制和平在雇主与工会的较量中开始出现。在 1980 年钢铁工人罢工中，政府和雇主首次表现出强制追求劳资关系和平的姿态。钢铁工业自国有化后一直处于盈利状态，其劳资关系也相对和谐。在 70 年代，国际市场上钢铁产量增加，市场需求下降，这使得英国钢铁企业面临的竞争日趋激烈。国有化钢铁公司被迫采取关闭企业、减少生产和提高生产率等措施以改善企业经营状况。从历史上看，在熟练工人工资中，英国钢铁工人工资一直处于最高水平，因此，政府试图关闭部分钢铁企业和压低工人工资的做法引起工人不满。1979 年 12 月，英国钢铁公司（British Steel Corporation）向拥有 9 万名会员的钢铁联合工会（Iron and Steel Trades Confederation Union）宣布，在下一个工资年度中，工资涨幅不能超过 2%，工人可根据企业生产率在公司级谈判中获得不超过 10% 的工资增长率，而同一时期英国的通货膨胀率为 17%，这意味着工人实际收入水平的下降。同时，钢铁公司雇主宣布在 1980 年钢铁产量减为 1520 万吨，低于 1979 年的 1830 万吨。钢铁企业减产计划使得企业 16 万名工人中有 5.2 万名面临失业危险。钢铁公司此举使得劳资关系急速恶化，1980 年 1 月，工人发起全国大罢

---

　　① Jeremy Waddington, "Trade Union Organization", in Paul Edwards, ed., *Industrial Relations: Theory and Practice*, p. 126.

工对抗钢铁公司减产裁员和减少工资等政策。钢铁联合工会的 9 万名会员和全国火电厂工人联盟（National Union of Blastfurnacemen）开始在当地设立罢工纠察线，工会领导宣称其目标是阻止钢铁公司的一切行动。

钢铁行业工人罢工浪潮迅速席卷全国，工人罢工纠察线在行业和地区之间不断扩展，一些工人将纠察线扩大到港口、钢铁营销部门、钢铁使用部门和英国钢铁公司总部，为声援钢铁部门罢工，全国铁路工人工会也加入罢工行列拒绝运输钢铁。为向政府和钢铁公司施压，工会领导号召私有钢铁公司工人在 1 月底发起罢工行动，设置大众纠察线。为防止罢工浪潮进一步发展，法庭宣布私有钢铁公司工人罢工活动非法，但该决议很快被议会上院推翻。[1] 在一些罢工活动比较严重的地区，工人纠察线和维护秩序的警察队伍发生冲突，在南约克郡，警方在整个钢铁工人罢工期间逮捕了 159 名纠察线工人。[2] 1980 年 2 月 10 日，坐落于谢菲尔德的哈德菲尔德（Hadfields）公司钢铁工人投票决定结束罢工活动，工会领导于 12 日在该企业设置纠察线，阻止工人进入企业，620 人先后加入纠察线，为维护企业生产秩序，警方逮捕 74 名纠察线成员。为显示工会对抗决心，工会组织 2000 名工人在哈德菲尔德公司入口设置纠察线。同时，企业内部工人经过投票加入纠察线，劳资冲突规模进一步扩大，这次规模最大的纠察线也被当地人称为"圣瓦伦丁屠杀"（St. Valentine's Massacre）。哈德菲尔德纠察线的成功鼓舞了工会对抗雇主的士气，一些工会领导试图将大众纠察线扩大至肯特郡的希尔尼斯钢铁企业（Sheerness Steel）。

为防止劳资对抗范围扩大，英国钢铁公司于 3 月 11 日提出增加工资 14.4% 的解决方案，但工会却打出增加工资 20% 且不带有任何附加条件的标语。罢工活动的持续和工会的顽固态度引起各界

---

① Eric Wigham, *Strikes and the Government, 1893-1981*, p. 213.

② Sarah McCabe and Peter Wallington, *The Police, Public Order, and Civil Liberties: Legacies of the Miners' Strike*, London: Routledge, 1988, p. 46.

不满，一些工人开始放弃对抗行动，返回工作车间，这使得工会的对抗行动失去动力。3月中旬，工会领导试图复制哈德菲尔德纠察线的成功模式，但遭遇失败，造船和工程工会联盟也从罢工活动中撤出，英国最高法院要求铁路工人放松对钢铁运输的封锁，随后，利物浦船坞工人呼吁支援钢铁工会的罢工行动，也遭到运输工人与通用工人工会的拒绝。即使面临劳资冲突扩大化的危险，雇主也拒绝工会的工资诉求。在劳资双方相持不下的情况下，钢铁联合工会与英国钢铁公司商定将工资增长率设为15.5%。需要强调的是，这一工资增长率带有附加条件，即11%的全国基本工资增长率和企业内部4.5%的协议增长率。工会最终被迫接受这种带有附加条件的工资方案，长达13周的罢工活动最终以工会的失败而宣告结束。

钢铁工人罢工行动及其结果体现出这一时期经济问题导致的劳资争议中，政府试图采取强硬措施打压工会运动，以实现产业和平的目的。但迫于多种因素的限制，通过政府强力干预实现劳资关系和平的条件尚不成熟。对于工会来说，工会的持续罢工不仅引起政府和雇主的不满，一些民众包括工会成员拒绝加入斗争行列，表明工会的顽固态度引起的不满在不断增加。对于雇主来说，其在撒切尔上台之初，仍缺乏对抗工会的信心，雇主联盟总干事约翰·麦斯文（John Methven）认为："在当前紧张的劳资对抗氛围中，政府若草率通过立法限制工会，无疑会招致灾难。"① 在80年代前期，政府内部在改革劳资关系和限制工会权利方面也存在分歧，上院在罢工期间推翻最高法院关于禁止次级产业行动的判决，政府内部并未在劳资立法等方面达成共识。尽管政府调整了工资增长率，但此次罢工显示出劳资对抗引起越来越多的不满，也暗示出工会在未来劳资争议中的处境会更加艰难，这为政府采取限制工会权利的政策和劳资关系的和平提供了有利的社会环境。从总体上看，尽管政府强制追求产业和平的做法表现得并不明显，但国家强力干预劳资关

---

① Eric Wigham, *Strikes and the Government, 1893-1981*, p. 214.

系以实现产业和平的策略被付诸劳资关系实践。

1984 年煤矿工人通过罢工反对政府改革煤矿行业，政府采取了强力的政治对抗策略。政府在打击矿工罢工的过程中确立了劳资关系的强制和平局面。煤矿行业在撒切尔夫人上台时仍保持着强大的产业力量。1979—1980 年，英国煤炭行业工人总数为 23.25 万人，煤炭年产量 1.09 亿吨，但煤炭行业的发展前景并不乐观。从80 年代开始，煤炭行业的衰落及其他能源对煤炭的竞争优势，使得英国煤炭需求日益减少，煤炭相关行业的从业人数呈现下降趋势。[①] 煤炭行业的衰落也使得煤炭供需严重失衡。1979 年，英国煤炭消费量为 1.294 亿吨，此后煤炭需求量持续下降。1980 年，英国煤炭消费量降为 1.23 亿吨，1981—1984 年，每年煤炭消费量均为 1.11 亿吨。在煤炭需求量持续下降的情况下，煤炭产出居高不下。1980 年，英国煤炭产量达到计划产量的峰值，为 1.3 亿吨；1981 年回落至 1.27 亿吨；1982 年降为 1.24 亿吨；1983 年降至1.91 亿吨；1984 年，尽管受煤炭行业罢工活动的影响，英国煤炭产量仍达到 1.07 亿吨。煤炭产量增多和需求量的下降使得煤炭储备量不断上升，1979—1983 年，全国煤炭管理委员会和中央电力局储备的煤炭数量由 3770 万吨上升为 5800 万吨。[②] 80 年代初，经济环境的变化使得以煤炭为燃料的旧式 "烟囱" 行业不断衰落，煤炭使用量大幅下跌。以钢铁行业为例，1980 年，英国钢铁行业总用煤量 700 万吨，到 1983 年则降为 400 万吨。[③] 煤炭行业的衰落使政府将改革煤炭行业、关闭亏损矿井提上政治议程。

20 世纪 80 年代初，撒切尔政府就面临来自煤炭行业的挑战。

---

① Sid Kessler and Fred Bayliss, *Contemporary British Industrial Relations*, Third Edition, p. 149.

② John Lloyd, *Understanding the Miners' Strike*, London: Balckrose Press, 1985, p. 11.

③ David Childs, *Britain since 1945: A Political History*, London: Taylor and Francis e-Library, 2005, p. 226.

1981 年初，全国煤炭局向政府提出关闭亏损严重的矿井的计划，该计划引起工会的不满，在全国矿工联合会的领导下，煤矿工人通过罢工抵制政府关闭矿井的计划。全国矿工联合会在 70 年代罢工浪潮中一直发挥着"先锋"作用。能源大臣大卫·豪威尔（David Howell）在致首相的报告中最初同意煤炭局关闭矿井的计划，但不久豪威尔又改变计划。能源部认为："鉴于全国发电站煤炭储备不足，矿工罢工将导致能源供给中断，政府难以与工会开展长期对抗，因此，当前政府的目标应该是不惜一切代价避免罢工。"[1] 撒切尔被迫接受了全国矿工联合会的要求，与煤炭工会和煤炭局进行协商后，豪威尔在下议院宣布："从煤炭行业的发展前景来看，煤炭行业必须通过遏制成本和提高生产效率才能实现长远发展。当前，随着世界化石燃料价格的上涨，我们不得不利用煤炭行业满足日益增长的能源需求。为此，政府将向煤炭行业提供大量资金以提升其生产能力。1980—1981 年度，煤炭局投资计划总计约 8 亿英镑。从长远来看，当前政府正在推行的这些政策也是为了最大限度地提供就业机会。"[2] 煤炭局也宣布推迟关闭矿井计划。

在与全国矿工联合会的第一次较量失败后，撒切尔决心在与工会对抗中恢复政府权威，证明首相而非全国矿工联合会在统治英国。她认识到，要打败工会政府必须做好应对工人长期罢工的准备。[3] 撒切尔首先任命尼格尔·劳森（Nigel Lawson）担任能源大臣，负责煤炭长期储备以应对未来可能面临矿工长期罢工带来的能源危机。在劳森的筹划下，政府增加发电厂的煤炭储存量。80 年代，英国中央电力局采用油料发电和建设核电站也取得进展，这降低了政府对煤炭作为燃料的火力发电厂的依赖程度。1983 年保守党赢得大选

---

[1] Anthony Seldon and Daniel Collings, *Britain under Thatcher*, New York: Routledge, 2013, pp. 15-16.

[2] Hansard, *House of Commons Debates*, Fifth Series, Vol. 999, Col. 137, 17 February, 1981.

[3] Anthony Seldon and Daniel Collings, *Britain under Thatcher*, p. 31.

后，撒切尔认为与工会的和解已不可能，她将激进的全国矿工联合会领导人阿瑟·斯卡吉尔（Arthur Scargill）视为英国的内部敌人，并认为矿工联合会的"好战性"使得劳资和平无法实现。① 为此，撒切尔任命对待工会态度更加强硬的彼得·沃克（Peter Walker）担任能源大臣，希望其在未来与矿工联合会的较量中扮演强硬的谈判者角色，并在罢工中做好相应的沟通工作，保证公众对政府的支持。② 在做好以上准备工作后，撒切尔政府开始了对煤炭行业的改革。

1983年，英国垄断与兼并委员会（Monopolies and Mergers Commission）的报告让撒切尔认识到改革煤炭行业的必要性。根据委员会的报告，英国约75%的煤矿处于亏损状态。撒切尔认为，这些不实用的矿井必须关闭。1983年9月，撒切尔任命对待工会态度强硬的产业家伊恩·麦克格雷戈（Ian MacGregor）为煤炭委员会主席，麦克格雷戈曾在推动80年代初的钢铁行业裁员中扮演重要角色，撒切尔希望其能够成功扭转煤炭业亏损局面。同年，激进主义和民粹主义工会运动领导人斯卡吉尔接替态度温和的戈姆利（Gormley）担任全国矿工联合会领导人，斯卡吉尔曾任约克郡矿工联合会主席，在80年代初煤炭行业劳资争议中发挥过重要作用。③ 1983年，麦克格雷戈主张关闭亏损的煤矿，工会对政府关闭亏损煤矿的计划表示反对，斯卡吉尔认为不存在亏损煤矿，其理由是关闭任何一个煤矿会使其他煤矿无法开采，政府与工会的直接冲突不可避免。④

1984年，全国矿工联合会与其直接雇主全国煤炭管理委员会

---

① David Powell, *British Politics and the Labour Question*, *1868-1990*, p. 140.

② ［英］玛格丽特·撒切尔：《唐宁街岁月：撒切尔夫人自传》上册，李宏强译，国际文化出版公司2009年版，第312页。

③ Matthias Matthijs, *Ideas and Economic Crises in Britain from Attlee to Blair*, *1945-2005*, p. 132.

④ Anthony Seldon and Daniel Collings, *Britain under Thatcher*, p. 31.

的分歧转为直接对抗。3 月 1 日，煤矿审查会议（Colliery Review Meeting）突然宣布关闭约克郡科顿伍德（Cortonwood）煤矿，委员会同时提出在 1984—1985 年减少煤炭产量 400 万吨，这将导致 20 多个矿井被关闭、2 万名矿工失业。[①] 同时被关闭的还有苏格兰的普迈斯（Polmaise）等一批老矿井。这成为 1984 年矿工大罢工的导火索。为抗议政府关闭矿井，一些矿工直接停止工作。3 月 5 日，约克郡矿工联合会宣布从 3 月 12 日起，约克郡 5.6 万名矿工将开展大罢工，会议同时呼吁其他地区工会声援。为响应约克郡矿工的罢工行动，苏格兰矿工联合会宣布从 3 月 9 日起停止工作。[②] 尽管如此，约克郡矿工罢工并未升级为全国性罢工。根据全国矿工联合会规则第 41 条的规定，地区罢工必须得到矿工联合会全国委员会的批准。斯卡吉尔等人认为，在当前情况下，工会没有必要发起全国大罢工，通过禁止加班就能有效抑制政府关闭矿井。[③] 在矿工罢工发生后，一些煤炭运输部门工人如铁路运输工人和码头工人也加入罢工行列，声援矿工的产业行动不断蔓延。

　　尽管撒切尔政府主张对矿工采取强力干预政策，但政府在最初的罢工中试图公开表明其中立身份，将煤矿行业罢工视为全国矿工联合会和全国煤炭管理委员会之间的冲突，并表明政府不会干预。随着形势的发展，政府意识到公开干预的必要性。1984 年 8 月 15 日，全国煤炭管理委员会要求全国煤矿监工、安检员和爆破工协会（National Associationof Colliery Overmen, Deputies and Shotfirers）成员必须上班，拒绝遵守规定的成员将受到停薪处分。对于该协会来说，这意味着其多数成员必须穿越工人纠察线上班。煤炭管理委员会的规定引起该协会的不满，协会以 82% 的支持率通过罢工决定，

---

① John Lloyd, *Understanding the Miners' Strike*, p. 21.

② Sarah McCabe and Peter Wallington, *The Police, Public Order, and Civil Liberties: Legacies of the Miners' Strike*, p. 57.

③ David Felton, "56000 Miners to Strike over Closure of Pits", *The Times*, 6 March, 1984, p. 1.

并于 9 月 28 日发起罢工行动。① 煤矿监工、安检员和爆破工在煤矿
行业生产方面中具有十分重要的作用，煤矿生产的安全流程和健康
规程都需要一名合格的监管人员或一支合格的监管人员队伍，其成
员大多来自全国煤矿监工、安检员和爆破工协会，对于整个英国煤
炭行业来说，该协会加入矿工的罢工浪潮中会带来灾难性影响，它
有可能使未参加罢工的煤矿全部停产并导致煤炭供给中断，届时英
国将面临新一轮像希思执政时那样的电力供给危机。在此情况下，
撒切尔采取了果断的干预措施，她敦促能源大臣麦克格雷戈与全国
煤矿监工、安检员和爆破工协会开展对话。最终，全国煤炭管理委
员会撤销关于该协会穿越纠察线上班的强制规定，协会于 10 月 24
日取消罢工。②

在对罢工活动采取直接干预后，撒切尔政府开始动用国家暴力
机器打击工人的罢工斗争。英国警察的能力在煤矿罢工前的社会秩
序维护中已经得到检验，1981 年城市暴乱后，政府为警方配备了
必要的装备，还对其进行必要的培训。在 1984 年煤矿罢工发生后，
警方明确声明纠察队员不得阻止那些愿意上班的工人。警察也有效
使用其权力，阻止纠察队员到达纠察目的地，维护了社会秩序。撒
切尔政府动用大批警力维护煤矿及其相关行业生产和社会秩序。在
约克郡工人纠察线不断扩大的情况下，能够正常开工的煤矿只剩下
29 个，警方从全国各地调集警力以保证那些不愿意罢工的矿工能
够继续上班，来自 17 个警察局的 3000 名警察参与了此次行动，警
方的强硬行动使得煤矿相继停工的趋势被扭转。③ 1984 年 6 月，为
了扩大纠察线规模，斯卡吉尔从全国范围内组织了一支规模近万人
的工人纠察队，试图封锁仍未停工的奥格里夫（Orgreave）焦煤
矿，阻止该矿向斯肯索普（Scunthorpe）钢铁公司提供煤炭。为解

---

① 刘成、何涛等：《对抗与合作：二十世纪的英国工会与国家》，第 235 页。

② Anthony Seldon and Daniel Collings, *Britain under Thatcher*, p. 32.

③ ［英］玛格丽特·撒切尔：《唐宁街岁月：撒切尔夫人自传》上册，李宏强译，第
315—318 页。

除工人纠察线的封锁，政府从全国多个警局抽出比工人纠察队更多的警力，警察同纠察队员发生流血冲突。① 最终，警方有力维护了奥格里夫焦煤矿的生产秩序。同时，政府也动员了民兵应急分队来应对危机。可见，政府在镇压罢工方面态度坚决，体现了政府为追求劳资关系和平，不惜采取强制措施。

为打压工人罢工活动，政府开始利用法律强制手段限制工会产业行动。在 1980 年和 1982 年，政府先后出台法律对工人罢工活动进行种种限制，1984 年《工会法》规定未经投票的罢工活动不享有法律豁免权。② 1984 年矿工罢工开始后，一些工会并未立即加入罢工队伍。在德比郡和诺丁汉郡，矿工直接反对罢工行动，这在很大程度上限制了其他工会的声援行动。③ 在 4 月 9 日全国矿工联合会特别代表委员会上，投票赞成罢工的支持率由 55% 降为 50%，那些主张按照工会章程进行投票的会员也被工会左翼贴上伪君子的标签。④ 在多数工会不愿加入罢工队伍的情况下，斯卡吉尔等人不敢轻易发起罢工投票，而是试图通过地方罢工的联合达到全国大罢工的效果。工会不经投票就采取罢工行动为政府利用司法手段打击工会提供了口实。10 月 25 日，全国矿工联合会因藐视法庭被处罚金 20 万英镑，在工会拒绝执行法庭判决后，政府冻结了矿工联合会基金，这是政府首次运用法律武器惩罚工会行动的案件。⑤ 为了强化对罢工活动的司法干预，撒切尔还直接介入有关矿工罢工的司法判决，多次要求法庭加快审理与工人纠察线有关的刑事案件。她

---

① Graham Goodlad, *Thatcher*, London：Routledge, 2016, p. 120.

② Jane Elgar and Bob Simpson, "The Impact of the Law on Industrial Disputes in the 1980s", in David Metcalf and Simon Milner, eds., *New Perspectives on Industrial Disputes*, London：Routledge, 1993, p. 76.

③ Willie Thompson, *The Long Death of British Labourism：Interpreting a Political Culture*, London：Pluto Press, 1993, p. 136.

④ John Lloyd, *Understanding the Miners' Strike*, p. 23.

⑤ Anthony Seldon and Daniel Collings, *Britain under Thatcher*, p. 32.

公开声明维护工人上班的权利，使矿工不受干扰地工作。①

在动用警察和法庭等国家暴力机构打击工人纠察线的同时，政府也对工会发动舆论攻势。在码头工人加入罢工队伍的第二天，撒切尔就提醒保守党人士在接下来的 48 小时内发动舆论战，敦促港口的资方采取强硬措施并使用一切手段强化反对罢工的力量。撒切尔在回忆录中写道："事实上，我们也需要加强民众中反对罢工的力量。我们必须明确指出，发动此次罢工的借口是错误的，而且那些发动罢工的人实际上已经享有很多的特权。"② 在政府对工会发起舆论攻势后，英国电视等媒体对罢工活动中的暴力场面进行大肆报道，这在很大程度上损害了工人的社会声誉和罢工活动的前景。1984 年 5—6 月，斯卡吉尔组织的 "飞行纠察线"（Flying Pickets）在奥格里夫焦煤矿与维护秩序的警察发生流血冲突后，政府对工会展开大肆攻击，纠察队员的暴力行为经电视转播引起民众广泛不满。民调显示，反对矿工罢工活动的人数占接受调查者总数的比例从未低于 79%。③ 在政府和煤炭管理委员会的强力对抗下，矿工罢工进入低谷。公众舆论也对罢工活动的持续进行感到不满。在1984 年与 1985 年之交的冬季，矿工罢工浪潮进入和缓阶段，这表明矿工未能像 70 年代对抗希思政府那样使整个国家陷于瘫痪。1985 年 1 月中旬，2500 名士气低落的罢工工人重返工作岗位。3月 3 日，全国矿工联合会代表也通过正式投票结束罢工。

相较于 1981 年钢铁工人罢工，煤矿罢工将 80 年代劳资关系强制和平推进到新阶段，通过政治对抗打压工人运动成为政府应对劳资冲突的主要策略。持续一年之久的罢工活动给英国经济带来严重损失，其经济损失总额超过 20 亿英镑。尽管如此，财政大臣尼格尔·劳森认为政府付出这一代价击败斯卡吉尔很有必要。政府打破

① Graham Goodlad, *Thatcher*, p. 122.

② ［英］玛格丽特·撒切尔：《唐宁街岁月：撒切尔夫人自传》上册，李宏强译，第 325 页。

③ Graham Goodlad, *Thatcher*, p. 120.

了全国矿工联合会的神话，恢复了自 70 年代希思政府垮台以来其丧失的权威和公信力，并证明了一个民主选举的政府可以不依赖全国矿工联合会的支持而统治英国。[①]

80 年代后期，政府与雇主采取联合策略应对劳资冲突，二者综合运用政治和经济策略打击工会运动，将劳资关系的强制和平由公共部门推向私有企业。保守党政府靠国家强制力实现劳资关系和平的做法鼓舞了私有企业雇主对抗工人的士气。私有企业雇主在推动企业管理和生产变革过程中曾长期面临工会抵制等劳资争议困境，政府应对钢铁工人罢工和矿工罢工的策略和行动加强了雇主对抗工会的信心。在政府的鼓励下，私企雇主在企业生产管理变革方面开始采取强力措施，以保证企业竞争力。同时，私有企业雇主也开始运用法律武器削弱工会的反对力量。对抗性的强力管理和法律的强制执行成为私有企业雇主在劳资冲突中常用的策略。[②] 私有企业雇主对工会采取强硬态度，雇主敢于强硬对抗工会的信心来源于政府部门领导发言释放的信息。新闻国际公司（News International）与印刷行业工会的斗争就是劳资关系强制和平在私有企业的最佳例证。[③]

新闻国际公司是传媒大亨鲁伯特·默多克（Rupert Murdoch）家族掌控的新闻集团（News Corporation）在英国的子公司。20 世纪 80 年代初，新闻国际公司掌握了英国两家全国性报纸《太阳报》（The Sun）和《世界新闻报》（News of the World）。在 1979 年"不满之冬"罢工浪潮兴盛和英国大选期间，默多克及其报纸集团给予撒切尔很大支持。1981 年，撒切尔同意默多克收购英国《泰晤士报》和《星期日泰晤士报》（The Sunday Times）。新闻国际公司因此占据了英国 30% 的报纸市场，此后，默多克又收购罗伯特·马克斯维尔（Robert Maxwell）的镜报报业公司（Mirror Group

---

① Anthony Seldon and Daniel Collings, *Britain under Thatcher*, p. 32.

② Michael Salamon, *The Industrial Relations：Theory and Practice*, p. 65.

③ David Powell, *British Politics and the Labour Question, 1868-1990*, p. 140.

Newspapers），从而占据了英国报纸市场的最大份额。[1]

随着技术的进步，报纸行业亟须降低人员配备，改变工作实践，这成为新闻国际公司劳资冲突的催化剂。默多克在 80 年代初也开始进行生产方式变革，在伦敦东部的沃平（Wapping）建造新式报纸印刷厂，配置现代计算机设备，媒体人利用该设备可直接输入拷贝，而不再使用过时的铸造排字机（Linotype）印刷方法。1983 年，默多克开始就新厂生产安排问题与工会协商，由于新技术的引用，报纸印刷的劳动力需求下降，新闻国际公司试图大规模裁员，将雇员人数由 6000 人降至仅仅几百人，公司与工会的谈判陷入拉锯式僵局。1985 年 3 月，默多克以新增报刊为由雇佣非印刷行业工会工人在沃平工厂从事报纸出版工作。这些工人来自英国电气、电子、电信及设备工会（Electrical, Electronic, Telecommunications and Plumbing Union）。印刷行业工会对公司未雇佣其成员这一反常举动并未给予足够关注，继续与新闻国际公司开展谈判。在谈判过程中，新闻国际公司向工会提出四点要求：谈判协议对工会和工人有法律约束力；在任何情况下不得诉诸产业行动；拒绝排外性雇佣；企业管理者享有完全且自由的管理权。在此情况下，除电气、电子、电信及设备工会外，所有工会都拒绝了新闻国际公司的要求。此外，劳资双方在工人待遇问题上也存在分歧，工会要求在沃平工厂投入使用后，新闻国际公司在伦敦市中心两处印刷工厂的印刷工人的雇佣条件和合同应得到保护，以上两地印刷工被转移到沃平地区后，其权利应得到公司认可，公司拒绝了工会的要求。

在走投无路的情况下，印刷行业工会投票通过发起产业行动的决定。1986 年 1 月 24 日，新闻国际公司的工人开始罢工，印

---

① Geoffrey Keith Barlow, *The Labour Movement in Thatcher's Britain: Conservative Macro-and Microeconomic Strategies and the Associated Labour Relations Legislation: Their Impact on the British Labour Movement During the 1980s*, p. 160.

刷行业的主要工会如全国印刷协会、绘图社团联合会（The Society of Graphical and Allied Trades）、工程业联合工会和负责报纸运输的运输工人与通用工人工会均加入罢工行动中。对此，默多克采取多种强硬措施对抗印刷行业工会的产业行动。默多克将报纸生产秘密转移至沃平和格拉斯哥郊区的肯宁公园（Kinning Park）地区，并调用 TNT 国际运输公司配送报纸。同时，默多克开始采取法律手段对抗工人罢工，趁机解雇大量工会成员。尽管根据 1982 年和 1984 年《工会法》，印刷行业工人从投票表决到罢工活动的开始都未违反法律，但根据英国普通法，罢工违反雇佣合同，这意味着被解雇的罢工者无权索要裁员补偿和起诉公司的不公平解雇行为。①

　　在应对此次新闻国际公司的劳资冲突中，政府采取了与雇主联合的措施，综合运用法庭和警察等国家暴力机器，强制维护报纸行业的生产秩序。在政府的鼓励下，默多克充分利用撒切尔政府的工会立法，限制工人采取次级产业行动。1986 年 1 月 29 日，新闻国际公司成功使英国高等法院（High Court）颁布禁令，禁止运输工人与通用工人工会要求其会员不得穿越沃平工人纠察线。三天后，苏格兰法院也发布命令，禁止绘图社团联合会干涉报纸配送，并要求该地运输工人与通用工人工会不得要求其受雇于 TNT 公司的雇员抵制公司报纸和组织纠察线。2 月 7 日，高等法院也要求其邮政公司工人不得妨碍英国境内《太阳报》读者服务卡的邮寄。政府还动用大批警察，阻止工人在新闻国际公司沃平工厂入口组织纠察线，并逮捕了一些纠察队员。而对于那些飞速穿越纠察线配送报纸的货运司机的危险行为，警方却视而不见。在一次事故中，年仅 19 岁的集会者迈克·迪兰尼（Mike Delaney）被开出沃平工厂的报纸配送卡车撞死，卡车司机却未受到任何指

　　① Geoffrey Keith Barlow, *The Labour Movement in Thatcher's Britain: Conservative Macro-and Microeconomic Strategies and the Associated Labour Relations Legislation: Their Impact on the British Labour Movement During the 1980s*, p. 164.

控。警方还以攻击警察官员为由逮捕并监禁了绘图社团联合会执行成员、沃平工厂罢工领导人迈克·希克斯（Mike Hicks），由于希克斯在此次罢工中作用显著，他的被捕被广泛认为是政府权威的欺骗行为，政府试图借此向绘图社团联合会施压，迫使其取消争议行动。① 最终，由于绘图社团联合会的罢工投票未能获得多数票，工会领导于 1987 年 2 月取消了罢工，其他工会也纷纷结束了劳资争议。沃平劳资争议以工会和工人的失败而告终，撒切尔主义主导下的劳资关系强制和平局面基本形成。

综合来看，保守党自 1979 年上台后，政府通过与雇主的联合对工会采取打压和排斥态度，三次大规模工人产业行动的失败标志着劳资关系强制和平局面的到来。在冲突过程中，政府和雇主最初在经济问题上尝试对工会采取强硬态度，到 80 年代中期政府开始从政治上采取强力措施与煤矿工人直接对抗，80 年代末，雇主与政府联合将强力打压工会推向私有企业，劳资关系的强制和平局面最终形成。工会运动受到多方面限制。一方面，在政府的鼓励下，雇主对工会的态度不再妥协，开始强化对企业内部事务的管理权；另一方面，政府也综合运用法律、行政和政治强制力等措施，打击工会和工人运动，政府对工会的态度日渐强硬。面对政府和雇主的强势进攻，工会一直处于被动防守状态，工会采取产业行动的成本大大增加，其行动受到法律制裁，工会财产也在罢工中被法院处罚甚至被冻结，其行动能力受到极大限制，在此情况下，工会也不敢轻易采取与政府和雇主对抗的策略。劳资关系的这种强制和平局面在整个保守党执政的 18 年中都得以延续。

---

① Geoffrey Keith Barlow, *The Labour Movement in Thatcher's Britain：Conservative Macro-and Microeconomic Strategies and the Associated Labour Relations Legislation：Their Impact on the British Labour Movement During the 1980s*, p. 166.

第二节 劳资力量转换与去集体化

随着劳资关系强制和平时代的到来，英国劳资关系的发展也呈现新的特征和趋势。其中最明显的是这一时期劳资力量对比发生转换，雇主扭转了战后以来的相对弱势地位，受政府打压、雇主的敌视和自身组织力量下降的影响，工会的产业力量大为削弱，英国形成资强劳弱的产业力量格局。相较于 20 世纪六七十年代英国不断加剧的劳资冲突态势，这一时期，罢工活动明显减少，工人的好战倾向降低，劳资关系开始出现去集体化趋势。

一 资强劳弱的力量格局

在保守党撒切尔夫人和梅杰执政期间，工会数量出现战后以来的首次下降趋势，这直接削弱了工会对抗雇主的力量。随着雇主对工会态度日益强硬，工会难以动员工人通过集体行动对抗雇主，战后以来英国产业领域劳强资弱的产业力量格局发生翻转，雇主取得对抗工会的绝对优势。

工会数量在 80 年代初并未发生明显变化，但从 80 年代中期开始，尤其是 1984—1990 年，工会数量急剧下降，这种下降趋势一直延续到 1998 年。自 80 年代中期开始，许多企业中工会的数量大为减少。企业劳资关系调查（Workplace Industrial Relations Survey）的数据显示，1984 年，英国企业中有 73% 的企业存在工会组织，到 1990 年，这一比例下降为 64%。1990—1998 年，工会在企业中的存在比例进一步下降 1/6，拥有工会组织的企业占英国企业总数的比例降至 54%。[1] 80 年代中期矿工罢工失败是英国工会力量走向

---

[1] Neil Millward, Alex Bryson and John Forth, *All Change at Work?: British Employment Relations 1980-1998, As Portrayed by the Workplace Industrial Relations Survey Series*, p. 84.

衰落的转折点,[1] 工会在私有企业的分布也开始发生变化。在政府作
为直接雇主的公共部门，工会组织发展较为完善，工会成员在各公共
部门均有分布，私有制造业部门成为仅次于公共部门的第二大工会分
布领域，服务行业拥有的工会比例最低。1980—1998 年，在公共
产业部门，工会分布数量并未发生明显变化，但在私有制造业领
域，工会存在的比例由 77% 下降为 42%。工会在私有服务业部门
的存在比例也从 50% 下降为 35%。[2] 80 年代早期，工会在很大程度
上反映了男性劳动力支配的劳动力市场和工作文化，男性劳动力支配
的私有企业部门中工会存在率约为 76%，在女性劳动力占主导地位
的私有企业部门中，这一比例为 46%。但此后，男性劳动力居支
配地位的企业中，工会存在率严重下降。到 1998 年，男性劳动力
占主导的工厂中，工会存在率下降为 39%，而同一时期女性劳动
力主导的工厂中的工会存在率并未发生明显变化。[3] 这从总体上反
映了工会数量的下降趋势。

在工会数量下降的同时，工会规模也呈现出明显的缩减态势。
1966—1981 年，通过合并或者其他途径，英国工会数量从 622 个减
为 438 个，但到 80 年代初，会员规模不足一万人的工会大约有 325
个，超过 60% 的工会会员分布在规模较大的十大工会中，这些工会
会员数量都在 25 万人以上。[4] 这表明尽管工会合并数量增多，但规
模较小的工会仍大量存在。1979 年保守党上台时，英国工会会员总

---

① Sid Kessler and Fred Bayliss, *Contemporary British Industrial Relations*, Third
Edition, p. 198.

② Neil Millward, Alex Bryson and John Forth, *All Change at Work？： British
Employment Relations 1980 - 1998, As Portrayed by the Workplace Industrial Relations Survey
Series*, p. 85.

③ Neil Millward, Alex Bryson and John Forth, *All Change at Work？： British
Employment Relations 1980 - 1998, As Portrayed by the Workplace Industrial Relations Survey
Series*, p. 86.

④ Sid Kessler and Fred Bayliss, *Contemporary British Industrial Relations*, Third
Edition, pp. 166 - 167.

数为 1263.9 万人，占全国工人总数的 55.8%。在整个 80 年代，工会
会员数量大幅下降，到 1989 年，工会会员数量下降为 839.9 万人，
占全国工人数量的比例降为 39%。在梅杰政府时期，工会会员数量
仍在减少，1992 年，英国工会会员数量为 795.6 万人，工会密度为
35.8%，1997 年，工会会员数量下降为 715.4 万人，相应的工会密度
下降至 30.2%。[①] 可见，在整个保守党执政期间，英国工会会员数
量经历了长期的、持续的下降过程，工会在 80 年代失去的会员数量
也超过了其在 70 年代吸收的会员数量。在 80 年代，英国主要经济
部门的会员数量和就业人数普遍下降，这在各主要经济部门都表现
得十分明显。农林渔业、建筑业和制造业的工会会员数量分别下降
51.0%、41.0% 和 40.9%。公共部门和私有服务业部门的工会会员数
量分别下降 5.0% 和 1.3%。而同一时期，英国就业人数下降幅度较
小，在就业规模较大的制造业和公共部门，其就业密度分别下降
12.8% 和 2%。通过对比总就业人数和工会会员人数的变动情况可以
发现，在五个主要的经济部门，工会会员数量的下降速度超过就业
人数的下降速度。到 1987 年，农林渔业、建筑业和私有服务业的就
业人数占英国总就业人数的 47.0%，远高于 1979 年的 38.0%。但工
会会员占这些主要经济部门就业总人数的 16.2%，比 1979 年仅增长
了 1.4 个百分点。这一趋势在私有服务业尤其明显，1980—1987 年，
私有服务业的就业人数增加了 150 多万人，但其工会成员数却不断
下降。[②]

　　工会组织力量的衰落是多种因素综合作用的结果。保守党执政
期间，政府出台了多项限制工会的法案，限制了工会的产业行动
权、法律豁免权，废除了排外性雇佣制等。这些法案使得工会可期

---

①　Jeremy Waddington, "Trade Union Organization", in Paul Edwards, ed., *Industrial Relations: Theory and Practice*, p. 220.

②　Jeremy Waddington, "Trade Union Membership in Britain, 1980-1987: Unemployment and Restructuring", *British Journal of Industrial Relations*, Vol. 30, No. 2, June 1992, pp. 297-300.

利用的社会资本大为减少，工会组织力量的发展因此受到极大限制。从经济层面来看，产业结构转型使规模较小的服务行业增多，其相应的女性劳动力数量和非标准雇佣（Non-Standard Employment）增多，非标准雇佣和女性工人对工会的依赖性较低，其工会化水平一直较低。杰里米·沃丁顿（Jeremy Waddington）等学者的研究表明，在 80 年代，非标准雇佣和女性劳动力的增多使得英国工会化水平下降了 25%—30%。[1] 一些旧式产业工会如钢铁工会和煤炭行业工会的成员数量不断减少。在煤炭行业，1984—1985年矿工罢工失败后，政府开始采取煤炭行业私有化、关闭矿井和裁员等政策，在 1984—1985 年罢工期间，全国矿工联合会曾拥有 18万名会员，到 2000 年，其会员数量不足 6000 人，到 2002 年，仅有 3000 名会员。[2] 从产业主体方面来看，雇主在保守党执政期间对工会的抵制倾向比较突出，许多雇主不愿承认工会在集体谈判中的地位与作用。雇主抵制工会认可的现象在新建立的企业中十分盛行，在 70 年代，59% 的新企业认可工会在集体谈判中的地位与作用，但在 80 年代，这一比例降为 34%，在 90 年代建立的企业中，仅 27% 的雇主认可工会的集体谈判地位。[3] 这导致了工会组织力量的削弱。

随着组织力量的衰落，工会对企业的影响力不断削弱，雇主在企业生产和工作安排等方面的管理权和权威大大增强。从企业管理层级力量上来看，管理人员如人力资源管理和企业管理专家增多。为实现企业生产目标，包括提高企业竞争力、产品质量和服务水平，管理阶层引入了人力资源管理方法，强调管理活动的积极性和

---

[1] Jeremy Waddington, "Trade Union Membership in Britain, 1980 – 1987: Unemployment and Restructuring", *British Journal of Industrial Relations*, Vol. 30, No. 2, June 1992, pp. 287-322.

[2] Martin Wainwright and Richard Nelsson, "Long Decline of a Once Mighty Union", *The Guardian*, January 15, 2002.

[3] Stephen Machin, "Union Decline in Britain", *British Journal of Industrial Relations*, Vol. 38, No. 4, December 2000, p. 635.

主动性。人力资源管理的出现与企业不断强化的管理权威和管理特权密切相关。管理人员的增多为企业管理权威和管理特权的进一步强化提供了基础，在此基础上，管理层结合有利的政治经济环境，开始强化对工人的控制。基思·米德尔马斯总结保守党执政期间劳资力量对比时认为："当前，由于将谈判权分散到工厂一级以及工会与管理者合作的普及，加之工会代表大会对'整个工人阶级'的代表性日渐削弱，工会在许多层面与管理层的对抗中处于不利地位，雇主对信息技术的获取等都超越了工会正式的罢工能力。"[1]

在提高企业竞争力方面，激烈的市场竞争使得雇主开始强调劳动力使用效率，追求更加灵活的雇佣方式，工会在劳动力市场上的影响力下降。从60年代开始，英国工业就面临提高生产率和竞争力的要求，但直到1979年以后，企业界才日益认识到提高企业竞争力的必要性。由于市场上对英国制造业产品的需求量下降，企业开始采取降低成本、提高生产率等方法以应对日趋激烈的市场竞争。一些生产率低下的企业被迫关闭，企业生产能力减弱，企业裁员急剧增多。从80年代前期开始，企业开始调动包括劳动力在内的各种资源，强化企业管理需求。由于生产成本上涨和熟练技术工人短缺，企业采取多种措施如裁员和提高劳动力使用率等增强其市场竞争力。[2] 在一些传统的制造业等就业集中部门，雇主通过大规模裁员以减少产出和降低劳动力成本。如在钢铁公司，1980—1983年，英国钢铁公司大规模裁员导致其雇员规模从16.6万人下降为7万人。[3] 对此，伊恩·克拉克描述道："20世纪80年代，英国'生产率奇迹'（productivity miracle）是通过削减产出和工人廉价

① Keith Middlemas, *Power, Competition and the State*, Vol. 3, *The End of the Postwar Era: Britain since 1974*, London: The Macmillan Press Ltd., 1991, p. 339.

② Peter N. Ingram, "Changes in Working Practices in British Manufacturing Industry in the 1980s: A Study of Employee Concessions Made During Wage Negotiations", *British Journal of Industrial Relations*, Vol. 29, No. 1, March 1991, pp. 3-4.

③ David Powell, *British Politics and the Labour Question, 1868-1990*, p. 141.

劳动的手段实现的。更关键的是，企业通过灵活性生产和授权车间部门延长旧生产设备的使用寿命等措施，提高工人劳动强度。"①而正是因为在产业力量对比上处于明显优势，企业才得以肆无忌惮地通过压低工资成本和强化工人劳动来弥补技术和投资的不足。

　　在大规模裁员的同时，企业管理层提高了劳动力使用强度，以提高企业生产率。A. 本内特（A. Bennett）和 S. 史密斯－加文（S. Smith-Gavine）对英国 171 家制造业工厂的 13.15 万名工人的劳动力使用率（Percentage Utilization of Labour）进行了调查，并以此为参照研究制造业部门工人每小时劳动强度变动情况。②通过对比分析，本内特认为，在 70 年代，英国企业年均劳动强度指数为 97（以 1971 年为 100），而在 80 年代，这一指数平均值高于 103，这表明工人的劳动强度在 80 年代不断提高。③通过对工人工作强度的案例研究表明，在雇主管理权威日益增强的情况下，工人工作强度不断提高。1984 年，对伯明翰的朗布里奇（Longbridge）工厂的一名工人的调查提到，其一年内在 5 个不同的经济部门工作，在 3 个月中从事了 10 份不同的工作。在过去，雇主不经与工会协商不能随意变换雇员工作，现在雇主可以不经任何咨询就改变员工的工作内容。这种频繁的工作变动造成员工之间互不相识，雇员之间的联合被打破。企业生产目标的确立不再由工人单方面的操作能力决定，机器潜在的运转能力成为企业实现生产目标的基础，雇主为工人设定难以完成的目标，这意味着工人必须强化劳动以适应不断提

---

　　①　Ian Clark, *Governance, the State, Regulation and Industrial Relations*, pp. 155 – 156.

　　②　A. Bennett and S. Smith-Gavine, "The Percentage Utilisation of Labour Index (PUL)", in Derek Bosworth and David Heathfield, eds., *Working Below Capacity*, London: Macmillan, 1987, p. 326.

　　③　David E. Guest, "Have British Workers Been Working Harder in Thatcher's Britain? A Re-Consideration of the Concept of Effort", *British Journal of Industrial Relations*, Vol. 28, No. 3, November 1990, p. 297.

速的机器设备，雇员也时常因违法完成工作任务被停职。[1] 这表明，在企业生产方面，雇主权威日益增强，工会的影响力逐渐削弱并受到雇主的排斥。托尼·埃尔格（Tony Elger）认为："雇主在劳动力应用方面管理权威的实施体现为其更加直接地提高工人劳动强度。"[2]

在劳动力使用方面，雇主为追求劳动力市场的灵活性，开始采取多样化的雇佣方式，企业的非标准雇佣增多，兼职工作作为最普遍的非标准雇佣方式被大多数雇主采用。1980 年、1984 年和 1990 年企业劳资关系系列调查显示，大多数雇主开始采用兼职工作（Part-Time Work，每周劳动时间低于 30 小时）的雇佣方式，在三次调查中，约 1/3 的企业雇佣兼职工作者劳动，到 1998 年，这一比例上升为 44%。在 1998 年所有接受调查的雇员中，25% 的雇员从事兼职工作，比 1990 年多出 7%。[3] 而短期雇佣、临时雇佣、自我雇佣和自由职业者也不断增多，雇主在企业雇佣方式上有着较强的选择权，也从总体上反映出雇主力量的增强和工会作用的边缘化，在企业生产和管理过程中，雇主权力的增强在某种程度上意味着工会力量的削弱。约翰·麦克罗伊（John McIlroy）等人认为："雇主管理权威在员工配备、工作劳动力使用和工作速度等问题上的强化代表着基层工会组织力量的削弱。"[4]

在确立工作待遇方面，工会的作用日益减小，企业倾向于通过管理权威确定工资标准和工作安排。在 80 年代和 90 年代前期，工

① Philip Armstrong, Andrew Glyn and John Harrison, *Capitalism since World War II*: *The Making and Breakup of the Great Boom*, London：Fontana, 1984, pp. 396-397.

② Tony Elger, "Task Flexibility and the Intensification of Labour in UK Manufacturing in the 1980s", in Anna Pollert ed., *Farewell to Flexibility?*, Oxford：Blackwell, 1991, p. 56.

③ Neil Millward, Alex Bryson and John Forth, *All Change at Work?*：*British Employment Relations 1980-1998*, *As Portrayed by the Workplace Industrial Relations Survey Series*, p. 44.

④ John McIlroy, *Trade Unions in Britain Today*, p. 139.

会在企业工资方案中的影响力减弱。米切尔·萨拉蒙认为，在 20
世纪 80 年代，雇主的管理策略更偏向分散化的集体谈判，强化雇
员待遇改善与企业生产效率和生产灵活性之间的关系，推崇单工会
或单桌谈判协议（包括劳资关系和谐化、建立雇员委员会、制定
非罢工仲裁条款）。① 在制造业部门，80 年代前期，制造业严重衰
落及其市场竞争压力增大使企业不得不进行内部管理变革。由于工
资谈判与必要时期雇主管理特权所主导的单方面工作安排相抵触，
管理层更强调对内管理权威。雇主逐渐减少了工会通过集体谈判对
企业管理事务的参与，企业工作安排内容的变化不再属于工资协商
谈判的主题范围。企业在提高工人工资的同时，要求工人提高生产
效率。产业联盟数据库的调查表明，在 80 年代，近 80%的企业在
集体谈判时将工人工资与企业生产率挂钩，而在那些不实行集体谈
判的企业中，这一比例低于 55%，这表明在大多数企业，管理层
通过管理特权来改变企业工作安排。② 从 80 年代末开始，越来越
多的服务业开始放弃集体谈判制。私有服务业工资方案的确定较少
采取集体谈判的方式，私有服务业日益盛行多场所（Multi-Site）
协议，即每个工厂自行确定其工资标准。在 90 年代，这种工资方
案联合规范的形式大为衰落。1984 年，私有服务业通过集体谈判
确立工资方案的企业约占 36%，到 1990 年，这一比例降为 29%。
1998 年，只有 14%的私有服务业通过与工会开展工厂级或更高级
别谈判的方式确立员工工资方案。③

　　由上可见，与战后以来长达 30 多年劳强资弱的产业格局不同，
在保守党撒切尔夫人和梅杰执政期间，工人的集体力量严重削弱。

---

① Michael Salamon, *The Industrial Relations: Theory and Practice*, p. 238.

② Peter N. Ingram, "Changes in Working Practices in British Manufacturing Industry in
the 1980s: A Study of Employee Concessions Made During Wage Negotiations", *British
Journal of Industrial Relations*, Vol. 29, No. 1, March 1991, p. 5.

③ Neil Millward, Alex Bryson and John Forth, *All Change at Work?: British
Employment Relations 1980 - 1998, As Portrayed by the Workplace Industrial Relations Survey
Series*, pp. 190 - 191.

工会在产业领域的影响力减弱，工人组织力量也因工党在 1983 年和 1987 年大选失利失去依靠，工会对政府决策的影响力下降。工会自身组织力量同样处于不断萎缩的状态。正因如此，20 世纪 80 年代被认为是英国劳资关系特征发生变化的年代，这种变化体现为劳资力量对比发生翻转，工会在劳资关系中的强势地位被雇主取代。埃瑞克·巴斯滕（Eric Batstone）总结道："工会的地位自 70 年代末开始受到严重削弱，雇主通过采取各种手段重新恢复了在劳资关系中的主导权。"① 资强劳弱产业格局的确立是多种因素综合作用的结果。一方面，从政治上来看，政府为扭转工会的强势地位，采取多种措施削弱工会力量赖以存在的基础。另一方面，工会集体谈判力量被削弱，雇主更倾向于直接与雇员谈判或雇佣廉价且更具合作主义倾向的非工会会员，工会对企业的影响力不断下降；工会密度的降低和工会会员的减少使工会和工人组织失去了对抗雇主的集体力量。

二 罢工活动持续减少

相较于六七十年代不断增多的罢工活动，在保守党撒切尔夫人和梅杰执政时期，英国罢工活动持续减少。工人罢工数量、罢工损失工作日数量急剧下降，罢工持续时间及其发生频次都在不断减少，这是保守党撒切尔政府时期英国劳资关系演进的重要特征。

战后以来，英国劳资冲突和罢工数量长期处于不断增多状态，在 1979 年撒切尔上台后的 12 个月内，罢工给英国带来 3220.3 万个工作日损失，远远高于 1926 年大罢工以来任何一年的工作日损失，其中，3/4 的工作日损失由两次全国性劳资争议导致，其一是 1979 年夏季的制造业罢工导致工作日损失 1600 万个，其二是 1980

---

① Eric Batstone, *The Reform of Workplace Industrial Relations*: *Theory*, *Myth and Evidence*, Oxford: Clarendon Press, 1988, p. 179.

年钢铁企业罢工造成的 880 万个工作日损失。① 但正是从此时开始，这种状况发生明显变化，1980—1987 年，英国罢工数量从 1330 次下降为 1014 次。从 1988 年开始，工人罢工数量的下降趋势更加明显。1988—1993 年，英国罢工数量从 781 次下降为 211 次，这也是 1979 年保守党执政以来罢工次数最少的阶段。1990 年，英国罢工数量只相当于 70 年代年均罢工数量的 25%，到 1993 年，这一比例进一步降为 10%，达到英国有罢工记录以来的最低水平。在罢工数量不断下降的同时，罢工导致的工作日损失也在不断减少。1980—1988 年，英国工人罢工导致的工作日损失从 1196.4 万个降为 370.2 万个，到 80 年代末，英国罢工导致的工作日损失降至 60 年代的水平。90 年代，罢工导致的工作日损失继续下降，1993 年，罢工导致的工作日损失降为 64.9 万个。② 罢工是工人表达其不满最直接也是最消极的劳资对抗方式。除罢工外，工人也常常采取拒绝加班、消极怠工等方式，表达对雇主和企业管理者的不满。在保守党撒切尔夫人和梅杰执政期间，工人采取产业行动的方式对抗雇主的次数在不断下降。根据尼尔·米尔沃德等人的调查，1980—1998 年，在实行工会认可的私有制造业、服务业和公共部门，工人未采取任何产业行动的企业占被调查企业总数的比例由 75% 上升为 96%，而采取罢工活动的企业占总数的比例由 9% 降为 2%。由此可见，保守党执政期间，英国各主要经济部门的罢工活动都在不断减少。③

　　在所有的罢工活动中，持续时间不超过一天的罢工日益减少，占罢工总数的比例不断下降。1969—1973 年，平均每年有 700 次罢工活动持续时间不超过一天；1974—1990 年，持续时间不超过

---

① Eric Wigham, *Strikes and the Government，1893-1981*, p. 220.

② John McIlroy, *Trade Unions in Britain Today*, pp. 120-121.

③ Neil Millward, Alex Bryson and John Forth, *All Change at Work?：British Employment Relations 1980-1998, As Portrayed by the Workplace Industrial Relations Survey Series*, p. 178.

一天的罢工活动平均每年为 411 次；到 90 年代，不超过一天的罢工活动大大减少，平均每年为 138 次。而持续时间在 1—3 天的罢工活动在 20 世纪八九十年代也不断减少。1985—2000 年，英国有70%—75%的罢工持续时间在 1—3 天。同时，持续时间超过 3 天的罢工也在不断减少。在 70 年代英国产业级和全国范围内的罢工活动不断增多的情况下，持续时间超过 3 天的罢工约占罢工总数的一半，但在八九十年代，此类罢工活动占这一时期罢工总数的比例仅为 25%。[1] 由此可见，在保守党执政期间，英国工人罢工的数量、罢工导致的工作日损失和罢工持续时间都急剧减少。大卫·迈特卡夫（David Metcalf）等人认为："自 70 年代末以来的十多年中，罢工活动和工作日损失日益减少是英国劳资关系状况变化的最显著特征。"[2]

　　工人罢工活动的减少是多种因素综合作用的结果。从工会和工人所处的外部环境来看，政治经济环境的变化对罢工活动产生极为不利的影响，这在很大程度上限制了工会的产业行动能力。就罢工活动所处的政治环境而言，保守党向来对工会怀有敌视情绪，而自1979 年保守党执政以来，政府采取多种措施限制工会的罢工行动。在保守党执政期间，政府通过立法改革劳资关系，并在思想上放弃了自愿主义劳资关系机制，这导致政府在国家制度层面排斥工会。政府对工人罢工活动的态度逐渐强硬。在应对 1984—1985 年矿工罢工活动时，保守党将工会称为英国的"内部敌人"，并通过各种描述和宣传，妖魔化工人组织的社会形象。[3] 由于这一时期英国失业率的上升压制了工会发起产业行动的意向，保守党开始利用不利的经济环境加紧对工会的打压，为集体谈判的开展增加难度，工人

---

① Jeremy Waddington, "Trade Union Organization", in Paul Edwards, ed., *Industrial Relations: Theory and Practice*, p. 247.

② David Metcalf and Simon Milner, eds., *New Perspectives on Industrial Disputes*, p. 1.

③ Ian Clark, *Governance, the State, Regulation and Industrial Relations*, p. 144.

出于对失业的担忧，不敢通过工会发起产业行动，工会会员数量减少，工人的罢工倾向逐渐减弱。[①]

经济不景气使得企业破产和裁员频发，工人尤其是基层车间部门工人的工作安全面临的不稳定性因素增多，因而不愿采取产业对抗行动。在撒切尔上台之初，英国经济连续两年负增长，80年代前期也被视为英国自战后以来经济最为糟糕的时期。1979—1981年，在价格不变的情况下，英国国内生产总值下降超过3%，同一时期，英国制造业产出下跌14%。[②] 1982年，英国经济出现恢复迹象，经济增长率勉强达到1.5%，1983年，经济增长率接近4%。同时，政府也兑现了降低通货膨胀率的竞选宣言，在撒切尔执政的最初三年，政府采取了财政和货币政策，将通货膨胀率由接近20%降到5%以下。但这种经济恢复是以失业率上升为代价的，英国失业率在80年代初达到前所未有的高水平。[③] 由于战后英国产业部门未能顺应时代变化及时引进新的生产技术设备，英国商品在国际市场上缺乏竞争力。政府宏观经济管理政策的失败和企业投资能力下降引发大量企业生产问题，企业开始缩小生产规模，企业雇员数量下降，一些企业出现大规模裁员。制造业衰落最典型的事件出现在1982年秋，英国工业制成品首次出现贸易赤字，工业资本遭受重大损失，整个国家面临严重的失业问题。1979—1987年，制造业衰落导致工作岗位减少200万个。[④] 而在90年代初的经济衰退潮

① Geoffrey Keith Barlow, *The Labour Movement in Thatcher's Britain：Conservative Macro-and Microeconomic Strategies and the Associated Labour Relations Legislation：Their Impact on the British Labour Movement during the 1980s*, pp. 51-54.

② Sid Kessler and Fred Bayliss, *Contemporary British Industrial Relations*, Third Edition, p. 39.

③ Matthias Matthijs, *Ideas and Economic Crises in Britain from Attlee to Blair, 1945-2005*, pp. 126-128.

④ Geoffrey Keith Barlow, *The Labour Movement in Thatcher's Britain：Conservative Macro-and Microeconomic Strategies and the Associated Labour Relations Legislation：Their Impact on the British Labour Movement during the 1980s*, p. 57.

中，英国生产部门工作岗位减少 100 万个，这种衰落主要集中于工会密度较高的规模较大的企业部门，其中，公共服务领域的就业人数也停止增长。这一时期英国制造业工会密度从 41% 下降到 35%。① 以就业人数较多的煤炭行业为例，1974—1984 年，英国煤炭行业雇佣工人数量从 25 万人减少为 1.81 万人，这一时期英国矿井数量也由 259 个减为 174 个。②

　　企业被迫关闭和大量裁员导致英国失业率不断上升，从 1979 年至 1980 年底，英国失业人数由 100 万人猛增至 210 万人，失业人数不断刷新历史纪录，从 1981 年底到 1982 年底，英国失业人数从 280 万人上升为 310 万人。③ 1983 年 1 月，失业人口达到 320 万人，同年 5 月，这一数据跌到可接受范围即 300 万人以下，尽管如此，英国失业率仍保持在 12%—13% 的高水平。④ 此后失业人数一直处于缓慢增长状态，到 1987 年失业人数仍保持在 300 万人以上。这还是在政府不断修改失业定义，从而使失业率低于实际数额的情况下进行统计得到的数据。此后，随着英国经济的恢复和增长，其失业人数显著下降，到 1989 年，英国失业人数降为 160 万人。但好景不长，1990 年，英国进入战后以来第二次经济衰退阶段，失业人数再次上涨并于 1993 年初接近 300 万人大关。此后，随着经济缓慢恢复，英国官方记录的失业人数逐渐减少，1997 年年中，失业人数下降至 150 万人。⑤ 在整个 80 年代和 90 年代前期，英国失业率一直高于经济合作与发展组织划定的任何一年失业率的平均

---

① House of Commons Employment Committee, *The Future of Trade Unions：Minutes of Evidence*, London：The House of Commons, 25 January 1994, p. 317.

② David Childs, *Britain since 1945：A Political History*, p. 226.

③ Sid Kessler and Fred Bayliss, *Contemporary British Industrial Relations*, Third Edition, p. 39.

④ Matthias Matthijs, *Ideas and Economic Crises in Britain from Attlee to Blair*, *1945-2005*, pp. 126-128.

⑤ Sid Kessler and Fred Bayliss, *Contemporary British Industrial Relations*, Third Edition, p. 39.

水平。

　　经济不景气对工会集体力量的发挥产生不利影响，产品市场的变化限制了工会的行动能力，尤其在工人罢工倾向比较突出的传统制造业部门，制造业的衰落导致工人罢工意向大大减弱。裁员、失业和工作岗位减少，都限制了工人的罢工倾向。对产业主体来说，尽管劳资对抗不符合双方利益，但不利的经济环境使工会的罢工成本提高，雇主受到的威胁相对减少。由于英国经济竞争力落后于其他工业化国家，市场对产品的需求下降使得雇主开始减少商品生产，工会通过产业行动停止生产进而对雇主施加影响的传统斗争策略大打折扣。埃里克·威格姆认为："工会不仅担心企业大规模裁员，也不愿意在公司面临产品存货积压的困境时发起斗争行动。对雇主来说，相较于缩短劳动时间，工人罢工是一种成本更低的减产方式。因此，除非在自身利益遭受严重的不公平对待时，不同工会在选择罢工领导方面互相推让，而不愿发起罢工行动。"[1] 对工会来说，工会罢工不仅使工人面临失业危险，工会自身也可能会因此面临法院的经济惩罚。根据1982年《雇佣法》的规定，工会在劳资争议中采取非法行动将使其基金或资产面临法院惩罚。其中，对规模超过10万人的工会可处以最高25万英镑的罚款，对规模小于5000人的工会的最高罚金可达1.25万英镑。[2] 可见，不利的市场环境使得工会在劳资冲突中需要付出更多的斗争成本。

　　在罢工成本较高的情况下，许多工会拒绝发起罢工行动。在1984—1985年矿工罢工中，工人好战倾向降低使得工会难以通过投票表决发动罢工行动。在罢工开始后，约克郡矿工联合会执行委员会在全国矿工联合会和工会代表大会的指导下，要求工人将罢工和纠察线严格限制在约克郡内，且每个矿设置6道纠察线。尽管约克郡普通工会成员迫切希望扩大斗争范围，但矿工也并未严格执行

①　Eric Wigham, *Strikes and the Government, 1893-1981*, pp. 220-221.

②　Robert Taylor, *The TUC: From the General Strike to New Unionism*, p. 289.

工会官方的要求，甚至英国其他地方矿工联合会并未采取罢工行动。在一些煤矿分布地区如诺丁汉郡、兰开夏郡、德比郡和赖斯特郡，矿工对罢工大多持保留态度。只有肯特郡和达勒姆郡加入苏格兰和约克郡矿工的斗争行列。从总体上看，在矿工罢工活动开始的第一天，英国 18 万名矿工中只有 8.3 万人参加罢工。在诺森伯兰郡和斯塔福德郡，尽管工会按照规定举行了罢工投票，但均未通过罢工决议。在诺丁汉郡，尽管工会官方主张发起罢工行动，但其仍要求会员自我决定是否发起产业行动，要求矿工不受约克郡工人纠察线的影响。即便在工会官方主张罢工的情形下，该地许多煤矿产区如哈沃斯（Hayworth）、比沃考特斯（Bevercotes）和奥勒顿（Ollerton）等忽视工会官方请求而继续工作。[1] 煤炭行业的不景气和裁员使得工人罢工倾向减弱，在那些正常运营的煤矿中，很少有工人不顾自身工作安全而为其他矿工利益同雇主斗争。

除政治和经济等外部因素外，还有工会领导和基层工人的产业好战性降低等内部因素。从工会上层来看，在保守党执政期间，不利的政治经济环境使得工会领导的斗争倾向减弱。1984 年，诺曼·威利斯（Norman Willis）担任工会代表大会总干事，威利斯等人倾向于通过和平策略追求工会和工人利益。上任之初，威利斯便着手处理煤矿工人罢工问题。威利斯认为矿工罢工问题的本质在于斯卡吉尔对煤矿委员会的强硬态度。尽管意识到工会代表大会不支持矿工罢工会不利于工会内部团结，但他为应对这种情况做了准备。在南威尔士亚伯拉昂（Aberavon）地区的发言中，威利斯指责工人纠察线的暴力活动，并表达了对全国矿工联合会领导的不满。威利斯试图充当全国矿工联合会和全国煤炭委员会冲突的调停人。为此，威利斯与政府官员包括首相撒切尔夫人进行交流，但这些解决方案均被全国矿工联合会主席斯卡吉尔拒绝。在此情况下，威利

---

[1] Sarah McCabe and Peter Wallington, *The Police*, *Public Order*, *and Civil Liberties*: *Legacies of the Miners' Strike*, p. 57.

斯有能力避免让工会代表大会成为全国矿工联合会的替罪羊，拒绝为全国矿工联合会的斗争行为买单。在矿工罢工结束后，工会代表大会在实行工会组织现代化议程上恢复了主动权，拒绝通过产业斗争方式实现工会目标。工会领导和工会上层的斗争意向减弱。① 而在一些基层工会部门，即使在会员呼吁罢工的情况下，工会领导也不再发起产业行动。1989 年 9 月，政府将医疗服务部门白领工人的工资增长率设为 14%，这打破了其与公务员工资标准的传统联系。为表达对政府工资标准的不满，医疗服务部门白领工人要求工会采取罢工行动与政府相对抗。但全国与地方政府公务员协会会议拒绝工人的产业行动诉求。② 由此可见，无论在国家层面还是地方层面，工会领导人发动罢工斗争的意向都在减弱。

基层工会会员和普通工人的产业好战性也在降低，这突出表现在工会上层在产业行动方面对工人的影响力下降，许多工人拒绝响应工会的号召。在一些企业内部的劳资谈判中，过去工人曾全力抵制的雇主决策开始被工人接受，工会和基层车间代表的罢工建议也被工人拒绝。雇主也意识到劳资力量对比格局发生翻转，1979 年，英国利兰（Leyland）汽车公司解雇车间代表领导，但工人拒绝为此发起罢工行动。在之后的三年中，工人接受了低于物价涨幅的工资增长方案。1980 年，汽车零部件生产公司卢卡斯（Lucas）强制通过薪酬和工作条件“不可谈判”（Non-Negotiable）协议，工人也未对此采取抗议行动。1980 年 2 月，传统罢工倾向比较突出的南威尔士矿工也拒绝了工会主席要求罢工抵制政府关闭煤矿的号召。福特汽车公司也在同年 11 月宣布对非官方罢工采取新的惩罚措施。③ 工会领导也意识到其对基层工会会员和工人的影响力降低，在 80 年代早期，工会代表大会领导人伦恩·墨里（Len Murray）就指出：“工会会员尽管没有远离工会，但其不再响

---

① Robert Taylor, *The TUC: From the General Strike to New Unionism*, pp. 253-254.
② Eric Wigham, *Strikes and the Government, 1893-1981*, p. 221.
③ Eric Wigham, *Strikes and the Government, 1893-1981*, p. 221.

应工会领导人的罢工号召，他们也不再像以前那样主动把选票投给工党。"[1]

三　劳资关系的去集体化

自战后以来，在自愿主义劳资关系传统的主导下，劳资双方致力于通过集体谈判机制确立集体主义规范，以约束各层级产业工人，集体主义也成为这一时期劳资关系的重要特征。在保守党撒切尔夫人和梅杰执政期间，工会在国家和企业层面的影响力逐步下降，在产业结构转型和工会组织力量削弱的情况下，雇主日益追求劳动市场和企业生产的灵活性，劳资关系呈现出从集体主义转向个人主义的路径特征。工会作为工人运动的集体代表及其通过集体谈判处理与雇主关系的传统劳资关系机制逐渐瓦解，工人个体不再通过集体主义形式的中介处理与雇主关系，雇主和雇员之间的直接交流机制逐步确立。[2]

劳资关系的去集体化趋势首先表现为工会集体代表身份的弱化。由于雇主日益追求企业生产的灵活性，工会的集体代表权被削弱。20世纪80年代英国经济背景的变化和资强劳弱产业格局的确立，使得雇主日益重视企业生产和管理的灵活性。对灵活性的追求使企业在应对市场压力、组织工人生产和运用雇员工作时间方面的管理能力提高，这包含了雇主在企业事务上掌握着较强的管控能力。"灵活性协议"（flexibility agreements）是指在处理工作实践和工作时间变革方面形成的书面协议。即使企业存在一些产业级授权协议，但灵活性协议主要在企业或公司层级达成。[3] 80年代，企业

———

①　Robert Taylor, *The TUC: From the General Strike to New Unionism*, p. 253.

②　Chris Howell, *Trade Unions and the State*, *The Construction of Industrial Relations Institutions in Britain*, *1890-2000*, p. 140.

③　David Marsden and Marc Thompson, "Flexibility Agreements and Their Significance in the Increase in Productivity in British Manufacturing since 1980", *Work*, *Employment and Society*, Vol. 4, No. 1, March 1990, p. 87.

通过协商或利用管理权威单方面推行的灵活性协议不断增多。在整个 80 年代，有 3/4 的集体谈判群体通过签署灵活性协议变革企业工作实践，这种上升趋势在 90 年代也在不断延续。不断增多的灵活性协议与 60 年代的生产率协议虽然形式上相近，但二者有着很大不同：60 年代的生产率协议主要通过集体谈判确立，80 年代的灵活性协议主要由雇主的管理特权和生产安排所确立；60 年代的生产率协议更多的是作为工资增长的附加条件被引入集体协议，而 80 年代的灵活性协议是雇主在提高企业竞争力和生产率方面主动引入。"工人更高的劳动生产率被用来换取更高的工资。"① 换句话说，80 年代的灵活性协议更多是企业雇主或管理者利用管理特权主动追求的结果。对此，克里斯·豪威尔认为："80 年代出现的灵活性协议（或雇主不经协商单方面引入的灵活性安排）与 60 年代的生产率协议不同，前者主要是雇主在劳动力雇佣规模、工时、工资和工作内容等方面追求劳动力的市场灵活性，后者主要是获取工人对生产技术和企业工作的认可，极少强调灵活性。"②

　　雇主对灵活性的追求削弱了传统劳资关系体制的集体性基础，雇主开始重新定位劳资关系。企业对雇员工会会员身份的支持态度逐渐扭转，1990—1998 年，在认可工会的私有企业中，近 3/4 的企业不再支持雇员的工会会员身份。这一时期，雇主对工会会员身份的支持比例由 25% 降至 7%。在公共部门，这一比例下降约 1/4，其下降趋势并不明显。③ 雇主对工会集体代表的抵制态度也被产业经济环境所强化，传统工会力量重镇主要分布于旧式制造业重工业

---

① Peter N. Ingram, "Changes in Working Practices in British Manufacturing Industry in the 1980s: A Study of Employee Concessions Made During Wage Negotiations", *British Journal of Industrial Relations*, Vol. 29, No. 1, March 1991, p. 5.

② Chris Howell, *Trade Unions and the State: The Construction of Industrial Relations Institutions in Britain, 1890-2000*, pp. 138-139.

③ Neil Millward, Alex Bryson and John Forth, *All Change at Work?: British Employment Relations 1980-1998, As Portrayed by the Workplace Industrial Relations Survey Series*, p. 146.

部门，80 年代，制造业发展不断萎缩，相应的就业人口不断下降。新兴服务行业成为 80 年代英国经济增长新领域，但该类企业雇主和管理层大多抵制工会势力渗透。同时，在企业雇佣方式上，越来越多的小企业经营、自我雇佣和兼职工人也在客观上助推了劳动力市场的去工会化（de-unionisation）进程。① 在企业管理层面，一些企业开始引进人力资源管理，工会参与企业事务的难度增加。80 年代，人力资源管理概念（主要包括更加关注企业雇佣选择、员工培训、雇佣灵活性、个体化的工资机制等）被引进英国，以及管理人员青睐非工会（non-union）企业，抵制认可工会或降低工会和车间代表的地位等，都体现了雇主管理方式的战略目标转向更加个人主义的层次。②

　　劳资关系的去集体化也体现在雇主之间联合程度的降低上，企业开始放弃多雇主劳资关系机制，谋求建立个体化的劳资关系机制。从历史上来看，雇主组织是企业为应对工会集体性力量而走向联合的产物。二战后，雇主组织因产业环境和政府政策影响曾出现一定的分散化趋势，但在自愿主义劳资关系机制下，集体谈判和集体规范对雇主的约束力依然存在。1979 年保守党上台后，政治经济环境的变化使劳资力量格局发生转换，雇主对企业的管理权威增强，劳资关系的集体主义规范逐渐被雇主抛弃。雇主之间的联合程度逐渐降低。1979—1990 年，雇主协会成员占比从 25% 下降至 13%。③

　　雇主联合程度的降低使得产业级多雇主谈判大大减少。作为国家级雇主联合的产业联盟也表现出对劳资关系去集体化的意向。在接受就业委员会调查时，产业联盟明确表示："工会若要渡过难关，必须更加重视自身的个体化作用，而非集体代表身份。"④ 保

---

①　David Powell, *British Politics and the Labour Question*, *1868–1990*, p. 142.

②　Michael Salamon, *The Industrial Relations*: *Theory and Practice*, p. 238.

③　John McIlroy, *Trade Unions in Britain Today*, p. 117.

④　House of Commons Employment Committee, *The Future of Trade Unions*, *Minutes of Evidence*, London: The House of Commons, 25 January, 1994, p. 323.

守党执政时期被认为是劳资关系集体机制瓦解和崩溃的年代，[1] 其最明显的表现是集体谈判的衰落，在此过程中，产业级多雇主谈判的下降幅度最大，其覆盖率从1980年的43%降至1998年的14%。企业级单雇主谈判逐渐增多。[2] 雇主组织的去集体化也因政府对个体主义劳资关系的支持而强化。作为公共部门雇主，政府也日益表现出对集体主义劳资关系机制的背离以及对劳资关系个体化的支持。1994年，就业委员会在报告中就明确表示："政府支持个体雇员直接处理与雇主关系的愿望，而不必通过工会代表或集体谈判的中介方式。"[3] 由此可见，无论在国家层面还是地方层面，英国私有企业和公共部门雇主都表现出强烈的去集体化意向，正是这种意向推动雇主谋求建立个体化的劳资关系。

在抵制工会集体代表权的同时，雇主也通过多种途径谋求建立新的个体化的劳资关系机制。在90年代就业委员会对雇主的调查中，多数雇主就表达了对集体主义的排斥和对劳资关系个体化的青睐。雇主在企业管理事务上对工人集体代表（工会、咨询委员会、工作委员会）的敌视情绪日益增多，越来越多的雇主对工会地位及其作用的认知发生变化，认为工会是企业外部的工人服务机构，而不是企业内部的集体谈判机构，主张建立个体化的劳资关系。[4] 与雇主在企业内部管理权威增强相匹配的是工人对企业事务强烈的参与感。雇主将与雇员有关的企业事务告知相关雇员，根据产业联盟和盖洛普的调查，在1989年，66%的雇员表示雇主曾向其传达与其相关的企业事务信息，到1992年，这一比例提高至72%。同

[1] Chris Howell, *Trade Unions and the State: The Construction of Industrial Relations Institutions in Britain, 1890-2000*, p.167.

[2] W. Brown, P. Marginson and J. Walsh, "The Management of Pay as the Influence of Collective Bargaining Diminishes", in Paul Edwards, ed., *Industrial Relations: Theory and Practice*, p.199.

[3] *People, Jobs and Opportunity*, Cm 1810, London: HMSO, February 1992, p.15.

[4] Chris Howell, *Trade Unions and the State: The Construction of Industrial Relations Institutions in Britain, 1890-2000*, p.141.

一时期，接受雇主咨询的雇员比例也从 58% 提高至 64%。随着雇主对员工参与制的支持力度加大，雇员对其所处劳资关系环境的满意度提高，英国社会态度调查（British Social Attitudes Survey）的报告显示，80% 的被调查者表示对其工厂的劳资关系感到满意。① 这表明在雇主的推动下，企业与雇员的关系逐渐个体化，劳资关系的个体化走向不断强化。

从劳资关系互动机制来看，集体主义劳资互动减少，雇主与个体雇员的直接互动增多，劳资关系的个人主义转向日益突出。工会力量体现为其在集体谈判中的地位及其取得的谈判结果，而工会能否参与集体谈判取决于雇主是否认可工会，当雇主认可工会在参与企业管理和生产安排等方面的地位时，雇主会通过集体谈判或咨询协商机制与工会交流。在保守党撒切尔夫人和梅杰执政期间，工会在企业内部事务中对雇主的影响力持续下降，雇主对工会的认可度逐渐降低，劳资集体主义互动机制削弱。1980 年，雇主认可工会地位的企业占英国企业总数的比例为 66%，但 1990 年的调查显示，认可工会的企业占企业总数的比例降为 53%，这种下降趋势在梅杰政府时期得以延续，到 1998 年，英国企业中雇主认可工会的比例降至 45%。② 一些雇主在接受调查时尽管表达了对工会的中立态度，但实际上仍排斥工会的作用。亚历克斯·布莱森（Alex Bryson）等人认为："在非工会工厂中，超过 1/10 的雇主反对工人的工会会员身份，即使有 2/3 的非工会企业雇主表示对工会会员保持中立态度，但其并不打算听取工会的意见。"③ 工会在集体谈判

---

① House of Commons Employment Committee, *The Future of Trade Unions*: *Minutes of Evidence*, p. 322.

② Mark Cully, Stephen Woodland, Andrew O'Reilly and Gill Dix, *Britain at Work*: *As Depicted by the 1998 Workplace Employee Relations Survey*, London: Routledge, 1999, p. 94.

③ Alex Bryson, "Rafeal Gomez and Paul Willman, The End of the Affair?: The Decline in Employers' Propensity to Unionize", in John Kelly and Paul Willam, eds., *Union Organization and Activity*, London: Routledge, 2004, p. 142.

中的作用也受到极大限制，其谈判内容仅涉及一些联合规范等小范围问题。工会在工资等问题上对雇主的影响逐渐边缘化，在八九十年代，工人实际工资获得较大增长，但工人内部工资差距逐渐增大，这也从侧面反映出工会在集体谈判方面作用有限。[1] 因此，从劳资关系实践来看，大多数雇主凭借自身的强势地位减少了对工会的认可。

在工会集体代表受到雇主排斥的同时，主导劳资关系互动的集体谈判制逐渐失去影响力。80 年代，雇主在与工会进行集体谈判的问题上逐渐采取更加谨慎的态度，企业劳资关系调查显示，集体谈判制开始大规模衰落。1980—1990 年，集体谈判覆盖率由71% 下降为 54%，集体谈判覆盖范围的骤降趋势成为英国劳资关系变化最显著的特征。在私有制造业领域，集体谈判覆盖率从64% 降至 51%，在服务行业，这一比例从 41% 降为 33%。尤其在私有服务业，集体谈判覆盖范围下降趋势最为突出，其集体谈判协议覆盖率从 52% 降至 41%。[2] 威廉·布朗（William Brown）等人通过分析多项劳资关系调查数据指出，在 1980 年、1990 年和1998 年，英国集体谈判逐渐减少，其覆盖率分别为 75%、54% 和40%。[3] 可见，劳资谈判机制的去集体化趋势日益明显，这是劳资关系去集体化特征的重要体现。即使在那些认可工会和集体谈判的企业，工会的集体力量也逐渐被边缘化。这方面最典型的是基层车间代表力量的严重衰落。工人管理力量在战后曾获得较大发展，其在企业内部集体谈判和企业生产事务中享有很大影响力，但在保守党撒切尔夫人和梅杰执政期间，车间代表的地位一落千

---

①　John McIlroy, *Trade Unions in Britain Today*, p. 388.

②　House of Commons Employment Committee, *The Future of Trade Unions: Minutes of Evidence*, p. 319.

③　W. Brown, P. Marginson and J. Walsh, "The Management of Pay as the Influence of Collective Bargaining Diminishes", in Paul Edwards, ed., *Industrial Relations: Theory and Practice*, p. 199.

丈。约翰·麦克罗伊等人认为："作为工会组织集体力量在基层工作的代表，车间代表的力量大大削弱，车间代表与企业管理者之间的关系越来越带有咨询而非协商性质。雇主也利用基层工会组织的不安全感和'恐惧'因素，实现与工会关系的转型。"[1] 集体主义的劳资交流机制逐渐被个体化的劳资交流机制取代。

在集体主义劳资关系机制削弱的同时，劳资关系个体化趋势增强。从 80 年代开始，雇主在企业管理和生产安排方面更倾向于与工人进行直接对话，许多雇主绕过工会直接与工人协商安排企业生产和管理事宜，雇主通过工会组织与工人进行间接交流的企业逐渐减少。尤其在私有企业，企业管理者同工人或工人群体之间的直接对话日益频繁。雇主和企业管理者对灵活性的追求与其管理权威的强化密切相关，雇主利用其在企业重大问题上的关键决定权谋求建立与雇员的建设性关系，雇员也清楚意识到雇主对企业事务的主导权。如在工资问题上，1980 年，英国 61% 的体力工人工资由多雇主谈判确立。1990 年，这种情况发生转变，56% 的工人工资由企业自行决定。除一些公共部门外，产业集体谈判极少发生作用。1993 年产业联盟和盖洛普的调查显示，51% 的雇主更愿意直接与个体雇员协商工资和工作条件等问题。在此情况下，员工参与制大量出现，企业在重大事务上更多与雇员直接交流。这种自愿参与方式适应了个体组织及其工人对企业参与事务的需求。[2]

第三节　新自由主义主导下的劳资政策

20 世纪 80 年代开始，随着英国政治和产业环境的不断变化，保守党政府的劳资关系治理理念发生变化。在撒切尔夫人和梅杰执

---

① John McIlroy, *Trade Unions in Britain Today*, pp. 138–139.

② House of Commons Employment Committee, *The Future of Trade Unions：Minutes of Evidence*, p. 320.

政的 18 年中，保守党摒弃了自愿主义和合作主义劳资观，开始追
求自由市场并重塑国家权威。在新自由主义的主导下，政府致力于
恢复劳资力量对比的平衡，其通过在八九十年代的渐进式立法，为
劳资关系确立了全面的法律框架。在此过程中，政府相继采取多种
经济社会政策对劳资关系体制进行改革，多管齐下的改革举措对工
会、雇主和政府三方均产生重要影响。

一　新右派与保守党的劳资关系改革理念

　　政府对劳资关系改革的认知及其态度取决于其对危机的解释，
1979 年保守党上台后，仍面临严峻的政治经济危机。工会凭借强
大的选举势力及其与工党的特殊关系对英国政局保有较大影响力。
在罢工浪潮中走上执政舞台的撒切尔也认识到劳资关系关涉其执政
前程，在新右派经济思想的影响下，保守党政府关于劳资关系改革
的理念发生变化。

　　在 20 世纪 70 年代在野期间，保守党在撒切尔的领导下开始总
结希思政府垮台的教训，思考未来执政时如何定位工人群体，尤其
是有着强大工会力量支持的煤矿工人，这一工人群体拥有对抗政府
的实力。从这时起，保守党就意识到必须有充足的准备从而与工会
一决胜负，在困难的经济情势下，保守党并没有把握在与工会的对
抗中赢得胜利。[1] 1978—1979 年"不满之冬"罢工浪潮使保守党认
识到改革劳资关系和限制工会对维护政治秩序和赢得选举至关重
要。即使保守党内部不赞成打击工会的温和派代表詹姆斯·普莱尔
（James Prior）也认为，工会已经超出其本应扮演的角色。撒切尔
对工会的态度和认知也更加强硬，她在未咨询其幕僚的情形下，表
明了保守党对待罢工的态度："政府将为罢工投票的选票邮寄提供
资金支持；收回对参加罢工者的社会保障金；强制实施限制纠察线

---

[1]　Roger Geary, *Policing Industrial Disputes: 1893 to 1985*, Cambridge: Cambridge University Press, 1985, p. 96.

法律，解决排外性雇佣问题，终结公共部门的罢工权利。"① 罢工强化了撒切尔等人的反工会立场，也推动保守党试图通过对工会的强硬态度赢得选举。

在 1979 年大选宣言中，保守党认为："多种因素共同导致了去年冬季严重的劳资冲突：生产增长停滞、僵化的工资管理、较高的边际税率、工会权利和特权的扩展。1974—1976 年，工党的激进立法导致整个产业领域劳资谈判力量失衡，劳资力量天平从有责任感的雇主一方滑向工会，有时也滑向敢于挑战工会官方领导的非官方工人群体。"保守党在竞选宣言中表达了改革工会的思想，包括："在工人纠察线问题上重新审视工会的法律豁免权；给拒绝加入工会的失业人员提供足够的保障金；在事关工会选举等重要问题上，政府出资鼓励工会实行不记名投票。"② 在保守党看来，工会权利及其特权的扩大对政府政治权威和社会生产秩序均造成不利影响，保守党认为工会权利太大，特权太多。无论是撒切尔还是主张同工会进行和解的詹姆斯·普莱尔，都主张解决工会权利过大的问题。保守党上下一致认为："如果得不到工会的默许，政府是无法管理这个国家的。"③ 可见，70 年代面临的政治现实也表明，成功的工会改革必须仰赖于强有力的政治保障，这也是政府工会改革思想的出发点。

保守党劳资关系改革思想的变化在很大程度上取决于其对英国经济问题的认知。在保守党上台伊始，英国经济仍面临严峻问题，英国商品市场竞争力落后于其他工业化国家。保守党认为，经济衰退问题的根源在于劳资双方缺乏市场纪律，由此导致工资成本大规模上涨，工人抵制技术和生产实践变革。尤其在充分就业和工党政

---

① David Marsh, *The New Politics of British Trade Unionism: Union Power and the Thatcher Legacy*, London: The Macmillan Press Ltd., 1993, p. 62.

② Iain Dale, ed., *Conservative Party General Election Manifestos, 1900 - 1997*, London: Routledge, 2009, pp. 268-269.

③ ［英］玛格丽特·撒切尔：《唐宁街岁月：撒切尔夫人自传》上册，李宏强译，第 28 页。

府"社会契约"的影响下，工会有能力实施一系列改革，这些变革阻碍了劳动市场的自由。企业为此付出了过多的生产成本，这削弱了企业的市场竞争力，企业倒闭也导致了工作岗位的减少。[①]1975 年撒切尔接替希思担任保守党领袖时，就接受了以基斯·约瑟夫（Keith Joseph）为首的政策研究中心的政策，主张推翻合作主义和战后以来主导英国经济政策的凯恩斯主义。撒切尔的自由主义、反集体主义和反工会主义说辞，吸引了包括工会成员在内的社会各界的关注，他们也反对罢工和主张摆脱收入政策、高税收和通胀限制。[②]

保守党对经济危机的解释始终围绕劳资关系恶化展开。在上台前后，保守党主张恢复市场自由，放弃收入政策等国家对经济的干预措施，面对日益增加的失业人口，撒切尔认为，失业率的上涨在很大程度上由工会引起，工会过高的工资要价超出雇主的支付能力，这不仅导致企业破产，也会使雇主为满足工会要求而缩小雇佣规模。[③] 而在整个保守党执政期间，劳资关系恶化以及工会问题始终被其视为经济困难的主要原因。1991 年，《20 世纪 90 年代劳资关系》（*Industrial Relations in the 1990s*）白皮书发布，在保守党看来："英国劳资关系的恶化被普遍认为是经济衰退的主要原因，英国产业中严重的罢工记录、限制性工作实践和企业劳动力数量过剩削弱了英国经济的国际竞争力。劳资谈判的力量天平严重向工会倾斜，在大多数情况下，工会领导在运用其产业力量时缺乏民主且不负责任。威胁性工人纠察线和直接扰乱社会秩序的罢工活动日益破坏英国劳资关系状况。"[④] 从保守党对经济危机的解释可以发现，

---

① Geoffrey Keith Barlow, *The Labour Movement in Thatcher's Britain: Conservative Macro-and Microeconomic Strategies and the Associated Labour Relations Legislation: Their Impact on the British Labour Movement during the 1980s*, pp. 58-59.

② David Powell, *British Politics and the Labour Question, 1868-1990*, pp. 136-137.

③ Peter Dorey, *The Conservative Party and the Trade Unions*, p. 134.

④ *Industrial Relations in the 1990s*, *Proposals for Further Reform of Industrial Relations and Trade Union Law*, Cm 1602, London: HMSO, July 1991, p. 6.

保守党政府将经济困境归结为劳资关系恶化，进而将工会视为劳资关系问题的症结，由此将经济问题的原因转嫁给工会。工会也因此成为保守党政府改革劳资关系的着力点。

保守党对政治和经济危机的解释表明，政府将应对危机的主要措施集中于劳资关系问题上，但劳资关系改革思想、实践及其策略受多种因素的影响。传统经济理论沿革、希思政府劳资关系改革的前车之鉴和 70 年代的政治现实，都影响着保守党劳资关系改革的思想和路径选择。1975 年撒切尔当选为保守党领袖后，保守党内部反工会思潮兴起，但自愿主义和合作主义劳资观仍保持很大影响。影子就业大臣詹姆斯·普莱尔就持有仁慈的家长制理念，主张与工会领导人寻求和解。普莱尔的观点遭到保守党右翼的反对，尤其在 1977 年格伦维克大罢工期间，普莱尔拒绝支持拒绝认可工会的雇主，这在保守党内部引起极大不满。[1] 首相撒切尔也不赞成普莱尔对工会问题的分析，认为普莱尔等人在保守党中位高权重，实际上却对保守党造成伤害。[2] 这表明，尽管保守党在上台前后均已认识到改革劳资关系的必要性，但改革的思想和策略选择成为其劳资关系改革面临的首要问题。为消弭党内分歧，同时也是出于工会力量较大的现实考虑，撒切尔口头上支持普莱尔，暗地里却奉行新右派思想主张。[3]

在新右派看来，政府管理规则、高税收和高水平公共开支会阻碍市场功能的发挥，这些因素导致六七十年代英国经济形势恶化。[4]

---

① Robert Taylor, *The Trade Union Question in British Politics：Government and the Unions since 1945*, pp. 278-279.

② ［英］玛格丽特·撒切尔：《唐宁街岁月：撒切尔夫人自传》上册，李宏强译，第 97 页。

③ Hugo Young, *One of Us：A Biography of Margaret Thatcher*, London：Macmillan, 1989, p. 117.

④ Geoffrey Keith Barlow, *The Labour Movement in Thatcher's Britain：Conservative Macro-and Microeconomic Strategies and the Associated Labour Relations Legislation：Their Impact on the British Labour Movement during the 1980s*, p. 95.

新右派对自由市场和强大国家的强调致使其将打击和限制工会势力作为劳资关系改革的关键。新右派经济理论核心人物哈耶克认为工会是自由市场的最大威胁，工会通过垄断劳动市场的劳动力供给阻碍市场竞争。在 1960 年出版的《自由秩序原理》（*The Constitution of Liberty*）中，哈耶克警告说：“工会是自由社会建立基础的公开敌人。”他认为，工会组织高于市场标准的工资要价导致失业产生，也限制了劳动力流动进而影响劳动效率。哈耶克主张废除对工会法律权利的保护，恢复有效的价格机制。① 在哈耶克等人的影响下，新右派发展出强有力的意识形态导向，在审视英国 70 年代政治和经济困境的基础上，新右派在劳资关系问题上开始奉行打击工会的策略。② 这对保守党劳资政策指导思想产生重要影响。受哈耶克理论的鼓舞，保守党产业大臣基斯·约瑟夫认为：“工会活动应限制在特定的框架内，在货币框架中，工会有义务按照理性原则保护其成员免受进一步通胀的威胁，此外，工会也应该遵守法律框架。”③ 由此，保守党确立了解决工会问题是英国经济恢复的关键这一理念，反工会思想主导了政府劳资关系改革。

新右派理论塑造了撒切尔反工会意识形态，撒切尔和保守党右翼的劳资关系改革思想源于新右派的政治经济学理念。上台之后，保守党政府认为解决英国经济困境的方法在于恢复自由市场，在此过程中，国家应为经济的自由运行提供政治保障。“自由的市场”和“强大的国家”成为撒切尔主义主导下劳资关系改革的思想内核。④ 在新右派理论的影响下，保守党放弃了战后以来的共识政治，结束了与工会的合作主义策略。在撒切尔上台伊始，工会代表

---

① Friedrich A. Hayek, *The Constitution of Liberty*, Chicago: The University of Chicago Press, 1978, p. 270.

② John McIlroy, *Trade Unions in Britain Today*, p. 194.

③ Keith Joseph, *Sloving the Problem of Trade Union Is the Key to Britain's Recovery*, London: Centre for Policy Studies, 1979, p. 3.

④ Andrew Gamble, *The Free Economy and the Strong State: The Politics of Thatcherism*, New York: Palgrave, 1994, pp. 36-37.

仍可直接接触政府官员，并通过一些产业经济机构影响社会决策。这些机构主要有全国经济发展委员会，产业培训委员会（The Industrial Training Boards），劳资咨询、调解、仲裁委员会，健康与安全执行局（The Health and Safety Executive），人力服务委员会（Manpower Service Commission）以及国家企业委员会（National Enterprise Board）等。① 在摒弃合作主义理念后，政府逐渐放弃了三方合作主义机制和合作机构，工会的政治影响力逐渐削弱。1979—1981 年，政府废除了 500—600 个劳资合作的半官方机构，其中一些机构对工会代表大会参与决策来说具有重要作用，对于一些象征三方合作的关键机构如人力服务委员会、健康与安全执行局和全国经济发展委员会，政府最初并未将之废除。② 但保守党政府官员如财政大臣尼格尔·劳森等人认为，通过全国经济发展委员会制定经济政策的做法浪费时间，政府减少对经济的干预以及放弃收入政策也使委员会失去存在的必要。③ 在随后几年，政府逐渐削弱其作用，1987 年，政府与工会代表大会在全国经济发展委员会每月一次的例减为每年四次，其讨论的内容也大幅减少。1992 年，梅杰政府最终将其全部废除。④ 因此，80 年代是政府和工会关系决裂的时期，战后工会与政府关系发展的趋势被逆转，战后共识也被推翻。⑤

综上可见，在 1979 年保守党上台后，政府抛弃了战后以来的

① John McIlroy, *Trade Unions in Britain Today*, p. 199.

② Neil J. Mitchell, "Changing Pressure-Group Politics: The Case of the Trades Union Congress, 1976-84", *British Journal of Political Science*, Vol. 17, No. 4, Octorber 1987, pp. 511-512.

③ Peter Dorey, *The Conservative Party and the Trade Unions*, p. 137.

④ Robert Taylor, *The Trade Union Question in British Politics: Government and the Unions since 1945*, p. 267.

⑤ Frank H. Longstreth, "From Corporatism to Dualism? Thatcherism and the Climacteric of British Trade Unions in the 1980s", *Political Studies*, Vol. 36, Iss. 3, September 1988, p. 315.

产业共识。政府认为强化对工会管理的必要性主要体现在两个方面：其一，在政府看来，与其他自愿性质的社会组织不同，工会的特殊性在于其有能力干预和影响市场关系，这为政府对工会进行特殊管理提供了必要性；其二，从工人的好战性方面来看，普通工会会员比工会领导和车间代表更加温和，也比其他工会主义者更加温顺。[①] 在此情形下，政府背离了合作主义和自愿主义的传统劳资关系指导思想。在新右派理论的影响下，政府致力于通过建立自由市场和强大国家以恢复英国经济。保守党政府在劳资关系改革方面形成共识，其核心则是打击和限制工会势力。战后以来，工会势力主要体现在政治上参与国家决策以及在劳动力市场上捍卫工人利益。这成为政府改革劳资关系的重点，政府在政治上排斥工会，减少与工会代表大会和工会领导之间的交流，废除一些劳、资、政三方合作机构，包括全国经济发展委员会。同时，为限制工会在劳动力市场上的影响力，政府也通过立法对工会进行种种限制。

二　打压与排斥的法律框架

在确立劳资关系改革思想后，政府围绕打击和限制工会的目标将劳资关系改革付诸实践，其主要内容包括以下几点：以限制工人集体行动为中心削弱工会谈判权利；恢复市场力量，使新式企业的发展免受传统工会模式和罢工行动的影响；放弃充分就业，用立法措施保障市场活力和强化劳资关系个体化；弱化工会在产业领域的团结，强化工会对企业需求的认同；摆脱工会领导对政府决策的影响；鼓励雇主实行雇员参与、员工持股和分红等政策；贯彻"自由市场和强大国家"原则。[②] 政策将综合运用立法和行政手段强化雇主力量，用雇员个人主义对抗工会集体主义。

---

① Chris Howell, *Trade Unions and the State：The Construction of Industrial Relations Institutions in Britain*, *1890-2000*, p. 150.

② John McIlroy, *Trade Unions in Britain Today*, p. 199.

　　在确立劳资关系改革的总目标后，保守党开始为劳资关系确立全面的法律框架付诸实践，保守党改革劳资关系的起点是 1980 年《就业法》。1979 年圣诞节，撒切尔表明必须通过立法改革工会，这向普莱尔传达出明确的改革信号，在此情形下，普莱尔着手起草《就业法议案》。该议案于 1979 年底呈交至议会下院。该议案的主要立法目标包括四个方面：第一，在工会投票表决罢工方面，政府将提供适当的资金支持；第二，工人只能在发生劳资争议的企业内设置纠察线，不得设置次级纠察线（即不得对非争议企业设置纠察线）；第三，修改排外性雇佣制，规定所有新的排外性雇佣协议必须获得企业 80% 的工人无记名投票支持，给予实行排外性雇佣制企业的非工会会员足够的失业补偿；第四，在延续第三个目标的基础上，处理强制加入工会的策略，包括那些采用威胁手段迫使工人加入工会的行为。[①] 可见，无论是支持工会罢工投票还是对排外性雇佣的限制，其目的都是对工会集体行动进行限制。对集体行动的限制也因此成为该议案的基础，在保守党看来，工人的集体行动阻碍了劳动力市场自由功能的发挥，在产业行动破坏雇佣协议的情况下，只能通过法律手段予以解决。[②] 普莱尔在阐释立法目的时也表明："该法案意在强调建立一种公正的平衡，既保护那些参加产业行动者，也使那些与争议无关的企业或个人的利益免受产业行动威胁。"[③]

　　《就业法》主要在以下方面对工会行为和产业行动做出限制。首先，在工会产业行动投票方面，法案规定："在工会罢工投票方面，按照认证处对工会举行罢工投票的开支，国务大臣可根据法律

　　① Peter Dorey, *The Conservative Party and the Trade Unions*, pp. 118-119.
　　② Geoffrey Keith Barlow, *The Labour Movement in Thatcher's Britain: Conservative Macro-and Microeconomic Strategies and the Associated Labour Relations Legislation: Their Impact on the British Labour Movement during the 1980s*, p. 68.
　　③ The Employment Committee, *The Legal Immunities of Trade Unions and Other Related Matters*, Minutes of Evidence, London: HMSO, 20 February, 1980, p. 19.

规定为罢工投票开支提供资金支持。"其主要目的是："在发起或结束罢工或其他产业行动方面，能够获得工会会员的支持或认可。"① 其次，在排外性雇佣制方面，法案规定工人有权加入或拒绝加入工会组织，任何工会不得排斥非工会会员。劳工上诉法庭（Employment Appeal Tribunal）或工业法庭可对违反上述规定的工会做出惩罚。雇主不得因雇员的工会会员身份将之解雇。最后，法案废除了 1974 年《工会和劳动关系法》中关于在企业中或企业外部采取行动使劳资争议扩大合法化的规定。

与工会态度截然相反，保守党内一些人则认为立法不够深刻，对此，普莱尔在下院声称："立法目的是改善劳资关系，为实现这一目标，政府应采取与工会合作的态度而非相反。因此，我们不能以任何借口放弃寻求自愿主义机制，这也是我们捍卫法律最好的途径。"② 尽管普莱尔认为法案足以让工会变得更加温和且更有责任感，进而在经济决策和工资问题方面让工会回到与政府对话协商的位置上。但保守党内部许多议员对此不以为然，一些新议员尤其是那些没有经历过希思政府劳资关系改革失败的议员主张进行激烈且深度的劳资关系改革。③ 一些雇主也对法案提出质疑，产业联盟总干事约翰·梅思文（John Methven）认为："在当前劳资关系紧张的情况（钢铁行业大罢工）下，政府在未进行适当咨询的情况下贸然采取立法措施，将会给雇主带来麻烦。"尽管产业联盟支持政府立法，但这种支持是有条件的，他们希望政府推迟一段时间再对工会法律豁免权和次级纠察线采取强硬措施。④ 很显然，1980 年法案不仅引起工会的敌视，也未满足大多数保守党议员和雇主的支

---

① *Employment Act 1980*, Chapter 42, London：HMSO, pp. 1-2.

② Hansard, *House of Commons Debates*, Fifth Series, Vol. 976, Col. 60, 17 December, 1979.

③ Peter Dorey, *The Conservative Party and the Trade Unions*, pp. 116-117.

④ Patricia Tisdall Management Correspondent, "CBI Leader Gives Warning over Hasty Legislation Against Unions", *The Times*, 9 February, 1980, p. 17.

持。在此情形下，撒切尔主张采取进一步行动，将劳资关系改革推进到新层次。

　　工商界和保守党内部对《就业法》的不满迫使政府将深化劳资关系改革提上新的立法议程。为此，撒切尔对内阁进行重组，全力推动劳资关系立法。在 1980 年《就业法》颁布前，撒切尔就公开表明要重新审视工会活动法律豁免权的问题，1981 年 1 月，就业大臣普莱尔向议会提交《工会豁免权》（*Trade Union Immunities*）绿皮书，普莱尔在绿皮书中声明："在有着劳资关系法律传统的社会，法律在强化劳资双方责任和义务方面有着较好的作用。但英国劳资关系并无这一传统，通过法律手段限制工会力量的改革必然招致工会的抵制和敌视。我们只能在自愿主义机制占主导地位的背景下推动立法，借此改变工会权利、产业行动和过去 20 年的劳动力市场状况。"① 首相撒切尔则主张进一步限制工会的法律豁免权，让法庭有权对工会资金采取措施，而普莱尔则反对这种做法，他认为历史已经证明，如果工会愿意的话，他们能够打破任何法律约束。撒切尔认为历史非但未证明这一点，反而证明以往历届政府因缺乏勇气而引起全国上下的失望，她相信在工会改革问题上，政府将赢得大众的支持。而政府如不采取措施限制工会权利，将会引发真正的风险。② 1981 年，撒切尔任命诺曼·泰比特（Norman Tebbit）接替普莱尔担任就业大臣。在工会改革问题上，泰比特主张采取更加强硬的措施，他在议会发言中公开否认工会享有法律豁免的必要性："工会享有的豁免权应与工会官员及工会会员的豁免权相一致，我不认为工会享有法律豁免权这一规定是正确且必要的，正如多诺万委员会指出的，工会享有的豁免权已经远远超过其

---

① Trade Union Immunities, *Presented to Parliament by the Secretary of State for Employment*, Cmnd 8128, London：HMSO, January 1981, pp. 4-5.
② ［英］玛格丽特·撒切尔：《唐宁街岁月：撒切尔夫人自传》上册，李宏强译，第 140 页。

他任何组织和包括女王在内的任何个人。"① 因此，他主张严格限制工会法律豁免权。在撒切尔和泰比特的推动下，议会通过了《就业法》。

《就业法》首先对不公平解雇工人做出补偿，法案规定："针对 1974—1980 年就业法实施期间因未遵守工会会员协议而被解雇的个人，由国务大臣根据本法对其支付赔偿。"② 在工会成员协议适用问题的投票方面，法案规定："如果雇员就是否适用该协议的问题进行投票，且超过 80% 有投票资格的人或超过 85% 的投票者赞成使用该协议，那么该协议应被视为获得了各层级企业雇员的支持。"③ 法案对排外性雇佣制做出限制，规定："任何提供货物或服务合同的条款或条件，只要其声称要求为合同目的进行的全部或部分工作仅由非工会成员或仅由工会成员完成，则这些规定均属无效。"④ 在禁止强制实行工会认可方面，法案规定："在任何提供商品服务的合约中，只要该合约包含要求合约任何一方为谈判的目的而必须认可一个及多个工会（无论是否在合约中声明）代表工人或工人群体的规定，或含有要求合约任何一方进行协商、咨询任何一级工会官员的规定，均属无效。"即劳资双方不得为谈判、协商和咨询的目的而强制实行工会认可。⑤

法案也对工会行动权利做出限制。在工人集体行动的法律豁免方面，法律豁免权被视为工会活动最为核心的权利，它可使工会特定的产业行动免受民事侵权的控诉。为了打击工会的核心权利，法案规定工会和雇主协会的特定民事侵权行为不再适用法律豁免权。法案贯彻了撒切尔的立法目标，使法院有权对工会基金进行干涉，

---

① Hansard, *House of Commons Debates*, Fifth Series, Vol. 13, Col. 630, 23 November, 1981.

② *Employment Act 1982*, Chapter 46, London：HMSO, p. 2.

③ *Employment Act 1982*, Chapter 46, p. 6.

④ *Employment Act 1982*, Chapter 46, p. 15.

⑤ *Employment Act 1982*, Chapter 46, p. 17.

这主要体现在法院可对工会行动做出经济惩罚，在此方面，法案对工会的民事侵权行为做出经济惩罚并根据工会规模确定惩罚金额："对于雇员规模在 5000 人以下的工会，法庭对其侵权行为所处罚金不超过 1 万英镑；对会员规模在 5000—25000 人的工会，其最高罚金不超过 5 万英镑；对于会员规模在 25000—100000 人的工会，其最高罚金不超过 12.5 万英镑；对于会员数量超过 100000 人的工会，可判处不超过 25 万英镑的罚金。"[1] 为限制工会产业行动，政府修改了劳资纠纷的定义，规定劳资纠纷仅限于特定人员如雇主和工人之间，工会内部争议不再属于劳资纠纷的范畴，参与国内外其他工人举行的联合罢工或声援性罢工也被排除在劳资争议范畴外。

法案旨在削弱工会集体代表权和工会集体行动权，其对工会认可及对排外性雇佣的限制使工会的地位及其代表性受到削弱。而缩小劳资争议和法律豁免权的适用范围为司法干涉工会行动提供了便利，这改变了 1980 年法案未能改变的劳资力量有效平衡局面。[2] 从对工会行动的限制到司法干涉和法律惩罚，撒切尔政府劳资关系改革不断深入工会运动的核心层面。打击工会法律豁免权条款的出台，体现出政府用强大国家的原则保障经济自由的改革途径。工会和工党对政府触及工会核心权利的改革表示不满，工会代表大会认为政府已经触及工会的核心利益。在工党的帮助下，几乎所有的附属工会（除英国电信、水务局和伦敦救护车工会外）拒绝了排外性雇佣投票要获得 80% 投票者支持的要求。[3] 在 1984 年《工会法》出台前，绝大多数罢工活动没有采取相应的投票程序来决定产业行动，并通过这种投票程序避免法律惩罚罢工行动。另外，在一些工厂和企业，罢工投票在 1984 年之前已经成为标准。在某些情况下，

---

① *Employment Act 1982*, Chapter 46, p. 21.

② Keith Middlemas, *Power, Competition and the State*, *Vol. 3*, *The End of the Postwar Era: Britain since 1974*, p. 323.

③ Keith Middlemas, *Power, Competition and the State*, *Vol. 3*, *The End of the Postwar Era: Britain since 1974*, p. 425.

通过投票表决是否发起罢工行动的机制可以有效避免产业行动，但罢工投票也有可能助推工人的产业行动倾向。1985 年的统计显示，大约有 2/3 的罢工投票通过了发起产业行动的决议，这表明通过立法强制工会在产业行动前举行投票并未有效抑制产业行动。①

对于保守党来说，尽管 1980 年法案和 1982 年法案触及工会权利层面，但一些保守党议员仍主张继续深化劳资关系改革。在 1983 年大选中，保守党再次将工会改革写进大选宣言："工会在工资谈判过程中发挥着重要影响，在这一问题上，工会的作用是利弊兼具的，它可以促进进步或阻碍变革，也可创造新的就业机会或摧毁现有的就业机会，确保工会更加民主和有责任感地使用这一权利事关我们所有人的核心利益。1980 年和 1982 年《就业法》限制了次级纠察线，鼓励不记名投票以抑制排外性雇佣，恢复了对工会违法行为的赔偿，这受到工会会员和公众的欢迎。但一些工会领导人仍违背会员意愿和社会利益滥用权利，保守党在 1982 年《工会民主》绿皮书中就指出要让工会会员掌控自己的工会，主张应该给予工会会员以下权利：有权通过投票选举工会管理机构，定期决定其工会是否应拥有政党政治基金。在事先未经无记名投票允许的情况下，工会号召罢工行动的法律豁免权将被剥夺。"② 泰比特也未把 1982 年《就业法》视为政府劳资关系改革的终点，在 1982 年法案通过后，他便着手起草下一部劳资关系法案草案。这一次，政府将改革重点深入工会内部，工会组织结构问题成为改革着力点，撒切尔政府试图通过新的工会改革措施，实现"把工会交给会员"的目标。③

① Eric Batstone, *The Reform of Workplace Industrial Relations: Theory, Myth and Evidence*, p. 181.

② Iain Dale, ed., *Conservative Party General Election Manifestos, 1900 - 1997*, pp. 288-289.

③ Robert Taylor, *The Trade Union Question in British Politics: Government and the Unions since 1945*, pp. 298-299.

　　1983 年 1 月，泰比特向议会提交《工会民主》白皮书，白皮书首先阐释了政府进一步实行劳资立法的原因："第一，大多数公众要求工会能变得更加民主以及更有责任感，以满足其会员的意愿。工会享有其他组织无法享有的法律豁免权，公众及工会成员需要确保工会事务能够得到妥善处理，但在大多数工会中，普通会员的影响力极小，工会的诉求已不能反映其成员的观点和利益。第二，正是由于工会自身放弃了自愿主义改革的机会，政府不得不考虑立法改革的可能性。尽管 1980 年《就业法》使工会能够从公共基金中获取其邮寄投票所需费用，但工会代表大会的附属工会均放弃这一机会，同时这些工会也丧失了以最小成本扩大其成员权利的机会。这表明工会不是缺少原则，而是缺少必要的改革决心。第三，法律赋予了工会特权，这就有必要考虑工会个体会员的权利是否得到了有效保护，那些以工会会员的名义使用这种特权的人是否履行了对会员负责的义务。政府有义务捍卫那些通过排外性雇佣而被强制加入工会的公民的利益。另外，工会独特的法律地位及工会领导发动罢工的权利可能损害其他人的经济和商业利益，这些人也缺少表达自身利益诉求的公平机会。"① 1983 年 10 月保守党获得大选胜利后，撒切尔对内阁进行改组，汤姆·金（Tom King）接替泰比特出任就业大臣，汤姆·金很快将泰比特的改革草案写进英国法律，即 1984 年《工会法》。

　　相较于此前两部劳资关系法案，1984 年《工会法》对工会权利的限制更加深入。法案首先引入选举工会官员的法定制度，规定"工会必须保证所有工会执行委员会（Principal Executive Committee）的有投票权的成员每五年选举一次"。法案声明："工会主要执行委员会是指行使工会行政职能的各主要委员会，而不论其名称是什么。"② 法案关于工会官员选举的规定使得大多数工会

　　① *Democracy in Trade Unions*, *Presented to Parliament by the Secretary of State for Employment*, Cmnd 8778, London：HMSO, January 1983, p. 1.

　　② *Trade Union Act 1984*, Chapter 49, London：HMSO, pp. 1-2.

官员包括工会主席和干事都有义务接受定期投票，任何干事不得不经重新选举而任职五年以上。

法案也从以下四个方面对工会施加了特定形式的民主：第一，选举必须是直接的，每一相关成员都必须直接投票选举工会官员，而不是选出一个代表，授权代表向某一候选人投票；第二，投票必须以秘密的方式进行，而不是采用举手表决方式；第三，主要的投票方式应是邮寄，要求工会按选举人的家庭地址向其寄送选票表格和候选人名单，并通过邮寄方式返回；第四，投票人必须免受来自工会的干扰，以及免于由工会、工会会员或工会官员施加的限制。① 法案对工会官员选举的规定体现出政府将劳资关系改革的重点置于工会上层，这种以扩大工会民主为口号的改革策略降低了普通基层工会会员对改革的敌视程度，减少了改革的阻力，同时体现出政府自上而下的改革路径。克里斯·里格利认为："法案对工会选举的强调旨在通过对工会官方部门实行选举，实现对工会集体权利的削弱。"②

法案也试图通过投票对工会集体行动和工会政治基金实施限制。根据法案，"工会在发起产业行动前必须举行无记名投票，由会员决定是否发起罢工行动"。工会的罢工行动必须得到大多数会员的支持，法案还对投票时间做出规定："工会授权支持的罢工投票应在产业行动发起四周前举行。"③ 1984年《工会法》关于罢工前投票的方式可简单、直接、有效地限制工会权利，工会会员不记名投票的规定成为工会产业行动适用法律豁免权的前提，非官方罢工成为唯一不受该方式影响的产业行动，但这种罢工通常是地方性的短期罢工，将罢工投票提前于产业行动发起四周前的规定也为雇主应对罢工行动提供了准备时间，有利于减少企业损失。"这一独

---

① ［英］史蒂芬·哈迪：《英国劳动法与劳资关系》，陈融译，商务印书馆2012年版，第305—306页。

② Chris Wrigley, *British Trade Unions*, *1945–1995*, p. 169.

③ *Trade Union Act 1984*, Chapter 49, pp. 11–12.

特的法律设置改变了工会的法律豁免权，可被视为促进工会民主的有效举动。"① 除对工会行动设置投票规定外，政府也将民主投票的形式应用于工会"政治基金"（political fund）的征收和使用方面。规定设立政治基金的工会每十年必须举行投票，由会员决定是否继续支持设立政治基金。未经投票的政治基金不能用于"政治目的"（political objects）。② 法案还对政治目的做出规定，以限制工会基金的适用范围："包括直接或间接的方式捐助给某一政党，用于政党事务开支；用于为政党利益提供服务或财产；用于选民登记，或为获得某一政治职位；保持某一政治职位；用于政党会议、集会或者与政党商业利益有关的会议；用于政党政治宣传以为政党或某一候选人争取选票。"③

1984 年《工会法》使政府对工会事务的干预达到了史无前例的程度，这引起工会的敌视。工会代表大会指责法案是政府对工会自治和工会组织结构自决权的直接攻击。法案代表了政府对工会自我管理形式更加深入的干涉，这种干预力度大于同一时期大多数西方工业化国家。1984 年《工会法》剥夺了工会的法律豁免权且使工会处于因违法而面临经济惩罚的境况，正是通过这种惩罚途径，保守党实现了其宣称的工会民主改革。④ 会员投票构成 1984 年《工会法》的重点，尽管政府宣称其目的是实现工会民主，但从本质上来看，保守党利用会员投票也有着深层的经济和政治考虑：其一是在经济方面维护正常的生产和商业秩序；其二是在政治上削弱工党与工会的密切关系，尤其是削弱工会在选举和政治基金使用方

---

① Charles G. Hanson, *Taming the Trade Unions*: *A Guide to the Thatcher Government's Employment Reforms*, *1980-90*, London: Macmillan Pub Ltd., 1991, p. 23.

② *Trade Union Act 1984*, Chapter 49, pp. 15-16.

③ *Trade Union Act 1984*, Chapter 49, p. 22.

④ Robert Taylor, *The Trade Union Question in British Politics*: *Government and the Unions since 1945*, pp. 299-300.

面对工党的支持。① 至此，保守党撒切尔政府通过三部劳资关系法律基本实现了其工会改革目标，在这三部法律的影响下，工会的罢工权、法律豁免权以及工会组织内部的领导选举和行动决策都受到法律约束。

在 1984 年《工会法》生效后的四年，政府并未立即着手制定新的劳资立法，这使得保守党的劳资关系改革进入停顿期。造成政府改革措施中断的原因主要有以下几点。首先，1984 年《工会法》对工会约束的范围和基本内容满足了保守党长期以来的工会改革要求。其次，1984 年开始的煤矿大罢工成为撒切尔政府首先要关注和解决的问题，煤矿工会是英国工会传统势力重镇，政府也希望通过击败煤矿工会为新的劳资立法提供条件。最后，1984—1988 年工会立法空隙期的形成与这一时期政府就业部门领导的决策有关。1985 年，大卫·扬（David Ivor Young）接替汤姆·金成为新的就业大臣，大卫·扬认为此前三部劳资关系立法已经恢复了劳资力量的平衡，因而就业部的主要职责应转移至企业发展和工人就业问题上。② 在 80 年代末一系列工人罢工失败后，保守党试图恢复劳资关系改革，将改革的重点由先前的平衡劳资力量转移到从政治层面打击和限制工会。在 1987 年大选宣言中，保守党再次提出工会改革计划。撒切尔声称在胜选后，保守党将通过劳资立法实现以下目标："授权个体工会会员阻止其工会不经秘密投票的罢工号召；为拒绝加入罢工的会员提供保护，使其避免因拒绝罢工受工会纪律惩罚；确保工会管理部门的所有成员至少每五年以无记名投票的方式举行选举；对工会选举邮寄选票进行强制的独立监督；为非工会会员提供保护使其免受不公平解雇，借此进一步限制工会滥用排外性雇佣制度，剥夺工会强制实行排外性雇佣制发起产业行动的法律豁

---

① 吕楠：《撒切尔政府劳资政策研究》，社会科学文献出版社 1995 年版，第140 页。

② Peter Dorey, *The Conservative Party and the Trade Unions*, p. 123.

免权；为工会基金的使用提供新的保障；建立新的工会委员会，帮助个体工会会员行使其基本权利。"①

1987 年 2 月，保守党发布《工会及其会员》（*Trade Unions and Their Members*）绿皮书，提出了政府立法的主要原则："政府认为，罢工行动的决定权在于工人个体，每个工会会员应自由决定是否愿意违背就业协议或者冒着不受任何补偿而被解雇的风险发起罢工行动。工会会员有权穿越纠察线上班，工会不得因此对会员进行惩罚。在任何情况下，无论工会的罢工号召是否享有豁免权，法律都将为工会会员拒绝进行产业行动提供明确且实际的保护，使其免受工会纪律惩罚。"②

1987 年大选胜利后，保守党政府便开始将大选宣言中关于劳资立法的计划付诸实践。为此，撒切尔让诺曼·福勒（Norman Fowler）接替大卫·扬成为新的就业大臣。在福勒的领导下，议会很快通过了 1988 年《就业法》（*The Employment Act, 1988*）。法案进一步对工会权利进行限制。在排外性雇佣制方面，法案规定雇主在任何情况下不得因雇员的非工会会员身份而将其解雇。法案也撤销了对工会通过产业行动确立或维持排外性雇佣制的豁免权。③ 法案除明确对工会会员权利进行保护外，还为会员运用法律手段对抗工会提供便利，根据法案，工会会员如在秘密投票中不赞成产业行动而被工会纳入产业行动，会员可对工会提起诉讼。为此，政府设立工会会员权利理事一职，协助会员诉诸法律手段对抗工会。④ 法案进一步加强了政府对工会事务的干预，根据法案的规定，国务大

① Iain Dale, ed., *Conservative Party General Election Manifestos, 1900 - 1997*, pp. 323-324.

② *Trade Unions and Their Members*, *Presented to Parliament by the Secretary of State for Employment and the Paymaster General*, London: HMSO, February 1987, pp. 7-8.

③ Charles G. Hanson, *Taming the Trade Unions: A Guide to the Thatcher Government's Employment Reforms, 1980-90*, p. 38.

④ Robert Taylor, *The Trade Union Question in British Politics: Government and the Unions since 1945*, p. 305.

臣有权任命工会会员权利理事，理事将工作中心（Job Centres）及
其他就业服务机构的责权收归就业部，国务大臣有权对人力服务委
员会成员数量进行调整。①

　　1988年《就业法》与80年代中前期政府颁布的法案都以打击
和限制工会为中心，但1988年《就业法》也有其自身的鲜明特
性，主要表现在政府立法不再致力于平衡劳资力量，而试图用强化
个体主义的方略削弱工会的集体主义传统，并通过赋予工会会员对
抗工会权利的方式强化政府对工会的干预。福勒在《就业法议案》
二读期间坦言："该议案将劳资关系法律改革推进到新阶段。政府
逐步改革劳资关系过程的实质是确保法律框架适合当前需要，并对
已经显现的法律疏漏做出反应。"② 政府对工会组织和工会内部权
利分配的强势干预引起了工党和工会的强烈不满，工党影子就业大
臣迈克·米切尔（Michael Meacher）在下院对法案提出批评："就
业议案空有就业头衔，它并非促进就业，而是一部反工会议案。议
案的提出是保守党在每次大选前都渲染反工会论调的故技重施。与
政府所有关于使工会民主化的说法相反，该议案是极度反民主的。
议案对少数群体违反秘密投票通过的民主决议进行保护，这种多数
服从少数的立法原则被写进英国法律尚属首次，这在世界上其他国
家的立法原则中也绝无仅有。同样，在英国，没有哪个法定或自愿
组织，其组织准则的实施受到法律禁止。"③ 总体而言，1988年
《就业法》在削弱工会集体力量的同时，体现出政府进一步强化了
对工会组织的干预。基思·米德尔马斯认为："1988年法案诞生于
80年代中期英国罢工和劳资冲突的社会环境中，这使得法案被置
于更加激进和更具干涉主义的立场，它的内容及实施也大大超过法

---

　　①　*Employment Act 1988*，Chapter 19，London：HMSO，p. 27.

　　②　Hansard，*House of Commons Debates*，Sixth Series，Vol. 121，Col. 817，3
November，1987.

　　③　Hansard，*House of Commons Debates*，Sixth Series，Vol. 121，Col. 825，3
November，1987.

案颁布前的预想。"①

　　在80年代政府强势改革之下，英国劳资关系状况呈现出高压下的和平状态，政府也利用这种有利的劳资关系环境推进劳资关系改革。1990年，保守党政府将新的《就业法》写入英国法律，力图限制工会产业力量，保障工会会员的民主权利。新任就业大臣迈克·霍华德（Michael Howard）认为："1990年《就业法》是自普莱尔提出第一部就业法议案十年来政府劳资立法的顶点……近十年来，英国劳资关系已经转型，在70年代，英国平均每年因罢工导致工作日损失1300万个。在过去三年，这一数字降低至不足70年代的1/3，1988年，英国罢工数量达到近50年来的最低点，英国经济不断增长，生产率也不断提升。这一切成就归功于保守党而非工党推动的一系列劳资关系立法改革，否则，英国仍面临种种严峻的劳资关系问题。"② 政府方面认为："劳资关系法律的作用是限制工会滥用产业权利，保障工会会员的民主权利，这也是该议案的首要原则。"③

　　1990年《就业法》主要从以下四个方面对劳资关系进行改革。第一，法案永久废除了排外性雇佣制，规定："企业不得因雇员的工会会员或非工会会员身份拒绝雇佣工人，也不得因工人不愿加入工会拒绝雇佣工人。工人有权针对上述非法排外雇佣进行上诉。"④第二，法案规定所有次级产业行动均属非法。第三，在劳资争议中，法案规定工会应对全职工会官员和车间代表的行为负责，除非其行为属于未得到工会明确允许的非法行为。第四，雇主可将参加

---

　　① Keith Middlemas, *Power, Competition and the State*, Vol. 3, *The End of the Postwar Era: Britain since 1974*, p. 425.

　　② Hansard, *House of Commons Debates*, Sixth Series, Vol. 166, Cols. 38 – 39, 29 January, 1990.

　　③ Hansard, *House of Commons Debates*, Sixth Series, Vol. 166, Col. 41, 29 January, 1990.

　　④ *Employment Act 1990*, Chapter 38, London: HMSO, p. 1.

非官方罢工的工人解雇且有权拒绝再次雇佣此类工人，参加非官方罢工的工人无权获得解雇补偿，也无权就此向工业法庭上诉。工会产业行动的法律豁免权几乎被剥夺殆尽。[①] 政府通过该法案对工会施以严格管控，其主要目的一方面是进一步打击和限制工会的产业行动，另一方面，法案让工会对所有的非官方罢工负责，这使得雇主和政府可对普通工会会员施加影响，并最终对工会组织本身造成威胁。因此，法案也体现了政府对工会的强制管控范围进一步扩大。[②]

1990年《就业法》的通过并不代表保守党劳资关系改革的终结。1991年8月，首相梅杰上任9个月后，政府发布《20世纪90年代劳资关系》白皮书，就业大臣霍华德在书中提出了进一步改革劳资关系的必要性："在过去的12年中，尽管政府劳资关系立法取得很大成就，但认为政府劳资关系改革进程已经完成的观点是错误的，已有的改革成果也并不是充分且永久的。政府认为，当前仍有必要采取措施以确立并巩固我们在过去12年中取得的劳资关系改革成果。"[③] 1993年，梅杰政府出台《工会改革与雇佣权利法》（*Trade Union Reform and Employment Rights Act*, *1993*）。法案首先进一步对工会权利进行限制，主要包括：工会举行选举和投票时，必须由专门人员进行计票；不管工会是否隶属于工会代表大会，工会会员选择加入工会的权利不可被剥夺；工会在举行产业行动前，必须提前7天告知雇主，注明参加产业行动的雇员以及产业行动发起时间；个人有权就以下问题向最高法院提起诉讼，请求法院终止此类行为，即工会或其他人正在或有可能采取违法行为诱导个人参加产业行动、产业行动推迟商品和服务供给或降低商品和服务质量。

---

① Robert Taylor, *The Trade Union Question in British Politics: Government and the Unions since 1945*, Oxford: p. 306.

② Keith Barlow, *The Labour Movement in Britain from Thatcher to Blair*, p. 104.

③ *Industrial Relations in the 1990s*, *Proposals for Further Reform of Industrial Relations and Trade Union Law*, Cm 1602, p. 6.

　　其次，法案也保护了工人的个体权利：女性劳动力拥有产假权，雇主不得因怀孕或与怀孕有关的理由解雇工人；雇员与雇主形成雇佣关系 2 个月内，雇主必须向雇员提供书面雇佣协议；雇主不得因雇员提出法定工作中的健康和安全问题而解雇工人。最后，法案废除了工资委员会和最低工资标准。①

　　1993 年法案是保守党政府自 1979 年以来劳资关系改革的顶点。从法案内容来看，"第一，进一步限制工会和工会活动；第二，根据欧盟指令和判例法保障工人的某些就业权利；第三，法案彻底废除了工资委员会，结束了自 1909 年以来对低收入者的保护机制，这也成为法案最具深远意义的内容"。② 在 1993 年法案颁布后，梅杰政府在劳资关系立法方面再未做出重大行动。1979—1997 年保守党执政期间，保守党立法标志着政府与自愿主义劳资关系机制的决裂。政府通过法律手段确立了在劳资关系领域的主导地位。自 20 世纪上半叶以来，集体谈判一直被视为对劳资关系联合管理的最佳途径，但 1979 年上台的保守党政府不再接受这一理念。1993 年，政府明确废除了咨询、调解、仲裁服务处推动集体谈判的职责。在 1993 年法案中，政府允许雇主资助雇员脱离集体谈判协议，进而与雇主直接签订个体协议，集体谈判制最终失去劳资关系主体的认可。③ 在国家和社会力量的互动中，政府并不打算用法律取代社会力量对劳资关系事务的支配局面，而是主张通过法律手段抑制工会力量，限制和减少工会力量对劳资关系的管理。在这一理念主导下，雇主的自由行动权得以强化，工人的法律权利受到限制，工会自治能力大为削弱。④

---

　　① Chris Wrigley, *British Trade Unions*, *1945-1995*, pp. 179-180.

　　② Sid Kessler and Fred Bayliss, *Contemporary British Industrial Relations*, Third Edition, pp. 81-82.

　　③ Chris Howell, *Trade Unions and the State*: *The Construction of Industrial Relations Institutions in Britain*, *1890-2000*, p. 152.

　　④ Linda Dickens and Mark Hall, "Labour Law and Industrial Relations: A New Settlement?", in Paul Edwards, ed., *Industrial Relations*: *Theory and Practice*, p. 127.

三　以市场为主导的劳资关系改革

除政治排斥和立法打压工会外，在保守党撒切尔夫人和梅杰执政期间，政府对雇主阶层的利益给予很大保护，在国家决策和企业管理方面为雇主提供帮助，增强雇主阶层对抗工会的力量。为强化资强劳弱的产业格局，政府还推行了一系列经济社会政策加大劳资关系改革的力度，以实现削弱工会的目标，这对劳资关系主体的力量和利益格局产生很大影响。

在限制工会力量的同时，政府也采取多种措施恢复市场自由，强化雇主阶层力量。保守党劳资关系改革的目标之一即是恢复市场自由，强化政府权威。在这一理念的支持下，保守党结束了战后以来在产业领域的共识局面。一些大企业雇主或雇主组织仍希望维系劳、资、政产业共识，推行收入政策，并试图通过咨询和建议等途径，继续发挥其对政府经济社会政策的影响力。雇主试图通过影响政府决策以维护自身利益的打算与政府恢复市场自由的目标相左，由于对政府权威心存疑虑，雇主甚至是产业联盟领导人也公开反对政府立法干预劳资关系，这引起撒切尔的不满。撒切尔对雇主采取区别对待的态度，对于曾经致力于推动共识工作的产业联盟以及大企业雇主，政府疏远了与他们的关系，撒切尔更愿与没有共识污点的企业董事协会（The Institute of Directors）以及相对独立的新兴小企业雇主等打交道。政府在推动公共部门私有化的过程中，也将管理权交给那些赞同政府劳资政策的雇主。如曾打击利兰汽车工会的迈克·爱德华兹（Michael Edwardes）、在应对 1984—1985 年矿工大罢工中态度强硬的伊恩·麦克格雷戈以及英国造船公司（British Shipbuilders）总经理格拉汉姆·戴（Graham Day），这些人都对政府劳资关系政策持肯定态度。[1]

---

[1]　Sid Kessler and Fred Bayliss, *Contemporary British Industrial Relations*, Third Edition, p. 67.

在立法改革劳资关系的过程中，政府也对雇主的利益进行特殊照顾。保守党在推动劳资关系改革的过程中明确提出要恢复产业力量对比的平衡，在劳强资弱的产业格局下，政府采取多种措施强化雇主阶层的力量。在六七十年代的集体谈判中，雇主往往是相对弱势的一方。1979 年上台后，保守党政府便公开宣称集体谈判不再符合公共利益，因此政府支持雇主与雇员寻求建立新的关系模式；在某些情形下（比如用个人协议取代集体谈判），可以通过法律使雇主违反规定的做法合法化。[①] 可见，政府在通过立法限制工会权利的同时，营造了有利于雇主的劳资关系政治氛围，使雇主可以根据自身利益建立新的劳资关系体制。随着企业管理者管理权威的强化，雇主按照自身利益诉求组织生产活动的信心增强。在企业雇员关系管理方面，政府给予企业的指导和帮助增多。尼尔·米尔沃德通过对 1980 年、1990 年和 1998 年的劳资关系调查指出，这一时期雇主在雇员管理方面接受的外部咨询和建议持续增多，在被调查的企业中，主动寻求外部建议的企业占被调查企业的比例由 1980 年的 31% 提升为 1998 年的 56%。其中，政府在企业管理方面给予的帮助最多。在整个 90 年代，企业向咨询、调解、仲裁服务处和其他政府机构寻求咨询的比例提高了一倍。[②] 这不仅反映出政府机构对雇主的帮助日益增加，也表明雇主在企业雇员关系管理方面更愿意寻求政府意见。罗杰·安迪（Roger Undy）等学者认为："在 1979 年保守党上台后，政府奉行自由市场和放松管制的经济政策，并通过政府行为压制工会势力，政府的一系列行为主导了英国工会发展的政治经济环境，工会在政治和经济层面的作用被边缘化。而政府对雇主的鼓励给予其对抗工会的信心和能力，在某些合适且必

---

① Chris Howell, *Trade Unions and the State：The Construction of Industrial Relations Institutions in Britain*, *1890-2000*, p. 146.

② Neil Millward, Alex Bryson and John Forth, *All Change at Work?：British Employment Relations 1980-1998*, *As Portrayed by the Workplace Industrial Relations Survey Series*, pp. 72-73.

要的情况下，雇主也开始在企业内部采取与政府类似的政策，并且
有足够的信心运用政府的反工会立法。"①

为削弱工会势力对政府政策的影响，政府彻底放弃凯恩斯管理
需求及保证充分就业在经济政策中的优先地位，将低通胀作为宏观
经济政策的核心，放弃了战后以来长期实行的收入政策。收入政策
是战后英国政府应对通货膨胀的主要策略，但在80年代，货币主
义对保守党的影响力逐渐扩大，货币主义主张政府不需要同工会就
收入政策进行谈判，这给予政府更大程度的国家自治权，货币主义
也因此被看作政府"治国方略"的一个关键部分。② 在货币主义的
影响下，保守党在1979年上台之初就放弃了收入政策。

尽管保守党首任就业大臣普莱尔对放弃收入政策表示担忧，但撒
切尔明确拒绝继续使用这一政策作为应对通胀的策略。究其原因，首
先，保守党新右派认为，通胀问题是由政府大量货币供给引起的，而
仅通过大量印刷货币的做法，无异于饮鸩止渴，收入政策也只是浪费
时间而无法从根本上解决经济问题。收入政策反映了政府对通胀问题
产生原因的错误理解，工会不遵守收入限制协议也使该政策无疾而终。
其次，收入政策往往导致政府和工会在工资问题方面的冲突，这会对
社会秩序和保守党执政前程产生不利影响。再次，笃信市场自由原则
的保守党认为工人工资等收入问题应交给企业管理者和市场决定，收
入政策违背市场自由原则。最后，从实践层面来看，收入政策也引起
一些工人和工会的反对，尤其在熟练技术工人那里，收入政策根本得
不到任何欢迎。③

随着政府放弃收入政策，与之相伴的充分就业政策也退出历史

---

① Roger Undy, Patricia Fosh, Huw Morris, Paul Smith and Roderick Martin, *Managing the Unions: The Impact of Legislation on Trade Unions' Behavior*, Oxford: Clarendon Press, 1996, p. 29.

② Kevin Hickson, "Inequality", in Kevin Hickson, ed., *The Political Thought of the Conservative Party since 1945*, New York: Palgrave Macmillan, 2005, p. 183.

③ Peter Dorey, *The Conservative Party and the Trade Unions*, pp. 134-135.

舞台。充分就业是战后英国工党和保守党共识政治的重要内容，该政策的推行对保障工人就业和缓解劳资冲突曾起到重要作用。充分就业政策最初的实施，一方面是战后社会对大萧条年代高失业率的担忧，另一方面也与政府践行凯恩斯主义经济理论有关。但随着70年代劳资冲突的加剧和经济问题的恶化，经济管理的其他因素如消费、投资、税收、储蓄和收入等，开始取代就业成为政府优先关注的经济问题。在此情形下，许多人开始把这些问题归为充分就业及其带来的工会势力壮大等方面，充分就业政策开始不断遭受来自保守党和新右派的指责。新右派认为，保持充分就业的目标无法实现，政府充分就业的承诺是一种错误认知，这不仅会加速通货膨胀，也会使货币作为经济交换活动的中介以及人们对经济的信心受到干扰，进而破坏市场秩序。同时，充分就业也对劳动市场的正常运行产生不利影响，对充分就业的维持会使工人处于劳动力市场中的卖方市场，工会也将利用这一有利的市场环境提出高于市场标准的雇佣条件和待遇。[①]

在撒切尔及其支持者的努力下，政府将就业问题交由产品市场及竞争决定，政府保证就业退居次要地位。政府认为，就业岗位的创造应由产品市场竞争而非政府宏观经济管理政策来决定，因此，为达到提高产品竞争力以创造就业岗位的目的，即使面临短暂的失业率上升也在所不惜。在保守党撒切尔和梅杰执政的大多数时间，高失业率取代充分就业成为政府推行经济政策的主要背景。[②] 面对上台后不断增加的失业人数，保守党认为工会应对工人失业负主要责任，工会的工资需求超出企业支付能力，进而导致企业破产或者企业雇员减少。保守党试图通过这种解释，一方面将工人失

① Geoffrey Keith Barlow, *The Labour Movement in Thatcher's Britain: Conservative Macro-and Microeconomic Strategies and the Associated Labour Relations Legislation: Their Impact on the British Labour Movement during the 1980s*, p. 95.

② Sid Kessler and Fred Bayliss, *Contemporary British Industrial Relations*, Third Edition, pp. 55-56.

业归为工会的贪婪，另一方面弱化公众对失业者的同情心理，进而放弃政府对充分就业的保障。① 撒切尔及保守党右派认为，在充分就业和降低通胀率在经济发展过程中不可兼得的情况下，政府将毫不犹豫地放弃充分就业。政府认为，只有先降低通胀率，才能减缓失业、增加就业。1980年，英国通胀水平上涨20%，政府用货币政策取代需求管理的手段抑制通胀，严格控制货币供给以及利率调整成为政府应对通胀的主要策略，这意味着战后以来政府长期实行的收入政策、地方拨款和投资津贴等国家干预政策已无存在的必要。②

保守党还大力推行私有化，以促进公共部门劳资关系改革。自战后政府大规模推行公有制政策以来，公共部门便成为工会势力的重镇，尤其在煤炭、电力、医疗卫生等国有化部门，工会经常发起产业行动，给社会生活和生产带来极大不便。而国有化企业在生产和企业效率方面的落后，也促使政府试图将市场机制引入其中，提高企业生产效率。在撒切尔夫人和梅杰执政期间，政府开始大力推行私有化措施。在1979年大选宣言中，保守党就明确表明其对国有化的反对态度："英国人民强烈反对工党政府在建筑、银行、保险、药品和公路运输等部门进一步推行国有化的计划。更多的国有化将会加剧民众的贫困，侵害我们的自由。保守党将把最近国有化的航空航天和造船业重新出售给私人，并为员工提供购买其股票的机会。保守党将通过向公众出售国家货运公司（National Freight Corporation）股份的方式获得大量的私人投资。我们将放宽交通专员授权许可管制，促进新公共汽车业和其他服务业的发展，特别是使其在农村地区获得发展，我们将鼓励新的私人运营商的出现。"撒切尔还提出限制国有化企业管理局对政府临时持股的管理权力，并提出在适当的情况下将之出售。

---

① Peter Dorey, *The Conservative Party and the Trade Unions*, pp. 134-135.

② Sid Kessler and Fred Bayliss, *Contemporary British Industrial Relations*, Third Edition, p. 57.

而对于那些经营相对成功的国有化企业，政府将减少对企业管理的干预。① 对经济效率和企业活力的追求因此成为保守党推动私有化政策重要的经济动因。

除经济因素外，保守党也意识到私有化政策在削弱工会势力方面的显著作用。在 1979 年保守党重返执政舞台时，公共部门 90% 的雇员都是工会成员。政府在推行私有化的过程中也往往遭到工会的反对，这也促使撒切尔将私有化作为打击工会的重要手段。1982 年，政府在推行出售煤气公司的展示厅时就遇到全国和地方公务员协会以及英国电信部门工会的抵制，邮政工程联合会也通过采取产业行动抗议政府出售公共股份。这些因素促使政府为打击工会而推动私有化进程。② 在私有化过程中，一方面，政府减小公共部门的规模，通过引进市场力量变革劳资关系实践；另一方面，政府也在公共产业部门和公共服务部门引入市场代理人，通过服务外包的形式重组公共部门劳资关系。③ 保守党通过以上两种方式逐步实现对国有化企业和公共部门的私有化改革，在撒切尔上台之初，政府私有化规模相对较小，从 80 年代中期开始，政府加快了私有化步伐，到 1991 年，政府通过售卖的方式将主要的国有化企业交给私人管理，这些企业包括电信、燃气、航空、钢铁、自来水和电力等行业。梅杰在 1992 年赢得大选后，也将煤矿和部分能源部门私有化。同时，梅杰政府也鼓励那些暂时无法私有化的企业实行分散化经营或效仿私有企业，政府部门的税收和其他收益支付交给一些代理机构处理。到 1994 年，代理工资协议的实施范围覆盖了英国半数以上公务员。到 1997 年，英国所有公务员的工资协议都由政府委托

---

① Iain Dale, ed., *Conservative Party General Election Manifestos*, *1900 - 1997*, p. 272.

② John McIlroy, *Trade Unions in Britain Today*, p. 123.

③ Bob Carter and Peter Fairbrother, "The Transformation of British Public-Sector Industrial Relations: From 'Model Employer' to Marketized Relations", *Historical Studies in Industrial Relations*, Vol. 7, Iss. 1 (Spring, 1999), pp. 131-133.

市场代理机构处理，市场代理也被医院等公共部门引入。①

　　保守党政府劳资关系改革对 20 世纪后期英国劳资关系产生重要影响，英国劳资力量对比发生翻转，工会权利受到削弱，工人阶层的境遇并未得到明显改善。政府放弃充分就业政策也使社会不平等加剧，民众也未从私有化政策中获利，企业主和高收入群体反而因私有化和政府的减税措施而大获其利，这也反过来提高了该群体对保守党的支持率。政府放弃收入政策、减少福利开支和实行税率改革也加剧了社会不平等。当企业和资本获得低价股票和政府的大规模降税回报时，穷人享受的基本福利却不断下降：1983 年，政府补助和工人收入之间的联系被终止，工人工资无法与国民收入保持同步增长；1979—1997 年，儿童福利下降 21%；住房政策也使社会不平等进一步加剧，减免抵押贷款利息税并未使房主降低房屋租金，一些房主继续压榨租户；政府在教育和医疗行业的改革同样对社会公平产生不利影响。② 政府私有化政策极大地改变了劳资关系的内涵，在政府的鼓励下，企业管理者和雇主的管理权威得到强化，一些集中化的工资工作条件协议被分散化的地方部门协议取代或补充。这种分散化协议的目的之一就是增强企业管理者对工会的谈判能力。在高失业率和企业裁员可能性增加的情况下，公共部门管理在很大程度上削弱了工会的谈判力量。③ 总之，在保守党撒切尔和梅杰执政期间，英国政府对工会采取了政治排斥、立法打压和持续削弱工会影响力的一系列经济社会政策，以实现劳资力量再平衡的劳资关系改革目标。

　　劳资关系改革从制度层面强化了雇主阶层的力量，雇主的利益得到维护和加强。政府放松对劳动力市场的管制以及强化对雇佣关

　　① Sid Kessler and Fred Bayliss, *Contemporary British Industrial Relations*, Third Edition, p. 62.

　　② Anthony Seldon and Daniel Collings, *Britain under Thatcher*, pp. 88-89.

　　③ Sid Kessler and Fred Bayliss, *Contemporary British Industrial Relations*, Third Edition, p. 62.

系中劳资冲突的管理为雇主提供了更多的自由，这为雇主在与工会的关系互动中提供了制度和机制层面的支持。尽管放宽管制与强化干预之间存在矛盾之处，但法律对集体雇佣关系管理的强化和对个体灵活性的追求在短期内都有助于提高雇主的管理权威，尽管保守党政府的这种改革策略对增强英国经济竞争力和提高产业培训水平以及员工参与制的影响有限。①

政府改革还加强了雇主应对工会的力量，这突出表现在雇主开始运用法律手段对抗个别工会。就业部在 1987 年《工会及其会员》绿皮书中指出："雇主开始越来越多地使用相应的法律救助措施，对抗没有经过法定投票程序而发起的产业行动。在不同产业领域，雇主根据 1984 年《工会法》第二部分的规定，对大约 40 次劳资争议诉诸法律手段解决。其中，1984 年 11 月，奥斯汀·罗孚汽车厂（Austin Rover Car Plants）在没有提前确定其成员意见的情况下发起产业行动，最高法院以未经投票发起罢工为由，对运输工人与通用工人工会做出 20 万英镑的处罚。这一判决的通过也是雇主向工会领导发出的明确警告信号。雇主对工会产业行动的强硬态度在新闻国际公司与印刷行业工会斗争期间得到强化，英国印刷行业工会在未经报纸供应部门工会会员投票的情况下，命令其停止配送某些报纸且拒绝撤销这一指令，新闻国际公司通过法律手段使印刷行业工会被罚款 2.5 万英镑，其资产也遭扣押。"② 可见，在政府的鼓励下，雇主对工会的态度相对强硬。

综上可见，在新右派力量的主导下，保守党劳资关系改革基本实现了其强化国家权威、恢复市场自由的目标。劳资关系改革使政府在劳资关系领域的作用日益突出，政府开始在劳资关系事务中占据主导地位。政府通过出台多部就业法实现了为劳资关系确立全面

---

① Ian Clark, *Governance, the State, Regulation and Industrial Relations*, p. 100.

② *Trade Unions and Their Members*, *Presented to Parliament by the Secretary of State for Employment and the Paymaster General*, Cm 95, London：HMSO, February 1987, p. 3.

法律框架的劳资关系改革目标。与此前保守党希思政府的劳资关系改革策略不同，撒切尔和梅杰政府采取步步为营（step by step）的劳资关系改革措施，在不同时期根据不同的政治经济环境，稳步推进改革计划。通过一系列劳资立法和经济社会政策的推行，政府推翻了之前自愿主义和合作主义的劳资关系体制和实践，在转换劳资力量格局过程中的作用更加突出。因此，撒切尔和梅杰政府的劳资关系改革彰显了政府权威，尤其是关于工会选举和工会集体行动必须投票表决的规定，使政府可用法律手段介入工会内部事务，这成为保守党政府处理劳资关系的关键部分。[1] 对此，克里斯·豪威尔认为："1979 年之后，英国政府在劳资关系问题上与既往政策和实践发生决裂，政府推翻了已有的劳资关系体制和实践，伺机在工人运动及其影响力处于不利阶段时削弱工会，鼓励雇主在企业中单方面管理权威的强化和劳资关系个体化。因此，国家的作用日益重要、直接和强制。"[2]

① Roger Undy, Patricia Fosh, Huw Morris, Paul Smith and Roderick Martin, *Managing the Unions: The Impact of Legislation on Trade Unions' Behavior*, p. 72.

② Chris Howell, *Trade Unions and the State: The Construction of Industrial Relations Institutions in Britain, 1890-2000*, p. 142.

第 九 章

伙伴关系的迷思：20 世纪末以来的英国劳资关系（1997—2020）

　　1997 年工党重返执政舞台后，英国劳资关系运行的政治环境开始发生新的变化。在资强劳弱的产业力量格局下，劳资双方大体接受了社会伙伴关系的框架。新工党政府努力超越劳资对立的治理理念，主张在社会伙伴关系框架下重新构建劳资利益格局。为此，政府改变了以往敌视和排斥工会的政策，在法律和制度层面保障工人和工会的基本权利。政府也接受了欧洲《社会宪章》中有关就业关系的某些条款，以期在工党领导下实现劳资关系的和平与合作，英国与欧盟在劳资关系制度层面的融合也更加深入。但自 2016 年英国通过脱欧公投后，其劳资关系的紧张因素增多，这对政府的劳资关系治理提出挑战。未来，英国政府必须采取措施，参照其过去长期实施的欧盟劳资关系法律框架，制定一套能够平衡英国劳资双方利益的法律制度，以实现劳资关系的和平。

第一节　劳资关系的新和平

　　1997 年新工党上台后，撒切尔主义主导的劳资关系改革对工会造成的冲击仍在继续，工会上下认识到改革的必要性。为扭转发展颓势，工会在组织结构和功能方面进行了多项改革，这在很大程度上遏制了工会的衰落趋势。相较于工会地位的变化，自新工党上台后，雇主在劳资关系中的优势地位得到维持。基于撒切尔主义的政治遗产，雇主在产业力量格局中取得绝对优势，其在企业管理和工会认可等方面的权力不断强化。在这一产业格局下，工会主张采取伙伴关系策略处理与雇主的关系并得到雇主的响应，社会伙伴关系成为这一时期英国劳资关系的主导模式。

一　工会力量的式微及其调整

1997年工党上台后，保守党改革带来的工会力量衰弱趋势仍在继续，工会在英国政治、经济和社会生活领域的影响力大为缩减。随着新工党的上台，英国工会的发展获得了相对有利的政治环境。为扭转自身发展颓势，工会在政策反思的基础上，开始推行以组织边界调整和完善组织功能为主要内容的改革策略。

从90年代中后期开始，在传统工会密度较大的就业领域中，工会组织力量的发展呈现缩减态势。1999年，英国企业内单一职业岗位中，其工会密度均低于50%。在制造业部门，其工会化比例只有28%，在该类型企业的全职工人群体中，其工会化水平仅有1/3。[①] 对此，罗伯特·泰勒从影响工会发展的外部环境进行分析，认为"工会规模收缩的原因众所周知，这包含了去工业化、年轻工人群体中个人主义的兴起、集体主义价值观的衰落和公共政策对工会的支持度下降，而大众化生产的消失在很大程度上伴随着小型企业的增加，大型工厂的生产能力也不断提高，这些都推动着非标准化工作形式的推广，如兼

---

① Jeremy Waddington, "Trade Union Organization", in Paul Edwards, ed., *Industrial Relations: Theory and Practice*, p. 236.

职、临时雇佣和合同工，失业率的不断上升客观上也削弱了工会组织的基础"。[1]

由于工会管理层与会员和工人的交流减少，工会管理人员在会员吸收和会员服务方面未能及时做出调整，工人对工会的认可度下降。1990—1998 年，英国私有企业中工会化比例下降 10%。在对英国企业内部工会化比例下降开展的调查中，一些接受调查的企业管理者认为工人对工会的认可度下降。其中，1/3 的管理者认为工人对工会的支持率下降，包括工会未能更新会费等是造成企业内部工会化比例下降的主要原因。在公共部门，约 14% 的被调查者持上述观点。在对私有企业的调查中，29% 的被调查者认为员工对工会的背离是造成工会密度下降的原因，在公共部门，50% 的企业管理者认为员工的背离带来工会密度下降。[2] 这些调查从整体上反映了企业新招收的雇员比企业原有会员加入工会的意向低。从会员对工会的需求来看，会员对工会的认可取决于工会通过集体谈判能为工人带来的物质利益。在 80 年代政府立法对工会行动限制较多的情况下，由于工会很难通过集体行动捍卫工人利益，加之失业率不断提升和工会认可遭到排斥，工会会员增加将会受到限制，工会很难将其资源集中用于扩展工会影响力方面。[3] 工人加入工会的意愿降低。

随着 1997 年新工党重返执政舞台，工会改革获得了相对有利的法律和政策环境。尽管在新工党执政期间，政府并未废除八九十年代保守党政府通过的限制工会权利的法案，政府也未实施任何受工会欢迎的政策，但对工会来说，来自政府方面持续的法律

① Robert Taylor, *The TUC：From the General Strike to New Unionism*, p. 260.

② Neil Millward, Alex Bryson and John Forth, *All Change at Work?：British Employment Relations 1980-1998, As Portrayed by the Workplace Industrial Relations Survey Series*, pp. 72-73.

③ Kevin Hawkins, "The 'New Realism' in British Industrial Relations?", *Employee Relations*, Vol. 7, No. 5, May 1985, p. 3.

限制和政策打压基本结束。自 1997 年以来的十多年间，工会一直
处于更加有利的政治和法律环境中。在此背景下，工会将其资源
用于工会组织活动中，不仅实现了会员人数的增长，也使其组织
规模渐趋稳定。① 工会内部对其改革面临相对有利的政治环境也
有着明确认识，并试图借此推动工会改革。在 1997 年工会代表
大会上，工会领导人指出："工会已充分认识到如果保守党赢得
1997 年大选，政府将颁布更多反工会立法，因此，'新工党'如
果胜选，尽管不太可能废除此前政府的反工会立法，但其也会在
改变工会发展的政治环境方面做出必要改变。"② 对此，约翰·凯
利（John Kelly）认为："尽管保守党政府的反工会立法和私有化政
策依然存在，但随着 1997 年工党胜选，工会面临相对乐观的外部
发展环境，这为工会恢复其会员规模和提高其影响力提供了新的
希望。"③

　　在这种条件下，工会代表大会要求各工会利用有利时机，解决
工会面临的发展困境。在 1997 年工党大选胜利后，工会代表大会
主席托尼·杜宾斯（Tony Dubbins）认为："过去的 18 年是英国劳
资关系最黑暗的时代，其间，历届保守党政府运用其权力试图摧毁
工会，这也是工人权利遭受无情摧残的时代，失业威胁在工人中形
成一种恐惧的氛围……当前，工会的黑暗时代已经终结，尽管工会
面临的问题和挑战依然艰巨，但我们有决心解决这些问题，至少我
们面对的是将工会视为伙伴而非威胁的工党政府，其认为工会在英
国经济和民主体制中具有合法性，工会具有一定的价值和作用。我

---

　　① Melanie Simms, *Organising under New Labour：Evaluating Union Renewal Initiatives since 1997*, Warwick：Warwick Research Archives Portal Repository, 2013, p. 7.

　　② TUC, *Report of the Annual Trade Union Congress*, 1997, p. 67.

　　③ Fiona Colgan and Sue Ledwith, "Gender, Diversity and Mobilisation in UK Trade Unions", in Fiona Colgan and Sue Ledwith, eds., *Gender, Diversity and Trade Unions：International Perspectives*, London and New York：Routledge, 2002, p. 156.

们对工党在接受全国最低工资和欧洲《社会宪章》方面采取的积极行动表示欢迎。"① 杜宾斯要求个体工会在伙伴关系模式下采取措施，与政府政策相向而行。在工党布莱尔政府兑现其大选时对工会的承诺后，工会领导人对外释放出主动改革的信号，在 1999 年 5 月召开的工会代表大会上，大会总干事约翰·蒙克斯（John Monks）在发言中向首相布莱尔声明："正如首相您本人所见，工会已经在本次大会报告中说明了政府向工会传达的信息，这充分表明工会将会做出改变。"除了向政府表明工会改革的态度外，蒙克斯也要求各工会将改革付诸实践："工会改革还有很长的路要走，各工会要深化其承诺，不断检讨其组织结构问题，这也是工会在世纪之交向自身提出的挑战。"②

在工会代表大会推动工会组织现代化改革的同时，个体工会领导人和既得利益群体愿意让渡既得利益，同意对工会进行改革。在 1997 年的工会代表大会上，罗杰·莱昂斯（Roger Lyons）强调了工会适时改革的必要性："工会代表大会当前面临种种挑战，雇主敌视工会，工会自身在发展新会员方面存在困难，工会自下而上再到全国性代表结构也面临挑战，但我们也要认识到工会发展的机遇：新工党政府进行了有利于工会的政策调整；关于工会认可的白皮书发布；欧盟相关规则将在英国适用。其他国家工会改革的成功也为我们提供了经验。总之，这些因素是工会改革的催化剂，在我们各产业层级的工会组织中，工会必须做出改革的决定，我们有机会对当前工会面临的挑战和机遇做出正确回应，工会运动有着光明的前景，否则我们将错失改革机遇。工会必须成为工人运动真正的代表性机构，有效地开展组织活动，让改革成为我们前进的

---

① TUC, *Report of the Annual Trade Union Congress*, 1997, p. 43.

② John Monks, *Partnership can Beat Militancy and Macho-Management*, *Speaking at the Partners for Progress：New Unionism in the Workplace Conference*, London：Trades Union Congress, May 21, 1999.

动力。"①

　　对于工会内部既得利益群体来说，固守工会传统将会给工会带来严重的组织生存危机，这从根本上威胁到工会领导和既得利益群体的利益。一些工会及其领导人愿意就工会改革让渡既得利益，以实现其组织持续发展。在 1997 年工会代表大会提出新工会主义改革方案后，英国商店雇员工会总干事比尔·康纳（Bill Connor）表达了对工会改革的支持，主张工会应该回归到基本的基层组织原则，他在强调工会重塑组织原则的重要性时指出："工会会员自 1979 年以来大规模减少的情形引起我们所有人的关心，我们满足于回应和责怪政府，但却对兼职女工和年轻人等所谓的'撒切尔夫人的孩子'等工人群体未被纳入工会而无动于衷。现在，我们必须把对政府的指责转化为推动工会改革的决心，开展组织活动必须成为工会活动固有的和不可或缺的一部分。"② 安迪·丹佛（Andy Danford）等人认为："对工会而言，新的政治经济环境导致的工会衰落趋势必须尽快得到扭转，否则工会作为一种社会实体的持续生存将面临威胁，工会衰落及其带来的工会财政减少也将给全职工会官员的工作带来影响，并威胁其社会地位。"③

　　在组织结构方面，工会通过合并或联合的方式改革了组织边界，大力吸收女性、青年和移民工人加入工会。随着就业向服务业的长期转移，白领或知识劳动者的崛起，传统家庭结构的转变与女性参加工作数量的增加，再加上欧洲劳动力种族异质性的增强，日益个性化的生活方式和规范性取向，以及逐渐扩大的非典型、兼职

---

　　①　TUC, *Report of the Annual Trade Union Congress*, 1997, p. 54.

　　②　Paul Nowak, "Building Stronger Unions: A Review of Organising in Britain", in Gregor Gall, ed., *Union Revitalisation in Advanced Economies: Assessing the Contribution of Union Organising*, New York: Palgrave Macmillan, 2009, p. 131.

　　③　Andy Danford, Mike Richardson and Martin Upchurch, *New Unions, New Workplaces: A Study of Union Resilience in the Restructured Workplace*, London: Routledge, 2003, pp. 9-10.

和短期就业，工会必须吸引和代表更多样化的群体和利益群体。[①]
相较于此前工会在组织结构改革方面的相对滞后性，90 年代中期
以来的组织结构调整是工会主动追求的结果，这主要包括开放其组
织边界，扩大会员结构成分等。在调整新工会主义方案策略重点
后，总理事会提出改革方案的四大重点目标："将工会组织发展置
于最高地位，建立工会组织文化；推动工会在人力和财力资源方面
的投资，将其用于工会组织并强化外部组织；帮助工会强化其会员
基础，打破工会固有组织边界，将其扩展至新的工作和产业领域，
帮助工会赢得认可权利；发展新工人群体，包括女性和青年劳动者
以及处于劳动力市场末端的工人。"[②] 总理事会在工会组织结构、
组织文化和组织边界等方面的建议获得个体工会的认可，在 1996
年新工会主义方案被提出时，绘图、印刷和媒体工会代表托尼·伯
克（Tony Burke）表达了对新工会主义方案中工会组织策略的完全
支持，他认为："为扭转工会会员流失的趋势，我们采取了多种措
施并取得一定成绩，我们不仅使会员流失速度放缓，还实现了工会
会员数量的增长。调查显示，绝大多数会员愿意留在工会的原因在
于其担心丧失会员资格带来就业不公平。这些调查同时表明：工人
从未被问及是否愿意加入工会，工会全职官员与会员联系较少，这
是工人不愿加入工会的普遍原因。因此，工会必须实行改革，我们
必须发展出'招收和保留会员是第一要务'的组织文化，这意味
着我们不仅要为当前的会员开展服务，当工人愿意加入工会时我们
必须为其提供有力支持。"[③]

　　在工会代表大会的推动和个体工会的支持下，工会将组织结构

---

　　①　Wolfgang Streeck, "National Diversity, Regime Competition and Institutional Deadlock: Problems in Forming a European Industrial Relations System", *Journal of Public Policy*, Vol. 12, No. 4, October-December 1992, pp. 305-306.

　　②　TUC, *Trade Union Congress 1997: General Council Report*, London: Trade Union Congress, 1996, p. 39.

　　③　TUC, *Report of the Annual Trade Union Congress*, 1996, p. 66.

改革措施在公共部门和私有企业推广开来。工会通过合并和扩展组织边界的方式改革其组织结构，到 2001 年，英国工会会员规模超过 10 万人的工会有 16 个，其中 7 个分布在公共部门。而在私有企业部门，占支配地位的五大工会均通过合并，超越了原有的产业组织边界和服务范围。这些工会合并的基础具有多样性，如运输工人与通用工人工会根据传统的行业团体划分组织和服务边界。通用工人、市政工人与锅炉制造工人联合工会（General, Municipal, Boilermakers and Allied Trade Union）在 80 年代组织结构调整的基础上发展出组合型工会结构，它涵盖了不同工会部门中的不同工人群体，以促进其吸收规模较小的工会组织，这种结构覆盖了传统的区域结构，形成了一个松散的基础结构，进而实现不同工会组织的联合，将工会组织和服务边界扩展到多类型工人群体。工程与电气联合工会在保留 90 年代前期工会建立之时区域基础结构的基础上，于 2002 年和制造业、科技与金融工会（Manufacturing, Science and Finance Union）进行合并，吸收了银行、保险、金融、制图、印刷和媒体等工会，从而实现组织边界的跨产业扩展。[①]

工会组织边界和服务范围的跨产业改革不仅仅局限在私有企业部门，公共部门组织结构调整与改革也取得进展。1990 年以来，由于工会组织边界调整尤其是工会合并，公共服务部门工会在工会代表大会中的数量从 18 个减少为 13 个，这种合并带来的结果是会员更加集中于规模较大的工会组织中。通过改革组织结构，到 1998 年，英国工会代表大会中 30% 的会员集中于合并后形成的四大新公共部门工会，其会员规模在 1998 年达到 1915364 人。[②] 在公

---

①　Paul Willman, "Structuring Unions: The Administrative Rationality of Collective Action", in John Kelly and Paul Willam, eds., *Union Organization and Activity*, pp. 74 - 75.

②　Roger Undy, "Negotiating Amalganations: Territorial and Political Consolidation and Administrative Reform in Public-Sector Service Unions in the UK", *British Journal of Industrial Relations*, Vol. 37, No. 3, September 1999, p. 447.

共部门组织结构改革中，公共服务工会（UNISON）具有典型意义。该工会于 1993 年由英国全国中央和地方政府官员联合会（National and Local Government Officers Association）、全国公共部门雇员工会和卫生服务部门雇员联合会合并而成，其组织边界跨越多个产业领域和行业部门，涵盖不同领域会员，允许多种治理模式并存，其在政治上也附属于不同的政治势力。公共服务工会的改革不仅强化了工会内部团结，也推动了工会管理方式、工会议程和工会活动的发展。①

工会在国家和地方层面改变其组织目标和服务模式，更加重视会员需求和改善工会服务质量。在改革工会组织结构的同时，工会也在国家和地方层面采取措施，完善工会服务体系，提高工会服务质量，使其更加符合新的产业经济环境需求。从国家层面来看，工会代表大会采取多种措施，改革其组织目标和会员服务体制，工会代表大会典型的改革举措是调整大会代表策略，重新确立大会作为广大工人阶级利益代表的地位。通过这种调整，工会代表大会将其服务范围扩展到工会以外更加广泛的工人群体，其关注点和服务边界涵盖了那些未加入工会组织的工人群体及其在雇佣关系中遇到的问题。② 工会这一改革举措旨在对其角色和地位进行重新定位，它表明工会代表大会不仅是英国工会的全国性代表机构，也是整个英国工人阶级利益的权威发言人。在具体的服务实践上，在改善兼职工人群体待遇方面，由于大多数兼职工作由女性承担且其收入相对较低，工会进行了多项改革，旨在改善女性劳动力工作待遇，进而推动收入群体和兼职工作者以及女性劳动力实现就业平等。在 1995 年和 1996 年工会代表大会上，大会开始关注兼

---

① Michael Terry, "UNISON and Public Service Trade Unionism", in Michael Terry, ed., *Redefining Public Sector Unionism*: *UNISON and the Future of Trade Unions*, London: Routledge, 2002, p. 2.

② Edmund Heery, "The Relaunch of the Trades Union Congress", *British Journal of Industrial Relations*, Vol. 36, No. 3, 1 January, 1998, p. 342.

职工作者、最低雇佣标准和全国最低工资等与工人利益密切相关的问题。①

　　21 世纪初，工会代表大会继续强化对工会服务体系的调整。在 90 年代新工会主义改革的基础上，2001 年，大会进行制度改革，以保证工会能够兑现其服务承诺，推动工作场所中的就业平等，完善家庭友好型就业政策。为保证改革措施得到实施，工会代表大会设立审查机制，监督和推动附属工会在就业平等方面将改革落到实处。工会也充分利用政府设立的工会学习基金（Union Learning Fund），建立就业平等学习和培训体制，到 2002 年，工会对 500 名学员进行培训，使其能够处理企业男女工资收入差异问题。该计划的主要目的是使工会活动家和会员具备必要的技能，使其在社会伙伴关系框架下与雇主合作研究工资问题。② 由此可见，工会代表大会在推动工会服务体系改革方面力度较大，包含了服务理念革新和服务体制建构。

　　在个体工会内部，工会也在推动服务体系变革，致力于在与会员核心利益相关的工资、就业平等、种族等问题上实现雇佣公平。个体工会通过采取自下而上或自上而下的策略对其服务职能进行改革，推动雇佣公平。为吸收此前工会组织发展较为薄弱的工人群体，工会试图为其提供个性化服务。例如，全国矿工联合会为会员提供个体代表服务，向受伤矿工提供经济补偿，这种通过提供个体服务的方式发展非标准雇佣工人群体的做法在多个工会得到推广。运输工人与通用工人工会为司机群体提供一系列福利，大学教师联合会（Association of University

---

　　① TUC, *Trade Union Congress 1995: General Council Report*, London: Trade Union Congress, 1995, pp. 42 - 43; TUC, *Report of the Annual Trade Union Congress*, 1996, pp. 63-65.

　　② Helen Bewley and Sue Fernie, "What Do Unions Do for Women?", in Howard Gospel and Stephen Wood, eds., *Representing Workers: Trade Union Recognition and Membership in Britain*, New York: Routledge, 2003, pp. 96-97.

Teachers）向定期合同工人提供折扣抵押贷款计划，联合工程和电力工会也向自雇佣会员提供特殊福利。①又如公共服务工会领导人认为："同性恋工人群体在接受技术培训、教育和就业方面长期遭到排斥，我们将在这方面采取积极行动，为该群体提供技术教育和培训服务，我们也将在其他领域完善对弱势工人群体的服务。"②

为提高工会服务质量，个体工会更加重视会员现实诉求，主张通过为会员提供个体化服务以提升服务质量。工会在为会员服务方面形成客户文化（customer culture），从90年代中期开始，工会将其会员和潜在会员等服务对象视为工会客户，从以下三个方面采取措施提高其会员服务质量。首先，工会日益采用市场研究技术考察会员需求。在此方面，工会通过民意调查和开展走访调查向工会决策层传达会员诉求，保证工会服务更加符合会员需求。如全国公共部门雇员工会和商店雇员工会优先考虑员工对现状的不满之处。而规模较大的通用工人、市政工人与锅炉制造工人联合工会和运输工人与通用工人工会自90年代中期开始根据市场调研数据强调在员工培训方面与雇主进行协商。一些工会试图区分不同会员群体的特定需求，在此基础上发展出有针对性的、更加符合会员需求的服务体系。例如，通用工人、市政工人与锅炉制造工人联合工会推出了女性公平协议（Fair Deal for Women），并为自雇佣群体采取多种服务措施。银行、保险和金融工会（The Banking, Insurance and Finance Union）及其他工会试图就非标准合同的工人需求进行谈判，专业人员、管理人员与专家工会（The Institution of Professionals, Managers and Specialists）则尝试为个体合同雇员提供服务。其次，工会扩大了针对个体会员的金融和咨询服务范围，通

---

① Edmund Heery and Brian Abbott, "Trade Uions and the Insecure Workforce", in Edmund Heery and John Salmon, eds., *The Insecure Workforce*, London and New York: Taylor and Francis e-Library, 2002, p. 159.

② TUC, *Report of the Annual Trade Union Congress*, 1997, p. 63.

常旨在使会员资格更具吸引力，鼓励个人保留会员资格，即使对那些工资和工作条件未被纳入集体谈判的非会员仍提供此项服务，试图将工会组织和服务边界在工会组织发展较为滞后的行业部门扩展。[1] 最后，工会开始更加注重组织形象，并且更重视推动和宣传其组织服务内容。工会开始雇佣更多的公共关系专家，重新设计工会标识和宣传期刊，越来越多地利用高调宣传活动来推广工会政策和服务。[2]

2000 年，工会又采取培训和签署机会平等协议模式等措施，解决黑人会员、残疾人会员、同性恋会员在工作中的不平等问题。规模较大的公共服务工会尝试在工会治理中发展平等代表结构。推动性别平等一直是公共服务部门工会的核心组织目标，在与以上工会合并后，女性会员成为公共服务部门工会的会员主体，其试图在工会内部实现平等的代表结构。为此，2000 年，工会在选举结构中实行女性会员比例代表制。为保障不同工人群体的利益，工会根据体力劳动者、非体力劳动者、兼职工人、黑人工人、同性恋工人和残疾工人等群体分布情况，实行公平代表制度。[3]

为改善工会管理人员和管理相对缺乏的状况，工会代表大会也采取多种措施为附属工会提供帮助。随着工会实力衰弱和资强劳弱格局的确立，工会内部管理面临人力资源短缺等困境，这给工会组织持续发展带来不利影响。为提高个体工会管理水平，摆脱工会因时间和资源不足带来的管理困境，工会代表大会创建了组织学院

---

① Bob Mason and Peter Bain, "Trade Union Recruitment Strategies: Facing the 1990s", *Industrial Relations Journal*, Vol. 22, No. 1, March 1991, pp. 36-37.

② Edmund Heery, "Industrial Relations and the Customer", *Industrial Relations Journal*, Vol. 24, No. 4, December 1993, pp. 289-290.

③ Fiona Colgan and Sue Ledwith, "Gender, Diversity and Mobilisation in UK Trade Unions", in Fiona Colgan and Sue Ledwith, eds., *Gender, Diversity and Trade Unions: International Perspectives*, pp. 164-165.

（Organizing Academy），这预示着工会在组织资源和组织文化方面的转型。[①] 组织学院的建立旨在解决工会缺乏管理资源和工会组织效率低等问题，这也是组织学院承载的关键目标。[②] 学院致力于解决附属工会内部时间和资源不足导致的工会管理缺陷，这包括：会员规模减小带来工会财政收入紧张；集体谈判分散化导致对全职工会官员和基层车间代表的需求量增多；工会管理人员将时间和资源用于处理会员提出的种种问题和诉求，很少有工会官员投入吸收新会员的活动中。[③]

　　组织学院是英国工会在实现建立组织文化和扩大组织边界目标过程中采取的重大举措。组织学院创建于1998年，致力于培养工会组织活动领导人，为个体工会组织活动提供人力和领导资源。[④] 组织学院首期为16个工会培养了36名工会组织人员。[⑤] 在学院的实际运行过程中向接受培训的工会管理人员提供必要的技能训练。学院培训费用由各工会自行承担，从而使学员通过组织学院专业培训获得相应工作领域专业的工作经验，学员毕业后也可为资助其学习的工会工作。在培训内容上，学院尤其重视在招收新会员方面对学员的培训，指导其挑选工会潜在会员的目标群体。工会这一改革建立在其试图让学员有能力在工会化部门集中

① Paul Nowak, "Building Stronger Unions: A Review of Organising in Britain", in Gregor Gall, ed., *Union Revitalisation inAdvanced Economies: Assessing the Contribution of Union Organising*, p. 131.

② Jeremy Waddington, "Trade Union Organization", in Paul Edwards, ed., *Industrial Relations: Theory and Practice*, pp. 240-241.

③ John Kelly and Edmund Heery, *Working for the Union: British Trade Union Officers*, Cambridge: Cambridge University Press, 1994, pp. 121-122.

④ Miguel Martinez Lucio and Mark Stuart, "Organising and Union Modernisation: Narratives of Renewal in Britain", in Gregor Gall, ed., *Union Revitalisation in Advanced Economies: Assessing the Contribution of Union Organising*, p. 20.

⑤ Edmund Heery and Brian Abbott, "Trade Uions and the Insecure Workforce", in Edmund Heery and John Salmon, eds., *The Insecure Workforce*, p. 164.

力量招收会员的目标基础上。①

　　通过改革，工会会员数量保持了总体上的稳定。在 1998—2008 年的 10 年间，工会密度在其中两年实现小幅提升，相较于 1978—1998 年工会密度近 30% 的下降幅度，在 1998 年以来劳动力数量大规模增加的 10 年间，工会密度仅下降 2.5%。在工会会员整体规模相对稳定的背景下，一些个体工会会员数量实现较大幅度增长。1998—2006 年，工会代表大会的 46 个附属工会中，有 27 个工会会员数量实现增长，其中，23 个工会的会员数量涨幅超过 10%。其间，即使那些在报告中认为会员数量减少的工会，在 2005—2008 年仍实现了会员人数的增长，如通用工人、市政工人与锅炉制造工人联合工会，其在 2005—2008 年的会员数量也处于增长状态。这种情况出现在多种工会类型中，会员数量增加的状况跨越了不同规模企业、不同职业群体、不同经济部门和不同意识形态传统，实现了工会总体规模的稳定。② 如大学教师联合会打破原有组织边界，在大学管理人员、计算机工作人员、图书馆工作人员和研究人员等大学雇员群体中广泛发展新会员，召开年度全国性会议商讨提高会员工资和改善工作条件等问题。这些改革举措使大学教师联合会会员数量连续 9 年保持增长态势，到 2002 年，其会员规模达到 44051 人。③

　　从国家层面来看，在工党布莱尔政府执政期间，工会代表大会作为英国工会运动的核心，仍保持对工会运动的代表性，大会

---

　　① Jeremy Waddington, " Trade Union Organization ", in Paul Edwards, ed., *Industrial Relations: Theory and Practice*, pp. 240-241.

　　② Paul Nowak, "Building Stronger Unions: A Review of Organising in Britain", in Gregor Gall, ed., *Union Revitalisation in Advanced Economies: Assessing the Contribution of Union Organising*, pp. 132-133.

　　③ John Kelly and Vidu Badigannavar, "Union Organizing", in John Kelly and Paul Willman, eds., *Union Organizing and Activity*, p. 35.

代表着附属工会约 640 万名会员。自 1997 年开始，工会代表大会遏制了会员规模持续缩减的趋势，保持着对大多数英国工会会员利益代言人的身份。① 从个体工会内部来看，会员对工会组织的认可仍保持在较高水平。工人代表和员工参与调查（British Worker Representation and Participation Survey）② 对工会化企业的调查显示，54%的会员认为会员身份有着合理价值，29%的会员认为工会会员身份有着很好的价值，只有 16%的会员认为会员身份很少有价值。调查表明，越来越多的雇员认可工会的价值，认为工会是"物有所值"（good value for money）的组织。③ 2002 年对英国大学教师联合会（Association of University Teachers）的调查显示，大多数人表达了对工会及其存在价值的认可，93%的大学教师群体认为更高水平的会员规模可以提高工会行动效率，这表明该群体对工会集体主义价值的认可保持在较高水平，90%的被调查者表达了对工会所代表的利益的认可。约翰·凯利等人认为："从理论上来看，该群体对工会意识形态的认可反映了人们对工会的潜在认可一直保持着较高水平，这会使更多工人以不同方式加入工会。"④ 这表明，会员对工会的组织忠诚和认同仍处于稳定状态。

---

① John McIlroy and Gary Daniels, "An Anatomy of British Trade Unionism since 1997: Organization, Structure and Factionalism", in Gary Daniels and John McIlroy, eds., *Trade Unions in a Neoliberal World: British Trade Unions under New Labour*, London: Routledge, 2009, p. 157.

② 该机构于 2001 年由工会代表大会委托，对工人在工厂的诉求和工会满足这种诉求的程度进行全面评估。工会认为通过调查可以详细了解员工对企业和雇主的态度、雇员在工作中遇到的问题、工人希望从企业工人组织中获得的服务以及他们对工会提供服务的能力的评价。

③ TUC, *A Perfect Union?: What Workers Want from Unions*, London: Trade Union Congress, 2003, p. 27.

④ John Kelly and Vidu Badigannavar, "Union Organizing", in John Kelly and Paul Willman, eds., *Union Organizing and Activity*, pp. 37—38.

二 雇主在产业力量格局中的绝对优势

在布莱尔领导新工党上台执政后，雇主集团的利益得到很大保护，政府在国家决策和企业管理方面为雇主提供帮助，增强雇主阶层对抗工会的力量。政府推行了一些经济社会政策作为对政治和法律层面工会改革的辅助，雇主获得了在产业力量格局中的绝对优势。

随着新自由主义劳资关系机制的确立，雇主利用有利的产业环境强化其对工会的力量优势。新工党政府继承了保守党的劳资关系改革政策，支持雇主与雇员探索建立新的关系模式。撒切尔时代的一些劳资关系改革举措，如用个人协议取代集体谈判，以及在某些情况下通过法律使雇主违反规定的做法合法化等，① 强化了雇主在劳资关系互动中的优势。加之新工党上台后并未大规模推翻保守党的劳资关系立法，有利于雇主的劳资关系政治氛围得以延续，使得雇主可以根据自身利益建立新的劳资关系体制。随着雇主管理权威的强化，其在按照自身利益诉求组织生产活动方面的信心增强。为强化对企业内部事务的管理权，雇主日益抵制工会干预企业生产管理活动，许多雇主缩减车间代表参与工会活动的时间，这进一步限制了工会在基层招收会员的机会。而一些工会无法在企业内部或工人工作场所有效发展工会组织。1998 年的调查显示，企业生产车间工会代表的存在比例为 28%，而只有 64% 的企业实行工会认可制。② 在企业雇员关系管理方面，新工党政府对企业的指导和帮助比撒切尔时代增多，这都在客观上加强了雇主的权威和地位。尼尔·米尔沃德通过对 1980 年、1990 年和 1998 年的劳资关系调查指出，其间雇主在雇员管理方面接受的外部咨询和建议持续增多，被调查企业中，主动寻求外部建议的企业占被调查企业的比例由

---

① Chris Howell, *Trade Unions and the State*: *The Construction of Industrial Relations Institutions in Britain*, *1890-2000*, p. 146.

② Mark Cully, Stephen Woodland, Andrew O'Reilly and Gill Dix, *Britain at Work*: *As Depicted by the 1998 Workplace Employee Relations Survey*, p. 96.

1980 年的 31% 提升为 1998 年的 56%。其中，政府在企业管理方面给予的帮助最多。在整个 90 年代，企业向咨询、调解、仲裁服务处和其他政府机构寻求咨询的比例提高了一倍。①

新工党上台后，英国劳资关系的去集体化趋势仍在持续，在此过程中，雇主利用有利的产业环境推动劳资关系去集体化（de-collectivization），强化其对抗工会的力量优势。在解释劳资关系去集体化传统时，史蒂芬·威廉姆斯（Stephen Williams）认为，去集体化过程与雇主管理雇佣关系的方式密切相关，在此方面，雇主日益寻求通过更加个体化的方式管理雇员。这主要包括四个方面：雇主认可工会的范围缩小；集体谈判范围的缩减；在工资体系和雇佣条件决定因素方面形成更加个体化的体系，尤其是业绩与工资挂钩的工资体系；人力资源管理技术的推广。②

在企业生产方面，雇主拉拢工会会员（通过分红和员工参与），实现对工会集体权利和认同的消解，让会员减少对工会组织的依赖。对 1984—1998 年英国企业劳资交流渠道的调查显示：雇主以工会为中介与工人进行交流的企业占被调查企业总数的比例从 24% 降为 9%；直接交流和间接交流两种方式并存的企业占企业总数的比例由 45% 降为 39%；管理者绕过工会或工人集体组织而同工人进行直接协商的企业不断增多，其占企业总数的比例由 11% 上升为 30%。③ 一些企业则直接放弃使用产业集体谈判，在汽车、银行、食品零售、码头、报纸、服装、纺织等行业部门，尤

---

① Neil Millward, Alex Bryson and John Forth, *All Change at Work?: British Employment Relations 1980–1998, As Portrayed by the Workplace Industrial Relations Survey Series*, pp. 72–73.

② Stephen Williams, "The Nature of Some Recent Trade Union Modernization Policies in the UK", *British Journal of Industrial Relations*, Vol. 35, No. 4, December 1997, p. 498.

③ Neil Millward, Alex Bryson and John Forth, *All Change at Work?: British Employment Relations 1980–1998, As Portrayed by the Workplace Industrial Relations Survey Series*, p. 127.

其是制造业部门，产业集体协议均被终止。① 米切尔·萨拉蒙认为，这代表着劳资关系的个人主义转向。其具体转变方式为由强调管理方与工会的集体主义关系转变为强调管理方与雇员的个人主义关系，劳资关系的互动由协商和协议过渡为交流和咨询，在集体谈判中由工会透露信息转变为向雇员传播信息，从工会主动参与转变为雇员被卷入劳资关系互动机制。企业管理方将雇员直接纳入劳资关系互动机制的目的是保证员工对企业组织的个人认同和忠诚。②

　　工会的集体代表权受到雇主排斥，其通过集体主义劳资关系机制影响雇主的能力下降。工会力量体现为其在集体谈判中的地位及其取得的谈判结果，而工会能否参与集体谈判取决于雇主是否认可工会，当雇主认可工会在参与企业管理和生产安排等方面的地位时，雇主会通过集体谈判或咨询协商机制与工会交流。在新工党上台之初，尽管政府鼓励劳资双方采取合作态度处理劳资关系问题，但工会在企业内部事务中对雇主的影响力却延续了保守党执政以来的下降趋势，雇主对工会的认可度逐渐降低。劳资集体主义互动机制削弱。1980 年，雇主认可工会地位的企业占英国企业总数的比例尚能达到 66%，但到 1990 年，这一比例降为 53%，到 1998 年，英国企业中雇主认可工会的比例降至 45%。③从产业主体方面来看，雇主对工会的抵制倾向比较突出，许多雇主不愿承认工会在集体谈判中的地位与作用。雇主抵制工会认可的现象在新建立的企业中十分盛行。在 70 年代，59% 的新企业认可工会在集体谈判中的地位与作用，但在 80 年代，这一比例降

　　① William Brown and Janet Walsh, "Pay Determination in Britain in the 1980s: The Anatomy of Decentralization", *Oxford Review of Economic Policy*, Vol. 7, No. 1, Spring 1991, p. 49.

　　② Michael Salamon, *The Industrial Relations: Theory and Practice*, p. 66.

　　③ MarkCully, Stephen Woodland, Andrew O'Reilly and Gill Dix, *Britain at Work: As Depicted by the 1998 Workplace Employee Relations Survey*, p. 94.

为 34%，到 90 年代，新兴企业中仅有 27% 的雇主认可工会的集体谈判地位。[1] 这种纵向的比较表明，劳资关系力量格局转换的过程，也是工会地位和作用遭到雇主排斥的过程。因此，到 20、21世纪之交，英国资强劳弱的产业格局不断强化，雇主对工会的认可呈现持续下降的态势。

雇主排斥对工会的认可导致工会在企业内部的影响力下降。尽管一些雇主在接受调查时表达了对工会的中立态度，但实际上仍排斥工会的作用。亚历克斯·布莱森认为："在非工会工厂中，超过 1/10 的雇主反对工人的工会会员身份，即使有 2/3 的非工会企业雇主表示对工会会员保持中立态度，但其并不打算听取工会的意见。"[2] 工会在集体谈判中的作用也受到极大限制，其谈判内容仅涉及一些联合规范等小范围问题。工会在工资等问题上对雇主的影响逐渐边缘化，在 1997 年新工党上台后，工人实际工资获得较大增长，但工人内部工资差距逐渐拉大，这也从侧面反映出工会在集体谈判方面作用有限。[3] 因此，从劳资关系实践来看，大多数雇主凭借自身强势地位减少对工会的认可，这对工会在企业层面发挥经济职能和实现其组织目标产生不利影响，雇主也借此获得在劳资关系格局中的绝对优势。

三　伙伴关系在劳资关系领域的确立

在自身影响力下降的情形下，工会开始重新审视与雇主的关系及其组织行动策略。为此，工会提出建立社会伙伴关系，试图恢复工会在政治和经济方面的影响力。在工会代表大会看来，伙

[1]　Stephen Machin, "Union Decline in Britain", *British Journal of Industrial Relations*, Vol. 38, No. 4, December 2000, p. 635.

[2]　Alex Bryson, "Rafeal Gomez and Paul Willman, The End of the Affair?: The Decline in Employers' Propensity to Unionize", in John Kelly and Paul Willam, eds., *Union Organization and Activity*, p. 142.

[3]　John McIlroy, *Trade Unions in Britain Today*, p. 388.

伴关系是真正的劳资联合决策和问题解决方式，这意味着工会对雇主行为有更大的影响力，工人们对其所处的工作环境有更大控制力。伙伴关系依赖于良好的劳资关系，但它比传统的劳资集体谈判关系体制更具优越性。伙伴关系议程包括诸如商业战略和企业如何应对市场、技术或客户需求变化带来的挑战，它包括发展出共同的培训办法和引进新的工作组织形式。伙伴关系通过更大的开放性补充和强化了集体谈判，明确关注影响工人工作生活质量的问题。[1] 在 1997 年工会代表大会上，奈杰尔·德格鲁希（Nigel de Gruchy）认为："政府、雇主和工会在推动英国各项事业走向成功方面有着共同利益，在此认知基础上，无论在学校、医院等公共服务部门还是在私有企业部门，政府、雇主和工会必须相互合作……我们没有别的方案，必须进一步推动工会改革……政府在社会伙伴关系中也有着既定利益，社会伙伴关系给工会提供了积极有效的发展路径。"[2]

从伙伴关系的内涵来说，工会代表大会认为伙伴关系包含六大核心原则：共同致力于提高企业效率；承认合法权益；就业保障承诺；注重工作生活质量；开放性；增进价值。[3] 工会代表大会主席托尼·杜宾斯认为："社会伙伴关系意味着工会将与雇主联合行动解决劳资关系问题；企业必须重视工人的价值，使工人工资、就业公平和培训等得到保障；为工人就业安全提供最高程度保障。伙伴关系也意味着保证经济运转效率以满足消费者需求；关系主体间也要做出改变，以保证企业持续繁荣。"[4] 大会总干事蒙克斯补充认为："我们在谈及伙伴关系时，也包括工会间关系，

---

① TUC Partnership Institute, *Partners for Progress：Winning at Work*, London：TUC Partnership Institute, 2001, p. 4.

② TUC, *Report of the Annual Trade Union Congress*, 1997, p. 62.

③ TUC Partnership Institute, *Partners for Progress：Winning at Work*, p. 4.

④ TUC, *Report of the Annual Trade Union Congress*, 1997, pp. 43-44.

人们相互尊重和相互帮助，而不是挑起工会内部竞争。"① 工会提出的伙伴关系模式包含多层面的关系互动，埃德蒙·希里（Edmund Heery）认为："在欧洲层面，伙伴关系是指工会被纳入欧洲社会对话（European Social Dialogue）和谈判协议框架，如工会在育儿假和兼职工作方面，开始接受欧盟社会指标。在国家层面，伙伴关系指工会代表大会在国家经济和社会管理方面被接纳为权威合作伙伴。在经济和地方层面，伙伴关系可以指恢复工会参与的多雇主集体谈判，工会代表大会与雇主和企业管理组织通过谈判框架协议来保证最低就业标准。最后，在企业生产方面，社会伙伴关系指工会与管理层开展独特的'伙伴关系'协议谈判，促进公司内部建立新的合作关系。"② 工会代表大会主席在阐释伙伴关系框架时指出："伙伴关系不是只停留在口头上，它意味着工会在制定政策时与其他社会伙伴开展建设性合作；这意味着我们要与其他主体建立更加包容性的关系，尽可能解决我们面临的共同问题；伙伴关系的推动进程也将超越国家层面的关系互动。"③

在劳资关系实践中，工会开始根据社会伙伴关系模式制定工会行动策略。工会强调在社会伙伴关系模式下推动自身与雇主和政府间的交流，以发挥工会作为工人阶级利益代表的作用。从国家层面来看，工会代表的工人阶级利益是局部利益，而政府是国家整体利益代表，工会主张通过伙伴关系实现二者间的利益平衡，在提高企业生产效率与促进就业公平间建立平衡机制。在 1999 年工会代表大会上，蒙克斯认为："从会员的角度来看，绝大多数会员对发起劳资冲突并不热心，他们只希望在工作中获得更加体面的薪酬和工作条件。我们的调查显示：会员的首要诉求是获得

---

① TUC, *Report of the Annual Trade Union Congress*, 1997, p. 65.

② Edmund Heery, "Partnership Versus Organising: Alternative Futures for British Trade Unionism", *Industrial Relations Journal*, Vol. 33, No. 1, June 2008, p. 21.

③ TUC, *Report of the Annual Trade Union Congress*, 1997, p. 43.

工作保障。工人希望获得有价值的工作以及雇主尊重并信任其有责任完成工作。新工会主义在实现工会为会员服务方面具有重要意义。新工会主义计划植根于工会为会员实现其目标的决心。当会员在工作中遇到问题时，工会将始终扮演关键角色，为会员提供及时的服务，我们会维护员工利益，避免其遭受不公正待遇，为会员服务仍将是工会重要的工作内容。但仅有这些雄心是不够的，这也是我们发展出新工会主义的替代方案——伙伴关系议程的重要原因。"[1]

在根据伙伴关系策略重新定义劳资关系互动的过程中，工会内部存在分歧。一些工会领导人认为伙伴关系是工会对雇主和政府的妥协，普通会员和基层车间代表也对伙伴关系模式持怀疑态度。这些工会认为，伙伴关系原则牺牲了工会传统上在企业集体谈判中的力量资源，但只给工会和会员带来少量福利。[2] 蒙克斯认为，伙伴关系并非工会对雇主的让步与妥协。在其看来，伙伴关系是在新的产业经济和政治环境下实现劳资利益双赢的必然选择。"选择伙伴关系策略绝非易事，伙伴关系并不意味着每个工人都有共同的利益诉求；伙伴关系也不意味着工会投降和认输；伙伴关系也不代表工会用新的名称来安于现状。总之，伙伴关系不代表工会的妥协和软弱。"蒙克斯认为，在伙伴关系模式下，工会有着重要的地位与作用。伙伴关系的确立及其运转离不开工会的作用，工会是工人利益诉求的直接反馈者和集体代表者，在雇佣关系中，雇主掌握着雇佣和解雇的权力，在这种不对等的关系模式中，雇员的利益无法真正得到反映，劳资间也无法建立真正意义上的伙伴关系，而工会的组织特性恰好弥补了劳资双方权利和地位不对等的不足。正如雇主向

---

① John Monks, *Partnership can Beat Militancy and Macho-Management*, *Speaking at the Partners for Progress：New Unionism in the Workplace Conference*.

② Jeremy Waddington, "Trade Union Organization", in Paul Edwards, ed., *Industrial Relations：Theory and Practice*, p. 236.

工会代表大会说明的那样，工会可以发现那些被我们忽略的事情。① 为消除工会内部对伙伴关系的疑虑，蒙克斯从劳资利益格局及其关系互动视角对伙伴关系进行了解读。

蒙克斯认为，对雇主来说，伙伴关系的含义简单明确，它旨在帮助企业提高生产效率，强化企业竞争力，这是新工会主义的应有之义，也是明智的企业经理人所需要的。正如蒙克斯所言，雇主愿意在伙伴关系框架下与工会进行合作，其原因不在于这种合作在形式上合理，而在于合作本身能够增进企业利益。对工会而言，在提高工资和工作条件方面与雇主进行对抗，也使其工作安全和工作价值难以获得保障。因此，在伙伴关系模式下，工会放弃了对抗策略，不再通过制造新问题的方式化解劳资关系危机等方式，而是寻求对企业生产战略施加更大影响力。② 工会的任务是寻求劳资利益共同点，以此解决双方面临的共同问题。简言之，这就是伙伴关系议程。这种伙伴关系模式和议程体现在所有经济部门的工会组织中。案例研究表明，在伙伴关系策略下，工会的作用并未减少，其在影响管理思想和塑造企业战略计划方面的影响力正在增强。因此，伙伴关系不是工会的投降，它为劳资利益的双赢提供了基础。③ 在工会各级领导的推动下，伙伴关系成为工会处理与雇主关系的主要途径。

在劳资关系实践中，雇主也认可并接受了工会追求的社会伙伴关系框架。这主要体现在两个方面：第一，在工会认可方面，雇主开始根据法定工会认可机制，认可工会组织存在的合法性；第二，雇主在劳资关系实践中接受了工会的地位，社会伙伴关系机制成为

---

① John Monks, *Partnership can Beat Militancy and Macho-Management*, *Speaking at the Partners for Progress*：*New Unionism in the Workplace Conference*.

② John Monks, *Partnership can Beat Militancy and Macho-Management*, *Speaking at the Partners for Progress*：*New Unionism in the Workplace Conference*.

③ John Monks, *Partnership Can Beat Militancy and Macho-Management*, *Speaking at the Partners for Progress*：*New Unionism in the Workplace Conference*.

双方互信、互利与合作的重要渠道。

在推行欧洲社会伙伴关系尤其是强制建立由雇员参与的企业理事会之初，产业联盟和英国董事协会（Institute of Directors）强烈反对这一做法。但在企业层面，许多雇主开始接受这一方案，1998年对 481 家英国企业的调查显示，36% 的雇主认为建立企业理事会是有利的，28% 的雇主对此表示反对，36% 的雇主表示中立。雇主对雇员参与企业管理的社会伙伴关系模式仍给予一定支持。越来越多的雇主成立了企业理事会、公司论坛或做了类似的安排，尽管这意味着脱离工会单一代表渠道，但其仍作为社会伙伴关系协议的组成部分。[①] 罗伯特·泰勒通过对英国企业开展广泛调查发现，雇员的技术和更多的员工施展技能对企业生产具有积极作用。对英国80 个中小规模公司的调查表明，在伙伴关系框架下，工人参与企业管理和接受技术培训等对提高企业生产率和盈利能力具有重要推动作用。[②] 泰勒对利兰汽车公司的调查表明，在采用伙伴关系模式的企业中，其生产成本下降 30%，企业收支平衡点减少一半，产品质量提高 30%。英国原子武器发展局（Atomic Weapons Establishment）的地方联合团队通过开发新生产流程，在第一年就为公司节省 10 万英镑。爱尔兰国家伙伴关系绩效中心（National Centre for Partnership Performance）在 2003 年对英国企业的调查显示，66% 的企业会向员工传达与公司经济状况有关的信息，48% 的企业会定期召开企业管理人员和雇员双方参与的会议。[③] 米格尔·马丁内斯·卢西奥（Miguel Martinez Lucio）和马克·斯图亚特（Mark Stuart）认为："在新千年之际，伙伴关系概念已成为劳资关系互动

[①] Jeremy Waddington, "Trade Union Organization", in Paul Edwards, ed., *Industrial Relations: Theory and Practice*, p. 234.

[②] Robert Taylor, *Skills and Innovation in Modern Workplaces*, Swindon: ESRC Future of Work Programme, 2003, p. 12.

[③] National Centre for Partnership Performance, *Achieving High Performance: Partnership Works—The International Evidence*, Dublin: National Centre for Partnership Performance, 2003, pp. 9-10.

的确定性特征，无论在欧盟层面还是民族国家内部，伙伴关系模式得到广泛拥护，在企业内部或超越社会生产领域，伙伴关系重新定义了现代工会的基础。"① 社会伙伴关系成为21世纪第一个十年英国劳资关系的主导模式。

综上可见，在新工党上台之初，工会的组织力量和内部影响力受到削弱，工会意识到改革劳资关系的必要性。为了扭转这一趋势，工会在组织结构和功能方面进行了一系列改革，这在很大程度上遏制了工会的衰落。与工会地位的变化形成对比的是，雇主基于撒切尔主义的政治遗产，在工业权力结构中获得了压倒性的优势，增强了其对企业管理和工会认可的权力。在这种产业结构中，工会提倡使用伙伴关系策略来处理与雇主的关系。社会伙伴关系获得雇主和政府的认可，成为这一时期英国劳资关系的主导模式。

第二节　新工党政府的劳资政策

1997年工党重返执政舞台后，英国劳资关系运行的政治环境开始出现新的变化。在资强劳弱的产业力量格局下，政府试图超越劳资对立的治理理念，主张在社会伙伴关系的框架下重新构建劳资利益格局。为此，政府扭转了此前对工会的敌视和排斥政策，并在法律和制度层面保障工人和工会的基本权利。同时，政府也接纳了欧洲《社会宪章》中关于雇佣关系的某些条款，以期实现工党治下的产业和平与合作。

---

① Miguel Martinez Lucio and Mark Stuart, "Suspicious Minds? Partnership, Trade Union Strategy and the Politics of Contemporary Employment Relations", in Paul Stewards, ed., *Employment*, *Trade Union Renewal and the Future of Work*: *The Experience of Work and Organisational Change*, New York: Palgrave Macmillan, 2005, p.214.

一　社会伙伴关系理念的确立

1997 年工党重返执政舞台后，政府在劳资关系中的作用已得到强化。劳、资、政三方讨论的问题已不再是是否对劳资关系实行法律干预，其讨论的焦点是法律应在劳资关系中发挥何种作用，即法律对劳资关系的干预力度问题。工党布莱尔政府并未废除此前撒切尔主义主导下的劳资关系法律，但也并未深化对工会的排斥，而是试图在劳资关系领域确立社会伙伴关系框架，实现各利益主体的关系平衡。① 在此背景下，新工党政府确立了以社会伙伴关系为主导的劳资关系治理理念。

与保守党打压和排挤工会的政策不同，工党在 90 年代在野期间就表明了将会在劳资关系领域对雇主和工会一视同仁。在 1995 年工会代表大会上，布莱尔在大会发言中明确表明同等对待劳资双方的态度，他认为："政府有义务听取工会和雇主意见，在向政府提建议方面，工会与雇主享有同等权利，但建议能否被采纳最终取决于政府态度。政府作为国家整体利益的代表，其要对国民全体负责，而非国民中一部分既得利益群体。这也是我们与当前保守党政府的不同之处。"② 对于工会来说，在资强劳弱的产业力量格局下，工会也希望政府采取干预措施，扭转保守党执政期间政府对工会的种种排斥。尤其在保障会员的基本权利和工会认可方面，工会希望政府通过立法形式实现会员权利和工会认可的制度化。在保守党撒切尔主义主导下的劳资关系法律框架中，雇主占据相对有利的法律地位。为消除雇主和企业管理者对政府立法的忧虑，工党在 1997 年大选宣言中强调延续保守党政

---

① Linda Dickens and Mark Hall, "The Changing Legal Framework of Employment Relations", in Trevor Colling and Michael Terry, eds., *Industrial Relations: Theory and Practice*, Oxford: John Wiley and Sons Ltd., 2010, pp. 301-302.

② Lawrence Donegan, "Times have Changed, Blair tells the Unions", *The Guardian*, September 11, 2001.

府限制罢工的相关法律。

在走上执政舞台后，新工党布莱尔政府扭转了对工会的敌视态度，致力于在社会伙伴关系的框架下处理劳资关系。社会伙伴关系认可劳资双方目标和利益的差异性，但也强调二者在社会生产方面的利益一致性。在企业生产层面，伙伴关系涉及对雇主、雇员和工会的义务。工党政府认为，雇主对其员工的义务需要以向所有雇员提供最低标准为基础。在社会伙伴关系的框架下，劳资双方合作的重要性凸显，在这种合作关系中，雇主通过高薪、员工培训和就业保障来重视员工，员工也要接受企业生产变革，以确保企业满足客户需求。工党政府坚信，只有在合作的基础上，英国才能变得更具竞争力。[1] 为此，政府改变了此前保守党执政期间对工会的敌视和排斥政策，在1997—2010年工党执政期间，首相布莱尔和戈登·布朗（Gordon Brown）对工会问题的反应不同于撒切尔和梅杰。新工党并没有像保守党那样试图采取渐进式改革，逐步将工会从历史中抹去。新工党政府试图通过工会自行改革，建立工会独特的新自由主义形象。在其看来，只要工会改革其意识形态、政治和活动，工会复兴即可实现。[2] 工党政府对工会的地位和作用给予充分认可，戈登·布朗进一步强调工会在英国社会生产领域的重要地位，他于2007年在工会代表大会上指出："英国工会是经过两个多世纪的艰苦努力、无数人的奋斗和牺牲建立起来的。工会致力于一个更好、更公平、没有贫困和不公的未来。今天，英国工会之所以能够开展工作，是因为无数人年复一年地付出其精力、奉献和承诺，以维持和振兴工会。"[3]

---

① John Gennard, "Labour Government: Change in Employment Law", *Employee Relations*, Vol. 20, No. 1, 1998, p. 14.

② John McIlroy, "A Brief History of British Trade Unions and Neoliberalism in the Age of New Labour", in Gary Daniels and John McIlroy, eds., *Trade Unions in a Neoliberal World: British Trade Unions under New Labour*, p. 45.

③ https://www.telegraph.co.uk/news/uknews/1562685/Gordon-Browns-speech-to-the-TUC-in-full.html, 2020年6月28日。

　　政府这一态度的变化首先源于工会对劳资关系和平以及社会伙伴关系的认可。1994年，工会代表大会提出劳资合作和社会伙伴关系在处理劳资关系方面的重要性。在其看来，社会伙伴关系的成功有赖于雇主和工会寻求达成共识，以便在一些问题上找到共同点，而这些问题最好通过联合行动加以解决。双方均认识到提高经营业绩和服务质量的必要性，同意采取共同解决问题的办法。社会伙伴关系意味着工会在管理变革方面将发挥确定性作用。① 因此，尽管一些工会主义者对改革持保留态度，认为伙伴关系策略会削弱本工会在吸收新会员方面相对于其他工会的竞争优势（在六七十年代，许多工会采取强硬的对抗雇主的政策，以证明其更有能力实现会员利益，进而吸引会员加入工会），也有工会担心其在与雇主签订伙伴关系协议后会强化雇主力量，或迫使工会做出让步以满足雇主需求，但在工会全国性领导人的推动和政府的支持下，个体工会接受了工会现代化改革方案，尤其是许多影响力较大的附属工会接受了伙伴关系方案。②

　　1997年，工会领导人在工会代表大会发言中呼吁："社会伙伴关系是一个挑战，其不仅对工党政府构成挑战，也对工会构成挑战。政府担忧工会不会与政府配合，以纠正保守党执政时期留下的错误。让我们向政府保证：工会愿意且热衷于与行为较好的雇主进行合作，只要雇主愿意提供并发展就业保障，认可充分就业的价值和目标，帮助解决企业中的就业歧视问题，为员工健康和安全问题提供保护。"③ 工会也试图将社会伙伴关系在全国范围内付诸实践。1998年，工会代表大会提出："为了实现充分就业，必须解决工资上涨以及生产率和劳动力市场改革的问题。因此，工会代表大会呼吁政府财政部门就相关问题召开一系列全国

①　TUC, *Report of the Annual Trade Union Congress*, 1994, p. 24.
②　Robert Taylor, *The TUC: From the General Strike to New Unionism*, p. 265.
③　TUC, *Report of the Annual Trade Union Congress*, 1997, p. 63.

性的社会伙伴关系讨论。"① 可见，大多数工会也接受了社会伙伴框架下的工会现代化改革，这为政府改变对工会的敌视态度提供了基础。

尽管新工党在重返执政舞台前就强调不会立即恢复此前工党政府与工会的关系，但随着新工会主义方案的推行，尤其在社会伙伴关系模式下，工会重新制定其行动策略得到政府的肯定，工会的现代化议程获得政府支持。乔·布兰登（Jo Blanden）等人认为："1997年新工党胜选标志着保守党政府时期反工会政策的结束。"② 在1999年3月工会代表大会特别会议上，布莱尔的发言表明了首相本人对工会领导人提出的新工会主义改革方案的支持。1998年，工会代表大会向布莱尔提交工会在伙伴关系议程下采取的措施，包括这些措施在推动工会组织现代化方面所起的作用。1999年4月，布莱尔在关于伙伴关系的文件中表达了对工会现代化改革的支持："我支持工会代表大会传达的现代化改革议程，劳资合作的伙伴关系对推动英国社会发展具有重要意义。工会推行新的改革措施表明其实现自身现代化的决心，工会一直致力于寻找劳资利益共同点，推动劳资合作以解决双方面临的共同问题，提高人民生活水平。"③ 在1997—2010年工党执政期间，政府采取了一些关键性政策强化工会的合法性。这包括政府设立工会现代化基金（Union Modernisation Fund），为工会组织结构和工会体制现代化提供经济支持。政府也设立工会学习基金，鼓励工会在基层工作场所推动组织学习。④ 在工会内部认可新工会主义和社会伙伴

① TUC, *Report of the Annual Trade Union Congress*, 1998, p. 32.

② Jo Blanden, Stephen Machin and John Van Reenen, "Have Unions Turned the Corner? New Evidence on Recent Trends in Union Recognition in UK Firms", *British Journal of Industrial Relations*, Vol. 44, No. 2, June 2006, p. 170.

③ TUC, *Partner for Progress: New Unionism in the Workplace*, London: Trade Union Congress, April 1999, p. 8.

④ Melanie Simms, *Organising under New Labour: Evaluating Union Renewal Initiatives since 1997*, p. 7.

关系改革方案的背景下，政府转变了对工会的敌视态度，这为工会改革的持续推行和工会组织的持续发展提供了适宜的政治环境。马克·斯图尔特认为："伙伴关系代表了一种改变劳资关系文化的尝试，使之远离零和博弈的对立关系状态。在英国的背景下，伙伴关系已成为工党政府新劳资关系政策的重要组成部分，是政府推行劳资关系现代化的关键支柱。"①

　　在与工会关系方面，新工党政府在一定程度上恢复了政府与工会的交流机制。新工党在野期间，工会尤其是工会代表大会与工党签署大量协议。在新工党上台后，政府在最低工资标准和工会认可方面兑现其承诺。在政府决策方面，工党仍将工会视为重要的技术咨询来源。② 在确立最低工资标准方面，政府成立了由雇主和工会代表参加的低收入委员会（Low Pay Commission），要求其在政府制定最低工资标准方面提供建议。在推动建立家庭友好型就业政策方面，2001 年，政府成立由工会代表大会、产业联盟代表组成的机会平等委员会（Equal Opportunity Commission）。同样，在欧洲事务问题上，政府也寻求与工会代表大会和产业联盟进行对话，进而以实现劳、资、政三方协议与合作为基础进行立法。③ 在国家层面，通过与财政大臣和贸易与产业大臣（Secretary of State for Trade and Industry）的季度会议以及与各级部门的定期联系，工会代表大会的政治角色得到肯定。④ 霍利·马什（Holly Marsh）根

---

① Mark Stuart and Miguel Martínez Lucio, "Partnership and Modernisation in Employment Relations: An Introduction", in Mark Stuart and Miguel Martínez Lucio, eds., *Partnership and Modernisation in Employment Relations*, London and New York: Routledge, 2005, p. 1.

② Steve Coulter, *New Labour Policy, Industrial Relations and the Trade Unions*, New York: Palgrave Macmillan, 2014, p. 5.

③ Chris Howell, *Trade Unions and the State: The Construction of Industrial Relations Institutions in Britain, 1890-2000*, pp. 178-179.

④ John McIlroy and Gary Daniels, "An Anatomy of British Trade Unionism since 1997: Organization, Structure and Factionalism", in Gary Daniels and John McIlroy, eds., *Trade Unions in a Neoliberal World: British Trade Unions under New Labour*, p. 158.

据工会代表大会总理事会与政府的交流的量化分析认为，自 1997
年工党上台后，政府与工会的交流增多。尽管马什认为交流的增多
并不代表工会权利的增长，但相较于保守党政府完全排斥和敌视工
会的态度，工党布莱尔政府增加与工会的交流表明政府对工会地位
和作用的认可，这也在客观上为工会影响政府决策提供了机会。[①]

　　在工会改革和政府转变敌视工会态度的情形下，政府在处理劳
资关系问题方面确立了伙伴关系式治理理念。1998 年 5 月，政府
发布《工作公平》（*Fairness at Work*）白皮书，其中强调："在英
国灵活高效的劳动力市场中，政府在白皮书中提出建立强有力的工
作伙伴关系框架，这将是促进工作公平的最佳途径。伙伴关系框架
不只是关于就业法的施行，它旨在帮助所有企业和组织发展一种文
化，公平是这种文化的第二特性，是企业竞争力的基础。在某些情
况下，这种文化变革将引导雇主和雇员建立比法律条文更加积极的
关系。"[②] 克里斯·豪威尔认为："在工党布莱尔执政期间，工会影
响政府决策的机制得到政府认可。尽管在上台前工党声称将重新审
视与工会的关系，但布莱尔政府还是通过准合作主义体制兑现其在
大选时对劳工运动的承诺。在一些与劳、资、政无关的领域，政府
在立法或政策出台前只进行有限的政策咨询，但在劳资立法方面，
政府总是寻求雇主和工会的支持，尽量避免使政府行动具有强烈的
政治化主导色彩并愿意接受外界批评。这尤其体现在政府推动工会
认可制度化方面，其要求产业联盟与工会代表大会通过协商达成协
议，进而由政府通过立法形式对协议进行补充。"[③]

　　从总体上看，尽管工党表面上不支持工会，但在政策实践方

---

①　Holly Marsh, "Changing Pressure-group Politics: The Case of the TUC 1994 -
2000", *Politics*, Vol. 22, No. 3, September 2002, p. 149.

②　Department of Trade and Industry, *Fairness at Work*, Cm 3968, London:
Department of Trade and Industry, May 1998, p. 8.

③　Chris Howell, *Trade Unions and the State: The Construction of Industrial Relations
Institutions in Britain, 1890-2000*, pp. 178-179.

面，政府还是采取了有利于工会的劳资立法，为工会政治参与提供政策支持。对此，曾担任工会代表大会总干事的约翰·蒙克斯在2007 年接受采访时认为："全面就业已经实现；公共服务获得前所未有的改进；与保守党政府时期相比，工会取得了一些成果。"①因此，在新工党上台后，产业主体在劳资关系治理方面都享有很大的发言权，产业领域的伙伴关系得到工会、雇主和政府的认可。

二　新工党政府的劳资立法

在布莱尔第一届任期内，新工党的劳资关系计划得以全面实施。尤其在劳资关系立法方面，政府通过了多部重要的法案，试图在社会伙伴关系的框架下实现英国劳资关系的和谐，平衡劳资间的产业力量，保证政府对劳资关系事务的主导。这主要包括制定英国历史上首个"全国最低工资标准"，出台关于工会认可的 1999 年《雇佣关系法》。

在新工党上台后，政府制定了英国历史上首部最低工资标准法案。从历史上看，工党和工会长期以来一直抵制关于设定最低工资标准的思想主张，在其看来，政府通过立法方式介入工资制定与自愿主义劳资关系原则相违背，而自愿主义原则也长期主导着英国劳资关系的运作，政府立法会削弱劳资双方在薪酬体系内的谈判能力。② 早在 1970 年，工会代表大会就在大会报告中表示反对政府设立法定最低工资的做法，声称将邀请政府在更大范围内对劳资双方的工资设定进行干预，排斥法律对工资的强制干预。③ 这表明，工会仍主张在自愿主义的框架下处理作为劳资关系核心要素的工资

①　https：//www.newstatesman.com/uk - politics/2007/05/tony - blair - labour - iraq - 1997，2019 年 3 月 9 日。

②　Steve Coulter，*New Labour Policy*，*Industrial Relations and the Trade Unions*，p. 84.

③　Richard Hill，*The Labour Party and Economic Strategy*，*1979 - 97：The Long Road Back*，New York：Macmillan Press Ltd.，2001，p. 75.

问题，对政府干预持谨慎和保守的态度。除集体谈判外，英国工人在国际劳工组织（International Labour Organization）的框架下也享受着最低工资保障。

在1979年保守党上台后，政府放弃收入政策。但工资问题作为劳资纠纷的核心问题一直未得到解决，随着集体谈判分散化，工会在会员工资问题上的影响力减小。在20世纪八九十年代新的经济背景下，政府也不大可能恢复收入政策，此前政府收入政策主要在公共部门得到较好贯彻，私有企业一直主张强化其对企业内部雇佣条件和管理事宜方面的权威，因而不愿政府干预其工资体系。在政府推行私有化和弱化对市场干预的背景下，新的工资政策也难以在制度层面产生。从国际层面来看，在撒切尔政府的推动下，英国退出国际劳工组织，工人工资面临的不稳定性因素增多。同时，英国工资制度的变化也对工人收入产生不利影响。1986年，保守党政府出台《工资法》，其在工资方面的重大变动是取消了工资委员会对21岁以下工人工资的保护。加之这一时期英国失业率上升，对工作安全的担心削弱了工人在工资谈判中的能力。

为改变这种不利局面，一些工会开始采取行动，全国公共部门雇员工会发起成立了反贫困压力集团低薪研究小组（Low Pay Unit），该工会还建立低薪论坛（Low Pay Forum），致力于在工会、工会代表大会和工党会议上推动支持最低工资的决议，在经历了早期的一些挫败后，1983年英国工会代表大会通过了一项决议，要求对最低工资问题进行进一步的研究和讨论。1986年，工党和工会代表大会都制定了支持最低工资的会议政策。在1987年大选时，工党在竞选宣言中表明："工党将综合推行各种策略，以终结低工资状况，尤其在立法方面，工党将引入最低工资立法。这将对女工特别有利，并将帮助困难家庭摆脱贫困。"[1] 这也是工党较早提出

---

[1] Iain Dale, *Labour Party General Election Manifestos, 1900-1997*, Vol.2, London and New York: Routledge, 2000, p.295.

的最低工资立法建议，将工资问题纳入未来执政议程。尽管由于大选失败，工党的这一建议未能付诸实践，但法定最低工资标准始终是工党处理劳资关系的重要理念。

90年代初，工党内部讨论经济平等问题时就提出制定最低工资标准的意义。首先，在工人群体中，低工资是仅次于失业的第二大致贫原因，最低工资将提供一条摆脱贫困的途径。其次，低工资导致企业生产效率低下，为改变这一局面，政府通过国家福利来增加工资，使那些实行最低工资的雇主拥有竞争优势。全国最低工资将鼓励雇主在技能和培训方面进行投资，而不是简单地削减工资，从而提高竞争力。最后，其他欧共体国家都有法律强制执行最低工资。英国政府也应跟进实施最低工资立法。① 在1992年大选到来之际，工党领导人尼尔·金诺克（Neil Kinnock）宣称："英国工资委员会为大约250万人设定了最低工资，但并没有为所有员工设定最低工资。我们将结束'贫困工资'的丑闻，通过引入时薪3.4英镑的法定最低工资，让英国与欧洲其他国家一样。这是一项重大且早就应该进行的改革，这将使大约400万名低收入者受益，其中80%是女性工人。我们将广泛征求各界意见，以确保该政策顺利实施。"②

在1997年大选时，布莱尔领导的新工党明确表示不会制定最低工资标准。但在上台之后，工党政府开始将最低工资标准的制定纳入政治议程。在通过立法改革工资体制以增强劳动力市场灵活性方面，保守党采取了以牺牲安全为代价来增强劳动力市场灵活性的做法，而工党则寻求建立一个"以公平、最低标准为基础的灵活的劳动力市场"。③ 一方面，政府强调制定最低工资标准的重要性，

① Richard Hill, *The Labour Party and Economic Strategy, 1979-97: The Long Road Back*, p.77.

② Iain Dale, *Labour Party General Election Manifestos, 1900-1997*, Vol.2, p.324.

③ Linda Dickens and Mark Hall, "The Changing Legal Framework of Employment Relations", in Trevor Colling and Michael Terry, eds., *Industrial Relations: Theory and Practice*, p.303.

认为为所有雇员提供最低雇佣标准有助于提高竞争力，强化企业民主并在就业关系中提供更大的公平性；另一方面，政府希望避免对劳动力市场实行过度监管，认为这将增加失业。在政府看来，增强劳动力市场的灵活性不能建立在降低就业标准或低工资竞争的基础上。必须将劳动力市场的灵活性与积极的劳动力市场政策和改善雇员技能以提高其就业能力等相结合。[①] 因此，在最低工资问题上，工党采取了与保守党完全不同的做法，在劳资立法方面更加重视整合劳资双方的利益。

在工资问题上，首相布莱尔面临上台后与工会的首次冲突。1997 年，工会以决定性票数比通过了高于政府提出的工资水平的工资要求。在最低工资立法方面，布莱尔及其内阁成员如财政大臣戈登·布朗和教育与就业大臣戴维·布伦基特（David Blunkett）认为英国缺少最低工资标准立法的实践，政府应采取谨慎的工资立法措施，以避免给英国经济和就业带来冲击。政府希望新成立的低收入委员会向内阁提出数额相对较低的工资标准。[②] 在将最低工资标准问题纳入立法实践的过程中，由工会代表参加的低收入委员会收集材料并向政府提出最低工资标准建议。1998 年 5 月，委员会向政府提出，对年龄在 18—20 岁的工人工资实行较低幅度的"推进式比例"（development rate）。对于年龄在 21 岁及以上的工人，其最低工资标准应高于时薪 3.6 英镑。[③]

委员会的建议得到政府认可，1998 年，布莱尔政府颁布《全国最低工资法案》，该法案于 1999 年 4 月生效。法案的主要内容是设定了两个最低工资标准，法案最初规定 22 岁及以上工人每小时

---

① John Gennard, "Labour Government: Change in Employment Law", *Employee Relations*, Vol. 20, No. 1, 1998, p. 13.

② Philip Bassett, "Unison Wants Minimum Wage Too High for Labour", *The Times*, 9 June, 1997, p. 6.

③ Chris Howell, *Trade Unions and the State: The Construction of Industrial Relations Institutions in Britain, 1890-2000*, p. 180.

3.6 英镑，18—21 岁工人每小时 3 英镑。该法案排除了 18 岁以下的工人，以及 19 岁以下尚处于第一年实习期的年长学徒、政府计划的学员、与家庭生活和工作有关的人（保姆和育幼师）、实习教师、武装部队成员和真正的个体经营者。工会虽然欢迎最低工资立法的引入，但对最低工资被定在每小时 5 英镑以下感到失望。1999 年 4 月 10 日，约 2 万个工会组织在纽卡斯尔举行示威，要求提高最低工资标准。① 2000 年 6 月，青少年最低工资标准被提高至每小时 3.2 英镑；同年 10 月，政府把最低工资标准提高至每小时 3.7 英镑。2001 年 10 月，最低工资标准又被提高至每小时 4.1 英镑，政府责成税务局与贸易和工业部负责执行。2009 年，布朗政府又对工资法进行修改，将全国最低工资标准提高到每小时 5.8 英镑；将 18—21 岁工人的工资提高到每小时 4.83 英镑，并将 18 岁以下已停止义务教育的工人工资提高到每小时 3.57 英镑。②

新工党关于最低工资标准的一系列立法在英国劳资关系史上具有重要地位，法案是在工会面临极为不利的产业环境的情况下通过的，对于保障工人权利起到重要作用。但为照顾雇主利益，法案在实施细节方面也做出不利于工人的规定。早在 90 年代初工党内部就最低工资立法问题进行讨论时，工党就提出，为避免最低工资对就业产生影响，可以选择分阶段实行或以某种方式补偿雇主，以降低最低工资标准的影响。工党内部有人建议，有必要让处境艰难的雇主免除国民保险缴款。在后来的工党政策文件中，也包括承诺就某些部门是否需要广泛安排与雇主和工会磋商，保证最低工资立法的过渡性实施。一方面，在工作年龄人群中，低工资是仅次于失业的第二大致贫原因。最低工资将提供一条摆脱贫困的途径。另一方面，低工资是低效的，这造成了一种局面，即政府通过国家福利来增加工资，使最低工资的雇主拥有竞争优势。全国最低工资将鼓励

---

① Chris Wrigley, *British Trade Unions since 1933*, p. 80.

② *The National Minimum Wage Regulations 1999（Amendment）Regulations 2009*, London：HMSO，15 July，2009，p. 3.

雇主在技能和培训方面进行投资，而不是简单地削减工资，从而提高竞争力。最后，在政策审查之后使用的，是和其他欧共体国家一样的由法律强制执行的最低工资。① 尤其是1999年《工资法》，鲍勃·辛普森认为："法案在以下三个层面为雇主选择性执行法案提供了可能：首先，某些工人群体要么被完全排除在法案之外（这主要是在家族企业工作的家庭成员），要么将法案修改后适用于这一群体；其次，工作时间的定义已经被修正，主要是引入了第四种工作时间，即'带薪工作时间'；最后，通过解除雇主向雇员提供最低工资声明的义务，减少了雇主义务。"② 这些规定极大地削弱了最低工资标准的影响，《工资法》的执行条款被稀释。尽管法案在一定程度上存在缺陷，尤其未能充分重视青年工人工资的保障和雇佣公平，但这一改革仍被视为"1997年工党政府在就业权利方面最激进、影响最深远的改革"。③

新工党政府颁布的另一部重要的劳资关系法律是关于工会认可的《雇佣关系法》。工会认可问题一直是劳资争议的焦点问题，自保守党撒切尔和梅杰政府劳资关系改革以来，在处理劳资关系方面，新自由主义的核心主张是，管理权力与工人和其他社会成员的民主权利间的矛盾在实践中并不存在。原因在于，管理行动的定义总是就合理性而言，因此，员工和社区不应享有任何对企业的监督权，而要毫无保留地支持企业。新自由主义的劳资关系政策有两个基本主张：其一，市场是自主的、客观的，因此是无规范（价值中立）的社会现象，市场的这一特征可以被认识但无法改变；其二，市场的管理是一个技术决策过程，而不是政治决

---

① Richard Hill, *The Labour Party and Economic Strategy*, *1979-97*: *The Long Road Back*, p. 79.

② Bob Simpson, "Implementing the National Minimum Wage—The 1999 Regulations", *Industrial Law Journal*, Vol. 28, Iss. 2, June 1999, p. 171.

③ Bob Simpson, "Implementing the National Minimum Wage—The 1999 Regulations", *Industrial Law Journal*, Vol. 28, Iss. 2, June 1999, p. 171.

策过程。① 因此，在新自由主义的主导下，工会认可面临更大的困难。新工党上台后，政府对雇主认可问题日益重视，1998 年 5 月，政府在《工作公平》白皮书中就提出确立工会认可法律条款。② 其中规定："每个企业都应该选择适合自身的劳资关系模式，但选择的自由必须适用于雇员和雇主的需要，否则任何承诺都将是空洞的，也不会建立劳资互信以及提高企业竞争力的基础。这意味着雇主在获得雇员明确支持的情况下，不应该拒绝工会认可。"③ 工党政府也试图通过赋予雇员代表权和获得认可的权利，将工会认可视为企业伙伴关系计划得以建立的核心。④ 贸易与产业大臣玛格丽特·贝克特（Margaret Beckett）宣称白皮书是工党努力创造一个更繁荣、更公平的英国的又一里程碑。⑤ 白皮书为工会认可的法律框架提供了蓝图。

在工党的推动下，1999 年，政府通过《雇佣关系法》，工会认可被纳入法律条款。1999 年《雇佣关系法》是新工党劳资关系计划的核心。⑥ 该法案赋予工会及其会员许多集体性权利，要求雇主向工会披露企业工资、工时、假期等问题。⑦ 法案强化了会员在应对雇主不公正实践中的法律权利，使工人可通过法律手段保障自身就业权利。⑧ 1999 年《雇佣关系法》的内容还包括将产假从 14 周

---

① Conor Cradden, *Neoliberal Industrial Relations Policy in the UK: How the Labour Movement Lost the Argument*, London: Palgrave Macmillan, 2014, p. 110.

② Department of Trade and Industry, Fairness at Work, Cm 3968, p. 39.

③ Department of Trade and Industry, Fairness at Work, Cm. 3968, p. 12.

④ John Gennard, "Labour Government: Change in Employment Law", *Employee Relations*, Vol. 20, No. 1, 1998, p. 13.

⑤ Hansard, *House of Commons Debates*, May 21, 1998, Sixth Series, Vol. 312, Col. 1101.

⑥ Chris Howell, *Trade Unions and the State: The Construction of Industrial Relations Institutions in Britain, 1890-2000*, p. 182.

⑦ Linda Dickens and Mark Hall, "Labour Law and Industrial Relations: A New Settlement?", in Paul Edwards, ed., *Industrial Relations: Theory and Practice*, p. 138.

⑧ Employment Relations Act 1999, Chapter 26, London: HMSO, pp. 13-14.

延长到 18 周，为兼职工人争取新的雇佣权利，强化对工会会员的保护，给予紧急家庭事件的无薪休假权等。[1] 在工会认可方面，法案规定，当企业连续 13 周雇员规模在 21 人以上，在获得企业多数工人支持的情况下，工会可以向雇主提出申请，要求雇主认可其作为集体谈判单位，代表工人利益与雇主进行谈判的权利。[2] 雇主应在 10 天内认可工会作为集体谈判代表单位的权利。在此过程中，工会和雇主可以申请由咨询、调解、仲裁服务处协助开展协商。[3] 法案允许工人通过投票的方式表达对是否建立工会或认可工会的态度。法案为工会获得雇主认可提供制度化路径。[4] 因此，在法案框架下，工会可以正式要求雇主认可工会。但就其细节而言，该程序并没有达到工会所希望的法定援助，而且在其最终形式中，它包含了雇主游说的大部分内容，却未采纳工会的要求。尽管政府从 2003 年开始对这些条款进行了审查，但只是进行了"微调"。[5] 即便如此，通过法案工会也获得了自 80 年代以来的不利政治环境下的重要权利，为工会参与劳资关系互动提供了有利条件。

在具体的认可机制方面，法案规定，在工会向中央仲裁委员会提出仲裁申请后，委员会可敦促劳资双方进行进一步的谈判，在工会与雇主自行协商认可失败后，工会可以向中央仲裁委员会证明企业内超过 50% 的工人支持认可工会，且其中至少 10% 的工人属于相关谈判单位工人，在满足以上条件后，中央仲裁委员会在 10 个

[1]　Chris Wrigley, *British Trade Unions since 1933*, p. 80.

[2]　Linda Dickens and Mark Hall, "The Changing Legal Framework of Employment Relations", in Trevor Colling and Michael Terry, eds. , *Industrial Relations: Theory and Practice*, p. 309.

[3]　Employment Relations Act 1999, Chapter 26, pp. 23-24.

[4]　Jo Blanden, Stephen Machin and John Van Reenen, "Have Unions Turned the Corner? New Evidence on Recent Trends in Union Recognition in UK Firms", *British Journal of Industrial Relations*, Vol. 44, No. 2, June 2006, p. 170.

[5]　Linda Dickens and Mark Hall, "The Changing Legal Framework of Employment Relations", in Trevor Colling and Michael Terry, eds. , *Industrial Relations: Theory and Practice*, p. 309.

工作日内宣布该工会获得认可。① 或者，中央仲裁委员会可以就工会认可问题举行投票，其中，必须有40%的人有投票权，如果超过50%的人投票赞成工会认可，工会将得到承认。如果工会在与中央仲裁委员会交涉后未能获得认可，则工会在三年内禁止再寻求认可。② 由此可见，法案为工会认可提供了自愿协商和政府干预两种途径。1999年《雇佣关系法》的真正目标是鼓励工会和雇主双方自行解决工会认可争议，鼓励雇主和工会可以不通过正式程序签订自愿协议实现工会认可。由于工会和雇主都意识到可以通过法律手段认可工会，因此，法案的真正意义在于其改变了工会认可的协商机制。③ 1999年《雇佣关系法》履行了工党的主要宣言承诺之一，它提供了一个法定程序，通过该程序，工会可以从一个独立机构——中央仲裁委员会——寻求可执行的奖励，即雇主承认其就工资、工作时间和假期进行的集体谈判。④ 这一认可程序将新工党政府处理劳资关系的方式与其前任保守党政府的做法明确区分开来，法案为工会组织功能的发挥提供了法律保障，推动英国劳资关系的制度化转向。

综合来看，自20世纪90年代末工党重返执政舞台以来，政府转变了对工会的打压和排斥态度，主张超越左与右的社会分歧，即撒切尔和梅杰的零和博弈的劳资关系治理理念，试图在社会伙伴关系的框架下建立新的产业和平机制。布莱尔和戈登·布朗对待工会的态度是"公正但不支持"，换言之，尽管工党政府对撒切尔时代打压工会的政策不满，但工党并不打算恢复到前撒切尔时代的劳资

---

① Employment Relations Act 1999, Chapter 26, p. 25.

② Chris Wrigley, *British Trade Unions since 1933*, p. 79.

③ Stephen Wood, Sian Moore and Keith Ewing, "The Impact of Trade Union Recognition Procedure under the Employment Relations Act", in Howard Gospel and Stephen Wood, eds., *Representing Workers：Union Recognition and Membership in Britain*, p. 119.

④ Linda Dickens and Mark Hall, "The Changing Legal Framework of Employment Relations", in Trevor Colling and Michael Terry, eds., *Industrial Relations：Theory and Practice*, p. 309.

关系状况。在 1998 年发布的《工作公平》白皮书前言中，首相布莱尔强调："英国劳资关系不会回到过去，那个无记名投票、大众纠察线、排外性雇佣和次级产业行动的时代结束了。尽管政府推动了一系列劳资关系改革，但在世界主要经济体中，英国政府对劳动力市场的监管最为宽松。但否认英国公民基本的公平原则也是错误之举，这些权利包括对不公平解雇的上诉权、抵制歧视自由加入工会的权利、享受无薪产假的权利等，这些都属于雇员的正当权利。"① 尽管政府首次通过最低工资标准法案，并通过 1999 年《雇佣关系法》完善工会认可权利，但政府并未试图回归任何带有合作主义色彩的劳资关系传统。② 撒切尔政府劳资关系立法被完整地保存下来，20 世纪八九十年代盛行的私有化也未回潮，工会左翼得到了平等对待。在新工党布莱尔和布朗执政的 13 年中，尽管政府的公共开支尤其是在教育和卫生领域的开支提高到前所未有的水平，但从根本上来说，新工党在劳资关系治理方面，仍延续了 80 年代以来的新自由主义范式。

三　走向制度化的劳资关系

工党布莱尔政府的劳资关系理念和劳资立法对劳资关系实践产生了深刻影响。从劳资关系传统上来看，劳资双方主张通过自愿主义而非广泛的社会立法来处理彼此关系。尤其是对工会来说，其长期奉行自愿主义意识形态，很少寻求集体或个体诉讼的司法机制保护工人工作权利。克里斯·豪威尔认为："在 20 世纪 80 年代，自愿主义传统仍保持着其在 20 世纪前十年的核心地位，即劳工运动需要来自政府而非雇主的保护，换句话说，只要政府不以

---

① Department of Trade and Industry, *Fairness At Work*, Cm 3968, p. 3.

② Paul Webb and Tim Bale, "No Place Else to Go: The Labour Party and the Trade Unionsin the UK", in Elin Haugsgjerd Allern and Tim Bale, eds., *Left-of-Centre Partiesand Trade Unions in the Twenty-First Century*, Oxford: Oxford University Press, 2017, p. 248.

法律手段限制工会权利，工会就试图用其在劳动力市场上的力量，将雇主拉到谈判桌前。"① 在经历保守党新自由主义改革后，自愿主义的劳资关系传统开始瓦解。新工党上台后，政府通过最低工资立法、工会认可、工业法庭审判机制等立法手段，强化了政府对劳资关系的管理。这些法案的实施改变了英国劳资关系的自愿主义传统，劳资双方在实践上接受了政府对劳资关系事务的制度化干预。

从工会方面来看，工会摆脱了自愿主义劳资关系传统，初步实现组织策略的制度化转向。在工党政府通过 1999 年《雇佣关系法》后，工会认可获得法律支持，根据法案的规定，为寻求雇主签订工会认可协议，工会可在《雇佣关系法》允许的范围内接近雇主并与其协商，工会代表大会开始利用认可机制作为其影响与附属工会关系的潜在资源。由于工会认可获得政府制度保障，个体工会间为寻求雇主认可而产生竞争，这不仅给雇主提供了削弱工会内部团结的机会，也为政府指责工会无组织纪律提供了口实。鉴于工会代表大会在可根据布里德灵顿原则（Bridlington Principles）裁决工会内部分歧方面扮演的历史角色，大会提出，在涉及工会认可方面，由工会代表大会负责协调工会内部行动。杰里米·沃丁顿认为："工会代表大会的这一建议对恢复其在工会间关系方面的影响力有一定积极作用。"② 在工党布莱尔政府执政期间，工会代表大会利用制度化机制调解工会内部分歧的权利得到较好利用，并产生积极效果。2001—2005 年，工会内部争议由 25 次降为 11 次，工会代表大会发挥了重要作用。③

---

① Chris Howell, *Trade Unions and the State: The Construction of Industrial Relations Institutions in Britain*, *1890-2000*, p. 170.

② Jeremy Waddington, "Trade Union Organization", in Paul Edwards, ed., *Industrial Relations: Theory and Practice*, pp. 233-234.

③ John McIlroy and Gary Daniels, "An Anatomy of British Trade Unionism since 1997: Organization, Structure and Factionalism", in Gary Daniels and John McIlroy, eds., *Trade Unions in a Neoliberal World: British Trade Unions under New Labour*, p. 157.

在推动雇佣公平方面，英国工会很少再采取基层动员等集体主义策略实现其目标。工会开始寻求地方社区和其他与雇佣公平直接相关的利益群体的帮助，共同应对工人就业安全威胁。如在皇家邮政私有化方面，私有化使服务人员工作安排和邮递员就业保障面临威胁。尽管政府认为"皇家邮政私有化将会进一步提高邮政服务水平，邮政服务管理脱离国有化将会使其像其他私有企业一样盈利"，① 但为保障邮政部门工人就业安全，工会采取游说保守党后座议员的方式，成功阻止皇家邮政私有化。在 1997 年工会代表大会上，制造业、科技与金融工会代表安妮·吉布森（Anne Gibson）就主张通过社会伙伴关系策略向雇主传达工人诉求。② 工会内部主张根据社会伙伴关系塑造工会策略的做法极少遭到反对，各主流工会如公共服务工会，运输工人与通用工人工会，通用工人、市政工人与锅炉制造工人联合工会，工程与电气联合工会，制造业、科技与金融工会以及全国商店雇员工会在推动工会运动现代化方面有着不同程度的热情。只有极个别规模较小的工会，如消防队工会（Fire Brigades Union），全国铁路、海运和运输工人工会（The National Union of Rail，Maritime and Transport Workers），面包师工会以及全国矿工联合会等，对伙伴关系模式提出反对意见，这种反对声音在工会内部影响较小。在整个 20 世纪 90 年代的工会代表大会会议上，"废除所有反工会法"的要求仍然是工会内部争议的重要方面，但反对派及其支持者的影响力越来越微不足道。③ 这表明战后英国工会中影响力较大的产业对抗主义丧失了对工会运动的影响，政府法律提供的制度化途径成为工会行动的主要逻辑。

---

① Hansard，*House of Commons Debates*，Fifth Series，Vol. 808，Col. 952 – 953，19 May，1994.

② TUC，*Report of the Annual Trade Union Congress*，1997，p. 63.

③ John McIlroy，"A Brief History of British Trade Unions and Neoliberalism：From the Earliest Days to the Birth of New Labour"，in Gary Daniels and John McIlroy eds. ，*Trade Unions in a Neoliberal World*：*British Trade Unions under New Labour*，p. 52.

在劳资关系的核心问题上，工会多次强调政府立法和制度建构的重要性。在工资问题上，1995年，工会代表大会就指出："政府需要采取多种措施，承认最低劳工标准框架，包括全国最低工资标准，这是经济成功的必要条件。在此方面，政府干预的缺位将导致一些糟糕的雇主继续采取降低工资成本等措施以提高企业竞争力。通过制定最低雇佣权利法律，可以刺激生产高附加值商品和服务的高工资、高生产率企业的投资和创新。"① 尤其在涉及工资、工作保障等劳资纠纷的焦点问题上，工会呼吁政府平衡公平与效率间的关系，强调道德经济的社会价值。工会认为："近来，有关最低工资的讨论主要是由经济学主导的，但任何人都不应忘记道德问题。一系列的案例研究表明，英国存在真正的剥削，这是一个富裕的发达国家所不能接受的。工会、雇主和政府都应该关心低工资和贫穷对社会凝聚力的影响。"②

从雇主方面来看，随着政府立法的逐步推进，雇主也开始在劳资关系的法律制度框架内处理劳资关系。雇主对政府立法的接受主要源于政府立法时对雇主利益的充分考量。尤其在涉及雇佣公平等重大劳资立法问题时，工党政府尤为重视法案对企业持续生产和企业竞争力的影响，避免给雇主带来过多经济负担。当工会试图捍卫或扩大个人权利时，其往往会与政府发生冲突。政府试图限制这些权利，以换取雇主对政府的支持。2002年，根据欧盟的指令，英国首次建立了一般的法定框架，允许雇员在一系列关键业务、就业和重组问题上获得知情权和咨询权。该法案在程序上和实质上都允许雇主有相当大的反应灵活性。根据这项规定，除非有10%的雇员启动了旨在达成协议的法定程序，雇主无须主动将企业核心业务和工作安排告知雇员。此外，自愿的、"预先存在的协议"可有效地阻止

①　TUC, *Report of the Annual Trade Union Congress*, 1995, p. 1.

②　TUC, *Report of the Annual Trade Union Congress*, 1995, p. 1.

该法规程序的使用。这都在很大程度上保护了雇主利益。①

　　2002 年 4 月，在法庭之友（Amicus Curiae）向欧盟委员会提出申诉后，针对英国未能完全执行《工作时间指令》（Working Time Directive）的法律程序启动。对于欧盟要求将《欧盟基本权利宪章》上升为欧盟宪法的做法，英国政府提出反对。宪章的宗旨之一是在整个欧盟范围内扩大工人权利范围，并巩固一些集体权利，通过这些集体权利，工会会员可以行使个人权利。在工会权利遭到严重削弱的情况下，英国工会代表大会积极支持赋予宪章法律地位的做法。与之相对，英国企业界仍然坚决反对。出于与雇主保持共同立场的愿望，布莱尔政府也反对将宪章纳入欧盟宪法的提议。2002 年 7 月，欧洲人权法院（European Court of Human Rights）做出裁决，称雇主可要求雇员签署个人合同，放弃工会权利，否则，雇员将不得不接受针对工会成员的歧视性低薪待遇。但工党为照顾雇主利益，反对赋予《欧盟基本权利宪章》法律地位。尽管欧洲议会以 344 票赞成、79 票反对、28 票弃权通过决议，要求将宪章纳入新的欧盟宪法条约，但工党布莱尔政府仍坚持原有立场，拒绝将宪章转变成英国法律。② 因此，工党政府立法在很大程度上照顾了雇主利益，践行其社会伙伴关系理念中的劳资利益平衡原则。琳达·狄更斯等学者也认为："工党政府向工人保护的转变没有最初预想的那么广泛。"③

　　雇主对"企业负担"的忧虑在很大程度上得到缓解，开始接

---

① Linda Dickens and Mark Hall, "The Changing Legal Framework of Employment Relations", in Trevor Colling and Michael Terry, eds., *Industrial Relations：Theory and Practice*, p. 311.

② Jeremy Waddington, "Heightening Tension in Relations between Trade Unions and the Labour Government in 2002", *British Journal of Industrial Relations*, Vol. 41, No. 2, June 2003, p. 340.

③ Linda Dickens and Mark Hall, "The Changing Legal Framework of Employment Relations", in Trevor Colling and Michael Terry, eds., *Industrial Relations：Theory and Practice*, p. 303.

受工党政府对劳资关系的制度化安排。尤其在工会认可方面，在工会认可获得法律支持后，雇主也开始从制度上认可工会。1995—2005 年，工会能够获得大约 3000 项新的雇主认可协议，覆盖了约 120 万名潜在会员。而 1988—1994 年，工会认可协议仅有 435 个，涵盖工人数量为 4.2 万人。1995—2005 年，英国每年由雇主和工会达成的工会认可协议为 273 个，工会会员数量由此增加近 8 万人，而 1988—1994 年，英国年均工会认可协议增长数额仅为 72 个，新加入工会会员数量仅有 6000 人。[1] 乔·布兰登等人通过对比英国新企业工会认可状况指出，从 1997 年起，英国工会新获得企业认可的比例在不断提高，1997—2002 年，11% 的被调查公司开始实行工会认可，而 1985—1990 年，这一数据仅为 3%；在两个时期抵制工会认可的公司比例相近，80 年代末为 8%，90 年代末为 7%。在那些规模较大的企业或工会会员分布较多的企业中，签署新的工会认可协议的案例极为普遍。[2] 由此可见，在政府的推动和工会的争取下，雇主开始接纳工会认可的制度化路径，使工会认可在劳资关系实践中得以贯彻实施，雇主对劳资关系制度化的认可，为工会组织发展和工会影响力的恢复提供了保障。

在履行保障工人雇佣权利的义务方面，雇主也根据相关制度安排，在实践层面保障雇员权利。就工党政府的"家庭友好型"就业立法而言，2004 年工作场所雇佣关系调查（The 2004 Work-place Employment Relations Survey）显示，在具体的劳资关系实践中，法律以外的关于工人基本权利的条款增多。如在 5% 的私营部门和 84% 的公共部门，至少部分产假是全薪的。调查还发现，自 1998

---

[1] Gregor Gall, "Trade Union Recognition in Britain: An Emerging Crisis for Trade Unions?", *Economic and Industrial Democracy*, Vol. 28, No. 1, February 2007, p. 80.

[2] Jo Blanden, Stephen Machin and John Van Reenen, "Have Unions Turned the Corner? New Evidence on Recent Trends in Union Recognition in UK Firms", *British Journal of Industrial Relations*, Vol. 44, No. 2, June 2006, p. 186.

年以来，可获得的带薪陪产假和紧急带薪假显著增加。① 产业联盟
在 2007 年的报告中也说明，就雇员要求为照顾儿童而安排弹性工
作的法定权利的运作来说，雇主也根据相关法律制度，积极做出相
应安排。报告指出，当雇员提出这方面要求时，绝大多数（94%）
的雇主接受了雇员的要求。② 这表明，在新工党政府推行一系列劳
资关系立法改革后，雇主也在思想和实践层面接受了政府对劳资关
系的干预和主导，英国劳资关系的互动更多地从自愿主义层面转移
至法律和制度层面。

　　综上可见，20 世纪 80 年代以来，英国劳资关系面临的经济和政
治环境发生巨大变化，随着英国产业结构转型的持续推进，政府对
工会的态度由合作向敌视转变。在整个 80 年代和 90 年代前期，保
守党撒切尔政府采取步步为营的工会改革策略。政府通过立法限制
工会在劳资争议中的法律豁免权、禁止次级产业行动和排外雇佣制
等限制工会权利，这些变化极大地超出了工会的预想。③ 在此背景
下，工会开始对其自愿主义理念进行反思，逐渐接受工党政府对劳
资关系的介入和制度化安排。罗伯特·泰勒认为："直到 20 世纪最
后十年，英国工会才开始承认传统的自愿主义理念以及政府对工会
事务的有限干预不再可靠，工会逐渐意识到其缺少集体性力量来修
复自身在组织结构方面的缺陷和脆弱性。"④ 因此，工会开始放弃自
愿主义行动逻辑，强调对劳资关系进行司法干预，包括法定工会认

　　① Barbara Kersley et al., *Inside the Workplace First Findings from the 2004 Workplace Employment Relations Survey*, London: Routledge, 2006, p. 31.

　　② Linda Dickens and Mark Hall, "The Changing Legal Framework of Employment Relations", in Trevor Colling and Michael Terry, eds., *Industrial Relations: Theory and Practice*, p. 308.

　　③ Sid Kessler and Fred Bayliss, *Contemporary British Industrial Relations*, Third Edition, p. 273.

　　④ Robert Taylor, "The Public Face of Trade Unionism", in Sue Fernie and David Metcalf, eds., *Trade Unions: Resurgence or Demise*, New York: Routledge, 2005, pp. 191-192.

可机制、工会在生产部门发展工会组织的法律权利、法定最低工资标准、欧洲《社会宪章》提供的法律权利、工作会议上的工人集体代表权等。[①] 对工会而言，在自身权利遭到严重限制的情况下，通过法律手段维护自身基本权利或通过制度化途径实现组织目标，可以为其组织持续发展获得相对有利的制度环境。在这一认知基础上，工会接受了法律和政府决策对其行动逻辑的塑造。而对雇主来说，尽管最初对政府立法持怀疑甚至抵制态度，但在政府劳资关系政策充分照顾到其利益后，雇主开始接受政府对劳资关系的制度安排。劳资双方对政府立法的接受和认可，在实践上推动着英国劳资关系的制度化转向，政府在劳资关系事务中的地位和作用得到进一步强化。

第三节　欧盟与英国劳资关系的未来

　　自1973年加入欧共体以来，英国劳资关系的发展演变开始受到欧洲劳动关系法的影响。对欧共体的不同认识，使得英国国内利益集团对欧共体有着不同的态度，在接受欧共体劳资关系法律法规的过程中，英国工会、雇主和政府也持有不同的态度。新工党1997年上台以来，英国对欧盟相关劳资关系法律表现出积极的态度，英国劳资关系体系在保障工人的就业权利、提高双方的互动机制以及促进劳资关系管理制度化方面越来越受到欧盟法律的影响。在2016年英国脱欧公投后，其劳资关系的不稳定性增加，但在劳资关系的制度化以及政府加强对劳资关系的主导后，劳资关系又呈现出相对稳定的态势。未来，英国政府必须通过对比欧盟已有劳资关系制度，采取相应措施，平衡英国产业主体间的利益关系，以维持劳资关系的持续和平。

---

① Chris Howell, *Trade Unions and the State：The Construction of Industrial Relations Institutions in Britain*, *1890-2000*, pp. 170-171.

一　产业主体对欧盟劳资关系制度的接纳

1957年，比利时、法国、意大利、卢森堡、荷兰和联邦德国签署了《罗马条约》（*The Treaties of Rome*），建立了欧洲经济共同体。英国经过多次申请后，于1973年加入欧共体。1991年，欧共体成员国签署《马斯特里赫特条约》（*Maastricht Treaty*），1993年，条约生效，欧共体更名为欧洲联盟。自欧共体成立之时起，人们对这一超国家间联合的政治形态的性质就充满争议。随着成员国之间的合作在政治、经济和社会领域不断扩展，人们认为，欧共体的政治权威及其影响力将会持续扩大，包括劳资关系体制在内的成员国内部的一些制度体系也将随之发生变化。但也有学者对欧共体扩大自身影响力的发展趋势持怀疑态度，在其看来，不会有一个真正的联邦制欧洲，因为各国政府有效地保护了自己的自治权。欧洲并不是一个正在形成的超级国家，而是一个由成员国的外交策略所统治的舞台。其结果是，各国的雇佣关系体系将保持其独特的发展态势。[①] 对欧共体的不同认知使各国及其国内不同利益群体对欧共体的态度存在差异。自1973年加入欧共体起，英国劳资关系的发展和演进便受到欧洲劳资关系法律的影响，但在是否接纳欧共体劳资关系法律规则的问题上，英国工会、雇主和政府有着不同的态度。

工会对欧盟的态度经历了从排斥到完全接纳的路径演变。杰拉德·斯特兰奇（Gerard Strange）概括为："从1967年到1987年，英国工会代表大会对欧洲一体化的政策曲折多变，从最初犹豫不决（1967—1970年），到正式反对成员国身份（1971—1974年），继而接受成员国身份的政治现实（1975—1979年），随之再次正式反对成员国身份（1980—1982年），最后再次接受成员国身份（1983年以后）。从20世纪80年代中期到整个90年代，工会代表大会对

---

① Richard Hyman, "British Industrial Relations: The European Dimension", in Trevor Colling and Michael Terry, eds., *Industrial Relations: Theory and Practice*, p.57.

欧盟和欧洲一体化的效力的评价变得更加积极和稳定。"① 20 世纪六七十年代，工会凭借强大的组织力量，在劳资力量格局中占据显著优势，工会无须借助外来力量便可实现其组织目标。在 60 年代，工会内部一小部分右派人士提出加入欧共体，这遭到工会左翼的强烈反对，工会内部在是否融入欧洲的问题上长期存在分歧。其中，亲欧共体派系是最具有凝聚力和积极性的团体。在 60 年代的大部分时间里，亲市场主义者都是由欧洲劳工委员会组织起来的。这个委员会出版了一份名为《欧洲左派》（Europe Left）的期刊，刊登工党议员和欧洲工会领袖对欧共体的赞扬话语。劳工委员会没有发挥实质性作用，也未能完成让英国工会代表大会支持英国加入共同市场的主要目标。② 因此，这一时期，英国工会对是否加入欧共体持观望态度。

　　20 世纪 70 年代，工会组织力量壮大，在自愿主义传统对工会影响深刻的情形下，英国工会试图通过自身力量采取行动，以维护工人利益，实现其组织目标。随着 70 年代前期保守党政府发布白皮书提出英国加入共同市场的谈判条件，英国工会代表大会对英国加入共同市场的"观望"政策就此结束。1971 年，英国工会代表大会在其对加入条款的评估中得出结论，认为保守党政府提出的加入欧共体的这些条款"将对英国工人造成灾难性的影响，并对欧洲的就业和生活水平造成严重的破坏性影响"。③ 这也是英国工会代表大会的政策第一次转为反对欧共体的成员资格。但其只是反对按照保守党谈判的条款入盟，并没有在原则上反对加入欧共体。④

---

　　① Gerard Strange，"British Trade Unions and European Union Integration in the 1990s：Politics Versus Political Economy"，*Political Studies*，Vol. 50，No. 2，February 2002，p. 332.

　　② Paul Teague，"The British TUC and the European Community"，*Millennium：Journal of International Studies*，Vol. 18，No. 1，1989，p. 30.

　　③ TUC，*Report of the Annual Trade Union Congress*，1971，p. 319.

　　④ Paul Teague，"The British TUC and the European Community"，*Millennium：Journal of International Studies*，Vol. 18，No. 1，1989，p. 32.

事实上，工会内部在对待欧共体的态度上一直存在不同观点，但工会在欧洲劳资关系事务中一直发挥重要作用。1973 年，工会代表大会积极支持建立欧洲工会代表大会。

随着 80 年代保守党政府对工会运动的打压，工会权利受到极大限制。在此情形下，引入欧共体关于雇佣权利保障的相关制度引起工会重视。自 1980 年起，尽管工会代表大会投票退出欧共体，但大会领导层对融入欧洲持积极态度。在深度融入欧洲方面，工会代表大会的态度变得强烈而急迫。正如安德鲁·马伦（Andrew Mullen）所言："自 1988 年开始，工会代表大会在欧洲问题上的争论，演变为一边倒地支持融入欧洲。"① 在国家层面，工会代表大会日益强调欧洲社会模式（European Social Model）的重要性，将之视为对抗新自由主义主导下的英国劳资关系体制的重要堡垒，工会也试图通过欧洲社会模式争取为工人谋求新的雇佣权利。在 1988 年英国左翼转向支持融入欧洲后，许多工会选择与市政工人工会合并，工会代表大会也将融入欧洲视为改善自身处境的唯一选择。② 在 20 世纪后期工会力量相对衰落之际，工会领导也希望为工人争取更多权益，恢复工会对工人阶级的吸引力。工会代表大会不仅期望英国政府做出有利于雇员的改革，也越来越多地将目光投向欧洲大陆。工会代表大会总干事约翰·蒙克斯在提交给工会代表大会的 2000 年年度报告中指出："在许多重要领域，变革的动力来自欧洲，通过推广和促进欧洲社会模式，将英国经济成功与更高的社会发展水平相结合，工会在此方面将继续发挥主导作用。"③

在工会代表大会的引领下，英国各主要工会如工程业联合工会、全国与地方政府雇员协会、全国公共雇员联合会以及运输工人

---

① Andrew Mullen, "The British Left: For and Against Europe? A Historical Survey", *Capital and Class*, Vol. 31, No. 3, 2007, p. 225.

② TUC, *Report of the Annual Trade Union Congress*, 1988, pp. 572-573.

③ Chris Wrigley, *British Trade Unions since 1933*, p. 86.

与通用工人工会纷纷放弃了先前的疑欧主义思想，转而采取亲欧盟政策。这些规模较大的工会试图以单一市场和欧洲《社会宪章》为推动力，建立一个社会欧洲，利用社会对话机制来加强欧洲社会模式，同时提倡使用限定多数投票和强制执行欧盟指令的方式，来绕过保守党政府，将欧洲进步的社会政策尤其是欧洲范围的集体谈判和工人权利等引入英国。[①] 至此，工会对欧共体的政策转为积极支持和融入。

从企业层面来看，英国雇主集团对欧共体长期持实用主义态度。劳资关系体制的发展和演进与产业结构和产业增长体制的转变密切相关。英国劳资关系长期受到产业级多雇主谈判的支配，这与欧洲大陆国家盛行的同等水平谈判体制有着很大不同。由于英国集体谈判根植于自愿主义和普通法框架，这种框架优先于程序性规则，使这些规则无法在法律上强制执行。与之相对，欧洲大陆国家则盛行程序规则优先原则。因此，法律制度对英国劳资关系体制的影响相对较小。在自愿主义的集体谈判机制下，英国雇主不受实质性的集体谈判规则和立法约束，工会及其成员也没有受到多少限制。[②]

在如何对待欧共体方面，英国雇主集团希望强化与欧共体的联系，以获得广泛的市场优势。自 1973 年加入欧共体以来，英国雇主组织一直积极追求强化与欧洲的联系，其对欧盟也一直保持积极态度。英国产业联盟于 1971 年在布鲁塞尔设立了一个办事处，作为游说欧共体职能部门的基地。[③] 20 世纪 80 年代，英国保守党政府对进一步融入欧洲持抵制态度，尤其是其排斥 1989 年欧共体

① Andrew Mullen, "The British Left: For and Against Europe? A Historical Survey", *Capital and Class*, Vol. 31, No. 3, 2007, p. 225.

② Chris Howell, *Trade Unions and the State: The Construction of Industrial Relations Institutions in Britain, 1890-2000*, pp. 178-179.

③ Richard Hyman, "British Industrial Relations: The European Dimension", in Trevor Colling and Michael Terry, eds., *Industrial Relations: Theory and Practice*, p. 64.

《基本社会权利共同体宪章》（*Community Charter of Fundamental Social Rights*）的政策，以及英国协议退出《马斯特里赫特条约》附带的《社会政策协定》（*Agreement on Social Policy*）的做法，使英国产业联盟在欧共体中处于独特地位。在社会事务部长理事会中，英国没有直接的政治代表，在此情况下，英国产业联盟是欧洲共同体工业联盟唯一的协会成员。这意味着：一方面，在新的马斯特里赫特程序下，英国雇主在制定社会措施时没有有效的政治声音；另一方面，英国产业联盟可通过《社会协议》中规定的机制提出意见，其有义务代表英国雇主利益集团，这为欧盟创建具有约束力的规章制度提供了另一种途径。[1]1992 年，英国产业联盟成为欧共体产业联盟的成员，其在联盟中的地位和影响力也一直较为显著。

尽管雇主集团对英国加入欧共体和融入欧洲长期持积极态度，但在将欧盟劳资关系机制引进英国方面，却长期持实用主义态度，甚至抵制英国进一步接纳欧洲《社会宪章》对工人权利的保障。在提高工人待遇方面，企业界对政府深度融入欧洲的做法发出警告。新工党上台后，布莱尔政府在接纳欧洲《社会宪章》的同时，试图在完善工人个体性权利方面引入欧盟法律，这遭到雇主集团的反对。尤其在 1997 年，工党政府打算进一步融入欧盟进而签署新欧盟协议，产业联盟对此表示严重关切，并对政府发出警告，认为政府即将签订的欧盟协议将会使欧洲劳资关系问题蔓延至英国。新的欧盟协议将会比欧洲《社会宪章》更具杀伤力。[2] 在 1997 年 6 月的一份公开文件中，产业联盟指出："《社会宪章》不会给英国产业带来严重损害。下周，英国政府大臣将与欧盟其他国家的部

[1]　Pete Burgess, "Europe and the CBI", in Wolfgang Lecher and Hans-Wolfgang Platzer, eds., *European Union-European Industrial Relations？：Global Challenges, National Developments and Transnational Dynamics*, London and New York：Routledge, 1998, p. 145.

[2]　Steve Coulter, *New Labour Policy, Industrial Relations and the Trade Unions*, p. 72.

长们一起参加在阿姆斯特丹举行的特别欧洲峰会，考虑制定新的
欧盟管理条约的建议，新条约将取代五年前的马斯特里赫特协
议。英国商界领袖正在敦促政府采取关键措施，以促进就业增
长，完善欧盟单一市场，并改进欧盟的管理机构。"在一份提交
给首相布莱尔的私人简报中，产业联盟领导人敦促政府拒绝任何
有损英国竞争力和就业的措施。产业联盟表示，欧洲劳动力市场
的低效率，如高水平的非工资劳动力成本、对弹性工作的限制以
及高于英国的最低工资标准，将导致结构性失业率居高不下。缺
乏效率的劳动力市场已经促使投资者在欧盟以外投资。英国产业
联盟表示，在阿姆斯特丹给予欧盟在此类问题上新的权力，"存
在国家效率低下可能蔓延至整个欧洲的危险"，劳动力市场存在
改革的"必要性"。在国家层面，"绝不能因为欧盟错位行动而受
阻，这会增加僵化和成本"。①

　　在欧洲货币一体化的问题上，雇主集团也强烈反对英国融入欧
洲。反对单一货币的欧洲怀疑论者越来越多地进入无党派圈子，反
欧元的商业团体也越来越多。例如"伦敦金融城关注团体"（City
of London Concern Over Maastricht），其成员包括伦敦金融城的一些
主要人物，重点关注欧洲货币联盟（European Monetary Union）对
伦敦金融城经济利益的影响。1998 年 6 月 11 日，"英镑商业计划"
（Business for Sterling）正式启动，其主要支持者包括英国董事协会
总干事蒂姆·梅尔维尔·罗斯（Tim Melville Ross）、小型企业联合
会（Federation of Small Businesses）总干事布赖恩·普里姆（Brian
Prime）和英国产业联盟前总干事约翰·班纳姆爵士（Sir John
Banham）。其在上议院的支持者包括一些有影响力的企业家，如撒
切尔时代的商业大亨汉森勋爵（Lord Hanson）、约克郡银行
（Yorkshire Bank）董事长克里塞罗勋爵（Lord Clitheroe）、国家公

---

① Philip Bassett, "CBI Warns Blair over Effect on Jobs of EU Treaty", *The Times*, 9
June, 1997, p. 47.

积金公司前主席雷姆南特勋爵（Lord Remnant）、英国通用电气公司名誉主席温斯托克勋爵（Lord Weinstock）、大世界百货公司（Great Universal Store）董事长沃尔夫森勋爵（Lord Wolfson）。这些相对分散的企业家在抵制欧洲货币联盟的过程中走向团结，这在欧盟内部引起广泛关注。1999年10月，"英镑商业计划"和"新欧洲运动"倡议共同建立一个新的筹款和运动联盟，旨在保持各自企业特征的同时，避免不必要的竞争。尽管这些雇主集团一直避免与政党或政治组织联系起来，但其与后者保持着建设性对话。[1] 另外，作为欧洲雇主组织中有影响力的成员，英国产业联盟对欧盟社会监管的强烈抵制一直是值得注意的，例如，英国产业联盟被普遍视为英国与欧洲工会联合会（European Trade Union Confederation）就欧洲工作委员会（European Works Council）提案进行谈判的主要障碍。英国雇主集团在支持货币联盟方面也一直保持谨慎态度。[2]

从英国政府的角度来说，主流政党在加入欧共体和融入欧洲方面存在较大差别。工党一直具有强烈的反欧洲一体化倾向，部分原因是许多左翼人士认为欧洲不可改变地以商业为导向，并将国家专制视为更进步的社会和经济政策的基础。虽然威尔逊政府在1964年和1970年成功启动了入欧谈判，但反对党拒绝了协议中的条款。当工党在1974年再次上台时，政府试图重新协商这些问题，并在第二年就是否继续留在欧共体举行了公投，结果以2：1的投票结果继续留在欧共体。[3] 尽管英国保持了欧共体成员国身份，但其一直对欧共体表现出强烈的离心倾向。在英国主流政治

① Anthony Forster, *Euroscepticism in Contemporary British Politics：Opposition to Europe in the British Conservative and Labour Parties since 1945*, London and New York：Routledge, 2002, p. 113.

② Richard Hyman, "British Industrial Relations：The European Dimension", in Trevor Colling and Michael Terry, eds., *Industrial Relations：Theory and Practice*, p. 64.

③ Richard Hyman, "British Industrial Relations：The European Dimension", in Trevor Colling and Michael Terry, eds., *Industrial Relations：Theory and Practice*, pp. 63-64.

生活中，一直有着强烈的疑欧主义倾向。英国政治学者斯蒂芬·乔治（Stephen George）将英国视为"疑欧国家"（Eurosceptic State），在其看来，《新牛津英语词典》将"欧洲怀疑论者"（Eurosceptic）定义为"反对扩大欧盟权力的人"，这形成了一个有用的可行定义，但必须指出的是，在英国，这个词指的是一种强有力的反对英国加入欧盟的态度和立场。事实上，欧洲怀疑主义可能意味着一系列的立场：从怀疑欧洲一体化的形式，到怀疑欧洲进一步一体化的好处及其可行性，再到敌视欧盟的全部事业。① 无论是工党还是保守党执政，这种疑欧主义思潮都深刻地影响了英国对欧盟的政策。

在 20 世纪 80 年代撒切尔执政时，英国政府对欧盟的态度发生变化，1988 年，以首相撒切尔的"布鲁日演说"为分水岭，保守党政府对欧洲一体化的态度发生明显转折。撒切尔提出了欧共体发展的五大原则。第一，独立主权国家之间自愿而积极的合作，是建立成功的欧共体的最佳途径。试图压制国家的地位，并将权力集中在欧洲企业集团的中心，将会对实现欧共体的目标造成极大的损害和危险。第二，欧共体必须采取切实行动解决当前面临的问题。必须改变某些错误和无效的政策，这些政策正在引起公众的不满，否则，欧共体未来的发展将不会获得公众的支持。第三，欧共体要制定鼓励创业的政策。企业是实现欧洲繁荣并在未来创造更多工作岗位的关键。企业在法律框架内自由发展将会带来更好的结果。欧洲向企业开放的目标是推动 1992 年建立单一欧洲市场的动力。通过消除障碍，企业有可能在全欧洲范围内运营，可以更好地与美国、日本和其他亚洲国家及其他地区正在崛起的新经济强国竞争。第四，欧洲国家不应成为保护主义国家。世界经济的扩大要求继续消除贸易壁垒，并在关贸总协定的多边谈判中这样做。如果欧共体在

---

① Stephen George, "Britain: Anatomy of a Eurosceptic State", *Journal of European Integration*, Vol. 22, Iss. 1, 2000, p. 15.

打破欧洲内部贸易限制的同时，建立更大的外部保护机制，那将是一种背叛。第五，涉及欧洲国家在防务方面的作用这一最根本的问题，即欧洲必须继续通过北约维持可靠的防御。[①] 这些原则表明了英国对扩大欧共体权力的抵制，而在主张获得更多商业利益的同时，英国也要求在欧共体内获得更大的话语权。

到了 20 世纪 90 年代，工党谴责保守党的"负面姿态"，坚持认为英国应该更积极地参与欧盟政策制定，以便在欧盟获得更大的话语权。1997 年工党上台后，结束了此前保守党政府退出《马斯特里赫特条约》中的《社会宪章》的做法。[②] 尽管如此，工党在欧盟新的劳资关系立法问题上也表现出保守倾向，竭力避免工党与雇主的对抗。1997 年，英国继续抵制新的就业立法。虽然政府原则上不反对欧洲货币联盟，但它为加入欧元区设定了严格的条件。在法国和荷兰否决之前，布莱尔承诺就宪法条约举行全民公投，但布朗政府在《里斯本条约》问题上拒绝这样做。[③] 在工党第二任期内，尽管布莱尔获得了一些强有力的授权，但其并不愿与雇主集团相对抗。产业联盟对工党政府在欧洲《社会宪章》框架下的一系列立法提出异议，认为政府在欧盟框架下的这些做法会给劳动力市场的灵活性带来严重威胁，雇主集团也利用各种途径游说政府。[④] 为此，政府在引入欧盟劳资关系法律规范的同时，也积极听取雇主意见。1997 年以来，欧盟社会立法最初遭到拒绝，然后是被极简主义地解释和执行，这种模式一再出现。在回应欧盟相关立法提议，如将工作委员会的范围扩大到英国公司时，英国表示不需要进

---

① "Thatcher Sets Out Her Five Guiding Principles", *The Times*, 21 September, 1988, p. 7.

② Chris Howell, *Trade Unions and the State: The Construction of Industrial Relations Institutions in Britain, 1890-2000*, p. 179.

③ Richard Hyman, "British Industrial Relations: The European Dimension", in Trevor Colling and Michael Terry, eds., *Industrial Relations: Theory and Practice*, p. 64.

④ Steve Coulter, *New Labour Policy, Industrial Relations and the Trade Unions*, p. 107.

一步的欧盟立法来强化工人的咨询和信息权利。在获得关于逐步使用咨询权以及征求受影响企业的意见等让步后，英国才签署该指令。①

综上可见，在接纳欧盟劳资关系制度方面，英国各产业主体均持实用主义态度，并呈现出明显的阶段性特征。大致来说，英国工会对欧盟的态度呈现出明显的由抵制到一边倒地支持的演变。雇主集团一方面积极与欧共体展开联系，以拓展其市场和增强其产品优势，但另一方面，对进一步引进欧盟保障工人阶级权利方面的规定表示担忧，在欧洲货币一体化方面，雇主更是强烈抵制英国政府深度融入欧洲的做法。从制度主义的视角来看，道格拉斯·C. 诺思认为："制度是一个社会的博弈规则……它是一些人为设计的、型塑人们互动关系的约束。"② 劳资关系制度是劳、资、政三方在产业领域内利益博弈的结果，其中，政府是以国家整体利益代表的身份参与劳资关系制度的建构。英国政府对在欧盟框架内引进或制定劳资关系制度一直采取较为保守的策略，以保证产业主体间的稳定关系。英国政府在劳资关系治理方面长期奉行自愿主义的不干预理念，自愿主义主导下的劳资关系治理机制包含三个相互联系的原则："在工资和工作条件的确定方面，对集体谈判的偏好胜于国家干预；劳资争议应远离政府司法，由不具法律约束力的劳资集体谈判来调解；坚持谈判主体在处理自身事务过程中的完全自治，排除外界干扰。"③ 因此，无论是英国工会还是雇主，抑或是英国政府，都必须面对劳资关系的自愿主义传统与法律干预之间的平衡问题。即使在加入欧共体后，英国政府对欧共体的态度及其政策也始终基

---

① Chris Howell, *Trade Unions and the State: The Construction of Industrial Relations Institutions in Britain, 1890-2000*, p. 182.

② ［美］道格拉斯·C. 诺思：《制度、制度变迁与经济绩效》，杭行译，格致出版社 2014 年版，第 4 页。

③ Allan Flanders, *Management and Unions: Theory and Reform of Industrial Relations*, London: Faber and Faber, 1970, p. 289.

于实用主义态度，根据本国劳资关系传统及其现状在融欧与疑欧之间有选择性地引进欧洲劳资关系制度。

二　欧盟对英国劳资关系的影响

自加入欧共体后，英国各产业主体对其的态度大体上表现出接纳和认可的态度，只是在融入欧洲的程度上存在不同之处。自1997 年新工党上台后，英国对与欧盟相关的劳资关系法律表现出积极态度，英国劳资关系体制也越来越多地受到欧盟法律的影响，欧盟在保障工人雇佣权利、改进劳资双方互动机制和推动英国劳资关系治理的制度化转向方面发挥了重要作用。

在新工党上台后，英国工人面临的雇佣环境尽管有所改善，但与欧盟其他国家相比，工人的雇佣权利仍处于相对不利地位。1998年，英国开始新一轮工作场所雇佣关系调查（Workplace Employee Relations Survey）。这一时期，英国劳资关系相对缓和，扣除通胀因素，平均收入的增长也在 4.3%—5.7%。英国产业行动也降至20 世纪 70 年代以来的最低水平。这是一个雇佣关系和工作生活相对和平的时期。但造成劳资关系问题的不稳定因素仍然存在。英国失业率仍然很高，约有 180 万人在努力寻找工作，其中大部分集中在一些城市，1998 年，英国工人也经历了几次大规模裁员。许多评论人士指出，英国工人的不安全感日益增强，几乎每 12 个工人中就有一个是临时工。在工作强度方面，大多数工人面临工作时间较长的压力，13%的工人每周带薪工作时间超过 48 小时，这一比例普遍高于欧盟其他国家。人们除对长时间工作带来的健康问题表示担忧外，工作场所以外生活的影响也成为人们关注的焦点。[1]

在 20 世纪 90 年代初工党内部讨论制定最低工资法律时，工党

---

[1]　Neil Millward, Alex Bryson and John Forth, *All Change at Work?: British Employment Relations 1980-1998, As Portrayed by the Workplace Industrial Relations Survey Series*, pp. 32-33.

就认为英国应与欧共体其他国家一致，实行最低工资立法。① 在
1992 年大选中，工党宣称在保护工人基本雇佣权利方面应与欧洲
保持一致，声称工党上台后，会依法给予所有雇员平等的权利和地
位，不论他们从事全职、兼职、长期或临时工作。"我们的目标是
保证每个就业的女性都有 14 周全薪产假的权利，并给予父亲陪产
假，使英国与欧洲共同体其他国家的更好规定保持一致。"② 1997
年以来，工人和工会获得了一系列新的权利和保护，其中，除国家
最低工资标准、工人上诉雇主不得被解雇或处罚、弹性工作需求
权、陪产假和收养假等新的权利和法律保障外，工会和工人在欧盟
的法律框架下获得了以下雇佣权利和保障：法定工作时间限制、带
薪年假、产假、家庭紧急事件假、兼职工人的平等待遇、对固定期
限雇员的保护，以及防止因年龄、宗教或信仰、性取向而受到歧视
等。③ 在 1999 年《雇佣关系法》中，延长产假时间、赋予兼职工
人新的雇佣权利、对被雇主列入黑名单的员工的保护以及给予家庭
紧急事件的无薪休假权等措施，均受到欧盟的影响，其中一些对工
人雇佣权利的保障和立法则直接遵循了欧盟的指示。到 20 世纪末，
英国劳资关系变革的步伐加快，在欧盟的经常性鼓励下，许多之前
英国不肯自主变革的劳资关系内容也得到改革。例如，2001 年，
《欧洲信息和咨询指令》（European Information and Consult-ation
Directive）做出指示，要求近三年内雇佣规模在 50 人以上的企业
必须定期就其近期活动和未来的发展状况、经济状况、工作组织的
变化以及可能的裁员情况咨询其员工。④ 英国企业大多根据欧盟指

　　① Richard Hill, *The Labour Party and Economic Strategy, 1979-97: The Long Road
Back*, p. 77.

　　② Iain Dale, *Labour Party General Election Manifestos, 1900-1997*, Vol. 2, p. 324.

　　③ Linda Dickens and Mark Hall, "The Changing Legal Framework of Employment
Relations", in Trevor Colling and Michael Terry, eds., *Industrial Relations: Theory and
Practice*, p. 304.

　　④ Chris Wrigley, *British Trade Unions since 1933*, p. 80.

示做出相应安排。

在保障工人雇佣权利的同时，欧盟法律也对英国劳资关系的互动机制产生影响。劳资双方在社会伙伴关系框架下的交流增多，雇员对企业生产和管理的参与得到推广。2001 年 12 月，欧洲工会联合会、欧洲工业和雇主联合会（European Federation of Industry and Employers）以及欧洲雇主和企业公共服务供给中心（European Centre of Employers and Enterprises Providing Public Services）宣布将继续致力于社会对话机制。2002 年 11 月，三大组织通过了一项接下来三年（2003—2005）采取的联合工作计划，这标志着一个新的开始，以前的对话是在一个个问题的基础上进行的，现在工会和雇主在欧洲层面同意继续就包括就业、扩大生产和流动性在内的广泛议程展开对话。① 在新工党政府选择接受欧洲《社会宪章》后，工会代表大会对政府引进欧盟法律框架表示欢迎，认为欧洲为推进其社会伙伴关系议程提供了战略机遇。工会代表大会也利用其在欧盟内部的沟通机制，积极推动将欧盟劳资关系法律框架引进英国，以进一步保障工人权利。尽管保守党强烈排斥将欧盟劳资关系法律引进英国，但在欧盟议会制定欧洲雇佣关系和社会政策指令过程中，工会代表大会通过工会内部团体与欧盟工党联络委员会进行沟通，或通过欧洲工会联合会与欧盟委员会进行联系，在其中发挥了积极作用。②

欧盟在推动英国劳资关系传统制度化转型方面发挥了重要作用，在欧盟劳资关系法律框架下，英国劳资关系的核心要素如工资、工时和工作保障等都受到欧盟法律的影响。英国工业法庭在处理劳资纠纷案件时，开始主动与欧洲劳资关系的法律制度接轨。在此过程中，欧洲法院（European Court of Justice）发挥了重要作用。欧洲法

---

① Richard Hyman, "British Industrial Relations: The European Dimension", in Trevor Colling and Michael Terry, eds., *Industrial Relations: Theory and Practice*, p. 62.

② Steve Coulter, *New Labour Policy, Industrial Relations and the Trade Unions*, p. 107.

院裁决委员会负责处理对成员国违反欧盟义务的投诉和成员国内部对欧盟法律问题的上诉。欧洲法院的裁决为各国法院随后的裁决制定了指导方针，如果英国法律与欧洲法院解释的欧盟法律不相容，英国必须废除其与欧盟法律相冲突的条款。20 世纪末 21 世纪初，欧盟法律已经成为英国法官制定法律的来源之一。① 在英国接受欧洲《社会宪章》后，英国产业主体也接受了新的劳资关系制度。工会积极利用宪章赋予的权利，尤其重视利用欧洲就业平等和商业立法等，将其转移至国内以应对英国在保障工人权利方面相对滞后的法律，缓和国内公共部门由于强制招标而使工人在就业安全方面面临的威胁，扩大法律对此前政府未照顾到的工人群体的保护。②

欧盟对英国劳资关系制度化转向的推动也体现在劳资关系的具体实践中。如在女性劳工在试用期内易遭受不公平解雇等威胁的西摩·史密斯案件（Seymour Smith Case）中，英国议会上院根据欧洲法院的主要法律条款，为工人雇佣权利和不公正解雇赔偿提供保障。1997 年，工会代表大会总理事会鼓励个体工会通过法律途径保障会员权利，工会代表大会声称："政府在工人试用期内遭不公平解雇方面还在等待欧洲法院的判决结果，大会建议个体工会在维护会员利益方面服从工业法庭的判决结果。工会代表大会已经将相关裁量结果下发至各工会，大会也要求劳工上诉法庭根据欧盟法律维持原判，如果工会不服从相关法律规定，现有案例法表明如果法律条文发生变化，法庭也不会维持此前保障工人就业权利的相关判决。"③ 这极大地推动了英国劳资关系治理的制度化转向。欧盟对英国劳资关系制度的影响极大地推动了英国劳资关系由传统的自愿主义向国家干预方向的演进趋势，强化了法律制度对劳资关系的规范。彼

---

① Alec Samuels, "Incorporating, Translating or Implementing European Union Law into UK Law", *Statute Law Review*, Vol. 19, No. 2, 1998, p. 84.

② Edmund Heery and Brian Abbott, "Trade Uions and the Insecure Workforce", in Edmund Heery and John Salmon, eds., *The Insecure Workforce*, p. 162.

③ TUC, *Trade Union Congress 1997: General Council Report*, pp. 12–13.

得·阿克斯（Peter Ackers）等学者认为："如果说 20 世纪 80 年代英国正以某种速度迈向美国的新自由主义主导的劳资关系模式，那么在 21 世纪的最初几年，英国则在某种程度上转向了更欧洲化的社会市场模式，这种模式的基础是法律对雇员权利的制度保障。"①

综合而言，随着英国在劳资关系领域逐渐融入欧盟，英国劳资关系的欧洲色彩日益浓厚。在欧盟劳资关系法律框架下，英国工人获得了与欧洲其他国家工人大体相同的雇佣权利，其就业环境得到很大改善。随着产业主体对欧盟劳资关系制度的接纳，劳资双方的交流和互动机制也开始受到欧盟的影响，工会也积极利用欧盟法律跨框架这一制度平台寻求扩大自身影响力。随着欧盟劳资关系法律在英国的推广，英国劳资关系法律以及劳资关系实践开始更多地吸收和借鉴欧盟劳资关系法律，英国劳资关系的制度化转向日益明显。

三　英国脱欧与劳资关系面临的挑战

在英国各产业主体接纳欧盟劳资关系制度的同时，英国内部的疑欧主义情绪也在高涨。这种对欧盟的离心主义倾向最终演变为英国脱欧的事实。在加入欧盟（欧共体）近半个世纪后，英国于 2016 年通过全民公投脱离欧盟，在经历漫长的脱欧谈判进程后，于 2020 年正式脱欧。随着英国脱欧，产业主体的利益也开始面临挑战，尤其是脱欧可能导致英国脱离欧盟劳资关系法律框架，英国劳资关系面临的不稳定性也开始增加，这给英国劳资关系未来的发展蒙上阴影。

脱欧在一定程度上加剧了英国劳资关系的不稳定性，英国劳资关系领域长期存在的工作环境和工作强度问题再次凸显。在 20 世纪 90 年代英国尚未接纳欧洲劳资关系法律框架时，英国工人面临

---

① Peter Ackers, Mick Marchington, Adrian Wilkinson and Tony Dundon, "Partnership and Voice, with or without Trade Unions Changing UK Management Approaches to Organisational Participation", in Mark Stuart and Miguel Martínez Lucio, eds., *Partnership and Modernisation in Employment Relations*, p. 21.

的就业环境较好，劳动强度低于欧盟国家。如在劳动时间方面，1990 年，欧共体公布了一项关于工作时间的指令草案，并于 1993 年在英国的反对下获得通过，为回应英国的反对，草案的一些条款被淡化。主要规定包括：每周最多工作 48 小时（包括加班，虽然这可以在 4 个月的参考期间内计算平均值）；平均不超过 8 小时的夜间工作；每日最少连续休息 11 小时；工作时间内超过 6 小时的休息时间；每周最少休息一天（原则上为星期日），外加 11 小时；每年至少有 4 周的带薪假期。这项工作时间指令允许劳资双方通过集体协议变更条款，并允许员工通过协议将最长工作时间延长至超过 48 小时。该指令在最初制定时并不适用于一些运输部门或初级医院医生，但在 2000 年和 2004 年，这些群体被扩展指令涵盖。[①]英国质疑作为协议基础的多数票机制的有效性，认为工作时间是社会政策问题，而不是健康和安全问题。1996 年 11 月，欧洲法院彻底驳回了这一质疑。随后，保守党政府在起草未达到指令要求的法规之前，宣布该指令不适用于英国。

　　1997 年，工党政府接受了欧盟工作时间指令，但相较于欧洲其他国家，该指令并未产生实质性作用。在大多数欧盟成员国中，48 小时的最高工作时间限额高于或等于国家工作时间法律允许的最高限额，而劳资双方集体协定的工时限额通常要低得多。相比之下，在英国，由于没有任何关于工作时间问题的普遍立法，该指令要求英国引入全新的关于工作时间的法律框架。而且由于英国企业长期存在加班文化，全职员工平均每周工作时间大大高于欧洲标准。但由于英国可选择退出该指令，欧盟工作时间指令在英国的影响微乎其微。[②]官方统计数据显示，在新规定生效后的最初 6 年，每周正常工作超过 45 小时的劳动力比例确实有所下降（从 1998 年

---

　　① Richard Hyman, "British Industrial Relations: The European Dimension", in Trevor Colling and Michael Terry, eds., *Industrial Relations: Theory and Practice*, p. 66.

　　② Richard Hyman, "British Industrial Relations: The European Dimension", in Trevor Colling and Michael Terry, eds., *Industrial Relations: Theory and Practice*, p. 67.

的37%下降到2004年的31%），但此后这一数字稳定了下来。大多数每周工作超过48小时的工人仍然在加班工作，只有2%的人因为该指令而减少了工作时间。根据英国工会代表大会在2008年的分析数据，每周工作超过48小时的人数从1998年的380万人下降到2007年的310万人，但在2008年上升到330万人。①

英国脱离欧盟劳资关系法律框架的做法极大地提升了工人的劳动强度。以教师群体为例，1992年，英国10%的教师认为其在部分时段或所有工作时间内必须高速工作，而其他职业为18%。到2002年，这一劳动强度比例发生了逆转，高强度劳动的教师群体比例上升到33%，而其他劳动群体为25%。对工作不满的教师数量占调查总规模的比例从6%增至13%。② 安德烈亚·贝克曼（Andrea Beckmann）等学者认为，教师群体日益增加的压力不是因为其更多地参与学术、教育活动或致力于提高教学水平，而是管理部门在不信任教师的基础上扩大了管理范围，教师越来越被官僚主义的监管手段分散精力。③ 在脱欧公投之后，英国教师对英国是否会脱离欧盟相关工作指令表示担忧，这也加剧了该领域劳资关系的不稳定性。2016年6月英国脱欧公投通过后，来自伦敦、曼彻斯特和布赖顿等地的全国教师工会成员发起罢工，抗议政府在教育领域裁员并提升工作强度，罢工导致英格兰7000所公立学校被迫关闭。④ 在2018年英国劳资冲突加剧之际，工会代表大会总干事弗朗西

---

① TUC, *Trade Union Congress 2008: General Council Report*, London: Trade Union Congress, 2008, p. 96.

② Andrea Beckmann and Charlie Cooper, "'Globalisation', the New Managerialism and Education: Rethinking the Purpose of Education in Britain", *Journal for Critical Education Policy Studies*, Vol. 2, No. 2, 2004, p. 162.

③ Andrea Beckmann and Charlie Cooper, "'Globalisation', the New Managerialism and Education: Rethinking the Purpose of Education in Britain", *Journal for Critical Education Policy Studies*, Vol. 2, No. 2, 2004, p. 162.

④ Richard Adams and Josh Halliday, "One-day Teachers' Strike Closes Thousands of Schools in England", *The Guardian*, 5 July, 2016.

斯·奥格雷迪（Frances O'Grady）认为："许多保守党议员和内阁大臣公开反对欧盟工作时间指令，该相指阻止了一些雇主强迫员工长时间工作的不正当行为。"① 近年来，工作强度问题成为脱欧视域下英国劳资关系不稳定因素增多的重要表现。

在脱欧造成劳资关系不稳定的因素日益增多的同时，英国政府在治理劳资关系方面仍秉持平衡劳资利益的态度，试图通过制度建构，消弭脱欧对英国劳资关系的不利影响。在欧盟社会伙伴关系的框架下，英国政府在处理劳资关系问题尤其是在制定劳资关系法律规范时，经常援引欧洲法院的相关规定。而在脱欧带来劳资关系不稳定的情况下，国内不同利益集团均对政府的劳资关系治理提出挑战。2018 年 11 月，在英国各政党围绕脱欧问题争论之际，弗朗西斯·奥格雷迪就表达了对脱欧带来的工人权利的不确定性的担忧："我们讨论的不是那些晦涩难懂的抽象规则，而是对工人真正重要的日常保护。比如带薪休假、兼职工人的权利、产假和陪产假、女工同工同酬以及工作时间的限制。这些权利是工会会员通过欧盟获得的，我们已经明确表示，离开欧盟绝不能牺牲工人的这些权利。在此基础上，工人需要一个长期的、有约束力的保证，使英国的权利与欧洲其他各国的权利保持一致。但保守党政府的脱欧协议远未达到工人的这一要求。"②

劳资关系的不稳定性开始在社会各领域出现。公众对犯罪、混乱、社会冲突和危险的恐惧感急剧上升。查理·库珀（Charlie Cooper）认为，在 21 世纪第一个十年，恢复社会安全与团结、处理"反社会"行为应被置于政府决策的优先位置。③ 针对脱欧引发

① Frances O'Grady, "Why Mrs May's Brexit Deal Threatens Your Rights at Work", *Huffington Post*, 20 November, 2018.

② Frances O'Grady, "Why Mrs May's Brexit Deal Threatens Your Rights at Work", *Huffington Post*, 20 November, 2018.

③ Charlie Cooper, *Community, Conflict and the State: Rethinking Notions of "Safety", "Cohesion" and "Wellbeing"*, New York: Palgrave Macmillan, 2008, pp. 1-2.

劳资关系不稳定的情况，2016年，保守党特雷莎·梅政府通过了旨在限制集体抗争的罢工法案，但结果适得其反。2018年，英国发生了现代史上最严重的教师大罢工，地铁、公交、航空公司等部门的抗争行动也此起彼伏。英国政府倾向于采取权力压制而非促进社会福利和正义的手段应对劳资冲突，这必然导致社会冲突扩大并加剧劳资关系治理体系的危机。

在脱欧过程中，英国政府也意识到脱欧可能带来的对劳资利益的冲击，为此，政府也不断强调脱欧协议不会牺牲工人的权利和利益。伊丽莎白女王于2019年12月19日在对议会的发言中阐释了制定新的《雇佣关系草案》的目的："在英国脱离欧盟之际，保护和增进工人的权利，使英国成为世界上最好的工作场所。促进工作场所的公平，在经济需要的灵活性和工人应得的安全感之间取得恰当的平衡。通过建立新的、单一的执法机构，加强工人为不公平待遇寻求补偿的能力。将工作场所的公平置于首位，为工人提供更多的保护，为工人家庭提供更好的支持。在现有劳动法的基础上，采取措施保护那些从事低薪工作和临时工作者。"① 法案草案在保障工人雇佣权利方面包含了以下规定：创建新的、单一的执法机构，为工人提供更多的保护；确保消费者给员工的小费全部归其所有；为所有员工获得其期望的合同提供新的权利；扩大裁员保护，防止裁员过程中对孕妇和产妇的歧视，允许父母延长新生儿护理假，并为无薪照顾儿童的工人提供一周休假；法案将把弹性工作制视为默认制度，除非雇主有充分理由否定这一做法。②

草案也对雇主利益做出保障性规定，伊丽莎白女王在对议会的发言中指出："政府希望英国成为世界上创业和发展企业的最佳国家，在这里，企业家们知道他们可以在自己的想法基础上发展并获得成功。我们将更广泛地取缔逾期付款，并加强小企业专员的权

① *Her Majesty's Most Gracious Speech to Both Houses of Parliament*, London: Prime Minister's Office, 19 December, 2019, p. 43.

② *Her Majesty's Most Gracious Speech to Both Houses of Parliament*, p. 44.

力，以支持被大型合作伙伴利用的小企业。良好的监管对企业的成功至关重要：我们将努力在支持优秀的商业实践和保护工人、消费者和环境之间实现恰当的监管平衡。我们还将制定有关公司审计和公司报告的建议，包括加强监管，赋予该行业改革所需的所有权利。"① 这反映出政府在脱欧过程中，竭力平衡劳资双方利益，减少脱欧对英国企业的冲击。

尽管政府对脱欧后劳资关系的未来做出以上承诺，但由于劳资双方在欧盟法律框架下享有广泛的权益，政府任何脱欧协议或决策都牵动着广泛的社会利益。2019 年 12 月 20 日，鲍里斯·约翰逊政府公布新的《欧盟（退出）法案》[European Union (Withdrawal Agreement) Bill, 2019]，此前女王在对议会发言中提及的关于保障工人雇佣权利的内容并不包含在内。这引起社会各界的广泛关注。② 丹尼尔·弗格森（Daniel Ferguson）认为，英国劳动法的很大一部分源自欧盟法律并以其为基础，这包括工作时间、假期工资、产假权利和禁止就业歧视。作为欧盟成员国，英国目前不能将这些权利降到欧盟法律规定的最低水平以下，但可以选择引入更大的权利。根据 2018 年《欧盟（退出）法案》，这些权利将被保留为欧盟法律。这些权利将在英国脱欧后继续适用。但除非在未来的英国—欧盟协议中有保留现有工人权利标准的条款，否则这些权利可能会在英国脱欧后通过国内立法进行修改或减少。③ 贸易大臣安德烈娅·利德索姆（Andrea Leadsom）在议会下院做出保证："英国在维护工人权利和制定最高标准方面有着悠久而令人自豪的传统。政府一直明确表示，脱欧不会以任何方式改变这一点。政府绝对没有降低工人权利标准的意图。否则就是危言耸听，是不

---

① *Her Majesty's Most Gracious Speech to both Houses of Parliament*, p. 44.

② https://www.ft.com/content/5eb0944e-f67c-11e9-9ef3-eca8fc8f2d65，2020 年 9 月 20 日。

③ https://commonslibrary.parliament.uk/withdrawal-agreement-bill-protection-for-workers-rights，2020 年 9 月 30 日。

真实的。"① 从总体上来说，尽管脱欧会增加劳资关系的不稳定性，但由于劳资关系的制度化和政府对劳资关系主导力的强化，脱欧应该不会直接引起大规模劳资冲突。其前提是政府在脱欧之后的劳资关系制度安排中，必须平衡欧盟与英国、英国雇主与工人、英国工人与欧洲其他国家工人权益对比等的关系。因此，在英国脱欧的社会背景下，劳资关系的未来演进趋势在很大程度上取决于政府的劳资关系制度建构。

综上可见，自 1973 年加入欧共体以来，英国劳资关系的发展和演变开始受到欧洲劳动关系法的影响。对欧共体的不同理解使英国产业主体对欧共体持不同态度。在接受欧共体劳资关系法律法规的过程中，英国工会、雇主和政府持不同态度。自 1997 年新工党执政以来，英国对与欧盟相关的劳资关系法律表现出积极态度。英国的劳资关系体系越来越受欧盟法律的约束。欧盟在保护工人就业权、改进劳资之间的互动机制方面发挥了重要作用，并推动了劳资关系管理体系的制度化转向。在英国 2016 年公投离开欧盟后，劳资关系的紧张局面加剧了，这一度给政府劳资关系治理带来挑战。未来，英国政府必须采取措施，参照英国长期实行的欧盟劳资关系框架，制定出能够平衡英国劳资利益的法律制度，以实现劳资关系的和平。

---

① Hansard, *House of Commons Debates*, Fifth Series, Vol. 667, Col. 203, 29 October, 2019.

结　语

　　英国是世界上最早进行工业化的国家，并率先完成了从传统农业社会到现代工业社会的转型。工业革命不仅仅是一场生产力的革命，更是一场生产关系的革命，它在英国催生了无产阶级和资产阶级两大阶级。自此，劳资双方的对抗与合作成为工业社会的常态。劳资关系的发展演变与特定时期政治、经济和社会环境的变化紧密相连，具有鲜明的阶段性色彩和时代特征，这一规律贯穿英国劳资关系发展的始终。在近代，英国劳资关系的发展与工业化的历程相伴而行，从而带有明显的社会转型色彩。进入20世纪，劳资关系的发展处在全新的历史环境下。在经济上，英国经历了深刻的产业转型，从成熟的工业社会进入后工业社会；在政治上，英国的政党政治、执政理念等都发生深刻变革；在帝国霸权上，英国从日不落帝国的霸权宝座上跌落，进入日落斜阳的世纪。在历史环境急剧变迁的影响下，20世纪英国的劳资关系也发生巨变。

　　从劳工这一方来看，劳工运动随着20世纪社会、经济、政治环境的变化而变化。19、20世纪之交至20世纪20年代是英国劳工运动蓬勃发展的时期，工会的规模不断发展壮大，工会会员的数量成倍增长。在组织层面，工会运动突破仅在行业层面组织劳工的桎梏，发展出产业工会。这突出表现为一战前后工会合并运动的高涨，大型产业工会与劳工团体涌现。如一战前的全国铁路工人工会、三角同盟，一战后的运输工人与通用工人工会、通用工人与市政工人工会等。工会实力的不断增长、工团主义激进思潮的传播增强了劳工的斗争性，由此，劳资双方不时爆发激烈的对抗，一战前的大规模劳工骚动和一战后的罢工浪潮即是明证，可见这是一个劳资关系相对紧张的时代。两次世界大战之间，由于经济萧条和劳工在大型劳资对抗中遭遇惨败（1921 年的"黑色星期五"、1926 年大罢工），工会经济实力锐减，会员流失严重。工会还遭到雇主经济上和政府立法上（1927 年《劳资争议与工会法》）的双重打压，工会运动陷入低潮。在此背景下，工会领导层转变斗争策略，由对抗转向合作，但该举动并未得到雇主的积极回应。在此期间，工会运动虽成就有限，却见证了劳工政治运动的巨大进步，在经过长期的成长后，工党得以上台，并在两次世界大战之间两度执政。可以说，这一时期劳资双方并未实现全面合作，但局面逐步由动乱转向了和平，大规模劳资冲突大幅减少，罢工数据降至较低水平。

二战以来，得益于战时社会生产对劳工的依赖以及战后共识政治的形成，劳工运动的发展再次迎来黄金期。工会在力量恢复的同时进一步发展壮大，进而形成劳强资弱的产业力量格局。进入 60 年代，英国的产业环境趋于恶化，经济陷入增长停滞与通货膨胀的状态，劳工运动越发激进，基层非官方的罢工和工会有组织的罢工都显著增加，劳资关系也由战后初期的合作转向了激烈对抗。到 70 年代末 80 年代初，产业结构的转型从根本上改变了英国的就业结构与劳工力量分布，工会发展处境不利。更为严重的是，撒切尔领导的保守党政府对工会采取排斥和打压的政策。在经济和政治因素的双重打击下，工会力量被大幅削弱，战后劳强资弱的产业力量格局遭到逆转。到 20 世纪末，新的资强劳弱的产业格局越发强化，工会力量进一步衰退，工会改变策略，转对抗为合作，试图通过与雇主构建社会伙伴关系来获得新的发展空间。总的来说，20 世纪经济、政治、社会环境的变化直接影响了劳工运动的兴衰，英国的劳工运动大体经历了从快速发展到陷入低潮，进而实现复兴，最后再度低迷的过程。

　　从资方看，雇主组织的发展以及雇主与劳工互动过程中所采取的策略同样随着时代的发展而产生深刻变化。20世纪初期，面对工会运动的高涨及其咄咄逼人的攻势，一方面雇主群体加强内部的联合以增强对抗工会的力量，这表现为雇主组织数量的增加和雇主联合层级的提升（地方层面上升至全国层面），一系列大型雇主组织成立。如一战时的英国工业联合会、英国制造商同盟，一战后的全国雇主组织同盟、经济联盟等。另一方面，雇主群体积极倡导劳资对话，推动集体谈判制的发展，避免与劳工展开直接对抗，减少不必要的工作日损失。由此，这一时期的劳资关系大致形成了劳强资弱、劳进资退的互动态势。两次世界大战之间，在英国经济陷入萧条、产业形势严峻的背景下，雇主群体在劳资互动中的态度发生转变，逐渐强硬。为转嫁危机，雇主加强生产管理，削减工资，并通过破坏集体谈判进一步打压工会，此时劳资间的互动由劳进资退转变为资进劳退。

　　二战结束后，雇主群体的活动在新的历史环境下再次发生变化。相较工会力量的蒸蒸日上，激烈的市场竞争导致雇主生存处境艰难，雇主间的合作减弱，雇主组织的发展举步维艰，雇主群体在劳资博弈中节节败退，劳强资弱的产业力量格局一直持续到20世纪70年代。此后保守党上台执政，撒切尔夫人推行新自由主义改革，采取扶持雇主、打压工会的政策，雇主开始在劳资互动过程中掌握主动权。他们与政府一道压制工会，在企业内部灵活地处理劳资关系，传统的通过雇主组织与工会沟通解决劳资分歧的方式逐渐被抛弃。20世纪末，雇主在产业力量格局中的绝对地位得以稳固，继续推行劳资对抗不利于己，他们接受工会提出的社会伙伴关系框架，长期以来紧张的劳资关系趋于缓和。不得不说，在20世纪劳资关系演变的过程中，雇主群体的劳资博弈战略十分灵活，根据社会环境以及劳资力量对比的变化随时进行调整。当工会力量强大且经济环境良好时，雇主往往选择退让以维持生产秩序的稳定，同时加强内部合作以平衡劳资力量差异；当经济环境恶化、工会被削弱时，雇主群体对劳工的态度趋于强硬，内部联合意愿也会减弱。

纵观20世纪英国劳资互动的过程可知，劳资关系发展的基本态势呈现出阶段性变迁的特征，具体而言是劳资合作与劳资对抗交替前进。1900—1914年，工业局面逐步由和谐走向动乱，劳资关系不断恶化。一战期间，在政府高压管制下工业实现和平，但一战后劳资冲突再度飙涨，劳资关系紧张化。20年代中期以后，工会激进主义的衰落推动劳资关系趋于缓和，此后，劳资和谐局面一直延续到二战后。到60—70年代，由于产业环境的恶化，劳资对抗再次加剧，工业双方的争斗一度导致政府无能为力。到80—90年代，在撒切尔主义的强势干预下，工会被严重打压，工业动荡局面消失，劳资和平的状态长期延续。

从劳资冲突的化解来看，作为一种有效的劳资纠纷化解机制，集体谈判制的演进深受时代环境的影响。集体谈判制早在19世纪中叶就已兴起，到19世纪末20世纪初已逐渐发展成熟。世纪之交，在政府的积极引导和劳资双方的协作下，自愿主义集体谈判体系呈现出良好的发展态势，这突出表现为集体协议数量的大幅增加，集体谈判覆盖行业范围的扩大，谈判层级的提高，全国性和全行业性的集体谈判越发盛行。一战期间，得益于有利的政治、社会环境，集体谈判制进一步实现跨越式发展，但这一良好形势仅持续到一战后初期。两次世界大战之间，在经济萧条和劳资对抗的冲击下，集体谈判制相对式微，集体谈判机构的数量减少。即使在1926年大罢工后劳资关系趋于缓和的情况下，双方开展劳资合作的尝试仍旧失败，如蒙德—特纳会谈的瓦解，集体谈判在劳资纠纷化解中的影响力相对下降。二战的爆发再次改变了劳资互动的环境，劳资关系实现高压下的和平，集体谈判制的发展得以恢复生机。二战后，集体谈判体系的发展呈现一些新的特点。在科技革命与产业转型的冲击下，集体谈判的发展呈现分散化趋势，产业级的集体谈判遭遇挑战，集体谈判的中心转向地方乃至企业内部，谈判层级下降。20 世纪末期，由于工会遭受保守党政府的打压，其力量和影响都在减弱，雇主也排斥工会，追求在企业内部展开个体谈判，劳资关系去集体化的趋势更加显著，劳资关系从集体主义转向个体主义，集体谈判制在劳资关系中的影响日渐式微。由此看来，20 世纪英国集体谈判制的发展历程大致经历了从世纪初期的兴盛到两次世界大战之间的相对式微，再到二战及战后的复兴，最后到 20 世纪后半叶走向衰落的过程，集体谈判制的兴衰与劳资双方力量的对比以及产业环境的变化息息相关。

作为劳资关系系统中的主要组成部分，政府往往在劳资关系的发展演变中扮演着关键角色，尤其是作为第三方，它往往起着缓解劳资矛盾、化解劳资冲突的重要作用。因此，若从劳资纠纷化解的角度考察劳资关系，政府的角色不容忽视。罗恩·比恩就指出政府在劳资关系中主要扮演五种角色：劳动者基本权利的保护者、集体谈判与雇员参与的促进者、劳动争议的调停者、就业保障与人力资源的规划者、公共部门的雇佣者。就 20 世纪英国劳资关系的发展演变而言，以上角色政府往往兼而有之，但由于各时期其面对的政治、经济、社会环境以及劳资关系具体情况的不同，政府的劳资治理理念以及出台的劳资政策都有所不同。具体而言，20 世纪以来英国政府劳资关系治理的演变大体可分为以下几个阶段。

第一，集体自由放任时期，又称自由主义时期，大致从 19 世纪末至二战结束。这一时期政府在治理劳资关系过程中主要奉行自愿主义原则，不直接介入劳资互动的过程，而是积极引导劳资双方开展集体谈判化解劳资争端，同时加强劳资立法和社会立法为自愿主义集体谈判体系保驾护航。例如 1896 年《调解法》、1906 年《劳资争议法》的颁布，一战后全国工业会议的召开，惠特利委员会倡导下联合工业委员会的推广等，都是政府自愿主义劳资政策的体现。值得注意的是，这一时期有两个特殊阶段，即两次世界大战期间，英国政府虽主要依靠自愿主义集体谈判体系治理劳资关系，但对劳资关系采取了强势干预的政策，具体表现为对劳资纠纷实施强制仲裁、禁止罢工的政策。例如一战时的《战争军需法》、二战时的《1305号令》。尽管整个20世纪前期劳资间不时爆发激烈对抗，但政府构建的自愿主义集体谈判体系总体上促进了劳资间的良性互动。

第二，合作主义时期，又称法团主义时期，从1945年持续到1979年。这一时期保守党和工党不仅达成政治共识，在劳资关系治理方面也秉持类似理念，即合作主义理念。它具体表现为政府在处理劳资关系事务时采取各种手段促成劳、资、政三方合作。尽管政府追求生产领域内的劳资和谐，但在此期间，英国的经济环境不断恶化，劳资关系由合作转向对抗，工会势力日益膨胀，罢工运动的高涨造成社会的急剧动荡，政府的劳资政策也逐渐从自愿主义向国家干预倾斜，但无论是工党政府还是保守党政府的劳资关系改革，都归于失败，政府陷入劳资对抗下的困境中。

第三，市场个体主义时期，从1979年持续到1997年。这一时期开启了保守党长期执政的时代，面对劳资关系的持续恶化以及新科技革命、经济全球化对英国经济的冲击，撒切尔政府强力改革以往的劳资关系体制，出台一系列政策和法律排斥和打压工会，树立政府权威，确立以市场为主导的劳资关系体制。梅杰政府上台后，延续了撒切尔政府的劳资政策。保守党的改革取得积极成效，工会的力量被大幅削弱，罢工活动持续减少，劳资关系走向了国家强制和平的时代。

第四，第三条道路时期，从1997年延续至2020年。1997年新工党上台结束了保守党的长期执政，其劳资政策也出现新的变化。新工党改变了以往保守党打压工会的政策，在法律和制度层面保护工人和工会的基本权利，主张在社会伙伴关系框架下重新构建劳资利益格局。工党的劳资政策得到劳工与雇主的拥护，劳资关系平稳发展，劳资双方和谐共处。

纵观整个20世纪英国政府劳资关系治理的历程，劳资政策的演变与英国社会经济环境的变迁息息相关。当既有的劳资关系制度未能跟上时代的变化、适应社会生产的需要时，它在减少劳资矛盾、化解劳资纠纷上就会失灵，劳资双方的大规模对抗也会此起彼伏，劳资关系制度的改革就变得不可避免。例如二战后，在"英国病"不断加重的情况下，传统的劳资关系制度无法适应时代的变化，劳资关系急剧恶化，英国政府不得不在60—70年代开始了艰难的改革历程，最终到80年代撒切尔夫人领导下的市场个体主义改革才取得成效。英国政府的劳资关系治理也留下许多经验教训。从经验上看，英国作为一个资本主义国家，政府在劳资政策制定的过程中并非一味偏袒资方，尤其是在20世纪劳工基本获得选举权且成立独立政党的情况下，劳工的政治经济诉求或多或少都能得到官方的考虑，历届政府执政时都进行了一定程度的社会改革，最终建成了福利国家，保障了劳工群体的基本生活需求，从而在根本上缓解了劳资矛盾。从教训上看，英国政府的部分劳资政策未能兼顾好劳资双方的利益，导致在经济萧条和产业转型过程中劳工群体处境艰难，遭受失业和贫困的打击。例如在两次世界大战之间经济萧条的环境下，政府向自由主义的经济政策回归，放任劳资双方在内外交困下争斗，导致社会的急剧动荡；在80年代撒切尔政府为治理"英国病"、强力推行私有化改革时，劳工也遭受了经济转型的阵痛。

从更加宏阔的视野看，20世纪经济、政治、社会环境的变迁与劳资关系演变之间存在明显的互动关系。一方面，经济、政治、社会环境的变化直接改变了劳资关系发展的土壤，推动劳资关系的状态、内涵等因素发生改变。从经济层面看，20世纪英国经济发生巨变，从成熟的工业社会进入后工业社会，产业结构转型直接导致工业革命以来传统的制造业衰弱，这削弱了劳工组织的根基，工会力量不断衰退，劳工激进主义减弱，20世纪后期的劳资关系得以由对抗转向合作。从政治层面看，政治变革、政府政策的变动对劳资关系的影响毋庸置疑。例如二战后工党实行的国有化政策，直接导致此后一段时间内公共部门劳资关系的波动成为突出的时代特征。英国的外交政策，尤其是对欧政策的变动也间接影响到劳资关系的稳定，例如 2016 年英国脱欧直接增加了英国劳资关系的不确定性。从社会层面看，社会主流思潮的演变也会对劳资关系、劳资治理产生巨大影响。20 世纪 30—40 年代凯恩斯主义的兴起，推动了二战后政府在治理劳资关系上从自愿主义向国家干预转变。20 世纪 60—70 年代新自由主义的盛行，极大地启发了之后保守党的劳资关系改革。另一方面，劳资关系的发展对政治、经济、社会的演变也起到重要作用。在经济层面，20 世纪后半叶英国经济陷入"走走停停"的弊病，"英国病"激化，这与该时期劳工激进主义日盛、劳资关系急剧恶化不无关联。在政治层面，20 世纪英国政党政治经历深刻变革，自由党衰弱、工党崛起，工党自世纪初成立到 20 年代上台执政，进而成为英国两大执政党之一，这一变革始终离不开劳工政治运动的推动、工会对工党的支持。在社会层面，20 世纪英国福利国家的建成，住房、医疗、养老金等社会领域的各项进步，都与劳工运动的呼吁关系密切。

　　20 世纪英国劳资关系发展演变的历程表明，劳资关系是否和谐直接关系到社会经济发展的稳定与否，甚至国运的兴衰。英国在从成熟的工业社会向后工业社会过渡的过程中，社会利益的再分配、产业结构的调整导致了激烈的劳资对抗，进而造成巨额的经济损失，这加速了 20 世纪后英国的相对衰弱。英国的经验与教训为我国的社会转型提供了深刻的借鉴，重视经济增长效率的同时如何兼顾好公平，如何平衡好劳资双方的利益，从而构建劳资和谐的社会，是一个值得深入探索的问题。

参考文献

一　档案文献

（一）贸易委员会公报与劳工部公报

Board of Trade Labour Gazette，January，1907.

Board of Trade Labour Gazette，January，1909.

Board of Trade Labour Gazette，January，1910.

Board of Trade Labour Gazette，January，1911.

Board of Trade Labour Gazette，January，1913.

Board of Trade Labour Gazette，January，1915.

The Ministry of Labour Gazette，January，1920.

Board of Trade Labour Gazette，January，1921.

The Ministry of Labour Gazette，January，1922.

The Ministry of Labour Gazette，January，1923.

The Ministry of Labour Gazette，January，1924.

The Ministry of Labour Gazette，January，1927.

The Ministry of Labour Gazette，January，1928.

The Ministry of Labour Gazette，January，1929.

The Ministry of Labour Gazette，January，1930.

The Ministry of Labour Gazette，March，1930.

The Ministry of Labour Gazette, January, 1931.

The Ministry of Labour Gazette, January, 1939.

The Ministry of Labour Gazette, October, 1939.

The Ministry of Labour Gazette, January, 1940.

The Ministry of Labour Gazette, August, 1940.

The Ministry of Labour Gazette, January, 1941.

The Ministry of Labour Gazette, January, 1942.

The Ministry of Labour Gazette, January, 1943.

The Ministry of Labour Gazette, September, 1943.

The Ministry of Labour Gazette, January, 1944.

The Ministry of Labour Gazette, September, 1944.

The Ministry of Labour Gazette, January, 1945.

（二）工会代表大会报告

TUC, *Report of the Annual Trade Union Congress*, London：Trade Union Congress, 1928.

TUC, *Report of the Special Trade Union Congress*, London：Trade Union Congress, 1940.

TUC, *Report of the Annual Trade Union Congress*, London：Trade Union Congress, 1945.

TUC, *Report of the Annual Trade Union Congress*, London：Trade Union Congress, 1948.

TUC, *Report of the Annual Trade Union Congress*, London：Trade Union Congress, 1950.

TUC, *Report of the Annual Trade Union Congress*, London：Trade Union Congress, 1959.

TUC, *Report of the Annual Trade Union Congress*, London：Trade Union Congress, 1961.

TUC, *Report of the Annual Trade Union Congress*, London：Trade Union Congress, 1971.

TUC, *Report of the Annual Trade Union Congress*, London: Trade Union Congress, 1988.

TUC, *Report of the Annual Trade Union Congress*, London: Trade Union Congress, 1994.

TUC, *Report of the Annual Trade Union Congress*, London: Trade Union Congress, 1995.

TUC, *Report of the Annual Trade Union Congress*, London: Trade Union Congress, 1996.

TUC, *Report of the Annual Trade Union Congress*, London: Trade Union Congress, 1997.

TUC, *Report of the Annual Trade Union Congress*, London: Trade Union Congress, 1998.

TUC, *Trade Union Congress 1962: General Council Report*, London: Trade Union Congress, 1962.

TUC, *Trade Union Congress 1966: General Council Report*, London: Trade Union Congress, 1966.

TUC, *Trade Union Congress 1973: General Council Report*, London: Trade Union Congress, 1973.

TUC, *Trade Union Congress 1976: General Council Report*, London: Trade Union Congress, 1976.

TUC, *Trade Union Congress 1977: General Council Report*, London: Trade Union Congress, 1977.

TUC, *Trade Union Congress 1996: General Council Report*, London: Trade Union Congress, 1996.

TUC, *Trade Union Congress 1997: General Council Report*, London: Trade Union Congress, 1997.

TUC, *Trade Union Congress 2008: General Council Report*, London: Trade Union Congress, 2008.

（三）议会法案

Defence of the Realm Acts, 1914.

Emergency Power（Defence）Act, 1940.

Employment Act, 1980.

Employment Act, 1982.

Employment Act, 1988.

Employment Act, 1990.

Employment Protection Act, 1975.

Employment Relations Act, 1999.

Industrial Relations Act, 1971.

Industrial Training Act, 1964.

Redundancy Payments Act, 1965.

Road Traffic Act, 1930.

The National Minimum Wage Regulations 1999（Amendment）Regulations, 2009.

Trade Union Act, 1984.

Trade Union and Labour Relations（Amendment）Act, 1976.

Trade Unions and Labour Relations Act, 1974.

（四）政府报告及议会辩论

Board of Trade, *Report on Strikes and Lock-outs and on Conciliation and Arbitration Boards in the United Kingdom in 1913: With Comparative Statistics*, London: His Majesty's Stationery Office, 1914.

Board of Trade, *Report on Collective Agreements between Employers and Workpeople of Britain*, London: His Majesty's Stationery Office, 1910.

Cabinet Conclusions, *Discussions between the Government, the Confederation of British Industry and the Trade Unions Congress*, 3 November, 1972.

Cabinet Memorandum, *Prices and Pay—The Next Phase*, 16

January, 1973.

Department of Trade and Industry, *Fairness at Work*, Cm 3968, London: Department of Trade and Industry, May 1998.

Hansard, *House of Commons Debates*, Fifth Series, Vol. 407, Cols. 69-70, 16 January 1945.

Hansard, *House of Commons Debates*, Fifth Series, Vol. 419, Col. 194, 11 February, 1946.

Hansard, *House of Commons Debates*, Fifth Series, Vol. 542, Col. 1525, 23 June, 1955.

Hansard, *House of Commons Debates*, Fifth Series, Vol. 645, Cols. 222-223, 25 July, 1961.

Hansard, *House of Commons Debates*, Fifth Series, Vol. 663, Cols. 1756-1757, 26 July, 1962.

Hansard, *House of Commons Debates*, Fifth Series, Vol. 669, Cols. 183-380, 11 December, 1962.

Hansard, *House of Commons Debates*, Fifth Series, Vol. 671, Cols. 1503-1505, 14 February, 1963.

Hansard, *House of Commons Debates*, Fifth Series, Vol. 671, Col. 1510, 14 February, 1963.

Hansard, *House of Commons Debates*, Fifth Series, Vol 684, Cols. 1001-1002, 20 November, 1963.

Hansard, *House of Commons Debates*, Fifth Series, Vol 255, Cols. 277-307, 6 February, 1964.

Hansard, *House of Commons Debates*, Fifth Series, Vol 691, Col. 1598, 19 March, 1964.

Hansard, *House of Commons Debates*, Fifth Series, Vol. 808, Col. 1134, 15 December, 1970.

Hansard, *House of Commons Debates*, Fifth Series, Vol. 873, Col. 268, 7 May, 1974.

Hansard, *House of Commons Debates*, Fifth Series, Vol. 894, Col. 1167, 1 July, 1975.

Hansard, *House of Commons Debates*, Fifth Series, Vol. 894, Cols. 1189–1190, 1 July, 1975.

Hansard, *House of Commons Debates*, Fifth Series, Vol. 380, Col. 181, 23 February, 1977.

Hansard, *House of Commons Debates*, Fifth Series, Vol. 976, Col. 60, 17 December, 1979.

Hansard, *House of Commons Debates*, Fifth Series, Vol. 999, Col. 137, 17 February, 1981.

Hansard, *House of Commons Debates*, Fifth Series, Vol. 13, Col. 630, 23 November 1981.

Hansard, *House of Commons Debates*, Sixth Series, Vol. 121, Col. 817, 3 November, 1987.

Hansard, *House of Commons Debates*, Sixth Series, Vol. 121, Col. 825, 3 November, 1987.

Hansard, *House of Commons Debates*, Sixth Series, Vol. 166, Cols. 38–39, 29 January, 1990.

Hansard, *House of Commons Debates*, Sixth Series, Vol. 166, Col. 41, 29 January, 1990.

Hansard, *House of Commons Debates*, Fifth Series, Vol. 808, Cols. 952–953, 19 May, 1994.

Hansard, *House of Commons Debates*, Sixth Series, Vol. 312, Col. 101, 21 May, 1998.

Hansard, *House of Commons Debates*, Fifth Series, Vol. 667, Col. 203, 29 October, 2019.

Harris Weinstock, *Report on the Labor Laws and Labor Conditions of Foreign Countries in Relation to Strikes and Lockouts*, Sacramento: California State Print. Off. , 1910.

House of Commons Employment Committee, *The Future of Trade Unions: Minutes of Evidence*, London: The House of Commons, 25 January 1994.

National Board for Prices and Incomes, *Productivity Agreements, Report 123*, Cmnd 4136, London: His Majesty's Stationery Office, 1969.

Labour Research Department, *The Federation of British Industries*, London: Labour Publishing Company, 1923.

Report of a Court of Inquiry into Trade Disputes at the Barbican and Horseferry Road Construction Sites, Cmnd 3396, London: His Majesty's Stationery Office, 1967.

Report of Royal Commission on Trade Unions and Employers' Associations 1965 - 1968, Cmnd 3623, London: His Majesty's Stationery Office, 1968.

The Bureau of Industrial Research, compiled, *The Industrial Council Plan in Great Britain: Reprints of the Whitley Committee on Relations between Employers and Employed of the Ministry of Reconstruction and of Related Documents*, Washington: The Bureau of Industrial Research, 1919.

The Employment Committee, *The Legal Immunities of Trade Unions and Other Related Matters*, Minutes of Evidence, London: His Majesty's Stationery Office, 20 February, 1980.

Trade and Industry Committee, *The Competitiveness of UK Manufacturing Industry*, Second Report, HC 41-I, London: His Majesty's Stationery Office, 1994.

Trade Union Immunities, *Presented to Parliament by the Secretary of State for Employment*, Cmnd 8128, London: His Majesty's Stationery Office, January 1981.

United States Department of Labor, *Report of the Advisory Committee on Employment Statistics*, Washington: United States

Government Printing Office, 1931.

（五）其他档案

A Bill to Provide Minimum Terms or Severance Pay for Workers Dismissed through Redundancy or Other Causes beyond Their Control, London: Her Majesty's Stationery Office, December 1963.

Democracy in Trade Unions, Presented to Parliament by the Secretary of State for Employment, Cmnd 8778, London: Her Majesty's Stationery Office, January 1983.

Her Majesty's Most Gracious Speech to Both Houses of Parliament, London: Prime Minister's Office, 19 December, 2019.

In Place of Strife: A Policy for Industrial Relations, Cmnd 3888, London: Her Majesty's Stationery Office, January 1969.

Incomes Policy: The Next Step, Cmnd 1626, London: Her Majesty's Stationery Office, February 1962.

Industrial Relations in the 1990s, Proposals for Further Reform of Industrial Relations and Trade Union Law, Cm 1602, London: Her Majesty's Stationery Office, July 1991.

Machinery of Prices and Incomes Policy, Cmnd 2577, London: Her Majesty's Stationery Office, February 1965.

People, Jobs and Opportunity, Cm 1810, London: Her Majesty's Stationery Office, February 1992.

Prices and Incomes Policy, Cmnd 2639, London: Her Majesty's Stationery Office, April 1965.

Prices and Incomes Standstill, Cmnd 3073, London: Her Majesty's Stationery Office, 1966.

Productivity, Prices and Incomes Policy in 1968 and 1969, Cmnd 3590, London: Her Majesty's Stationery Office, April 1968.

Report of the Committee of Inquiry on Industrial Democracy, Cmnd 6706, London: Her Majesty's Stationery Office, January 1977.

Statement on Personal Incomes, Costs and Prices, Cmd 7321, London: Her Majesty's Stationery Office, February 1948.

Statement on the Economic Considerations Affecting Relations between Employers and Workers, Cmd 7018, London: Her Majesty's Stationery Office, January 1947.

The Attack on Inflation, Cmnd 6151, London: Her Majesty's Stationery Office, July 1975.

The Attack on Inflation after 31st July 1977, Cmnd 6882, London: Her Majesty's Stationery Office, July 1977.

The Economic Implications of Full Employment, Cmd 9725, London: Her Majesty's Stationery Office, March 1956.

Trade Unions and Their Members, Presented to Parliament by the Secretary of State for Employment and the Paymaster General, Cm 95, London: Her Majesty's Stationery Office, February 1987.

Winning the Battle Against Inflation, Cmnd 7293, London: Her Majesty's Stationery Office, July 1978.

二　英文专著

Adams, Zoe, *Labour and the Wage: A Critical Perspective*, Oxford: Oxford University Press, 2020.

Adelman, Paul, *The Rise of the Labour Party, 1880 – 1945*, London: Longman Group Ltd., 1972.

Allen, V. L., ed., *The Sociology of Industrial Relations: Studies in Method*, London: Longman Group Ltd., 1971.

Allern, Elin Haugsgjerd, and Bale, Tim, eds., *Left-of-Centre Parties and Trade Unions in the Twenty-First Century*, Oxford: Oxford University Press, 2017.

Amulree, Lord, *Industrial Arbitration in Great Britain*, London: Oxford University Press, 1929.

Armstrong, Philip, Glyn, Andrew, and Harrison, John, *Capitalism Since World War II : The Making and Breakup of the Great Boom*, London: Fontana, 1984.

Arnot, Page, *The Miners: In Crisis and War*, Sydney: Allen and Unwin, 1961.

Askwith, Lord, *Industrial Problem and Disputes*, New York: Harcourt, Brace and Company, 1921.

August, Andrew, *The British Working Class, 1832 – 1940*, Edinburgh: Person Education Ltd. , 2007.

Bain, George Sayers, *The Growth of White-Collar Unionism*, London: Oxford University Press, 1972.

Bain, George Sayers, ed. , *Industrial Relations in Britain*, Oxford: Basil Blackwell, 1983.

Barlow, Keith, *The Labour Movement in Britain from Thatcher to Blair*, New York: Peter Lang GmbH, 2008.

Barlow, Geoffrey Keith, *The Labour Movement in Thatcher's Britain: Conservative Macro-and Microeconomic Strategies and the Associated Labour Relations Legislation: Their Impact on the British Labour Movement during the 1980s*, New York: Frankfurt Am Main, 1997.

Batstone, Eric, *The Reform of Workplace Industrial Relations: Theory, Myth and Evidence*, Oxford: Clarendon Press, 1988.

Bell, Patrick, *The Labour Party in Opposition, 1970 – 1974*, London: Routledge, 2004.

Bergh, Tony Van Den, *The Trade Unions: What Are They?*, London: Pergamon Press Ltd. , 1970.

Booth, Alison L. , *The Economics of the Trade Union*, Cambridge: Cambridge University Press, 1995.

Bosworth, Derek, and Heathfield, David, eds. , *Working Below Capacity*, London: Macmillan, 1987.

Branson, Noreen, *Britain in the Nineteen Twenties*, Minneapolis: University of Minnesota Press, 1976.

Briggs, Asa, and Saville, John, eds. , *Essays in Labour History, 1918-1939*, London: Croom Helm Ltd. , 1977.

Brodie, Douglas, *A History of British Labour Law, 1867-1945*, Portland: Hart Publishing, 2003.

Brooke, Stephen, *Labour's War: The Labour Party during the Second World War*, Oxford: Clarendon Press, 1992.

Brown, H. Phelps, *The Growth of British Industrial Relations: A Study from the Standpoint of 1906-14*, London: Macmillan and Co. Ltd. , 1965.

Brown, Joan C. , *Victims or Villains?: Social Security Benefits in Unemployment*, London: Policy Studies Institute Location, 1990.

Brown, Kenneth D. , and Burns, John, eds. , *The English Labour Movement, 1700-1951*, New York: St. Martin's Press, Inc. , 1982.

Brown, Phelps, *The Origins of Trade Union Power*, Oxford: Oxford University Press, 1983.

Bullock, Alan, *The Life and Times of Ernest Bevin*, Vol. 2, London: Heinemann, 1967.

Bulter, David, and Butler, Gareth, *British Political Facts, 1900-1994*, New York: St. Martin's Press, 1968.

Burgess, Keith, *The Challenge of Labour: Shaping British Society, 1850-1930*, New York: St. Martin's Press, Inc. , 1980.

Burns, Eveline M. , *British Unemployment Programs, 1920-1938*, Washington: Committee on Social Security, Social Science Research Council, 1941.

Buxton, N. K. , and MacKay, D. I. , *British Employment Statistics: A Guide to Sources and Methods*, Oxford: Blackwell, 1977.

Cairncross, Alec, *The British Economy since 1945*, Oxford: Blackwell Publishers, 1995.

Campbell, Alan, Nina Fishman and John McIlroy, eds. , *British Trade Unions and Industrial Relations*, *Vol. 2*, *The Post-War Compromise*, *1945-64*, Hants: Ashgate Publishing Ltd. , 1999.

Carney Jr. , James Joseph, *Institutional Change and the Level of Employment: A Study of British Unemployment 1918－1929*, Miami: University of Miami Publications in Economics, 1956.

Charles, Rodger, *The Development of Industrial Relations in Britain 1911-1939*, London: Hutchinson Ltd. , 1973.

Charlesworth, Andrew, David Gilbert, Adrian Randall, Humphrey Southall and Chris Wrigley, *An Atlas of Industrial Protest in Britain*, *1750-1990*, London: Macmillan Press Ltd. , 1996.

Childs, David, *Britain since 1945: A Political History*, London: Taylor and Francis e-Library, 2005.

Citrine, Walter, *Men and Work*, Westport: Praeger, 1976.

Clark, Ian, *Governance*, *the State*, *Regulation and Industrial Relations*, London: Routledge, 2000.

Clegg, H. A. , Fox, Alan, and Thompson, A. F. , eds. , *A History of British Trade Union since 1889*, Vol. 1, Oxford: Clarendon Press, 1977.

Clegg, H. A. , *A History of Britain Trade Unions since 1889*, Vol. 2, Oxford: Clarendon Press, 1985.

Clegg, H. A. , *The System of Industrial Relations in Great Britain*, Oxford: Basic Blackwall Ltd. , 1972.

Clegg, H. A. , *The Changing System of Industrial Relations in Great Britain*, Oxford: Basil Blackwell, 1979.

Coates, David, *Models of Capitalism: Growth and Stagnation in the Modern Era*, Cambridge: Polity Press, 2000.

Cohen, Percy, *The British System of Social Insurance*, London: Phillip Allan, 1932.

Cole, G. D. H. , *A Short History of the British Working Class Movement, 1789-1947*, London: George Allen and Unwin Ltd. , 1952.

Cole, G. D. H. , *British Trade Unionism To-day: A Survey*, London: Victor Gollancz Ltd. , 1939.

Cole, G. D. H. , and Postage, Raymond, *The British Common People, 1746-1946*, Strand: Methuen and Co. Ltd. , 1963.

Cole, G. D. H. , *Workshop Organization*, Oxford: The Clarendon Press, 1923.

Cole, G. D. H. , *Labour in the Coal Mining Industry, 1914 - 1921*, Oxford: Clarendon Press, 1923.

Colgan, Fiona, and Ledwith, Sue, eds. , *Gender, Diversity and Trade Unions: International Perspectives*, London and New York: Routledge, 2002.

Colling, Trevor, and Terry, Michael, eds. , *Industrial Relations: Theory and Practice*, Oxford: John Wiley and Sons Ltd. , 2010.

Cook, Chris, and Stevenson, John, *The Longman Handbook of Modern British History, 1714 - 1987*, London: Longman Group UK Ltd. , 1988.

Cooper, Charlie, *Community, Conflict and the State: Rethinking Notions of "Safety", "Cohesion" and "Wellbeing"*, New York: Palgrave Macmillan, 2008.

Coulter, Steve, *New Labour Policy, Industrial Relations and the Trade Unions*, New York: Palgrave Macmillan, 2014.

Cradden, Conor, *Neoliberal Industrial Relations Policy in the UK: How the Labour Movement Lost the Argument*, London: Palgrave Macmillan, 2014.

Crafts, N. F. R. , and Woodward, N. W. C. , eds. , *The British Economy since 1945*, Oxford: Clarendon Press, 1991.

Craig, F. W. S. , *British General Election Manifestos, 1900-1974*,

London: The Macmillan Press Ltd. , 1975.

Cribb, Jonathan, Disney , Richard, and Sibieta, Luke , *The Public Sector Workforce: Past, Present and Future*, Institute for Fiscal Studies, February 2014.

Crompton, Henry, *Industrial Conciliation*, London: H. S. King and Company, 1876.

Cronin, James E. , and Schneer, Jonathan, *Social Conflict and Political Order in Modern Britain*, New Brunswick: Rutgers University Press, 1982.

Cronin, James, *The Politics of State Expansion*, *War, State and Society in Twentieth Century Britain*, London: Routledge, 2005.

Crouch, Colin, *The Politics of Industrial Relations*, Manchester: Manchester University Press, 1979.

Croucher, Richard, *Engineers at War*, Michigan: Merlin Press, 1982.

Crowther, M. A. , *Social Policy in Britain*, *1914-1939*, London: Macmillan Education Ltd. , 1988.

Cully, Mark, Woodland, Stephen, O'Reilly, Andrew, and Dix, Gill, *Britain at Work: As depicted by the 1998 Workplace Employee Relations Survey*, London: Routledge, 1999.

Dale, Iain, ed. , *Conservative Party General Election Manifestos*, *1900-1997*, London: Routledge, 2009.

Danford, Andy, Richardson, Mike, and Upchurch, Martin, *New Unions, New Workplaces: A Study of Union Resilience in the Restructured Workplace*, London: Routledge, 2003.

Daniels, Gary, and McIlroy, John, eds. , *Trade Unions in a Neoliberal World: British Trade Unions under New Labour*, London: Routledge, 2009.

Davis, Mary, *Comrade or Brother? : The History of the British*

Labour Movement, *1789-1951*, London: Pluto Press, 1993.

Dearle, N. B. , *An Economic Chronicle of the Great War for Great Britain and Ireland*, *1914-1919*, Oxford: Oxford University Press, 1929.

Department of Employment, *British Labour Statistics*: *Historical Abstract*, *1886-1968*, London: His Majesty's Stationery Office, 1971.

Digby, Anne, Feinstein , Charles , and Jenkins, David, eds. , *New Direction in Economic and Social History*, Vol. 2, London: The Macmilan Press Ltd. , 1992.

Dorey, Peter, *The Conservative Party and the Trade Unions*, London: Routledge, 1995.

Durcan, J. W. , McCarthy, W. E. J. , and Redman, G. P. , *Strikes in Post-War Britain*: *A Study of Stoppages of Work due to Industrial Disputes*, *1946-73*, London: George Allen and Unwin, 1983.

Edgerton, David, *Warfare State*: *Britain*, *1920-1970*, Cambridge: Cambridge University Press, 2006.

Edwards, Paul, ed. , *Industrial Relations*: *Theory and Practice*, Oxford: Blackwell Publishing Ltd. , 2003.

Evans, Mary, *The Battle for Britain*, *Citizenship and Ideology in the Second World War*, London: Routledge, 1993, p. 37.

Evans, W. , and Creigh, S. W. , eds. , *Industrial Conflict in Britain*, London: Frank Cass, 1977.

Fernie, Sue, and Metcalf, David, eds. , *Trade Unions*: *Resurgence or Demise*, New York: Routledge, 2005.

Fishman, Nina, *The British Communist Party and the Trade Unions*, *1933-45*, Michigan: Scolar Press, 1995.

Flanders, Allan, *Management and Unions*: *Theory and Reform of Industrial Relations*, London: Faber and Faber, 1970.

Flinn, M. W. , *An Economic and Social History of Britain since 1700*, London: Macmillan Education Ltd. , 1975.

Floud, Roderick, and Johnson, Paul, *The Cambridge Economic History of Modern Britain*, Vol. 2, Cambridge: Cambridge University Press, 2004.

Floud, Roderick, and McCloskey, Donald N. , *The Economic History of Britain since 1700*, Vol. 2, Cambridge: Cambridge University Press, 1981.

Forster, Anthony, *Euroscepticism in Contemporary British Politics: Opposition to Europe in the British Conservative and Labour Parties since 1945*, London and New York: Routledge, 2002.

Fox, Alan, *History and Heritage: The Social Origins of the British Industrial Relations System*, London: George Allen and Unwin Publishers Ltd. , 1985.

Fraboulet, Danièle, Locatelli , A. M, and Tedeschi, Paolo , eds. , *Historical and International Comparison of Business Interest Associations (19th-20th Centuries)*, Brussels: Peter Lang Pub Inc. , 2013.

Fraser, W. Hamish, *A History of British Trade Unionism, 1700-1998*, London: The Macmillan Press Ltd. , 1999.

Fraser, Derek, *The Evolution of the British Welfare State: A History of Social Policy since the Industrial Revolution*, London: the Macmillan Press Ltd. , 1973.

Furniss, Edgar S. , *Labor Problems: A Book of Materials for Their Study*, Boston: Houghton Mifflin Company, 1925.

Fulcher, James, *Labour Movements, Employers, and the State: Conflict and Co-operation in Britain and Sweden*, Oxford: Oxford University Press, 1991.

Gall, Gregor, ed. , *Union Revitalisation in Advanced Economies: Assessing the Contribution of Union Organising*, New York: Palgrave Macmillan, 2009.

Gamble, Andrew, *The Free Economy and the Strong State: The*

Politics of Thatcherism, New York: Palgrave, 1994.

Gannett, Frank E. and Catherwood, B. F. , eds. , *Industrial and Labour Relations in Great Britain: A Symposium*, New York: America's Future, Inc. , 1939.

Garside, W. R. , *British Unemployment, 1919-1939: A Study in Public Policy*, Cambridge: Cambridge University Press, 1990.

Gazeley, Ian, *Poverty in Britain, 1900 - 1965*, Hampshire: Palgrave Macmillan, 2003.

Geary, Roger, *Policing Industrial Disputes: 1893 to 1985*, Cambridge: Cambridge University Press, 1985.

Gilbert, Martin, *Winston S. Churchill, Vol. 5 and Companion Volumes*, London: Heinemann, 1997.

Gilchrist, R. N. , *Conciliation and Arbitration*, Calcutta: Superintendent Government Printing, 1922.

Goodman, John, *Employment Relations in Industrial Society*, Oxford: Philip Allan Publishers Ltd. , 1984.

Goodlad, Graham, *Thatcher*, London: Routledge, 2016.

Gospel, H. F. , and Palmer, Gill, *British Industrial Relations*, second edition, London: Routledge, 1993.

Gospel, H. F. , and Wood, Stephen, eds. , *Representing Workers: Trade Union Recognition and Membership in Britain*, New York: Routledge, 2003.

Gospel, H. F. , *Markets, Firms and the Management of Labour in Modern Britain*, Cambridge: Cambridge University Press, 1992.

Great Britain Central Office of Information, *Labour Relations and Conditions of Work in Britain*, London: His Majesty's Stationery Office, 1967.

Griggs, Clive, *The TUC and Educational Reform, 1926 - 1970*, Portland: Frank Cass Publishers, 2002.

Hancock, W. K. , *The British War Economy*, London: HMSO and Longmans, Green, 1949.

Hanson, Charles G. , *Taming the Trade Unions: A Guide to the Thatcher Government's Employment Reforms, 1980-90*, London: Macmillan Pub Ltd. , 1991.

Hawkins, Kevin, *Trade Unions*, London: Hutchinson, 1981.

Havers, Robin, *The Second World War: Europe, 1939 - 1943*, New York: Rosen Publishing, 2002.

Hayek, Friedrich A. , *The Constitution of Liberty*, Chicago: The University of Chicago Press, 1978.

Hayes, Carlton, *British Social Politics*, New York: Books for Libraries Press, 1913.

Heery, Edmund, and Salmon, John, eds. , *The Insecure Workforce*, London and New York: Taylor and Francis e-Library, 2002.

Heffer, Eric, *The Class Struggle in Parliament: A Social View of Industrial Relations*, London: Victor Gollancz, 1973.

Hickson, Kevin, ed. , *The Political Thought of the Conservative Party since 1945*, New York: Palgrave Macmillan, 2005.

Hill, Richard, *The Labour Party and Economic Strategy, 1979 - 97: The Long Road Back*, New York: Macmillan Press Ltd. , 2001.

Hinton, James, *Labour and Socialism: A History of the British Labour Movement, 1867 - 1974*, Amherst: The University of Massachusetts Press, 1983.

Hinton, James, *The First Shop Steward Movement*, London: George Allen & Unwin Ltd. , 1973.

Holmes, Martin, *The Labour Government, 1974 - 79*, London: Macmillan Press Ltd. , 1985.

Holton, Bob, *British Syndicalism, 1900 - 1914, Myths and Realities*, London: Pluto Press Ltd. , 1976.

Hopkins, Eric, *A Social History of the English Working Classes*, *1815-1945*, London: Edward Arnold Publishers, 1979.

Howell, Chris, *Trade Unions and the State: The Construction of Industrial Relations Institutions in Britain*, *1890 - 2000*, Princeton: Princeton University Press, 2005.

Howell, George, *Labour Legislation, Labour Movements, and Labour Leaders*, London, T. F. Unwin, 1902.

Hutchins, L., and Harrison, A., *A History of Factory Legislation*, London: R. S. King and Son, 1911.

Hutt, Allen, *The Post-War History of the British Working Class*, London: Victor Gollancz Ltd., 1937.

Hyman, Richard, *The Political Economy of Industrial Relations*, *Theory and Practice in a Cold Climate*, London: Macmillan Press, 1989.

Imlay, Talbot C., *Facing the Second World War: Strategy, Politics, and Economics in Britain and France*, Oxford: Oxford University Press, 2003.

Inman, Peggy, *Labour in the Munitions Industries*, London: His Majesty's Stationery Office, 1957.

Ironside, Mike, and Seifert, Roger, *Industrial Relations in Schools*, London and New York: Routledge, 1995.

Jackson, Michael P., *Industrial Relations: A Textbook*, London: Croom Helm Ltd., 1978.

Jackson, Michael P., Leopold, J.W., and Tuck, Kate, eds., *Decentralization of Collective Bargaining*, London: Palgrave Macmillan, 1993.

Jeremy, David J., *A Business History of Britain*, *1900 - 1990s*, Oxford: Oxford University Press, 1998.

Jones, Russell, *Wages and Employment Policy*, *1936 - 1985*, London: Routledge, 2018.

Joseph, Keith, *Sloving the Problem of Trade Union Is the Key to*

Britain's Recovery, London: Centre for Policy Studies, 1979.

Jowitt, J. A. , and McIvor, A. J. , *Employers and Labour in the English Textile Industries*, *1850-1939*, London: Routledge, 2020.

Kelly, John, and Heery, Edmund, *Working for the Union*: *British Trade Union Officers*, Cambridge: Cambridge University Press, 1994.

Kelly, John, and Willman, Paul, eds. , *Union Organizing and Activity*, London: Routledge, 2004.

Kersley, Barbara et al. , *Inside the Workplace First Findings from the 2004 Workplace Employment Relations Survey*, London: Routledge, 2006.

Kessler, Sid, and Bayliss, Fred, *Contemporary British Industrial Relations*, London: Macmillan Press, 1998.

Kirby, M. W. , *The British Coalmining Industry*, *1870 – 1946*, London: Macmillan Press Ltd. , 1977.

Laybourn, K. , *The Labour Party*, *1881 – 1951*: *A Reader in History*, Sutton: Sutton Publishing Ltd. , 1988.

Lecher, Wolfgang, and Platzer, Hans-Wolfgang, eds. , *European Union—European Industrial Relations?* : *Global Challenges*, *National Developments and Transnational Dynamics*, London and New York: Routledge, 1998.

Lloyd, John, *Understanding the Miners' Strike*, London: Balckrose Press, 1985.

Lloyd-Jones, Roger, and Lewis, M. J. , *British Industrial Capitalism since the Industrial Revolution*, London: Routledge, 2003.

Lovell, John, *British Trade Unions*, *1875 – 1933*, London: the Macmillan Press Ltd. , 1977.

Macdonald, F. , *The State and the Trade Unions*, London: Macmillan Press, 1960.

Macnicol, John, *The Politics of Retirement in Britain, 1878 - 1948*, Cambridge: Cambridge University Press, 1998.

Marsh, Authur, *Industrial Relations in Engineering*, Oxford: Pergamon Press, 1965.

Marsh, David, *The New Politics of British Trade Unionism: Union Power and the Thatcher Legacy*, London: The Macmillan Press Ltd. , 1993.

Matthijs, Matthias, *Ideas and Economic Crises in Britain from Attlee to Blair, 1945-2005*, London: Routledge, 2011.

McCabe, Sarah, and Wallington, Peter, *The Police, Public Order, and Civil Liberties: Legacies of the Miners' Strike*, London: Routledge, 1988.

McCormick, B. J. , *Industrial Relations in the Coal Industry*, London: The Macmillan Press Ltd. , 1979.

McIvor, Arthur J. , *Organised Capital: Employers' Associations and Industrial Relations in Northern England, 1880-1939*, Cambridge: Cambridge University Press, 1996.

McIlroy, John, Fishman, Nina , and Campbell, Alan, eds. , *British Trade Unions and Industrial Relations, Vol. 2, The High Tide of Trade Unionism, 1964-79*, Hants: Ashgate Publishing Ltd. , 1999.

McIlroy, John, *Trade Unions in Britain Today*, Manchester: Manchester University Press, 1990.

Metcalf, David, and Milner, Simon, eds. , *New Perspectives on Industrial Disputes*, London: Routledge, 1993.

Merrett, Stephen, *State Housing in Britain*, London: Routledge and Kegan Paul, 1979.

Middlemas, Keith, *Power, Competition and the State, Vol. 1, Britain in Search of Balance, 1940-61*, London: The Macmillan Press Ltd. , 1986.

Middlemas, Keith, *Power, Competition and the State, Vol. 3, The End of the Postwar Era: Britain since 1974*, London: The Macmillan Press Ltd. , 1991.

Millward, Neil, Bryson, Alex, and Forth, John, *All Change at Work?: British Employment Relations 1980 – 1998, As Portrayed by the Workplace Industrial Relations Survey Series*, London: Taylor and Francis e-Library, 2002.

Milner, S. , *Charting the Coverage of Collective Pay Setting Institutions, 1895 – 1990*, London: Centre of Economic Performance, London School of Economics and Political Science, 1994.

Ministry of Labour and National Service, *Industrial Relations Handbook*, London: His Majesty's Stationery Office, 1944.

Monks, John, *Partnership Can Beat Militancy and Macho-Management, Speaking at the Partners for Progress: New Unionism in the Workplace Conference*, London: Trades Union Congress, 21 May , 1999.

Montgomery, B. G. De, *British and Continental Labour Policy*, London: Kegan Paul, Trench, Trubner. , Ltd. , 1922.

Morgan, Kenneth O. , *Twentieth-Century Britain: A Very Short Introduction*, New York: Oxford University Press, 2000.

Morgan, Kenneth O. , *Britain since 1945: The People's Peace*, New York: Oxford University Press, 2001.

Morris, Margaret, *The General Strike*, London: The Journeyman Press, 1980.

Mowat, Charles Loch, *Britain between the Wars, 1918 – 1940*, London: Methuen and Co. Ltd. , 1968.

Murphy, J. T. , *Modern Trade Unionism: A Study of the Present Tendencies and the Future of Trade Unions in Britain*, London: George Routledge and Sons, 1935.

National Centre for Partnership Performance, *Achieving High*

Performance: *Partnership Works—The International Evidence*, Dublin: National Centre for Partnership Performance, 2003.

Palmer, Gill, *British Industrial Relations*, London: George Allen and Unwin Publishers Ltd. , 1983.

Pearce, Malcolm, and Stewart, Geoffrey, *British Political History*, *1867 - 2001*, *Democracy and Decline* , London: Routledge, 2002.

Peele, Gillian, and Cook, Chris, eds. , *The Politics of Reappraisal*, *1918-1939*, London: Palgrave Macmillan Ltd. , 1975.

Peden, G. C. , *British Economic and Social Policy*: *Lloyd George to Margaret Thatcher*, Oxford: Philip Allan, 1985.

Pelling, Henry, *A Short History of the Labour Party*, Hampshire: Palgrave Macmillan, 1991.

Pelling, Henry, *A History of British Trade Unionism*, London: The Macmillan Press Ltd. , 1976.

Pelling, Henry, *Modern Britain*, *1885 - 1955*, Edinburgh: Thomas Nelson and Sons Ltd. , 1962.

Pelling, Henry, Alastair J. Reid, *A Short History of the Labour Party*, Eleventh Edition, London: Macmillan Press Ltd. , 1996.

Pennings, F. , *Benefits of Doubt*: *A Comparative Study of Unemployment Benefit Schemes and Reintegration Opportunities of Great Britain*, *France*, *the Federal Republic of Germany and the Netherlands*, Dordrecht: Springer Netherlands, 1990.

Perrins, Bryn, *Trade Union Law*, London: Butterworth and Co (Publishers) Ltd. , 1985.

Perry, Matt, *Bread and Work*, *The Experience of Unemployment*, *1918-39*, London: Pluto Press, 2000.

Phillips, G. A. , *The General Strike*: *The Politics of Industrial Conflict*, London: Weidenfeld and Nicolson, 1976.

Pollert, Anna, ed., *Farewell to Flexibility?*, Oxford: Blackwell, 1991.

Postan, M. M., *British War Production*, London: HMSO and Longmans, Green, 1952.

Powell, David, *British Politics and the Labour Question, 1868-1990*, London: Macmillan Education, 1992.

Pratt, Edwin A., *British Railways and the Great War*, London: Selwyn and Blount, 1921.

Pribicevic, Branko, *The Shop Stewards' Movement and Workers' Control, 1910-1922*, Oxford: Basil Blackwell, 1959.

Robertson, N., and Thomas, J. L., *Trade Unions and Industrial Relations*, London: Business Books Ltd., 1968.

Roberts, B. C., ed., *Industrial Relations: Contemporary Problems and Perspectives*, London: Methuen and Co. Ltd., 1962.

Roebuck, Janet, *The Making of Modern English Society from 1850*, London: Taylor and Francis e-Library, 2005.

Royle, Edward, *Modern Britain: A Social History, 1750-1985*, London: Edward Arnold, 1987.

Rubin, G. R., *War, Law and Labour: The Munition Acts, State Recognition and the Unions, 1915-21*, Oxford: Clarendon Press, 1987.

Russell, Bertrand, *Pacifism and Revolution, 1916-1918*, New York: Routledge, 1995.

Salamon, Michael, *The Industrial Relations: Theory and Practice*, London: Prentice Hall, 2000.

Searle, G. R., *A New England: Peace and War, 1886-1918*, Oxford: Clarendon Press, 2004.

Seifert, Roger, *Industrial Relations in the NHS*, Dordrecht: Springer Science+Business Media, 1992.

Seldon, Anthony, and Collings, Daniel, *Britain under Thatcher*, New York: Routledge, 2013.

Shanks, Michael, *The Stagnant Society*, Middlesex: Penguin Books Ltd. , 1961.

Sharp, Ian G. , *Industrial Conciliation and Arbitration in Great Britain*, London: George Allen and Unwin Ltd. , 1950.

Sheldrake, John, *Industrial Relations and Politics in Britain, 1880-1989*, London: Printer Publishers Ltd. , 1991.

Simms, Melanie, *Organising under New Labour: Evaluating Union Renewal Initiatives since 1997*, Warwick: Warwick Research Archives Portal Repository, 2013.

Skelley, Jeffrey, ed. , *The General Strike, 1926*, London: Lawrence and Wishart Ltd. , 1976.

Stewards, Paul, ed. , *Employment, Trade Union Renewal and the Future of Work: The Experience of Work and Organisational Change*, New York: Palgrave Macmillan, 2005.

Stranks, Jeremy W. , *Health and Safety at Work: An Essential Guide for Managers*, London: Kogan Page Ltd. , 2008.

Strinati, Dominic, *Capitalism, the State, and Industrial Relations*, London: Croom Helm, 1982.

Stuart, Mark, and Lucio, Miguel Martínez, eds. , *Partnership and Modernisation in Employment Relations*, London and New York: Routledge, 2005.

Summerfield, Penny, *Women Workers in the Second World War: Production and Patriarchy in Conflict*, London: Routledge, 1984.

Taylor, Robert, *The TUC: From the General Strike to New Unionism*, Basingstoke: Palgrave Macmillan, 2000.

Taylor, Robert, *The Trade Union Question in British Politics: Government and the Unions since 1945*, Oxford: Wiley-Blackwell, 1993.

Taylor, Robert, *The Fifth Estate: Britain's Unions in the Seventies*, London: Routledge and Kegan Paul, 1978.

Taylor, Robert, *Labour and the Social Contract*, Glasgow: Civic Press Ltd. , 1978.

Taylor, Robert, *Skills and Innovation in Modern Workplaces*, Swindon: ESRC Future of Work Programme, 2003.

Terry, Michael, ed. , *Redefining Public Sector Unionism: UNISON and the Future of Trade Unions*, London: Routledge, 2002.

Thompson, Willie, *The Long Death of British Labourism: Interpreting a Political Culture*, London: Pluto Press, 1993.

Thorpe, Andrew, *A History of British Labour Party*, London: Macmillan Press, 1997.

Tiratsoo, Nick, and Tomlinson, Jim, *Industrial Efficiency and State Intervention: Labour, 1939−1951*, London: Routledge, 1993.

Tiratsoo, Nick, and Tomlinson, Jim, *The Conservatives and Industrial Efficiency, 1951 − 64: Thirteen Wasted Years?*, London: Routledge, 1998.

Todman, Daniel, *Britain's War: Into Battle*, Oxford: Oxford University Press, 2016.

Tolliday, Steven, and Zeitlin, Jonathan, eds. , *The Power to Manage?: Employers and Industrial Relations in Comparative-Historical Perspective*, London: Taylor and Francis e-Library, 2005.

Townshend-Rose, H. , *The British Coal Industry*, Abingdon: Routledge, 2018.

TUC, *A Perfect Union?: What Workers Want from Unions*, London: Trade Union Congress, 2003.

TUC Partnership Institute, *Partners for Progress: Winning at Work*, London: TUC Partnership Institute, 2000.

TUC, *Partner for Progress: New Unionism in the Workplace*, London: Trade Union Congress, April 1999.

Undy, Roger, Fosh, Patricia, Morris, Huw, Smith, Paul, and

Martin, Roderick, *Managing the Unions*: *The Impact of Legislation on Trade Unions' Behavior*, Oxford: Clarendon Press, 1996.

Waltman, Jerold L. , *Minimum Wage Policy in Great Britain and the United States*, New York: Algora Publishing, 2008.

Ward, J. T. , and Fraser, W. H. , *Workers and Employers*: *Documents on Trade Unions and Industrial Relations in Britain since the Eighteenth Century*, London: The Macmillan Press Ltd. , 1980.

Weekes, Brian, ed. , *Industrial Relations and the Limits of the Law*: *Industrial Effects of the Industrial Relations Act*, *1971*, Oxford: Blackwell, 1975.

Weir, Margret, and Skocpol, Theda, *State Structures and the Possibilities for " Keynesian " Responses to the Great Depression in Sweden*, *Britain*, *and the United States*, Cambridge: Cambridge University Press, 1985.

Wigham, Eric, *Strikes and the Government*, *1893 – 1981*, London: The Macmillan Press, 1982.

Wigham, Eric, *The Power to Manage*: *A History of the Engineering Employers' Federation*, London: The Macmillan Press Ltd. , 1973.

Williamson, Philip, *National Crisis and National Government*: *British Politics*, *the Economy and Empire*, *1926 – 1932*, Cambridge: Cambridge University Press, 2003.

Windmuller, J. P. , and Gladstone, Alan, eds. , *Employers' Associations and Industrial Relations*: *A Comparative Study*, Oxford: Clarendon Press, 1984.

Wolfe, Humbert, *Labour Supply and Regulation*, Oxford: The Clarendon Press, 1923.

Wrigley, Chris, *British Trade Unions since 1933*, Cambridge: Cambridge University Press, 2002.

Wrigley, Chris, *The Second World War and State Intervention in*

Industrial Relations, *1939-45*, Cheltenham: Edward Elgar, 1996.

Wrigley, Chris, *British Trade Unions*, *1945-1995*, New York: Manchester University Press, 1997.

Wrigley, Chris, ed., *A History of British Industrial Relations*, *1875-1914*, Amherst: The University of Massachusetts Press, 1982.

Wrigley, Chris, ed., *A History of British Industrial Relations*, *1914-1939*, Brighton: The Harvester Press Ltd., 1987.

Wrigley, Chris, ed., *A History of British Industrial Relations*, *1939-1979*, Cheltemham: Edward Elgar, 1996.

Wrigley, Chris, ed., *A Companion to Early Twentieth-Century Britain*, Oxford: Blackwell Publishing Company, 2003.

Young, Hugo, *One of Us: A Biography of Margaret Thatcher*, London: Macmillan, 1989.

三　英文论文

Agarwal, Vinod K., "Fair Wages Condition in United Kingdom Government Contracts", *Journal of Indian Law Institute*, Vol. 11, No. 3, July 1969.

Adams, Richard, and Halliday, Josh, "One-day Teachers' Strike Closes Thousands of Schools in England", *The Guardian*, 5 July, 2016.

Adams, Tony, "Market and Institutional Forces in Industrial Relations: The Development of National Collective Bargaining, 1910-1920", *The Economic History Review*, New Series, Vol. 50, No. 3, August 1997.

Barker, Allan, Lewis, Paul, and Mccan, Michael, "Trade Unions and the Organisation of the Unemployed", *British Journal of Industrial Relations*, Vol. 22, Iss. 3, November 1984.

Bassett, Philip, "Unison Wants Minimum Wage Too High for Labour", *The Times*, 9 June, 1997.

Bassett, Philip, "CBI Warns Blair over Effect on Jobs of EU

Treaty", *The Times*, 9 June, 1997.

Blanden, Jo, Machin, Stephen, and Reenen, John Van, "Have Unions Turned the Corner? New Evidence on Recent Trends in Union Recognition in UK Firms", *British Journal of Industrial Relations*, Vol. 44, No. 2, June 2006.

Brown, Malcolm, "CBI/TUC Meeting to Choose Conciliators", *The Times*, 28 July, 1972.

Brown, William, and Sisson, Keith, "Industrial Relations in the Next Decade: Current Trends and Future Possibilities", *Industrial Relations Journal*, Vol. 14, No. 1, March 1983.

Brown, William, Ebsworth, Robert, and Terry, Michael, "Factors Shaping Shop Steward Organisation in Britain", *British Journal of Industrial Relations*, Vol. 16, Iss. 2, July 1978.

Brown, William, and Walsh, Janet, "Pay Determination in Britain in the 1980s: The Anatomy of Decentralization", *Oxford Review of Economic Policy*, Vol. 7, No. 1, Spring 1991.

Carr, Robert, "Qualified Backing from Tories for Industrial Plan", *The Times*, Monday, 20 January, 1969.

Carter, Bob, and Fairbrother, Peter, "The Transformation of British Public-Sector Industrial Relations: From 'Model Employer' to Marketized Relations", *Historical Studies in Industrial Relations*, Iss. 7, Spring 1999.

Clarke, John J., "The Public Health Acts, 1936", *The Town Planning Review*, Vol. 17, No. 3, July 1937.

Cotter, Cornelius P., "Constitutionalizing Emergency Powers: The British Experience", *Stanford Law Review*, Vol. 5, No. 2, April 1953.

Cross, Rupert, "The Family Allowances Act, 1945", *The Modern Law Review*, Vol. 9, No. 3, October 1946.

Croucher, Richard, Communist Politics and Shop Stewards in

Engineering,1935–46, Ph. D. dissertation, the University of Warwick, 1977.

Davidson, Roger, "The Board of Trade and Industrial Relations, 1896–1914", *The Historical Journal*, Vol. 21, Iss. 3, September 1978.

Desmarais, Ralph H., "Lloyd George and the Development of the British Government's Strikebreaking Organization", *International Review of Social History*, Vol. 20, No. 1, 1975.

Desmarais, Ralph H., "The British Government's Strikebreaking Organization and Black Friday", *Journal of Contemporary History*, Vol. 6, No. 2, 1971.

Dobson, John R., "The Effects of Multi-unionism: A Survey of Larger Manufacturing Establishments", *British Journal of Industrial Relations*, Vol. 35, No. 4, December 1997.

Evans, W., and Creigh, S. W., "The Natural History of the Strike in Britain", *Labour History*, No. 39, November 1980.

Felton, David, "56000 Miners to Strike over Closure of Pits", *The Times*, 6 March, 1984.

Finer, S. E., "The Federation of British Industries", *Political Studies*, Vol. 4, No. 1, January 1956.

Gall, Gregor, "Trade Union Recognition in Britain: An Emerging Crisis for Trade Unions?", *Economic and Industrial Democracy*, Vol. 28, No. 1, February 2007.

Gennard, John, "Labour Government: Change in Employment Law", *Employee Relations*, Vol. 20, No. 1, 1998.

George, Stephen, "Britain: Anatomy of a Eurosceptic State", *Journal of European Integration*, Vol. 22, Iss. 1, 2000.

Glickman, David L., "The British Imperial Preference System", *The Quarterly Journal of Economics*, Vol. 61, No. 3, May 1947.

Gospel, H. F., "Markets, Institutions, and the Development of National Collective Bargaining in Britain: A Comment on Adams", *The*

Economic History Review, New Series, Vol. 51, No. 3, August 1998.

Gowing, Margaret, "The Organisation of Manpower in Britain during the Second World War", *Journal of Contemporary History*, Vol. 7, No. 1-2, January-April 1972.

Guest, David E., "Have British Workers Been Working Harder in Thatcher's Britain?: A Re-Consideration of the Concept of Effort", *British Journal of Industrial Relations*, Vol. 28, No. 3, November 1990.

Hawkins, Kevin, "The 'New Realism' in British Industrial Relations?", *Employee Relations*, Vol. 7, No. 5, May 1985.

Hawtin, Guy, "CBI Says Market Terms Are Good: 'Up to Industry to Seize the Opportunity'", *The Times*, 8 July, 1971.

Hayburn, Ralph, "The National Unemployed Workers' Movement, 1921-36: A Re-appraisal", *International Review of Social History*, Vol. 28, Iss. 3, December 1983.

Haydu, Jeffrey, "Factory Politics in Britain and the United States: Engineers and Machinists, 1914-1919", *Comparative Studies in Society and History*, Vol. 27, No. 1, January 1985.

Heery, Edmund, "The Relaunch of the Trades Union Congress", *British Journal of Industrial Relations*, Vol. 36, No. 3, January 1998.

Heery, Edmund, "Industrial Relations and the Customer", *Industrial Relations Journal*, Vol. 24, No. 4, December 1993.

Heery, Edmund, "Partnership Versus Organising: Alternative Futures for British Trade Unionism", *Industrial Relations Journal*, Vol. 33, No. 1, June 2008.

Holland, R. F., "The Federation of British Industries and the International Economy, 1929-39", *Economic History Review New Series*, Vol. 34, No. 2, May 1981.

Howkins, Alun, and Verdon, Nicola, "The State and the Farm Worker: The Evolution of the Minimum Wage in Agriculture in England

and Wales, 1909 - 24", *The Agricultural History Review*, Vol. 57, No. 2, 2009.

Ingram, Peter N., "Changes in Working Practices in British Manufacturing Industry in the 1980s: A Study of Employee Concessions Made During Wage Negotiations", *British Journal of Industrial Relations*, Vol. 29, No. 1, March 1991.

Jefferys, Kevin, "British Politics and Social Policy during the Second World War", *Historical Journal*, Vol. 30, No. 1, March. 1987.

Jones, Helen, "Employers' Welfare Schemes and Industrial Relations in Inter-War Britain", *Business History*, Vol. 25, No. 1, 1983.

Kahn-Freund, O., "Minimum Wage Legislation in Great Britain", *The University of Pennsylvania Law Review*, Vol. 97, No. 6, May 1949.

Kahn-Freund, O., "The Wages Councils Bill", *The Modern Law Review*, Vol. 8, No. 1-2, March 1945.

Kessler, Sid, "Incomes Policy", *British Journal of Industrial Relations*, Vol. 32., No. 2, June 1994.

Kitson, Michael, and Michie, Jonathan, "Does Manufacturing Matter?", *International Journal of the Economics of Business*, Vol. 4, No. 1, 1997.

Longstreth, Frank H., "From Corporatism to Dualism? Thatcherism and the Climacteric of British Trade Unions in the 1980s", *Political Studies*, Vol. 36, Iss. 3, September 1988.

Machin, Stephen, "Union Decline in Britain", *British Journal of Industrial Relations*, Vol. 38, No. 4, December 2000.

Mak, Ariane, "Spheres of Justice in the 1942 Betteshanger Miners' Strike: An Essay in Historical Ethnography", *Historical Studies in Industrial Relations*, Vol. 36, No. 2, September 2015.

Manoochehri, Jamileh, "Social Policy and Housing: Reflections of Social Values", Ph. D. dissertation, University College of London, 2009.

Margerison, C. J. , and Elliott, C. K. , "A Predictive Study of the Development in Teacher Militancy", *British Journal of Industrial Relations*, Vol. 8, No. 3, November 1970.

Marsden, David, and Thompson, Marc, "Flexibility Agreements and Their Significance in the Increase in Productivity in British Manufacturing since 1980", *Work, Employment and Society*, Vol. 4, No. 1, March 1990.

Marsh, Holly, "Changing Pressure-group Politics: The Case of the TUC 1994–2000", *Politics*, Vol. 22, No. 3, September 2002.

Mason, Bob, and Bain, Peter, "Trade Union Recruitment Strategies: Facing the 1990s", *Industrial Relations Journal*, Vol. 22, No. 1, March 1991.

Mcdonald, G. W. , and Gospel, Howard F. , "The Mond-Turner Talks, 1927 – 1933", *The Historical Journal*, Vol. 16, No. 4, December 1973.

McIvor, Arthur J. , "Employers' Organisation and Strike Breaking in Britain, 1880 – 1914", *International Review of Social History*, Vol. 29, No. 1, April 1984.

McIvor, Arthur J. , " 'A Crusade for Capitalism': The Economic League, 1919–39", *Journal of Contemporary History*, Vol. 23, No. 4, October 1988.

Melling, Joseph, "Whatever Happened to Red Clydeside? Industrial Conflict and the Politics of Skill in the First World War", *International Review of Social History*, Vol. 35, No. 1, August 1990.

Miller, Frederic M. , "National Assistance or Unemployment Assistance? The British Cabinet and Relief Policy, 1932–33", *Journal of Contemporary History*, Vol. 9, No. 2, April 1974.

Mills, H. A. , "The British Trade Disputes and Trade Union Act, 1927", *Journal of Political Economy*, Vol. 36, No. 3, June 1928.

Milner, Simon, "The Coverage of Collective Pay-Setting Institutions in Britain, 1895-1990", *British Journal of Industrial Relations*, Vol. 33, No. 1, 1995.

Mitchell, Neil J., "Changing Pressure-Group Politics: The Case of the Trades Union Congress, 1976-84", *British Journal of Political Science*, Vol. 17, No. 4, October 1987.

Morris, Harold, "The Industrial Court and Its Working", *Economica*, No. 22, March 1928.

Mullen, Andrew, "The British Left: For and against Europe?: A Historical Survey", *Capital and Class*, Vol. 31, No. 3, 2007.

O'Connor, Emmet, "Old Wine in New Bottles? Syndicalism and 'Fakirism' in the Great Labour Unrest, 1911-1914", *Labour History Review*, Vol. 79, No. 1, 2014.

O'Grady, Frances, "Why Mrs May's Brexit Deal Threatens Your Rights at Work", *Huffington Post*, 20 November, 2018.

Phillips, Jim, "The 1972 Miners' Strike: Popular Agency and Industrial Politics in Britain", *Contemporary British History*, Vol. 20, No. 2, June 2006.

Price, Robert, and Bain, George Sayers, "Union Growth Revisited: 1948-1974 in Perspective", *British Journal of Industrial Relations*, Vol. 13, No. 3, November 1976.

Riddell, Neil, "Walter Citrine and the British Labour Movement, 1925-1935", *History*, Vol. 85, No. 278, April 2000.

Rodgers, Terence, "Work and Welfare: The National Confederation of Employers' Organizations and the Unemployment Problem, 1919-1936", Ph. D. dissertation, University of Edinburgh, 1981.

Rodgers, Terence, "Employers' Organizations, Unemployment and Social Politics in Britain during the Inter War Period", *Social History*, Vol. 13, No. 3, October 1988.

Rolfe, Sidney E. , "Manpower Allocation in Great Britain during World War II", *Industrial and Labour Relations Review*, Vol. 5, No. 2, January 1952.

Rubin, G. R. , "Law, War and Economy: The Munitions Acts 1915–17 and Corporatism in Context", *Journal of Law and Society*, Vol. 11, No. 3, Winter 1984.

Rubin, G. R. , "The Origins of Industrial Tribunals: Munitions Tribunals during the First World War", *Industrial Law Journal*, Vol. 6, Iss. 1, 1977.

Samuels, Alec, "Incorporating, Translating or Implementing European Union Law into UK Law", *Statute Law Review*, Vol. 19, No. 2, 1998.

Sells, Dorothy, "The Settlement of Industrial Disputes in Great Britain", *Law and Contemporary Problems*, Vol. 5, No. 2, Spring 1938.

Shimmin, Arnold N. , "The English Trade Board System", *Weltwirtschaftliches Archiv*, 19. Bd. 1923.

Simpson, Bob, "Implementing the National Minimum Wage-the 1999 Regulations ", *Industrial Law Journal*, Vol. 28, Iss. 2, June 1999.

Sires, Roland V. , "Labor Unrest in England, 1910–1914", *The Journal of Economic History*, Vol. 15, No. 3, September 1955.

Smith, Giles, "American-owned UK Carmakers Unlikely to Accept CBI Proposal", *The Times*, 24 July, 1971.

Stevenson, David, "Britain's Biggest Wartime Stoppage: The Origins of the Engineering Strike of May 1917", *History*, Vol. 105, Iss. 365, April 2020.

Strange, Gerard, "British Trade Unions and European Union Integration in the 1990s: Politics Versus Political Economy", *Political Studies*, Vol. 50, No. 2, February 2002.

Streeck, Wolfgang, "National Diversity, Regime Competition and Institutional Deadlock: Problems in Forming a European Industrial Relations System", *Journal of Public Policy*, Vol. 12, No. 4, October–December 1992.

Tarling, R., and Wilkinson, F., "The Movement of Real Wages and the Development of Collective Bargaining in UK, 1855 – 1920", *Contributions to Political Economy*, Vol. 1, Iss. 1, March 1982.

Teague, Paul, "The British TUC and the European Community", *Millennium: Journal of International Studies*, Vol. 18, No. 1, 1989.

Thomas, Michael, "Unions Will Not Strike Again over Bill but Rebels Mobilize", *The Times*, 19 March, 1971.

Thompson, James, "The Great Labour Unrest and Political Thought in Britain, 1911–1914", *Labour History Review*, Vol. 79, No. 1, 2014.

Tisdall, Patricia, "CBI Leader Gives Warning over Hasty Legislation Against Unions", *The Times*, 9 February, 1980.

Undy, Roger, "Negotiating Amalganations: Territorial and Political Consolidation and Administrative Reform in Public-Sector Service Unions in the UK", *British Journal of Industrial Relations*, Vol. 37, No. 3, September 1999.

Waddington, Jeremy, "Trade Union Membership in Britain, 1980 – 1987: Unemployment and Restructuring", *British Journal of Industrial Relations*, Vol. 30, No. 2, June 1992.

Waddington, Jeremy, "Heightening Tension in Relations between Trade Unions and the Labour Government in 2002", *British Journal of Industrial Relations*, Vol. 41, No. 2, June 2003.

Wainwright, Martin, and Nelsson, Richard, "Long Decline of a once Mighty Union", *The Guardian*, 15 January, 2002.

Webster, Charles, "Health Welfare and Unemployment during the Depression", *Past and Present*, No. 109, November 1985.

Wedderburn, K. W., "Trade Disputes Act 1965 Redundancy

Payments Act 1965 ", *The Modern Law Review*, Vol. 29, No. 1, January 1966.

Williams, Stephen, "The Nature of Some Recent Trade Union Modernization Policies in the UK ", *British Journal of Industrial Relations*, Vol. 35, No. 4, December 1997.

Wrigley, Chris, "Labour and Trade Unions in Great Britain, 1880–1939", *Refresh*, Autumn 1991.

Young, Freda, "The British Experiment in Family Allowances", *Social Service Review*, Vol. 23, No. 1, March 1949.

四　中文译著

［英］A. J. P. 泰勒：《英国史（1914—1945）》，徐志军、邹佳茹译，华夏出版社 2020 年版。

［英］W. H. B. 考特：《简明英国经济史（1750 年至 1939 年）》，方廷钰等译，商务印书馆 1992 年版。

［英］W. N. 梅德利科特：《英国现代史（1914—1964）》，张毓文、刘礼生、宁静译，商务印书馆 1990 年版。

［英］阿·莱·莫尔顿：《人民的英国史》，谢琏造等译，生活·读书·新知三联书店 1958 年版。

［英］阿伦·斯克德、克里斯·库克：《战后英国政治史》，王子珍、秦新民译，世界知识出版社 1985 年版。

［英］艾伦·胡特：《英国工会运动简史》，朱立人、蔡汉敖译，世界知识出版社 1954 年版。

［英］贝弗里奇：《贝弗里奇报告——社会保险和相关服务》，劳动和社会保障部社会保险研究所翻译，中国劳动社会保障出版社 2008 年版。

［英］彼得·马赛厄斯、M. M. 波斯坦主编：《剑桥欧洲经济史》第 7 卷，徐强等译，经济科学出版社 2004 年版。

［英］彼得·马赛厄斯、悉尼·波拉德编：《剑桥欧洲经济史》

第 8 卷，王宏伟等译，经济科学出版社 2004 年版。

　　［英］伯特兰·罗素：《自由之路：社会主义、无政府主义、工团主义》，何新译，商务印书馆 1959 年版。

　　［美］道格拉斯·C. 诺思：《制度、制度变迁与经济绩效》，杭行译，格致出版社 2014 年版。

　　［苏］弗·格·特鲁汉诺夫斯基：《英国现代史》，秦衡允、秦士醒译，生活·读书·新知三联书店 1979 年版。

　　［英］弗里德利希·冯·哈耶克：《自由秩序原理》下册，邓正来译，生活·读书·新知三联书店 1997 年版。

　　［英］亨利·佩林：《英国工党简史》，江南造船厂业余学校英语翻译小组译，上海人民出版社 1977 年版。

　　［英］克拉潘：《现代英国经济史》下册，姚曾廙译，商务印书馆 2011 年版。

　　［英］肯尼斯·O. 摩根主编：《牛津英国通史》，王觉非等译，商务印书馆 1993 年版。

　　［英］理查德·海曼：《解析欧洲工会运动——在市场、阶级和社会之间》，吴建平译，中国工人出版社 2015 年版。

　　［英］琳达·狄更斯、聂尔伦编著：《英国劳资关系调整机构的变迁》，英中协会译，北京大学出版社 2007 年版。

　　［德］马克斯·比尔：《英国社会主义史》下册，何新舜译，商务印书馆 1959 年版。

　　［英］马里欧特：《现代英国（1885—1945）》，姚曾廙译，商务印书馆 1963 年版。

　　［英］玛格丽特·撒切尔：《唐宁街岁月：撒切尔夫人自传》上册，李宏强译，国际文化出版公司 2009 年版。

　　［英］莫尔顿、台德：《英国工人运动史（1770—1920）》，叶周、何新等译，生活·读书·新知三联书店 1962 年版。

　　［英］史蒂芬·哈迪：《英国劳动法与劳资关系》，陈融译，商务印书馆 2012 年版。

［英］韦伯夫妇：《英国工会运动史》，陈建民译，商务印书馆1959 年版。

［英］温斯顿·丘吉尔：《第二次世界大战回忆录 1　风云紧急》，原北京编译社等译，时代文艺出版社 1995 年版。

［挪］约翰·加尔通：《和平论》，陈祖洲等译，南京出版社2006 年版。

［英］约翰·穆莱：《1926 年英国总罢工》，顾学稼译，生活·读书·新知三联书店 1956 年版。

［荷］约里斯·范·鲁塞弗尔达特、耶勒·菲瑟主编：《欧洲劳资关系——传统与转变》，佘云霞等译，世界知识出版社 2000 年版。

五　中文专著

陈晓律、陈祖洲等：《当代英国——需要新支点的夕阳帝国》，贵州人民出版社 2000 年版。

程延园主编：《劳动关系学》，中国劳动社会保障出版社 2005年版。

丁建定：《英国社会保障制度史》，人民出版社 2015 年版。

李培林等：《中国社会分层》，社会科学文献出版社 2004 年版。

刘成、何涛等：《对抗与合作——二十世纪的英国工会与国家》，南京大学出版社 2011 年版。

刘克华选译：《一八七〇——一九一四年的英国》，商务印书馆1987 年版。

刘金源等：《英国近代劳资关系研究》，南京大学出版社 2012年版。

罗志如、厉以宁：《20 世纪的英国经济——"英国病"研究》，商务印书馆 2013 年版。

吕楠：《撒切尔政府劳资政策研究》，社会科学文献出版社1995 年版。

齐世荣编：《世界通史资料选辑：现代部分》第 1 分册，商务印书馆 1997 年版。

钱乘旦、陈晓律、陈祖洲、潘兴明：《日落斜阳——20 世纪英国》，华东师范大学出版社 1999 年版。

任扶善：《世界劳动立法》，中国劳动出版社 1991 年版。

唐鑛、嵇月婷：《集体协商与集体谈判》，中国人民大学出版社 2019 年版。

汪建强：《20 世纪英国养老金制度研究》，齐鲁书社 2011 年版。

王觉非主编：《近代英国史》，南京大学出版社 1997 年版。

王章辉：《英国经济史》，中国社会科学出版社 2013 年版。

郑春荣编著：《英国社会保障制度》，上海人民出版社 2012 年版。

六　中文论文

柴彬：《从工会法律地位的演进看工业化时期英国政府劳资政策的嬗变（1799—1974）》，《史学理论研究》2012 年第 2 期。

陈晓律：《资本主义的历史发展与大罢工的使命——1926 年英国大罢工失败的启示》，《当代世界与社会主义》1997 年第 2 期。

陈祖洲：《试论 1900—1914 年的英国经济》，《史学月刊》1998 年第 1 期。

高岱：《20 世纪初英国的社会改革及其影响》，《史学集刊》2008 年第 2 期。

李华锋：《1930 年代英国职工大会对工党的控制论析》，《淮北师范大学学报》2011 年第 1 期。

刘金源：《从对抗到合作：近代英国集体谈判制的兴起》，《史学集刊》2017 年第 5 期。

刘金源：《19 世纪英国集体谈判制兴起原因述论》，《安徽史学》2017 年第 4 期。

刘金源：《近代英国劳资政策指导思想的演变》，《史学月刊》

2013年第6期。

刘金源、胡晓莹：《1896年〈调解法〉与英国集体谈判制的发展》，《探索与争鸣》2016年第2期。

石洁茹：《英国1908年〈儿童法〉研究》，硕士学位论文，苏州大学，2020年。

田彤：《民国时期劳资关系史研究的回顾与思考》，《历史研究》2011年第1期。

王继远、陈雪娇：《英、美、德三国公共部门集体协商制度立法及对我国的启示》，《中国劳动》2016年第8期。

王中文：《劳合·乔治与英国农业工人最低工资制度的确立》，《湖北社会科学》2008年第1期。

徐聪颖、刘金源：《集体谈判制与19世纪中后叶的英国劳资关系》，《探索与争鸣》2010年第9期。

高宁波：《论英国1919年〈住房与城镇规划法〉》，硕士学位论文，南京大学，2016年。

侯茜：《血汗劳工与英国最低工资法研究》，硕士学位论文，陕西师范大学，2014年。

胡晓莹：《政府引导下英国集体谈判制的发展（1896—1914）》，硕士学位论文，南京大学，2015年。

李华锋：《英国工党与工会关系研究》，博士学位论文，华中师范大学，2008年。

杨俊佳：《二战期间英国女性就业问题研究》，硕士学位论文，陕西师范大学，2012年。

索　引

A

B

C

D

H

J

K

L

M

N

O

R

S

W

X

Y

图书在版编目（CIP）数据

20 世纪以来英国劳资关系史：全 2 册 / 刘金源等著
.--北京：社会科学文献出版社，2023.12
中国历史研究院学术出版资助项目
ISBN 978-7-5228-2790-2

Ⅰ.①2…　Ⅱ.①刘…　Ⅲ.①劳资关系-历史-研究
-英国-20 世纪　Ⅳ.①F249.561.6

中国国家版本馆 CIP 数据核字（2023）第 219467 号

中国历史研究院学术出版资助项目

20 世纪以来英国劳资关系史（全 2 册）

著　　者／刘金源　莫　磊　等

出 版 人／冀祥德
责任编辑／郑彦宁
文稿编辑／郭锡超
责任印制／王京美

出　　版／社会科学文献出版社·历史学分社（010）59367256
　　　　　地址：北京市北三环中路甲 29 号院华龙大厦　邮编：100029
　　　　　网址：www.ssap.com.cn
发　　行／社会科学文献出版社（010）59367028
印　　装／北京盛通印刷股份有限公司

规　　格／开 本：787mm×1092mm　1/16
　　　　　印 张：49.5　字 数：687 千字
版　　次／2023 年 12 月第 1 版　2023 年 12 月第 1 次印刷
书　　号／ISBN 978-7-5228-2790-2
定　　价／198.00 元（全 2 册）

读者服务电话：4008918866